भारत और यूरोपीय संघ

एक अंतरंग दृष्टिकोण

भारत और यूरोपीय संघ
एक अंतरंग दृष्टिकोण

भास्वती मुखर्जी

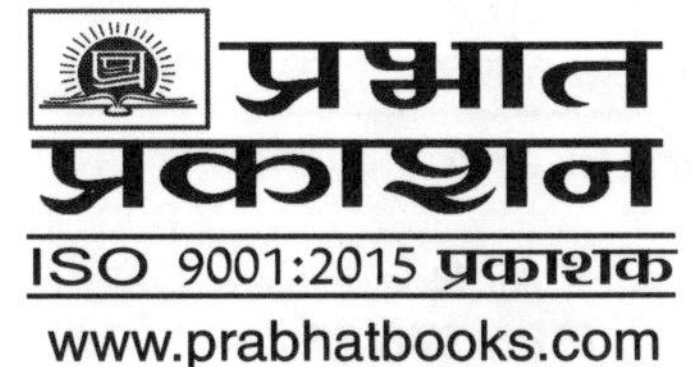

प्रकाशक • **प्रभात प्रकाशन**
4/19 आसफ अली रोड,
नई दिल्ली-110002

संस्करण • प्रथम, 2019
मूल्य • आठ सौ रुपए
अनुवाद • डॉ. सागरिका बंसल
मुद्रक • आर-टेक ऑफसेट प्रिंटर्स, दिल्ली

BHARAT AUR EUROPEEYA SANGH : Ek Antrang Drishtikon
by Smt. Bhaswati Mukherjee ₹ 800.00
Published by Prabhat Prakashan, 4/19 Asaf Ali Road, New Delhi-2
e-mail: prabhatbooks@gmail.com ISBN 978-93-5322-628-2

प्रस्तावना

यूरोप से भारत का संबंध सहस्राब्दियों से चला आ रहा है। फिर भारत और यूरोपीय संघ के संबंधों की गतिशीलता पर शोध में आश्चर्यजनक रूप से कमी क्यों देखी जा रही है? जबकि भारत के साथ संबंध के मामले में यूरोपीय नजरिए से उत्कृष्ट और काफी शोधपरक सामग्री उपलब्ध है। यूरोपीय संघ के सामने आनेवाले कई संकटों के प्रति भारत की प्रतिक्रिया का गहन विश्लेषण किया जाना निहायत जरूरी है, जो भारत के साथ यूरोपीय संघ के संबंधों को प्रभावित कर रहे हैं। निश्चित तौर पर, पूर्व-औपनिवेशिक और औपनिवेशिक काल से चले आ रहे इस ऐतिहासिक संबंध पर भारत को फिर से ध्यान देने की आवश्यकता है। पाटलिपुत्र, (जो अब पटना है) से पश्चिम में इटली तक फैले सिल्क रूट और स्पाइस रूट को याद करने की जरूरत है, दोनों हमारे अतीत के ऐतिहासिक अनुस्मारक हैं, जिसके कारण भारत के ऐतिहासिक और खूबसूरत कोरोमंडल तट तक भारत के भावी उपनिवेशवादियों के जहाज आ पहुँचे, बाद में इस तट का नाम 'स्पाइस कोस्ट' पड़ गया। यूरोप के साथ भारत के ऐतिहासिक संबंधों के महत्त्व और प्रासंगिकता को बनाए रखने पर कभी बहुत ज्यादा जोर नहीं दिया जा सका है।

दोनों पक्षों के लिए रणनीतिक रूपरेखा और मौलिक व्यापारिक तथा वाणिज्यिक संबंधों की गरमाहट को देखते हुए भारत की दिलचस्पी में कमी को समझना जरा मुश्किल है। भारत की ओर से दिलचस्पी में कमी क्या इसका एक कारण है? क्या भारत संकीर्णमना होता जा रहा है? क्या इसकी विदेश नीति 'अमेरिकापरस्त' होती जा रही है? क्या भारत में छात्रवृत्ति और शोध की गुंजाइश में कमी ने इस मुद्दे पर गंभीर लेखकों को हतोत्साहित किया है? कारण कुछ भी क्यों न हों, रणनीतिक संदर्भ में भारत के लिए यूरोप और यूरोपीय संघ के साथ अपने संबंधों का अध्ययन करना, चुनौतियों का विश्लेषण करना और आगे के लिए रास्ता दिखाना जरूरी है।

भविष्य की महान् शक्ति के रूप में कहीं अधिक सहानुभूतिपूर्ण और आलोचनात्मक दृष्टिकोण से कम विकसित होना यूरोपीय संघ के लिए भी फायदेमंद होगा, ताकि तेजी से चुनौतीपूर्ण होते अंतरराष्ट्रीय परिदृश्य में एक सार्थक रणनीतिक साझेदारी का निर्माण हो सके। यह उन लोगों के लिए नींद से जागने का समय है, जो दोनों तरफ से इन संबंधों का पालन-पोषण करते हैं।

आभार

यह पुस्तक भारत की यूरोप से मुलाकात का ब्योरा है। इन दोनों के बीच संबंध सहस्राब्दियों से चला आ रहा है। भारत में 190 वर्षों के ब्रिटिश शासन के औपनिवेशिक धब्बे के साथ यह एक जटिल यात्रा है। हैरानी की बात यह है कि इस सहस्राब्दी तक यह यात्रा कैसे चली आ रही है, इसके बारे में भारत में विद्वत्ता की कमी है। तेजी से बदलते वैश्विक परिदृश्य के संदर्भ में कई चुनौतियों का सामना करना और उनका विश्लेषण कर इस शून्य को दूर करने का प्रयास इस पुस्तक का उद्देश्य है।

पश्चिम यूरोप (1998–2004) के साथ संयुक्त सचिव स्तर पर सबसे लंबे कार्यकालवाली अधिकारी के रूप में संबंधों को लेकर दोनों ओर के मिथकों और गलत धारणाओं से मुझे बड़ा झटका लगा था। जून 2000 में लिस्बन में, जहाँ संबंधित संयुक्त सचिव के रूप में मैंने बहुत सारे कार्य जमीनी स्तर पर किए थे, भारत–यूरोपीय संघ की पहले शिखर सम्मेलन के दौरान यह सब स्पष्ट हो गया था। यूरोपीय संघ के तरफ बहुत सारे लोगों को यह मुगालता था कि भारत–यूरोपीय संघ के संदर्भ में, ब्रिटेन को इसके संचालक की भूमिका में होना चाहिए। पर वास्तविकता यह थी कि ये संबंध फ्रांस और जर्मनी द्वारा संचालित थे। आर्थिक पक्ष पर ब्रिटेन के दबाव के कारण ही बी.टी.आई.ए. समझौते के मुद्दे पर गतिरोध बना था। ब्रेक्जिट से पहले भी यूरोपीय संघ के साथ भारत का जुड़ाव उसकी विदेश नीति का एक पृथक् और महत्त्वपूर्ण स्तंभ रहा है।

यूनेस्को (फ्रांस) (2004–2010) और नीदरलैंड (2010–2013) में भारत के राजदूत के रूप में मैंने बेमन से स्वीकार किया कि फ्रांस और जर्मनी के अलावा, यूरोपीय संघ के अन्य सदस्य देशों ने दक्षिण एशियाई श्रेणी में उनके संबंधित विदेशी कार्यालयों में हमेशा भारत से पहले चीन को स्थान दिया। यहाँ तक कि जापान को भी चीन के बाद स्थान दिया! इसके लिए ब्रुसेल्स के माध्यम से दिया गया औचित्य द्विपक्षीय लिहाज से व्यापारिक संबंध के लिए महत्त्वपूर्ण था। इससे चीन बनाम भारत के बीच दोहरे व्यवहार को बढ़ावा मिला। दलाई लामा या तिब्बत जैसा संवेदनशील मुद्दा वरिष्ठ अधिकारी या मंत्री स्तर पर कभी सार्वजनिक रूप से नहीं उठाया गया।

जुलाई 2013 में सेवानिवृत्ति होने और घर लौटने के बाद मुझे इस जटिल संबंध पर एक ब्योरा संकलित करने, गतिरोध पर प्रकाश डालने और आगे बढ़ने के मद्देनजर सुझाव देने के लिए आई.सी.डब्ल्यू.ए. के तत्कालीन महानिदेशक, राजदूत राजीव भाटिया और उनके उत्तराधिकारी राजदूत नलिन सूरी द्वारा सक्रिय रूप से प्रोत्साहित किया गया था। यूरोपीय संघ नामक इस अनूठी 'अंतर्देशीय इकाई' की बेहतर समझ को प्रोत्साहित करने के लिए यह सुझाव दिया गया था कि मैं इसमें यूरोपीय संघ के संस्थानों और स्तंभों की भी व्याख्या कर सकती हूँ, जो उनके सामान्य विदेश और सुरक्षा नीति निर्धारित करते हैं।

यह काम संभावित रूप से पहले लेखक के लिए बड़ा कठिन था, जिसे बगैर कलम और कागज के शोध और लेखन की तकनीकी चुनौतियों का सामना करना पड़ा! मैं पूर्व महानिदेशक आई.सी.सी.आर. राजदूत अमरेंद्र खटुआ की हमेशा आभारी रहूँगी, जिन्होंने मुझे अमेरिका के जॉर्ज वाशिंगटन विश्वविद्यालय की बहुत ही प्रतिभाशाली युवा शोधकर्ता डॉ. बिदिशा बनर्जी से मिलवाया। बिदिशा, जैसा कि मैंने अभी भी उन्हें फोन किया, ने सब कुछ झेलते हुए पृष्ठभूमि पर शोध करने से लेकर, टिप्पणियाँ, इंडेक्स और संदर्भ जुटाने में मेरी मदद की। इसी के साथ उन्होंने अध्यायों का विभाजन करने और एक लेखक से प्रकाशकों द्वारा अपेक्षित तकनीकी जरूरतों के बारे में बहुत सारे उपयोगी सुझाव दिए हैं। यह बिदिशा ही थी, जिसने संपादकों की दुनिया, उनके शब्दजाल और उनकी बहुत सारी जरूरतों से मेरा परिचय कराया! मुझे किताब लिखने में भी मदद की, वरना एक साल से ज्यादा की देरी हो जाती! इसीलिए वे और उनके पति राज नील अब मेरे परिवार का हिस्सा हैं। मैं इस प्रकाशन की संकल्पना और प्रतिफलन में बिदिशा की महत्त्वपूर्ण भूमिका को स्वीकार करना चाहती हूँ।

मैं संयुक्त सचिव पीयूष मांकड़ की भूमिका को स्वीकार करती हूँ, जो उन दिनों आई.सी.डब्ल्यू.ए. में थे। मेरे कठिन सवालों का जवाब देने और मुझे आश्वस्त करने के लिए वे हमेशा उपलब्ध रहा करते थे, क्योंकि मैं एक सेवानिवृत्त पूर्व राजदूत के रूप में अपनी पहली यूरोप यात्रा पर गई थी। दो सहकर्मी समीक्षकों (जिनकी पहचान अज्ञात है) ने सबसे उपयोगी सुझाव प्रदान किए, जिससे पुस्तक और समृद्ध हुई। उनके समर्थन के लिए मैं धन्यवाद ज्ञापन करना चाहूँगी। मैं प्रकाशन के लिए पुस्तक भेजने में उनके सहयोग के लिए आई.सी.डब्ल्यू.ए. में वरिष्ठ शोधकर्ता निवेदिता राय का आभार प्रकट करती हूँ।

राजनयिक, करीबी दोस्त और बेस्ट सेलिंग लेखक राजीव डोगरा ने महत्त्वपूर्ण क्षणों में मेरा मार्गदर्शन किया, एक स्थापित लेखक के रूप में अपने अनुभव से मेरा सहयोग किया। उनके बगैर इस पुस्तक का मूर्त हो पाना नामुमकिन था। उनके सहयोग और योगदान के लिए मैं उनका आभार प्रकट करती हूँ।

मैं यूरोपीय संघ के राजदूत टोमाज कोजलोव्स्की, डच राजदूत अल्फोंस स्टोलिंगा और ग्रीक राजदूत पनोस कलोगरोपौलोस के सहयोग और मूल्यवान इनपुट के लिए कृतज्ञता ज्ञापन करती हूँ। मैं 'फ्रेंड्स ऑफ यूरोप' के शादा इसलाम को उनकी मदद, सुझावों और सहयोग के लिए धन्यवाद देना चाहती हूँ।

बिदिशा और मेरे लिए समर्पित मेरी हाउसकीपर और 40 वर्षों की दोस्त दुलारी मिंज द्वारा तैयार किए गए कॉफी के असंख्य कप के अदृश्य सहयोग के बिना यह पुस्तक लिखा जाना संभव नहीं हो पाता।

और अब अंत में, पुस्तक में व्यक्त विचार पूरी तरह से मेरे अपने हैं। अगर इसमें किसी तरह की त्रुटियाँ रह गई हों, उसकी जिम्मेदारी मेरी ही है।

अनुक्रम

परिशिष्ट

अध्याय-1

भारत-यूरोपीय संघ—एक जटिल एवं द्वंद्वात्मक संबंध

खंड 1 : यूरोप भारत से कैसे मिला?

मानचित्र 1 : प्राचीन मसाला मार्ग

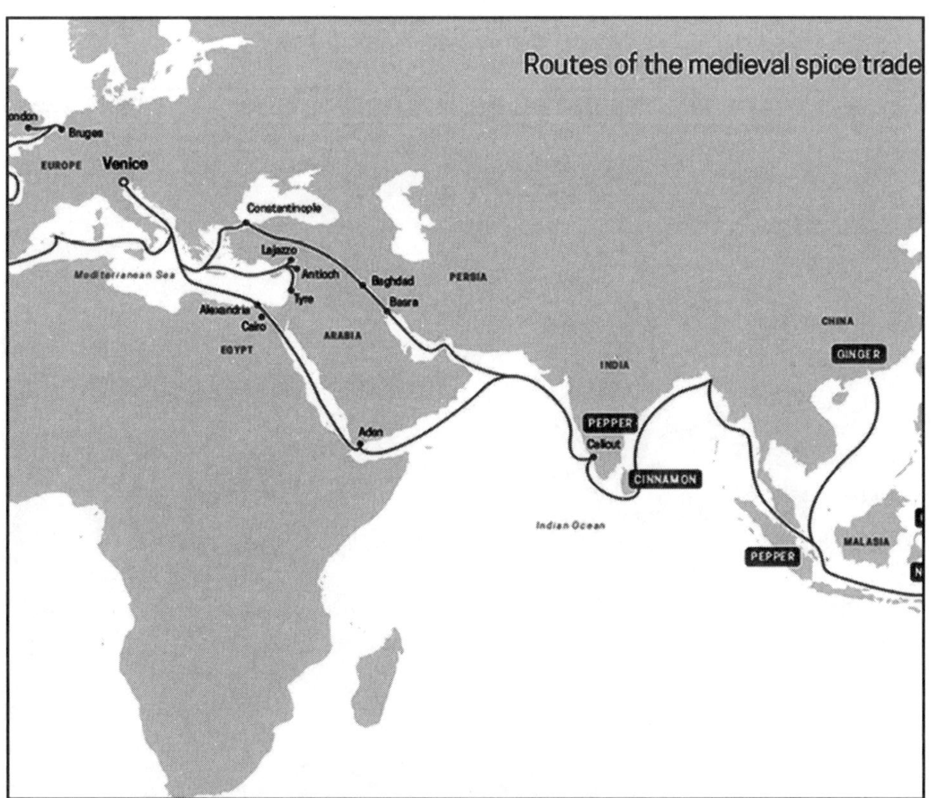

(स्रोत : प्राचीन मसाला मार्ग, मसाला, जिसने वेनिस का निर्माण किया, जैक टर्नर, स्मिथसोनियन जर्नीज क्वार्टर्ली, 2 नवंबर, 2015)

पूरी सहस्राब्दी के दौरान, भारत हिंद महासागर के पश्चिमी और पूर्वी इलाकों में फैले ऐतिहासिक समुद्री मार्गों के चौराहे पर रहा है। इन मार्गों के केंद्र में स्थित भारतीय प्रायद्वीप का हिंद महासागर पर प्रभुत्व रहा है। दक्षिण–पश्चिम और दक्षिण–पूर्वी मानसूनी हवाओं ने जहाजरानी और व्यापार की प्रवृत्ति को निर्धारित किया। भारतीय समुद्र तट पर स्थित बंदरगाह इस समृद्ध अंतरराष्ट्रीय व्यापार के केंद्र में थे। काली मिर्च, लौंग, इलायची और जायफल दुनिया को भारत तक–मसाला तट के रूप में ख्यात इसके ऐतिहासिक मालाबार तट तक ले आए। मछुआरों, नाविकों और व्यापारियों ने अफ्रीका से पूर्वी एशिया तक से विश्व की इस सबसे पुरानी सभ्यता को रिश्तों के जटिल जाल में जोड़ते हुए हिंद महासागर की अथाह जलराशि की यात्रा की। इसके बाद इन मसालों के आकर्षण में डच ईस्ट इंडिया कंपनी के जहाज आए, जिसके पीछे–पीछे इन मूल्यवान् मसालों की तलाश में फ्रांसीसी, पुर्तगाली और अंग्रेज आए। यूरोपीय लोगों द्वारा स्थापित व्यापारिक चौकियों के परिणामस्वरूप अंततः भारत लगभग 200 वर्षों तक यूनाइटेड किंगडम का उपनिवेश बना रहा।

मानचित्र 2 : हिंद महासागर में व्यापारिक मार्ग

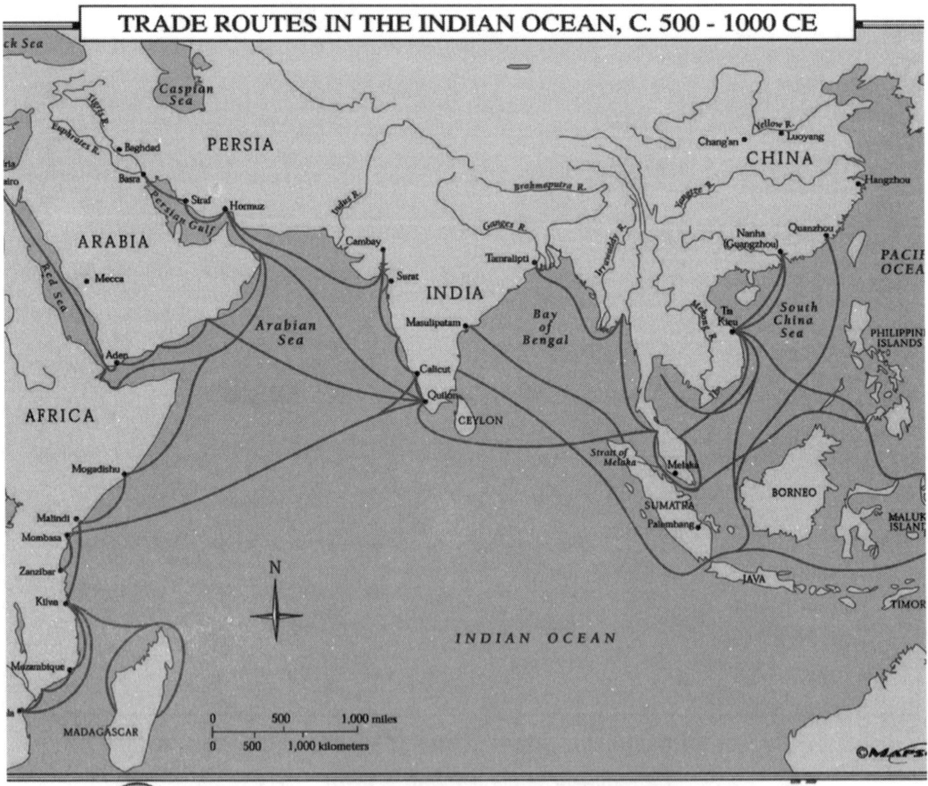

TRADE ROUTES IN THE INDIAN OCEAN, C. 500 - 1000 CE

TRADE ROUTES IN THE INDIAN OCEAN, C. 500 - 1000 CE #121

आधिकारिक इतिहास के अनुसार 326 ईसा पूर्व में पहला 'यूरोपीय व्यक्ति' भारत पहुँचा था। वह मकदूनिया का अलेक्जेंडर था, जो साम्राज्य की तलाश में महान् नदी सिंधु के तट पर पहुँचा था। इसके बाद कई लोगों ने उसका अनुसरण किया और 1500 के बाद, मसालों और समृद्धि की खोज के परिणामस्वरूप, भारत–यूरोपीय खोजकर्ताओं, व्यापारियों और उपनिवेशवादियों का मुख्य केंद्र–बिंदु बन गया। वर्ष 1500 में, वैश्विक सकल घरेलू उत्पाद (जी.डी.पी.) में भारत का हिस्सा 24.5% था। 1800 तक, वैश्विक जी.डी.पी. में भारत का हिस्सा 27% था। अफीम युद्ध[1] के बाद, 1850 के दशक में वैश्विक जी.डी.पी. में यूरोपीय हिस्सेदारी 24.1% तक पहुँच गई। 1947 में, आजादी के बाद, वैश्विक जी.डी.पी. में भारत की हिस्सेदारी गिरकर 3% रह गई। (मैडिसन, 2003)।

भारत की दौलत और समृद्धि की खोज के परिणामस्वरूप 1492 में क्रिस्टोफर कोलंबस द्वारा अमेरिका की खोज की गई। भारत के साथ रोमन साम्राज्य के समुद्री मार्ग से व्यापार में गिरावट के लंबे समय बाद, पुर्तगाली पहले यूरोपीय थे, जिन्होंने प्रसिद्ध स्पेन मार्ग की तलाश की। ऑटोमन साम्राज्य द्वारा पश्चिम एशिया में पारंपरिक व्यापार मार्गों को बंद करने और विभिन्न इतालवी राज्यों के साथ प्रतिद्वंद्विता ने पुर्तगाल को भारत के लिए एक वैकल्पिक समुद्री मार्ग की खोज के लिए तीव्रता से बाध्य किया। प्रसिद्ध पुर्तगाली नाविक वास्को डी गामा रोमन साम्राज्य के पतन के बाद भारत के साथ सीधे व्यापार संबंध स्थापित करनेवाले पहले यूरोपीय बने। वह केप ऑफ गुड होप के रास्ते पहुँचनेवाले पहले व्यक्ति थे (1497–1499)। अन्य औपनिवेशिक शक्तियों, विशेष रूप से डच, फ्रांसीसी और ब्रिटिश ने पुर्तगालियों का अनुसरण किया। केरल में 400 वर्ष पूर्व 1592 में डच ईस्ट इंडिया कंपनी की स्थापना के साथ डचों का प्रादुर्भाव हुआ। एडमिरल वान डेर हेगन ने प्रथम डच प्रतिनिधिमंडल का नेतृत्व किया और केरल तट पर पहुँचे। कोच्चि दक्षिण भारत में डचों का एक प्रमुख व्यापारिक केंद्र बन गया। इसके बाद, अंग्रेजों ने चार मुख्य बस्तियों की स्थापना की—मद्रास (अब चेन्नई) में फोर्ट सेंट जॉर्ज, कलकत्ता (अब कोलकाता) में फोर्ट विलियम, सूरत में और बॉम्बे (अब मुंबई) में। ब्रिटानियों के औपनिवेशिक वर्चस्व स्थापित करने तक, वे भारत के साथ आकर्षक मसाला व्यापार को नियंत्रित करने के लिए अन्य यूरोपीय शक्तियों के साथ प्रतिस्पर्धा करते रहे।

उपनिवेशवाद के दुष्कर बोझ ने स्वतंत्रता के लिए भारत के संघर्ष को आकार देते हुए, राष्ट्रवाद के उभार को प्रोत्साहित किया। यूरोपीय मूल्यों और संबंधित उदार संरचनाओं ने धर्मनिरपेक्षता, लोकतंत्र, कानून के शासन और समानता के सिद्धांतों के आधार पर भारत के बहुलवादी लोकतंत्र और उसके संविधान को आकार देने में मदद की। जैसा कि भारत के सबसे विद्वान् प्रधानमंत्रियों में से एक, डॉ. मनमोहन सिंह[2] (2005) ने कहा

था, "हमारे गणतंत्र के जनक यूरोप में ज्ञानोदय युग से जुड़े विचारों से बहुत प्रभावित थे। हमारा संविधान हमारी बौद्धिक विरासत में मूलतः भारतीय और बिल्कुल ब्रितानी के बीच चिरस्थायी पारस्परिक प्रभाव का प्रमाण है।"

खंड 2 : परिचालन में द्वंद्व : समानता और अंतर

भारत–यूरोपीय संघ के संबंध आधिकारिक रूप से 1960 के दशक की शुरुआत में प्रारंभ हुए। स्वतंत्रता से उभरे भारतीय नेतृत्व का यूरोपीय संघ के सदस्य देशों के साथ मजबूत द्विपक्षीय संबंध विकसित करने के अलावा, पूर्व यूरोपीय आर्थिक समुदाय (ई.ई.सी.) के साथ मजबूत संबंध बनाने पर एक स्पष्ट दृष्टिकोण था। जब भारत के प्रथम प्रधानमंत्री जवाहरलाल नेहरू ने 15 अगस्त, 1947 को अपना प्रसिद्ध 'ट्रिस्ट विद डेस्टिनी'[3] भाषण दिया था, तब नीदरलैंड के राजदूत वहाँ उपस्थित मात्र तीन पश्चिमी राजदूतों में से एक थे। भारत 1962 में ई.ई.सी. के साथ राजनयिक संबंध स्थापित करनेवाले शुरुआती में से एक था। बाद में, विशेष रूप से लिस्बन संधि के बाद, सदस्य देशों की ओर से संप्रभुता के कई गुण स्थानांतरित किए जाने के बाद यह समूह समान बाजार से समान मुद्रा और समुदाय से संघ में विकसित हुआ। इसके साथ ही, यूरोपीय संघ के साथ भारत का जुड़ाव भी यूरोपीय संघ के सदस्य देशों, विशेष रूप से 'ओल्ड यूरोप' के प्रमुख ई.यू. देशों—फ्रांस और जर्मनी से संपूरक और अनुपूरक द्विपक्षीय संबंधों के साथ समानुपातिक रूप से बढ़ा।

यू.के. द्वारा प्रोत्साहित, यूरोपीय संघ के भीतर लोकप्रिय धारणा के विपरीत, भारत ने ई.यू. से अपने संबंधों को कभी भी अपने पूर्व उपनिवेशक, यूनाइटेड किंगडम के साथ अपने द्विपक्षीय संबंधों के चश्मे से नहीं देखा। यूरोप के साथ भारत का जुड़ाव इसकी विदेश नीति का एक पृथक् और महत्त्वपूर्ण स्तंभ है। इसमें विशेष रूप से बड़े ई.यू. सदस्य देशों के साथ मजबूत द्विपक्षीय संबंधों के साथ–ही–साथ ब्रुसेल्स के साथ एक पृथक् संस्थागत संबंध शामिल है। यह ब्रेक्जिट के बाद यूरोपीय संघ के प्रति भारत के दृष्टिकोण को आकार दे रहा है।

शीत युद्ध और यूरोप पर इसकी लंबी छाया के साथ, दो कड़वे और प्रतिकूल गुटों, पूर्व और पश्चिम, में विभाजित दौर में भारतीय नेतृत्व ने प्रमुख विकासशील देशों के साथ गुट निरपेक्षता का सिद्धांत विकसित किया, जिसके परिणामस्वरूप गुट निरपेक्ष आंदोलन[4] की स्थापना हुई। एम.ए.डी. (परस्पर सुनिश्चित विनाश)[5] के सिद्धांत शीत युद्ध के हिमायतियों का नारा बनने के साथ ही, गुट निरपेक्षता विकासशील देशों को सैन्य गठबंधन में शामिल होने और पूर्व एवं पश्चिम के बीच एक सीमित परमाणु विनिमय में शामिल होने के दबाव से बचाने के एकमात्र 'मंत्र'[6] के रूप में दिखा। 1962[7] में चीनी आक्रमण के बाद समर्थन और मदद के लिए भारत की अपील पर उदासीन पश्चिमी प्रतिक्रिया से निराश भारत के

लिए गुट निरपेक्षता, दो गुटों में विभाजित विश्व में स्वतंत्रता एवं स्वतंत्र विदेश नीति को संरक्षित रखने के लिए एक नई विचारधारा बन गई। शीत युद्ध की समाप्ति के बाद यह बदल गया। एशिया के एक प्रमुख राजनीतिक रणनीतिकार जीन ल्यूक रैसीन (2017) ने इंगित किया है, "द्विध्रुवीय विश्व में गुट निरपेक्षता की भावना भारतीय नेतृत्व ने सृजित की थी। अब भारत के पास बहु-ध्रुवीय विश्व में कई साझेदार चुनने का विकल्प है।"

भूगोल के साथ-साथ इतिहास द्वारा व्यापक रूप से अलग होने के बावजूद यूरोपीय संघ और भारत की पृथक् यात्राओं में आश्चर्यजनक समानताएँ हैं। स्वाभाविक रूप से यह बात रिश्तों को प्रभावित करती है। दोनों एकजुटता की आवश्यकता के साथ अपने नागरिकों के अधिकारों को संतुलित करने के लिए संस्था निर्माण की एक अनूठी प्रक्रिया से गुजरे हैं; वे विश्व के दो सबसे बड़े लोकतंत्रों का प्रतिनिधित्व करते हैं (यदि कोई ई.यू. को ब्रेक्जिट के बाद भी एकल सदस्यीय देश के रूप में गिनता है); जबकि सांस्कृतिक और भाषाई स्तर पर वे पृथ्वी पर सबसे विविधीकृत क्षेत्रों में हैं। जो संबंध कभी व्यापार और विकास पर केंद्रित थे, अब तेजी से वैश्वीकृत होते विश्व में उनमें राजनीतिक और सुरक्षा वातावरण, वैज्ञानिक और प्रौद्योगिक विकास, जलवायु परिवर्तन और अन्य हितों को शामिल किया जाता है। व्यवसाय और व्यापारिक संबंधों को सर्वोच्च प्राथमिकता जारी है। लोकतंत्र और कानून के शासन, बाजार अर्थव्यवस्था और प्रगतिशील सार्वजनिक नीति के माध्यम से समाज के सभी वर्गों के कल्याण को बढ़ावा देनेवाले समावेशी विकास के लिए यह समान प्रतिबद्धता भारत-ई.यू. संबंधों में एक निर्णायक कारक है।

'डज यूरोप मैटर टू इंडिया' (2009) में जैफरलॉट और सिद्धू के अनुसार, शीत युद्ध बाद के यूरोप में, भारत-ई.यू. संबंधों को अनुमानतः तीन समान विशेषताओं पर आधारित माना जाता था, 'लोकतंत्र, विविधता और आंतरिक भिन्नताएँ' (शासन के प्रारूप, बाजार अर्थव्यवस्था, अल्पसंख्यकों के लिए सकारात्मक काररवाई, आव्रजन, आतंकवाद और एक उभरती विश्व व्यवस्था में उनकी सापेक्षिक भूमिकाओं तक के मुद्दों पर)। फिर भी जैसा कि आचार्य और अन्य लेखकों (2004) ने ध्यान आकर्षित किया कि इन समान लक्षणों और लंबे ऐतिहासिक संबंध के बावजूद, यूरोप ने अभी हाल ही में भारत को पुनर्परिभाषित किया है। बहस योग्य सवाल यह है कि भारत कब यूरोप को पुनर्परिभाषित करेगा ? क्या भारत-यूरोपीय संघ को एक महत्त्वपूर्ण कर्ता के रूप में देखता है या द्विपक्षीय दृष्टिकोण को प्राथमिकता देता है ? क्या यह एक द्वंद्वात्मक संबंध है ? संयुक्त राज्य अमेरिका इन संबंधों को कैसे प्रभावित करता है ? जीन ल्यूक रैसीन (2004) ई.यू.-भारत-अमेरिका त्रिकोणीय संबंध के बारे में एक उन्मादी मूल्यांकन करते हैं। वे मानते हैं, "कुछ लोग यूरोप का 'भद्दी बुजुर्ग औरत' के रूप में उपहास करेंगे, जो 400 से अधिक वर्षों से ख्यात है, लेकिन कोई उत्साह, कोई जुनून नहीं

बचा है। अमेरिका के साथ रोमांस है, भले ही यह 'कठिन प्रेम' हो, क्योंकि अमेरिका प्रवासियों के लिए अधिक खुला था और विश्व को बदलने के लिए अधिक प्रवृत्त है।" क्या भारत के लिए यूरोप और यूरोप के लिए भारत मायने रखता है और उसे कैसे पुष्ट एवं मजबूत किया जाए, जो परस्पर लाभकारी हो, इसका और गतिशील रणनीतिक भागीदारी का विश्लेषण करने का गंभीर प्रयास करना इस पुस्तक का मुख्य उद्देश्य है।

इस कार्य में जो जटिलता की वृद्धि करता है, वह यह है कि 1947 के बाद के भारत को वैचारिक रूप से संप्रभुता, क्षेत्रीयता और राज्य हित (संप्रभुता का औचित्य) के गुणों के साथ 'आधुनिक राज्य' माना जाता है। इसके विपरीत, यूरोपीय संघ को एक 'उत्तर आधुनिक आंतर राज्य इकाई' माना जाता है, जो संप्रभुता, घरेलू और विदेशी मामलों को पृथक् करने पर जोर नहीं देती है, और जो शेंगेन समझौते के बाद, सीमाओं को अप्रासंगिक मानती है। आमतौर पर यह माना जाता है कि एक 'उत्तर आधुनिक कर्ता' के रूप में यूरोपीय संघ अपनी विदेश नीति को शक्ति संतुलन और शून्य जोड़ तर्क पर आधारित नहीं करता है। कगन (2003) बहस करने की हद तक चले गए हैं, "विश्व को देखने का संघ का मानक उसकी कमजोरियों की भविष्यवाणी करता है। संघ अपने सामने आए वास्तविक खतरों और चुनौतियों का निर्णायक मुकाबला करने में असमर्थ अपनी विदेश नीति के कमजोर साधनों और असंगत विदेश नीति तंत्र के कारण कांटवादी विश्व को बढ़ावा देना चाहता है।" हालाँकि यह उन तरीकों की अनुचित आलोचना हो सकती है, जिनके जरिए यूरोपीय संघ अपनी बाह्य चुनौतियों का सामना कर रहा है, लेकिन इसमें कोई संदेह नहीं है कि एक सुसंगत और मजबूत समान विदेश एवं सुरक्षा नीति (सी. एफ.एस.पी.) विकसित करने और लागू करने में इसकी असमर्थता ने भारत सहित उसके रणनीतिक भागीदारों को गलत संकेत भेजे हैं। सुरक्षा मुद्दों को सुलझाने में ये भिन्न-भिन्न दृष्टिकोण एक बड़ी चुनौती का प्रतिनिधित्व करते हैं।

जैसा कि बेंडिएक और वैगनर (2008) ने माना है कि यूरोपीय संघ के विपरीत, भारत अपनी धर्मनिरपेक्ष, बहुलवादी और लोकतांत्रिक विचारधारा को अन्य देशों में बढ़ावा देने में विश्वास नहीं करता है। भारत लोकतंत्र या आर.टी.पी. (सुरक्षा की जिम्मेदारी)[8] को बढ़ावा देने के लिए शासन में परिवर्तन का पक्षधर नहीं है। इसके अलावा, भारत ने ब्रुसेल्स में अति संस्थानीकृत और अति नौकरशाह प्रतिष्ठान के साथ जुड़ने के लिए संघर्ष किया है, जो अकसर संबंधों के लिए महत्त्वपूर्ण मुद्दों पर परस्पर विरोधी और भ्रमित संकेत देता है।

नैथेली तोसी ने 'प्रोफाइलिंग नॉर्मेटिव फॉरेन पॉलिसी : ई.यू. एंड इट्स ग्लोबल पार्टनर्स' (2008) में लिखा है कि यूरोपीय संघ को पारंपरिक रूप से एक विशिष्ट रूप से 'भिन्न' प्रकार का अंतरराष्ट्रीय कर्ता माना जाता है। यूरोपीय संघ को एक नागरिक

शक्ति, एक नरम शक्ति और अब उत्तरोत्तर अंतरराष्ट्रीय संबंधों में एक आदर्श शक्ति के रूप में वर्णित किया गया है। ये अवधारणाएँ आपस में जुड़ी हुई हैं और वे उन मूल रूप से भिन्न-भिन्न तरीकों का परिणाम हैं, जिनसे संघ दुनिया को देखता है, जो भारत की वैश्विक दृष्टि से अलग है। यूरोपीय संघ को एक विदेश नीति कर्ता के रूप में वर्णित किया गया है, जो गैर-अवपीड़क साधनों के माध्यम से अंतरराष्ट्रीय मामलों में नियमों और मूल्यों को आकार देने, दिमाग में बैठाने, फैलाने और सामान्य बनाने के लिए तत्पर है। ऐसा करने में, बार-बार लिस्बन संधि (अनुच्छेद III-193 (1), अनुच्छेद 1-2 और 1-2)[9] का हवाला दिया जाता है, जिसमें कहा गया है कि अंतरराष्ट्रीय मामलों में, यूरोपीय संघ लोकतंत्र, मानवाधिकार, मौलिक स्वतंत्रता और कानून के शासन समेत उन मूल्यों से निर्देशित होगा और प्रोत्साहित करेगा, जिन मूल्यों पर संघ स्थापित है। यह दृष्टिकोण भारत के विश्व के साथ जुड़ने के दृष्टिकोण से बिल्कुल भिन्न है। भारत अपने संविधान में निहित सिद्धांतों को बाह्य विश्व को निर्यात करना नहीं चाहता है। जाफरलॉट (2004) लिखते हैं, "भारत और यूरोपीय संघ के वैचारिक दृष्टिकोण के बीच का अंतर भी यूरोपीय संघ जैसी एक उत्तर आधुनिक इकाई के साथ जुड़ने में आधुनिक भारत की निहित अस्वीकृति की व्याख्या कर सकता है। इसके विपरीत, भारत सामूहिक संघ के मुकाबले यूरोपीय संघ का गठन करनेवाले देशों, विशेष रूप से बड़े देशों के साथ संबंध बनाने में अधिक सहज है।"

एक-दूसरे को फिर से परिभाषित करने के लिए इस द्वंद्वात्मक खोज में, यूरोपीय संघ को हाशिए पर जाने से बचने और फिर से अंतरराष्ट्रीय तवज्जो पाने के लिए राजनीतिक, सैन्य, सांस्कृतिक, सामाजिक और आर्थिक रूप से स्वयं को दृढ़ करने की आवश्यकता है।

विरोधाभास यह है कि जहाँ एक भू-राजनीतिक क्षेत्र के रूप में यूरोप अपनी केंद्रीयता खो रहा है, वहीं एक संस्था के रूप में यूरोपीय संघ अधिक तवज्जो प्राप्त कर रहा है। यूरोप ने यह स्वीकार करने में देर लगाई कि शीत युद्ध की समाप्ति के बाद एक क्षेत्र के रूप में इसने विश्व राजनीति में अपनी केंद्रीय भूमिका, संयुक्त राज्य अमेरिका और उत्तर-सोवियत रूस के लिए अपना रणनीतिक महत्त्व खो दिया है। भारत और चीन के उदय के साथ, इन विकासों ने, यूरोप को और कमजोर बना दिया। यूरोपीय देशों, नेताओं और संस्थानों ने इस परिवर्तन के दायरे और इसके जोखिमों को पूरी तरह से समझ लिया है, इस पर संदेह है। जैसा कि हेजबर्ग (2009) कहते हैं, "यूरोपीय संघ, जो अभी भी संभावित सुरक्षा कर्ता के रूप में देखा जाता है, के लिए वैश्विक सुरक्षा के दीर्घकालिक रुझानों ने इसके वास्तविकता की ओर रूपांतरण को अपरिहार्य बना दिया है, क्योंकि 'नहीं होने का वजन' सीधे-सीधे असहनीय है।"

खंड 3 : यूरोपीय आर्थिक समुदाय का निर्माण

मानचित्र 3 : प्रथम विश्व युद्ध के बाद का यूरोप

(स्रोत : यूरोप, 1914—लाइंस ड्रॉन, वेस्ट प्वॉइंट, डिपार्टमेंट ऑफ हिस्टरी, कैंपेन एटलस टू द ग्रेट वार)

मानचित्र 4 : द्वितीय विश्व युद्ध के बाद का यूरोप

(स्रोत : WWW.U-S-HISTORY.COM)

यूरोपीय आर्थिक समुदाय के गठन के क्रम में द्वितीय विश्व युद्ध के कट्टर शत्रुओं फ्रांस और जर्मनी का यूरोप का विध्वंस कर देनेवाले इतने भीषण युद्ध के तत्काल बाद एक साथ आना एक ऐतिहासिक घटना थी, जिसने पिछली सदी के इतिहास को बदल दिया। द्वितीय विश्व युद्ध के बीज बोनेवाली, पराजितों को दंड और विजेताओं को पारितोषिक के दोषपूर्ण सिद्धांत पर आधारित 1919 की वर्साय की संधि के विपरीत, ई.ई.सी. को संप्रभु समानता के सिद्धांत पर स्थापित किया गया, इसने शांति स्थापित की और यूरोप को एकजुट किया। इसे अकसर चिरस्थायी शांति की स्थापना के क्रम में परस्पर वाणिज्यिक एवं आर्थिक हितों पर आधारित संस्थान स्थापित करने के उदाहरण के रूप में रखा जाता है। फ्रांसीसी पक्ष के एक दूरदर्शी व्यक्ति रॉबर्ट शूमैन[10] थे, जिनके पास 1950 के प्रारंभिक काल में ही यूरोप की भावी दिशा के बारे में स्पष्ट दृष्टिकोण था।

9 मई, 1950 का शूमैन घोषणा-पत्र

(वर्साय में ऐतिहासिक सलोन डी एल’ हॉरलॉग, क्आई डी’ ओर्से में)

“विश्व शांति को इसके संभावित खतरों के अनुपात में रचनात्मक प्रयासों के बिना संरक्षित नहीं किया जा सकता। एकजुट और सजीव यूरोप सभ्यता में जो योगदान कर सकता है, वह शांतिपूर्ण संबंधों को बनाए रखने के लिए अपरिहार्य है। 20 वर्षों से अधिक समय से स्वयं यह दायित्व उठानेवाले एकीकृत यूरोप के चैंपियन, फ्रांस की भूमिका हमेशा से ही शांति की सेवा के उसके अनिवार्य लक्ष्य के रूप में रही थी। यूरोप एकीकृत नहीं हो पाया और हमें युद्ध देखना पड़ा। यूरोप एक बार में, एक ही योजना के अनुसार नहीं बनाया जाएगा। यह ठोस उपलब्धियों के माध्यम से बनाया जाएगा, जो पहले एक वास्तविक एकजुटता का निर्माण करते हैं। फ्रांस और जर्मनी के वर्षों पुराने विरोध के उन्मूलन के लिए यूरोप के देशों का एक साथ आना आवश्यक है। की जानेवाली किसी काररवाई में इन दोनों देशों की चिंताओं को पहला स्थान दिया जाना चाहिए। इस लक्ष्य को ध्यान में रखते हुए, फ्रांसीसी सरकार एक सीमित, परंतु निर्णायक बिंदु पर तत्काल काररवाई का प्रस्ताव करती है : यह प्रस्ताव करती है कि यूरोप के अन्य देशों की भागीदारी के लिए खुले एक संगठन के ढाँचे के भीतर, फ्रेंच-जर्मन कोयला एवं स्टील उत्पादन को एक समान उच्च प्राधिकरण के अंतर्गत रखा जाए।”

इस तरह ‘यूरोपीय इकाई’ का जन्म हुआ, जो बाद में लगभग सभी यूरोपीय देशों का संघ बन गया। द्वितीय विश्व युद्ध के बाद, ये घटनाक्रम और यूरोपीय संघ के भीतर ई.ई.सी. का विकास 20वीं सदी के सर्वाधिक आकर्षक राजनीतिक आख्यानों में से एक हैं। भारत के लिए इसके अपने निहितार्थ थे। 1947 में, स्वतंत्रता प्राप्ति के तत्काल बाद, इससे पहले कि यूरोप के साथ एक महाद्वीप के रूप में संबंध विकसित कर सके, भारत ने एक नई आर्थिक

इकाई ई.ई.सी. के साथ बहुआयामी संबंध बनाने का निर्णय किया। ई.सी. (आर्थिक आयोग) और ई.यू. के रूप में ख्यात नई एवं अनूठी आंतर-देश इकाई के विकास के साथ, भारत को इन परिवर्तनों के साथ सामंजस्य बनाने के लिए नया विदेश नीति दृष्टिकोण विकसित करना था। ठीक तरह से नहीं समझे गए और 1950 के दशक की वैश्विक राजनीति में शामिल किए जाने के लिए दुष्कर, एक नए अंतर-क्षेत्रीय संगठन के साथ द्विपक्षीय संबंधों के संतुलन को कैसे आँका जाए और निर्णय किया जाए, यह भारत के नवजात विदेश नीति प्रतिष्ठान के लिए प्रमुख चुनौती थी।

1947 में, उपनिवेश होने के कारण औद्योगिक क्रांति में पिछड़ गए और अत्यंत निम्न साक्षरता एवं मातृ रुग्णता दर के साथ भारत को 20वीं सदी में प्रवेश करना था। इसके पास कोई औद्योगिक आधार नहीं था और इसके अधिकांश भावी विकासशील देश भागीदार अब भी औपनिवेशिक शासन के अंतर्गत थे। स्वतंत्रता के बाद भारत को शेष विश्व के साथ अपने संबंधों को पुनर्परिभाषित करना था। तीव्र और ठोस विकास के लिए आवश्यक नए भागीदारों को ढूँढ़ना सबसे बड़ी चुनौती थी। भारत के राजनीतिक नेतृत्व को विश्व में नई राजनीतिक एवं रणनीतिक पुनर्स्थापनाओं को ध्यान में रखना था, जो धीरे-धीरे शीत युद्ध की शुरुआत और नए सैन्य गठबंधनों, नाटो[11] एवं वारसा संधि[12], के विकास का साक्षी बन रहा था। भारत की आर्थिक एवं वाणिज्यिक आवश्यकताओं को देखते हुए विकास का एक गतिशील दृष्टिकोण आवश्यक था। संघर्षों के व्यापक समाधान को आगे बढ़ाने के लिए, देशों की संप्रभुता की समानता पर बल देने के लिए, अंतरराष्ट्रीय मामलों के व्यवहार में विचार और काररवाई और समानता की स्वतंत्रता के लिए काम करने के लिए यह दृष्टिकोण सभी देशों के साथ मैत्रीपूर्ण संबंध बनाए रखने की आवश्यकता की पहचान समेत कुछ मूल सिद्धांतों पर आधारित था। इसके परिणामस्वरूप गुट निरपेक्ष आंदोलन का भी जन्म हुआ। उस समय गुट निरपेक्ष होने का अर्थ तटस्थ होना नहीं, बल्कि स्वतंत्र बने रहना था।

सिरिल बर्थोड (2011) के अनुसार, 'यूरोपीय पुनर्निर्माण के विभिन्न चरणों में भारतीय प्रतिक्रिया मिश्रित थी।' 1957 में, भारत का दृष्टिकोण यह था कि समान यूरोपीय बाजार की परियोजना यूरोपीय देशों के बीच संरक्षणवाद का एक नया स्वरूप है। इसका एकमात्र उद्देश्य तरजीही शुल्कों पर सहमत होना दिखता था। शीत युद्ध की रूपरेखा के उभरने और सैन्य गठबंधनों एवं खेमों के उदय के साथ, भारत ने यूरोपीय निर्माण की गतिशीलता और प्रभुता संपन्न देशों की काररवाइयों के माध्यम से 'नीचे से' (बर्थोड, 2011) एकीकृत होने की इसकी इच्छा को न पूरी तरह समझ पाया, न सराहा।

भारत का स्वयं का संविधान, जो संघीय एवं लोकतांत्रिक था, विभिन्न प्रांतों और रियासतों की एकजुटता की केंद्र सरकार की इच्छा के माध्यम से 'ऊपर से' (बर्थोड,

2011) निर्मित था। 1962 में भारत के प्रधानमंत्री जवाहरलाल नेहरू ने ब्रुसेल्स में एक राजनयिक मिशन स्थापित करने की पहल की, जिसने दोनों देशों के बीच एक नए उत्तर-औपनिवेशिक बहुपक्षीय एवं समतावादी संबंधों के प्रति खुलेपन का संकेत दिया। 1960 के दशक में इस निर्णय से भारत सरकार के दो उद्देश्य प्रदर्शित हुए : समुदाय के बाजार तक अपने उत्पादों के लिए बेहतर पहुँच सुनिश्चित करना और उभरते भारतीय बाजार को सी.ई.ई. (केंद्रीय एवं पूर्वी यूरोप) की क्रमिक मान्यता में सहयोग करना।

उस समय अपने स्वयं के विकास मुद्दों का सामना कर रहे भारत ने ई.ई.सी. के साथ तीव्रता से स्थापित संस्थागत सहयोग का प्रयास किया। ई.ई.सी. और भारत के बीच पहले सहयोग समझौते पर 1973 में हस्ताक्षर हुए। इसमें वाणिज्यिक विनिमय के विकास एवं विविधीकरण का उल्लेख था। इस समझौते के ढाँचे के अंतर्गत विशेषाधिकार प्राप्त सहयोग के क्षेत्रों की पहचान के कार्य के लिए ब्रुसेल्स में एक मिश्रित आयोग की स्थापना की गई। 1973 के समझौते को 1981 में एक अन्य अधिक पूर्ण समझौते के माध्यम से प्रतिस्थापित कर दिया गया, जो अब मात्र वाणिज्यिक नहीं, बल्कि एक व्यापक आर्थिक सहयोग के रूप में संदर्भित किया गया। प्रधानमंत्री नरसिम्हा राव के काल में भारत में प्रारंभ आर्थिक संरचनात्मक सुधारों[13] के साथ भारत और ई.यू. के बीच संबंधों को गति मिली। इन कदमों ने भारत और ई.यू. के बीच आर्थिक एवं वाणिज्यिक संबंधों में गहन कायाकल्प के उभार का संकेत भी दिया।

संदर्भ–

1. उपनिवेश काल के दौरान, अंग्रेजों ने भारतीय किसानों को मुख्य फसल के रूप में खाद्यान्न फसलों की बजाय अफीम उगाने के लिए बाध्य किया, जिसके परिणामस्वरूप भारत में दुर्भिक्ष पड़ा। उस समय यूरोप में भारी माँग में रही चीन की चायपत्ती के लिए भुगतान के रूप में चीन को जबरन अफीम बेची गई, इस तरह चीन की एक पूरी पीढ़ी को दास बना लिया गया।
2. मनमोहन सिंह भारत के तेरहवें प्रधानमंत्री (2004-2014) बने और वे पाँच वर्ष का लगातार दो कार्यकाल पूरा करनेवाले जवाहरलाल नेहरू के बाद एकमात्र प्रधानमंत्री रहे। वे भारतीय राष्ट्रीय कांग्रेस के सदस्य हैं। मनमोहन सिंह 1991 से 1996 तक नरसिम्हा राव सरकार में वित्त मंत्री के रूप में भारत में आर्थिक उदारीकरण के पीछे मुख्य सूत्रधार थे। वे एक उत्कृष्ट और वैश्विक स्तर पर ख्यात अर्थशास्त्री हैं। वे 1982 से 1985 तक भारतीय रिजर्व बैंक के गवर्नर थे। वे 2008 में भारत-अमेरिका नागरिक परमाणु समझौते में भी सक्रिय थे।
3. 14 अगस्त, 1947 की मध्यरात्रि को भारत की स्वतंत्रता के अवसर पर, भारतीय संविधान सभा की संसद् में भारत के प्रथम प्रधानमंत्री जवाहरलाल नेहरू द्वारा दिया गया प्रतिष्ठित भाषण।
4. गुट निरपेक्ष आंदोलन शीत युद्ध के दौरान उन देशों के संगठन के रूप में बना था, जो स्वयं को अमेरिका या सोवियत संघ, किसी के पक्ष में औपचारिक रूप से नहीं जाना चाहते थे, बल्कि खेमों से

मुक्त रहना चाहते थे। इसे तटस्थता जैसा नहीं माना जाना चाहिए।

5. परस्पर सुनिश्चित विनाश (एम.ए.डी.) कैनेडी प्रशासन के आखिर में उभरना प्रारंभ हुआ। एम.ए.डी. इस विचार को दरशाता है कि किसी देश की जनसंख्या को दूसरे पक्ष की समान कमजोरी रहने तक उसकी कमजोरी को बख्शकर सर्वश्रेष्ठ रूप से संरक्षित किया जा सकता है। यदि एक पक्ष विनाश प्रारंभ करता है तो दोनों पक्षों का विनाश सुनिश्चित है। संक्षेप में, जो भी पहले गोली चलाता है, दूसरा मरनेवाला वही होता है।

6. संस्कृत शब्द 'मंत्र' का अर्थ एक ध्वनि, एक निश्चित उच्चारण या एक उच्चारण इकाई है, जिसमें मनोवैज्ञानिक और आध्यात्मिक शक्ति होने का साधकों को विश्वास होता है।

7. 1962 में चीन-भारत संघर्ष भारत के विरुद्ध चीन द्वारा उकसाया गया युद्ध था। 20 अक्तूबर, 1962 को पीपल्स लिबरेशन आर्मी (पी.एल.ए.) ने लद्दाख पर आक्रमण किया और मैकमोहन रेखा पार कर ली, जो भारत और चीन के बीच अंतरराष्ट्रीय सीमा है। युद्ध का कारण व्यापक रूप से पृथक्कृत अक्साई चीन और अरुणाचल प्रदेश के सीमांत क्षेत्र की संप्रभुता पर विवाद था। अक्साई चीन, भारत जिसके कश्मीर का हिस्सा होने और चीन झिनझियांग का हिस्सा होने का दावा करता है, में एक महत्त्वपूर्ण सड़क संपर्क है, जो झिनझियांग और तिब्बत के चीनी क्षेत्र को जोड़ता है। चीन ने अक्साई चीन को हड़पने की ठानी। चीन द्वारा तिब्बत पर अपना शासन थोपे जाने, जिसके परिणामस्वरूप दलाई लामा को मार्च 1959 में भागकर भारत आना पड़ा, के बाद विवाद बढ़ा। भारतीय सेना अचंभे में पड़ गई। करीब 10,000 भारतीयों सैनिकों को 80,000 से अधिक शस्त्रसज्जित चीनी सैनिकों से जूझना पड़ा। 20 नवंबर, 1962 को चीन द्वारा एकतरफा संघर्ष विराम घोषित किए जाने पर युद्ध समाप्त हुआ। हालाँकि उसने अक्साई चीन समेत अवैध रूप से कब्जे में लिये अधिकांश क्षेत्र को खाली नहीं किया। यह भारत के लिए भूमि की बड़ी क्षति थी, जो वह कभी भी वापस नहीं ले पाया। यहाँ तक कि आज भी, चीन अरुणाचल प्रदेश समेत भारत के पूर्वोत्तर के कई हिस्सों पर संप्रभुता का दावा करता है।

8. सिद्धांत की रक्षा की जिम्मेदारी वह सक्षमकारी सिद्धांत है, जो नरसंहार, युद्ध अपराध, जातीय सफाई और मानवता के खिलाफ अपराध से जनसंख्या को संरक्षित करने के लिए पहले देश-विशेष और फिर अंतरराष्ट्रीय समुदाय को बाध्य करता है। आमतौर पर आर2पी के रूप में ज्ञात यह सिद्धांत इस विचार पर आधारित सिद्धांतों का समूह है कि संप्रभुता विशेषाधिकार नहीं, बल्कि जिम्मेदारी है। 2005 के विश्व सम्मेलन में आर2पी का समर्थन किया गया था और कई देशों की आपत्तियों के साथ संयुक्त राष्ट्र द्वारा 2006 में इसकी पुनः पुष्टि की गई। आर.टी.पी. खंड और स्रेब्रेंसिया में नरसंहार और अत्याचारों की प्रतिक्रिया थी। इसका उद्देश्य ऐसे सामूहिक अत्याचारों की पुनरावृत्ति को रोकना था। इसके बाद, फ्रांसीसी राजनेता बर्नाड काउचर ने इसे मानवीय हस्तक्षेप के रूप में वर्णित किया। इसमें हेर-फेर किया गया, ताकि बाद की घटनाएँ संशयवादियों की सबसे खराब आशंकाओं की पुष्टि करें। 'संरक्षण के दौरान जिम्मेदारी' का ब्राजील का प्रस्ताव, पूरी तरह नहीं तो, उस संपार्श्विक क्षति को न्यूनतम करने के लिए डिजाइन किया गया, जो नागरिकों की सुरक्षा को प्रभावित करती है।

9. जैसा कि लिस्बन संधि में संख्यांकित किया गया है।

10. रॉबर्ट शूमैन (1886-1963) एक फ्रांसीसी नागरिक थे और यूरोपीय समुदायों के संस्थापकों में एक थे। फ्रांस के विदेश मंत्री के रूप में 9 मई, 1950 को एक घोषणा-पत्र में, उन्होंने नए यूरोपीय विधिक

व्यवस्था पर आधारित, कोयला एवं स्टील के लिए एक सुपर राष्ट्रीय समुदाय का प्रस्ताव करनेवाली 'शूमैन योजना' प्रस्तुत की। इसके परिणामस्वरूप 1951 में यूरोपीय कोयला एवं इस्पात समुदाय का गठन हुआ, जो 1956 में बने यूरोपीय आर्थिक समुदाय और 1993 में बने यूरोपीय संघ का अग्रदूत था। अनुभव और धारणा से अंतरराष्ट्रीयवादी, शूमैन दूरदर्शी और यथार्थवादी थे। उनके भाषणों और लेखों का यूरोपीय एकीकरण पर चिरस्थायी प्रभाव पड़ा। 9 मई को 'यूरोप दिवस' मनाया जाता है, जो शूमैन के 1950 के घोषणा–पत्र की याद दिलाता है।

11. नाटो और नॉर्थ अटलांटिक संधि संगठन यूरोप और उत्तरी अमेरिका के देशों का गठबंधन है, जो वैश्विक राजनीति के खेमो में विभाजन और शीत युद्ध के प्रारंभ को चिह्नित करता है। तत्कालीन सोवियत संघ और साम्यवाद से शत्रुता पर आधारित यह गठबंधन रक्षा एवं सुरक्षा के क्षेत्र में और संकट–प्रबंधन अभियानों के व्यवहार में यूरोप को अमेरिका के साथ जोड़ता है।

12. वारसा संधि संगठन (वारसा समझौते के रूप में भी ख्यात) सोवियत संघ और विभिन्न पूर्वी यूरोपीय देशों के बीच 14 मई, 1955 को स्थापित एक राजनीतिक एवं सैन्य गठबंधन था। सोवियत संघ ने नाटो के प्रतिसंतुलन के रूप में इस गठबंधन का गठन किया।

13. जुलाई 1991 में भारत में लागू, इन आर्थिक सुधारों ने अल्पकालिक एवं दीर्घकालिक उद्देश्यों से निर्देशित व्यापक आर्थिक स्थिरीकरण और संरचनात्मक संयोजन का मिश्रण प्रस्तुत किया। भुगतान संतुलन को संतुलित करने और मुद्रास्फीति को नियंत्रित करने के लिए अल्पकाल में स्थिरीकरण आवश्यक था। उसी समय सुधारों के माध्यम से स्वयं संस्थानों की संरचना में परिवर्तन करना भी दीर्घकालिक दृष्टिकोण से उतना ही महत्त्वपूर्ण था। नई सरकार ने राजकोषीय सुधारों के माध्यम से व्यापक आर्थिक स्थिरीकरण के कार्यक्रम तत्काल लागू किये। व्यापार, उद्योग और सार्वजनिक क्षेत्र में भी संरचनात्मक सुधार प्रारंभ किए गए।

❑

अध्याय-2

अंतर-देश इकाई के रूप में यूरोपीय संघ

यूरोपीय संघ एक आंतर–देश इकाई है, जहाँ कुछ प्रमुख क्षेत्रों में, इसे सदस्य देशों द्वारा संप्रभुता दी गई है। लिस्बन संधि के युग के बाद यूरोपीय संघ की आंतर–देशीय संस्थाएँ एक आंतर–सरकारी अद्वितीय राजनीतिक और कानूनी इकाई हैं। अंतरराष्ट्रीय कानून के तहत, संप्रभु वैधता यूरोपीय संघ के सदस्य देशों की राष्ट्रीय राजधानियों में है। यूरोपीय संघ की संस्थाएँ सदस्य देशों द्वारा ब्रुसेल्स को सौंपे गए संप्रभु अधिकारों के आधार पर अपने अधिकार प्राप्त करती हैं। व्यापार वार्त्ता पर, यूरोपीय संघ के आयोग के प्रतिनिधियों द्वारा नेतृत्व किया जाता है, जबकि सदस्य देश सामूहिक रूप से वह रुख अपनाते हैं, जो आयोग के प्रतिनिधि द्वारा बातचीत में तय किया जाता है। संयुक्त राष्ट्र के भीतर, ई.यू. को अमेरिका और चीन सहित कई सदस्य देशों द्वारा उपरोक्त की सार्वभौमिक स्वीकृति पाने में कठिनाइयों का सामना करना पड़ा है।

हर यूरोपीय देश यूरोपीय संघ का सदस्य नहीं है। स्विट्जरलैंड, नॉर्वे, अंडोरा और लिचटेंस्टीन संघ के बाहर बने हुए हैं। एक मुसलिम बहुल जनसंख्यावाला नाटो सदस्य, तुर्की, भविष्य के लिए एक असहज प्रश्नचिह्न बना हुआ है। क्या एक बहुसंख्यक मुसलिम देश कभी ई.यू. सदस्य हो सकता है ? क्या पूर्व की ओर उन्मुख तुर्की को यूरोप बरदाश्त कर सकता है ? मौत की सजा को वापस लाने के आह्वान के साथ 2016 में तुर्की में विफल तख्तापलट के परिणामों ने यूरोपीय संघ के लिए तुर्की की उम्मीदवारी पर एक नया और लंबा ग्रहण लगा दिया है। यूरोपीय संघ के सामने राजनीतिक इसलाम की दुविधा पहली बार तब फोकस में आई, जब फ्रांस के पूर्व राष्ट्रपति गिस्कार्ड डी' ऐस्टिंग ने ई.यू. संविधान की प्रस्तावना का मसौदा तैयार किया। अपने मूल मसौदे में उन्होंने कहा कि यूरोप एक इसाई महाद्वीप था, जो मुख्य रूप से इसाई और गोरे लोगों द्वारा बसा हुआ था! सार्वजनिक हो–हल्ले के बाद उन्हें मसौदा वापस लेने और इसे संशोधित करने के लिए मजबूर किया गया था। हालाँकि उनकी टिप्पणियाँ यूरोप के अधिकांश हिस्सों में मुख्यधारा की जनभावना बनी हुई हैं।

2016 से 2017 तक, अंतरराष्ट्रीय आतंकवाद ने यूरोप महाद्वीप के तटों पर हिंसक प्रवेश किया और यूरोपीय कोर्ट ऑफ जस्टिस के चार्टर में निहित और समर्थित उदार लोकतांत्रिक मूल्यों को स्थायी रूप से बदल दिया। पेरिस में हमलों के बाद ब्रुसेल्स और नीस में आतंकवादी हमले और लंदन में कई हमले हुए। प्रवास-विरोधी भावनाओं के साथ-साथ इसलामोफोबिया और कट्टरवाद बढ़ने लगा। पश्चिमी से पूर्वी यूरोप तक दक्षिणपंथी, उग्र राष्ट्रवादी और राष्ट्रवादी दलों का एक मैत्रीपूर्ण मोर्चा अमूमन उदारवादी प्रतिष्ठानों को धमकी दे रहा था। यद्यपि नीदरलैंड और फ्रांस में चरम दक्षिणपंथी निर्णायक रूप से पराजित हो गए थे, लेकिन इसे स्थापित ताकतों के पक्ष में निर्णायक प्रवृत्ति के रूप में नहीं लिया जाना चाहिए। हालाँकि नीदरलैंड में चरम दक्षिणपंथी बहुमत नहीं पा सके, लेकिन पार्टियों के बीच एक साल की लंबी वार्त्ता से सरकार का गठन किया गया था। दूसरी ओर, फ्रांस में, नेपोलियन के बाद से फ्रांस में सबसे कम उम्र के राष्ट्र प्रमुख राष्ट्रपति मैक्रॉन[1] की आश्चर्यजनक जीत के बाद उनकी नई पार्टी 'रिपब्लिक एन मार्च' के लिए एक शानदार विधायी जनादेश आया! मैक्रॉन ने अब मितव्ययी एजेंडा शुरू कर दिया है, जो फ्रांस में पृथकतावादी राष्ट्रवाद की धारा को बढ़ा सकता है। यदि मैक्रॉन फ्रांसीसी अर्थव्यवस्था की कायापलट नहीं कर पाए, तो वही ताकतें, जिन्होंने उन्हें सत्ता तक पहुँचाया, उन्हें सत्ताच्युत भी कर सकती हैं। यह केवल समय ही बताएगा।

यूरोप ने तब जर्मनी में 24 सितंबर, 2017 को होनेवाले महत्त्वपूर्ण चुनावों के परिणाम, जिसे चांसलर एंजेला मर्केल के भाग्य का फैसला करना था और ब्रेक्जिट प्रक्रिया के दौरान संभावित रूप से फ्रांस-जर्मन धुरी को प्रभावित करना था, की व्याकुलता से प्रतीक्षा की। जर्मन रीचस्टैग (संसद्) में अति दक्षिणपंथी ऑल्टरनेटिव फॉर डाइच्लैंड (जर्मनी) यानी ए.एफ.डी.[2] द्वारा दशकों में पहली बार सीटें जीतने के साथ ही परिणाम निराशाजनक थे। पेचीदी बातचीत के बाद, 7 फरवरी, 2018 को, मर्केल अपने पिछले सरकारी साझीदारों, खासकर सोशल डेमोक्रेट्स के साथ एक गठबंधन समझौते पर सहमत हुईं, जिससे वे नई सरकार बनाने की आकर्षक दूरी पर आ गईं। इस समझौते की ऊँची कीमत चुकानी पड़ी, क्योंकि मर्केल की कंजर्वेटिव पार्टी (क्रिश्चियन डेमोक्रेट) को मध्यमार्गी वामदल सोशल डेमोक्रेट के लिए शक्तिशाली वित्त मंत्रालय छोड़ना पड़ा। इस गठबंधन में शामिल होने के लिए सोशल डेमोक्रेट इतने अनिच्छुक थे कि इसके नेताओं ने जोर दिया कि इस गठबंधन को उनकी पार्टी की संपूर्ण सदस्यता (4,63,000 सदस्य) द्वारा अनुमोदित किया जाना चाहिए। अंततः बहुमत के वोट के माध्यम से, गठबंधन को मंजूरी दी गई और एक नई जर्मन सरकार ने शपथ ली। नई जर्मन सरकार को अब बहुमत नहीं रहा। ए.एफ.डी. सबसे मजबूत विपक्षी ताकत बन गया है। उस समय ऐसा लग रहा

था कि अपने चौथे और अंतिम कार्यकाल में एक बेहद कमजोर चांसलर के साथ, मैक्रॉन मोर्चे की ओर से ई.यू. के लिए फ्रेंच-जर्मन धुरी का नेतृत्व करेंगे।

यूरोपीय संघ द्वारा सख्त प्रवासी नीति नहीं अपनाए जाने तक प्रवासियों को एकतरफा रूप से बवेरिया सीमा से दूर करने की क्रिश्चियन सोशल यूनियन के हॉर्स्ट सीहोफर की धमकी के साथ ही प्रवासन पर सत्तारूढ़ गठबंधन में नई दरारें उभर रही हैं। हालाँकि 29 जून, 2018 को यूरोपीय संघ के सम्मेलन में तैयार एक कमजोर समझौते के कारण, यह सौदा नष्ट होने को बाध्य है, क्योंकि प्राप्तकर्ता राज्यों के अलावा यूरोपीय संघ के किसी राज्य में किसी हिरासत केंद्र की पहचान नहीं की गई है।

पूर्वी और मध्य यूरोप में दक्षिणपंथी ताकतों का उदय यूरोपीय मूल्यों के लिए गंभीर खतरा है। हंगरी, चेक गणराज्य और पोलैंड में समान अनुदार और अलोकतांत्रिक रुझान दिख रहे हैं। जैसा कि इवान क्रस्टेव (न्यूयॉर्क टाइम्स, फरवरी 2018) ने उल्लेख किया है : 'अपने पूर्वी संस्करण में, रूढ़िवाद आधुनिकता को समग्र रूप से खारिज करता है···यह किसी भी तरह की सार्वदेशिकता या विविधता के खिलाफ है।' हंगरी 'अनुदार लोकतंत्र' का रोल मॉडल बन गया है। हंगरी के प्रधानमंत्री विक्टर ऑर्बन ने फरवरी 2018 में एक सार्वजनिक सभा में इस विचारधारा को विस्तार से बताया : 'हमें यह बताना चाहिए कि हम वैविध्यपूर्ण होना और मिश्रित होना नहीं चाहते हैं। हम नहीं चाहते कि हमारा अपना रंग, परंपरा और राष्ट्रीय संस्कृति दूसरों के साथ घुलमिल जाए। हम ऐसा बिल्कुल नहीं चाहते हैं। हम एक वैविध्यपूर्ण देश बनना नहीं चाहते हैं। हम वैसा बनना चाहते हैं जैसे हम कार्पेथियन बेसिन में 1,100 साल पहले बने।' पी.एम. ऑर्बन हंगरी को 1,100 साल पीछे ले जाना चाहते हैं। यह एक अनिष्टसूचक विकास है।

8 अप्रैल, 2018 को संसद् में दो-तिहाई का भारी बहुमत और अपना चौथा कार्यकाल प्राप्त करने के बाद, हंगरी की लोकतांत्रिक फिसलन और प्रवासियों के प्रति बढ़ती नापसंदगी, लिस्बन संधि में निहित उदारवादी मूल्यों और मर्केल के नेतृत्व के लिए एक बुनियादी खतरा बन गया है।

अपने आकार, संसाधनों, रणनीतिक स्थिति और सैन्य ताकत के कारण पोलैंड में रुझान ज्यादा चिंताजनक हैं। पोलैंड में विकास यह परिभाषित करेगा कि सोवियत ब्लॉक देशों को औपचारिक रूप से एकीकृत करने के यूरोपीय संघ के प्रयास सफल होते हैं या विफल। पोलैंड ब्रेक्जिट के बाद यूरोपीय संघ के लिए एक नया संकट बिंदु बन गया है। पोलैंड की लॉ एंड जस्टिस पार्टी ने रेखांकित किया कि यूरोपीय संघ को व्यापार पर ध्यान केंद्रित करना चाहिए, न कि 'घरेलू राजनीति या राष्ट्रीय संस्कृति में हस्तक्षेप' करना चाहिए। यह आंतर-देशीय इकाई के रूप में यूरोपीय संघ के आदर्शों के प्रति एक विरोध

है। पोलिश सरकार का दावा है कि वह ईसाई मूल्यों की रक्षा में काम कर रही है और मुख्य रूप से इस रोमन कैथोलिक देश ने खुद को इतिहास के पीड़ित और 'राष्ट्रों के मसीह' के रूप में चित्रित किया है। (पोलिश 'लॉ एंड जस्टिस' पार्टी प्रमुख जारोसॉव कैक्जिन्स्की के अनुसार, न्यूयॉर्क टाइम्स)।

पोलिश न्यायपालिका पर सत्तारूढ़ पार्टी के प्रतिबंधों ने लोकतंत्र में निहित नियंत्रण और संतुलन को गड़बड़ कर दिया। ई.यू. के सदस्य देशों को 20 दिसंबर, 2017 को आयोग द्वारा सलाह दी गई थी कि पोलैंड का विधायी कार्यक्रम न्यायपालिका की स्वतंत्रता को खतरे में डालते हुए अपनी अदालतों में राजनीतिक हस्तक्षेप को प्रोत्साहित करके एक लोकतांत्रिक राज्य के अपेक्षित बुनियादी मूल्यों को कम करने का जोखिम लेता है। फ्रैंस टिमरमैंस (यूरोपीय आयोग के उपाध्यक्ष और एक पूर्व डच विदेश मंत्री) ने कहा कि 2016 और 2017 के बीच, अपनाए गए 13 कानून पोलैंड की न्यायपालिका की स्वतंत्रता को खतरे में डालते हैं और यूरोपीय संघ की निरंतर सदस्यता के लिए आवश्यक शक्तियों को अलग करते हैं। टिमरमैंस ने ब्रुसेल्स में मीडिया से कहा : "ऐसे न्यायिक सुधारों का मतलब है कि देश की न्यायपालिका अब सत्ताधारी बहुमत के राजनीतिक नियंत्रण में है। न्यायिक स्वतंत्रता की अनुपस्थिति में, ई.यू. कानून के प्रभावी अनुप्रयोग के बारे में गंभीर सवाल उठते हैं।"

'परमाणु विकल्प'[3] माने जानेवाले, अबतक अप्रयुक्त अनुच्छेद 7 की प्रक्रिया के पहले प्रावधान के तहत आयोग द्वारा पोलैंड को एक औपचारिक चेतावनी जारी करने की सिफारिश की गई है। 28 सदस्य देशों में से कम-से-कम 22 को अब औपचारिक चेतावनी के लिए आयोग के प्रस्ताव के पक्ष में मतदान करने की आवश्यकता होगी। ब्रुसेल्स आश्वस्त है कि इस प्रयोजन के लिए आवश्यक संख्या उसके पास है। अनुच्छेद 7 के तहत संभव सबसे गंभीर प्रतिबंध यूरोपीय संघ के संस्थानों में पोलैंड के मतदान के अधिकार को निलंबित करना होगा। यदि पोलैंड इन मुद्दों पर अपने कानून को निरस्त नहीं करता है, तो क्या यह ई.यू. से पोलैंड के जबरन निष्कासन में परिणत हो सकता है? आगामी मतदान में सदस्य देशों के बीच एकमत की आवश्यकता होगी। ऐसा संभव नहीं लगता है, क्योंकि हंगरी की दक्षिणपंथी सरकार ने जोर देकर कहा है कि वह इस तरह के कदम का समर्थन नहीं करेगी।

अब ऐसा प्रतीत होता है कि दक्षिणी यूरोप, विशेष रूप से ई.यू. के संस्थापक सदस्य रहे इटली में लोकलुभावनवाद अपने पाँव मजबूती से जमाने में सफल रहा है। यह ब्रुसेल्स के लिए बहुत चिंता का विषय है। आशंका जताई गई कि 4 मार्च, 2018 को हुए इटली के चुनावों में ई.यू. विरोधी पार्टियों (द नॉर्दर्न लीग और फाइव स्टार मूवमेंट) के समर्थन

में वृद्धि के कारण यूरो में तेज गिरावट आ सकती है। दोनों पार्टियों ने यूरोपीय संघ के एकीकरण के खिलाफ बात की है और एकल मुद्रा के प्रति अपनी अरुचि को स्पष्ट कर दिया है। अमेरिका को यूरोपीय संघ के इस्पात और एल्यूमीनियम आयात पर दंडात्मक शुल्क लागू करने की ट्रंप की धमकी के कारण अमेरिका के साथ आसन्न व्यापार युद्ध ने यूरोजोन में मंदी की आशंका पैदा कर दी है। यूरो ने फरवरी 2018 की शुरुआत से डॉलर के मुकाबले दो प्रतिशत की गिरावट दर्ज की।

इटली में नई सरकार बनाने पर औपचारिक वार्त्ता 23 मार्च, 2018 के बाद शुरू हुई। इटली में एक नया गठबंधन बनाने के लिए वार्त्ता जर्मनी जितनी ही लंबी और जटिल थी। इटली के प्रमुख समाचार 'पत्र–ला स्टैंपा' (5 मार्च, 2018) ने परिणामों की घोषणा करते हुए 'अशासनीय इटली' का शीर्षक उचित ही दिया! परिणामों ने पूरे यूरोप में दक्षिणपंथी ई.यू. विरोधियों में बढ़ोतरी और ई.यू. के राजनीतिक परिदृश्य के आमूल परिवर्तन की पुष्टि की। प्रवासन पर इटली के उप प्रधानमंत्री साल्विनी के कठोर रुख ने इस मुद्दे पर दुर्बल ई.यू. सहमति की आशंका पैदा की और जून 2018 के ई.यू. सम्मेलन को शुरू में बाधित किया।

ये ताकतें साझा क्षमताओं के साथ एक सीमाविहीन यूरोप के सपने के लिए एक कठिन चुनौती पेश करती हैं। ई.यू. धीरे–धीरे राष्ट्रवाद और राष्ट्र राज्य के आदर्शों से दूर होता प्रतीत होता है, जिससे यूरोपीय राजनीति पहले त्रस्त थी और इसके परिणामस्वरूप दो विश्व युद्ध हुए थे। जैसा कि पोलैंड से स्टीवन अर्लैंगर और मार्क सेंटोरा (न्यूयॉर्क टाइम्स, फरवरी 2018) ने लिखा है : 'पश्चिमी यूरोप के ब्लॉक के मूल सदस्य देशों और मध्य एवं पूर्वी यूरोप के नए सदस्यों के बीच बढ़ता संघर्ष ई.यू. के सामंजस्य और अस्तित्व के लिए मुख्य खतरा है। यह एक साधारण झड़प नहीं है, बल्कि पहचान, इतिहास, मूल्य, धर्म और लोकतंत्र एवं एकजुटता की व्याख्याओं के रूप में बहुउद्देशीय है।' मूल रूप से, ये सरकारें ई.यू. में रहना चाहती हैं, लेकिन अपनी विचारधारा, अपने वैश्विक दृष्टिकोण और अतीत एवं भविष्य की अपनी दृष्टि के अनुसार रहना चाहती हैं। क्या ई.यू. में लोकतंत्र और उदारवाद खतरे में हैं?

खंड 1 : लिस्बन संधि : एक नए यूरोप का उदय

पुर्तगाल के लिस्बन के जेरोनिमोस मठ में हस्ताक्षरित लिस्बन की संधि[4] (जिसे शुरू में सुधार संधि के रूप में जाना गया) को एक अंतरराष्ट्रीय समझौते के रूप में परिभाषित किया गया है, जो दो संधियों को संशोधित करता है, जो यूरोपीय संघ (ई.यू.) के संवैधानिक आधार का निर्माण करती हैं। लिस्बन संधि पर 13 दिसंबर, 2007 को यूरोपीय

संघ के सदस्य देशों द्वारा हस्ताक्षर किए गए थे और 1 दिसंबर, 2009 से प्रभावी हुआ। इसने मास्ट्रिच संधि (1993), जिसे यूरोपीय संघ की संधि भी कहा जाता है, और रोम की संधि (1958), जिसे यूरोपीय समुदाय की स्थापना संधि (टी.ई.ई.सी.) के रूप में भी जाना जाता है, का संशोधन किया।

मुख्य आकर्षण में शामिल हैं :

- मंत्रिपरिषद् में कम-से-कम 45 नीतिगत क्षेत्रों में सर्वसम्मति से योग्य बहुमतवाले मतदान के लिए सर्वसम्मति से सीमित बहुमत मतदान की ओर कदम,
- ऐसे बहुमत का नए दोहरे बहुमत के लिए गणना में एक परिवर्तन,
- अधिक शक्तिशाली यूरोपीय संसद् साधारण विधायी प्रक्रिया के तहत मंत्रियों की एक परिषद् के साथ, एक द्विसदनीय विधायिका का गठन कर रही है,
- ई.यू. के लिए एक समेकित कानूनी व्यक्तित्व,
- यूरोपीय परिषद् के एक दीर्घकालिक अध्यक्ष और विदेश मामलों एवं सुरक्षा नीति के लिए संघ के एक उच्च प्रतिनिधि का सृजन।
- कानूनी रूप से बाध्यकारी यूनियन के अधिकार विधेयक की स्थापना, जिसे मौलिक अधिकारों का चार्टर कहा जाता है,
- पहली बार सदस्य देशों को यूरोपीय संघ को छोड़ने का स्पष्ट कानूनी अधिकार और ऐसा करने के लिए एक प्रक्रिया देना। (लिस्बन संधि का अनुच्छेद 50[5])।

संधि, आयोग और सदस्य देशों के बीच राष्ट्रीय संप्रभुता को कुशलतापूर्वक विभाजित करने के ढंग के कारण एक अनूठा अंतरराष्ट्रीय कानूनी साधन है। अभी तक किसी अन्य क्षेत्रीय समूह द्वारा इस प्रयोग का सफलतापूर्वक प्रयास नहीं किया गया है। सदस्य देशों और संघ के बीच विभिन्न नीति क्षेत्रों में अधिकारों का वितरण स्पष्ट रूप से तीन श्रेणियों में किया गया गया है, जो ब्रुसेल्स में सचिवालय के कामकाज का आधार बनाते हैं (तालिका 1)।

कुछ लोगों का तर्क है कि ई.यू. के भीतर भी 'विशिष्ट' और 'साझा' अधिकारों के बीच गत्यात्मकता की समझ अपूर्ण है। अन्य ने नोट किया कि संधि की अत्यंत जटिलता और ब्रुसेल्स द्वारा इसकी की गई व्याख्या के ढंग के परिणामस्वरूप ब्रेक्जिट और महाद्वीप के भीतर वैश्वीकरण के खिलाफ आंदोलन को बल मिला। अंतिम विश्लेषण में, यह दरशाता है कि 'साझा' अधिकारों के राष्ट्रीय संप्रभुता का स्पर्श करने या अतिक्रमण करने पर यदि इसे संवेदनशील तरीके से निस्तारित नहीं किया जाता है, तो तीव्र प्रतिक्रिया हो सकती है। यूरोपीय संघ के बाहर, इन गत्यात्मकता को अकसर बिल्कुल भी नहीं समझे जाने के कारण ई.यू. सदस्य देश-विशेष से द्विपक्षीय संबंधों के साथ ही आयोग के साथ

मजबूत संबंध विकसित करने में असमर्थता पैदा होती है। जहाँ तक भारत की बात है, निश्चित रूप से यही मामला है।

तालिका 1 : यूरोपीय संघ के भीतर अधिकारों का विभाजन

(HTTP://EUR-LEX.EUROPA.EU/LEGAL-CONTENT/EN/TXT/?URI=URISERV:AI0020 से अपनाया गया)

यूरोपीय संघ के पास केवल संधियों (प्रदान करने का सिद्धांत) द्वारा उसे प्रदान किए जानेवाले अधिकार हैं। इस सिद्धांत के तहत, यूरोपीय संघ केवल उसे दिए गए उद्देश्यों को पूरा करने के लिए संधियों में ई.यू. देशों द्वारा उसे प्रदान किए गए अधिकारों की सीमा के भीतर कार्य कर सकता है। संधियों में ई.यू. को नहीं सौंपे गए अधिकार ई.यू. देशों के पास बने हुए हैं। लिस्बन संधि ई.यू. और ई.यू. देशों के बीच अधिकारों के विभाजन को स्पष्ट करती है। इन अधिकारों को 3 मुख्य श्रेणियों में विभाजित किया गया है : विशिष्ट अधिकार; साझा अधिकार और सहायक अधिकार।

विशिष्ट अधिकार	साझा अधिकार	सहायक अधिकार	विशेष अधिकार
(यूरोपीय संघ के क्रियाकलाप पर संधि-टी.एफ.ई.यू.-का अनुच्छेद 3) ऐसे क्षेत्र, जिनमें अकेले यूरोपीय संघ ही कानून बनाने और बाध्यकारी कदमों को अपनाने में सक्षम है। ई.यू. देश इन नियमों को स्वयं ऐसा करने में तभी सक्षम हैं, जब इन नियमों को क्रियान्वित करने के लिए ई.यू. द्वारा अधिकारसंपन्न किए गए हों। ई.यू. का निम्नलिखित क्षेत्रों में विशिष्ट अधिकार है :	(टी.एफ.ई.यू. का अनुच्छेद 4) यूरोपीय संघ और यूरोपीय संघ के देश कानूनी रूप से बाध्यकारी नियमों को कानून बनाने और अपनाने में सक्षम हैं। ई.यू. जहाँ अपने अधिकार का उपयोग नहीं करता या उपयोग नहीं करने का निर्णय करता है, वहाँ ई.यू. देश अपने अधिकार का उपयोग करते हैं। ई.यू. और ई.यू. देशों के बीच साझा अधिकार निम्न क्षेत्र में लागू होते हैं : ● आंतरिक बाजार; ● सामाजिक नीति, लेकिन केवल संधि में विशेष रूप से परिभाषित पहलुओं के लिए;	(टी.एफ.ई.यू. का अनुच्छेद 6) ई.यू. देशों की गतिविधियों में ई.यू. केवल समर्थन, समन्वय या पूरक के रूप में हस्तक्षेप कर सकता है। कानूनी रूप से बाध्यकारी ई.यू. अधिनियमों के लिए ई.यू. देशों के कानून या नियमनों से सामंजस्य आवश्यक नहीं होता है। सहायक अधिकार निम्न क्षेत्रों से संबद्ध हैं :	ई.यू. यह सुनिश्चित करने के लिए उपाय कर सकता है कि ई.यू. देश अपनी आर्थिक, सामाजिक और रोजगार नीतियों का समन्वय यूरोपीय संघ के स्तर पर करें। ई.यू. की समान विदेश और सुरक्षा नीति को निर्णय लेने में यूरोपीय आयोग और यूरोपीय संसद् की सीमित भागीदारी जैसे विशिष्ट संस्थागत विशेषताओं के जरिए वर्णित किया जाता है। किसी भी विधायी

• सीमा शुल्क संघ; • आंतरिक बाजारों के कामकाज के लिए आवश्यक प्रतिस्पर्धा नियमों की स्थापना; • यूरो क्षेत्र के देशों के लिए मौद्रिक नीति; • समान मत्स्य नीति के तहत समुद्री जैविक संसाधनों का संरक्षण; • समान वाणिज्यिक नीति; • कुछ शर्तों के तहत अंतरराष्ट्रीय समझौतों का निष्कर्ष।	• आर्थिक, सामाजिक और क्षेत्रीय सामंजस्य (क्षेत्रीय नीति); • कृषि और मत्स्य पालन (समुद्री जैविक संसाधनों के संरक्षण को छोड़कर); • वातावरण; • उपभोक्ता संरक्षण; • परिवहन; • ट्रांस-यूरोपीय नेटवर्क; • ऊर्जा; • स्वतंत्रता, सुरक्षा और न्याय का क्षेत्र; •सार्वजनिक स्वास्थ्य मामलों में साझा सुरक्षा संबंधी चिंताएँ, टी.एफ.ई.यू. में परिभाषित पहलुओं तक सीमित; •अनुसंधान प्रौद्योगिकी क्षेत्र;	• मानव स्वास्थ्य की सुरक्षा और सुधार; • उद्योग; • संस्कृति; • पर्यटन; • शिक्षा, व्यावसायिक प्रशिक्षण, युवा और खेल; • नागरिक सुरक्षा; • प्रशासनिक सहयोग।	गतिविधि की प्रक्रिया और बहिर्वेशन। यह नीति यूरोपीय परिषद् द्वारा (ई.यू. देशों के प्रमुखों या सरकारों से बनी) और परिषद् (मंत्री स्तर पर प्रत्येक ई.यू. देश के प्रतिनिधि से निर्मित) द्वारा परिभाषित और कार्यान्वित की जाती है। यूरोपीय परिषद् के अध्यक्ष और विदेश एवं सुरक्षा नीति के संघ के उच्च प्रतिनिधि समान विदेशी और सुरक्षा नीति के मामलों में यूरोपीय संघ का प्रतिनिधित्व करते हैं।

अधिकार का उपयोग : ई.यू. के अधिकारों का उपयोग यूरोपीय संघ पर संधि के अनुच्छेद 5 में निर्धारित दो मूलभूत सिद्धांतों पर निर्भर है : आनुपातिकता : ई.यू. की काररवाई की सामग्री और दायरा संधियों के उद्देश्यों को प्राप्त करने के लिए आवश्यक सीमा से परे नहीं हो सकता है; अनुषंगी : अपने गैर-विशिष्ट अधिकारों के क्षेत्र में, ई.यू. केवल तभी कार्य कर सकता है—और जब तक—प्रस्तावित काररवाई का उद्देश्य ई.यू. देशों द्वारा पर्याप्त रूप से हासिल नहीं किया जा सकता है, लेकिन यूरोपीय संघ के स्तर पर बेहतर हासिल किया जा सकता है।

खंड 2 : समान सुरक्षा और रक्षा नीति : दूर का लक्ष्य?

समान यूरोपीय सुरक्षा और रक्षा नीति[6] (आगे सी.एस.डी.पी. के रूप में संदर्भित) बनाने के शुरुआती प्रयासों का उतार-चढ़ाव भरा इतिहास रहा है। इस मुद्दे पर विभाजन ई.यू. के संस्थापक सदस्य देशों से बने 'पुराने यूरोप' और शीतयुद्ध की समाप्ति पर बर्लिन की दीवार गिरने के बाद कथित बाद के प्रवेशियों के 'नए यूरोप' के बीच व्यापक यूरोपीय विभाजन को दरशाता है। सद्दाम हुसैन को उखाड़ फेंकने और इराक में शासन बदलने (टकर, 2015) के बारे में अमेरिका का समर्थन करने का पूर्व ब्रिटिश प्रधानमंत्री टोनी

ब्लेयर द्वारा फैसला करने के बाद इन विभाजनों को और अधिक चिह्नित किया। उस समय, फ्रांस तक ने शुरुआत में ब्लेयर का समर्थन करने और जमीन पर सेना उपलब्ध कराने से इनकार कर दिया था। अमेरिका पहले सी.एस.डी.पी. का उत्साही समर्थक नहीं था। राष्ट्रपति ट्रंप ट्रांस अटलांटिक एलायंस की अनदेखी करते रहे हैं और यूरोपीय संघ से नाटो को वित्तपोषण बढ़ाने का आग्रह कर रहे हैं। मर्केल यूरोपियों से अपनी रक्षा में और अधिक सक्रिय होने का आग्रह करती रही हैं। ट्रंप ने 11 जुलाई, 2018 को ब्रुसेल्स शिखर सम्मेलन में नाटो सहयोगियों को यह माँग करते हुए झटका दिया कि वे रक्षा पर अपने जी.डी.पी. का, 2014 में वेल्स नाटो शिखर सम्मेलन में सहमत हुए 2% की बजाय 4% खर्च करें। ट्रंप की माँग को स्वीकार नहीं किया गया है। सी.एस.डी.पी. के उत्साही समर्थकों, विशेष रूप से फ्रांसीसी और जर्मन, ने हमेशा उन सैन्य लक्ष्यों का पीछा करने या सैन्य लक्ष्यों का बचाव करने के लिए एक सैन्य बल के पक्ष में तर्क दिया है, जो विशुद्ध रूप से यूरोपीय हैं और उनकी अमेरिकियों के लिए कोई रणनीतिक प्राथमिकता नहीं हो सकती है। पहले के अमेरिकी दृष्टिकोण का पूर्व अमेरिकी विदेश मंत्री मैडेलिन अलब्राइट के बयान में इंगित किया गया है, जिन्होंने ख्यात तीन 'डी' को ब्रुसेल्स (1988) में सामने रखा, जो आज तक अमेरिकी उम्मीदों को रेखांकित करता है : 'नाटो के तहत प्रभावी रूप से किए गए कार्य का कोई दोहराव नहीं है, अमेरिका और नाटो से कोई अलगाव नहीं, और तुर्की जैसे गैर-ई.यू. सदस्यों के खिलाफ कोई भेदभाव नहीं।'

सी.एस.डी.पी. की ऐतिहासिक पृष्ठभूमि का पता यू.के. और फ्रांस के बीच 1947 की डनकिर्क[7] की संधि से लगाया जा सकता है। यह द्वितीय विश्व युद्ध के बाद पारस्परिक सहायता समझौते पर आधारित एक यूरोपीय संधि थी। यह ब्रिटिश फील्ड मार्शल मॉन्टगुमरी के तहत सहयोगी यूरोपीय कमांड संरचना के साथ 1948 में स्थापित वेस्टर्न यूनियन डिफेंस ऑर्गनाइजेशन का अग्रदूत था। 1949 में, अमेरिका और कनाडा उत्तरी अटलांटिक संधि संगठन के परस्पर रक्षा के अनुच्छेद 5 के साथ गठबंधन और उसके परस्पर रक्षा समझौतों में शामिल हो गए। आगे जाकर, यूरोपीय संघ की स्थापना के बाद, इसके संस्थापक सदस्य देशों का मानना था कि सी.एस.डी.पी. समय की जरूरत थी। यह सुरक्षा और रक्षा अनिवार्यता को नाटो की बजाय यूरोपीय संघ के दृष्टिकोण से प्राथमिकता देगा। क्षमता अधिकारों के विभाजन के संदर्भ में, सी.एस.डी.पी. संधि के विशेष अधिकार के दायरे में है। यह यूरोपीय संघ की सुरक्षा और सैन्य प्राथमिकताओं का एक प्रमुख तत्त्व है।

औपचारिक रूप से, सी.एस.डी.पी. यूरोपीय देशों के प्रमुखों की भागीदारीवाली ई.यू. संस्था, यूरोपीय परिषद् के दायरे में है। विदेशी मामलों और सुरक्षा नीति के लिए संघ का उच्च प्रतिनिधि, जो वर्तमान में फेडरिका मोघेरिनी[8] हैं, भी महत्त्वपूर्ण भूमिका निभाता

है। परिषद् के वैदेशिक संबंधों के विन्यास के अध्यक्ष के रूप में, उच्च प्रतिनिधि किए जानेवाले निर्णयों को परिषद् में लाए जाने से पहले उनकी तैयारी है और जाँच करता है।

सी.एस.डी.पी. का वर्तमान अधिकार पत्र क्या है? 1992 में, पश्चिमी यूरोपियन यूनियन (डब्ल्यू.ई.यू.) ने पूर्वी यूरोप की संभावित अस्थिरता से जुड़ी चुनौतियों से निपटने के लिए तैयार किए गए पीटर्सबर्ग टास्क[9] को अपनाया। डब्ल्यू.ई.यू. के पास कोई स्थायी सेना नहीं थी, बल्कि वह अपने सदस्यों के बीच सहयोग पर निर्भर थी। इसके कार्यों में निम्नलिखित से संबंधित परिचालन शामिल था :

- मानवीय और बचाव
- शांति स्थापना
- संकट प्रबंधन में प्रतिरोधक बल

इसके बाद, बर्लिन में 1996 के नाटो मंत्रिस्तरीय बैठक में, यह सहमति बनी कि डब्ल्यू.ई.यू. नाटो के भीतर एक यूरोपीय सुरक्षा और रक्षा पहचान[10] के सृजन की देखरेख करेगा। नाटो के भीतर एक यूरोपीय 'स्तंभ' सृजित करने का इरादा, आंशिक रूप से यूरोपीय देशों को सैन्य रूप से वहाँ कार्य करने की अनुमति देने के लिए जहाँ नाटो और विशेष रूप से अमेरिका भागीदारी का इच्छुक नहीं है, और आंशिक रूप से शीत युद्ध के समय से यूरोप में सैन्य बेस बनाए रखने के अमेरिका के वित्तीय बोझ को कम करने के लिए था। बर्लिन समझौते ने यूरोपीय देशों (डब्ल्यू.ई.यू. के माध्यम से) को नाटो की इच्छानुसार उसकी संपत्तियों का उपयोग करने की अनुमति दी थी। (इस समझौते को बाद में यूरोपीय संघ को ऐसे मिशनों को संचालित करने की अनुमति देने के लिए तथाकथित बर्लिन-प्लस अरेंजमेंट[11] के रूप में संशोधित किया गया था)।

यूरोपीय संघ ने एम्स्टर्डम संधि (1997)[12] के तहत अपने दायरे में समान पीटर्सबर्ग टास्क को शामिल किया। संधि ने पीटर्सबर्ग टास्क के आधार पर समान सुरक्षा और रक्षा नीति की प्रगतिशील बुनावट को हरी झंडी दी। 1998 में, फ्रांसीसी राष्ट्रपति जैक्स शिराक के साथ सेंट मालो में एक द्विपक्षीय शिखर सम्मेलन के बाद इस तरह की योजना के लिए पारंपरिक ब्रिटिश अनिच्छा समर्थन में बदल गई।

सेंट मैलो में फ्रेंच ब्रिटिश शिखर सम्मेलन (1988) के दौरान फ्रांस के राष्ट्रपति जैक्स शिराक और ब्रिटिश प्रधानमंत्री टोनी ब्लेयर का घोषणा-पत्र :

'संघ के पास विश्वसनीय सैन्य बलों द्वारा समर्थित, स्वायत्त कारवाई की क्षमता, इसका उपयोग करने का निर्णय लेने का साधन, और ऐसा करने के लिए एक तत्परता होनी चाहिए, ताकि अंतरराष्ट्रीय संकटों का जवाब दिया जा सके।'

कोलोन काउंसिल (1999) ने समान विदेश और सुरक्षा नीति के लिए जेवियर सोलाना[13] को उच्च प्रतिनिधि के रूप में नियुक्त किया। यूरोपीय संघ ने सैन्य क्षमताओं को बढ़ाने के लिए अपना पहला ठोस कदम तब उठाया, जब उसके सदस्य देशों ने हेलसिंकी हेडलाइन गोल[14] पर हस्ताक्षर किए। इसमें 'पीटर्सबर्ग टास्क' को अंजाम देने में सक्षम होने के लिए 'हेलसिंकी फोर्स कैटलॉग', बलों के एक कैटलॉग का निर्माण शामिल था।

अमेरिका की इन चिंताओं के समाधान के लिए कि एक स्वतंत्र यूरोपीय सुरक्षा स्तंभ के परिणामस्वरूप ट्रांसअटलांटिक फोरम के रूप में नाटो का महत्त्व घट सकता है और अमेरिका के भारी दबाव में, मार्च 2003 में 'बर्लिन प्लस समझौता' संपन्न हुआ। इसने नाटो के काररवाई करने से इनकार करने पर यूरोपीय संघ को सैन्य काररवाई करने के लिए नाटो के ढाँचे, तंत्र और संपत्तियों का उपयोग करने की अनुमति दी। यूरोपीय संघ और नाटो के बीच सूचना साझा करने पर एक समझौते पर हस्ताक्षर किए गए थे और अब शेप[15] (नियोजन और संचालन के लिए नाटो का रणनीतिक नर्व सेंटर) और नेपल्स में नाटो के संयुक्त बल कमान में ई.यू. का संपर्क प्रकोष्ठ है। यूरोपीय संघ की सेनाओं और नाटो के बीच संबंध का वर्णन करने के लिए अकसर एक उपयुक्त वाक्यांश का उपयोग किया जाता है कि 'अलग होने योग्य, लेकिन अलग नहीं' (2012); समान ताकतें और क्षमताएँ यूरोपीय संघ और नाटो, दोनों के प्रयासों का आधार बनती हैं, लेकिन यदि आवश्यक हुआ तो यूरोपीय संघ को भागों का आवंटन किया जा सकता है।

खंड 3: परिचालन में विदेश नीति ढाँचा : एक महत्त्वपूर्ण विश्लेषण

(क) राष्ट्रीय विदेश नीति निर्माताओं द्वारा चुनौती दी गई सुसंगत ई.यू. विदेश नीति

एक गतिशील और प्रभावी ई.यू. विदेश नीति के लिए एक बड़ी बाधा इसके विदेश नीति ढाँचे की अस्पष्टता है। इसके अलावा, संघ के संस्थानों और इसके सदस्य देशों के बीच ढाँचागत विभाजन के बारे में यूरोपीय संघ के भीतर और बाहर एक खराब समझ है। लिस्बन संधि के बाद भी, अपनी विदेश नीति की अनिवार्यताओं के आधार के लिए मूलभूत सिद्धांतों की परिभाषा के बारे में कोई व्यापक सहमति नहीं है। वैश्विक संकट के समय में, जैसा कि मध्य-पूर्व, विशेष रूप से सीरिया के संकट में स्पष्ट था, इस बात की कोई आम समझ नहीं थी कि इसकी बाह्य क्रियाएँ क्या होनी चाहिए या इसकी प्रतिक्रिया कैसी होनी चाहिए। परिणामस्वरूप, इसकी विदेश नीति की सफलताएँ गिनी-चुनी हैं। यह भारत सहित उभरते देशों के लिए एक प्रमुख वैश्विक भागीदार के रूप में इसकी छवि को प्रभावित करता है।

ब्रेक्जिट के बाद ये चुनौतियाँ बढ़ी हैं। कुछ विश्लेषकों का कहना है कि मौजूदा तंत्र के और अधिक सहजता से परिचालन और ई.यू. के वैदेशिक कदमों में नई स्फूर्ति लाने के उद्‌देश्य से एक परिपक्व माहौल बनाने के लिए आवश्यक सुधार शुरू करने के लिए सदस्य देशों के बीच कम नौकरशाही, बेहतर समन्वय और अधिक राजनीतिक इच्छाशक्ति की आवश्यकता है। यिमॉन्ट (2015) का सुझाव है कि इसमें वेग निम्नलिखित के माध्यम से उत्पन्न किया जा सकता है :

- संघ की वैश्विक भूमिका के बारे में ई.यू. के सदस्य देशों के बीच आम समझ के आधार पर ई.यू. की विदेश नीति के लिए एक व्यापक राजनीतिक दृष्टिकोण विकसित करना।
- एक दीर्घकालिक विदेशी और सुरक्षा नीति रणनीति तैयार करना, जो एक भू-राजनीतिक शक्ति के रूप में संघ की जिम्मेदारियाँ दरशाता है।
- वैश्विक रणनीति के कार्यान्वयन में व्यावहारिक बाधाओं को दूर करने के लिए प्रशासनिक स्तर पर सरल और विशिष्ट कार्य नियमों को पेश करना।
- ई.यू. के राजनयिक प्रशासन को बिना कोई विलंब किए उसे जरूरी संसाधन देना।
- सभी ई.यू. देशों के बीच आम सहमति बनाने और ई.यू. की वैदेशिक काररवाई को और अधिक लचीला बनाने का दबाव कम करने में मदद करने के लिए विशिष्ट मुद्‌दों पर सदस्य देशों के तदर्थ समूहों के उपयोग को औपचारिक बनाना।
- सदस्य देशों को राजनीतिक विश्लेषण उपलब्ध कराना, जो वर्तमान घटनाओं के सतही आकलन से परे जाकर विकास का अनुमान लगाता हो।
- रचनात्मक नीतिगत पहलकदमियों और प्रस्तावों का निरंतर प्रवाह पैदा करना। नवाचारी सोच ई.यू. की विदेश नीति का एक स्वाभाविक गुण बन जाना चाहिए।
- सिद्धांतों और क्षेत्रों की पहचान के स्पष्ट सेट के आधार पर अधिक यथार्थवादी प्राथमिकताएँ तय करना, जिसमें यह सबसे मजबूत प्रभाव डाल सकता है।

अपनी सार्वजनिक बयानबाजियों के बावजूद, कई ई.यू. सदस्य देशों ने लिस्बन संधि के तहत अधिकारों के समर्पण के लिए राष्ट्रीय संदर्भ में सामंजस्य स्थापित नहीं किया है। इसने संघ की विदेश नीति की प्रभावशीलता को कम कर दिया है। विमॉन्ट (2015) प्रासंगिक सवाल पूछते हैं : "क्या ई.यू. अपनी विदेश नीति को उन्नत करने के अपने प्रयास में विफल रहा है, क्योंकि सदस्य देशों और संघ के संस्थानों के बीच एक समाधानातीत अंतर है ?"

अपनी विदेश नीति को अधिक प्रभावी बनाने के लिए, ई.यू. को तीन प्रमुख कार्यों पर ध्यान देने की आवश्यकता है :

- व्यापक राजनीतिक दृष्टिकोण का मसौदा तैयार करना,
- क्षमताओं में सुधार,
- एक अधिक मुखर मानसिकता विकसित करना।

इन प्रयासों के लिए न केवल प्रतिबद्धता और धैर्य, बल्कि राजनीतिक इच्छाशक्ति और ई.यू. के विदेश नीति संस्थानों की बेहतर फंडिंग की भी आवश्यकता होगी। ब्रुसेल्स नौकरशाही भी ई.यू. की विदेश नीति को संचालित करने के इन प्रयासों में बहुत महत्त्वपूर्ण होगी।

राष्ट्रीय तौर पर नहीं, बल्कि ब्रुसेल्स द्वारा लागू की जानेवाली एक प्रभावी यूरोपीय विदेश नीति का मसौदा तैयार करने पर दुविधा यूरोप की अपनी राष्ट्रीय विदेश नीति के लक्ष्यों को प्राप्त करने के लिए पारंपरिक कूटनय पर ऐतिहासिक निर्भरता से बढ़ी है। यदि अतीत में जाएँ तो यूरोपीय इतिहास में ख्यात फ्रांसीसी राजनयिक टैलेरेंड जैसे कई दिग्गज हुए हैं, जिन्होंने सुनिश्चित किया कि नेपोलियन की हार के बावजूद फ्रांस 1815 में वियना की कांग्रेस में की गई व्यवस्थाओं में पीड़ित नहीं होगा। इससे यूरोप में लगभग 100 साल तक शांति बनी रही। बाद में, पारंपरिक कूटनीति और प्रथम विश्व युद्ध के लिए जर्मनी को 'दंडित' करने के क्षतिपूर्ति सिद्धांत के आधार पर, ब्रिटिश राजनयिकों ने दूसरी दिशा पकड़ी और 1919 में वर्साय की संधि को गढ़ा। जर्मनी पर संधि का भारी बोझ संधि के टूटने और हिटलर के उदय का कारण बना। तब विमॉन्ट (2015) ने टिप्पणी की : "ई.यू. के संस्थापकों ने पारंपरिक कूटनीति को यूरोपीय परियोजना की अपनी अवधारणा के बुनियादी रूप से विरुद्ध माना है : शुरुआत से, यूरोपीय एकीकरण के मार्ग को अतीत के राजनयिक गठबंधनों से मुक्त और कानून के स्थायी नियमों पर आधारित माना गया था।"

एकीकरण प्रक्रिया में ब्रुसेल्स द्वारा समन्वित और कार्यान्वित किए जानेवाले विदेशी नीति ढाँचों द्वारा राष्ट्रीय राजनयिक ढाँचों को बदलने के लिए स्वाभाविक रूप से संधि की कानूनी बाधाओं, स्थायी संस्थानों और यूरोपीय कानून के एक नए निकाय पर आधारित पारंपरिक कूटनीति की आवश्यकता थी। इसके कारण यूरोपीय स्तर पर समन्वय ढाँचों की स्थापना हुई, जिसके परिणामस्वरूप 1999 में विदेश नीति उच्च प्रतिनिधि[16] की स्थापना हुई। 2009 में लिस्बन संधि के बाद, उच्च प्रतिनिधि को यूरोपीय आयोग के उपाध्यक्ष और ई.यू. के विदेश मामलों की परिषद् की बैठकों की अध्यक्षता की अतिरिक्त जिम्मेदारियों का पद देकर और अधिक शक्तिशाली बनाने का आग्रह था। अपने राष्ट्रीय

विदेश सेवाकर्मियों को बदलने के आग्रह पर, सदस्य देशों ने विदेशी और सुरक्षा नीति के लिए समर्पित यूरोपीय बाह्य काररवाई सेवा (ई.ई.ए.एस.)[17] नामक एक प्रशासन के निर्माण का अनिच्छा से समर्थन किया। ई.ई.ए.एस. ने विभिन्न सदस्य देशों के राजनयिकों की भरती की, जिसके परिणामस्वरूप कभी-कभी राष्ट्रीय कार्य और एक साझा विदेश नीति के बीच भ्रम पैदा होता है। उच्च नीतिगत स्तरों पर, इस तरह का भ्रम संघ की साख को कम कर सकता है।

वास्तव में, इन व्यवस्थाओं ने ई.यू. के तंत्र के मूल में बदलाव नहीं किया, क्योंकि सदस्य देशों ने अभी भी अपने अधिकांश संप्रभु अधिकारों और शक्तियों को बरकरार रखा है। विदेश नीति के सभी मुद्दों पर निर्णय आम सहमति से लिये जाते हैं। गहरे विभाजन के कारण, एकमत की राय मुश्किल है और इसके परिणामस्वरूप राजनीतिक समझौते होते हैं, जो प्रक्रिया को और कमजोर करते हैं। सदस्य देशों ने जी 7 और जी 20[18] जैसे बहुपक्षीय संगठनों और मंचों में अपने राष्ट्रीय प्रतिनिधित्व को संरक्षित रखा है और अपनी सैन्य क्षमताओं को यूरोपीय स्तर पर स्थानांतरित नहीं किया है। लिस्बन संधि के बावजूद, यूरोपीय कूटनीति एक राष्ट्रीय मामला बना हुआ है। ई.यू. ने विदेश नीति में संघ के मूल्यवर्धन को कभी स्वीकार नहीं किया है।

परिणाम कभी-कभी दुर्भाग्यपूर्ण रहे हैं। ऐसे कई उदाहरण सामने आए हैं, जब सैन्य अभियानों को शुरू करने या न करने के फैसलों पर सावधानी से विचार नहीं किया गया। उदाहरण के लिए, लीबिया में, 2011 में नाटो के नेतृत्ववाले अंतरराष्ट्रीय हस्तक्षेप के समय देश के तट की निगरानी सुनिश्चित करने के लिए ई.यू. के समुद्री संचालन के लिए कोई समझौता नहीं हुआ था। बाद में भूमध्य सागर में अनियमित प्रवास से निपटने के लिए मई 2015 में मिशन के लिए समझौता घोषित हुआ था। इसी तरह, सेंट्रल अफ्रीकन रिपब्लिक में, 2013 के अंत में संघर्षग्रस्त देश में व्यवस्था बहाल करने के लिए किसी भी सैन्य हस्तक्षेप को शुरू करने के बारे में कुछ ई.यू. नेताओं ने गहरी आपत्ति जताई थी। वे कुछ महीनों बाद सेंट्रल अफ्रीकन रिपब्लिक की राजधानी बंगुई में व्यवस्था बहाल करने के उसी प्रस्ताव पर सहमत हुए। संघर्ष की स्थितियों में मध्यस्थता के लिए, सदस्य देशों ने दक्षिण सूडान और यमन में इस क्षेत्र में ई.यू.-स्तर के प्रयासों को प्रोत्साहित किया, लेकिन सीरिया या इराक में समान कदमों को हतोत्साहित किया!

इस स्थिति के परिणामस्वरूप यूरोपीय संघ के स्तर की वैदेशिक काररवाई हुई है, जो कि ज्यादातर ई.यू. की कार्यकारी शाखा, यूरोपीय आयोग द्वारा संचालित है। आयोग ने अपनी भूमिका संघ की संधियों द्वारा उसे दी गई शक्तियों पर आधारित की है। पर्याप्त वित्तीय और मानव संसाधनों के साथ, आयोग ने व्यापार, विकास, मानवीय सहायता,

मानवाधिकार, जलवायु परिवर्तन और ऊर्जा जैसे कई क्षेत्रों में अपने वैदेशिक हस्तक्षेपों को उत्तरोत्तर विकसित किया है। वैदेशिक मामलों में यूरोपीय आयोग की गतिशीलता ने संघ की छवि को एक 'नरम शक्ति' के रूप में बढ़ावा दिया है, जो व्यावहारिक राजनीतिक के पारंपरिक राजनयिक साधनों के बजाय प्रभाव और मानकों के माध्यम से कार्य करता है। इस प्रवृत्ति ने यूरोपीय विदेशी मामलों के भीतर ढाँचागत विभाजनों को मजबूत किया है। इसके परिणामस्वरूप स्थिरता में कमी आई है और यूरोपीय संघ की काररवाई को एक व्यापक आयाम देना मुश्किल हो गया है।

संघ को एक राजनीतिक दृष्टि विकसित करनी चाहिए, जो संघ की नरम शक्ति भूमिका तक सीमित रहने के बजाय उसके भावी कदमों को प्रेरित कर सके। ई.यू. पर लीबिया, माली और दक्षिण सूडान जैसे उच्च तीव्रतावाले संघर्षों में हस्तक्षेप करने के लिए दबाव था। ई.यू. को यह स्वीकार करने की आवश्यकता है कि उसका भू-राजनीतिक वातावरण और वैश्विक भूमिकाएँ बदल रही हैं। यूरोप की साख को कम करने के जोखिम के बिना संघ ऐसी चुनौतियों की अनदेखी या अवहेलना नहीं कर सकता है।

(ख) यूरोपीय विदेश नीति ढाँचे की गतिशीलता :

यूरोपीय आयोग और यूरोपीय संसद्

(I) यूरोपीय आयोग

दोनों निकायों की प्रतिस्पर्धात्मक गतिशीलता, जिनकी शक्तियाँ लिस्बन संधि द्वारा सत्तांतरित अधिकारों पर आधारित हैं, एक आकर्षक विश्लेषण में मदद करती हैं। वर्तमान यूरोपीय आयोग (ईसी) कानून का प्रस्ताव करने, निर्णयों को लागू करने, ई.यू. की संधियों को बरकरार रखने और संघ की विदेश नीति को लागू करने के लिए जिम्मेदार ई.यू. की कार्यकारी इकाई के रूप में पूर्ण शक्तिशाली है। आयोग का गठन शुरू से ही सरकारों से अलग स्वतंत्र परा-राष्ट्रीय अथॉरिटी के रूप में कार्य करने के लिए किया गया था। कई टिप्पणीकारों ने इसे 'यूरोपीय सोच के लिए सशुल्क एकमात्र निकाय' के रूप में वर्णित किया है! (डे, 2006)। सैद्धांतिक रूप से, इसका उद्देश्य परिषद, जो सरकारों का प्रतिनिधित्व करता है, यूरोपीय संसद्, जो यूरोपीय संघ के नागरिकों का प्रतिनिधित्व करती है, आर्थिक एवं सामाजिक समिति, जो संगठित नागरिक समाज का प्रतिनिधित्व करती है, और क्षेत्रों की समिति, जो स्थानीय और क्षेत्रीय अथॉरिटी का प्रतिनिधित्व करती है, को संतुलित करना था। हालाँकि आयुक्तों ने लक्जमबर्ग में यूरोपीय कोर्ट ऑफ जस्टिस[19] में शपथ ली है कि वे अपने कर्तव्यों को पूरा करने में पूरी तरह से स्वतंत्र होने का वादा करते

हैं, परंतु वास्तव में अधिकांश आयुक्त अपने राष्ट्र देशों की विदेश नीति अनिवार्यताओं के प्रति वफादार रहते हैं। यह आयोग के कामकाज को जटिल और अत्यधिक राजनीतिक, दोनों बनाता है।

आयोग में 28 सदस्य होते हैं (अनौपचारिक रूप से आयुक्त के रूप में जाने जाते हैं)। प्रत्येक सदस्य देश का एक सदस्य होता है। मार्च 2017 में यू.के. द्वारा लिस्बन संधि के अनुच्छेद 50 को लागू करने के बाद यू.के. का प्रतिनिधित्व करनेवाले आयुक्त ने पद छोड़ दिया। वर्तमान में आयोग के अध्यक्ष लक्जमबर्ग के पूर्व प्रधानमंत्री जीन-क्लाउड जंकर हैं। एक विस्तृत वार्त्ता के बाद, उन्हें यूरोपीय परिषद् द्वारा प्रस्तावित किया गया और 2014 में यूरोपीय संसद् द्वारा चुना गया।

आयोग के अध्यक्ष का चुनाव अत्यधिक राजनीतिक होता है। उम्मीदवार के नामांकन को प्रभावित करनेवाले मानदंडों में से हैं :

- यूरोप के किस क्षेत्र से उम्मीदवार आता है;
- उम्मीदवार का राजनीतिक प्रभाव;
- भाषा के साथ-साथ फ्रेंच में प्रवीणता, जो फ्रांस द्वारा आवश्यक मानी जाती है;
-

उम्मीदवार के देश के एकीकरण के स्तर के साथ एक अतिरिक्त विशेषता के रूप में यूरोजोन और शेंगेन समझौता, दोनों का सदस्य होना शामिल है।

तंत्र ने अकसर अपनी अपारदर्शी कार्यप्रणाली और आयोग अध्यक्ष के चयन के आधार, जिसे ए.एल.डी.ई. समूह नेता ग्राहम वाटसन 'जस्टस लिप्सियस कालीन बाजार' केवल 'न्यूनतम सार्वभाजक' उत्पादित कर रहा है, के रूप में वर्णित करते हैं, के कारण कड़ी आलोचनाओं को आकर्षित किया है। यह 'पहले गोलपोस्ट पार करने' की प्रणाली पर आधारित नहीं है। जैसा कि ग्रीन-ई.एफ.ए.सी.ओ. नेता डैनियल कोहन-बेंडिट ने अपने पहले भाषण के बाद बारोसो से पूछा, "यदि आप सबसे अच्छे उम्मीदवार हैं, तो आप प्रथम क्यों नहीं थे?" (2004)

यूरोपीय संघ की परिषद् तब नामित अध्यक्ष के साथ समझौते में आयोग के अन्य 27 सदस्यों को नामित करती है और 28 सदस्यों को एक एकल निकाय के रूप में तब यूरोपीय संसद् द्वारा पूर्व में अनुमोदित किया जाता है। 'कमीशन' शब्द का उपयोग या तो 28-सदस्यीय कॉलेज ऑफ कमिश्नर्स (या कॉलेज) को नामित करने के लिए किया जाता है। इसमें लगभग 23,000 यूरोपीय नौकरशाहों का प्रशासनिक निकाय भी शामिल हो सकता है, जो निदेशालय—सामान्य और सेवा (यूरोपीय आयोग) नामक विभागों में विभाजित है। आयोग की प्रक्रियात्मक भाषाएँ अंग्रेजी, फ्रेंच और जर्मन हैं।

उनकी नियुक्ति के बाद, अध्यक्ष आयुक्तों में से कई उपाध्यक्ष (उच्च प्रतिनिधि को उनमें से एक होना अनिवार्य है) नियुक्त करता है। प्रथम उपाध्यक्ष, जो अध्यक्ष के न रहने पर उसका कार्यभार लेता है, अधिकांश भाग के लिए, यह स्थिति उपाध्यक्ष के लिए थोड़ी अतिरिक्त शक्ति देती है। (ओआना, 2004)। 2009 के बाद से, प्रथम उपाध्यक्ष ने उच्च प्रतिनिधि भी बनकर और शक्ति प्राप्त की है।

हालाँकि लिस्बन संधि के तहत, यूरोपीय परिषद् आयुक्तों की नियुक्ति की शक्ति के साथ एक औपचारिक संस्था है, लेकिन, वास्तव में आयोग की सरकारी शक्तियाँ इतनी व्यापक हैं कि बेल्जियम के पूर्व प्रधानमंत्री गाय वेरहोफस्टैट ने आयोग के वर्तमान नाम को 'हास्यास्पद' बताते हुए इसका नाम 'यूरोपीय सरकार' में बदलने का सुझाव दिया (2006)। यूरोपीय संघ में विधायी पहल को केवल आयोग ही नियंत्रित करता है। यह एकमात्र संस्था है, जो कानून के लिए औपचारिक प्रस्ताव कर सकती है। लिस्बन संधि के तहत, समान विदेश एवं रक्षा नीति के क्षेत्र में किसी विधायी कार्य की अनुमति नहीं है। अन्य क्षेत्रों में, परिषद् और संसद् कानून का अनुरोध करने में सक्षम हैं। अधिकतर मामलों में, आयोग इन प्रस्तावों का आधार शुरू करता है। इस एकाधिकार को उन लोगों द्वारा तेजी से चुनौती दी गई है, जो दावा करते हैं कि संसद् को भी अधिकार होना चाहिए, क्योंकि अधिकांश राष्ट्रीय संसदों ने कई संदर्भों में इन अधिकारों को रखा है।

आयोग का कार्य एक महासचिव, जो वर्तमान में अलेक्जेंडर इटैलिएनर है, के नेतृत्व में इसकी नौकरशाही द्वारा कार्यान्वित किया जाता है। इस बात की व्यापक आलोचना हुई है कि अत्यधिक खंडित प्रशासनिक ढाँचे में संचालन में समन्वय और पारदर्शिता का अभाव है। नौकरशाही के आकार के बारे में कई सवाल उठाए गए हैं। आयोग द्वारा प्रकाशित आँकड़ों के अनुसार, 23,803 व्यक्तियों को आयोग ने सितंबर 2012 में अधिकारियों और अस्थायी एजेंटों के रूप में नियुक्त किया था। इसके अलावा, 9230 बाहरी कर्मचारी नियुक्त थे।

आयोग की वैधता अनुमोदन मतदान के आधार पर है, जो संस्था को भंग करने की संसद् की शक्ति के साथ यूरोपीय संसद् से लिया जाना आवश्यक है, जो बदले में, अपेक्षाकृत कम मतदान (50% से कम) की चिंता को उठाता है। यह तथ्य कि, आयोग के अध्यक्ष पद के लिए कोई चुनाव नहीं होता है, कुछ टिप्पणीकारों की नजर में स्थिति की वैधता पर प्रश्नचिह्न लगाता है (मुलवे, 2003)। इस तथ्य, कि आयोग कानून को लागू करने के आकार और चरित्र पर सीधे निर्णय ले सकता है, इन महत्त्वपूर्ण चिंताओं को बढ़ाता है कि राष्ट्रीय संसदों की तुलना में यूरोपीय आयोग लोकतांत्रिक या प्रतिनिधि कैसे है।

(II) यूरोपीय संसद् : इसकी गतिशीलता और परिचालन क्षमता

इस अत्यंत गलत समझे गए निकाय का उद्देश्य लिस्बन संधि के बाद साझा अधिकारों या सत्तांतरित अधिकारों को वैधता और एक लोकतांत्रिक आवरण देना था। वास्तव में, यूरोपीय संसद् (ई.पी.) ने नीति के लगभग सभी क्षेत्रों में अपने प्रभाव को बढ़ाने की कोशिश की है। ईपी प्रत्यक्षतः निर्वाचित निकाय है। परिषद् और यूरोपीय आयोग के साथ मिलकर, यह यूरोपीय संघ के विधायी कार्य करता है। यह 751 सदस्यों से बनी है, जो वैश्विक रूप से दूसरी सबसे बड़ी लोकतांत्रिक रूप से निर्वाचित संसद् (भारतीय संसद् के बाद) और दुनिया में सबसे बड़े अंतरराष्ट्रीय लोकतांत्रिक मतदाता समूह (2009 में 37.5 करोड़ योग्य मतदाता) का प्रतिनिधित्व करती है। 1979 से इसे हर पाँच साल में सार्वभौमिक मताधिकार द्वारा सीधे चुना जाता है। उस तिथि से यूरोपीय संसद् के चुनावों में मतदान प्रत्येक चुनाव में लगातार गिरता रहा है, और 1999 से 50% से कम रहा है। 2014 में मतदान करनेवालों की संख्या सभी यूरोपीय मतदाताओं की 42.54% थी।

यद्यपि यूरोपीय संसद् के पास विधायी शक्तियाँ हैं, जो परिषद् और आयोग के पास नहीं हैं, लेकिन यह औपचारिक रूप से विधायी पहल नहीं करती, जैसा कि अधिकांश सदस्य देशों की राष्ट्रीय संसदें करती हैं। संसद् यूरोपीय संघ का 'पहला संस्थान' है, जो परिषद् के साथ समान विधायी और बजटीय शक्तियाँ साझा करता है और उसी तरह ई.यू. के बजट पर समान नियंत्रण रखता है। यूरोपीय आयोग संसद् के प्रति जवाबदेह है। यूरोपीय संसद् के अध्यक्ष (संसद के स्पीकर) एंटोनियो ताजानी (ई.पी.पी.) हैं, जिन्हें जनवरी 2017 में चुना गया था। वे एक बहु–पार्टी चैंबर, जिसमें दो सबसे बड़े समूह यूरोपीय पीपुल्स पार्टी (ई.पी.पी.) और समाजवादी एवं लोकतांत्रिक प्रगतिशील गठबंधन (एस एंड डी) शामिल हैं, की अध्यक्षता करते हैं। 2017 का चुनाव पिछला संघ–व्यापी चुनाव था।

यूरोपीय संसद् का एक दिलचस्प इतिहास है। जब यह 10 सितंबर, 1952 को पहली बार आयोजित हुआ था, तब यह अपने वर्तमान स्वरूप में डिजाइन नहीं किया गया था। इसे अकसर एक 'बहुभाषी वार्त्ता दुकान' के रूप में वर्णित किया गया था। इसका विकास स्वतःस्फूर्त था और इसमें एक स्पष्ट 'मास्टर प्लान' का अभाव था। वाशिंगटन पोस्ट के टॉम रीड ने टिप्पणी की : 'किसी ने भी जानबूझकर किसी सरकार को यूरोपीय संघ जितना जटिल और निरर्थक रूप में डिजाइन नहीं किया होगा' (2004)। 1962 में मौजूदा 'यूरोपीय संसद' बहुत अशांति और राजनीतिक बहस से गुजरी, जब तक कि 1979 में लोकतांत्रिक मानदंडों के लिए आवश्यक चुनावी प्रक्रिया पर सहमति नहीं हो गई। उस पहले चुनाव के बाद, इसने 11 जुलाई, 1979 को दिवंगत सुश्री सिमोन वेल एम.ई.पी. को

इसके अध्यक्ष के रूप में चुनकर अपना पहला सत्र आयोजित किया।

इतिहास में सबसे बड़े अंतरराष्ट्रीय चुनाव के बाद ई.पी. ने 2004 में खुद को मुखर करना शुरू किया। यूरोपीय परिषद् द्वारा सबसे बड़े राजनीतिक समूह (ई.पी.पी.) में से एक अध्यक्ष चुने जाने के बावजूद, यह प्रस्तावित आयुक्तों में से कुछ को अस्वीकार कर आयोग पर दबाव बनाने में सक्षम थी। संसद् द्वारा बरोसो आयोग के कार्यभार सँभालने की अनुमति दिए जाने से पहले कई अन्य आयुक्तों को हटना या त्यागपत्र देना पड़ा (2004)।

लिस्बन संधि में लगभग सभी क्षेत्रों में संसद् की विधायी शक्तियों को परिषद् के समान बनाकर और आयोग अध्यक्ष की नियुक्ति को संसद् के अपने चुनावों से जोड़कर इसे पूरे यूरोपीय संघ के संपूर्ण बजट पर अधिकार दिए जाने के साथ, संसद् ने नीतिगत मुद्दों पर आयोग पर दबाव जारी रखा। ई.पी. ने सफलतापूर्वक जोर दिया कि संसद् का अध्यक्ष आयोग की उच्च स्तरीय बैठकों में भाग लेगा। संसद् ई.यू. के आयोग के नेतृत्ववाली अंतरराष्ट्रीय वार्त्ताओं में एक सीट और समझौतों की जानकारी का अधिकार चाहती थी। इसे सर्वशक्तिशाली आयोग ने अस्वीकार कर दिया था। संसद् केवल एक पर्यवेक्षक सीट प्राप्त कर पाई। इन दोनों निकायों के बीच शक्ति संघर्ष अनवरत जारी है।

संसद् और परिषद् की तुलना द्विसदनीय विधायिका के दो चैंबरों से की गई है। हालाँकि, राष्ट्रीय विधायिकाओं से कुछ भिन्नता है। न तो संसद् और न ही परिषद् के पास विधायी पहल की शक्ति है। जबकि संसद् कानून में संशोधन और उसे खारिज कर सकती है, लेकिन किसी भी कानून के लिए प्रस्ताव बनाने से पहले उसे विधेयक का मसौदा तैयार करने के लिए आयोग की आवश्यकता होती है। यह स्वाभाविक रूप से यूरोपीय संसद् के काम का अवमूल्यन करता है।

इसका काफी हद तक विवादास्पद राजनीतिक मुद्दों पर गैर-बाध्यकारी प्रस्तावों और समिति की सुनवाई के माध्यम से अप्रत्यक्ष प्रभाव भी है। अकसर विदेश नीति के मुद्दों पर बयान जारी करने के लिए राजनीतिक रूप से नौसिखुवे और अनुभवहीन एम.ई.पी. का कुशल उपयोग किया जाता है, जो मुख्यधारा की यूरोपीय सोच के प्रतिकूल होते हैं। उदाहरण के रूप में, ई.पी. के भीतर एक कश्मीर कॉकस है, जो समय-समय पर एक कट्टर पाकिस्तान समर्थक और भारतीय विरोधी स्थिति की पैरवी और समर्थन करने की कोशिश करता है। यह भारत के विषय में यूरोपीय संघ की विदेश नीति के विरुद्ध चलता है। सामाजिक और मानवाधिकार के मुद्दों पर कभी-कभी एकतरफा तरीके से चर्चा की जाती है। यह इसकी अंतरराष्ट्रीय विश्वसनीयता को प्रभावित करता है और भागीदार देशों और आयोग और ई.यू. के उच्च प्रतिनिधि के बीच एक अधिक सुचारु संबंध को मुश्किल बनाता है।

खंड 4 : शेंगेन शासन—एक सीमाविहीन यूरोप की तलाश

कई लोगों के लिए, शेंगेन समझौता सीमाविहीन यूरोप का प्रतीक था, जो द्वितीय विश्व युद्ध की राख से एक फीनिक्स की तरह बढ़ रहा था। यह यूरोपीय सपने का प्रतीक था। यह पूरे महाद्वीप में बिना किसी प्रतिबंध के लोगों, वस्तुओं और सेवाओं की मुक्त आवाजाही सुनिश्चित करने का इच्छुक था। सिंहावलोकन में, यूरोपीय संघ को उन चुनौतियों को ध्यान में रखना चाहिए, जो खुली सीमाओं पर अंतरराष्ट्रीय आतंकवाद द्वारा या बेदखल या समान यूरोपीय सपने की तलाश में हताश प्रवासियों द्वारा अनियंत्रित प्रवासन से उत्पन्न होंगी। आज कई चुनौतियों से रूबरू हैं; इससे पूर्ण पतन का खतरा बना हुआ है। उस स्थिति में, यह उन बुनियादों को कमजोर कर देगा, जिन पर यूरोपीय संघ की स्थापना हुई थी।

शेंगेन क्या है ? यह एक संधि है, जिसके कारण यूरोप के 'शेंगेन क्षेत्र' का निर्माण हुआ, जिसमें आंतरिक सीमा की जाँच को काफी हद तक समाप्त कर दिया गया था। 14 जून, 1985 को, बेल्जियम, फ्रांस, लक्जमबर्ग, नीदरलैंड और पश्चिम जर्मनी, यानी तत्कालीन यूरोपीय आर्थिक समुदाय के दस सदस्य राज्यों में से पाँच ने लक्जमबर्ग के शेंगेन कस्बे के पास इस पर हस्ताक्षर किए थे। समझौते पर हस्ताक्षर लक्जमबर्ग के शेंगेन कस्बे के पास मोसेले नदी में 'प्रिंसेस मैरी-एस्ट्रिड' नाव पर किए गए थे, जहाँ फ्रांस, जर्मनी और लक्जमबर्ग के क्षेत्र मिलते हैं। शेंगेन समझौते पर यूरोपीय संघ से स्वतंत्र होकर हस्ताक्षर किए गए थे। यह आंशिक रूप से यूरोपीय संघ के सदस्य देशों के बीच इस आम सहमति के अभाव के कारण था कि क्या यूरोपीय संघ के पास सीमा नियंत्रण को खत्म करने का अधिकार क्षेत्र था या नहीं, और आंशिक रूप से इस कारण कि इस विचार को लागू करने के लिए तैयार लोग उन लोगों का इंतजार करना नहीं चाहते थे, जिन्हें संदेह था। उस समय कोई अभिवृद्धित सहयोग तंत्र नहीं था। इस योजना में सीमावर्ती क्षेत्रों के निवासियों को वीजा नीतियों के सामंजस्य के साथ-साथ निश्चित चौकियों से अलग स्थित सीमा पार करने की अनुमति देने के उपाय भी शामिल थे। 1990 में, समझौते को शेंगेन कन्वेंशन द्वारा पूरा किया गया, जिसमें व्यवस्थित आंतरिक सीमा नियंत्रण के पूर्ण उन्मूलन और एक आम वीजा नीति का प्रस्ताव किया गया था। वर्तमान में यह 26 यूरोपीय देशों में 40 करोड़ लोगों की जनसंख्या और 4,312,099 वर्ग किलोमीटर (1,664,911 वर्ग मील) क्षेत्र को कवर करता है।

1999 में, एम्स्टर्डम संधि द्वारा शेंगेन प्रणाली को यूरोपीय संघ कानून में शामिल किया गया था, जबकि ई.यू. के केवल दो सदस्य देशों, आयरलैंड और युनाइटेड किंगडम, जो क्षेत्र से बाहर बने हुए थे, के लिए भागीदारी से निकलने का विकल्प दिया गया। ब्रेक्जिट के बाद, आयरलैंड शेंगेन से औपचारिक रूप से बाहर रहनेवाला यूरोपीय संघ का

एकमात्र सदस्य देश है। शेंगेन अब यूरोपीय संघ के कानून का मुख्य हिस्सा है। भागीदारी से निकलने का विकल्प नहीं रखनेवाले यूरोपीय संघ के सभी सदस्य देश, जो पहले से ही शेंगेन क्षेत्र में शामिल नहीं हुए हैं, एक बार तकनीकी आवश्यकताएँ पूरा होने के बाद ऐसा करने के लिए कानूनी रूप से बाध्य हैं। स्विट्जरलैंड सहित कई गैर-ई.यू. देश इस श्रेणी में शामिल हैं।

मानचित्र 5 : शेंगेन देशों का मानचित्र

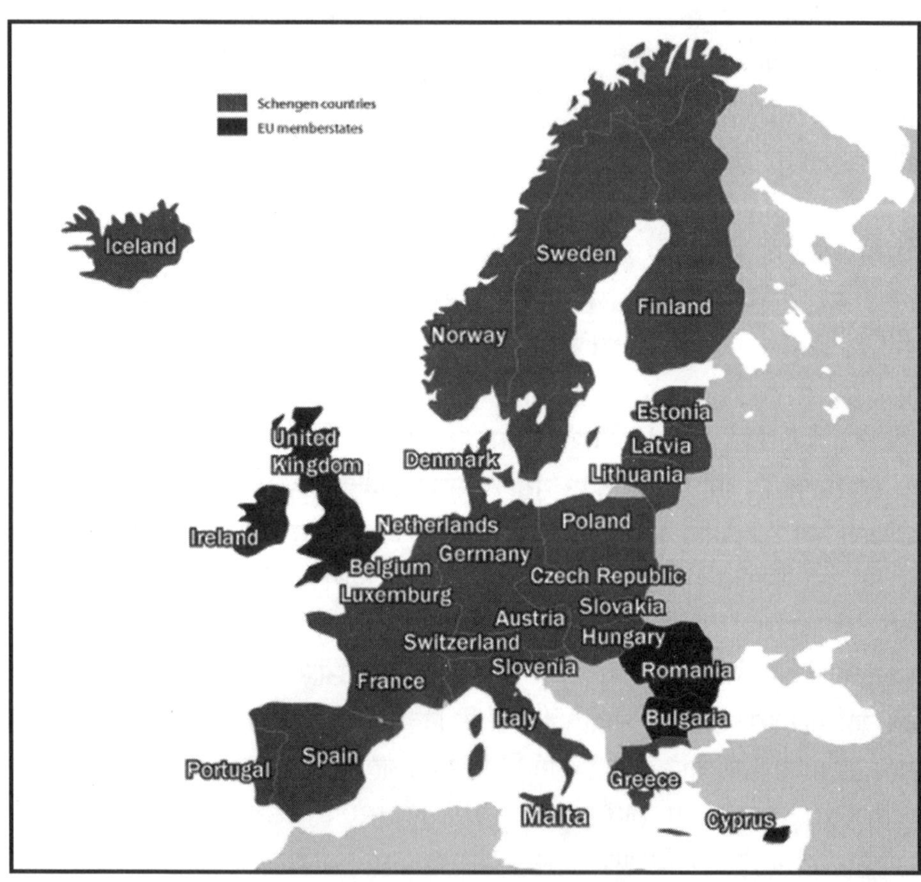

(स्रोत : HTTPS://WWW.AXA-SCHENGEN.COM/EN/COUNTRIES-SCHENGEN-AREA)

दिसंबर 1996 में, दो गैर-ई.यू. सदस्य देशों, नॉर्वे और आइसलैंड ने शेंगेन क्षेत्र का हिस्सा बनने के लिए समझौते के हस्ताक्षरकर्ताओं के साथ एक सहयोग समझौते पर हस्ताक्षर किए। हालाँकि यह समझौता कभी लागू नहीं हुआ, दोनों देश यूरोपीय संघ के साथ इसी तरह के समझौते के बाद शेंगेन क्षेत्र का हिस्सा बने। शेंगेन कन्वेंशन स्वयं गैर-

ई.यू. सदस्य देशों द्वारा हस्ताक्षर के लिए नहीं खुला है। स्विट्जरलैंड ने 2005 में लोकप्रिय जनमत संग्रह द्वारा 'संबद्धता करार' की स्वीकृति के साथ 2009 में शेंगेन क्षेत्र में अपनी आधिकारिक प्रविष्टि को अंतिम रूप दिया।

यह दुर्भाग्यपूर्ण है कि 'सीमाविहीन' यूरोप के दृष्टिकोण के विपरीत पूरे यूरोप में सीमा नियंत्रण और बाड़बंदी तेजी से बढ़ रही है। इसके लिए दिया गया औचित्य उस समय स्वीकार्य लग रहा था। शेंगेन के सदस्य देशों ने प्रवासियों के निरंतर प्रवाह को नियंत्रित करने या भविष्य के आतंकवादी हमलों के खिलाफ यूरोप के बचाव को मजबूत करना चाहा था। आलोचना से निपटने के लिए, संबंधित सदस्य देशों ने 'शेंगेन सीमा संहिता' का हवाला देने में फुरती दिखाई, जो सदस्य देशों को सार्वजनिक नीति या आंतरिक सुरक्षा के लिए गंभीर खतरे की स्थिति में, आंतरिक सीमाओं पर अस्थायी रूप से पुनः सीमा नियंत्रण लागू करने का अवसर देता था। चिंता का विषय यह है कि वही संहिता विशेष रूप से बताती है कि आंतरिक सीमाओं पर फिर से सीमा नियंत्रण लागू करना एक अपवाद है और आनुपातिकता के सिद्धांत का सम्मान करने की आवश्यकता है! इस तरह के कड़े अस्थायी उपाय की गुंजाइश और अवधि एक उभरते खतरे का जवाब देने के लिए मात्र न्यूनतम आवश्यकता तक ही सीमित रहने के लिए थी।

शेंगेन देश उन राज्यों में से हैं

'पूर्वाभासी घटनाओं के संदर्भ में' अस्थायी रूप से सीमा पर नियंत्रण लागू करने, जिसे संकट के बाद लगातार अद्यतन किया गया और आगे भी 'पुनर्कार्यान्वित' किए जाने की संभावना है, वाले शेंगेन देशों में शामिल हैं :

- फ्रांस (30 अक्तूबर, 2018 तक) : लगातार आतंकी खतरे और सभी आंतरिक सीमाओं को कवर करने के कारण;
- ऑस्ट्रिया (11 नवंबर, 2018 तक) : यूरोप में सुरक्षा की स्थिति और हंगरी एवं स्लोवेनिया के साथ जमीनी सीमाओं को प्रभावित करनेवाले निरंतर द्वितीयक आंदोलनों के परिणामस्वरूप उत्पन्न खतरे के कारण;
- जर्मनी (11 नवंबर, 2018 तक) : यूरोप में सुरक्षा की स्थिति और ऑस्ट्रिया के साथ जमीनी सीमा को प्रभावित करनेवाले निरंतर महत्त्वपूर्ण द्वितीयक आंदोलनों से उत्पन्न खतरे और ग्रीस से उड़ान कनेक्शन के कारण;
- डेनमार्क (11 नवंबर, 2018 तक) : यूरोप में सुरक्षा की स्थिति और जर्मनी के साथ आंतरिक सीमा पर निरंतर महत्त्वपूर्ण द्वितीयक आंदोलनों के परिणामस्वरूप उत्पन्न खतरों के कारण;

- स्वीडन (11 नवंबर, 2018 तक) : यूरोप में सुरक्षा की स्थिति और पुलिस क्षेत्र दक्षिण और पश्चिम और ओरेसुंड ब्रिज पर चयनित बंदरगाह पर निरंतर महत्त्वपूर्ण द्वितीयक आंदोलनों से उत्पन्न खतरे के कारण;
- नॉर्वे (11 नवंबर, 2018 तक) : यूरोप में सुरक्षा स्थिति और डेनमार्क, जर्मनी और स्वीडन के साथ जहाजी संबंध को प्रभावित करनेवाले निरंतर महत्त्वपूर्ण द्वितीयक आंदोलनों के परिणामस्वरूप उत्पन्न खतरों के कारण।

मानचित्र 6 : शेंगेन क्षेत्र का मानचित्र

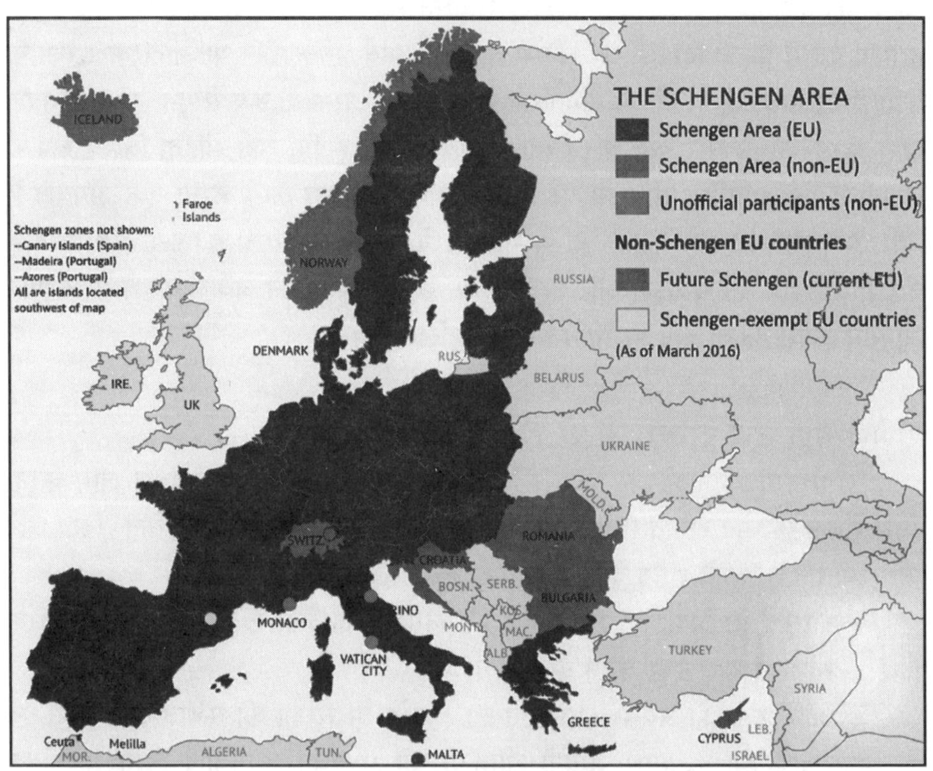

(स्रोत : इवान सेंटनी द्वारा मानचित्र, सोल्बर्ज द्वारा रिक्त मानचित्र से। लाइसेंस : सी.सी. बी.वाई.-एस.ए.)

मानचित्र 6 में स्पष्ट रूप से दरशाया गया है कि पहले ही शेंगेन से बाहर यू.के. और आयरलैंड और ब्रेक्जिट के तहत यू.के. के साथ ये नए पुनर्क्रियान्वित सीमा नियंत्रण अब 'यूरोपीय सपने' के प्रतीक 'मुक्त यूरोप' की बजाय 'किलाबंद यूरोप' के प्रतीक हैं।

खंड 5 : यूरो, यूरोजोन और संप्रभु ऋण संकट : यूरोपीय संघ की एकता और पहचान और उसके भविष्य के लिए निहितार्थ

शेंगेन की तरह, यूरो और समान मुद्रा को अपनाना यूरोपीय संघ और संयुक्त यूरोपीय पहचान के लिए एक निर्णायक बिंदु था। 'यूरो' शब्द को आधिकारिक तौर पर 16 दिसंबर, 1995 को अपनाया गया था। फ्रेंच फ्रैंक और जर्मन ड्यूशमार्क जैसी प्रमुख यूरोपीय मुद्राओं को प्रतिस्थापित कर 1999 में इसे अंगीकार किए जाने को यूरोपीय एकीकरण में एक प्रमुख कदम के रूप में घोषित किया गया था। बहुतों ने यह नोट किया कि ई.यू. में आर्थिक और मौद्रिक एकीकरण की प्रक्रिया संघ के इतिहास के समानांतर है। 19 देशों के 33.7 करोड़ से अधिक ई.यू. नागरिक अब अपनी ऐतिहासिक राष्ट्रीय मुद्राओं की बजाय यूरो का उपयोग करते हैं। ब्रेक्जिट के संदर्भ में, यह उल्लेखनीय है कि अपनी मुद्रा से चिपके रहने, संधि में भागीदारी से छूट के विकल्प के प्रावधान के कारण यूनाइटेड किंगडम हमेशा एक ऐतिहासिक अपवाद था। डेनमार्क दूसरा अपवाद है। कई हालिया सदस्यों को एकल मुद्रा अपनाने के लिए शर्तों को पूरा करना बाकी है। स्वीडन भी यूरोजोन के बाहर है।

मानचित्र 7 : यूरोजोन का मानचित्र

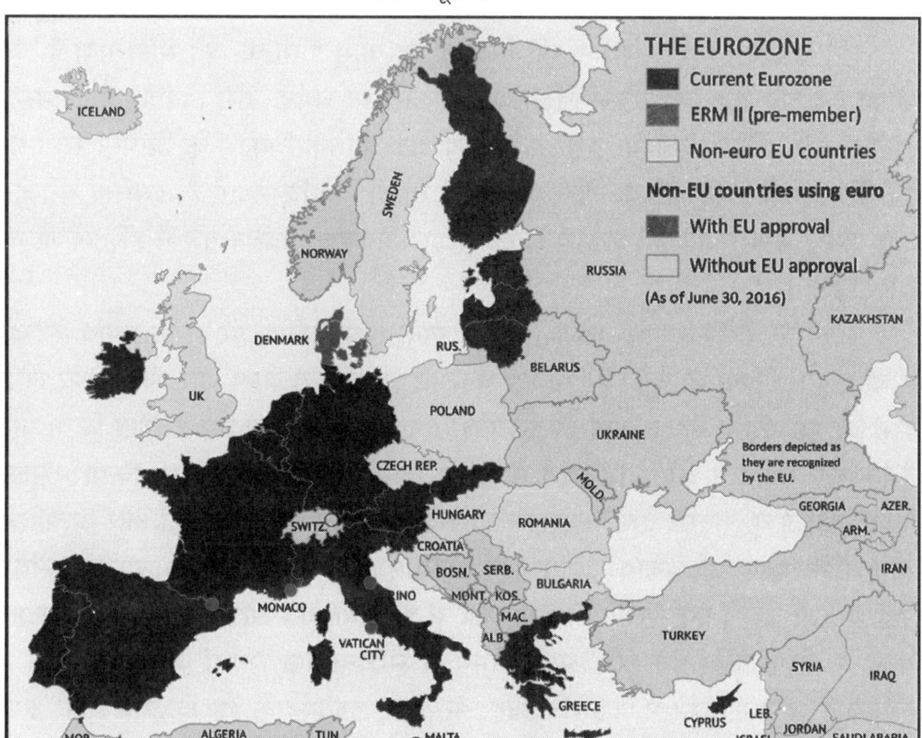

(स्रोत : इवान सेंटनी द्वारा मानचित्र, सोल्बर्ज द्वारा रिक्त मानचित्र से। लाइसेंस : सी.सी. बी.वाई.–एस.ए.)

ई.यू. के सभी सदस्य देश फ्रैंकफर्ट स्थित यूरोपीय केंद्रीय बैंक (ई.सी.बी.) द्वारा प्रबंधित ई.एम.यू. (यूरोपीय मौद्रिक संघ) का हिस्सा हैं। एकल मुद्रा समेत ई.एम.यू. को प्राप्त करने का लक्ष्य, इसे लागू करने के आधार नियमों को निर्धारित करनेवाली 1992 की मास्ट्रिच संधि (यूरोपीय संघ पर संधि) तक सुनिश्चित नहीं था। ई.यू. के सभी सदस्य देश फ्रैंकफर्ट स्थित यूरोपीय केंद्रीय बैंक (ई.सी.बी.) द्वारा प्रबंधित ई.एम.यू. (यूरोपीय मौद्रिक संघ) का हिस्सा हैं। एकल मुद्रा समेत ई.एम.यू. को प्राप्त करने का लक्ष्य, इसे लागू करने के आधार नियमों को निर्धारित करनेवाली 1992 की मास्ट्रिच संधि (यूरोपीय संघ पर संधि) तक सुनिश्चित नहीं था।

ये 'अभिसरण मानदंड' (या 'मास्ट्रिच मानदंड') के रूप में ख्यात उन शर्तों का वर्णन करते हैं, जिन्हें सदस्य देशों को यूरो को अपनाने के लिए पूरा करना चाहिए। इन मानदंडों में निम्न और स्थिर मुद्रास्फीति, विनिमय दर स्थिरता और मजबूत सार्वजनिक वित्त शामिल हैं। इसमें ऋण प्रबंधन और घाटे के वित्तपोषण पर सख्त नियंत्रण के साथ-साथ निम्न जी.डी.पी.-ऋण अनुपात शामिल है। एक प्रमुख समन्वय संरचना 'स्थिरता और विकास संधि' है, जो राजकोषीय अनुशासन पर इन सहमत नियमों को परिभाषित करती है।

यूरो क्षेत्र में वित्तीय संस्थानों की देखरेख का काम ई.सी.बी. को सौंपा गया है, जो काफी हद तक ई.यू. की सबसे विकसित अर्थव्यवस्था जर्मनी द्वारा नियंत्रित है। समस्या इसलिए पैदा होती है, क्योंकि ई.यू. के सदस्य देश आर्थिक विकास के विभिन्न स्तरों पर हैं। चूँकि यूरोजोन की मौद्रिक नीति पूरी तरह ई.सी.बी. की जिम्मेदारी है, इसलिए यूरोजोन और संप्रभु ऋण संकट की जड़ें यूरोजोन के इस अकुशल प्रबंधन तंत्र में ही तलाशी जा सकती हैं।

संप्रभु ऋण संकट और यूरोजोन एवं वैश्विक अर्थव्यवस्था पर इसके प्रभाव के बारे में बहुत कुछ लिखा जा चुका है। मार्कस ब्रुनरमेरियर, हेरोल्ड जेम्स और जीन-पियरे लैंडौ द्वारा 'द यूरो एंड द बैटल ऑफ आइडियाज' (नवंबर 2016) में यह उल्लेख किया गया है कि यूरो संकट ने अपनी डिजाइन में निहित गहरी खामियों को उजागर किया। 'मुख्य दोषी' कुछ ई.यू. सदस्य देशों, खासकर ग्रीस की 'राजकोषीय लापरवाही और अत्यधिक सार्वजनिक ऋण' की बजाय ये 'डिजाइन खामियाँ' थीं। इसका उपाय राजकोषीय संयम नहीं था, जो जर्मनों को अत्यंत प्रिय था, बल्कि ई.सी.बी. को अंतिम उपाय का ऋणदाता बनने के लिए शक्ति देने और अच्छे समय में संरचनात्मक सुधारों को आगे बढ़ाने में विफलता रही। लेखकों ने कहा कि यह अत्यधिक हानिकारक था कि संकट के क्षणों में, स्थानीय परिस्थितियों को ध्यान में रखे बिना महत्त्वपूर्ण निर्णय लेने के लिए सत्ता को

राष्ट्रीय सरकारों, विशेष रूप से जर्मनी में स्थानांतरित कर दिया गया।

फ्रांसीसी और जर्मनों के बीच विरोधाभासी आर्थिक विचारों ने संकट को और गहरा कर दिया। जैसा कि ऊपर उल्लिखित लेखकों द्वारा उल्लेख किया गया है : 'जर्मन नियम और अनुशासन पसंद करते हैं, जबकि अत्यधिक ऋण और बेलआउट से सृजित नैतिक खतरे से चिढ़ते हैं। फ्रांसीसी लचीलेपन और विवेक को पसंद करते हैं और बड़े चालू खाता अधिशेषों के बारे में चिंता करते हैं। जर्मन कठिन समय में भी बजट संयम पसंद करते हैं; फ्रांसीसी कींस की तर्ज पर राजकोषीय प्रोत्साहन पसंद करते हैं। जर्मन नीति निर्माता अकसर वकील होते हैं, जबकि फ्रांसीसी अधिकतर अर्थशास्त्री होते हैं।' लेखकों ने यूरोप-व्यापी बीमा तंत्र की सिफारिश करते हुए यूरो बॉण्ड जैसे निराशावादी नोट पर निष्कर्ष निकाला, जिसमें कहा गया है कि फ्रांस और जर्मनी के बीच गहरे वैचारिक मतभेद एकल मुद्रा के लिए समस्याओं का कारण बने रहेंगे।

2009 में वैश्विक वित्तीय संकट ने विशेष रूप से यूरोजोन के कुछ परिधीय देशों, विशेष रूप से ग्रीस को प्रभावित किया, जिसका 2011 में भी सकल ऋण अनुपात सकल घरेलू उत्पाद का 160% था। हालाँकि उस समय ग्रीक अर्थव्यवस्था यूरोजोन जी.डी.पी. के 3% से कम का योगदान दे रही थी, लेकिन इसके ऋण चुकाने की क्षमता के बारे में अनिश्चितता बनी रहने से अन्य यूरोजोन सदस्यों, विशेष रूप से जिनका ऋण अनुपात उच्च था, का संप्रभु उत्पाद प्रभावित हुआ। जहाँ ई.सी.बी. द्वारा समर्थित अन्य देशों ने आंशिक रूप से सुधार किया, वहीं ग्रीस में मुख्य रूप से संकट से पूर्व संप्रभु ऋण और सार्वजनिक घाटे के भारी निर्माण के चलते स्थिति खराब हो गई। यूरोपीय संघ और ई.सी. बी. द्वारा 'वित्तीय दीवार' [यूरोपीय वित्तीय स्थिरता कोष (ई.एफ.एस.एफ.) और यूरोपीय स्थिरता तंत्र (ई.एस.एम.)] बनाने के प्रयासों के बावजूद, ग्रीस को सुधार दिखाना शुरू करने में लंबा समय लगा। उस समय यह अनुमान लगाया गया था कि ग्रीस के कुछ ऋणों के राइट-ऑफ किए बिना, विशाल वित्तपोषण अंतर को कम करना असंभव होगा। आई.एम.एफ. और प्रमुख अमेरिकी अर्थशास्त्रियों ने बार-बार चेतावनी दी कि चालू खाता घाटे को कम करने और इसके परिणामस्वरूप संकटग्रस्त अर्थव्यवस्थाओं जैसे ग्रीस में खपत कम होने से अपस्फीति हो जाएगी। इसके रणनीतिक महत्त्व को देखते हुए ग्रीस में सामाजिक अशांति यूरोपीय सुरक्षा को प्रभावित करेगी और इससे हर कीमत पर बचा जाना चाहिए। ग्रीस प्रवासन संकट का खामियाजा भी भुगत रहा है।

सिंहावलोकन करने पर, कई कारकों ने ऋण संकट में योगदान दिया। कई सदस्य देशों में, संपत्ति में बुलबुले से उत्पन्न निजी ऋणों को बैंकिंग प्रणाली के बेलआउट और बुलबुले के बाद सुस्त अर्थव्यवस्था के प्रति सरकार की अपर्याप्त प्रतिक्रियाओं के

परिणामस्वरूप संप्रभु ऋण में स्थानांतरित कर दिया गया था। राजकोषीय संघ (यानी विभिन्न कर और सार्वजनिक पेंशन नियम) के बिना मुद्रा संघ (यानी एकल मुद्रा) के रूप में यूरोजोन की संरचना ने संकट को गहरा दिया। कई यूरोपीय नेता राष्ट्रीय स्तर पर प्रभावी ढंग से प्रतिक्रिया देने में विफल रहे। यूरोपीय बैंकों के पास संप्रभु ऋण की एक महत्त्वपूर्ण मात्रा थी, जिसने यूरोपीय बैंकिंग की पूरी प्रणाली को कमजोर कर दिया था।

ग्रीस लंबे समय तक, सबसे बुरी तरह प्रभावित रहा। आर्थिक विकास की वापसी और संरचनात्मक घाटे में सुधार ने जुलाई 2014 में आयरलैंड और पुर्तगाल को अपने बेलआउट कार्यक्रमों से बाहर निकलने में सक्षम बनाया। ग्रीस और साइप्रस दोनों 2014 में बाजार पहुँच को आंशिक रूप से हासिल करने में कामयाब रहे। स्पेन ने आधिकारिक तौर पर कभी भी बेलआउट कार्यक्रम प्राप्त नहीं किया। ग्रीस और स्पेन में बेरोजगारी दर 27% तक पहुँचने के साथ, संकट ने कई ई.यू. देशों की अर्थव्यवस्थाओं और श्रम बाजारों को उल्लेखनीय रूप से प्रभावित किया। यहाँ तक कि विकास पथ पर चल रहे नीदरलैंड और ऑस्ट्रिया जैसे ई.यू. सदस्य धीरे-धीरे संकट में फँस गए। नीदरलैंड में, जिसकी अर्थव्यवस्था धीमी गति से बढ़ रही थी, सरकार ने कठोर उपाय अपनाए, जिससे खपत में तेज गिरावट आई और डच अर्थव्यवस्था अपस्फीति की ओर बढ़ गई। यह संकट के प्रति त्रुटिपूर्ण राष्ट्रीय प्रतिक्रियाओं का एक उदाहरण था। यह संकट 19 यूरोजोन देशों में से 10 देशों ग्रीस, आयरलैंड, फ्रांस, इटली, पुर्तगाल, स्पेन, स्लोवेनिया, स्लोवाकिया, बेल्जियम और नीदरलैंड्स के साथ ही साथ यूरोजोन से बाहर युनाइटेड किंगडम में कट्टरपंथी सत्ता परिवर्तन में योगदान देने के साथ राजनीतिक अस्थिरता और सरकारों में बदलाव का कारण बना।

यूरोजोन से ग्रीस के बाहर निकलने की संभावना, जिसे 'ग्रीक्सिट' के नाम से जाना जाता है, पूरी तरह से धुँधली पड़ गई लगती है। 2000 के दशक के मध्य की शुरुआत में, ग्रीस की अर्थव्यवस्था यूरोजोन में सबसे तेजी से बढ़ती हुई थी और एक बड़े संरचनात्मक घाटे से जुड़ी थी। जब विश्व अर्थव्यवस्था 2007-08 के वित्तीय संकट से प्रभावित थी, ग्रीस बहुत बुरी तरह प्रभावित हुआ था, क्योंकि इसके मुख्य उद्योग—शिपिंग और पर्यटन-व्यापार चक्र में परिवर्तन के प्रति विशेष रूप से संवेदनशील थे। सरकार ने अर्थव्यवस्था को सक्रिय रखने के लिए भारी खर्च किया और तद्नुसार देश का ऋण बढ़ता गया। अप्रैल 2010 तक यह स्पष्ट हो गया था कि ग्रीस अपने सार्वजनिक ऋण को सँभालने के लिए बाजारों से उधार लेने में असमर्थ था। डिफॉल्ट के डर से 'स्टैंडर्ड एंड पूअर्स' ने ग्रीस की संप्रभु ऋण रेटिंग घटाकर बीबी+ या 'जंक' दर्जे की कर दी, जिसमें निवेशक अपने पैसे का 30-50% खोने के लिए उत्तरदायी थे (बी.बी.सी., 2010)। रेटिंग घटने की प्रतिक्रिया

में दुनिया भर के और यूरोजोन के भीतर शेयर बाजारों में तेजी से गिरावट आई। जर्मनी के नेतृत्व में ई.यू. त्रिमूर्ति के दबाव में किए गए कठोर उपायों ने ग्रीस को अपने प्राथमिक घाटे को कम करने में मदद की—यानी ब्याज भुगतान से पहले राजकोषीय घाटा - 2009 में € 24.7 बिलियन (जी.डी.पी. का 10.6%) से घटकर 2011 में सिर्फ € 5.2 बिलियन (जी.डी.पी. का 2.4%) रह गया। दुष्प्रभाव के रूप में, इसने ग्रीस मंदी के गहराने में भी योगदान दिया, जो अक्तूबर 2008 में शुरू हुआ और 2010 और 2011-2012 में बदतर हो गया (स्मिथ, 2012)।

'ग्रीक्सिट' की धारणा तब पैदा हुई, जब कुछ आर्थिक विशेषज्ञों ने तर्क दिया कि ग्रीस के साथ-साथ ई.यू. के बाकी हिस्सों के लिए सबसे अच्छा विकल्प एक 'व्यवस्थित डिफॉल्ट' तैयार करना होगा, जो यूरोजोन से एथेंस को अलग होने के साथ-साथ अपनी राष्ट्रीय मुद्रा ड्रेचमा को अपस्फीति मूल्य पर फिर से पेश करने की अनुमति देगा (रूबिनी, 2010)। उस समय यह गणना की गई थी कि अगर ग्रीस को यूरोजोन छोड़ना पड़ता है, तो आर्थिक और राजनीतिक परिणाम विनाशकारी होंगे। जापानी वित्तीय कंपनी नोमुरा के अनुसार, निकासी से नए ड्रैच्मा का 60% अवमूल्यन होगा। फ्रांसीसी बैंक बी.एन.पी. पारिबा के विश्लेषकों ने कहा कि ग्रीक की निकासी ग्रीस की जी.डी.पी. को 20% कम कर देगी, ग्रीस के ऋण से जी.डी.पी. अनुपात में 200% से अधिक की वृद्धि होगी, और मुद्रास्फीति को 40% -50% तक बढ़ा देगी (कोलवे, 2012)। अन्य लोगों ने चेतावनी दी कि अलग होनेवाला देश अति मुद्रास्फीति, बैंक से जमाएँ निकालने की होड़ और यहाँ तक कि सैन्य तख्तापलट और संभावित गृह युद्ध से पीड़ित हो सकता है।

कई टिप्पणीकारों ने नोट किया है कि संकट जितना आर्थिक है, उतना ही राजनीतिक भी है। 2011 में इकोनॉमिस्ट इंटेलिजेंस यूनिट के अनुसार : 'यदि यूरो क्षेत्र को एक एकल इकाई के रूप में माना जाता है, तो इसकी [आर्थिक और राजकोषीय] स्थिति कुछ खराब नहीं दिखती और बल्कि कुछ मामलों में, अमेरिका या यू.के. से बेहतर है।' इसमें कहा गया है : 'समग्र यूरो क्षेत्र के लिए बजट घाटा बहुत कम है और 2010 में यूरो क्षेत्र का सरकारी ऋण/जी.डी.पी. अनुपात 86% था जो संयुक्त राज्य अमेरिका के समान स्तर का है'। यह उल्लेख करता है, 'समग्रता में पूरे यूरो क्षेत्र में निजी क्षेत्र की ऋणग्रस्तता अत्यधिक लाभकारी एंग्लो सेक्सन अर्थव्यवस्थाओं की तुलना में कम है।'

फिर संकट क्यों? पॉल क्रुगमैन (2012) का तर्क है कि ई.सी.बी. की कसी मुद्रा नीतियों (कम मुद्रास्फीति के जर्मनी के आग्रह के कारण) के साथ पूरे यूरोजोन में एकल साझा मुद्रा के अस्तित्व के संयोजन ने अधिकांश दक्षिणी यूरोप को स्थायी उच्च बेरोजगारी की स्थिति में रखा। उनके अनुसार, यूरो के निर्माण और 2008 के वित्तीय संकट के बीच

की अवधि के दौरान, दक्षिणी यूरोप के देशों में निवेशकों के धन की उच्च आमद के कारण, असामान्य रूप से मजदूरी वृद्धि की दरें उच्च रहीं। 2000 और 2008 के बीच, जर्मनी में इकाई श्रम लागतों में वास्तव में थोड़ी गिरावट आई, लेकिन स्पेन और ग्रीस में 30% की वृद्धि हुई। इसने एक असंतुलन उत्पन्न किया, जिसने इन देशों को उत्तरी यूरोप के सापेक्ष प्रतिस्पर्धी नुकसान पर ला दिया। यदि स्पेन और ग्रीस की अपनी मुद्राएँ रही होतीं, तो विनिमय दर समायोजन के उपयोग के माध्यम से इकाई श्रम लागत को समायोजित किया जा सकता था। जर्मन दबाव के कारण ई.सी.बी. ने इसकी अनुमति नहीं दी थी। विशेष रूप से ग्रीस में संकट बद से बदतर होता चला गया। अंतिम विश्लेषण में, ग्रीस में संकट ने यूरोपीय एकजुटता की धारणा को मूलतः कम कर दिया है।

पूरे संकट में एक विडंबना यह है कि ग्रीक मीडिया द्वारा संयम (ऑस्टेरिटी) को दुनिया के लिए एक संदिग्ध जर्मन उपहार के रूप में संदर्भित किए जाने के बावजूद, यह ग्रीक भाषा से उत्पन्न हुआ! ग्रीक में 'ऑस्टेरस' का अर्थ है 'कड़वा'। जर्मन में, संयम को 'स्पारपॉलिटिक' कहा जाता है, जिसका अर्थ है 'बचत नीति', जिसमें अधिक सकारात्मक अर्थ है।

संकट के शिखर पर, कई ई.यू. सदस्य देशों के बीच उदारता की स्पष्ट कमी ने किसी भी ऐसे उपयुक्त सौदे को अवरुद्ध कर दिया, जो ग्रीस को स्थायी विकास की राह पर ले जा सकता था और ग्रीक्सिट की संभावना को ठंडे बस्ते में डाल दिया। 24 जुलाई, 2015 को 'इकोनॉमिस्ट' लिखता है कि इसकी बजाय, यूरोप ने 'कड़ी और अकल्पनीय मान्यताओं की पुरानी खिचड़ी ही पकाई।' आई.एम.एफ. ने बार-बार कहा था कि उत्तर ग्रीस के देनदारों, विशेष रूप से जर्मनों द्वारा ग्रीस के कर्जे में कुछ बट्टे-खाते में डालने में है। इस तरह की उदारता के अभाव में, एक बड़ा वित्तीय अंतर बना रहा।

कुछ प्रमुख टीकाकारों ने सुझाव दिया है कि जर्मनी को यूरोप की प्रभावित अर्थव्यवस्थाओं के लिए एक मार्शल योजना विकसित करनी चाहिए। रॉबर्ट कुट्टनर ने अपने 'डेब्टर्स प्रिजन : द पॉलिटिक्स ऑफ द ऑस्टेरिटी वर्सेज पॉसिबिलिटी' (2015) में उल्लेख किया है कि प्रथम विश्व युद्ध के बाद जर्मनी पर लगाई गई क्षतिपूर्ति तब दसवें हिस्से तक कम हो गई थी, जब यह स्पष्ट हो गया था कि जर्मनी भुगतान नहीं कर सकता था। द्वितीय विश्व युद्ध के बाद, क्षतिपूर्ति की बजाय, अमेरिका ने जर्मनी के पुनर्निर्माण के लिए संसाधन हस्तांतरण की मार्शल योजना तैयार की। अमेरिका और जर्मनी के नेतृत्व में अंतरराष्ट्रीय स्तर पर एक समन्वित उत्प्रेरण के बिना, ग्रीस में वर्तमान प्रवृत्तियाँ अपस्फीति

के शुरुआती संकेतों को इंगित कर रही हैं। इस तरह के विकट परिदृश्य से बचने के लिए, यह सुझाव दिया गया था कि जर्मनी को एक बैंक पुनर्पूंजीकरण, एक यूरोपीय डिपॉजिट इंश्योरेंस और ऋण म्यूचुअलाइजेशन के लिए सहमत होना चाहिए, जो ई.यू. के सभी सदस्य देशों द्वारा जारी और गारंटीकृत यूरोपीय बॉण्ड शामिल करे। आज तक ऐसा नहीं हुआ है!

यूरो के दीर्घकालिक स्वास्थ्य और भविष्य के बारे में संदेह दोहराए गए थे। अर्थशास्त्री और नोबेल पुरस्कार विजेता जोसेफ स्टिग्लिट्ज ने अपनी पुस्तक 'द यूरो : हाउ ए कॉमन करेंसी थ्रीटेंस द फ्यूचर ऑफ यूरोप' (2016) में तर्क दिया है कि यूरो ने संघर्षों को पुनर्जीवित किया है और नए संकट, ताजी शिकायतों और अविश्वास की भावना पैदा की है। उन्होंने यह कहते हुए यूरो को एक दु:खद गलती बताया कि : 'एक आवश्यक राजनीतिक एकीकरण के बिना एक मुद्रा की शुरुआत हुई, शुरुआत से ही एक अस्वस्थ विचार के ढाँचे से समझौते के साथ ही संकट में सबसे बुरी तरह फँसे लोगों को राहत देने के लिए सर्वाधिक ताकतवर देशों द्वारा लागू गलत आर्थिक नीतियों से इसकी परेशानियाँ और बढ़ गईं।'

संदर्भ–

1. इमैनुएल मैक्रॉन मई 2017 में निर्वाचित फ्रांस के राष्ट्रपति हैं। एक पूर्व नौकरशाह और निवेश बैंकर, मैक्रॉन 2006 से 2009 तक सोशलिस्ट पार्टी के सदस्य थे। उन्हें होलांदे सरकार में 2014 में अर्थव्यवस्था, उद्योग और डिजिटल मामलों का मंत्री नियुक्त किया गया था, जहाँ उन्होंने व्यापार-अनुकूल सुधारों को आगे बढ़ाया। उन्होंने अगस्त 2016 में इस्तीफा दे दिया और घोषणा की कि वह अप्रैल 2017 में उनके द्वारा गठित मध्यमार्गी राजनीतिक आंदोलन 'एन मार्चे' के बैनर तले राष्ट्रपति पद का चुनाव लड़ेंगे। 39 वर्ष की उम्र में, वह लोकप्रिय जनादेश का 66% हासिल कर फ्रांसीसी इतिहास में सबसे कम उम्र के राष्ट्रपतिं और नेपोलियन के बाद सबसे कम उम्र के फ्रांसीसी प्रमुख बने।
2. ऑल्टरनेटिव फॉर जर्मनी या ए.एफ.डी. का गठन 2013 में कुलीन रूढ़िवादियों के एक समूह द्वारा किया गया था, जिनमें से कई चांसलर एंजेला मर्केल के नेतृत्ववाले क्रिश्चियन डेमोक्रेटिक यूनियन के सदस्य थे। वे कई नीतियों को मध्यमार्ग की ओर परिवर्तित होते देख, विशेष रूप से जर्मन करदाताओं का पैसा ग्रीस को खैरात में देने के मर्केल के फैसले से निराश थे। 2015 में, लगभग 10 लाख प्रवासियों के शरण माँगने जर्मनी पहुँचने के बाद, ए.एफ.डी. ने अपना ध्यान घरेलू सुरक्षा और आव्रजन पर लगा दिया। इसका स्वर तेजी से राष्ट्रवादी और नस्लवादी हो गया। पिछले जर्मन चुनाव में मतदान करनेवालों में से लगभग 60 लाख या 12.6 प्रतिशत जर्मनों ने फ्राउकप्रीटी नीत एफ.आर.डी. के पक्ष में मतदान किया।
3. लिस्बन संधि का अनुच्छेद 7 एक ऐसी प्रक्रिया है, जिसके तहत ई.यू. उन सदस्य देशों को दंडित

कर सकता है, जो ई.यू. के मूल सिद्धांतों को पूरा करने में विफल रहे हैं। यह उपाय ई.यू. मूल्यों के गंभीर उल्लंघन के मामले में ई.यू. सदस्य देशों के एक योग्य बहुमत को किसी अन्य सदस्य के मताधिकार को निलंबित करने की अनुमति देता है। अनुच्छेद 7 को अकसर 'परमाणु विकल्प' के रूप में संदर्भित किया जाता है और इसे कभी भी लागू नहीं किया गया है। यद्यपि योग्य बहुमत के वोट से मताधिकार छीना जा सकता है, लेकिन मताधिकार निरस्त किए जा सकने के पहले गंभीर उल्लंघन के अस्तित्व को स्थापित करने के लिए सर्वसम्मति की आवश्यकता होती है। अनुच्छेद 7 के अनुसार, यूरोपीय परिषद् सर्वसम्मति पर कार्य करते हुए···लिस्बन संधि के 'अनुच्छेद 2 में संदर्भित ई.यू. मूल्यों' के 'गंभीर एवं निरंतर उल्लंघन के अस्तित्व को निर्धारित' कर सकती है। अनुच्छेद 2 'मानवीय गरिमा, स्वतंत्रता, लोकतंत्र, समानता, कानून का शासन और मानवाधिकारों के लिए सम्मान' जैसे मूल्य शामिल हैं। एक बार सर्वसम्मति से वोट पारित हो जाता है, तो यूरोपीय संसद् को दो-तिहाई बहुमत से निर्णय को बरकरार रखना चाहिए।

4. लिस्बन संधि एक अंतरराष्ट्रीय समझौता है, जो यूरोपीय संघ (ई.यू.) का संचालन करनेवाली संस्थाओं के सरलीकरण और कारगर बनाने के लिए मास्ट्रिच संधि, रोम की संधियों और अन्य दस्तावेजों को संशोधित करता है। लिस्बन संधि के संशोधनों के तहत, यूरोपीय समुदाय—जिसने आर्थिक ढाँचा उपलब्ध कराया था, जिस पर यूरोपीय संघ का निर्माण हुआ था—तिरोहित हो गया था और इसकी शक्तियों और ढाँचे को ई.यू. में शामिल कर लिया गया था। सदस्य देशों के नेताओं द्वारा उनके द्वारा चयनित उम्मीदवारों के समूह में से अध्यक्ष चुने जाने के साथ एक स्थायी ई.यू. अध्यक्ष का कार्यालय बनाया गया था। ढाई साल कार्यकाल के इस पद को सँभालनेवाला नेता, जिसे आधिकारिक तौर पर यूरोपीय परिषद् का अध्यक्ष कहा जाता है, संघ की नीतियों के मामलों में ई.यू. के लिए एक 'चेहरा' प्रदान करेगा। यूरोपीय संसद् की शक्ति को बढ़ाया गया और इसकी सीटों की संख्या में संशोधन किया गया। लिस्बन संधि के हिस्से के रूप में चार्टर ऑफ फंडामेंटल राइट्स, जिसे 2000 में नीस की परिषद् में शुरू में प्रस्तावित किया गया था, लागू हुआ। इसने ई.यू. के सभी नागरिकों को नागरिक, राजनीतिक, आर्थिक और सामाजिक अधिकारों की गारंटी दी।

5. लिस्बन संधि का अनुच्छेद 50 यूरोपीय संघ के कानून का एक हिस्सा है, जो सदस्य देशों के ई.यू. से निकल सकने की प्रक्रिया को निर्धारित करता है। एक बार अनुच्छेद 50 शुरू हो जाने के बाद, बातचीत पूरी करने के लिए दो साल की समय सीमा निर्धारित है। यदि बातचीत समझौते तक पहुँचने में विफल रहती है, तो सदस्य देश के पास कुछ भी शेष नहीं रहता है। इस प्रक्रिया को आमतौर पर निकलनेवाले देश के लिए बातचीत में मोलभाव की कम शक्ति के साथ स्वीकार किया जाता है, क्योंकि शेष ई.यू. ब्लॉक की तुलना में निकलनेवाले देश के लिए कोई व्यापार संधि होने की लागत आनुपातिक रूप से बहुत अधिक होगी।

6. समान सुरक्षा एवं रक्षा नीति (सी.एस.डी.पी.) संघ को शांति-संचालन कार्यों, संघर्ष की रोकथाम और अंतरराष्ट्रीय सुरक्षा की मजबूती में अग्रणी भूमिका निभाने में सक्षम बनाती है। यह नागरिक एवं सैन्य परिसंत्तियों को प्रभावित करनेवाले संकट प्रबंधन के प्रति यूरोपीय संघ के व्यापक दृष्टिकोण का एक अभिन्न अंग है। यूरोप के लिए एक आम रक्षा नीति का विचार 1948 से शुरू होता है, जब यू.के., फ्रांस और बेनेलक्स ने ब्रुसेल्स की संधि पर हस्ताक्षर किए थे। यूरोपीय संघ को संकट प्रबंधन के लिए उसकी जिम्मेदारियों को पूरी तरह से सक्षम बनाने के

क्रम में, यूरोपीय परिषद् (नीस, दिसंबर 2000) ने स्थायी राजनीतिक और सैन्य ढाँचे स्थापित करने का निर्णय लिया।

7. डनकिर्क की संधि 4 मार्च, 1947 को डनकिर्क (फ्रांस) में फ्रांस और यूनाइटेड किंगडम के बीच हस्ताक्षरित गठबंधन और पारस्परिक सहायता की संधि थी। द्वितीय विश्व युद्ध के बाद एक संभावित जर्मन हमले के विरुद्ध संधि पर हस्ताक्षर किए गए थे।

8. फेडेरिका मोगेरिनी एक महत्त्वपूर्ण इतालवी राजनीतिज्ञ हैं और विदेशी मामलों और सुरक्षा नीति के लिए यूरोपीय संघ की वर्तमान उच्च प्रतिनिधि हैं। वे नवंबर 2014 से यूरोपीय आयोग की उपाध्यक्ष भी हैं।

9. यह कार्य जून 1992 में पश्चिमी यूरोपीय संघ (डब्ल्यू.ई.यू.) की मंत्रिस्तरीय परिषद् में स्वीकृत पीटर्सबर्ग घोषणा में निर्धारित किए गए थे। उस अवसर पर, डब्ल्यू.ई.यू. के सदस्य देशों ने अपने पारंपरिक सैन्य बलों के पूर्ण दायरे से डब्ल्यू.ई.यू. और नाटो एवं ई.यू. को भी सैन्य इकाइयाँ उपलब्ध कराने के लिए अपनी तत्परता की घोषणा की थी।

10. बर्लिन में 1996 की नाटो मंत्रिस्तरीय बैठक में एक यूरोपीय सुरक्षा और रक्षा पहचान (ई.एस.डी.आई.) विकसित करने पर सहमति हुई। इस ई.एस.डी.आई. के विकास का आवश्यक तत्त्व पश्चिमी यूरोपियन यूनियन (डब्ल्यू.ई.यू.) नीत अभियानों की तैयारी, समर्थन, कमान और संचालन के क्रम में अलग होने योग्य, लेकिन एकजुट क्षमताओं, संपत्तियों और सहायक संपत्तियों के गठबंधन के भीतर पहचान और नाटो के भीतर उपयुक्त बहुराष्ट्रीय यूरोपीय कमान के विस्तार के आधार पर डब्ल्यू.ई.यू. एवं नाटो की भागीदारीवाले डब्ल्यू.ई.यू. अभियानों की तैयारी था।

11. बर्लिन प्लस समझौता ई.यू. और नाटो के बीच 2003 की शुरुआत में निर्णीत व्यवस्था के एक व्यापक पैकेज को संदर्भित करता है, जो ई.यू. को ई.यू. नीत संकट प्रबंधन कार्यों के लिए नाटो की संपत्ति और क्षमताओं का उपयोग करने की अनुमति देता है।

12. एम्स्टर्डम की संधि पर 2 अक्तूबर, 1997 को हस्ताक्षर हुए थे और यह 1 मई, 1999 से प्रभावी हुआ। इसके मुख्य परिवर्तन 1992 में मास्ट्रिच संधि द्वारा बनाई गई यूरोपीय संघ की संधि पर केंद्रित थे। इसके मुख्य ध्यान क्षेत्रों में यूरोपीय संसद् की शक्तियों में वृद्धि करके यूरोपीय संस्थानों की लोकतांत्रिक वैधता को बढ़ाना, समान विदेशी और सुरक्षा नीति की शुरुआत समेत सुरक्षा और न्याय सुधार, यूरोपीय संघ के तीन स्तंभों का सुधार और आगामी विस्तार के लिए उनकी बेहतर तैयारी के लिए संस्थानों का सुधार शामिल था।

13. फ्रांसिस्को जेवियर सोलाना डी. मडरिआगा, केओजीएफ स्पेन के एक प्रसिद्ध समाजवादी राजनीतिज्ञ हैं। वे नाटो के महानिदेशक (1995–1999) थे। उन्हें समान विदेश एवं सुरक्षा नीति के लिए यूरोपीय संघ का उच्च प्रतिनिधि, यूरोपीय संघ की परिषद् का महासचिव और पश्चिमी यूरोपीय संघ का महासचिव नियुक्त किया गया था और वे अक्तूबर 1999 से दिसंबर 2009 तक इन पदों पर रहे।

14. दिसंबर 1999 की हेलसिंकी यूरोपीय परिषद् की बैठक में, ई.यू. के सदस्य देशों ने स्वयं सैन्य क्षमता लक्ष्य निर्धारित किया, जिसे हेडलाइन गोल के रूप में जाना जाता है। इसके लिए आवश्यक है कि ई.यू. सदस्य देश 2003 के अंत से 60 दिनों के भीतर और एक वर्ष के लिए टिकाऊ

60,000 सैनिकों को तैनात कर सकें। इन क्षमताओं का उपयोग पीटर्सबर्ग अभियानों के समर्थन में किया जाना है।

15. ब्रुसेल्स, बेल्जियम में नाटो मुख्यालय गठबंधन का राजनीतिक मुख्यालय है और नाटो के वरिष्ठ राजनीतिक निर्णायक निकाय उत्तरी अटलांटिक परिषद् का स्थायी घर है। रणनीतिक स्तर पर, नाटो कमांड ढाँचे (एन.सी.एस.) में दो कमांड शामिल हैं—सभी नाटो अभियानों की योजना एवं संचालन के लिए जिम्मेदार एलायड कमांड ऑपरेशंस (ए.सी.ओ.) और नाटो के कायाकल्प के लिए जिम्मेदार एलायड कमांड ट्रांसफॉर्मेशन (ए.सी.टी.)। मॉन्स, बेल्जियम में स्थित सुप्रीम मुख्यालय एलायड पावर्स यूरोप (एस.एच.ए.पी.ई.) ए.सी.ओ. का रणनीतिक स्तर का मुख्यालय है और इसकी कमान सुप्रीम एलायड कमांडर यूरोप (एस.ए.सी.ई.यू.आर.) के पास है। एस.ए.सी.ई.यू.आर. रणनीतिक स्तर पर परिचालन की समग्र कमान सँभालता है और एस.एच.ए.पी.ई. से अपनी जिम्मेदारियों का पालन करता है। वह अधीनस्थ कमांडरों को रणनीतिक सैन्य निर्देश जारी करता है। एस.ए.सी.ई.यू.आर. दोनों एस.सी. के बीच जिम्मेदारियों के विभाजन के अनुसार नियमित संचालन गतिविधियों और अन्य गैर-परिचालन कार्य समेत गठबंधन के सभी सैन्य अभियानों की तैयारी और संचालन के लिए जिम्मेदार है।

16. विदेशी मामलों में उच्च प्रतिनिधि उन कार्यों को करते हैं, जो अब तक छमाही परिवर्तित प्रेसीडेंसी, सी.एफ.एस.पी. के उच्च प्रतिनिधि और विदेश संबंध आयुक्त द्वारा किए जाते थे। यूरोपीय संघ पर संधि के अनुच्छेद 18 और 27 के अनुसार, उच्च प्रतिनिधि के कई राजनयिक कार्य हैं। वास्तव में, उच्च प्रतिनिधि असल विदेश मंत्री की तरह यूरोपीय संघ की विदेश नीति के प्रभारी हैं।

17. अक्तूबर 2009 में यूरोपीय परिषद् द्वारा अंगीकृत दिशानिर्देशों के अनुसार, यूरोपीय विदेश कार्य सेवा (ई.ई.ए.एस.) उच्च प्रतिनिधि के अधिकार के तहत एकल सेवा होगी। ई.ई.ए.एस. के पास ई.यू. तंत्र में उच्च प्रतिनिधि की विशिष्ट भूमिका और कार्य को प्रदर्शित करने और समर्थन करनेवाला एक संगठनात्मक दर्जा होगा। ई.ई.ए.एस. संघ के वैदेशिक कार्यों की निरंतरता और समन्वय सुनिश्चित करने के साथ ही नीतिगत प्रस्ताव तैयार करने और परिषद् की स्वीकृति के बाद उन्हें लागू करने में उच्च प्रतिनिधि की मदद करेगा। ई.ई.ए.एस. को एकल भौगोलिक (सभी क्षेत्रों और देशों को कवर करते हुए) और विषयगत डेस्क से निर्मित होना चाहिए, जो आयोग और परिषद् सचिवालय के प्रासंगिक अंगों द्वारा फिलहाल निष्पादित किए जा रहे कार्यों को उच्च प्रतिनिधि के अधिकार के तहत करना जारी रखेंगे। संधि द्वारा परिभाषित व्यापार और विकास नीति आयोग के संबद्ध आयुक्तों की जिम्मेदारी बनी रहनी चाहिए। ई.ई.ए.एस. कर्मचारियों को उच्च प्रतिनिधि द्वारा नियुक्त किया जाएगा और इन्हें तीन स्रोतों से लिया जाएगा : परिषद् के महासचिवालय के संबंधित विभाग से, आयोग से और सदस्य देशों की राष्ट्रीय राजनयिक सेवाओं से। भरती योग्यता के आधार पर होगी, जिसमें पर्याप्त भौगोलिक संतुलन सुनिश्चित करते हुए क्षमता, दक्षता और अखंडता के उच्चतम स्तर की कर्मचारियों की सेवाओं को हासिल करने का उद्देश्य होगा।

18. जी-20 आठ प्रमुख औद्योगिक देशों और ग्यारह उभरते बाजारों और छोटे औद्योगिक राष्ट्रों का एक समूह है, जिसमें चीन, ब्राजील, भारत, यूरोपीय संघ और रूस सहित उभरती अर्थव्यवस्थाएँ शामिल हैं। ये सभी देश वैश्विक जनसंख्या के दो-तिहाई और वैश्विक अर्थव्यवस्था के 85 प्रतिशत का प्रतिनिधित्व करते हैं। जी-20 देशों के वित्त मंत्री और केंद्रीय बैंक गवर्नर वर्ष में दो बार,

आमतौर पर अंतरराष्ट्रीय मुद्रा कोष, विश्व बैंक की बैठकों के समन्वय में, बैठक करते हैं। जी–20 शिखर सम्मेलन एक वार्षिक कार्यक्रम है। विकासशील देशों को वैश्विक अर्थव्यवस्था बनाने में अधिक शक्तिशाली स्वर देने के लिए 1999 में जी–20 का गठन किया गया था।

19. यूरोपीय संघ के न्यायालय (सी.जे.ई.यू.) यह सुनिश्चित करने के लिए कि यूरोपीय संघ के कानून सभी ई.यू. देशों में समान तरीके से लागू हैं, इन कानूनों की व्याख्या करता है और राष्ट्रीय सरकारों और यूरोपीय संघ के संस्थानों के बीच कानूनी विवादों का निपटारा करता है। कुछ परिस्थितियों में, इसका उपयोग व्यक्तियों, कंपनियों या संगठनों द्वारा यूरोपीय संघ के संस्थान के खिलाफ काररवाई करने के लिए किया जा सकता है, अगर उन्हें लगता है कि इसने किसी तरह उनके अधिकारों का उल्लंघन किया है।

❑

अध्याय-3

यूरोपीय संघ के प्रिज्म के माध्यम से भारत-यूरोप संबंध

खंड 1 : विविध चुनौतियों के लिए विभिन्न दृष्टिकोण

एक नए स्वतंत्र देश के रूप में, औपनिवेशिक शासन से उभरते हुए, भारत पहले नवगठित ई.ई.सी. के साथ और बाद में यूरोपीय संघ के साथ मजबूत संबंध बनानेवाले सर्वप्रथम देशों में से एक था। भारत ब्रुसेल्स में अपने दूतावास के माध्यम से इस नई इकाई के साथ एक अलग, संस्थागत संबंध स्थापित करनेवाले कुछ विकासशील देशों में से एक था।

बहुमुखी और बहुआयामी संबंधों का विकास आसान नहीं था। यूरोप और भारत दोनों समान और भिन्न हैं। आधुनिक यूरोप अपनी उत्पत्ति को 1789 की फ्रांसीसी क्रांति में और 'स्वतंत्रता, समानता और बंधुत्व' के लिए स्पष्ट आह्वान में खोज सकता है। भारत के स्वतंत्रता संघर्ष ने स्वतंत्रता, समानता, बंधुत्व, अपने नागरिकों के लिए मानवाधिकारों और कानून के शासन के आधार पर विश्व के सबसे बड़े लोकतांत्रिक, बहु-सांस्कृतिक, बहु-धार्मिक और बहु-जातीय राज्य की स्थापना की। यूरोप के लिए भारत के अनुभव से सीखना बेहतर होगा, जहाँ एकता और विविधता, भारतीय तरीका, बाध्यकारी संस्कृति है और तब यह एक बहु-सांस्कृतिक, बहु-धार्मिक और बहु-जातीय महाद्वीप में विकसित होगा।

भारत और यूरोप द्वितीय विश्व युद्ध की समाप्ति के बाद कई चुनौतियों का सामना करते हुए, विश्व व्यवस्था की अलग-अलग धारणाओं और वैश्विक समुदाय में उनके स्थान के आधार पर, अलग-अलग दृष्टिकोणों को जारी रखते हैं। दोनों देशों को दुनिया में अपनी जगह पर दोबारा विचार करना पड़ा था और नए और उभरते वैश्विक खिलाड़ियों के साथ अपने संबंधों की फिर से जाँच करनी पड़ी थी। यू.के. और फ्रांस को छोड़कर, कोई भी ई.यू. सदस्य राज्य सुरक्षा परिषद् का स्थायी सदस्य नहीं है। ब्रिटेन

अब यूरोपीय संघ से बाहर है। क्या यह अंतरराष्ट्रीय घटनाओं को आकार देने में यूरोपीय संघ की भूमिका को बदल देगा? जर्मनी और भारत दोनों अपनी उभरती क्षेत्रीय और अंतरराष्ट्रीय भूमिकाओं की मान्यता के रूप में सुरक्षा परिषद् की स्थायी सदस्यता की माँग कर रहे हैं। क्या ऐसा जल्दी ही कभी हो सकता है?

भारत और यूरोपीय संघ अंतरराष्ट्रीय आतंकवाद, आतंकवादी नेटवर्क और स्लीपर सेल के साथ-साथ वैश्विक इसलामी कट्टरवाद के खतरे के रूप में समान चुनौतियों का सामना कर रहे हैं। भारत के विपरीत, यूरोप भी भीतर से एक और खतरे का सामना कर रहा है : उनकी पूरी तरह से हाशिए पर और गरीब मुसलिम आबादी, जो यूरोपीय पासपोर्ट रखती है, लेकिन जो यह महसूस करती है कि उसके पास यूरोप के भविष्य में खेलने के लिए कोई दाँव नहीं है। वे जिहादी विचारधाराओं और जिहादी समूहों के लिए एक आसान शिकार बन रहे हैं। ये जिहादी समूह उन्हें ललचाकर यूरोप के भीतर आतंकवादी हमलों की साजिश रच रहे हैं। बड़े यूरोपीय शहर सबसे अधिक भेद्य और आतंकवाद के आसान शिकार हैं। पहले यहाँ अपर्याप्त पुलिस सुरक्षा थी, लेकिन अब यूरोप के लोग धीरे-धीरे और अनिच्छा से पूरे यूरोप में सुरक्षा उपायों को लागू कर रहे हैं, जिनसे यूरोपीय जीवन शैली, रहने के तरीके और यात्रा की स्वतंत्रता में स्थायी रूप से बदलाव आ गया है।

भारत और यूरोप के बीच की तुलना भ्रामक है और इससे बचा जाना चाहिए। 'द इकोनॉमिस्ट' (2013) ने भारत में राजनीति को 'बड़ा और गंदा' बताया है, "जहाँ बेहद विभिन्न पृष्ठभूमियोंवाले करोड़ों मतदाता व्यापक रूप से अलग-अलग विचार रखते हैं। स्थानीय और राज्य स्तर पर चिंताएँ अकसर राष्ट्रीय चिंताओं को पछाड़ देती हैं और राष्ट्रीय मुद्दे मिश्रित स्थानीय प्रतिद्वंद्विता का एक मेल प्रतीत हो सकते हैं।" इस तरह के विवरण को यूरोप की स्थिति के साथ एक सतही तुलना के रूप में आसानी से इस्तेमाल किया जा सकता है, जहाँ 27 सदस्य देश अपने प्रतिस्पर्धी राष्ट्रीय हितों को ब्रुसेल्स एजेंडे की प्राथमिकताओं के आधार पर साधने की कोशिश करते हैं। वास्तव में, भारत की लोकतांत्रिक संघीय संरचना और ब्रुसेल्स में केंद्रीकृत नौकरशाही के बीच बहुत अंतर हैं, जो यह भूल जाते हैं कि अंततः संप्रभुता यूरोपीय परिषद् में निहित है, न कि आयोग में।

कई यूरोपीय लोगों का मानना है कि भारत की तरह, यूरोप का भी रूसी संघ के गोचर खतरे के साथ एक कठिन पड़ोस है। वे एक आक्रामक और उभरते हुए चीन द्वारा पश्चिमी व्यवस्था के समक्ष उत्पन्न खतरे को अनदेखा करते हैं।

> कार्नेगी यूरोप के उप निदेशक बोमासी (2013) के अनुसार , "भारत और यूरोप पड़ोस की समान चुनौतियों का सामना करते हैं। यूरोप के पूर्वी और दक्षिणी हिस्से के देश रूसी प्रभुत्व (यूरोप के पूर्व) को निष्प्रभावी करने के लिए और मध्य-पूर्व (यूरोप के दक्षिण) में तेजी से जटिल होती जा रही स्थिति का जवाब देने के लिए यूरोप की ओर देखते हैं। क्षेत्र में चीनी आधिपत्य को संतुलित करने के लिए एशिया-प्रशांत के देश तेजी से भारत की ओर देख रहे हैं।"

वास्तविकता अधिक सूक्ष्म है। दुनिया का सबसे बड़ा लोकतंत्र भारत, कई गैर-लोकतांत्रिक या अर्ध-लोकतांत्रिक शत्रुतापूर्ण, परमाणु हथियारवाले पड़ोसी देशों से घिरा हुआ है, जिनमें से एक, पाकिस्तान, अंतरराष्ट्रीय आतंकवाद का केंद्र है। एक अन्य पड़ोसी चीन, जिसने भारतीय क्षेत्र हड़पा हुआ है, सुरक्षा परिषद् का एक स्थायी सदस्य है और यह किसी भी तरह से भारत के राजनीतिक और आर्थिक उदय को रोकने की हर मुमकिन कोशिश करने पर अड़ा हुआ है। भूटान के डोकलाम[1] क्षेत्र में अगस्त 2017 में समाप्त हुआ भारत और चीन की सेनाओं का आमना-सामना, इस मामले में ऐसा ही एक अहम बिंदु है। भारत को सुरक्षा परिषद् के एक गैर-स्थायी सदस्य के रूप में ही सही, इन चुनौतियों से निपटने की जरूरत है। बोमासी के विश्लेषण में उन चुनौतियों का अधूरा पश्चिमी परिप्रेक्ष्य दिखाया गया है, जिनका सामना भारत दैनिक आधार पर करता है, जिसकी तुलना चुनौतीपूर्ण यूरोपीय-रूसी संबंधों से नहीं की जा सकती। आयोग में उच्चतम स्तर पर इस बात का आभास बढ़ रहा है कि चीन के बारे में एक 'वेकअप कॉल' की आवश्यकता है।

नवंबर 2017 में, जापान ने एशिया से अफ्रीका तक बंदरगाहों और उच्च-गति सड़क नेटवर्क के निर्माण के लिए भारत, संयुक्त राज्य अमेरिका और ऑस्ट्रेलिया के साथ एक रणनीतिक वार्त्ता स्थापित करने का प्रस्ताव दिया। इसे ओबीओआर[2] (ओबोर) से मुकाबला करने के उद्देश्य से एक योजना के रूप में देखा गया था। इसका अमेरिका और ऑस्ट्रेलिया ने स्वागत किया है। प्रस्ताव की कथित तौर पर यूरोपीय संघ परिषद् और आयोग द्वारा जाँच की गई है, जो ओ.बी.ओ.आर. के बारे में मौन है और जापान के आकलन से सहमत है कि भारत इस क्षेत्र में चीन के लिए एकमात्र यथार्थवादी प्रतिकारी है।

खंड 2 : आशा से कम सफलता प्राप्त करनेवाली एक सामरिक साझेदारी

साझा क्षेत्रीय और अंतरराष्ट्रीय सामरिक चिंताओं के आधार पर वास्तव में पारस्परिक रूप से लाभप्रद सामरिक साझेदारी विकसित करने के लिए दोनों पक्षों में प्रतीत हो रही

असमर्थता के बारे में गंभीर विश्लेषण की कमी है। आशा से कम सफल भारत-यूरोपीय संघ सामरिक वार्त्ता (अंडर-परफॉर्मिंग इंडिया ई.यू. स्ट्रेटेजिक डायलॉग) को अकसर बयानबाजी अधिक और वास्तविकता कम बताया गया है। विवादास्पद व्यापार वार्त्ताएँ, यूरोपीय संसद् द्वारा मानवाधिकारों के मुद्दों पर बार-बार दोहराए जानेवाले प्रभावशाली भाषण, यूरोपीय संघ की एक विश्वसनीय वैश्विक सुरक्षा प्रदाता या मध्यस्थ होने में असमर्थता, और भू-राजनीतिक परिणामों को आकार देने में यूरोपीय संघ के संस्थानों की कमजोरी को एक रणनीतिक संबंध के रूप में अपनी पूरी क्षमता के साथ परिपक्व होते सामरिक संवाद में बाधाओं के रूप में उद्धृत किया जाता है।

दूसरी ओर, यूरोपीय संघ के प्रमुख सदस्य देशों, जैसे कि फ्रांस और जर्मनी ने वार्षिक आधार पर, पोखरण-2[3] के बाद मजबूत रणनीतिक द्विपक्षीय संवाद विकसित किए हैं। मई 1998 में यूरोपीय संसद् द्वारा भारत के परमाणु परीक्षणों की निंदा करने के बावजूद, फ्रांस और ब्रिटेन, जर्मनी द्वारा पीछा किया गया, यूरोपीय संघ की घोषणा (नॉर्डिक सदस्य राज्यों के दबाव में कथित रूप से अपनाया गया) को अनदेखा किया और भारत के साथ अलग-अलग रणनीतिक संवाद किए। इन देशों ने भारत की परमाणु हथियार संपन्न राष्ट्र की स्थिति को गर्भित रूप से स्वीकार किया। जैसा कि अपेक्षित था, कई अन्य छोटे सदस्य देशों ने यूरोपीय संघ घोषणा का समर्थन करना जारी रखा, इस बात पर जोर दिया कि भारत एन.पी.टी. पर हस्ताक्षर करे और इसकी पुष्टि करे, और नई स्थिति को स्वीकार करने से इनकार कर दिया। आयोग और परिषद् के कुछ सदस्य देशों द्वारा विभिन्न सामाजिक बुराइयों के लिए भारत को चुनिंदा रूप से लक्ष्य बनाने की प्रवृत्ति इसमें एक और किरकिरी थी। इससे संबंधित सूचनाओं (रिपोर्ट्स) को अकसर भारत के निरंकुश मीडिया से उठाया जाता था। उपचारात्मक कारवाई की रिपोर्ट कभी नहीं की गई या उस पर ध्यान नहीं दिया गया। यूरोपीय संघ के इन नकारात्मक और परस्पर विरोधी संकेतों के परिणामस्वरूप भारतीय नीति निर्माताओं ने सामरिक साझेदारी को नुकसान पहुँचाते हुए भारत-यूरोपीय संघ की संयुक्त वार्त्ता के महत्त्व को कम करके इसे द्विपक्षीय साझेदारी के लिए प्राथमिकता में बदल दिया।

> 2015 में यूरोपियन काउंसिल फॉर फॉरेन रिसर्च (ई.सी.एफ.आर.) के अनुसार, "उत्तर-दक्षिण विभाजन ने यूरोप को एक ऐसे भारत के खिलाफ सबक देनेवाले के रूप में खड़ा किया है, जो बहुधा उन्हें स्वीकार नहीं करेगा—यानी एक ऐसा भारत जो उन्हें ना कह सकता है।"

ब्रुसेल्स में जानकार पर्यवेक्षकों और विश्लेषकों ने अकसर सर्वोच्च राजनीतिक और

राजनयिक स्तर पर उस ध्यान और तवज्जो की गैरमौजूदगी पर खेद व्यक्त किया है, जिसे भारत इस संबंध में बढ़ाने के लिए तैयार है।

> पूर्व कनाडाई राजनयिक और संयुक्त राष्ट्र विश्वविद्यालय (यू.एन.यू.) के रेक्टर डेविड मालोन (2014) ने स्पष्ट रूप से इंगित किया, "नई दिल्ली के पास ब्रुसेल्स के अधिकारियों के लिए बहुत सीमित बैंडविड्थ है। इन अधिकारियों में से सभी के पास महत्त्वपूर्ण लगनेवाले पद हैं, लेकिन अकसर अतिव्यापी जनादेशों पर असहमति के दृष्टिकोण के साथ।" उन्होंने आगे उल्लेख किया, "ये उपाय मुख्य रूप से महत्त्वपूर्ण नीतिगत उपायों या आर्थिक सफलताओं के बजाय संवाद, आगे और अधिक संवाद की प्रतिबद्धताओं तथा अन्वेषण समितियों और कार्य समूहों तक ले जाते हैं।"

90 के दशक में बहु–ध्रुवीयता[4] के पतन के बाद संयुक्त राज्य अमेरिका को 'हाइपर पुइसेंस' ('केवल एकमात्र महाशक्ति' के रूप में अनुवादित) के रूप में लेबल करने के लिए मशहूर फ्रांस के पूर्व विदेश मंत्री ह्यूबर्ट वेडरिन[5] ने इसी भावना को प्रतिध्वनित करते हुए कहा, "यूरोपीय संघ एक कठिन दुनिया की कठिन वास्तविकताओं से निपटने के बजाय अर्थोंवाले बयान जारी करने में बहुत समय बिताता है" (2015)।

खंड 3 : बहु-ध्रुवीय दुनिया में उभरते ध्रुव हैं या नहीं?

एकध्रुवीयता से बाहर निकलने और यूरोपीय उम्मीदों के अनुसार, भारत और यूरोपीय संघ को एक उभरती हुई बहु–ध्रुवीय दुनिया में महत्त्वपूर्ण ध्रुव बन जाना चाहिए था। बहु–ध्रुवीयता शक्ति के संतुलन से संबंधित 19वीं शताब्दी के ऐतिहासिक यूरोपीय राजनीतिक सिद्धांत पर आधारित है।

इसका तात्पर्य शक्ति के ऐसे वितरण से है, जिसमें चार से अधिक राष्ट्र–राज्यों में लगभग समान मात्रा में सैन्य, सांस्कृतिक और आर्थिक प्रभाव हैं। कुछ यूरोपीय राजनीतिक शास्त्रियों के अनुसार, यह सुनिश्चित करता है कि संकट के समय में अंतरराष्ट्रीय निर्णय शक्ति के उचित संतुलन को बनाए रखने के लिए सामरिक कारणों से तैयार किए जाते हैं। इसका उद्देश्य सुरक्षा परिषद् के भीतर भी अधिक तर्कसंगत निर्णय लेने की प्रक्रिया में परिणत करना है।

एक उभरती हुई बहु–ध्रुवीय दुनिया में भारत के एक महत्त्वपूर्ण ध्रुव बनने के बारे में यूरोपीय उम्मीदों को तब फ्रांस के विदेश मंत्री ह्यूबर्ट वेदराइन ने फरवरी 2000 में आयोजित एक सेमिनार 'बहु–ध्रुवीय विश्व में भारत और फ्रांस' में स्थापित किया था। उन्होंने प्रसिद्ध

फ्रांसीसी विचारक रेमंड आरोन (1962) को उद्धृत करते हुए कहा, "यहाँ मुख्य पात्र की अधिकता होनी चाहिए।" वेदराइन ने कहा , "एक ध्रुव के रूप में एक मजबूत यूरोप के बिना कोई बहु-ध्रुवीय दुनिया नहीं हो सकती...बहु-ध्रुवीयता को एक-दूसरे का सहयोग करना चाहिए और उभरते हुए ध्रुवों को एक दूसरे का विरोध नहीं करना चाहिए।" वेदराइन उन पहले यूरोपीय विदेश मंत्रियों में से एक थे, जिन्होंने भारत के परमाणु शक्ति संपन्न राष्ट्र बनने के तुरंत बाद स्पष्ट रूप से व्यक्त किया था कि भारत को इन चर्चाओं में पूर्ण भागीदार होना चाहिए और 'बहु-ध्रुवीयता' के लिए प्रतिबद्ध 'समान ध्रुव' के रूप में माना जाना चाहिए, वैसी 'बहु-ध्रुवीयता' के लिए जो बहुपक्षवाद का एक बेहतर संस्करण है और जिस पर नियम आधारित बहुपक्षवाद को बढ़ावा देने की जिम्मेदारी है। बहु-ध्रुवीयता पर यूरोपीय स्थिति ने शीत युद्ध की समाप्ति पर प्रस्तुत किए गए भविष्य के दो वैश्विक और विरोधी विचारों को खारिज कर दिया। एक था फुकुयामा[6] का दुनिया में आशावादी दृष्टिकोण, जिसमें लोकतंत्र और बाजार अर्थव्यवस्था सार्वभौमिक हो, शांति बनी रहे और इतिहास को भुला दिया जाए। हटिंगटन[7] द्वारा अन्य दृष्टिकोण का प्रतिनिधित्व किया गया था कि सभ्यताओं के टकराव से विभिन्न संस्कृतियों के बीच वैश्विक स्तर पर निर्दयतापूर्ण आमना-सामना होगा।

भारत ने कभी भी फुकुयामा या हंटिंगटन के विचारों से सहमति नहीं जताई थी। न ही भारत ने 'शक्ति संतुलन' के सिद्धांत का समर्थन किया, जो उस समय की ऐतिहासिक यूरोपीय कूटनीति के लिए अत्यंत प्रिय था। जैसा कि उस समय इंडो-फ्रेंच फोरम के भारतीय सह-अध्यक्ष (एक महत्त्वपूर्ण इंडो-फ्रेंच प्रख्यात व्यक्तियों का समूह) पूर्व मंत्री आर.के. हेगड़े ने भारतीय स्थिति के बारे में 2002 में व्यक्त किया था , "बहु-ध्रुवीयता का मतलब शक्ति संतुलन की जुझारू प्रणाली में वापसी नहीं है। यह अंतरराष्ट्रीय व्यवस्था में शक्ति और जिम्मेदारियों का एक साझाकरण है, ठीक उसी प्रकार से जैसे ये व्यक्तिगत लोकतांत्रिक देशों के भीतर साझा किए जाते हैं।"

उपरोक्त बातें भारत और यूरोप के बीच बहु-ध्रुवीयता के साथ-साथ 'नए नियम-आधारित बहुपक्षीयवाद' के बीच व्यापक रूप से भिन्न स्थिति प्रदर्शित करता है। बहु-ध्रुवीयता बनाम शक्ति संतुलन की परिभाषा पर सर्वसम्मति का सर्वथा अभाव है। यूरोप, अमेरिका और भारत, या चीन, भारत और रूस से जुड़े त्रिकोणीय रिश्तों में यूरोप और भारत की भूमिका के बारे में अलग-अलग धारणाएँ हैं। स्वतंत्र ध्रुवों के रूप में भारत और यूरोपीय संघ का संयुक्त राज्य अमेरिका के साथ प्रतिस्पर्धा करता यूरोपीय दृष्टिकोण भारत के नए सामरिक परिप्रेक्ष्य के अनुकूल नहीं है। भारत अमेरिका परमाणु वार्त्ता, जिसे भारतीय संसद् में 'सर्वदलीय' समर्थन प्राप्त है, 2005 में भारत अमेरिका परमाणु समझौते

के रूप में (इंडो-यूएस न्यूक्लियर डील) विकसित हुआ और 2008 में इस पर हस्ताक्षर हुए थे। अमेरिका के उत्तरोत्तर प्रशासनों ने भारत को एक प्रमुख उभरते हुए पक्षकार के रूप में मान्यता दी है। 1947 में अपनी स्वतंत्रता के बाद से भारत ने भारत-अमेरिका असैन्य परमाणु समझौते के साथ अपनी सबसे महत्त्वपूर्ण रणनीतिक साझेदारी विकसित की। संयुक्त राज्य अमेरिका भारत की विदेश नीति का प्रमुख केंद्र बन गया। संयुक्त राज्य अमेरिका एक प्रतिस्पर्धी ध्रुव नहीं था। जहाँ तक भारत का संबंध है, यह एक सहायक ध्रुव था। यह अंतर उस समय की भारत की रणनीतिक प्राथमिकताओं को समझने के लिए महत्त्वपूर्ण था। कई भारतीय विश्लेषकों ने निष्कर्ष निकाला है कि एक सामान्य सुरक्षा और विदेश नीति को प्राप्त करने में यूरोपीय संघ की विफलता ने "एक सारभूत नीति साझेदारी की संभावना क्षीण बना दी है" (दासगुप्ता, 2003)। एक अन्य महत्त्वपूर्ण कारक भारत की यूरोपीय संघ की साझेदारी को चीन के समान स्तर पर लाने के लिए यूरोपीय संघ की अनिच्छा भी है। सौभाग्य से पाकिस्तान के साथ भारत को 'हाइफन'[8] में रखने की पहले की प्रवृत्ति को अब वैश्विक समुदाय में भारत की स्थिति के बारे में एक नए यथार्थवाद के साथ बदल दिया गया है।

डॉ. राधा कुमार ने 'इंडिया ऐज अ फॉरेन पॉलिसी एक्टर-नॉर्मेटिव रिडक्स' (2008) में कहा है, "संक्षेप में, भारत के साथ यूरोपीय संघ का संबंध एक यथास्थिति की शक्ति का है, जो अमेरिकी रिश्ते के विपरीत है, जो एक संशोधनवादी शक्ति का है।" दूसरे शब्दों में, यूरोपीय संघ के विपरीत, अमेरिका ने यह प्रदर्शित किया था कि वह भारत के पक्ष में नियमों को फिर से लिखने के लिए तैयार है, जैसे कि नागरिक परमाणु ऊर्जा समझौता।

भारत के सबसे पुराने राजनीति विज्ञानी, चाणक्य ने 'अर्थशास्त्र'[9] (जिसका अर्थ 'राजनीतिक अर्थव्यवस्था के नियम' है और जो भारतीय शासन कला का प्रामाणिक पाठ्य है) में लिखा है कि एक अच्छी सरकार का प्राथमिक लक्ष्य राष्ट्रीय हितों पर आधारित होता है। इसमें उन्होंने कहा कि सुशासन का अर्थ है कि अपने नागरिकों के लिए नियामक युक्तियों के माध्यम से शांति, सुरक्षा और समृद्धि प्रदान करना, जैसे कि अंतरराष्ट्रीय गठबंधन, राष्ट्रीय सीमाओं में व्यापार और मुक्त आवागमन (कौटिल्य, पुस्तक VI और पुस्तक VII)। इस दर्शन के अनुसार, भारत दुनिया को तीन संकेंद्रित सामरिक क्षेत्रों में देखता है : पहला, इसका तत्काल पड़ोस; दूसरा, इसका विस्तारित पड़ोस; और तीसरा, इसकी बहुपक्षीय भूमिका, विशेष रूप से संयुक्त राष्ट्र में। 'अर्थशास्त्र' ने अपने मानक सिद्धांतों को राष्ट्रीय हितों पर आधारित किया है और इसे एक 'हित आधारित ढाँचे के रूप

में वर्णित किया गया है, जिसने अंतरराष्ट्रीय संबंधों को विदेश नीति की प्राथमिकताओं और महत्त्वपूर्ण राष्ट्रों के विन्यास के एक इंटरलॉकिंग पैटर्न के रूप में देखा।' (जिनजेल और वेस्ले, 2007)।

पूर्व विदेश सचिव, श्याम सरन (2003) ने उल्लेख किया, "पड़ोस की अवधारणा के संबंध में, हम इसे ऐतिहासिक और सांस्कृतिक समानता की केंद्रीय धुरी के चारों ओर व्यापक होते जा रहे केंद्रित क्षेत्रों में से एक के रूप में देखते हैं। अखिल एशियाई क्षेत्रवाद की सहयोगी संरचना पर चलना हमारी विदेश नीति के संकेंद्रण का मुख्य क्षेत्र है।" जाफरलॉट (2009) इस विश्लेषण से सहमत हैं। वे बताते हैं, "संयुक्त राज्य अमेरिका और रूस सभी तीन क्षेत्रों में मौजूद हैं, जबकि यूरोप सभी क्षेत्रों में अनुपस्थित है।" यह इस धारणा को मजबूत करेगा कि भारत यूरोप को एक वैश्विक खिलाड़ी के रूप में नहीं मानता है और न ही एक विश्वसनीय सुरक्षा कर्ता के रूप में। इसीलिए भारत बहु-ध्रुवीयता की यूरोपीय परिभाषा से सहमत नहीं होगा। जाफरलॉट कहते हैं कि संयुक्त राष्ट्र के संदर्भ में, यह केवल तीसरे चक्र में है कि भारत "बहु-ध्रुवीय दुनिया में मौजूद 'ध्रुवों' में से एक बनना चाहता है और वैश्विक निर्णय लेने की प्रमुख संरचनाओं की सदस्यता जैसे संयुक्त राष्ट्र सुरक्षा परिषद् में स्थायी सीट और बढ़े हुए जी-8[10] की सदस्यता के माध्यम से अंतरराष्ट्रीय शांति और सुरक्षा में एक प्रमुख खिलाड़ी बनना चाहता है।" दोनों पक्षों को एक वास्तविक और पारस्परिक रूप से लाभप्रद रणनीतिक साझेदारी विकसित करने के लिए इन वैचारिक मुद्दों को तत्काल संबोधित करने की आवश्यकता है।

खंड 4 : वैश्वीकरण की विभिन्न चुनौतियाँ : एक बदलती अंतरराष्ट्रीय व्यवस्था

90 के दशक में वैश्वीकरण की कई चुनौतियों का सामना करते हुए, एक कमजोर अर्थव्यवस्था और अपने नगद मुद्रा भंडार की कमी के साथ, भारत को जल्द ही पता चल गया कि जब तक यह वैश्वीकरण के नकारात्मक प्रभावों को झेलता रहेगा, तब तक पश्चिम के देश और विश्व बैंक एकमात्र समर्थन के नाम पर केवल वैश्वीकरण के लाभों पर बार-बार उसे भाषण देते रहेंगे! यह तब बदल जाएगा, जब वैश्वीकरण पश्चिम पर प्रभाव डालने के लिए एक पूर्ण मोड़ लेगा! विदेशी मुद्रा ऋण संकट, संभावित ग्रीक्सिट और ब्रेक्जिट का सामना करते हुए, यूरोपीय सार्वजनिक राय यूरोप भर में तेजी से बढ़ती हुई वैश्वीकरण विरोधी ताकतों के साथ संरक्षणवादी बन गई। क्या यह बदलती अंतरराष्ट्रीय व्यवस्था और यूरोप से एशिया की ओर खिसकते एक नए ध्रुव की ओर संकेत हो सकता है ?

7 मई, 1941 को नोबेल पुरस्कार विजेता रवींद्रनाथ टैगोर ने कहा था :

- "मैं उस दिन की प्रतीक्षा करूँगा, जब भोर इस क्षितिज से आएगा, पूर्व से, जहाँ सूरज उगता है।
- उस दिन, अपराजित मनुष्य, सभी बाधाओं को पार करते हुए, अपनी खोई हुई मानवीय विरासत को वापस जीतने के लिए अपने विजय पथ को फिर से तराशेगा।"

टैगोर का उद्धरण आज तक मान्य है। मसूद (2014) ने यह प्रासंगिक सवाल पूछा था कि क्या यूरोपीय संघ 21वीं सदी में अपनी वैश्विक प्रासंगिकता बनाए रख सकता है। आज यूरोपीय संघ के सामने आ रही अनेक चुनौतियों को ध्यान में रखते हुए बहुत से लोग पूछ रहे हैं कि क्या यूरोप पतनोन्मुख है। आई.एम.एफ. में अपने नेतृत्व की स्थिति और सुरक्षा परिषद् में ब्रेक्जिट के बाद एक स्थायी सीट के बावजूद, क्या यह पीछे हट रहा है? क्या इसका प्रभाव भारत और यूरोपीय संघ के संबंधों पर पड़ता है। मसूद बताते हैं कि आज की वैश्विक व्यवस्था को औपनिवेशिक युग में यूरोपीय शक्तियों द्वारा आकार दिया गया था। यह एक मान्य अवलोकन है। इसमें कोई संदेह नहीं है कि पूँजीवाद एक यूरोपीय देन है, वैसे ही जैसे कि लोकतंत्र और उसके संस्थान हैं, जिसमें संसद् के साथ-साथ स्वतंत्र न्यायपालिका, मानव अधिकारों की घोषणा और बुनियादी स्वतंत्रता, बंदी प्रत्यक्षीकरण और कानून का शासन शामिल है। औद्योगिक क्रांति और व्यापारिक प्रणाली की उत्पत्ति यूरोप में हुई।

यूरोपीय संघ संकट में है और इन मूल्यों पर इसके अपने ही लोगों द्वारा तेजी से सवाल उठाए जा रहे हैं। यह पहचान के संकट का भी निरूपण करता है, क्योंकि यूरोपीय संघ और यूरोप एक अधिक बहुजातीय और बहुसांस्कृतिक व्यवस्था की ओर चलते हैं। क्यों? एक ऐतिहासिक दृष्टिकोण से, यह साम्राज्य और उपनिवेशों के खात्मे के बाद एक नैसर्गिक परिणाम था।

> 'कल्चर एंड इंपीरियलिज्म' (1993) में एडवर्ड डब्ल्यू. कहते हैं, "श्रेष्ठत्व की आकांक्षा, दबदबा रखना और आधिपत्य करना यूरोपीय संस्कृति का एक अनिवार्य तत्त्व था।" 1910 में, उपनिवेशवाद के फ्रांसीसी समर्थक, जूल्स हरमंड ने कहा, "मूल निवासियों पर विजय की बुनियादी वैधता केवल हमारी यांत्रिकता, आर्थिक और सैन्य श्रेष्ठता की ही नहीं बल्कि हमारी नैतिक श्रेष्ठता की अभिशंसा भी है।"

नए यूरोप और इसकी संस्कृति को एक अलग, अधिक समान और बहु-सांस्कृतिक विश्व व्यवस्था के लिए एक कठिन समायोजन करना पड़ा और नए बाजार खोजने पड़े। संकट इन घटनाक्रमों का एक स्वाभाविक परिणाम था।

'व्हाट यूरोप बैडली नीड्स इज ए 'ग्रैंड' स्ट्रैटेजी' (2009) में हावर्थ का तर्क है कि यूरोपीय संघ को प्रासंगिक बने रहने के लिए, इसे "वृहत्तर संस्थागत और राजनीतिक एकीकरण, वृहत्तर सैन्य और नागरिक क्षमता, अधिक केंद्रित और उपयुक्त संसाधन, स्वायत्त और विश्वसनीय खुफिया तंत्र और प्रमुख साझेदारों के साथ बेहतर कार्य संबंध स्थापित करने होंगे।" हावर्थ, जो स्थापित करने की कोशिश कर रहे हैं, वह भारत सहित अपने प्रमुख रणनीतिक सहयोगियों के साथ यूरोपीय संघ के भीतर एक रणनीतिक संस्कृति की अनुपस्थिति है। यूरोपीय संघ के भीतर एक रणनीतिक संस्कृति का विकास समय की आवश्यकता है। जॉनस्टॉन (1995) द्वारा एक रणनीतिक संस्कृति को 'प्रतीकों की एक प्रणाली' के रूप में परिभाषित किया गया है, "जो अंतरराज्यीय राजनीतिक मामलों में सैन्य बल की भूमिका और प्रभावकारिता की अवधारणाओं को तैयार करके रणनीतिक प्राथमिकताएँ स्थापित करती है।" यह रणनीतिक संस्कृति राष्ट्रीय स्तर पर तो मौजूद है, लेकिन यूरोपीय संघ के ऊपरी स्तरों तक इसकी व्याप्तता नहीं है, जो यह दरशाता है कि राष्ट्रीय संस्कृतियाँ, एक रणनीतिक अर्थ में, अभी तक यूरोपीयकृत नहीं हुई हैं।

हावर्थ आगे तर्क देते हैं, "एक बहु-ध्रुवीय दुनिया के उभरने के कारण यूरोपीय संघ को एक वृहत् रणनीति की आवश्यकता है, जिसमें कई शक्तिशाली खिलाड़ी होंगे। बहु-ध्रुवीयता के इस युग को अनिश्चितता और अप्रत्याशितता द्वारा परिभाषित किया जाएगा।" उन्होंने ध्यान दिया कि इसकी "जनसांख्यिकीय गिरावट, ऊर्जा निर्भरता, प्रमुख प्राकृतिक संसाधनों की कमी, भौगोलिक अतिरंजना और सैन्य ताकत की कमी को दूर करने हेतु" यूरोपीय संघ के पास शेष दुनिया के लिए एक सामूहिक राजनीतिक दृष्टिकोण होना चाहिए, ताकि वह इन प्राकृतिक बाधाओं की भरपाई कर सके। यूरोपीय संघ के लिए अंतरराष्ट्रीय स्तर पर प्रासंगिक बने रहने और अपने वैश्विक प्रभाव को बनाए रखने के लिए, इसे अंतरराष्ट्रीय बैंकिंग, व्यापार, नेविगेशन और सैन्य तथा तकनीकी विकास पर बढ़त हासिल करने हेतु प्रतिस्पर्धा करनी ही होगी।

अन्य बकाया मुद्दा यूरोपीय संघ के भीतर नरम और कठोर शक्ति के संयोजन पर समझौते की निरंतर अनुपस्थिति है। जैसा कि थियरी टार्डी (2009) कहते हैं, "अपनी प्रकृति के कारण यूरोपीय संघ रणनीतिक संदर्भों के बजाय सुरक्षा के संदर्भों में सोचता है।" यह भी एक रणनीतिक संस्कृति के अभाव के कारण ही है। यह उभरते हुए खतरों जैसे उन्नतिशील, आक्रामक और सैन्यवादी चीन के प्रति वैश्विक रणनीति की अनुपस्थिति की व्याख्या कर सकता है।

वैश्वीकरण ने भारत के लिए अलग तरह से भूमिका अदा की। भारत के लिए 90 के दशक से आगे आनेवाले समय में बड़ी सफलता इसका वैश्विक परिदृश्य पर आना था।

भारतीय अर्थव्यवस्था 1980 के दशक के आरंभ के कम विकास के जाल से बाहर आ गई। 1990–93 के आर्थिक सुधारों के बाद, 1990 के दशक के मध्य तक भारत वैश्विक अर्थव्यवस्था में कुछ महत्त्व की भूमिका निभानेवाले खिलाड़ी के रूप में दिखाई देने लगा। 1990 के दशक के अंत के वर्षों में एशियाई संकट के बाद और 21वीं सदी के पहले दशक के आरम्भ के वर्षों के बाद भारत ने पीछे मुड़कर नहीं देखा। भारत के निर्यात ने बढ़ना शुरू किया, इसके विदेशी मुद्रा भंडार, जो दशकों से लगभग 5 अरब (बिलियन) डॉलर था, आर्थिक सुधारों के बाद तेजी से बढ़ा और एक दशक से भी कम समय में 300 अरब डॉलर तक बढ़ गया था। भारत में प्रत्यक्ष विदेशी निवेश में नाटकीय रूप से वृद्धि हुई, जबकि प्रमुख भारतीय ब्लू चिप कंपनियों ने वैश्विक निवेश का एक पैटर्न शुरू किया जिसने भारत को वैश्विक आर्थिक मानचित्र पर मजबूती से खड़ा कर दिया। 2009 में, जब 20 देशों के समूह (जी–20) को नेताओं के लिए एक मंच के स्तर तक उठाया गया था, भारत इस वैश्विक नीति समूह का एक महत्त्वपूर्ण सदस्य बन गया।

कई बड़ी उभरती अर्थव्यवस्थाओं की निरंतर वृद्धि से वैश्विक जी.डी.पी. में उनकी हिस्सेदारी में वृद्धि हुई। भारत एक महत्त्वपूर्ण लाभार्थी था, क्योंकि विश्व अर्थव्यवस्था में मूल्यवर्धन विकसित देशों से दूर होकर उन देशों में जाने लगा, जिन्हें अब उभरती अर्थव्यवस्थाओं की संज्ञा दी गई है। यूरोपीय संघ के मामले में यह गिरावट विशेष रूप से उल्लेखनीय है। वहीं एशिया की ओर, और एशिया के भीतर जापान से दूर होते हुए, चीन और भारत की ओर यह विचलन महत्त्वपूर्ण है। भारत की हिस्सेदारी में वृद्धि एक ऐसे प्रकार की है, जो उसे पीपीपी के मामले में विश्व की चौथी सबसे बड़ी अर्थव्यवस्था के रूप में रखती है।

जैसा कि एशिया और विशेष रूप से भारत ने अपनी आर्थिक स्थिति को मजबूत किया और वैश्वीकरण के लाभ साफ दिखाई देने लगे, भारत ने कई मेगा बुनियादी ढाँचा परियोजनाओं में निवेश करने का फैसला किया और अपनी लुक ईस्ट एंड एक्ट ईस्ट (पूरब की ओर देखो और पूरब के जैसा करो) नीति विकसित की। उस संदर्भ में, भारत अब अपने आर्थिक, राजनीतिक और रणनीतिक हितों के लिए विशिष्ट समूहों जैसे ब्रिक्स (BRICS), शंघाई सहयोग संगठन (SCO), पूर्वी एशिया शिखर सम्मेलन (EAS), बंगाल की खाड़ी में बहु–क्षेत्रीय तकनीकी और आर्थिक सहयोग (BIMSTEC), हिंद महासागर रिम एसोसिएशन (IORA), क्षेत्रीय व्यापक आर्थिक भागीदारी (RCEP), एशिया सहयोग संवाद (ACD), बांग्लादेश–चीन–भारत–म्याँमार फोरम फॉर रीजनल कोऑपरेशन (BCIM), मेकांग–गंगा सहयोग (MGC) और दक्षिण एशियाई क्षेत्रीय सहयोग संगठन (SAARC) का एक सक्रिय सदस्य है।

भारत–यूरोपीय संघ व्यापार और व्यापार साझेदारी पर भारत की वृद्धि के लिए निहितार्थ क्या हैं?

> विश्व बैंक द्वारा अपने 'इंडिया कंट्री ओवरव्यू 2013' में एक महत्त्वपूर्ण बयान में कहा गया था, "1.2 अरब लोगों और दुनिया की चौथी सबसे बड़ी अर्थव्यवस्था के साथ, भारत की हाल की वृद्धि और विकास हमारे समय की सबसे महत्त्वपूर्ण उपलब्धियों में से एक रही है। भारत में जल्द ही विश्व का सबसे बड़ा और सबसे युवा कार्यबल होगा, जिसे दुनिया ने कभी देखा है। इसी समय, देश शहरीकरण की भारी लहर के बीच में है, क्योंकि कुछ कोई एक करोड़ लोग हर साल नौकरियों और अवसरों की तलाश में शहरों और कस्बों में जाते हैं। यह इस सदी का सबसे बड़ा ग्रामीण–शहरी पलायन है। बढ़ती आकांक्षाओं को पूरा करने के लिए नौकरियों, आवास और बुनियादी ढाँचे को बनाने के लिए बड़े पैमाने पर निवेश की आवश्यकता होगी।"

बीसवीं सदी की समाप्ति के समय पर, भारत की जी.डी.पी. (सकल घरेलू आय) लगभग 480 अरब अमेरिकी डॉलर थी। आर्थिक सुधारों के गति पकड़ने के साथ, भारत की जी.डी.पी. 2017 तक पाँच गुना बढ़कर 2300 अरब (2.3 ट्रिलियन) अमेरिकी डॉलर तक पहुँच गई (आई.एम.एफ. के अनुमानों के अनुसार)। आई.एम.एफ. (अंतरराष्ट्रीय मुद्रा कोष) के अनुमानों के अनुसार 2018 में चीन की 6.8% की वार्षिक आर्थिक वृद्धि दर की तुलना में भारत की वार्षिक आर्थिक वृद्धि 7.4% की दर से रहने के अनुमान हैं। भारतीय अर्थव्यवस्था दुनिया में छठी सबसे बड़ी और क्रय शक्ति समता (पी.पी.पी.) के अनुसार दुनिया में तीसरी सबसे बड़ी अर्थव्यवस्था है। भारतीय अर्थव्यवस्था का दीर्घकालिक विकास इसके जनसांख्यिकीय बढ़त, अच्छी बचत और निवेश दरों, जी.एस.टी.[11] सहित आर्थिक सुधारों और वैश्विक अर्थव्यवस्था में बढ़ते एकीकरण के कारण सकारात्मक है। भारतीय अर्थव्यवस्था में 2028 तक दुनिया की तीसरी सबसे बड़ी अर्थव्यवस्था बनने की क्षमता है। विश्व बैंक के अनुमानों के अनुसार, भारत को 2018 में दुनिया की सबसे तेजी से बढ़ती अर्थव्यवस्था बनने की उम्मीद है। यूरोपीय संघ को इस बात पर ध्यान देना चाहिए कि उसकी वर्तमान आर्थिक कठिनाइयों को देखते हुए, उनका यह संकट भारत के निरंतर और सतत विकास की खोज में एक प्राकृतिक भागीदार के रूप में यूरोपीय संघ के लिए विशाल अवसर प्रस्तुत करता है। यह स्थिति भारत और यूरोपीय संघ दोनों के लिए फायदेमंद बन सकती है।

खंड 5 : सतत चुनौतियाँ : यूरोपीय संघ के बारे में महत्त्वपूर्ण भारतीय सार्वजनिक राय और धारणाएँ

अब यह तेजी से स्वीकार किया जा रहा है कि एक गतिशील रणनीतिक साझेदारी बनाने की दिशा में सबसे बड़ी चुनौती यूरोप और यूरोपीय संघ के बारे में भारतीय जनमत, ज्ञान और धारणाओं को बदलना और भारत के बारे में यूरोप और यूरोपीय संघ के जनमत, ज्ञान और धारणाओं को बदलना है। सामान्य रूप से भारतीय लोगों और विशेष रूप से भारतीय मीडिया को यूरोपीय संघ की संस्थागत संरचनाओं की अधूरी समझ है। भारत की विदेश नीति की अनिवार्यताओं में उन्हें जोड़ने का कोई प्रयास नहीं किया गया है। 'डज यूरोप मैटर टू इंडिया ?' (2009) में क्रिस्टोफ जाफरलॉट और सिद्धू ने सही उल्लेख किया है कि भारतीय एक आधुनिक यूरोपीय संघ के साथ काम करने में सहज नहीं हैं और इसे गठित करनेवाले अलग-अलग सदस्य देशों के साथ अलग से संबंध रखना पसंद करते हैं, विशेष रूप से बड़े देशों के साथ।

कई लोगों का मानना है कि यूरोपीय संघ और आयोग का भारत के विषय में प्रतिबंधात्मक और नियामक दृष्टिकोण है। पूर्व भारतीय प्रधानमंत्री, मनमोहन सिंह (2010) ने यूरोपीय संघ के नेतृत्व को यह ध्यान दिलाया था कि "भारत बहुत बड़ा देश है, जिसे किसी भी गठबंधन या क्षेत्रीय या उप क्षेत्रीय व्यवस्थाओं में रखा जाना चाहिए, चाहे वह व्यापार हो, अथवा आर्थिक या राजनीतिक गठबंधन या व्यवस्था हो।" इसी तरह की टिप्पणी उनके उत्तराधिकारी भारतीय प्रधानमंत्री नरेंद्र मोदी[12] ने भी की है। निहितार्थ स्पष्ट हैं। अन्य व्यापारिक साझेदारों के साथ कई द्विपक्षीय और क्षेत्रीय व्यापार समझौतों को सफलतापूर्वक संपन्न करने के बाद, भारत अपनी शर्तों पर यूरोपीय संघ के साथ मुक्त व्यापार और निवेश समझौते पर बातचीत करना चाहता है। भारत के विदेशों से संबंध उसके आर्थिक और वाणिज्यिक एजेंडों से बढ़ रहे हैं। किसी व्यापक व्यापार और निवेश समझौते के अभाव में, ब्रेक्जिट के बाद यूरोपीय संघ के साथ भारत के संबंध फ्रांस और जर्मनी के साथ भारत के द्विपक्षीय संबंधों से प्रभावित होंगे। इसके अलावा, भारत का रणनीतिक सिद्धांत, जो भारतीय जनमत को दरशाता है, यूरोपीय संघ को एक व्यापक आर्थिक इकाई के रूप में तो मानता है, लेकिन एक राजनीतिक शक्ति के रूप में नहीं। (बर्न्ड वॉन म्यूंचो-पॉहल, 2012)

कोई इस धारणा को कैसे बदलता है ? यूरोपीय संघ के भीतर जनता की राय के लिए उनकी रूढ़ धारणाओं और भारत के प्रति उनके दृष्टिकोण को बदलने की आवश्यकता समान महत्त्व की है। यह बताया गया है कि 21वीं सदी के एशियाई और भारतीय भू-राजनीतिक वास्तविकताओं से बेखबर और एशिया के उदय को स्वीकार करने के लिए अनिच्छुक यूरोपीय वार्त्ताकार अतीत से चिपके दिखाई देते हैं। भारतीय संदर्भ में, आयोग और यूरोपीय संघ के प्रतिनिधियों में अकसर घिसे-पिटे आख्यान और सामाजिक मुद्दों पर एक जुनून होता

है, जो यूरोपीय मीडिया में नियमित रूप से दिखाई देता है। यूरोपीय जनमत में ये भारत की एक नकारात्मक छवि बनाने में योगदान करते हैं। हजार अरब (दो ट्रिलियन) डॉलर की अर्थव्यवस्था के रूप में, भारत एक प्रमुख आर्थिक शक्ति बनने की राह पर है। भारत की खामियों की ओर इशारा करनेवाली निरंतर उठती उँगली एक अच्छे रिश्ते के लिए नहीं है।

भारतीय जनमत को बदलने के लिए, यूरोपीय संघ को एक उभरती हुई शक्ति भारत के साथ सकारात्मक रूप से जुड़ने की आवश्यकता है। यह संदेश प्रसारित करने की आवश्यकता है कि एक नई विश्व व्यवस्था में यूरोपीय संघ और भारत एक पारदर्शी, लोकतांत्रिक और रणनीतिक वैश्विक व्यवस्था बनाए रखने के लिए आवश्यक हैं। जब एक जीवंत भारतीय मध्यम वर्ग भारी संख्या में यूरोप की यात्रा कर रहा है और वहाँ अपने देश के बारे में नकारात्मक चित्रण का सामना कर रहा है, ऐसी स्थिति में भारतीय धारणाओं को तब तक बदलना मुश्किल होगा, जब तक कि यूरोप और उसका मीडिया भारत के लिए अधिक यथार्थवादी और कम आलोचनात्मक दृष्टिकोण नहीं अपना लेते हैं।

संकट में पड़े यूरोपीय संघ,ब्रेक्जिट और यूरोप के लंबे समय से चले आ रहे विदेशी मुद्रा ऋण संकट की निराशाजनक पृष्ठभूमि में,यूरोपीय संघ को एक उभरती शक्ति और भारत के लिए एक महत्त्वपूर्ण रणनीतिक भागीदार के रूप में चित्रित करना मुश्किल है। भारत की जनता की राय और मीडिया यूरोप को तेजी से घटते हुए देखते हैं, बढ़ते हुए नहीं। इसका वर्तमान वित्तीय संकट अस्थिर राजकोषीय नीतियों और सामाजिक अधिकारों, लंबे समय तक आर्थिक ठहराव, प्रतिस्पर्धा में कमी और चिंताजनक जनसांख्यिकी को दरशाता है। कठोर मितव्ययिता कार्यक्रम विशेष रूप से ग्रीस में, एक संगठित और व्यापक प्रतिक्रिया की अनुपस्थिति और प्रवासी मुद्‌दे पर प्रभावी ढंग से प्रतिक्रिया देने में यूरोप की कथित अक्षमता ने यूरोपीय संघ की छवि को नकारात्मक रूप से प्रभावित किया है। जहाँ यूरोपीय संघ की निर्णय लेने की दुष्कर प्रक्रिया अपने नेताओं को ग्रास करती है, वहीं यूरोप तेजी से अंतर्मुखी और स्व-जागरूक बन गया है। इसकी विदेश नीति ने पीछे की सीट ले ली है।

दुर्भाग्य से, बहुप्रचारित कॉमन फॉरेन एंड सिक्योरिटी पॉलिसी, यूरोपीय संघ को उन मामलों में सार्वजनिक रूप से विभाजित छोड़ते हुए, जहाँ एक एकीकृत स्थिति वैश्विक महत्त्व के स्टॉकब्रोकर के रूप में अपनी अंतरराष्ट्रीय विश्वसनीयता में वृद्धि करती, बार-बार महत्त्वपूर्ण अंतरराष्ट्रीय संकटों का जवाब देने में विफल रही है । वास्तविकता यह है कि न केवल बड़े सदस्य देश ब्रिटेन, फ्रांस और जर्मनी बल्कि नीदरलैंड, ऑस्ट्रिया और बेल्जियम सहित यूरोपीय संघ के अन्य छोटे, लेकिन महत्त्वपूर्ण संस्थापक देश अपनी राष्ट्रीय विदेश नीति के उद्‌देश्यों को त्यागने और घरेलू हितों का बलिदान करने और एक आवाज में बोलने के लिए तैयार नहीं हैं।

प्रवासी संकट के दौरान यह स्पष्ट हो गया। भारतीय संदर्भ में, दो शक्तिशाली सदस्य देशों यानी फ्रांस और जर्मनी के भारत के साथ वार्षिक शिखर सम्मेलन होते हैं। ये द्विपक्षीय शिखर सम्मेलन भारत-यूरोपीय संघ के शिखर सम्मेलन को फीका करते हैं। इन द्विपक्षीय शिखर सम्मेलनों में महत्त्वपूर्ण विषयों पर, चाहे वह राजनीतिक, सैन्य, रणनीतिक, रक्षा या व्यापार और वाणिज्य के क्षेत्र में हो, चर्चा की जाती है और निष्कर्ष निकाला जाता है। परिणामस्वरूप, भारत-यूरोपीय संघ शिखर सम्मेलन की प्रक्रिया कभी-कभी जनता और मीडिया के लिए भी रुचि या प्रासंगिकता से रहित होती है।

जब तक ये नकारात्मक धारणाएँ नहीं बदल जाती हैं, तब तक वास्तव में सार्थक संबंध बनाना मुश्किल हो सकता है। यहाँ उल्लिखित अनेक चुनौतियों को यूरोपीय संघ और आयोग द्वारा संबोधित करने की आवश्यकता है। अन्य चुनौतियों को भारत सरकार के परामर्श से निपटाया जा सकता है।

अपने संबंधों की पूरी क्षमता शक्ति को प्राप्त करने के लिए, यूरोपीय संघ और भारत को भी व्यापार वार्त्ता पर आगे बढ़ना चाहिए, संपूर्ण साझेदारी संरचना की गंभीर, महत्त्वपूर्ण और स्पष्ट समीक्षा करनी चाहिए, अधिक-से-अधिक हितधारकों—कानून निर्माताओं और नागरिक समाज के सदस्यों से लेकर व्यापारिक नेताओं तक—को संवाद में शामिल करना, और संयुक्त पहलों के लिए वित्तपोषण के स्रोतों को मजबूत करना चाहिए। अन्यथा, साझेदारी में ठहराव आने और इसके राजनीतिक हाशिए पर चले जाने का खतरा है।

संदर्भ—

1. डोकलाम एक भौगोलिक क्षेत्र है, जो उत्तर में तिब्बत की चुंबी घाटी, पूर्व में भूटान की हा घाटी और पश्चिम में भारत के सिक्किम राज्य के बीच में स्थित है। इसमें एक पठार और एक घाटी दोनों हैं और यह एक भूटानी क्षेत्र है, जिस पर चीन अपना दावा करता रहता है। यह क्षेत्र भूटान, चीन और भारत के लिए सामरिक महत्त्व का है। जून 2017 में, यहाँ चीन और भारत के बीच एक सैन्य गतिरोध उत्पन्न हुआ, क्योंकि चीन ने डोका ला पास के निकट दक्षिण में डोकलाम पठार पर एक सड़क का विस्तार करने का प्रयास किया था। यदि इसका निर्माण किया जाता, तो यह भारत को अपने पूर्वोत्तर राज्यों के साथ जोड़नेवाली क्षेत्र की एक संकीर्ण पट्टी 'चिकन नेक' के लिए एक बड़ा खतरा पैदा करता। भारतीय सैनिकों ने चीनी घुसपैठ को रोक दिया। भारत ने औपचारिक रूप से भूटान की ओर से काम किया, जिसके साथ उसके 'विशेष संबंध' हैं। भूटान ने विवादित क्षेत्र में चीन के सड़क निर्माण पर कड़ी आपत्ति जताई है। 28 अगस्त, 2017 को, लंबी वार्त्ता के बाद और ब्रिक्स शिखर सम्मेलन में भाग लेने के लिए पी.एम. मोदी की चीन यात्रा की पूर्व संध्या पर, भारत और चीन पारस्परिक रूप से डोकलाम पठार से सेना की आपसी वापसी के आधार पर तेजी से विघटन के लिए सहमत हुए, जिससे सैन्य टकराव की स्थिति समाप्त हो गई।
2. 2013 में चीनी राष्ट्रपति शी जिनपिंग द्वारा प्रस्तावित, वन बेल्ट एंड वन रोड (OBOR) या बेल्ट

एंड रोड इनिशिएटिव (BRI) सड़कों, रेलवे लाइनों, तेल पाइपलाइनों, बिजली ग्रिड, बंदरगाहों और अन्य बुनियादी ढाँचा परियोजनाओं का एक नेटवर्क है, जो दक्षिण चीन सागर से हिंद महासागर तक पानी के जुड़े निकायों के माध्यम से मध्य एशिया में चीन की सिल्क रोड इकोनॉमिक बेल्ट परियोजना को इसके समुद्री रेशम मार्ग से जोड़ेगा। संक्षेप में, ये व्यापार रणनीतियाँ एशिया से दक्षिण एशिया और अफ्रीका के माध्यम से एक नया सिल्क मार्ग बनाते हुए यूरेशिया में ऐतिहासिक सिल्क मार्ग से जुड़े देशों के साथ चीन के संपर्क को बढ़ाने पर केंद्रित हैं। OBOR को कई विशेषज्ञों द्वारा चीन के लिए अपनी वृहत् शक्ति स्थिति और बढ़ते आर्थिक दबदबे का प्रदर्शन करने के लिए एक साधन के रूप में देखा जाता है। यह नए बाजारों और नए निवेशों के लिए चीनी खोज का हिस्सा है। निवेश पर आधारित विकास के चीनी मॉडल ने अतिरिक्त क्षमता और अधिशेष विदेशी मुद्रा भंडार का निर्माण किया। यह देशों के बीच युआन के उपयोग को बढ़ावा दे सकता है और अंतरराष्ट्रीय आरक्षित मुद्रा के रूप में युआन की भूमिका को मजबूत कर सकता है। इससे चीन के पूर्वी और दक्षिणी क्षेत्रों के बेहतर ढंग से जुड़ने की उम्मीद है, जो अब तक विकास में पिछड़ गए हैं। कई अर्थशास्त्रियों का सुझाव है कि OBOR मध्य एशिया और पाकिस्तान के लिए कर्ज का जाल है। यूरोपीय संघ और भारत OBOR में शामिल नहीं हुए हैं।

3. 11 मई, 1998 को, भारत परमाणु बम का परीक्षण करने और कुलीन परमाणु क्लब में शामिल होनेवाला छठा देश बन गया। पहले ऑपरेशन या पोखरण 1 के 24 साल बाद, भारत के परमाणु ऊर्जा आयोग और रक्षा अनुसंधान और विकास संगठन (DRDO) ने राजस्थान के पोखरण शहर में संयुक्त अभियान चलाया, जिसे पोखरण-II के नाम से जाना जाता है। पोखरण-II पाँच परमाणु बम परीक्षण विस्फोटों की एक शृंखला थी, जिनमें से पहला एक संलयन बम था और शेष चार उत्सर्जन बम थे। इन परमाणु परीक्षणों के परिणामस्वरूप जापान और संयुक्त राज्य अमेरिका सहित कई प्रमुख राष्ट्रों ने भारत के विरुद्ध अनेक प्रतिबंध लगाए।

4. अंतरराष्ट्रीय संबंधों में ध्रुवीयता अंतरराष्ट्रीय प्रणाली के भीतर शक्ति के वितरण का वर्णन है, जो किसी भी दिए गए समय में अंतरराष्ट्रीय प्रणाली की प्रकृति का वर्णन करता है। ध्रुवीयता तीन प्रकार की होती है, एकध्रुवीयता, द्विध्रुवीयता और बहु-ध्रुवीयता। इस प्रकार की प्रणाली किसी क्षेत्र या अंतरराष्ट्रीय स्तर पर शक्ति के वितरण और राष्ट्रों के प्रभाव पर निर्भर है। अंतरराष्ट्रीय प्रणाली में शक्ति क्षमताओं का वितरण बड़ी शक्तियों की संख्या निर्धारित करता है और, परिणामस्वरूप, अंतरराष्ट्रीय प्रणाली की ध्रुवीयता को भी। फ्रांस एक बहु-ध्रुवीय दुनिया को बहुपक्षीय दृष्टिकोण पर आधारित अंतरराष्ट्रीय संबंधों की श्रेष्ठ गारंटी मानता है।

5. ह्यूबर्ट वेडरिन एक फ्रांसीसी समाजवादी राजनीतिज्ञ हैं। वह राष्ट्रपति मिटरैंड के राजनयिक सलाहकार थे। उन्होंने 1991 से 1995 तक राष्ट्रपति पद के महासचिव के रूप में कार्य किया और फिर 1997 से 2002 तक लियोनेल जोसफिन की सरकार में विदेश मंत्री के रूप में कार्य किया।

6. फ्रांसिस फुकुयामा एक अमेरिकी लेखक और एक राजनीति शास्त्री हैं। फुकुयामा 1992 में प्रकाशित अपनी पुस्तक 'द एंड ऑफ हिस्ट्री एंड द लास्ट मैन' के लिए जाने जाते हैं, जिसने तर्क दिया कि दुनिया भर में उदार लोकतांत्रिक देशों और पश्चिम के मुक्त बाजार पूँजीवाद का प्रसार और इसकी जीवन शैली मानवता के सामाजिक-सांस्कृतिक क्रमागत उन्नति के अंतिम बिंदु का संकेत दे सकती है और मानव सरकार का अंतिम स्वरूप बन सकती है। 'द एंड ऑफ हिस्ट्री एंड द लास्ट मैन' ने

विवाद और बहस को उकसाया है। इसे आधुनिक क्लासिक माना जाता है। हालाँकि, 1995 में, उनकी बाद की पुस्तक 'ट्रस्ट : सोशल वर्ट्यूज और क्रिएशन ऑफ प्रॉस्पेरिटी' ने इस बात को स्वीकार करने के लिए अपनी पहले की स्थिति को संशोधित किया कि संस्कृति को अर्थशास्त्र से पूरी तरह अलग नहीं किया जा सकता है।

7. सैमुअल पी. हंटिंगटन एक अमेरिकी लेखक, राजनीतिक, वैज्ञानिक और अकादमिक थे। उन्हें शीत युद्ध के बाद की विश्व व्यवस्था के लिए उनके 1993 के सिद्धांत, 'द क्लैश ऑफ सिविलाइजेशन' के लिए जाना जाता है। उन्होंने तर्क दिया कि भविष्य के युद्ध देशों के बीच नहीं, बल्कि संस्कृतियों के बीच लड़े जाएँगे, और यह कि इसलामी चरमपंथ विश्व शांति के लिए सबसे बड़ा खतरा बन जाएगा। हंटिंगटन को नागरिक-सैन्य संबंधों, राजनीतिक विकास और तुलनात्मक सरकार पर अमेरिकी विचारों को आकार देने में मदद करने का श्रेय दिया जाता है। वह हार्वर्ड सेंटर फॉर इंटरनेशनल अफेयर्स के निदेशक थे।

8. हाइफनेशन से तात्पर्य दो राष्ट्रों—यहाँ भारत और पाकिस्तान—को एक साथ मिलाने और साथ ही साथ एक ही समय में अकसर योग्यता या मुद्दे की अनदेखी करते हुए, चाहे अंतरराष्ट्रीय समुदाय में उनकी व्यक्तिगत प्रतिष्ठा जो भी हो, इनसे जुड़े मुद्दों से निपटने की नीति से है।

   डी-हायफनेशन अमेरिकी सरकार द्वारा भारत और पाकिस्तान के साथ अलग से निपटने के लिए राष्ट्रपति बुश के तहत शुरू की गई और ओबामा प्रशासन द्वारा जारी रखी गई एक नीति को संदर्भित करता है। इसने अमेरिका को भारत के साथ घनिष्ठ सैन्य और रणनीतिक संबंध बनाने में सक्षम बनाया और साथ ही पाकिस्तान से प्रतिक्रियाओं के बावजूद भारत-अमेरिकी असैन्य परमाणु समझौते को संपन्न किया।

9. 'अर्थशास्त्र' शासन कला, आर्थिक नीति और सैन्य रणनीति पर आधारित संस्कृत में लिखा गया एक प्राचीन भारतीय ग्रंथ है। कौटिल्य को पारंपरिक रूप से इस ग्रंथ के लेखक के रूप में जाना जाता है। उन्हें विष्णुगुप्त और चाणक्य के रूप में भी जाना जाता है। वह तक्षशिला में एक विद्वान् थे, जो सम्राट् चंद्रगुप्त मौर्य के शिक्षक और संरक्षक थे। यह पुस्तक राज्य की शासन कला और दैनिक जीवन के विज्ञान पर लिखी गई सबसे प्रभावी पुस्तकों में से एक है। इसमें शासन, कानून, नागरिक और आपराधिक अदालत प्रणाली, नैतिकता, अर्थशास्त्र, बाजार और व्यापार की प्रकृति, मंत्रियों की स्क्रीनिंग के तरीके, कूटनीति, युद्ध के सिद्धांत, शांति की प्रकृति और एक राजा के कर्तव्यों और दायित्वों के बारे में लिखी गई पुस्तकें शामिल हैं। पाठ में हिंदू दर्शन शामिल है, इसमें कृषि, खनिज विज्ञान, खनन और धातु, पशुपालन, चिकित्सा, वन और वन्य जीवन पर प्राचीन आर्थिक और सांस्कृतिक विवरण शामिल हैं। 'अर्थशास्त्र' सामाजिक कल्याण के मुद्दों की खोज करता है; सामूहिक नैतिकता, जो एक समाज को एक साथ रखता है, राजा को सलाह देता है कि अकाल, महामारी के समय और प्रकृति के ऐसे कृत्यों या युद्ध से तबाह होनेवाले क्षेत्रों में, वह सिंचाई की नहरें बनाने जैसी सार्वजनिक परियोजनाएँ शुरू करे, प्रमुख रणनीतिक क्षेत्रों और कस्बों के आसपास किलों का निर्माण कराए और प्रभावित लोगों को करों में छूट दे।

10. आठ का समूह (जी-8) आठ उच्च औद्योगिक राष्ट्रों—फ्रांस, जर्मनी, इटली, यूनाइटेड किंगडम, जापान, संयुक्त राज्य अमेरिका, कनाडा और रूस—के समूह को संदर्भित करता है, जो वैश्विक मुद्दों जैसे आर्थिक विकास और संकट प्रबंधन, वैश्विक सुरक्षा, ऊर्जा और आतंकवाद पर आम सहमति को

बढ़ावा देने के लिए एक वार्षिक बैठक आयोजित करते हैं। यह मंच राष्ट्रपतियों और प्रधानमंत्रियों, साथ ही साथ उनके वित्त और विदेश मंत्रियों को अंतरराष्ट्रीय मुद्दों पर खुलकर चर्चा करने में सक्षम बनाता है। व्यापार उदारीकरण पर जी-8 के लगातार फोकस के साथ, ये शिखर सम्मेलन वैश्वीकरण विरोधी प्रदर्शनों के गंभीर लक्ष्य हैं। आलोचकों का तर्क है कि समूह की विशिष्टता विकासशील देशों की कीमत पर औद्योगिक देशों की जरूरतों पर ध्यान केंद्रित करती है, जो शक्ति के वैश्विक वितरण के एक पुराने, पश्चिमी-केंद्रित दृष्टिकोण को दरशाता है। जी-8 में रूस की सदस्यता पर भी प्रश्न उठाया जाता है।

11. जी.एस.टी. या गुड्स एंड सर्विसेज टैक्स सामान और सेवाओं की आपूर्ति पर सीधे निर्माता से उपभोक्ता तक एक कर है। इसे भारत में 1 जुलाई, 2017 को प्रधानमंत्री नरेंद्र मोदी द्वारा भारत में पहले से मौजूद कई अप्रत्यक्ष कर कानूनों को बदलने के लिए लागू किया गया था। जी.एस.टी. पूरे देश के लिए एक अप्रत्यक्ष कर है, जिसने भारत को एक बड़ा एकीकृत बाजार बना दिया है। जी.एस.टी. एक जी.एस.टी. परिषद् द्वारा शासित है और इसके अध्यक्ष भारत के वित्त मंत्री हैं।

12. नरेंद्र मोदी भारत के चौदहवें प्रधानमंत्री हैं, जिन्होंने 26 मई, 2014 को भारतीय संसद् के निचले निर्वाचित सदन लोकसभा में भारी बहुमत से जीत हासिल करने के बाद पदभार सँभाला। प्रधानमंत्री के रूप में कार्यभार सँभालने से पहले, उन्होंने गुजरात के सबसे लंबे समय तक मुख्यमंत्री के रूप में कार्य किया। उन्होंने सितंबर 2014 में भारत को वैश्विक विनिर्माण केंद्र में बदलने के लिए 'मेक इन इंडिया' अभियान शुरू किया।

❑

अध्याय-4

एक विशेषाधिकार साझेदारी : शिखर सम्मेलन स्तर के संवाद की स्थापना

90 के दशक में भारत-यूरोपीय संघ के संबंध तेजी से विकसित हुए। शीत युद्ध की समाप्ति और द्वि-ध्रुवीयता के अंत के साथ, एक मजबूत यूरोपीय संघ ने, जो विकास के कगार पर था, यूरोप के बाहर नए रणनीतिक साझेदारों की तलाश की। इसी तरह, भारत में तेजी से राजनीतिक और आर्थिक परिवर्तन हो रहे थे। प्रधानमंत्री नरसिम्हा राव द्वारा 1991 में ऐसी भारतीय अर्थव्यवस्था की शुरुआत की गई थी, जिसकी बहुत जरूरत थी। एक नए राजनीतिक परिप्रेक्ष्य हेतु पारस्परिक अभिस्वीकृति के लिए एक संरचित उच्च स्तरीय संवाद की आवश्यकता थी।

शीत युद्ध की समाप्ति और पूर्व-पश्चिम के विभाजन के बाद, भारत के नीति निर्माता, तत्कालीन सोवियत संघ, जो भारत का सबसे मूल्यवान् और विश्वसनीय रणनीतिक साझेदार था और सैन्य हार्डवेयर का प्रमुख आपूर्तिकर्ता था, के तेजी से विघटन पर आश्चर्यचकित हो गए। इसके अलावा, भारत के भूतपूर्व यूरोपीय मित्र और सहयोगी, जिनमें पोलैंड, बुल्गारिया, रोमानिया और पूर्व चेकोस्लोवाकिया शामिल थे, ने अपने भूतपूर्व गुट-निरपेक्ष मित्रों से मुँह मोड़ लिया और उत्साहपूर्वक पश्चिमी उदारवादी मूल्यों को अपनाया। उन्होंने यूरोपीय संघ और नाटो की सदस्यता के लिए संघर्ष किया। कुछ विचारकों ने देखा कि इस अवधि के दौरान, भारत ने नियामक और राजनीतिक लक्ष्यों (कुमार, 2006) को संयोजित करने का अवसर अनुभव किया, जबकि दूसरों ने इसे दो लक्ष्यों (मोहन, 2003) के बीच संघर्ष के रूप में परिभाषित किया। भूतपूर्व सोवियत संघ की बात क्या की जाए, भारत ने, लगभग रातों-रात, पूर्ववर्ती पूर्वी और मध्य यूरोप में अपनी नीतिगत बढ़त को खो दिया। यूपीए 1[1] के सत्ता में आने के साथ ही भारत ने इस नई पश्चिमी दुनिया के साथ फिर से जुड़ने के लिए ठोस प्रयास किया। भारत को अपने सफल आर्थिक उदारीकरण कार्यक्रम के बाद, इस बात का भी एहसास था कि विश्व

अर्थव्यवस्था में खुद को एकीकृत करने की आवश्यकता है। यूरोपीय संघ के साथ शिखर सम्मेलन की बातचीत इस प्रक्रिया का एक स्वाभाविक आधार था। पहले शिखर सम्मेलन के पहले संयुक्त राजनीतिक वक्तव्य 1993 और 1994 का साझेदारी और विकास पर सहयोग समझौता हुआ। एक साथ मिलकर, उन्होंने भारत के यूरोपीय संघ के संबंधों के संस्थानीकरण में एक महत्त्वपूर्ण ऐतिहासिक अवसर को चिह्नित किया। परिणामस्वरूप जून 2000 में लिस्बन में पहला शिखर सम्मेलन हुआ।

खंड 1 : एक शुरुआत : 1993 का संयुक्त राजनीतिक वक्तव्य और 1994 का सहयोग समझौता

1993 के संयुक्त राजनीतिक वक्तव्य के परिणामस्वरूप भारत-यूरोपीय संघ ट्रोइका ने वरिष्ठ अधिकारियों के स्तर पर वार्त्ता की। इसने नियमित आधार पर सामान्य सरोकार के मुद्दों की एक विस्तृत श्रृंखला पर परामर्श और विचारों का आदान-प्रदान सुनिश्चित किया। 1994 का सहयोग समझौता, जिस पर 20 दिसंबर 1993 को मंत्री स्तर पर ब्रुसेल्स में हस्ताक्षर किए गए थे, कई मुद्दों पर सफल रहा। दोनों पक्षों ने विवादग्रस्त व्यापार और बौद्धिक संपदा के मुद्दों को संबोधित करने के लिए समझौता किया। संबंध, मंत्री स्तर पर व्यापक संवाद तक उन्नत बने। इनसे द्विपक्षीय संबंध, व्यापार और आर्थिक सहयोग से परे एक नए रणनीतिक स्तर पर पहुँच गए। इसने उन संबंधों को एक ऐसा राजनीतिक आयाम दिया, जो अब तक अनुपस्थित था। इसने भारत और यूरोपीय संघ ट्रोइका के बीच वार्षिक मंत्रिस्तरीय बैठकों का मार्ग प्रशस्त किया, जिसमें वर्तमान, अतीत और भविष्य के यूरोपीय संघ प्रेसीडेंसी की लिस्बन संधि शामिल थी।

सिंहावलोकन करने पर, संयुक्त सहयोग समझौता सरोकार के अधिकांश मुद्दों पर आधिकारिक और मंत्रिस्तरीय स्तर पर एक संवाद तंत्र स्थापित करने में सक्षम रहा। 1994 से जून 2000 के बीच, जब यूरोपीय संघ की पुर्तगाली प्रेसीडेंसी के अधीन पहला भारत-यूरोपीय संघ शिखर सम्मेलन लिस्बन, पुर्तगाल में हुआ, तो संयुक्त सचिव स्तर पर वरिष्ठ अधिकारियों के साथ संयुक्त आयोग और यूरोपीय संघ ट्रोइका की नियमित बैठकें, भारत के विदेश मंत्री और भारत के वाणिज्य और उद्योग मंत्री ने सुनिश्चित किया कि मुद्दों की तेजी से पहचान की जाए, उनका निवारण किया जाए। उसी समय, शिखर सम्मेलन स्तर की वार्त्ता की बढ़ती आवश्यकता को पहचाना गया, जिसका परिणाम रणनीतिक साझेदारी की स्थापना थी। यह कई मायनों में पहले शिखर सम्मेलन की अग्रदूत थी।

खंड 2 : समकक्षों के बीच साझेदारी : भारत-यूरोपीय संघ पहला शिखर सम्मेलन–लिस्बन, पुर्तगाल, जून 2000

पहले शिखर सम्मेलन की पृष्ठभूमि का इतिहास दिलचस्प है। विश्व में भारत की स्थिति पर स्पष्ट वैश्विक दृष्टिवाले प्रधानमंत्री (अटल बिहारी वाजपेयी[2]) को पाकर भारत सौभाग्यशाली था। साथ ही तत्कालीन विदेश मंत्री जसवंत सिंह[3] और भारत के प्रधानमंत्री के तत्कालीन प्रधान सचिव ब्रजेश मिश्रा[4], भारत की विदेश नीति की टीम तत्कालीन पुर्तगाली प्रधानमंत्री एंटोनियो गुटेरेस[5] (अब संयुक्त राष्ट्र महासचिव) के सुझाव के पक्ष में थी, जोकि भारत में तत्कालीन पुर्तगाली राजदूत द्वारा सूचित किया गया था कि भारत के प्रधानमंत्री जून 2000 में एक द्विपक्षीय शिखर सम्मेलन के साथ ऐतिहासिक भारत–यूरोपीय संघ प्रथम शिखर सम्मेलन के लिए लिस्बन में मिलें। दोनों पक्षों ने अपनी रणनीतिक साझेदारी विकसित करने के लिए सरकारी वार्त्ताकारों को प्रयुक्त किया। राजनेता बड़े पैमाने पर अनुपस्थित थे या पृष्ठभूमि में थे। पहले शिखर सम्मेलन के लिए, प्रधानमंत्री के प्रधान सचिव बृजेश मिश्रा और भारत के तत्कालीन विदेश सचिव ललित मानसिंह[6] ने भारत की सकारात्मक प्रतिक्रिया सुनिश्चित करने में महत्त्वपूर्ण भूमिका निभाई। इसी तरह, यूरोपीय संघ की तत्कालीन पुर्तगाली प्रेसीडेंसी ने सहयोगी भूमिका निभाई और भारत में तत्कालीन पुर्तगाली राजदूत के प्रोत्साहन ने जून, 2000 में लिस्बन में आयोजित एक अत्यधिक सफल और भारत–यूरोपीय संघ के प्रथम शिखर सम्मेलन को सुनिश्चित किया। लिस्बन शिखर सम्मेलन, भारत–यूरोपीय संघ की व्यावसायिक बैठक से एक दिन पहले था। राजनीतिक शिखर स्तर की वार्त्ता में क्रमश: यूरोपीय संघ ट्रोइका और भारत के विदेश सचिव और विदेश मंत्री के स्तर पर विचार–विमर्श हुआ। इससे शिखर सम्मेलन की संयुक्त घोषणा और '21वीं सदी में यूरोपीय संघ–भारत साझेदारी' में निहित प्रमुख मुद्दों पर समझौता सुनिश्चित हुआ।

> जैसा कि राशिन ने तीन शिखर सम्मेलनों के बाद 2004 में बताया, "भारत को उन्नत स्थिति प्रदान करने का सबसे अच्छा प्रमाण, निश्चित रूप से देशों के छोटे समूह में इसका प्रवेश करना है, जिनमें वार्षिक रूप से उच्चतम स्तर पर नियमित वार्षिक सम्मेलन होते हैं, यानी अमेरिका, कनाडा, रूस, चीन और जापान। विशेष साझेदारों की यह सूची, यूरोप से देखी जानेवाली चीजों के बारे में, एक अधिक संतुलित बहु–ध्रुवीय विश्व का संकेत देती है।"

पहले शिखर सम्मेलन ने बाद के रणनीतिक संबंधों की नींव रखी। शिखर सम्मेलन से निकलनेवाले विशेष महत्त्व के दस्तावेज ये थे : संयुक्त घोषणा, 21वीं सदी के लिए भारत–

यूरोपीय संघ की साझेदारी और काररवाई हेतु कार्यसूची। दोनों पक्षों को इसका बहुत फायदा हुआ। यूरोपीय संघ के लिए, भारत के प्रधानमंत्री के साथ शिखर सम्मेलन की बातचीत ने यूरोपीय संघ और भारत के अपने पड़ोस के मुद्दों पर एक नया दृष्टिकोण दिया। शिखर सम्मेलन के अंतिम दिन, पुर्तगाली प्रेसीडेंसी के सुझाव पर, यूरोपीय संघ ट्रोइका ने, उभरते वैश्विक परिदृश्य में भारत की महत्त्वपूर्ण भूमिका को स्वीकार करते हुए, वार्षिक आधार पर इन शिखर सम्मेलनों को संस्थागत बनाने के उनके सुझाव पर विचार करने हेतु प्रधानमंत्री वाजपेयी को आमंत्रित किया। यह स्थान यूरोपीय संघ प्रेसीडेंसी और भारत के बीच बदलता रहेगा। इस प्रस्ताव को भारतीय प्रधानमंत्री ने स्वीकार कर लिया। भारत–यूरोपीय संघ के रिश्तों में एक नए युग की शुरुआत हुई। लिस्बन संधि के बाद, यूरोपीय संघ द्वारा शिखर सम्मेलन ब्रुसेल्स में आयोजित किए गए।

अंतरराष्ट्रीय राजनीति के दृष्टिकोण से, यह पहला शिखर सम्मेलन भारत के साथ यूरोपीय संघ के संबंधों को बढ़ाने में सबसे महत्त्वपूर्ण एकमात्र मील का पत्थर सिद्ध हुआ, चूँकि यूरोपियन कमीशन ने 90 के दशक के मध्य में काउंसिल और पार्लियामेंट को सूचित करने के लिए, भारत में पर्याप्त साझेदारी हेतु अपने ब्लू प्रिंट की पहल की थी। यूरोपीय संघ के लिए, शिखर सम्मेलन ने, लंबे समय से अपेक्षित, अभिस्वीकृति प्रदान की कि शीत युद्ध की समाप्ति के साथ भारत वैश्विक मंच पर एक महत्त्वपूर्ण राजनीतिक और आर्थिक खिलाड़ी था। इसने हितों और सरोकार के सभी प्रमुख मुद्दों पर भारत को शामिल करने की अपनी नीति को अतिरिक्त प्रोत्साहन दिया। भारत के लिए, शिखर सम्मेलन वास्तव में वैश्विक खिलाड़ी के रूप में पहचाने जाने हेतु एक स्वागत योग्य अवसर था। सामान्य शब्दों में, शिखर सम्मेलन का प्रमुख परिणाम भारत–यूरोपीय संघ की साझेदारी का एक अतिरिक्त संवर्द्धन था, जिसने बाद में एक नया और मजबूत आयाम ग्रहण किया।

संयुक्त शिखर सम्मेलन की घोषणा एक महत्त्वपूर्ण ठोस परिणाम थी, जिसने आनेवाले वर्षों में एक नई साझेदारी के लिए एक रोडमैप स्थापित किया। राजनीतिक मोर्चे पर, यूरोपीय संघ भारत के साथ साझा किए गए फायदों को 'नरम' शक्ति के रूप में स्थापित करने के लिए सुसंस्थित पाया गया : लोकतांत्रिक और बहुलवादी मूल्य, कानून का सम्मान, जातीय, भाषायी और राजनीतिक विविधता को संतुलित करने की सिद्ध क्षमता, और संवाद के आधार पर अपने बाह्य हित को सहमति से आगे बढ़ाने की प्रवृत्ति। यूरोपीय संघ के सदस्य राष्ट्रों के बीच भारत को आम हित और सरोकार के सभी क्षेत्रों में, बातचीत के माध्यम से सकारात्मक रूप से शामिल करने के लिए व्यापक सहमति थी। यूरोपीय संघ उन सामान्य हितों और विकासशील स्थितियों की पहचान करते हुए, जिन्हें बहुपक्षीय मंचों में संयुक्त रूप से बढ़ावा दिया जा सकता है, उस गतिरोध का लाभ उठाने के लिए तैयार था, जिसे शिखर सम्मेलन ने

बातचीत के एक नए स्तर पर ले जाने में प्रदान किया था।

यह विडंबना है कि साझेदारी के नरम 'शक्ति' तत्त्व, भारत-यूरोपीय संघ राउंड टेबल के तत्त्वावधान में नागरिक समाज संवाद सहित, सांस्कृतिक आदान-प्रदान और थिंक टैंक इंटरैक्शन 2018 तक हाशिए पर आ गए या गैर-मौजूद हो गए हैं। अधिक दुर्भाग्यपूर्ण यह है, भारत-यूरोपीय संघ के सुरक्षा संवाद सहित, संबंधों के गरम शक्ति तत्त्व, समय के साथ नरम शक्ति तत्त्वों की तुलना में अधिक हाशिए पर हो गए। नियामक का अर्थ है कि राउंड टेबल के माध्यम से, पहले शिखर सम्मेलन के माध्यम से स्थापित यूरोपीय संघ भारत द्वारा प्रतिदान नहीं किया गया। दोनों पक्ष इस प्रश्न का समाधान करने में विफल रहे कि क्या यूरोपीय संघ द्वारा आग्रह किए गए नियामक तत्त्व, इस रणनीतिक साझेदारी के लिए प्रासंगिक थे।

(क) पहला भारत-यूरोपीय संघ व्यवसाय शिखर सम्मेलन

भारत-यूरोपीय संघ व्यवसाय शिखर सम्मेलन, अपनी तरह का पहला था, जिसकी सह-मेजबानी भारत की ओर से भारतीय उद्योग परिसंघ (सी.आई.आई.) और यूरोपीय संघ की ओर से उनकी कई प्रमुख व्यापारिक कंपनियों द्वारा की गई, अपार रूप से सफल रहा। यह मुख्य शिखर सम्मेलन से पहले हुआ था। अवसंरचना, सूचना प्रौद्योगिकी, दूरसंचार, जैव प्रौद्योगिकी और आर एंड डी के साथ-साथ वित्तीय सेवाओं पर समवर्ती कार्य सत्रों का उद्देश्य भारत और यूरोपीय संघ के बीच एक मजबूत आर्थिक और व्यावसायिक संबंध विकसित करना था। यूरोपीय संघ ने जानते हुए कि द्विपक्षीय व्यापार और निवेश, क्षमता से कम था, दृढ़ता से सिफारिश की कि यह पूरी तरह से एक मुक्त बाजार के संदर्भ में इस क्षमता का एहसास करने के लिए दोनों तरफ के व्यवसाय के लिए था।

लिस्बन, पुर्तगाल में 27 जून, 2000 को विशेष पूर्ण सत्र में मुख्य वक्ता के रूप में प्रधानमंत्री वाजपेयी के दूरदर्शी भाषण ने अपेक्षित वातावरण का निर्माण किया। बैठक में भारतीय कंपनियों के लगभग 30 प्रतिनिधियों और 200 से अधिक यूरोपीय फर्मों ने भाग लिया। प्रधानमंत्री वाजपेयी ने भारत और यूरोपीय संघ के बीच सभ्यतागत और ऐतिहासिक संबंधों को याद किया और यूरोपीय संघ के निवेशकों से भारत में एफ.डी.आई. प्रवाह को तेजी से बढ़ाने का आग्रह किया। उन्होंने कहा कि भारत की कुशल जनशक्ति के बड़े भंडार के साथ-साथ तेजी से बढ़ते आई.टी. उद्योग के कारण, यूरोपीय संघ में 'क्लिक' और 'ब्रिक' अर्थव्यवस्था दोनों के लिए व्यापक विकल्प है, जिसमें यूरोपीय संघ की ताकत को भारत के व्यवहार कौशल, जनशक्ति और एक बड़े विविध औद्योगिक आधार के साथ जोड़ा जा सकता है" (2000)।

(ख) पहले शिखर सम्मेलन की संयुक्त घोषणा

इस पहले शिखर सम्मेलन से उभरनेवाला सबसे महत्त्वपूर्ण और ऐतिहासिक दस्तावेज, संयुक्त घोषणा (परिशिष्ट 1) थी। यूरोपीय संघ का प्रतिनिधित्व पुर्तगाल के प्रधानमंत्री एंटोनियो गुटेरेस ने (अब संयुक्त राष्ट्र महासचिव) यूरोपीय संघ के अध्यक्ष के रूप में किया, जिनका सहयोग सामान्य विदेश और सुरक्षा नीति के हाई रेप्रेजेंटेटिव, जेवियर सोलाना, (जो नाटो के महासचिव रह चुके हैं) और यूरोपियन कमीशन के अध्यक्ष रोमानो प्रोदी (जो इटली के प्रधानमंत्री रह चुके हैं) ने किया। पुर्तगाली मंत्री जैमे गामा (विदेशी मामले), जोस मारियानो गागो (विज्ञान और प्रौद्योगिकी) और विटोर रामलहो (अर्थव्यवस्था के लिए उप मंत्री), यूरोपियन कमिश्नर क्रिस्टोफर पैटन (बाह्य संबंध), पास्कल लामी (व्यापार) और फिलिप बसक्विन (अनुसंधान) ने अपने भारतीय समकक्षों के साथ चर्चा में महत्त्वपूर्ण भूमिका निभाई। भारत की ओर से उपस्थित महत्त्वपूर्ण व्यक्तियों में तत्कालीन विदेश मंत्री जसवंत सिंह, तत्कालीन वित्त मंत्री यशवंत सिन्हा, तत्कालीन वाणिज्य और उद्योग मंत्री स्वर्गीय मुरासोली मारन और तत्कालीन सूचना और प्रौद्योगिकी मंत्री स्वर्गीय प्रमोद महाजन शामिल थे। शिखर सम्मेलन के दस्तावेजों के बारे में शिखर सम्मेलन–पूर्व मंत्रिस्तरीय परामर्श के कारण यूरोपीय संघ की बैठक सुव्यवस्थित रही और इसे अंतिम स्वरूप दिया जा सका व अंगीकार किया जा सका।

संयुक्त घोषणा ने आज के भारत–यूरोपीय संघ संबंधों की पृष्ठभूमि की नींव रखी। लोकतंत्र, मानव अधिकारों और कानून के साझा सार्वभौमिक मूल्यों के आधार पर एक नई रणनीतिक साझेदारी बनाने का संकल्प बहुत महत्त्वपूर्ण रहा।

> "यह संकल्प किया जाता है कि 21वीं सदी में, यूरोपीय संघ और भारत साझा मूल्यों और आकांक्षाओं पर आधारित एक नई रणनीतिक साझेदारी का निर्माण करेंगे, जिसमें उन्नत और बहुआयामी सहयोग की विशेषता होगी।" (संयुक्त घोषणा)

(ग) 21वीं सदी में भारत-यूरोपीय संघ की भागीदारी : पहला शिखर सम्मेलन

साझेदारी समझौते ने एक एकध्रुवीय विश्व, जो शीत युद्ध के बाद उभरा था, में हितों का गठबंधन बनाने की आवश्यकता को स्वीकार किया। वार्षिक आधार पर शिखर सम्मेलन को संस्थागत बनाने का निर्णय विशेष महत्त्व का था। 9/11 के बाद तुरंत ही हुए, एक विकसित देश की सीमाओं के भीतर अंतरराष्ट्रीय आतंकवाद के पहले पायदान के साथ, अंतरराष्ट्रीय शांति और सुरक्षा के लिए एक बड़ा खतरा होने के कारण और यह जहाँ भी

हो और इसका उद्देश्य और उत्पत्ति चाहे जो भी हो, इसके सभी रूपों में इसकी निंदा किया जाना अंतरराष्ट्रीय आतंकवाद पर भाषा का बहुत महत्त्व था। इसने अपने अस्थिर और अस्थिर मतिवाले पड़ोस में भारत के प्रमुख सुरक्षा सरोकार के प्रति यूरोपीय संघ में बहुत अधिक समझ पैदा की। नागरिक समाज के बीच नेटवर्किंग और लोगों से लोगों का संपर्क स्थापित करने के परिणामस्वरूप भारत-यूरोपीय संघ राउंड टेबल की स्थापना, एक और महत्त्वपूर्ण कदम था। इसी तरह, द्विपक्षीय परामर्श और डब्ल्यू.टी.ओ. मामलों पर समझौते ने डब्ल्यू.टी.ओ. के उदारीकरण और सुदृढ़ीकरण हेतु व्यापार हेतु एक संरचित संवाद और एक आम दृष्टिकोण के लिए मार्ग प्रशस्त किया।

मुख्य अंश

- सामान्य साझा मूल्यों के आधार पर, 21वीं सदी की चुनौतियों का सामना करने के लिए हितों के गठबंधन का निर्माण करने की आवश्यकता को मान्यता।
- बारी-बारी से राजधानियों या अन्य जगहों पर यूरोपीय संघ-भारत शिखर बैठक आयोजित करने का निर्णय। 2001 में भारत में अगला शिखर सम्मेलन आयोजित करने के लिए भारत के निमंत्रण का यूरोपीय संघ ने स्वागत किया।
- एक साझा विश्वास है कि आतंकवाद क्षेत्रीय और अंतरराष्ट्रीय शांति और सुरक्षा के लिए एक बड़ा खतरा बना हुआ है और निर्दोष व्यक्तियों के अधिकारों और राज्यों की अखंडता के गंभीर उल्लंघन का कारण है।
- संबंधित नागरिक समाजों के बीच आपसी समझ और संवाद को बढ़ाने के महत्त्व को मान्यता। इसके लिए, एक गैर-सरकारी प्रख्यात लोगों और यूरोपीय संघ और भारतीय थिंक टैंकों के एक नेटवर्क हेतु भारत-यूरोपीय संघ राउंड टेबल शुरू करने का समझौता किया गया।
- विश्वास साझा किया गया कि लोकतंत्र न्यायसंगत और निरंतर आर्थिक विकास और विकास का आधार रहेगा।
- यह चिंता व्यक्त की गई कि यद्यपि यूरोपीय संघ भारत का सबसे बड़ा व्यापारिक भागीदार बना हुआ है, लेकिन यूरोपीय संघ और भारत के बीच द्विपक्षीय व्यापार और निवेश की वर्तमान मात्रा इसकी क्षमता से बहुत कम थी।
- यह स्वीकार किया गया कि उद्योग और व्यापार कड़ी को मजबूत करने में यूरोपीय संघ और भारत के बीच बहुत अधिक सहयोग की आवश्यकता थी।
- डब्ल्यू.टी.ओ. के मामलों में द्विपक्षीय सहयोग को अधिक ठोस और संरचित आधार पर रखा जाना चाहिए।

(घ) पहले शिखर सम्मेलन के परिणाम का विश्लेषण

परिणामों का एक समग्र विश्लेषण दोनों पक्षों के लिए सकारात्मक रहा। कठिन या विवादास्पद मुद्दों पर कोई चमत्कारी सफलता नहीं थी। न ही यह अपेक्षित थी। भारतीय आयात के विरुद्ध लंबित एंटी-डंपिंग जाँचों को रोकने के लिए यूरोपीय संघ को मनाने में भारत विफल रहा। यह दुर्भाग्यपूर्ण था। इसने यह दरशाया कि भारत और यूरोपीय संघ के बीच उन शुरुआती दिनों में भी, व्यापार के मुद्दों पर, राजनीतिक मुद्दों पर आम सहमति पर पहुँचना आसान था। यह आज तक सच है।

व्यापार पहलू पर, शिखर सम्मेलन ने भारतीय निर्यात के लिए यूरोपीय बाजार तक पहुँच की पर्याप्तता और निष्पक्षता पर लंबे समय से चले आ रहे विवादों के समाधान के लिए कुछ अवसर प्रदान किए। यूरोपीय संघ ने सीमा शुल्क पर विवाद के कारण 1998 में भारत से 3,500 टन कपड़ा आयात करने का कोटा निलंबित कर दिया था। यूरोपीय संघ ने न केवल इस सुविधा को बहाल किया, बल्कि 2004 तक एक वर्ष में 8,000 टन तक कोटा बढ़ाने के लिए प्रतिबद्ध हुआ, बशर्ते भारत तीन महीने के भीतर 71 वस्तुओं पर सीमा शुल्क में संशोधन करे। भारत द्वारा इस आवश्यकता का अनुपालन किया गया। उत्पादों और सेवाओं के लिए अधिक-से-अधिक बाजार पहुँच, आयात शुल्क कम करना, बुनियादी ढाँचा परियोजनाओं का त्वरित अनुमोदन और भरोसेमंद सरकारी नीतियों सहित शिखर सम्मेलन ने यूरोपीय संघ के कुछ व्यापार सरोकारों पर काररवाई करने का अवसर प्रदान किया।

राजनीतिक मोर्चे पर, भारत को कुछ असफलताएँ मिलीं। शिखर सम्मेलन पोखरण के ठीक बाद हो रहा था। भारत ने परमाणु हथियारवाले देश का दर्जा हासिल कर लिया था। यूरोपीय संघ के कई सदस्य देशों ने इस नई वास्तविकता को स्वीकार नहीं किया। उनके प्रतिरोध ने, विशेष रूप से नॉर्डिक्स से, प्रमुख भू-राजनीतिक मुद्दों, विशेषतः परमाणु अप्रसार और एन.पी.टी.[7] पर यूरोपीय संघ की स्थिति पर किसी भी नाटकीय बदलाव का प्रतिकार किया। संयुक्त राष्ट्र सुरक्षा परिषद् में एक स्थायी सीट के लिए भारत की उम्मीदवारी के समर्थन को दूर कर दिया गया, क्योंकि यह परिषद् की साझा क्षमताओं के बाहर था। यह इंगित किया गया कि यूरोपीय संघ के अलग-अलग सदस्य, विशेष रूप से फ्रांस, जर्मनी और ब्रिटेन, पहले ही अपनी व्यक्तिगत क्षमता में भारत की उम्मीदवारी का समर्थन कर चुके हैं। तत्कालीन विदेश मंत्री, जसवंत सिंह ने कहा था, "इस तरह के शिखर सम्मेलन आकस्मिक रूप से कुछ भी करने के लिए नहीं होते हैं।"

राजनीतिक रूप से, शिखर सम्मेलन से जो हासिल हुआ, वह था भारत को अंतरराष्ट्रीय राजनीति के केंद्र में वापस लाना और पोखरण व उसके नकारात्मक परिणाम को ठंडे बस्ते में डालना। इसने यूरोपीय संघ-आसियान और यूरोपीय संघ-एशिया वार्त्ता प्रक्रिया

(ई.यू.-ए.एस.ई.एम.[8]) में भारत के लिए एक महत्त्वपूर्ण भविष्य की स्थिति सुनिश्चित की, जहाँ पहले भारत को लगातार दरकिनार किया जाता था। पहली बार, शिखर सम्मेलन स्तर पर भारत और यूरोपीय संघ के बीच किसी अन्य वार्त्ताकार के बिना बातचीत हुई। यह सबसे महत्त्वपूर्ण सफलता थी।

खंड 3 : दूसरा भारत-यूरोपीय संघ शिखर सम्मेलन : नई दिल्ली, नवंबर 2001

आमतौर पर विशेषज्ञों के बीच यह मान्यता है कि दूसरा भारत-यूरोपीय संघ शिखर सम्मेलन, पहले के विपरीत, उन कई बाधाओं का यथासमय एक अनुस्मारक था, जो एक सार्थक साझेदारी स्थापित होने से पहले अभी भी अस्तित्व में थीं। ऐतिहासिक लिस्बन शिखर सम्मेलन के बाद, ब्रुसेल्स में भारत के दूतावास के साथ भारत-यूरोपीय संघ की बातचीत वरिष्ठ आधिकारिक स्तर पर आयोजित की गई, जिनके पास बातचीत करने और दोनों पक्षों के बीच एक विज्ञप्ति को अंतिम रूप देने का अधिकार था। सर्वसम्मति विकसित करने की तात्कालिकता को स्वीकार किया गया। दूसरा शिखर सम्मेलन विशेष रूप से भारत के दृष्टिकोण से महत्त्वपूर्ण था, क्योंकि यह भारत की मेजबानी में और दिल्ली में आयोजित होनेवाला पहला भारत-यूरोपीय संघ शिखर सम्मेलन था।

बातचीत में उन बहुत से मतभेदों को दूर किया गया और कई मतभेदों का प्रदर्शन किया गया, जिनकी रणनीतिक साझेदारी स्थापित करने हेतु दूर करने की आवश्यकता थी। जो कमी थी वह थी, अन्य बातों के साथ, भारत के पड़ोस के अतिरिक्त प्रमुख क्षेत्रीय और अंतरराष्ट्रीय मुद्दों पर एक सामान्य दृष्टिकोण।

मतभेद के क्षेत्र

- मानवाधिकारों पर अलग-अलग परामर्श की आवश्यकता और क्या परामर्श को नागरिक और राजनीतिक अधिकारों पर आधारित किया जाना चाहिए जैसा कि यूरोपीय संघ चाहता है या सभी अधिकारों पर;
- भारत-यूरोपीय संघ की साझेदारी में नागरिक समाज द्वारा निभाई जानेवाली भूमिका। भारत-यूरोपीय संघ राउंड टेबल की स्थापना के बाद इन चर्चाओं को अधिक महत्त्व दिया गया;
- अंतरराष्ट्रीय आतंकवाद की निंदा पर स्वीकार्य भाषा और इस मुद्दे पर एक व्यापक सम्मेलन का आह्वान;
- एक फिशाइल मैटेरियल कट ऑफ ट्रीटी (एफ.एम.सी.टी.) पर बातचीत शुरू करने की आवश्यकता पर सहमति।

संयुक्त विज्ञप्ति : दूसरा शिखर सम्मेलन

शिखर सम्मेलन स्तर पर बैठक का नेतृत्व भारत के तत्कालीन प्रधानमंत्री अटल बिहारी वाजपेयी ने किया था। यूरोपीय संघ की ओर से सभी प्रमुख खिलाड़ी मौजूद नहीं थे। प्रेसीडेंसी का प्रतिनिधित्व बेल्जियम के प्रधानमंत्री, गाइ वेरहोफस्टाट ने किया था। यूरोपीय कमीशन के तत्कालीन राष्ट्रपति रोमानो प्रोदी भी मौजूद थे। व्यापार के लिए यूरोपियन कमिश्नर, पास्कल लेमी, जो बाद में डब्ल्यू.टी.ओ. के महानिदेशक बने, ने शिखर सम्मेलन के लिए होनेवाली व्यापार संबंधी वार्त्ताओं में महत्त्वपूर्ण भूमिका निभाई।

जनरल ल्यूक रैसीन (2004) ने भारतीय पक्ष की नाराजगी पर प्रकाश डालते हुए कहा, "···क्योंकि, लिस्बन में पहले शिखर सम्मेलन की तुलना में जब बेल्जियम, यूरोपीय संघ परिषद् के तत्कालीन अध्यक्ष, ने यूरोपीय संघ के सभी शीर्ष नेतृत्व को, डाउनग्रेड करते हुए, राजनयिक पदानुक्रम के अनुसार, प्रतिबद्ध नहीं किया था", भारत ने यह सुनिश्चित करने का ध्यान रखा कि तीसरे शिखर सम्मेलन को यूरोपीय संघ की ओर से विधिवत रूप से अपग्रेड किया जाए।

23 नवंबर, 2001 को एक संयुक्त विज्ञप्ति जारी की गई। यह हितों के एक नाजुक संतुलन को प्रदर्शित करती है, परिणामस्वरूप जिसकी भाषा कभी-कभी अपारदर्शी और अस्पष्ट होती है। मानवाधिकारों पर, दोनों पक्ष सभी, अपने सार्वभौमिक, अविभाज्य और अंतर-निर्भर चरित्र को ध्यान में रखते हुए, जैसा कि वियना में मानव अधिकारों पर 1993[9] में हुए विश्व सम्मेलन में व्यक्त किया गया था, विकास करने के अधिकार सहित, मानवाधिकारों और मौलिक स्वतंत्रता को बढ़ावा देने और उनकी रक्षा करने की अपनी प्रतिबद्धता पर सहमत हुए। 1993 में वियना में हुई आम सहमति थी कि नागरिक और राजनीतिक या आर्थिक, सामाजिक और सांस्कृतिक, दोनों प्रकार के अधिकार समान रूप से महत्त्वपूर्ण और अंतर-निर्भर बने हुए हैं। यह एक नाजुक सहमति थी, जिस पर पश्चिम द्वारा अनिच्छा से सहमति दी गई थी। यूरोपीय संघ द्वारा इस शिखर सम्मेलन में इसकी औपचारिक स्वीकृति ने मानव अधिकारों हेतु एक सार्वभौमिक दृष्टिकोण की स्वीकृति से एक महत्त्वपूर्ण कदम आगे बढ़ाया। आतंकवाद पर भाषा ने पहली बार सार्वजनिक रूप से भारत की चिंताओं को स्वीकार किया। इसने आतंकवाद से, चाहे वह कहीं भी हो और उसके इरादों की परवाह किए बिना लड़ने का समर्थन करने का वादा किया। दोनों पक्ष द्विपक्षीय वार्त्ता को आगे बढ़ाने पर और अंतरराष्ट्रीय आतंकवाद पर एक व्यापक सम्मेलन शीघ्र करने व कार्यान्वयन का समर्थन करने के लिए सहमत हुए। बदले में भारत, नागरिक समाज पर यूरोपीय संघ द्वारा सुझाई गई भाषा के लिए सहमत हुआ, जो साझेदारी का एक महत्त्वपूर्ण तत्त्व है। भारत ने फिशाइल कट ऑफ ट्रीटी (एफ.एम.सी.टी.)[10] पर बातचीत शुरू करने की आवश्यकता को स्वीकार किया।

खंड 4 : तीसरा भारत-यूरोपीय संघ शिखर सम्मेलन : कोपेनहेगन, अक्तूबर 2002

अब तक के सबसे विवादास्पद शिखर सम्मेलनों में से एक, जिसने उभरती हुई भारत-यूरोपीय संघ की रणनीतिक साझेदारी की संभाव्यता में लगभग बाधा डाली, यूरोपीय संघ की डेनिश प्रेसीडेंसी के अधीन 10 अक्तूबर, 2002 को कोपेनहेगन में आयोजित तीसरा शिखर सम्मेलन था। यह एक ऐसा शिखर सम्मेलन था, जो लगभग विफल रहा। इसे तत्कालीन भारतीय विदेश सचिव कँवल सिब्बल[11] के बुद्धिमानीपूर्ण और व्यावहारिक दृष्टिकोण और यूरोपीय संघ की ओर से जेवियर सोलाना, जो सामान्य विदेश और सुरक्षा नीति के हाई रेप्रेजेंटेटिव थे, द्वारा समय पर प्रदर्शित किए गए नेतृत्व द्वारा नुकसान से बचाया गया। शिखर सम्मेलन का समय काफी पेचीदा था। भारत के संदर्भ में, यह भारत-पाकिस्तान संबंधों में तीव्र गिरावट के साथ-साथ जम्मू और कश्मीर में बिगड़ती आंतरिक स्थिति के समय पर ही था। गोधरा, गुजरात में हुई घटनाओं का अंतरराष्ट्रीय प्रभाव बस महसूस किया ही जा रहा था। डेनमार्क ने, भारत से बिल्कुल अलग विश्व दृष्टिकोण के साथ, और मानव अधिकारों व तथाकथित 'सामाजिक बुराइयों' जैसे कि भारतीय जाति व्यवस्था पर एक संकीर्ण रूप से ध्यान देते हुए संभव संयुक्त विज्ञप्ति के प्रति वरिष्ठ अधिकारी और मंत्री स्तर पर बातचीत में एक कठोर और नकारात्मक रवैया अपना लिया। (पहले और दूसरे शिखर सम्मेलन में संयुक्त विज्ञप्ति एक प्रथा बन चुकी थी)। डेनमार्क ने जोर देकर कहा कि भारत को मानव अधिकारों के उल्लंघन के लिए सेंसर किया जाना चाहिए और सामाजिक भेदभाव, बाल श्रम और भारतीय समाज में सबसे निचले स्तरों के शोषण पर ध्यान देने के साथ एक अलग मानवाधिकार वार्त्ता के लिए सहमत होना चाहिए।

बातचीत में इसका प्रदर्शन किया गया कि लिस्बन संधि से पहले, एक यूरोपीय संघ प्रेसीडेंसी, अपने संकीर्ण राष्ट्रीय दृष्टिकोण के कारण, एक महत्त्वपूर्ण यूरोपीय संघ संवाद को रणनीतिक साझेदार के साथ कितने खतरे में डाल सकती है। डेनिश प्रेसीडेंसी ने कमीशन से एक बिल्कुल भिन्न स्थिति और दृष्टिकोण ले लिया। प्रेसीडेंसी को कोई भी समझौता स्वीकार्य नहीं था। शिखर सम्मेलन की सुबह, प्रतिनिधिमंडल के प्रमुखों को वार्त्ता पूरी तरह से टूट जाने की सूचना दी गई। परिणामस्वरूप, संयुक्त विज्ञप्ति संभव नहीं थी। शिखर सम्मेलन में रातभर की गई लंबी बातचीत के बाद एक संयुक्त वक्तव्य जारी किया गया।

दोनों प्रधानमंत्रियों द्वारा संबोधित की गई प्रेस कॉन्फ्रेंस, राजनयिक इतिहास और अंतरराष्ट्रीय संबंधों में अभूतपूर्व शर्मिंदगी थी और भारत-यूरोपीय संघ के संबंधों के लिए अत्यधिक हानिकारक थी। डेनमार्क के प्रधानमंत्री, रासमुसेन ने अपने कमीशन के समकक्षों को भी बिना किसी चेतावनी के, मानव अधिकारों का सम्मान करने और अपनी जाति

व्यवस्था और श्रम कानूनों में सुधार करने के लिए भारत का आह्वान किया। डेनमार्क ने कश्मीर का जिक्र करने और 'सीमा पार आतंकवाद' के भारतीय संदर्भ पर ध्यान दिए बिना, पाकिस्तान के साथ बातचीत को फिर से शुरू करने की आवश्यकता पर भी जोर दिया। भारत के प्रधानमंत्री ने कोई प्रतिक्रिया नहीं दी और प्रेस कॉन्फ्रेंस अचानक छोटी कर दी गई। बाद में, अति क्रुद्ध भारतीय पक्ष ने, एक अलग ब्रीफिंग में, खेद व्यक्त किया कि यूरोपीय संघ ने 'कश्मीर में सीमा पार आतंकवाद के लिए पाकिस्तान के समर्थन' का कोई संदर्भ नहीं दिया था।

इस पृष्ठभूमि को देखते हुए संयुक्त वक्तव्य हितों या महत्त्व से परे था। इसने लोकतंत्र, बहुलवाद और बहुपक्षवाद के साझा मूल्यों के लिए भारत और यूरोपीय संघ की प्रतिबद्धता की फिर से पुष्टि की। इस शिखर सम्मेलन से कोई नया संदेश नहीं निकला।

जीन ल्यूक रैसीन (2004) ने शिखर सम्मेलन पर टिप्पणी करते हुए और यूरोपीय संघ की तत्कालीन डेनिश प्रेसीडेंसी के नकारात्मक दृष्टिकोण पर खेद व्यक्त करते हुए कहा, "यह दिलचस्प है, क्योंकि यह बाह्य नीति पर एक स्वर होने की कमी, और सामान्यतः सुरक्षा और रक्षा नीति पर यूरोपीय संघ की एक कमजोरी को उजागर करता है।"

खंड 5 : चौथा भारत-यूरोपीय संघ शिखर सम्मेलन : नई दिल्ली, 2003

यदि कोपेनहेगन शिखर सम्मेलन एक मजबूत भारत-यूरोपीय संघ की रणनीतिक साझेदारी के प्रति एक बाधा का प्रतीक था, तो नवंबर 2003 में नई दिल्ली में आयोजित चौथा शिखर सम्मेलन भी एक ऐसा शिखर सम्मेलन था, जो लगभग कभी हुआ ही नहीं। लिस्बन संधि के अस्तित्व में आने से पहले, इसने उस समय के यूरोपीय संघ की प्रेसीडेंसी और यूरोपीय संघ परिषद् के बीच की आंतरिक जटिलताओं और मतभेदों को भारतीय राजनीतिक नेतृत्व के समक्ष उजागर कर दिया। इटली के प्रधानमंत्री बर्लुस्कोनी[12] के प्रतिनिधित्व में यूरोपीय संघ प्रेसीडेंसी ने 29 नवंबर, 2003 की तारीख पर सहमत होने से पहले दो बार शिखर सम्मेलन की तारीखों को बदल दिया। यूरोपीय संघ परिषद् के वरिष्ठ अधिकारियों के साथ ब्रुसेल्स में लंबी बातचीत के बाद जिन दस्तावेजों पर सहमति बनी, उनमें एक सम्मिलित संयुक्त घोषणा, सीमा शुल्क सहयोग समझौते पर हस्ताक्षर करने के साथ-साथ भारत-यूरोपीय संघ के व्यापार और निवेश कार्यक्रम (टी.आई.पी.पी.) हेतु संयुक्त वित्तपोषण पर एक समझौता भी शामिल था। शिखर सम्मेलन को बिजनेस समिट से पहले किया जाना था, जिसे सी.आई.आई.[13] और एफ.आई.सी.सी.आई.[14] द्वारा भारत की ओर से आयोजित किया गया था।

भारत की ओर से भारत के तत्कालीन प्रधानमंत्री वाजपेयी प्रतिनिधिमंडल के नेता

थे, जिनके सहयोग के लिए तत्कालीन विदेश मंत्री यशवंत सिन्हा और विदेश मंत्रालय के वरिष्ठ अधिकारी थे। यूरोपीय संघ के प्रोटोकॉल के अनुसार, भारत के प्रधानमंत्री के समकक्ष तत्कालीन इतालवी प्रधानमंत्री बर्लुस्कोनी होने चाहिए थे। यूरोपीय संघ परिषद् का प्रतिनिधित्व यूरोपियन कमीशन के अध्यक्ष, रोमनो प्रोदी, महासचिव/हाई रेप्रेजेंटेटिव उच्च विदेश और सुरक्षा नीति जेवियर सोलाना और कमिशनर [बाह्य संबंध], क्रिस पैटन ने किया था। शिखर सम्मेलन की पूर्व संध्या पर, 28 नवंबर 2003 को, जब प्रोदी और सोलाना को हवाई जहाज से नई दिल्ली लाया गया और पैटन एक त्वरित द्विपक्षीय यात्रा के लिए श्रीलंका पहुँच गए, प्रधानमंत्री बर्लुस्कोनी ने रोम में हवाई अड्डे पर पहुँचने के बाद और 'सैलून डे ऑनर' में अपने प्रतिनिधिमंडल के लिए प्रतीक्षा करते हुए दिल्ली के लिए विशेष एलिटालिया उड़ान पर सवार होने से पहले यात्रा को रद्द करने का निर्णय लिया। उनके अपने प्रतिनिधिमंडल और दिल्ली में इतालवी राजदूत को सूचित नहीं किया गया था। वे हवाई अड्डे से चले गए और एक अस्पताल में भरती हो गए। एक जिज्ञासापूर्ण और अनुमान लगाते हुए इतालवी मीडिया के अनुसार, इतालवी प्रधानमंत्री ने कॉस्मेटिक प्लास्टिक सर्जरी कराने का फैसला किया था! दिल्ली आने पर, यूरोपीय संघ प्रेसीडेंसी का प्रतिनिधित्व कर रहे इतालवी प्रतिनिधिमंडल ने, यूरोपीय संघ परिषद् और उसके अध्यक्ष, रोमनो प्रोदी (एक अन्य पूर्व इतालवी प्रधानमंत्री, लेकिन एक अलग राजनीतिक दल से), को सूचित किए बिना इस पर आग्रह किया कि यूरोपीय संघ की ओर से शिखर सम्मेलन का नेतृत्व कनिष्ठ उप मंत्री मार्गेरिटा बोनिवर द्वारा किया जाना चाहिए। इटलीवासियों ने दिल्ली आने पर उनका पद बढ़ाकर राज्य मंत्री कर दिया! वास्तविकता यह थी कि प्रोटोकॉल या तथ्यों के संदर्भ में, सुश्री बोनिवर को भारत के प्रधानमंत्री के पद के समकक्ष नहीं माना जा सकता था।

ब्रुसेल्स में भारतीय दूतावास द्वारा दिल्ली में वरिष्ठ अधिकारियों को इस संभावित आपत्तिजनक घटनाक्रम के बारे में सूचित किया गया। तत्कालीन विदेश मंत्री ने भारत के प्रधानमंत्री को सूचित किया और श्रीलंका में एक सहानुभूतिपूर्ण और आक्रोशपूर्ण फोन क्रिस पैटन को किया, जो उसी रात तुरंत हवाई जहाज से दिल्ली आ गए। अपने अधिकारियों तथा विदेश मंत्रालय द्वारा सूचित किए गए अनुसार, परिषद् के अध्यक्ष, प्रोदी, ने टेलीफोन पर इतालवी प्रधानमंत्री द्वारा संपर्क करने की कोशिश की गई, लेकिन बार-बार इटली के विदेश मंत्रालय के अधिकारियों द्वारा अस्वीकार कर दिया गया। प्रोदी ने मदद करते हुए, जिन्हें क्रिस पैटन का समर्थन प्राप्त था, सुझाव दिया कि असामान्य परिस्थितियों को देखते हुए, यूरोपीय संघ के राष्ट्रपति द्वारा इस शिखर सम्मेलन में प्रतिनिधित्व किया जा सकता है। उनके सुझाव का भारत की ओर से स्वागत किया गया और स्वीकार किया गया। इसे इटलीवासियों द्वारा खारिज कर दिया गया, जिन्होंने निजी तौर पर बताया कि इटली के पूर्व प्रधानमंत्री प्रोदी

खुद एक अलग राजनीतिक पार्टी से थे और बर्लुस्कोनी को पद से हटाने की कोशिश कर रहे थे! उन्होंने आग्रह किया कि प्रेसीडेंसी का प्रतिनिधित्व केवल सुश्री बोनिवर द्वारा किया जा सकता है।

29 नवंबर, 2003 के पूर्वाह्न में भारतीय प्रोटोकॉल प्रमुख द्वारा हैदराबाद हाउस में बैठने की व्यवस्था में प्रोदी द्वारा सुझाई गई व्यवस्थाओं को प्रतिबिंबित किया गया। भारत के प्रधानमंत्री के आगमन से पहले कक्ष में पूर्ण तनाव का माहौल था। जैसा कि भारतीय प्रोटोकॉल द्वारा सलाह दी गई, प्रोदी पहले से ही भारत के प्रधानमंत्री के ठीक सामने की सीट पर बैठे हुए थे। जैसे ही वे प्रधानमंत्री का स्वागत करने के लिए उठे, सुश्री बोनिवर, प्रोदी की कुर्सी तक खिसक गईं, और दावा किया कि यह उनकी जगह है। बेढब स्थिति विकसित हो सकती थी, लेकिन तत्कालीन विदेश मंत्री द्वारा निपुण संचालन के कारण, जिन्होंने जल्दी से दोनों की कुरसियों को घुमा दिया, और गुस्से में इटलीवासियों से कहा कि अगर वे भारतीय प्रधानमंत्री के साथ बोनिवर की बराबरी करने का आग्रह करेंगे, तो भारत तुरंत शिखर सम्मेलन को रद्द कर देगा।

इन परिस्थितियों में, शायद किसी ने भी वस्तुतः शिखर सम्मेलन का बहिष्कार करने की उम्मीद की हो। न ही ऐसा हुआ। सौभाग्य से, संयुक्त घोषणा पर पहले ही बातचीत कर ली गई थी। अंत में इसे अपनाया गया, लेकिन केवल बड़ी कठिनाई के साथ, कठिनाई का कारण इतालवी आग्रह था कि यूरोपीय संघ प्रेसीडेंसी का प्रतिनिधित्व बोनिवर द्वारा किया गया था। अंतिम शब्दावली महत्त्वपूर्ण है और कहती है, "यूरोपीय संघ का प्रतिनिधित्व यूरोपीय परिषद् प्रेसीडेंसी, विदेश मामलों की इतालवी राज्य मंत्री, मार्गेरिटा बोनिवर, यूरोपियन कमीशन के अध्यक्ष, रोमानो प्रोदी, महासचिव/हाई रेप्रेजेंटेटिव सामान्य विदेश और सुरक्षा नीति जेवियर सोलाना और कमिशनर (बाह्य संबंध), क्रिस पैटन द्वारा किया गया।"

एकमात्र महत्त्वपूर्ण परिणाम निर्णय था कि संयुक्त रूप से एक रणनीतिक साझेदारी हेतु एक व्यापक यूरोपीय संघ-भारत कार्य योजना को विस्तार दिया जाए और एक नई संयुक्त राजनीतिक घोषणा और भारतीय संसद् और यूरोपीय संसद् के बीच नियमित, संस्थागत संसदीय आदान-प्रदान को प्रोत्साहित करना। मूल परिणाम था गैलीलियो[15] परियोजना के लिए भारत की औपचारिक प्रतिबद्धता, 3.2 बिलियन यूरो की यूरोपीय उपग्रह परियोजना, जो अमेरिकी रक्षा विभाग द्वारा संचालित ग्लोबल पोजिशनिंग सिस्टम को टक्कर देने के लिए है। भारत ने परियोजना में 350 मिलियन डॉलर (300 मिलियन यूरो) की हिस्सेदारी लेने के लिए खुद को प्रतिबद्ध किया, जो उस समय चीन की हिस्सेदारी से बड़ी थी।

भारत के दृष्टिकोण से, इस शिखर सम्मेलन ने भारतीय नेतृत्व को और इसकी विदेश नीति के लिए तथा यूरोपीय संघ और परिषद् के बीच कार्य करने की वास्तविक स्थिति में

अपनी विदेश नीति की स्थापना के लिए एक महत्त्वपूर्ण आकलन प्रदान किया। इससे भविष्य में अच्छे संबंध बने रह सकेंगे। इस शिखर सम्मेलन के परिणामस्वरूप, भारत ने यूरोप को एक विभाजित गृह के रूप में देखा, जो कि असंतुष्ट था और वह भूमिका निभाने की स्थिति में नहीं था, जिसमें यह उभरते बहु-ध्रुवीय विश्व में एक महत्त्वपूर्ण ध्रुव के रूप में कार्य कर सकता हो।

जिस रात को शिखर सम्मेलन संपन्न हुआ, 29 नवंबर 2003 को, विदेश मंत्री ने सामान्य विदेश और सुरक्षा नीति के हाई रेप्रेजेंटेटिव, जेवियर सोलाना को अपने आवास पर प्रत्येक को अलग-अलग रात्रि भोज के लिए आमंत्रित किया। दोनों तरफ केवल एक 'रिकॉर्डटेकर' मौजूद थे। सोलाना, जो शिखर सम्मेलन से पहले और इसके दौरान भारत के सरोकारों के प्रति बहुत सहानुभूति रखते थे, ने यूरोपीय संघ के भीतर मामलों की वास्तविक स्थिति पर अपने दृष्टिकोण को साझा किया और आम सरोकार के क्षेत्रीय और अंतरराष्ट्रीय मुद्दों पर एक रणनीतिक अवलोकन प्रदान किया। नाटो का भागीदार देश बनने के लिए भारत से आग्रह करते हुए, नाटो के पूर्व महासचिव, सोलाना ने रेखांकित किया कि भारत को दुनिया के इस हिस्से में नाटो और यूरोपीय संघ का प्रमुख रणनीतिक भागीदार बनना चाहिए। उन्होंने कहा कि पश्चिम को इस नई वास्तविकता को समझने में कुछ समय लगेगा। सोलाना का विचार था कि चीन का उदय, जो पश्चिम या भारत के हित में नहीं था, केवल यूरोपीय संघ, अमेरिका, भारत और जापान को शामिल करते हुए एक रणनीतिक साझेदारी के माध्यम से रोका जा सकता है। सोलाना इस पर भी सुस्पष्ट थे कि यूरोपीय संघ का नेतृत्व परिषद् को करना ही होगा और अब विभिन्न प्रेसीडेंसी के लोगों और उनकी सनक के अनुसार इसे बंधक नहीं बनाया जा सकता था। उन्होंने यह देखते हुए कि यह राष्ट्रपति और परिषद् के बीच शक्तियों के दोषपूर्ण वितरण में निहित था, इतालवी प्रेसीडेंसी के दौरान आनेवाली कई समस्याओं का स्पष्ट आकलन किया।

सर्वोच्च महत्त्व की इस रणनीतिक चर्चा के कारण सोलन ने अगले महीने ब्रुसेल्स में विदेश मंत्री को रात के खाने पर आमंत्रित किया। रात्रिभोज दिसंबर 2003 में ब्रुसेल्स में हुआ, जिसमें वही रिकॉर्डटेकर उपस्थित थे। सोलाना के साथ स्थापित घनिष्ठ संबंधों ने साझेदारी की औपचारिक स्थापना से पहले उन शुरुआती दिनों में भारतीय नेतृत्व की अच्छी मदद की।

संदर्भ–

1. यू.पी.ए. 1 या संयुक्त प्रगतिशील गठबंधन (यू.पी.ए.) केंद्र-वाम राजनीतिक दलों का एक गठबंधन था, जो 2004 के आम चुनाव के बाद बना। यूपीए 1 पहली बार सत्ता में आया। गठबंधन का नेतृत्व भारतीय राष्ट्रीय कांग्रेस करता है, जिसके राष्ट्रीय अध्यक्ष राहुल गांधी हैं।

2. भारत के पूर्व प्रधानमंत्री अटल बिहारी वाजपेयी, कांग्रेस पार्टी के भिन्न सरकार के पहले प्रमुख थे, जिन्होंने भारतीय जनता पार्टी (भाजपा) के एक नेता के रूप में, पूरे पाँच साल का कार्यकाल पूरा किया। पद्म विभूषण पुरस्कार से सम्मानित, उन्हें भारत के सर्वोच्च नागरिक सम्मान, भारत रत्न से सम्मानित किया गया, जो उन्हें 2015 में प्रदान किया गया था। 25 दलों का गठबंधन, जिसे एन.डी.ए. 1 के रूप में जाना जाता है, उन्हें एक चतुर और व्यावहारिक राजनेता और महान् करिश्मे का राजनीतिक नेता माना जाता है।

3. जसवंत सिंह भारतीय जनता पार्टी के सदस्य थे। उन्होंने एन.डी.ए. 1 शासन (1998 से 2004) के दौरान वित्त, विदेश मामलों और रक्षा सहित राष्ट्रीय कैबिनेट में कई विभागों को सँभाला। वे 2004 से 2009 तक राज्यसभा में विपक्ष के नेता और भारत योजना आयोग (1998-99) के उपाध्यक्ष भी रहे।

4. ब्रजेश चंद्र मिश्र एक भारतीय राजनयिक और राजनीतिज्ञ थे, जिन्हें 1998 से 2004 तक प्रधानमंत्री अटल बिहारी वाजपेयी के प्रधान सचिव और राष्ट्रीय सुरक्षा सलाहकार के रूप में सेवा करने के लिए जाना जाता है। भारतीय विदेश सेवा के एक अधिकारी, जिन्होंने अफगानिस्तान पर सोवियत आक्रमण का विरोध जताने के लिए भारत की प्रधानमंत्री इंदिरा गांधी द्वारा कहे जाने पर न्यूयॉर्क में भारत के पी.आर. के रूप में इस्तीफा दे दिया। एन.एस.ए. का पद अमेरिकियों की सलाह पर बनाया गया था। ब्रजेश मिश्रा के साथ प्रधानमंत्री के प्रधान सचिव का पद इतना शक्तिशाली हो गया कि इसने कैबिनेट मंत्रियों द्वारा निभाई जानेवाली भूमिका को निष्प्रभ कर दिया। वे अब तक के उन सबसे शक्तिशाली प्रमुख सचिवों में से एक थे, जिन्हें पी.एम.ओ. ने कभी देखा था। नवंबर 1998 से 23 मई, 2004 तक, वे पहले राष्ट्रीय सुरक्षा सलाहकार भी रहे। राष्ट्रीय सुरक्षा प्रबंधन के लिए एक संस्थागत संरचना बनाने में उनका योगदान महत्त्वपूर्ण था।

5. एंटोनियो मैनुअल डी ओलिवेरा गुटेरेस, एक पुर्तगाली राजनेता और राजनयिक, जो अब संयुक्त राष्ट्र के नौवें महासचिव हैं, का भारत-यूरोपीय संघ की रणनीतिक साझेदारी की क्षमता में दृढ़ता से विश्वास था। 2005 और 2015 के बीच शरणार्थियों के लिए पहले संयुक्त राष्ट्र उच्चायुक्त, गुटेरेस 1995 से 2002 तक पुर्तगाल के प्रधानमंत्री थे और 1992 से 2002 तक सोशलिस्ट पार्टी के महासचिव थे। गुटेरेस को उस पद पर पुन: नियुक्त किया गया। जनवरी से जुलाई 2000 तक उन्होंने यूरोपीय परिषद् के छह महीने की अपनी बारी की प्रेसीडेंसी हासिल की।

6. ललित मानसिंह एक पूर्व भारतीय राजनयिक हैं, जो 1999-2000 तक भारत के विदेश सचिव और 2001-2004 तक संयुक्त राज्य में भारतीय राजदूत थे। इससे पहले, वे 1998-99 तक यूनाइटेड किंगडम में भारतीय उच्चायुक्त थे।

7. एन.पी.टी. (परमाणु अप्रसार संधि) एक विभेदक अंतरराष्ट्रीय संधि है, जिसका उद्देश्य पी5 परमाणु शस्त्रवाले देशों के बीच यथास्थिति बनाए रखना, और बाकी दुनिया पर निरस्त्रीकरण लागू करवाना है। 1968 में हस्ताक्षरों के लिए खोली गई संधि 1970 में लागू हुई। 11 मई, 1995 को, संधि को अनिश्चित काल के लिए बढ़ा दिया गया था। संधि में कुल 191 देश शामिल हुए, जिसमें पाँच परमाणु हथियारवाले राज्य भी शामिल हैं। भारत ने एन.पी.टी. पर हस्ताक्षर नहीं किए हैं, क्योंकि पी5 के अलावा कोई भी राष्ट्र, जो इस पर हस्ताक्षर करना चाहता है, उसे गैर-परमाणु शस्त्रवाले देश के रूप में ऐसा करना होगा। भारत ने 1974 में अपना पहला परमाणु डिवाइस का विस्फोट किया। भारत ने परमाणु अप्रसार संधि (एन.पी.टी.) को भेदभावपूर्ण बताते हुए खारिज किया। यह आधार कि परमाणु

शस्त्रवाले देश तब तक धीरे-धीरे निरस्त्रीकरण करेंगे, जब तक पूर्ण रूप से निरस्त्रीकरण न हो जाए, एन.पी.टी. के देशों की लगातार बैठकों में पूरी तरह से झूठ के रूप में उजागर किया गया था। वास्तव में, परमाणु शस्त्रवाले देशों ने अपने शस्त्रागार के भंडार में वृद्धि जारी रखी और इस बात पर जोर देते रहे कि बाकी दुनिया के देश गैर-परमाणु शस्त्रवाले देश रहें।

8. एशिया-यूरोप मीटिंग (ए.एस.ई.एम.) को 1996 में 26 भागीदारों के साथ एक संवाद मंच के रूप में स्थापित किया गया था, ताकि अपने सहयोगियों के बीच संबंधों और सहयोग के विभिन्न रूपों को बढ़ाया जा सके। अब इसमें 53 भागीदार शामिल हैं, जिसमें 51 सदस्य देश और 2 क्षेत्रीय संगठन हैं और यह दुनिया की लगभग 62.3% आबादी का प्रतिनिधित्व करता है। ए.एस.ई.एम. शिखर सम्मेलन स्तर की बैठकें द्विवार्षिक रूप से आयोजित की जाती हैं और राजनीतिक, आर्थिक, सामाजिक, सांस्कृतिक और शैक्षिक स्तंभों पर आधारित हैं।

9. 25 जून, 1993 को, 171 देशों के प्रतिनिधियों ने मानव अधिकारों पर विश्व सम्मेलन में, आम सहमति से, 'वियना घोषणा और काररवाई का कार्यक्रम' नामक एक दस्तावेज अंगीकृत किया, जिसमें 100 पैराग्राफ्स थे, इस प्रकार मानवाधिकारों की एक सामान्य परिभाषा की वैश्विक मान्यता में यह एक ऐतिहासिक घटना थी। पहली बार इस बात पर सहमति बनी कि सभी मानवाधिकार, चाहे वे नागरिक और राजनीतिक हों या आर्थिक, सामाजिक और सांस्कृतिक हों, अविभाज्य, अन्योन्याश्रित और अंतर-संबंधित होते हैं। इसने विकास के अधिकार को मान्यता दी। इसने बातचीत के माध्यम से न्यूयॉर्क में एक नया कार्यालय बनाया, मानवाधिकार के लिए पहले उच्चायुक्त के रूप में इक्वाडोर के जोस अयाला लास्सो मानवाधिकार के हाई कमिश्नर होंगे।

10. फिशाइल कट ऑफ ट्रीटी (एफ.एम.सी.टी.) एक प्रस्तावित अंतरराष्ट्रीय समझौता है, यह परमाणु हथियारों के दो मुख्य घटकों के उत्पादन को प्रतिबंधित करेगा : अत्यधिक समृद्ध यूरेनियम (एच.ई.यू.), और प्लूटोनियम। इस विषय में निरस्त्रीकरण पर संयुक्त राष्ट्र सम्मेलन (सी.डी.) के भीतर हुई चर्चा बाधित हुई, 65 सदस्य देशों का एक निकाय निरस्त्रीकरण पर एकमात्र बहुपक्षीय वार्त्ता मंच के रूप में स्थापित हुआ। काररवाई के लिए सी.डी. को आम सहमति की आवश्यकता होती है। एफ.एम.सी.टी. पाँच मान्यता प्राप्त परमाणु शस्त्रवाले देशों के लिए (एन.डब्ल्यू.एस.-यूनाइडेट स्टेट्स, रूस, यूनाइटेड किंगडम, फ्रांस और चीन) और उन चार देशों के लिए जो एनपीटी के सदस्य नहीं हैं (इजराइल, भारत, पाकिस्तान और उत्तर कोरिया) नए प्रतिबंध लगाएगा।

11. कँवल सिब्बल विदेशी सेवा के 1966 बैच के सबसे सक्षम भारतीय विदेश सेवा अधिकारियों में से एक हैं। उन्होंने जुलाई 2002 से नवंबर 2003 तक भारत के विदेश सचिव के रूप में कार्य किया। वह तुर्की, मिस्र, फ्रांस और रूसी संघ में भारत के राजदूत भी थे।

12. सिल्वियो बर्लुस्कोनी एक इतालवी मीडिया टाइकून और राजनीतिज्ञ हैं, जिन्होंने चार सरकारों में इटली के सबसे रंगीन प्रधानमंत्री के रूप में सेवा की। बर्लुस्कोनी मेडिसेट के नियंत्रक शेयरधारक हैं और 1986 से इतालवी फुटबॉल क्लब ए.सी. मिलान के स्वामी हैं। बर्लुस्कोनी कुल मिलाकर नौ साल तक प्रधानमंत्री रहे, जिससे वह इटली के सबसे लंबे समय तक सेवा देनेवाले प्रधानमंत्री बने। बर्लुस्कोनी 2009 से 2011 तक जी8 के वरिष्ठ नेता रहे और वर्तमान में उनका रिकॉर्ड तीन जी8 शिखर सम्मेलन की मेजबानी करने का है।

13. भारतीय उद्योग परिसंघ (सी.आई.आई.) भारतीय व्यवसायों का एक संघ है, जो देश में उद्योग के

विकास के लिए अनुकूल माहौल बनाने के लिए काम करता है। सी.आई.आई. एक गैर-सरकारी, लाभ-रहित, उद्योग-नेतृत्व और उद्योग-प्रबंधित संगठन है, जो भारत की विकास प्रक्रिया में एक सक्रिय भूमिका निभा रहा है।

14. फेडरेशन ऑफ इंडियन चैंबर्स ऑफ कॉमर्स एंड इंडस्ट्री (एफ.आई.सी.सी.आई.) भारत में व्यापारिक संगठनों का एक संघ है। महात्मा गांधी की सलाह पर 1927 में जी.डी. बिड़ला और पुरुषोत्तम दास ठाकुरदास द्वारा स्थापित, यह भारत का सबसे पुराना व्यावसायिक संगठन है। यह एक गैर-सरकारी संगठन है, न कि लाभ के लिए संगठन है। सी.आई.आई. की तरह, एफ.आई.सी.सी.आई., एस.एम.ई. और बहुराष्ट्रीय कंपनियों सहित निजी और सार्वजनिक दोनों क्षेत्रों से अपनी सदस्यता प्राप्त करता है।

15. गैलीलियो यूरोप का ग्लोबल सैटेलाइट नेविगेशन सिस्टम (जी.एन.एस.एस.) है, जो कई यूरोपीय सेवाओं और उपयोगकर्ताओं के लिए महत्त्वपूर्ण सकारात्मक प्रभाव के साथ बेहतर पोजिशनिंग और टाइमिंग की जानकारी प्रदान करता है। गैलीलियो से पहले, जी.एन.एस.एस. उपयोगकर्ताओं को गैर-नागरिक अमेरिकी जी.पी.एस. या रूसी ग्लोनास संकेतों पर निर्भर रहना पड़ता था। गैलीलियो के साथ, उपयोगकर्ताओं के पास एक नया, विश्वसनीय विकल्प है, जोकि अमेरिका या रूसी कार्यक्रमों के विपरीत, नागरिक नियंत्रण में रहता है। जबकि यूरोपीय स्वतंत्रता कार्यक्रम का एक प्रमुख उद्देश्य है, गैलीलियो ने यूरोपीय संघ को तेजी से विस्तारित जी.एन.एस.एस. वैश्विक तालिका में एक सीट प्रदान की।

❑

अध्याय-5

भारत-यूरोपीय संघ रणनीतिक साझेदारी

खंड 1 : एक रणनीतिक साझेदारी का उद्‌भव

सितंबर 2003 में नुकसान से बचाए गए चौथे शिखर सम्मेलन से लेकर नवंबर 2003 में दोनों पक्षों द्वारा लिये गए निर्णय तक, यूरोपीय संघ की डच प्रेसीडेंसी के दौरान, संबंधों को एक रणनीतिक साझेदारी तक उन्नत करना, विकसित होते संबंधों के बारे में एक बड़ा कदम था। एक बहु-ध्रुवीय दुनिया की खोज ने, 20वीं शताब्दी के अंत में गहरे राजनीतिक परिवर्तनों और विवर्तनिक बदलावों से प्रभावित होकर, इस साझेदारी का यूरोपीय संघ ने नेतृत्व किया। शीत युद्ध की समाप्ति के बाद, भारत के पास विश्व व्यवस्था का एक अलग दृष्टिकोण था। आश्चर्य की बात नहीं है, कि वार्त्ता की प्रक्रिया में विश्वास की कमी, उभरते वैश्विक क्रम में उनकी भूमिका के बारे में मतभेद और उनके क्षेत्र और उससे आगे प्रभावी रूप से परियोजना की क्षमता पर उनकी चिंता प्रतिबिंबित हुई।

जून 2004 में, यूरोपियन कमीशन ने भारत-यूरोपीय संघ की रणनीतिक साझेदारी के संबंध में अपना संप्रेषण प्रस्तुत किया। बदले में, भारत ने अगस्त 2004 में अपनी प्रतिक्रिया दी और भविष्य के सहयोग के पाँच क्षेत्रों की पहचान की। बाद में यह 2005 की संयुक्त कार्य योजना (जे.ए.पी.) बन गई। बातचीत के दौरान सहयोग के चिह्नित क्षेत्रों में ये शामिल हैं :

- संघर्ष की रोकथाम के क्षेत्र में बहुपक्षीय सहयोग, गैर-प्रसार, लोकतंत्र का प्रचार; मानवाधिकारों की रक्षा;
- आर्थिक सहयोग को मजबूत करना;
- मिलेनियम डेवलपमेंट गोल्स (एम.डी.जी.)[1] को प्राप्त करने के लिए भारत को सक्षम करने हेतु विकास सहयोग;
- सांस्कृतिक और बौद्धिक आदान-प्रदान बढ़ाना;
- भारत-यूरोपीय संबंधों के संस्थागत ढाँचे का विस्तार।

भारत ने अपने प्रतिक्रिया पत्र में, बहुपक्षवाद बनाम एकपक्षवाद के महत्त्व को रेखांकित किया और सुरक्षा परिषद् की स्थायी सदस्यता के लिए अपनी उम्मीदवारी का समर्थन करने के लिए यूरोपीय संघ का आह्वान किया। भारत ने मध्य-पूर्व शांति प्रक्रिया के साथ-साथ इराक और अफगानिस्तान के राजनीतिक और आर्थिक पुनः निर्माण के लिए, एक संयुक्त भारत-यूरोपीय संघ समूह का भी प्रस्ताव रखा। मतभेद के एक महत्त्वपूर्ण क्षेत्र के रूप में, भारत ने रेखांकित किया कि 'मानवाधिकारों का मुद्दा पूरी तरह से राष्ट्रीय शासन-क्षेत्र के भीतर है और यूरोपीय संघ को निदेशात्मक रवैये से बचना चाहिए'।

भारत-यूरोपीय संघ की संयुक्त कार्य योजना

- ध्यान देने के पाँच क्षेत्र, जो अलग-अलग शब्दों में कहे गए और कभी भी पूरी तरह से लागू नहीं हुए :
- संवाद और परामर्श तंत्र को मजबूत करना;
- राजनीतिक संवाद और सहयोग को बढ़ाना;
- लोगों और संस्कृतियों को एक साथ लाना;
- आर्थिक नीति संवाद और सहयोग विकसित करना;
- व्यापार और निवेश का विकास करना।

जाफरलॉट और सिद्धू (2009) ने नोट किया कि 'जे.ए.पी. एक असंगत नाम है, जिसमें महज संवाद की खातिर ही संवाद होता है और कोई काररवाई नहीं होती'। लेखकों ने कहा कि एक संभावित कारण हो सकता है कि यूरोपीय संघ को नई दिल्ली द्वारा एक संप्रभु इकाई नहीं माना जाता है और इसलिए मानदंडों और सिद्धांतों को छोड़कर, इन क्षेत्रों में से किसी में भी योगदान करने में असमर्थ है। एक और संभावित कारक हो सकता है 'इन मुद्दों में से कई पर एक स्वर में बात करने की यूरोपीय संघ की कथित अक्षमता'।

स्पष्ट रूप से, किसी भी राजनीतिक आम सहमति को प्राप्त करना एक आसान प्रक्रिया नहीं थी। पोहल (2012) जैसे कुछ लेखकों ने तर्क देने की कोशिश की है कि यह एक प्राकृतिक उद्भव था और यह कि दोनों पक्षों के बीच समानताएँ मौजूद हैं, जो एक सर्वसम्मति की सुविधा प्रदान कर सकती हैं। वे कहते हैं, "…यूरोपीय संघ और भारत के रूप में वे अलग हो सकते हैं, वे कुछ ऐसे चरित्रलक्षण साझा करते हैं, जो एक साथ लिये जाने पर, अन्य स्थापित, उभरती या महाप्राण शक्तियों में से कोई भी प्रदर्शित नहीं करती हैं, और जो उनकी राजनीतिक पहचान को परिभाषित करती हैं, उनकी विश्वदृष्टि, और विदेश नीति के उद्देश्यों को आकार देती हैं और उन्हें आगे बढ़ाने की रणनीति को प्रभावित

करती हैं। विविधता में एकता के एक ही आदर्श वाक्य के तहत भारत और यूरोपीय संघ बहुसांस्कृतिक और बहुस्तरीय, लोकतांत्रिक और अर्ध-संघीय संरचनाओं का प्रतिनिधित्व करते हैं, जो कि आकार और वजन में बहुत भिन्न हैं, जिसमें 23 आधिकारिक भाषाएँ बोली जाती हैं।"

वास्तविकता बहुत अधिक सूक्ष्म है। जैसा कि जाफरलॉट और सिद्धू (2009) ने इशारा किया है, समानता की सतही विशेषताएँ मूलभूत अंतर को छिपा देती हैं, जो लोकतंत्र (भारत की 1.2 बिलियन आबादी और 700 मिलियन से अधिक मतदाता यूरोप और तुर्की की पूरी आबादी से अधिक हैं), से लेकर विविधता (भारत की 22 आधिकारिक भाषाएँ, 29 राज्य और 7 केंद्र शासित प्रदेश इसे यूरोप से कहीं अधिक विविध बनाते हैं) और आंतरिक असमानताएँ (शासन मॉडल, बाजार अर्थव्यवस्था, अल्पसंख्यकों के लिए सकारात्मक काररवाई, आव्रजन, आतंकवाद और उभरती दुनिया में उनकी संबंधित भूमिकाओं से संबंधित मुद्दों पर) तक हैं।

जबकि यूरोप ने हाल ही में भारत को फिर से खोजा है, अध्ययन बताते हैं कि यूरोप, संयुक्त राज्य अमेरिका, रूसी संघ या पूर्वी एशिया की तुलना में भारत के लिए बहुत कम मायने रखता है। प्यू रिसर्च सेंटर के 2014 का वैश्विक दृष्टिकोण सर्वेक्षण नोट बताता है कि सर्वेक्षण किए गए लोगों की यूरोपीय संघ के बारे में अनुकूल राय केवल 34% के साथ थी, "संघ खुद को सहमत विश्व शक्तियों की भारतीय लीग तालिका में चीन और ईरान के बीच जकड़ा हुआ पाता है।" जैसा कि लिंग और गोड्डेरिस (2016) ने बताया, देखने पर यह एक उल्लेखनीय निष्कर्ष दिखाई देता है। इससे भी अधिक आश्चर्य की बात है, 11 महीने की शोध अवधि के दौरान, तीन साइटों में केवल 13 लेख थे, जिन्होंने यूरोपीय संघ को एक सकारात्मक प्रकाश में प्रस्तुत किया, भारतीय मीडिया में यूरोपीय संघ से संबंधित नकारात्मक मुद्दों पर ध्यान केंद्रित करने की अधिक संभावना थी। यूरोपीय संघ को अकसर अनुचित रूप से चित्रित किया जाता था और भारत के सहयोगी या साझेदार के रूप में बहुत कम ही सकारात्मक रूप से प्रस्तुत किया जाता था। आगे का दिलचस्प आँकड़ा प्रतिशत है, जो ग्लोबल एटिट्यूड सर्वे ग्राफिक पर प्रदर्शित नहीं हुआ-यूरोपीय संघ के पास उत्तरदाताओं का उच्चतम प्रतिशत (41%) था, जिनकी किसी भी तरह की कोई राय नहीं थी, जो कि अन्य वैश्विक शक्तियों की तुलना में अधिक था। यह नए पता लगाए गए रणनीतिक साझेदारों के लिए अच्छा संकेत नहीं था!

इन वार्त्ताओं को आगे बढ़ाने में तत्कालीन यूरोपीय संघ के हाई रेप्रेजेंटेटिव की भूमिका के बारे में बहुत कम जानकारी है। 2003 में नई दिल्ली में तीसरे शिखर सम्मेलन और भारत के तत्कालीन विदेश मंत्री के साथ विचार-विमर्श ने सोलाना को एक रणनीतिक साझेदार

के रूप में, भारत को गले लगाने की तत्काल आवश्यकता के बारे में, यूरोपीय संघ द्वारा आश्वस्त किया। सोलाना की यूरोपीय सुरक्षा रणनीति[2], जिसे विभिन्न हितधारकों के साथ व्यापक विचार-विमर्श के बाद अंतिम रूप दिया गया, दिसंबर 2003 में यूरोपीय संघ द्वारा औपचारिक रूप से अपनाई गई। यह कॉमन फॉरेन एंड सिक्योरिटी पॉलिसी के बुनियादी सिद्धांतों का विस्तार करती है। इस विषय में, 2008 में अपने चिह्नित किए जाने के बाद से, यूरोपीय संघ की बढ़ती वैश्विक भागीदारी के लिए, अंतरराष्ट्रीय आतंकवाद जैसे अलग-अलग खतरों की पहचान के लिए, अलग-अलग क्षेत्रीय संघर्षों जैसे कभी-कभी विफल राज्यों, खुले समुद्र में समुद्री डकैती, साइबर सुरक्षा आदि शामिल हैं, साथ ही इस बढ़ी हुई भागीदारी के सिद्धांतों को पूरा करने के लिए वैचारिक आधार बना हुआ है। यूरोपीय सुरक्षा रणनीति ने यूरोपीय संघ के लिए इसके बिल्कुल पड़ोस में सुरक्षा को मजबूत करने की तत्काल आवश्यकता को रेखांकित किया, जिसमें उसके भूमध्यसागरीय क्षेत्र, बाल्कन, पूर्वी यूरोप और ट्रांसकाकेशिया शामिल हैं।

राष्ट्रपति बुश द्वारा 'इच्छा के गठबंधन' के माध्यम से इराक पर किए गए हमले की पृष्ठभूमि में देखे जानें, और संयुक्त राष्ट्र को दरकिनार किए जाने, यह रणनीतिक सिद्धांत बहुपक्षवाद के लिए यूरोपीय संघ की प्रतिबद्धता की एक पुनः पुष्टि था, क्योंकि यह वैश्विक शांति और सुरक्षा की तलाश में नए रणनीतिक साझेदारों को खोजने के लिए तत्काल आवश्यकता की स्वीकृति थी। थियरी टार्डी (2009) सी.एफ.एस.पी. के ढाँचे के भीतर यूरोपीय संघ की रणनीतिक संस्कृति विकसित करने के प्रयासों में जेवियर सोलाना के योगदान को रेखांकित किया है। सोलाना (2002) कहते हैं, "यूरोपीय परियोजना के बाद से, यूरोपीय लोगों ने संघर्ष की रोकथाम, संकट का राजनीतिक प्रबंधन और सभी प्रकार की हिंसक काररवाई के आर्थिक और सामाजिक मूल कारणों का ध्यान रखने के आधार पर सुरक्षा की एक विशिष्ट संस्कृति विकसित की है," सोलाना के अनुसार भारत, यूरोपीय संघ के सुरक्षा के साथ-साथ एक रणनीतिक संस्कृति को विकसित करने के यूरोपीय संघ के प्रयास में एक स्वाभाविक भागीदार था।

मजबूत और गतिशील साझेदारी, जो सोलाना ने तत्कालीन विदेश मंत्री, यशवंत सिन्हा के साथ विकसित की थी, इन दस्तावेजों को औपचारिक रूप से अंगीकृत करने से पहले ब्रुसेल्स में बातचीत में बेहद फायदेमंद रही। 2004 में भारत में सरकार बदलने के बाद, नए विदेश मंत्री नटवर सिंह के साथ सोलाना उसी प्रकार का व्यक्तिगत तालमेल नहीं बना सका। इसने रिश्ते पर प्रतिकूल प्रभाव डाला।

खंड 2 : संयुक्त कार्य योजना 2005 और 2008 में समीक्षा

2005 की संयुक्त कार्य योजना और 2008 में इसकी समीक्षा के अलग-अलग आकलन हुए हैं। यूरोपा, यूरोपीय संघ की वेबसाइट (2008) ने उल्लेख किया है, "हम इस साझेदारी को इसके भागों के योग से अधिक के रूप में देखते हैं। हम इसे एक गुणात्मक परिवर्तन के रूप में देखते हैं जिस तरह से हम समान साझेदार के रूप में संलग्न हैं और बड़े पैमाने पर दुनिया के साथ साझेदारी में काम करते हैं।" यह टिप्पणी भारतीय पक्ष से समान अपेक्षाओं को भी दरशाती है। क्या ऐसा परिवर्तन वास्तव में हुआ था? दोनों दस्तावेजों के विश्लेषण से एक महत्त्वाकांक्षी एजेंडा और कार्यान्वयन के लिए अपर्याप्त मशीनरी का पता चलता है, जो कि एक प्रेमविहीन भारतीय आयोजित विवाह के समान साझेदारी की बार-बार तुलना के कारण होता है!

ऊपर बताए गए क्षेत्रों के अलावा, अन्य महत्त्वपूर्ण उपलब्धि में एक आम प्रतिबद्धता शामिल थी :

- एक स्वतंत्र न्यायपालिका और मीडिया में लोकतंत्र, बहुलवाद, मानव अधिकारों और कानून के शासन को बढ़ावा देना।
- संयुक्त राष्ट्र चार्टर के अनुसार बहुपक्षवाद के मूलभूत महत्त्व की मान्यता।
- सभी लोगों की आर्थिक और सामाजिक उन्नति को बढ़ावा देना और वैश्विक खतरों और चुनौतियों का सामना करना।

संवाद और परामर्श तंत्र को मजबूत करने का भी दृढ़ संकल्प था। दोनों पक्षों द्वारा आपसी हितों के सभी मुद्दों पर शिखर सम्मेलन और मंत्रिस्तरीय स्तर पर उच्च स्तरीय संवाद बनाए रखने और मंत्री स्तर पर संपर्क के अवसरों का पूरा उपयोग करने का निर्णय लिया गया। यह राजनीतिक स्तर पर लिये गए निर्णयों के प्रभावी कार्यान्वयन के लिए वरिष्ठ अधिकारियों और भारत-यूरोपीय संघ के संयुक्त आयोग के स्तर पर निरंतर समीक्षा के साथ होगा।

परामर्श के लिए कई नए तंत्रों की शुरुआत की गई। सिंहावलोकन करने पर, उन्होंने वरिष्ठ आधिकारिक संवाद को खारिज कर दिया और एक मजबूत साझेदारी के राजनीतिक संदेश से अलग हो गए। अनुभवों को साझा करने और भारत और यूरोपीय संघ के भीतर मौजूद सांस्कृतिक और भाषायी विविधता के पारस्परिक ज्ञान को बढ़ाने के उद्देश्य से, 'बहुलवाद और विविधता' पर एक संवाद शुरू किया गया। निरस्त्रीकरण और डब्ल्यू. एम.डी. (सामूहिक विनाश करनेवाले हथियार)[3] के अप्रसार से संबंधित मुद्दों पर सहयोग के महत्त्व पर नए सिरे से जोर दिया गया। वरिष्ठ अधिकारी स्तर पर एक द्विपक्षीय भारत-

यूरोपीय संघ सुरक्षा संवाद स्थापित किया गया, जिसमें वैश्विक और क्षेत्रीय सुरक्षा मुद्दों पर नियमित परामर्श शामिल होगा। भारत और यूरोपीय संघ ने रेखांकित किया कि आतंकवाद अंतरराष्ट्रीय शांति और सुरक्षा के लिए सबसे गंभीर खतरों में से एक है। आतंकवादी वित्तपोषण और मनी लॉन्ड्रिंग पर सहयोग, फाइनेंशियल एक्शन टास्क फोर्स (एफ.ए.टी.एफ.) द्वारा अपनाए गए अंतरराष्ट्रीय मानकों को ध्यान में रखते हुए सहयोग का एक अन्य महत्त्वपूर्ण नया क्षेत्र था।

यह एक अति महत्त्वाकांक्षी और दोनों पक्षों द्वारा काररवाई के एजेंडे तक पहुँचने के बारे में था। संयुक्त कार्य योजना को अपनाने और 29 सितंबर, 2008 को मार्सिले में भारत-यूरोपीय संघ शिखर सम्मेलन के बीच की अवधि में, अंतरराष्ट्रीय शांति और सुरक्षा के विकास के साथ-साथ अंतरराष्ट्रीय आतंकवाद के कई नए खतरे थे। जो संवाद तंत्र स्थापित किया गया था, वह प्रभावी रूप से काम नहीं कर रहा था। पोहल (2012) ने ठीक ही उल्लेख किया कि यहाँ तक कि 2008 में समीक्षा और संशोधन से, 'मूल संस्करण के समान कमियों' का पता चला। दस्तावेज "साझा बुनियादी बातों और अमूर्त राजनीतिक उद्देश्यों पर अधिक था, लेकिन बारीकियों और डिलिवरेबल्स पर कम है, और समय-सीमा से रहित है।" पोहल आगे कहते हैं, "यदि संयुक्त कार्य योजना का अभीष्ट संबंधों के विस्तार के लिए रोड मैप था, तो यह मार्गों या गंतव्यों को चिह्नित किए बिना केवल सामान्य दिशाओं को इंगित कर रहा है। ज्यादातर उदाहरणों में, 'काररवाई' किसी न किसी रूप में संवाद में बदल जाती है।"

क्या यह दोनों दस्तावेजों की एक निष्पक्ष आलोचना है? रणनीतिक साझेदारी पर ग्लॉसी कोट लगाने के लिए, समीक्षा दस्तावेज का विश्लेषण दोनों पक्षों के प्रयासों को प्रदर्शित करता है, जो पहले ही आपसी विवादों के संकेत दे रहा था! दोनों पक्षों में राजनीतिक इच्छाशक्ति के अभाव और यूरोपीय संघ द्वारा भारत की बढ़ती स्थिति को स्वीकार करने या राजनीतिक रूप से या व्यापार के मोर्चे पर कोई रियायत देने से इनकार करने के कारण मूलभूत मुद्दों पर ध्यान नहीं दिया गया।

समीक्षा की शुरुआत 2008 में बहुत धूमधाम के साथ की गई। समन्वय और सहयोग, जो स्पष्ट रूप से अच्छी तरह से काम नहीं कर रहे थे, के लिए तंत्र के समाधान हेतु एक कमजोर प्रयास किया गया। ए.एस.ई.एम. की भारतीय सदस्यता और सार्क में यूरोपीय संघ के पर्यवेक्षक के दर्जा बनाए जाने के माध्यम से बातचीत के लिए एक नए प्रारूप का निर्माण, एक महत्त्वपूर्ण सफलता थी। यूरोपीय संघ के समर्थन के साथ ए.एस.ई.एम. की भारत की सदस्यता, इसकी उभरती हुई महान् शक्ति स्थिति की वैश्विक स्वीकार्यता की खोज में एक महत्त्वपूर्ण कदम था।

एक अन्य महत्त्वपूर्ण और सकारात्मक परिणाम, इस बार व्यापार के मोर्चे पर, दोनों पक्षों द्वारा 2007 में द्विपक्षीय व्यापार और निवेश समझौते के लिए वार्त्ता शुरू करने का समझौता था। ऑटोमोटिव उद्योग सहित इंजीनियरिंग क्षेत्र पर एक कार्यकारी समूह की स्थापना की गई और साथ ही स्थायी औद्योगिक नीति पर एक संवाद की शुरुआत की गई। विज्ञान और प्रौद्योगिकी पर, इस पर सहमति बनी कि इंटरनेशनल थर्मोन्यूक्लियर एक्सपेरिमेंटल रिएक्टर (आई.टी.ई.आर.)[4] समझौते की रूपरेखा के अंतर्गत और फ्यूजन ऊर्जा अनुसंधान के क्षेत्र में और यूराटॉम[5] और भारत के बीच एक द्विपक्षीय समझौते के निष्कर्ष के माध्यम से सहयोग को बढ़ाया जाए।

नागरिक समाज और लोगों से लोगों का संपर्क करने पर, यह सहमति हुई कि भारत और यूरोपीय सांसदों के बीच संवाद को मजबूत किया जाए और भारत-यूरोपीय संघ नागरिक समाज राउंड टेबल के जनादेश के सुदृढ़ीकरण के माध्यम से नागरिक समाज के बीच आदान-प्रदान और बातचीत को बढ़ावा दिया जाए। प्रायः 'वन एंड हाफ ट्रैक डायलॉग' के रूप में प्रसिद्ध, इसकी स्थापना का बहुत महत्त्व था। यूरोपीय संघ की ओर से यह अपेक्षा थी कि राउंड टेबल के परिणामस्वरूप आर्थिक और सामाजिक साझेदारों, विशेष रूप से ट्रेड यूनियनों, किसानों, उपभोक्ताओं और व्यापारिक संघों की अधिक साझेदारी होगी, और भारतीय व्यापार और उद्योग के साथ-साथ नागरिक समाज के वास्तविक कामकाज की बेहतर समझ पैदा होगी। इन अपेक्षाओं पर विश्वास किया गया। 2009 में राउंड टेबल दोनों पक्षों की अपेक्षाओं के बेमेल होने, भारतीय पक्ष की ओर से आधिकारिक उदासीनता और दोनों पक्षों में नागरिक समाज को प्रभावी रूप से शामिल करने में असमर्थता, के कारण समाप्त हो गई। एक गतिशील नागरिक समाज साझेदारी तंत्र की अनुपस्थिति आज तक संबंधों को प्रभावित करती है।

खंड 3 : रणनीतिक साझेदारी का एक महत्त्वपूर्ण विश्लेषण

2016 के दृष्टिकोण से, साझेदारी दस्तावेज में एक मौलिक दोष है और इसकी समीक्षा यह थी कि दोनों पक्षों की रणनीतिक साझेदारी की अलग-अलग परिभाषाएँ थीं, जिनमें कभी पूरी तरह सामंजस्य नहीं था। यूरोपीय संघ की ओर से, एक निष्कपट धारणा थी कि पोखरण के बाद अंतरराष्ट्रीय अलगाव से बाहर आता हुआ और परमाणु शस्त्रों से लैस पाकिस्तान से बढ़ते खतरों का सामना करनेवाला भारत, आसानी से यूरोपीय संघ के जून 2004 के प्रारंभिक प्रस्ताव से सहमत होगा। स्वाभाविक रूप से, ऐसा नहीं हुआ!

रणनीतिक साझेदारी के लिए यूरोपीय संघ का सुझाव-पैकेज

घनिष्ठ परस्पर सहयोग के चार मुख्य क्षेत्रों की पहचान की गई :

- अंतरराष्ट्रीय सुरक्षा–खतरों पर जोर देते हुए राजनीतिक और बहुपक्षीय सहयोग में वृद्धि;
- बढ़ा हुआ आर्थिक और क्षेत्रीय सहयोग;
- अधिक–से–अधिक विकास; तथा
- निकट सांस्कृतिक संबंध, नरम शक्ति का उपयोग और लोगों से लोगों के आदान–प्रदान को बढ़ावा देना।

तद्विषयक संस्थागत वास्तुकला, उसके समावेश और मौजूदा संवाद स्वरूपों को सुव्यवस्थित करने हेतु यूरोपीय संघ के विचारों को विस्तार देनेवाला एक वृहद प्रपत्र भारतीय पक्ष को प्रस्तुत किया गया। यह यूरोपीय संघ के मौजूदा संवाद तंत्र पर आधारित था और इसमें भारतीय पक्ष के अनुकूल संस्थागत वास्तुकला को समायोजित करने का कोई प्रयास नहीं किया गया था। दुर्भाग्य से, दृष्टिकोण अतिसत्तावादी और गैर–पारदर्शी था। संप्रभु समानता के आधार पर वार्त्ता को शायद ही आयोजित किया जा सकता था।

भारतीय विदेश कार्यालय और ब्रुसेल्स में उसके दूतावास का मत था भारत की तरफ से व्यापक प्रतिक्रिया की आवश्यकता थी। तद्नुसार, एक रणनीति पत्र जो अधिक व्यावहारिक और यथार्थवादी होने के साथ–साथ भारत–केंद्रित था, तैयार किया गया। इसने दस्तावेज की द्विपक्षीय प्रकृति पर बल दिया। इसने सुरक्षा परिषद् की स्थायी सदस्यता के लिए भारत की उम्मीदवारी हेतु यूरोपीय संघ का समर्थन प्राप्त करना शामिल करते हुए, संयुक्त राष्ट्र में व्यवस्थित रूप से सहयोग और परामर्श का विस्तार करने में भारत की रुचि को भी उजागर किया। अपनी पश्चिमी सीमा के साथ–साथ भीतर से, शत्रुतापूर्ण पाकिस्तान, जो पहले ही आतंकवाद का केंद्र बन चुका है, द्वारा निर्देशित और आयोजित आतंकवाद का सामना करते हुए, भारतीय प्रस्ताव ने सुरक्षा सहयोग पर एक व्यापक कार्यसमूह के लिए मौजूदा आतंकवाद प्रतिरोध को उन्नत करने की आवश्यकता को रेखांकित किया, जिसमें साइबर सुरक्षा पर वर्गीकृत जानकारी साझा करने के साथ दोनों ओर की खुफिया एजेंसियों के प्रतिनिधि शामिल होंगे।

वरिष्ठ भारतीय अधिकारियों ने जोर देकर कहा कि रणनीतिक साझेदारी तुलनात्मक फायदों व हितों तथा लाभों की पारस्परिकता के आधार पर, संप्रभु समानता के संबंध पर आधारित होनी चाहिए। भारत को पाकिस्तान के साथ बराबर रखने की यूरोपीय संघ की तत्कालीन प्रवृत्ति, जिसे 'हाइफनेशन' कहा गया, को ध्यान में रखते हुए, भारत ने इस बात

पर जोर दिया कि साझेदारी को 'किसी तीसरे पक्ष के साथ संबंध की विसंगतियों से मुक्त' रखा जाना चाहिए। पाकिस्तान के लिए यह अप्रत्यक्ष संदर्भ बड़ी मुश्किल से डाला गया, चूँकि भारत के साथ संभावित रणनीतिक साझेदारी का पाकिस्तान ने कड़ा विरोध किया था।

ब्रुसेल्स में अपने दूतावास द्वारा तैयार किए गए मूल भारतीय मसौदे ने उस समय की भारतीय स्थापना की विदेश नीति को प्रतिबिंबित किया। पश्चिमी दबाव के बावजूद, विशेष रूप से फ्रांस द्वारा, भारत 'सीमाओं पर मानवीय हस्तक्षेप'[6] के बारे में कभी भी उत्साही नहीं था। भारत पश्चिम द्वारा इंजील के उत्साह से सावधान था, ताकि लोकतंत्र, बहुलवाद, मानव अधिकारों और कानून के शासन को बढ़ावा देने के लिए सीमाओं पर हस्तक्षेप किया जा सके। इसे 'सुरक्षा की जिम्मेदारी का सिद्धांत' के रूप में जाना जाता है, जो 2008 में भूतपूर्व ऑस्ट्रेलियाई विदेश मंत्री गैरेथ इवांस द्वारा 'द रिस्पॉन्सिबिलिटी टू प्रोटेक्ट' में व्यक्त किया गया था। प्रधानमंत्री वाजपेयी के नेतृत्व में उस समय की भारतीय विदेश नीति, दूसरों के आंतरिक मामलों में हस्तक्षेप न करने के सिद्धांत के आधार पर, गुटनिरपेक्ष आंदोलन की समर्थक थी। भारत ने भी मानवाधिकार वार्त्ता में प्रवेश पाने के लिए यूरोपीय पक्ष के आग्रह को खारिज और अस्वीकार कर दिया। अगर सहमति बनती है तो इस तरह का संवाद पूरी तरह से एकपक्षीय होगा। यह यूरोप की ओर से सामाजिक कमी की किसी भी चर्चा से परहेज करता है जैसे कि नस्लवाद, जेनोफोबिया और मुसलमानों सहित उनके अल्पसंख्यकों के साथ व्यवहार। यह विशेष रूप से यूरोपीय संघ की तथाकथित भारतीय 'सामाजिक बुराइयों' की पूर्वनिर्धारित धारणाओं पर ध्यान केंद्रित करेगा, जिसमें जाति व्यवस्था, महिलाओं और बाल श्रमिकों के साथ व्यवहार शामिल हैं। भारतीय नेतृत्व ने अपने यूरोपीय संघ के समकक्षों को सचेत करने की भी कोशिश की कि विकासशील देशों के मानवाधिकारों के रिकॉर्ड पर उँगली उठाते हुए जब यूरोप की ही तरह इसका अपना रिकॉर्ड भी एकदम सही नहीं था, भारत-यूरोपीय संघ में शामिल होने की स्थिति में शायद नहीं था।

साझेदारी दस्तावेज इस प्रकार दोनों पक्षों के वैचारिक स्तंभों पर आधारित था, जो एक-दूसरे के विपरीत थे। यह उस समय की ऐतिहासिक पृष्ठभूमि और अंतरराष्ट्रीय घटनाओं के प्रवाह को देखते हुए सामान्य था। भारत के लिए, जो कि परमाणु शस्त्रवाला राष्ट्र बना है और परमाणु शस्त्रवाले दो शत्रु पड़ोसियों का सामना कर रहा है, जिनमें से एक सक्रिय रूप से भारत को अपनी सीमा पर और उसके भीतर अस्थिर करने की कोशिश कर रहा था, (जम्मू-कश्मीर के साथ-साथ 2001 में नई दिल्ली में भारत की संसद् पर हमले जैसे आतंकवादी हमलों के माध्यम से), उसकी भागीदारी प्राथमिकताओं ने उसकी राष्ट्रीय रणनीतिक प्राथमिकताओं को दरशाया। इसमें सक्रिय खुफिया सूचनाओं के आदान-प्रदान पर उच्चतम स्तर पर परामर्श तंत्र, अंतरराष्ट्रीय आतंकवाद का मुकाबला करने में सहयोग,

आतंकवादी वित्तपोषण के प्रवाह को रोकना, इसके खतरनाक और अस्थिर पड़ोस के बारे में भारत की चिंताओं के लिए यूरोपीय संघ का समर्थन शामिल था। यूरोपीय संघ के लिए, साझेदारी के लिए अपनी प्राथमिकताओं में हाइफनेशन के लिए एक प्रतिबद्धता, भारत को एन.पी.टी. में लाने और भारत की परमाणु शस्त्र की स्थिति को वापस लेना शामिल करना जारी रखा। यूरोपीय संघ ने भारत के साथ सक्रिय मानवाधिकार वार्त्ता के लिए आग्रह किया, बार-बार यह संकेत देते हुए कि चीन ने इस तरह के संवाद पर कभी आपत्ति नहीं जताई, बशर्ते कि दलाई लामा[7] का उल्लेख नहीं किया गया हो! शीत युद्ध के बाद के उभरते परिदृश्य में और नए व उत्साही पूर्व यूरोपीय सहयोगियों के साथ, यूरोपीय संघ उस समय लोकतंत्र और मानवाधिकारों के लाभों के बारे में दूसरों पर मुकदमा चलाने के लिए उत्सुक था। यह मानने से इनकार करते हुए कि दुनिया के सबसे बड़े लोकतंत्र के साथ एक साझेदारी दस्तावेज को शायद ही उस तरह के मानवाधिकार संवाद की आवश्यकता होती है, जो यूरोपीय संघ ने सत्तावादी राज्यों के साथ किया था, यूरोपीय संघ वार्त्ता के दौरान जोर देता रहा कि इस तरह का संवाद उसके मिशन का एक केंद्रीय हिस्सा था। यूरोपीय संघ की स्थिति जैसी उसके कागज में परिलक्षित थी, "हमारी सुरक्षा के लिए सबसे अच्छा संरक्षण एक अच्छी तरह से शासित लोकतांत्रिक राष्ट्रों की दुनिया है। सुशासन का प्रसार करना, सामाजिक और राजनीतिक सुधार का समर्थन करना, भ्रष्टाचार और सत्ता के दुरुपयोग से निपटना, कानून का शासन स्थापित करना और मानवाधिकारों की रक्षा करना अंतरराष्ट्रीय व्यवस्था को मजबूत करने का सबसे अच्छा तरीका है।"

एक समान स्थिति में आने के लिए दोनों पक्षों में कुशल वार्त्ताकारों की आवश्यकता होती है। प्रेसीडेंसी की तुलना में आयोग के प्रतिनिधि अधिक व्यावहारिक थे। दोनों पक्षों में बातचीत हुई। यह पता चला कि ब्रुसेल्स में पूर्व भारतीय राजदूत चंद्रशेखर दासगुप्ता द्वारा कथित तौर पर प्रेसीडेंसी को बताया गया, "लोकतंत्र के लिए भारतीय दृष्टिकोण हिंदू होने के समान था! जो पैदा हुआ, वह एक हिंदू है। इसी तरह, लोकतंत्र को भीतर से आना होता है और बाहर से थोपना नहीं।"

दृष्टिकोण में इस अंतर का विश्लेषण करते हुए, पोहल (2012) ने कहा, "भारत के साथ अपने संबंधों को 'रणनीतिक' स्तर पर लाने के लिए यूरोपीय संघ का दृष्टिकोण दो आधारों में स्थित है—भारत, एक समान लोकतंत्र और उभरती वैश्विक शक्ति के रूप में, वैश्विक सुरक्षा के लिए जिम्मेदारी की समान धारणा को साझा करेगा, और यह यूरोपीय संघ को एक सच्चे रणनीतिक खिलाड़ी के रूप में स्वीकार करेगा।" यूरोपीय संघ का विचार था कि भारत को अब न केवल शांति स्थापना और शांति निर्माण में सक्रिय रूप से शामिल होना चाहिए, बल्कि यूरोपीय संघ के साथ शांति प्रवर्तन में भी शामिल होना चाहिए

और संयुक्त राज्य अमेरिका के प्रभुत्ववाले एकध्रुवीय विश्व में एक प्रभावी नया ध्रुव बनना चाहिए। यूरोपीय संघ को यह भी चिंता थी कि एक तेजी से हावी हुआ और ताकतवर संयुक्त राज्य अमेरिका प्रलोभनवश बहुपक्षीय व्यवस्था के उन नियमों को मोड़ सकता है, जिन्होंने उसे स्थापित करने में मदद की। यूरोपीय संघ ने आमतौर पर मौजूदा व्यवस्था का समर्थन किया जैसे कि एक समतुल्य रूपरेखा प्रदान करने में जो परस्पर विरोधी हितों को संतुलित और व्यवस्थित करने में सक्षम है। यह सकारात्मक दृष्टिकोण सी.एस.सी.ई. प्रक्रिया के विकास के साथ यूरोप के अपने अनुभवों से बहुत प्रभावित था, जिसने, शीत युद्ध के संदर्भ में, शांतिपूर्ण लोकतांत्रिक परिवर्तन के लिए प्रभावी रूप से मार्ग प्रशस्त किया और अंततः पूर्व और पश्चिम के बीच की बाधाओं को समाप्त किया। यूरोपीय संघ की सोच ने जो कुछ निष्कपट थी, इसके दृढ़ विश्वास को भी दरशाया कि पूर्व–पश्चिम विभाजन के अंत के साथ और एक एकजुट यूरोप, वैश्विक युग बहुपक्षीय आम सहमति के एक नए युग में बहुपक्षीय संदर्भ की शुरुआत करेगा।

यूरोपीय सोच तत्कालीन भारतीय परिप्रेक्ष्य के अनुरूप नहीं थी। नई अंतरराष्ट्रीय व्यवस्था में यूरोपीय सहजता की अवस्था भारतीय वार्त्ताकारों की सोच में परिलक्षित नहीं हुई। 'प्रभावी बहुपक्षवाद' नई दिल्ली द्वारा हस्तक्षेप की एक व्यंजना के रूप में लिया गया। इसका अनुलाप संदिग्ध था और वास्तविक दस्तावेज की अस्पष्टता में परिलक्षित होता था। जबकि बुनियादी मुद्दों को पूरी तरह से संबोधित नहीं किया गया था, सितंबर 2005 की राजनीतिक घोषणा ने इस धारणा की खाई को मौखिक रूप से पाटने का असफल प्रयास किया। जबकि यूरोपीय संघ अपने 'प्रभावी बहुपक्षवाद' मत के लिए आपसी प्रतिबद्धता सम्मिलित करने में सफल रहा, पाठ ने बहुपक्षवाद को न केवल अंतरराष्ट्रीय शांति और सुरक्षा के व्यापक उद्देश्यों से बल्कि बहुपक्षवाद पर पाठ की स्वीकृति के लिए एक पूर्व शर्त के रूप में भारत द्वारा सम्मिलित 'सभी लोगों की आर्थिक और सामाजिक उन्नति' से जोड़ा।

पोहल द्वारा भारतीय स्थिति की यूरोपीय आलोचना संक्षेप में तब की गई थी, जब उन्होंने कहा, "भारत की ओर से, एक राष्ट्रीय विदेश नीति में सर्वसम्मति की अनुपस्थिति और 'रणनीतिक स्वायत्तता' की स्वयं लगाई गई सीमाओं के बाहर कदम न रखकर सुरक्षित जमीन पर बने रहने की सरकार की इच्छा को दरशाता है।" सिंहावलोकन करने पर, यह आलोचना अनुचित थी और उस समय की सरकार की रणनीतिक प्राथमिकताओं की तुच्छ समझ को दरशाती थी। भारत की स्वतंत्रता के बाद से भारत की विदेश नीति पर एक राष्ट्रीय सहमति दलों की विचारधारा को तय करती है। 2004 में, भारतीय संसद्[8] पर हमले और कारगिल[9] पर हमले के बाद, भारत की प्रमुख विदेश नीति की प्राथमिकता अंतरराष्ट्रीय आतंकवाद के खिलाफ एक अंतरराष्ट्रीय सहमति बनाना और अपने उपरिकेंद्र, पाकिस्तान

को अलग-थलग करना था। भारत के परिप्रेक्ष्य में यूरोपीय संघ के साथ रणनीतिक साझेदारी, पर इस दिशा में ध्यान केंद्रित करने की आवश्यकता थी। एक यूरोपीय अवधारणा के रूप में बहु-ध्रुवीयता को उस समय भारत के रणनीतिक समुदाय और विदेश कार्यालय द्वारा न तो पूरी तरह से समझा गया और न ही सराहा गया। प्रदेय पर अलग दृष्टिकोण भाषा की उस अस्पष्टता की व्याख्या करेगा, जिसकी दोनों पक्षों ने इस साझेदारी से बाहर निकलने की जो उम्मीद की थी, उसके एकमात्र आंशिक अधिव्यापन को गुप्त रखने की माँग की।

कुछ ठोस उपलब्धियों पर प्रकाश डाला जाना आवश्यक है। एक सफलता में, भारत आई.टी.ई.आर. और गैलीलियो कार्यक्रमों में भागीदार बना, इस प्रकार यूरोपीय अंतरिक्ष एजेंसी और उसके भारतीय समकक्ष, इसरो, भारतीय अंतरिक्ष एजेंसी के बीच सहयोग बढ़ाने की क्षमता में काफी सुधार हुआ। भारतीय छात्रों की अधिकता यूरोप में अधिक हुई और छात्र वीजा के लिए लचीलेपन की आवश्यकता और उनके अध्ययन को वित्तपोषित करने के लिए छात्र रोजगार देने के बारे में यूरोप में बेहतर समझ पैदा हुई। बहुपक्षीय पक्ष पर, सुरक्षा परिषद् के स्थायी सदस्य के रूप में भारत की उम्मीदवारी के लिए समर्थन की एक सामान्य स्थिति लेने से इनकार करते हुए, यूरोपीय संघ ने ऐसी सदस्यता के लिए भारत की मजबूत साख के बारे में बेहतर समझ विकसित की है। फ्रांस और जर्मनी सहित यूरोपीय संघ के सदस्य देशों ने तेजी से और सार्वजनिक रूप से अपने समर्थन की घोषणा की। इसी तरह, निरस्त्रीकरण और अप्रसार मुद्दों पर, निर्यात नियंत्रण पर भारत का त्रुटिहीन रिकॉर्ड, इसके आत्म-संयम और इसके अस्थिर और परमाणु शस्त्रवाले पड़ोस पर कोई पहला हमला घोषित न करने की नीति की बहुत प्रशंसा हुई।

यह भी याद रखना महत्त्वपूर्ण है कि दस्तावेज की बातचीत पूर्व लिस्बन संधि के युग में हुई थी। यूरोपीय संघ की ओर से वार्त्ता ने कमीशन और प्रेसीडेंसी के प्रतिनिधियों के बीच आंतरिक संघर्षों के कारण लगातार अवरोध पैदा किए। इसके लिए यूरोपीय आयोग और सदस्य राष्ट्रों के बीच दक्षताओं के अब भी विकसित होनेवाले विभाजन के साथ ही, बाद की प्राथमिकताओं की भिन्नताओं को, कम-से-कम आंशिक रूप से, जिम्मेदार ठहराया जा सकता है। नतीजतन, वे संरचनाएँ, जो पहले से ही बेमेल थीं, उन्हें लिस्बन संधि के बाद कट्टरपंथी बदलाव की आवश्यकता हुई। इसे अब तक केवल आंशिक रूप से संबोधित किया गया था। यहाँ तक कि लिस्बन युग के बाद भी, अधिकतर यूरोपीय संघ के सदस्य देशों की अनिच्छा के कारण ही भारत में ईसी के राजदूत को उनकी ओर से एकमात्र केंद्रबिंदु बनाने की अनुमति दी गई, भारत-यूरोपीय संघ संबंधों के प्रमुख पहलुओं पर हावी होना जारी रखते हुए, अपने बड़े सदस्य राष्ट्रों और भारत के बीच द्विपक्षीय सहयोग के साथ यूरोपीय संघ की भूमिका काफी हद तक पूरक कूटनीति तक सिमट गई है। संवाद तंत्र भी

कभी अपनी इष्टतम क्षमता तक नहीं पहुँच पाया। न ही उनका उपयोग शिखर सम्मेलनों और उच्च-स्तरीय यात्राओं के अलावा पूरी तरह से हो पाया। कुछ तंत्र निर्जीव हो गए और अन्य छोड़ दिए गए। उन्होंने अपनी स्वयं की गतिशीलता का विकास नहीं किया, जो रिश्ते के आधार को व्यापक करती। समय के साथ, ये घटनाक्रम भारत के यूरोपीय संघ के संबंधों पर प्रतिकूल प्रभाव डालेंगे। लिस्बन संधि के बाद, नए यूरोपीय संघ का नेतृत्व, जो अमेरिकी मंदी, यूरोप का संप्रभु ऋण संकट, यूरोजोन संकट, एक संभावित ग्रीक्सिट, माइग्रेशन और ब्रेक्जिट से चुनौतियों सहित कई संकटों से जूझ रहा है, को दुनिया के सबसे बड़े लोकतंत्र के साथ एक अप्रभावी साझेदारी पर ध्यान देने के लिए बहुत कम समय या कोई समय नहीं था।

संदर्भ–

1. मिलेनियम डेवलपमेंट गोल्स (एम.डी.जी.) संयुक्त राष्ट्र द्वारा अपने कई आयामों में अत्यधिक गरीबी को संबोधित करने के लिए विश्व स्तर पर समयबद्ध और परिमाणबद्ध लक्ष्य निर्धारित किए गए हैं। इनमें गरीबी, भुखमरी और बीमारी, पर्याप्त आश्रय की कमी, और बहिष्कार और लैंगिक समानता, शिक्षा और पर्यावरणीय स्थिरता को बढ़ावा देने पर जोर देना शामिल हैं।

2. हाल ही में यूरोपीय सुरक्षा रणनीति (ई.एस.एस.), जो 12–13 दिसंबर, 2003 को यूरोपीय परिषद् द्वारा अपनाई गई, कॉमन फॉरेन एंड सिक्योरिटी पॉलिसी (सी.एफ.एस.पी.) के लिए एक वैचारिक ढाँचा प्रदान करती है, जो बाद में कॉमन सिक्योरिटी एंड डिफेंस पॉलिसी (सी.एस.डी.पी.) बन जाएगी। भूतपूर्व हाई रिप्रेजेंटेटिव जेवियर सोलाना को सदस्य राष्ट्रों द्वारा यूरोप के लिए एक सुरक्षा रणनीति विकसित करने का काम सौंपा गया था। 'ए सिक्योर यूरोप इन ए बेटर वर्ल्ड' नामक दस्तावेज ने पहली बार यूरोपीय संघ के सुरक्षा वातावरण का विश्लेषण किया और यूरोपीय संघ के लिए प्रमुख सुरक्षा चुनौतियों और बाद के राजनीतिक निहितार्थों की पहचान की।

3. सामूहिक विनाश करनेवाले हथियार (डब्ल्यू.एम.डी.'ज) इतने बड़े पैमाने पर मौत और विनाश को भड़काने की क्षमतावाले हथियार हैं। शत्रु-पक्ष या गैर-राष्ट्र सक्रियकों के हाथों में इसकी उपस्थिति को ही एक गंभीर खतरा माना जाता है। सामूहिक विनाश के आधुनिक हथियार परमाणु, जैविक, या रासायनिक हथियार हैं, जिन्हें सामूहिक रूप से अकसर एन.बी.सी. हथियार कहा जाता है। सामूहिक विनाश करनेवाले हथियार शब्दावली 1937 से प्रचलित हुई। शीत युद्ध की समाप्ति के बाद, सभी डब्ल्यू.एम.डी. के संबंध में मुख्य चिंता इनके प्रसार की है अर्थात् 'दुष्ट राष्ट्रों' उनके प्रायोजकों या गैर-राष्ट्र सक्रियकों की क्षमता, जैसे कि अंतरराष्ट्रीय आतंकवादी समूहों द्वारा डब्ल्यू.एम.डी. का निर्माण और वितरण करने के लिए साधन प्राप्त करना।

4. इंटरनेशनल थर्मोन्यूक्लियर एक्सपेरिमेंटल रिएक्टर (आई.टी.ई.आर.) एक अंतरराष्ट्रीय परमाणु संलयन अनुसंधान और इंजीनियरिंग मेगाप्रोजेक्ट है, जो दुनिया का सबसे बड़ा चुंबकीय परिशोधन प्लाज्मा भौतिकी प्रयोग होगा। यह एक प्रायोगिक परमाणु संलयन रिएक्टर है, जो दक्षिणी फ्रांस में सेंट-पॉल-लेस-ड्यूरेंस में कैडरचे सुविधा की बगल में बनाया गया है। आई.टी.ई.आर. परियोजना का उद्देश्य प्लाज्मा भौतिकी के प्रायोगिक अध्ययनों से लेकर पूर्ण पैमाने पर बिजली बनानेवाले

फ्यूजन पावर स्टेशनों तक, लंबे समय से प्रतीक्षित, पारगमन करना है। मशीन का उद्देश्य संलयन प्रक्रिया से अधिक ऊर्जा उत्पादन के सिद्धांत को निष्पादित करना है, जिसका उपयोग इसे आरंभ करने के लिए किया जाता है। यह अभी तक किसी भी संलयन रिएक्टर में हासिल नहीं किया गया है। यूरोपीय संघ, आई.टी.ई.आर. कॉम्प्लेक्स के लिए मेजबान पक्ष के रूप में, लागत के लगभग 45 प्रतिशत का योगदान दे रहा है, अन्य पक्षों का प्रत्येक लगभग 9 प्रतिशत का योगदान है।

5. यूराटॉम का उद्देश्य, विशेषतः एक सुरक्षित, कुशल और सुरक्षित तरीके से ऊर्जा प्रणाली का लंबे समय तक डीकार्बोनाइजेशन में योगदान करने हेतु, परमाणु सुरक्षा, रक्षा और विकिरण सुरक्षा में लगातार सुधार पर जोर देने के साथ परमाणु अनुसंधान और प्रशिक्षण गतिविधियों को आगे बढ़ाना है। इन उद्देश्यों में योगदान करके, यूराटॉम प्रोग्राम होराइजन 2020 की तीन प्राथमिकताओं के तहत परिणामों को सुदृढ़ करना चाहता है : उत्कृष्ट विज्ञान, औद्योगिक नेतृत्व और सामाजिक चुनौतियाँ।

6. मानवीय हस्तक्षेप शब्दावली को दो अलग-अलग प्रकार की परिस्थितियों में संदर्भित करने के लिए प्रयुक्त किया जा सकता है। पहली, जो ऐतिहासिक रूप से अधिक पुरानी है, किसी प्रकार की प्राकृतिक आपदा के बाद, दु:ख को कम करने के लिए और आपदा होने के बाद हुए नुकसान को सँभालने में सहायता करने के लिए, बाहरी पक्षों द्वारा प्रतिक्रिया के रूप में एक हस्तक्षेप किया जाना है। हालाँकि इस तरह की राहत में सैन्य राहत को लगाया जा सकता है, किंतु उनका कार्य विशेष रूप से सामरिक नहीं है, बल्कि प्राकृतिक आपदा द्वारा छोड़ी गई मानवीय आवश्यकताओं के प्रत्युत्तर में अंतरराष्ट्रीय एजेंसियों, गैर-सरकारी संगठनों (एन.जी.ओ.) और निजी स्वैच्छिक संगठनों (पी.वी.ओ.) के समान हैं। उनका लक्ष्य प्रभावित राष्ट्र की राजनीतिक संरचना नहीं है, लेकिन प्रभावित आबादी की जरूरत है। मानवीय हस्तक्षेप शब्द का एक अलग प्रयोग, मानवाधिकारों और मौलिक स्वतंत्रता के उल्लंघन के गंभीर प्रभाव के रूप में कथित संकटों का प्रत्युत्तर देने के लिए बाहरी पक्षों द्वारा किए गए उपाय के संदर्भ में होता है। हालाँकि उद्देश्य अकसर प्रशंसनीय और महान् है, इसका परिणाम कभी-कभी सुरक्षा परिषद् के प्राधिकार के साथ या इसके बिना, बल या सैन्य हस्तक्षेप के उपयोग होता है। यह अकसर 'शासन परिवर्तन' लाने के आग्रह पर आधारित होता है, हालाँकि यह स्पष्ट रूप से कभी नहीं कहा गया है।

7. परम पावन XIVवें दलाई लामा, तेनजिन ग्यात्सो, तिब्बती लोगों के आध्यात्मिक और लौकिक नेता हैं। एक किसान परिवार में जन्मे, परम पावन को दो साल की उम्र में, तिब्बती परंपरा के अनुसार, अपने पूर्ववर्ती तेरहवें दलाई लामा के पुनर्जन्म के रूप में मान्यता मिली थी। दलाई लामा संघ के बोधिसत्त्व की अभिव्यक्ति होते हैं, जिन्होंने लोगों की सेवा के लिए पुनर्जन्म लेना चुना। 1959 में तिब्बत पर चीनी सैन्य कब्जे के बाद उन्हें भारत में निर्वासन के लिए मजबूर किया गया। 1960 से वह भारत में धर्मशाला में रहते हैं।

8. 13 दिसंबर, 2001 को भारतीय संसद् का शीतकालीन सत्र चल रहा था। सुबह 11.30 बजे, पाकिस्तानी आतंकवादी समूहों, लश्कर-ए-तैयबा और जैश-ए-मोहम्मद से संबंधित पाँच सशस्त्र आतंकवादियों ने भारतीय संसद् पर हमला किया। इसके बाद हुई बंदूकों से लड़ाई में सभी हमलावर मारे गए। आठ सुरक्षाकर्मी और एक माली भी मारा गया। 22 लोग घायल हो गए। मारे गए आतंकवादियों के पास संसद् भवन को उड़ाने के लिए पर्याप्त विस्फोटक था और सैनिकों की एक पूरी बटालियन से मुकाबला करने के लिए पर्याप्त गोला-बारूद था।

9. कारगिल युद्ध भारत और पाकिस्तान के बीच एक सशस्त्र संघर्ष था, जो मई और जुलाई 1999 के बीच कश्मीर के कारगिल जिले और नियंत्रण रेखा (एल.ओ.सी.) के साथ एक और स्थान पर हुआ था। भारत में, संघर्ष को 'ऑपरेशन विजय' के रूप में भी जाना जाता है। युद्ध का कारण पाकिस्तान द्वारा एल.ओ.सी. (नियंत्रण रेखा) की, भारतीय सीमा में उच्च पर्वत शृंखलाओं में पाकिस्तानी सैनिकों की घुसपैठ द्वारा अकारण आक्रमण था। इससे भारतीय सेना एल.ओ.सी. पर पूरी तरह से लामबंद हो गई। जुलाई 1999 तक, भारतीय सेना ने पाकिस्तानी सेना के कब्जेवाले सभी क्षेत्रों को फिर से हासिल कर लिया, पाकिस्तानी सेना को पीछे हटने के लिए मजबूर होना पड़ा। कारगिल युद्ध के लिए संयुक्त राज्य अमेरिका और यूरोपीय संघ सहित अंतरराष्ट्रीय समुदाय द्वारा पाकिस्तान की अनुचित आक्रामकता के लिए निंदा की गई, जिसके कारण भारत और पाकिस्तान के बीच परमाणु युद्ध हो सकता था।

❑

अध्याय-6

वर्तमान चुनौतियाँ और समाधान

आज यूरोपीय संघ के सामने आनेवाली नई चुनौतियाँ 20वीं सदी के अंतिम दो दशकों में सामने आई विवर्तनिक घटनाओं से जुड़ी हैं। पूर्व सोवियत संघ के पतन के साथ वैश्विक क्रम में नाटकीय परिवर्तन और शीत युद्ध की समाप्ति के बाद यूरोप के पुनरुत्थान का परिणाम द्विध्रुवीयता का अंत, वर्साय संधि का आभासी पतन, नाटो की मजबूती और एक नया पुनरुत्थानशील यूरोपीय संघ रहा। जब पूर्ववर्ती सोवियत संघ का पतन हुआ, तो आंतरिक अराजकता और बाह्य रूप से पिछड़ जाने में, एक नए उभरते हुए रूसी संघ की रणनीतिक प्राथमिकताओं को स्थानांतरित करने के लिए समायोजन की प्रक्रिया में समय लगा। यूरोप और नाटो ने रूस के पतन पर खुलकर और खुशी से बात की और नव स्वतंत्र बाल्टिक राष्ट्रों को नाटो में शामिल होने के लिए आमंत्रित किया। यूरोपीय संघ में शामिल होने के लिए पूर्वी यूरोपीय राष्ट्रों के उम्मीदवारों की विस्तृत हो रही सूची थी। यूरोपीय संघ के विस्तार की प्रक्रिया को पूरी जानकारी के साथ तेजी से आगे बढ़ाया गया, क्योंकि पूर्वी यूरोपीय राष्ट्रों में से कई, विशेष रूप से बुल्गारिया और रोमानिया संस्थापक सदस्यों के रूप में आर्थिक और सामाजिक विकास के समान स्तर पर नहीं थे। यूरोपीय संघ के भीतर एक आंतरिक संकट का बीज, विस्तार प्रक्रिया के दौरान ही बोया गया था। बाद में, पश्चिम, एक आधिपत्यवादी दुनिया के अंत का जश्न मनाते हुए, बहु–ध्रुवीयता के सिद्धांत के साथ आगे आया। यूरोप ने नए रणनीतिक साझेदारों की खोज शुरू की।

लिस्बन के बाद, कई नई वैश्विक चुनौतियों ने यूरोपीय एकता और एकजुटता के पोषित आदर्शों के लिए खतरा पैदा करना शुरू कर दिया। नई उभरती विश्व व्यवस्था में समायोजित होने में भारत को भी समय लगा। गुटनिरपेक्षता को पूरी तरह से नकारने में दुविधा में पड़े हुए भारतीय नेतृत्व ने पूर्व सोवियत संघ के टूटने और उभरते रूसी संघ के पतन में नए रणनीतिक प्रतिमानों को खोजने का अवसर देखा। भारत, यूरोपीय संघ के इस सुझाव को स्वीकार करने में संकोच कर रहा था कि वह यूरोपीय संघ के साथ एक

रणनीतिक साझेदारी को अपनाएगा और एक बहु-ध्रुवीय दुनिया में एक नया 'ध्रुव' बन जाएगा। भारतीय नेतृत्व का विचार था कि बहु-ध्रुवीयता की यूरोपीय परिभाषा गुटनिरपेक्षता के पोषित सिद्धांतों के लिए एक चुनौती थी और शीत युद्ध के दौरान एक मूल्यवान दोस्त और सहयोगी, रूस के स्थायी रूप से ग्रहण को सुनिश्चित करेगा। जब 2004 में भारत-यूरोपीय संघ रणनीतिक साझेदारी में से बाहर आया, तो भारत यह सुनिश्चित करने के लिए सावधान था कि उसके गुटनिरपेक्ष साझेदारों को गलत संदेश न चला जाए। न ही भारत ने स्वयं को बहु-ध्रुवीयता और नई विश्व व्यवस्था के पक्ष में दृढ़ता से और सार्वजनिक रूप से घोषित किया। संयुक्त राज्य अमेरिका में आर्थिक मंदी और संप्रभु ऋण संकट के साथ, दुनिया भर में नीति निर्माताओं ने पश्चिम के पतन, जापान के उदय और पूर्व में आर्थिक शक्ति के बदलाव का उल्लेख किया। भारतीय नेताओं का विचार था कि पश्चिम का सहयोगी बनने हेतु भारत के लिए उपयुक्त समय नहीं था।

खंड 1 : क्या ग्रेक्जिट हो सकता है?

संप्रभु ऋण संकट का प्रभाव, जिसके कारण यूरोजोन के कई प्रमुख यूरोपीय बैंकों पर बहुत दबाव पड़ा, शुरुआत में यूरोपीय सेंट्रल बैंक (ई.सी.बी.) द्वारा कम करके बताया गया था। बाद में, जैसे-जैसे इसका प्रभाव बड़ी यूरोपीय अर्थव्यवस्थाओं में, उनके क्रेडिट डाउनग्रेडिंग के कारण फैला, ई.सी.बी. ने जर्मनी के दबाव में सख्त मौद्रिक नीतियाँ अपनाईं, जिससे यूरोपीय परि-रेखा में, विशेष रूप से ग्रीस में, संकट बढ़ गया। भारत के दृष्टिकोण से, इस धारणा के अलावा कि पश्चिम पतन की ओर था, यूरोप में संरक्षणवाद और संरक्षणवादी भावनाओं के उदय का परिणाम चिर-प्रतीक्षित इंडिया ई.यू. ब्रॉड बेस्ड ट्रेड एंड इन्वेस्टमेंट एग्रीमेंट (बी.टी.एल.ए.) पर गतिरोधपूर्ण बातचीत हुई। यूरोप के दृष्टिकोण से, और विशेष रूप से फ्रांस, जर्मनी, नीदरलैंड और इटली जैसे इसके संस्थापक सदस्यों के लिए, ग्रीस सकल वित्तीय कुप्रबंधन का दोषी था। ग्रीस ने यूरोजोन के लिए 'ऋण जी.डी.पी. अनुपात' पर यूरोपीय संघ के राजकोषीय अनुशासन और ई.सी.बी. के निषेध को बार-बार मना कर दिया था। 2011 में भी, ग्रीस का सकल घरेलू उत्पाद का 160% सकल ऋण अनुपात था।

हालाँकि उस समय यूरोजोन जी.डी.पी. में ग्रीक अर्थव्यवस्था का 3% से कम का योगदान था, अपने ऋण को सर्विस करने की क्षमता के बारे में निरंतर अनिश्चितता ने धीरे-धीरे अन्य यूरोजोन सदस्यों के संप्रभु प्रतिफल, विशेष रूप से उच्च ऋण अनुपातवाले लोगों को प्रभावित किया। जबकि ई.सी.बी. द्वारा समर्थित अन्य देशों द्वारा आंशिक वसूली की गई, ग्रीस में स्थिति लगातार बदतर होती गई, मुख्यतः इसलिए, क्योंकि संकट से पहले

संप्रभु ऋण और सार्वजनिक घाटे का भारी संचयन हो चुका था। ग्रीस के कुछ ऋणों को बट्टे-खाते में डाले बिना, वित्तपोषण के बड़े अंतर को पूरा करना असंभव लग रहा था। आई.एम.एफ. और प्रमुख अमेरिकी अर्थशास्त्रियों ने चेतावनी दी थी कि चालू खाते के घाटे को कम करने और ग्रीस जैसी संकटग्रस्त अर्थव्यवस्थाओं पर परिणामी कंजम्पशन स्क्वीज के कारण अपस्फीति होगी। ग्रीस अपने रणनीतिक महत्त्व को देखते हुए और पूर्ण रूप से पलायन के संकट का सामना करते हुए, भूमध्यसागरीय क्षेत्र में प्रवासियों के लिए प्रथम पोर्ट ऑफ कॉल के रूप में, जोकि बेचैन जनता द्वारा अत्यधिक संकट, सामाजिक असंतोष का भी सामना कर रहा था, मितव्ययिता से थक चुका था। यूरोपीय संघ इन खतरनाक घटनाओं की अनदेखी नहीं कर सकता था।

'द इकोनॉमिस्ट' (फरवरी 2017) ने व्यंग्यपूर्वक व्यक्त किया, "ग्रीस अपनी त्रासदी के लिए एक तमाशाई बन गया है।" यूरोपीय लेनदारों ने अपने तीसरे बेल-आउट की दूसरी समीक्षा को बंद करने की कोशिश करते समय बहुत कठिनाइयों का सामना किया, जिस पर अगस्त 2015 में हस्ताक्षर किए गए। यह जुलाई 2017 में यूरो 6.3 बिलियन के बॉण्ड चुकौती के लिए ग्रीस को ऋण सुनिश्चित करेगी। कठिनाइयाँ उत्पन्न हुईं, क्योंकि बॉण्ड प्रतिफल बढ़ चुका था और आई.एम.एफ., जो बेल-आउट में शामिल नहीं था, उस समय ग्रीस पर, बेल-आउट समाप्त होने के तुरंत बाद सकल घरेलू उत्पाद के 2.5% मूल्य के कर और पेंशन सुधारों को मंजूरी देने के लिए दबाव बना रहा था। इस प्रस्ताव पर आंतरिक रूप से भारी विरोध हुआ।

आई.एम.एफ. ने लगातार नोट किया था कि ऋण राहत के बिना, ग्रीस का ऋण 2030 के बाद नाटकीय रूप से बढ़ जाएगा, जब सस्ते यूरोजोन ऋण निजी वित्त द्वारा प्रतिस्थापित किए जाएँगे। बेल-आउट में शामिल होने के लिए आई.एम.एफ. की दो शर्तें थीं : ग्रीस से सख्त सुधार और लंबे समय तक सस्ते वित्त की गारंटी के जरिए, बेल-आउट की अवधि समाप्त होने पर ग्रीस के कर्ज के बोझ से राहत पाने के लिए, यूरोजोन सरकार का एक विश्वसनीय वादा। दूसरी शर्त का, विशेषकर जर्मनों और डचों द्वारा कड़ा विरोध किया गया, जिन पर उनके घरेलू दक्षिणपंथी निर्वाचक संघों द्वारा दबाव डाला जा रहा था। उन्होंने आग्रह किया कि आई.एम.एफ. को बेल-आउट में भाग लेना चाहिए, लेकिन आई.एम.एफ. की शर्तों से सहमत नहीं थे। यूरोपीय साझेदार आशंकित रहे कि ग्रीस की ऋण राहत की पेशकश से कई राष्ट्रीय चुनावों से पहले यूरोपीय संघ विरोधी दलों के लिए समर्थन बढ़ सकता है। इस मुद्दे पर खुद आई.एम.एफ. बोर्ड विभाजित हो गया था कि जब तक आई.एम.एफ. की शर्तों को पूरा नहीं किया जाता, तब तक गैर-यूरोपीय संघ के सदस्य ग्रीस की सहायता के लिए आने से इनकार करते हैं। इसने आई.एम.एफ. और यूरोपीय

लोगों के बीच संबंधों को भी विषाक्त कर दिया, जबकि यूरोपीय संघ के एक वरिष्ठ अधिकारी ने सार्वजनिक रूप से कहा कि आई.एम.एफ. 'ट्रंप यूनिवर्सिटी स्टैटिस्टिक्स' का उपयोग कर रहा था।

इस बीच, 2008 के बाद से ग्रीस की जी.डी.पी. एक-चौथाई से अधिक संकुचित हो गई, इसकी एक-चौथाई श्रमिक संख्या बेरोजगार हो गई और इसके एक-तिहाई से अधिक बच्चे गरीबी में थे। संकटग्रस्त यूरोपीय संघ का क्लासिक उदाहरण ग्रीस बन गया था। 'द इकॉनॉमिस्ट' (फरवरी 2017) लिखता है, "यूरो के अंदर बंद, अवमूल्यन करने में असमर्थ और 'ट्रांसफर यूनियन' को लेकर जर्मन आशंकाओं का सामना कर रहे, ग्रीस को आंतरिक अवमूल्यन और मितव्ययिता के मार्ग के लिए मजबूर किया गया है।" ग्रीस मुद्दे की त्रासदी यह है कि इसका बेल-आउट आर्किटेक्चर उस उद्देश्य के लिए पर्याप्त अनुक्रिया नहीं था, जिसके लिए यह अभीष्ट किया गया था। न तो ग्रीस ने और न ही इसके लेनदारों ने इस आसन्न त्रासदी से खुद को निकालने के लिए व्यवहार्य विकल्प तैयार किए। 2017 में ग्रीक्सिट बहुत करीब लग रहा था।

एक प्रमुख उभरती अर्थव्यवस्था के रूप में भारत के दृष्टिकोण से, यूरोप के दक्षिणी परिरेखा में और ग्रीस में संकट सीधी चिंता का विषय था, क्योंकि इसने पूरे यूरोजोन को प्रभावित किया था। यूरो क्षेत्र के आकार तथा व्यापार और वित्तीय प्रवाह के लिए इसकी बैंकिंग प्रणाली के महत्त्व को देखते हुए, भारत ने यूरोजोन में स्थिरता बनाए रखना अनिवार्य माना। यूरोपीय संघ भारत के सबसे बड़े व्यापारिक साझेदारों में से एक है। भारत के नीति निर्माताओं और प्रमुख अर्थशास्त्रियों के साथ-साथ भारतीय रिजर्व बैंक (आर.बी.आई.) के गवर्नर इस बात पर सहमत थे कि ग्रीस में संकट भारत को केवल अप्रत्यक्ष रूप से प्रभावित कर सकता है। ऐसा बड़े पैमाने पर इसलिए था, क्योंकि ग्रीस और भारत के बीच व्यापार की मात्रा बहुत कम थी। भारतीय बैंकों में कोई ग्रीस ऋण नहीं है और भारत का प्रत्यक्ष निवेश सीमित है। यह तब तक बदल सकता है, जब भविष्य में ग्रीस अपने कर्ज पर फिर से प्रतिबंध लगा दे, यूरोजोन छोड़ दे और अपनी मुद्रा का अवमूल्यन कर दे। सौभाग्य से यह आवश्यक नहीं था। ऐसा प्रतीत हुआ कि ग्रीस अंततः संकट से बाहर आ गया।

19 फरवरी, 2018 को एक महत्त्वपूर्ण रेटिंग एजेंसी 'फिच' (रायटर) ने ग्रीस पर से अपनी संप्रभु रेटिंग में यह कहते हुए उन्नति की कि ऐसा लगता है कि ग्रीस का सामान्य सरकारी ऋण स्थिरता की ओर था, अर्थव्यवस्था के प्रगतिशील होने, राजनीतिक जोखिमों को कम करने और सरकारी बजट के अधिशेषों को धन्यवाद, जिनसे लेनदारों के लक्ष्य पूरे हो सके। फिच ने सकारात्मक दृष्टिकोण के साथ ग्रीस को 'बी-' (जंक स्थिति) से, 'बी' में अपग्रेड किया। ग्रीस अभी संकट से बाहर नहीं है, लेकिन अब 2018 के अंत में अपने

तीसरे यूरोपीय संघ के बेल-आउट कार्यक्रम से बाहर निकलने की उम्मीद कर रहा है। 2017 के बाद से ग्रीस की रिकवरी में कमी आ रही है; इसके बाद 2006 के बाद पहली बार, शेष यूरो जोन के साथ, उसने सीधे तीन तिमाहियों में आर्थिक विकास दरशाया है। फिच विश्लेषकों ने लिखा, "फिच का मानना है कि निरंतर जी.डी.पी. में वृद्धि, राजनीतिक जोखिमों में कमी, सामान्य सरकारी प्राथमिक अधिशेषों के एक रिकॉर्ड और 2020 तक प्रभावी होने के लिए अतिरिक्त राजकोषीय साधनों को कम करके आँकने के साथ-साथ, सामान्य सरकारी ऋण स्थिरता में सुधार होगा।" जनवरी 2018 में, एस. एंड पी. ग्लोबल रेटिंग्स ने एक ऐसा ही कदम उठाया था, ग्रीस पर अपनी रेटिंग बढ़ा दी, जबकि अभी भी इसने निवेश ग्रेड से नीचे छोड़ दिया है। यह पूरे यूरोजोन के साथ-साथ ई.सी.बी. के लिए एक स्वागत योग्य विकास है। 2017 की शुरुआत के बाद से, 2018 की पहली तिमाही में ग्रीक अर्थव्यवस्था में 2.6% वृद्धि के साथ तेजी से विस्तार हुआ।

खंड 2 : ब्रेक्जिट-पतन की शुरुआत या एक नई सुबह?

इस बात की बहुत अधिक अटकलें लगाई जा रही थीं कि यूरोप ब्रिटेन की लिस्बन संधि के अनुच्छेद 50 को लागू करने के बाद, ब्रिटेन की नई प्रधानमंत्री थेरेसा मे के अधीन पृथक्करण के साथ उलटे गियर में जा रहा है या नहीं। पाँच सदी पूर्व, किंग हेनरी अष्टम, पोप-पद की माँगों से व्यग्र होकर और अपनी पहली शादी को खारिज करने से इनकार करने पर, रोम से अलग हुए और इंग्लैंड के चर्च की स्थापना की। उस कदम ने रोम को हमेशा के लिए बदल दिया और आज के लगभग 85 मिलियन एंग्लिकनों को स्थापित किया। यह यूरोप और यूरोपीय साम्राज्य से इंग्लैंड का पहला पृथक्करण था। यह पृथक्करण बहुत जटिल है और रूढ़िवादी, मध्यम वर्ग, अंग्रेजी यूरो-संदेहवाद में गहराई से निहित है। बृहद् संदर्भ में ब्रेक्जिट, वैश्वीकरण और प्रवासन की अस्वीकृति और एक बड़ी बाहरी शक्ति, इस उदाहरण में यूरोपीय संघ, कमीशन और ब्रुसेल्स 'नौकरशाही' के प्रति अंग्रेजों के प्राकृतिक विरोध को दरशाता है। ए.ए. गिल (2016) जैसे विश्लेषक बताते हैं, "यह सबसे खतरनाक और कमजोरी लानेवाली छोटी अंग्रेजी दवा है, जिसे 'नॉस्टेल्जिया' कहा जाता है।" साम्राज्य के प्रति उदासीनता और अतीत, यूरोप से पृथक् होने की जोशीली बहस का वैचारिक केंद्र बना हुआ है। यह विडंबना है कि यूरोपीय पक्ष में भी ब्रिटेन के पिछले गौरव की बहुत कम या कोई मान्यता नहीं है! एंग्लो-फ्रांसीसी इतिहासकार रॉबर्ट टॉम्ब्स (2014) ने उपयुक्त ही कहा है, जब यूरोपीय लोग इतिहास के बारे में बात करते हैं तो वे रोमन साम्राज्य, पुनर्जागरण और ज्ञानोदय का उल्लेख करते हैं। ग्रेट ब्रिटेन की अनदेखी की जाती है! (एस्कोबार, 2016)।

मानचित्र 8 : यूनाइटेड किंगडम का मानचित्र

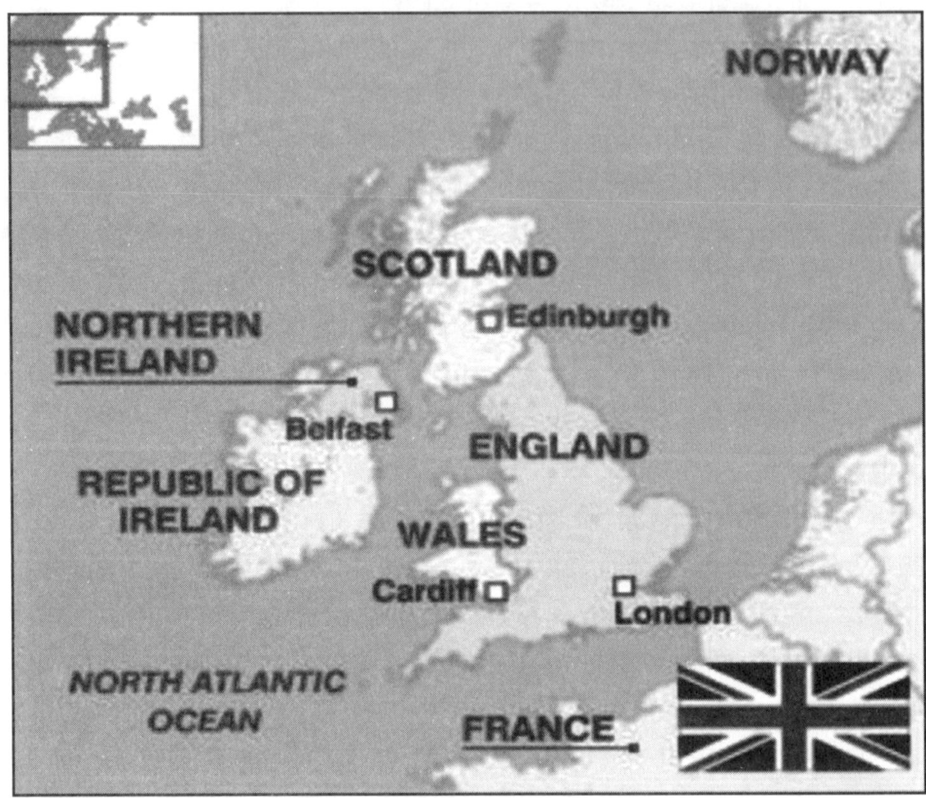

स्रोत : बी.बी.सी.

ब्रेक्जिट का परिणाम एक भूकंपीय उथल-पुथल के समान था। इसने एक ओर यूनाइटेड किंगडम को इंग्लैंड और वेल्स में और दूसरी ओर स्कॉटलैंड और उत्तरी आयरलैंड को विभाजित कर दिया। इसने एक और स्कॉटिश जनमत संग्रह की संभावना के बारे में अटकलों को स्थान दिया, जिन्हें कंजर्वेटिव्स द्वारा तेजी से खारिज कर दिया गया, इस बार यूनाइटेड किंगडम से पृथक्करण यूरोपीय संघ की सदस्यता को बनाए रखने के लिए था। इसने ऊपर की ओर गतिशील, सुशिक्षित, बहुसांस्कृतिक अंग्रेजी युवा वर्ग, जिसने विशेष रूप से लंदन शहर में बने रहने के लिए वोट किया और अंग्रेज समाज के रूढ़िवादी, श्वेत, कभी-कभी नस्लवादी, वृद्ध और बूढ़े होते लोगों के वर्गों की, जिन्होंने यूरोपीय संघ की सदस्यता के साथ यू.के. के सभी बुराइयों की बराबरी की, आपस में फूट को उजागर किया। इसने विश्व बाजारों को प्रभावित किया और यह पाउंड को निम्नता के एक नए स्तर ले आया (गार्डियन, 2016)। इससे प्रधानमंत्री कैमरन का राजनीतिक कॅरियर अप्रत्याशित

रूप से समाप्त हुआ। यह उनकी उत्तराधिकारी निर्विवाद और स्वकेंद्रित थेरेसा मे के भविष्य को खतरे में डाल सकता था। कैमरन ने ब्रेक्जिट पर अपने प्रधानमंत्रित्व की बाजी लगाई और हार गए। वह जनमत संग्रह कराने के लिए बाध्य नहीं थे, क्योंकि ब्रिटेन के अलिखित संविधान में, स्विट्जरलैंड के विपरीत, सहभागी लोकतंत्र के लिए कोई प्रावधान नहीं है। ब्रेक्जिट के तुरंत बाद, कैमरन ने जब मंगलवार 28 जून, 2016 को 27 देशों के यूरोपीय संघ के शिखर सम्मेलन में भाग लिया तो उन पर अपने यूरोपीय संघ के साथियों द्वारा दबाव डाला गया कि वह लिस्बन संधि के अनुच्छेद 50 को लागू करें और यूरोपीय संघ को छोड़ दें (द गार्जियन, 2016)। इस शिखर सम्मेलन में कोई मुसकान नहीं थी!

यूरोप और भारत—आज के अस्त-व्यस्त समय में आर्थिक स्थिरता का लंगर

यूरोप इंडिया चैंबर ऑफ कॉमर्स
व्यापार और निवेश साझेदारी शिखर सम्मेलन (टिप्स)
8 नवंबर, 2016, ब्रसेल्स

यदि 9/11 को शताब्दी की ऐसी ऐतिहासिक घटना के रूप में याद किया जाएगा, जिसने लोगों के जीवन, वैश्विक अर्थव्यवस्था, सुरक्षा, सामाजिक संपर्क और अंतरराष्ट्रीय संबंधों को बदल दिया; तो बर्लिन की दीवार गिरने के बाद से ब्रेक्जिट को यूरोप की सबसे महत्त्वपूर्ण घटना के रूप में याद किया जाएगा। ब्रेक्जिट अंतरराष्ट्रीय संबंधों के इतिहास में परिभाषित घटनाओं में से एक और इसकी नींव के बाद से यूरोपीय संघ के लिए पहले ऐसे निकास के रूप में याद की जाएगी।

यूरोपीय संघ के समय के कई सदस्य देशों ने घरेलू मुद्दों को संबोधित करने में अपनी विफलता के लिए संघ को फिर से बलि का बकरा बनाया है। यह यूरोपीय संघ नामक एक स्वर्ग की त्रासदी है, और, इस त्रासदी का शिकार यूरोपीय संघ से ब्रिटेन का दुर्भाग्यपूर्ण निष्कासन है। यह यूरोप और यूरोजोन के लिए अनिश्चित समय है और यूरोप के भविष्य के लिए बड़ी चुनौतियाँ हैं। यूरोप अस्थिरता के दौर से गुजर रहा है, और यह स्पष्ट है कि कैसे, या कब, या क्या यह समाप्त होगी। इस प्रकार यूरोपीय संघ के लिए जोखिम मुख्य रूप से ब्रुसेल्स में नहीं है, बल्कि सदस्य राष्ट्रों के घरेलू राजनीतिक परिदृश्य में है।

पी.एम. के रूप में थेरेसा मे के साथ, परिदृश्य अधिक जटिल हो गया। प्रारंभ में, चूँकि संसद् में कंजर्वेटिवों का बहुमत कम था, पी.एम. मे ने भविष्य की वार्त्ताओं पर एक कड़ा रुख अपनाने की कोशिश की। यह एक पूर्ण रूप से अशुद्ध गणना रही। यह स्पष्ट था कि यूरोपीय संघ के साथ भविष्य के व्यापार समझौते पर कोई रियायत पहले से नहीं दी जाएगी। यूरोपीय संघ नेतृत्व यह सुनिश्चित करने के लिए दृढ़ था कि ब्रिटेन के साथ भविष्य के व्यापार और वित्तीय व्यवस्था पर बातचीत एक गैर–सदस्य के रूप में की जाएगी। ब्रिटेन को लिस्बन संधि के अनुच्छेद 50 को लागू करना पड़ा। फिर भी, पी.एम. ने अपने आह्वान को अधिकतम संभव सीमा तक विलंबित कर दिया।

गैर–सदस्यों के साथ भविष्य की व्यवस्था पर, नॉर्वे या कनाडा या डब्ल्यू.टी.ओ.[1] के साथ यूरोपीय संघ की व्यवस्था सहित कुछ मॉडल उपलब्ध हैं। कनाडा के साथ एक मुक्त व्यापार समझौता जटिल वार्त्ता के बाद 2016 में संपन्न हुआ। यूरोपीय मीडिया में इसकी आलोचना की गई, जिसने तर्क दिया कि कनाडा को बहुत अधिक रियायतें दी गईं, जबकि कनाडा के मीडिया ने खेद व्यक्त किया कि यह कनाडा के लिए उचित सौदा नहीं था! यू.के. को विशेष रूप से समायोजित करने के लिए एक नया मॉडल संभव नहीं लगता है। यूरोपीय संघ ने इसे स्पष्ट कर दिया था कि वह गैर–सदस्य के रूप में ब्रिटेन के यूरोपीय एकल बाजार में बने रहने के, ब्रिटेन के किसी भी प्रस्ताव को तब तक अस्वीकार कर देगा जब तक ब्रिटेन यूरोपीय नागरिकों को ब्रिटेन में रहने और काम करने की अनुमति देने के लिए सहमत नहीं होता, जैसा कि नॉर्वे को करना पड़ा था। जैसा कि फ्रेंच कहते हैं, "एक तलाक एक तलाक ही है और परसों तक कोई रुचि बनी नहीं रह सकती!"

ब्रेक्जिट यू.के. और पूरे यूरोप में दक्षिणपंथी लोकलुभावनवाद के उदय को दरशाता है। इसने मुख्यधारा के राजनीतिक दलों के एजेंडे को प्रभावित किया। इसमें यूरोपीय संघ को कमजोर करने की क्षमता और सुरक्षा मुद्दों या प्रवासियों की समस्या से निपटने की क्षमता थी। ब्रिटेन का पृथक्करण, जब तक यूरोपीय संघ की दूसरी सबसे बड़ी आर्थिक और सैन्य शक्ति थी, जिसके परिणामस्वरूप उस पृथक्करण की शर्तों पर और उन शर्तों के बारे में विभाजनकारी बहस हुई। इसने अल्पावधि में ही एकजुट यूरोप के विजन को कमजोर कर दिया, जो विनाशकारी विश्व युद्ध II के बाद उभरा था। ब्रेक्जिट ने यू.के. की अंतरराष्ट्रीय छवि को भी निर्णायक रूप से प्रभावित किया, जिससे यह यूरोप से कम समृद्ध और पृथक् दिखाई दिया। दावोस, स्विट्जरलैंड से लिखते हुए (27 जनवरी, 2018) न्यूयॉर्क के पीटर एस. गुडमैन ने टिप्पणी की, "विश्व मंच पर ब्रिटेन का कद कम हो गया है और उसकी अर्थव्यवस्था चरमरा गई है। पूर्व औपनिवेशिक साम्राज्य एक छोटे अभिनेता के रूप में बदल दिया गया है, एक वास्तविकता जिसने घर को चोट

पहुँचाई जैसा कि पी.एम. मे ने वर्ल्ड इकोनॉमिक फोरम के समक्ष विरल उपस्थितिवाले भाषण में कहा।"

> 'इंडिया टुडे' के ब्रेक्जिट पर विशेष अंक में इयान ब्रेमर, यूरेशिया समूह के प्रेसिडेंट और एक अमेरिकी राजनीतिक वैज्ञानिक ने 2016 में कहा था, "व्यापार संघ से ब्रिटेन के अलग हो जाने से वह सेतु जल गया है, जो अमेरिकियों और यूरोपीय लोगों को एक-दूसरे को समझने और एक समझौते तक पहुँचने में मदद करता है।" वह आगे कहते हैं, "ब्रेक्जिट के कारण विश्व समानुभूति के स्थान पर, बंद सीमाओं, बंद बाजार और एक राजनीतिक रूप से प्रेरित पलायन की ओर जाता हुआ दिखाई देता है।"

(क) ब्रेक्जिट कैसे होगा?

यू.के.-यूरोपीय संघ के पृथक्करण की जटिल प्रकृति का अब केवल विश्लेषण किया जा रहा है और समझा जा रहा है। इसमें न केवल ब्रिटेन और उस एकल बाजार, जिसका इसने प्रतिनिधित्व किया, को यूरोपीय संघ से अलग करना शामिल था, बल्कि डब्ल्यू.टी.ओ. से भी अलग होना शामिल था, जिसमें वह यूरोपीय संघ के सदस्य के रूप में एक पक्ष बना हुआ है। ब्रिटेन के अन्य 53 डब्ल्यू.टी.ओ. के सदस्य देशों के साथ हर मुक्त व्यापार समझौते का, ब्रिटेन को पुन: समझौता करना पड़ेगा। ब्रेक्जिट के बाद ब्रिटेन और यूरोपीय संघ के बीच जब तक अंतिम मुक्त व्यापार समझौता नहीं हुआ, यह वार्त्ता शुरू नहीं हो सकी। यह उन वार्त्ताओं पर भी प्रभाव डालेगा, जो भारत और यू.के. के बीच एक व्यापार समझौते के समापन के लिए आवश्यक थीं। यू.के. इस प्रक्रिया के पूरा होने के बाद एक अलग देश के रूप में डब्ल्यू.टी.ओ. में फिर से शामिल होने के लिए आवेदन कर सकता था। डब्ल्यू.टी.ओ. के प्रत्येक सदस्य को डब्ल्यू.टी.ओ. की यू.के. की व्यक्तिगत सदस्यता के लिए सहमत होना होगा।

कई परिदृश्यों की परिकल्पना की गई थी। 'द इकोनॉमिस्ट' ने अक्तूबर 2016 में अपने प्रमुख संपादकीय 'द रोड टू ब्रेक्जिट' में लिखा कि वह यूरोपीय आर्थिक क्षेत्र की अस्थायी सदस्यता के माध्यम से एक अंतरिम व्यापार सौदे पर बातचीत करके एक नरम ब्रेक्जिट लेने हेतु पी.एम. मे से आग्रह किया, यानी उसी व्यवस्था के समान जैसी व्यवस्था का लाभ नॉर्वे यूरोपीय संघ से उठाता है। यह यूरोपीय संघ के बजट में योगदान और स्वतंत्र आवागमन को स्वीकार करेगा। बदले में, ब्रिटेन यूरोपीय संघ और अन्य देशों के साथ डब्ल्यू.टी.ओ. में अभिवृद्धि और व्यापार व्यवस्था सुनिश्चित करने के लिए समय पा सकता है, जोकि अभी भी

एकल बाजार की छत्रच्छाया में है। यह प्रो–ब्रेक्जिट शिविर के लिए स्वीकार करना मुश्किल होगा, चूँकि उनकी चिंता बनी हुई थी कि यू.के. इस 'हाफ वे हाउस' में हमेशा के लिए बना रह सकता है। यह वास्तव में वही था जिसकी वकालत कई अर्थशास्त्रियों ने की थी, जिसने प्रो–ब्रेक्जिट जनादेश की संकीर्ण प्रकृति और अत्यधिक ध्रुवीकृत राष्ट्र का प्रतिनिधित्व किया था।'द इकोनॉमिस्ट' के संपादकीय का निष्कर्ष था : 'कुछ शॉर्ट लूम्स का ब्रेक्जिट और श्रीमती मे इसकी कारवाई निर्धारित करेंगी। यदि ब्रिटेन को कार दुर्घटना का शिकार नहीं होना है, तो उसे पीछे की सीटवाले ड्राइवरों को नजरअंदाज करना चाहिए और आगे की सड़क पर दृढ़ता से अपनी नजरें गड़ानी चाहिए' (पृष्ठ 13)।

चित्र 1 : द इकोनॉमिस्ट—द रोड टू ब्रेक्जिट, 2016

इसके बाद के घटनाक्रम नाटकीय थे। जिसे 'रिमेन कैंपेनर्स' की बड़ी जीत करार दिया गया, ब्रिटेन के उच्च न्यायालय ने 3 नवंबर, 2016 को फैसला सुनाया, "ब्रेक्जिट को संसदीय वोट के बिना शुरू नहीं किया जा सकता है।" न्यायालय के तीन वरिष्ठ न्यायाधीशों ने उल्लेख किया कि सरकार के तर्क "संसद् की संप्रभुता के मौलिक संवैधानिक सिद्धांतों के विपरीत थे।" उन्होंने व्यवस्था दी, "क्राउन के विशेषाधिकार के अंतर्गत, अनुच्छेद 50 के अनुसार, सरकार के पास ब्रिटेन को यूरोपीय संघ से वापस लेने के लिए नोटिस देने की शक्ति नहीं है। सरकार ने सर्वोच्च न्यायालय में निर्णय पर अपील दायर की। इसके नकारात्मक परिणाम ने प्रधानमंत्री के अधिकार को प्रभावित किया और ब्रिटिश राजनीति के 'कैबलिस्टिक प्रकृति' को मजबूत किया। विंस्टन चर्चिल ने टिप्पणी की थी : उस शक्तिशाली गुटबाजी के कारण, जिसने दशकों से ब्रिटिश राजनीति को संचालित किया है, हम अपनी इमारतों को आकार देते हैं; इसलिए वे हमें गढ़ती हैं।" जैसा कि 'द इकोनॉमिस्ट' (अक्तूबर 2016) ने टिप्पणी की, "एक मोंगरेल राष्ट्र के रूप में, प्रो-मार्केट और सामाजिक रूप से उदार, नरम ब्रेक्जिटर्स ब्रिटेन की सबसे अच्छी प्रवृत्ति का प्रतिनिधित्व करते हैं, चाहे ग्राफ्टर्स, व्यापारियों और आप्रवासियों द्वारा इसे पसंद किया जाए या नहीं।"

नरम ब्रेक्जिटर्स और उनके समर्थक, यह आग्रह करके कि अनुच्छेद 50 को संसद् के अधिनियम के माध्यम से लागू किया जाए, ब्रेक्जिट के आकार और दायरे को निर्णायक रूप से प्रभावित करने में सक्षम रहे। पी.एम. मे की सरकार ने 24 जनवरी, 2017 को एक संक्षिप्त ई.यू. 'नोटिफिकेशन ऑफ विदड्रॉल बिल' तैयार किया, जिसे संसद् में पेश किया गया। सरकार ने इस पर बहस करने के लिए केवल पाँच दिन आवंटित किए थे। इससे लेबर सांसदों का विरोध तेज हो गया। उस समय लिबरल डेमोक्रेट नेता, टिम फैरॉन[2] ने टिप्पणी की, "यह विधेयक छोटा है, लेकिन मीठा नहीं है। यह देखते हुए कि वह कितने समय से यूरोपीय संघ छोड़ने का अभियान चला रहा है, यह आश्चर्यजनक है कि 133 शब्दों के इस बिल को तैयार करने में ब्रेक्जिट के सचिव डेविड डेविस को इतना लंबा समय लगा—ब्रेक्जिट के बाद से एक दिन में केवल पाँच शब्द।"

ब्रेक्जिट के बाद यू.एस. राष्ट्रपति ट्रंप के साथ एक नई व्यापार व्यवस्था करने हेतु यू.एस.ए. की अपनी यात्रा की पूर्व संध्या पर 24 जनवरी, 2017 को अपने व्यापक भाषण में, पी.एम. मे ने उस कारवाई को रेखांकित किया कि वह चार दशकों से अधिक के यूरोपीय एकीकरण के बाद यूरोपीय संघ के साथ एक स्वच्छ विराम की ओर अग्रसर होंगी। कई बार वे, एकल बाजार में अनपेक्षित पहुँच खोने के जोखिम पर यूरोपीय संघ से स्थानांतरण पर नियंत्रण वापस पाते हुए और यूरोपीय न्यायालय की सर्वोच्चता को अस्वीकार करते हुए एक कठिन ब्रेक्जिट के लिए ब्रिटेन को चलाने के लिए दृढ़ संकल्पी लग रही थीं। उन्होंने इससे

भी इनकार किया, "आंशिक सदस्यता, सहयोगी सदस्यता, या कुछ भी जो हमें आधे में या आधा छोड़ देता है।" उन्होंने "एक स्वतंत्र और स्व-शासित, वैश्विक ब्रिटेन और यूरोपीय संघ में हमारे मित्रों और सहयोगियों के बीच एक नई और समान साझेदारी के लिए अपने दृढ़ संकल्प को रेखांकित किया।" उन्होंने कहा कि वह दुनिया भर में सौदों तक पहुँच बनाने की और यूरोपीय बाजारों के लिए टैरिफ मुक्त पहुँच रखने की (रॉयटर्स, 2017) उम्मीद करती हैं। यह यूरोपीय नेताओं द्वारा अस्वीकृत 'इच्छा सूची' थी। एक और महत्त्वपूर्ण मुद्दा, जो अनिर्धारित रहा है, वह है कि क्या व्यापार के नियमों में बदलाव से बचने के लिए, मे सरकार एक संक्रमणकालीन समझौते पर बातचीत करने में सक्षम होंगी–2019 में तथाकथित बढ़त।

1 फरवरी, 2017 को थेरेसा मे की सरकार ने ई.यू. 'नोटिफिकेशन ऑफ विदड्रॉल बिल' का समर्थन करने के लिए स्पष्ट बहुमत (498 से 114 वोट) प्राप्त किया। इसने सरकार को लिस्बन संधि के अनुच्छेद 50 को शुरू करने के लिए आवश्यक संसदीय स्वीकृति प्रदान की। विधेयक को कंजर्वेटिव और लेबर पार्टी दोनों का समर्थन प्राप्त था। इसका अन्य दलों द्वारा विरोध किया गया था, जिसमें लिबरल डेमोक्रेट्स के साथ-साथ दोनों प्रमुख दलों के विद्रोही भी शामिल थे। विधेयक तब समिति के चरण में पारित हुआ, जहाँ संशोधनों पर विचार किया गया और मतदान किया गया। हाउस ऑफ लॉर्ड्स[3] में बिल को काफी विरोध का सामना करना पड़ा। यह अपेक्षित था। लॉर्ड्स ब्रेक्जिट को पटरी से नहीं उतार सके।

2 फरवरी, 2017 को, मे सरकार ने एक 'श्वेत पत्र' प्रकाशित किया, जिसमें उन सिद्धांतों को स्थापित किया गया था, जो कि ब्रेक्जिट की तैयारी के लिए ई.यू. के साथ बातचीत को नियंत्रित करेंगे। पचहत्तर पेज के दस्तावेज में यह भी वादा किया गया था कि 'ग्रेट रिपील बिल' पर भविष्य में 'श्वेत पत्र' लाया जाएगा, जो यूरोपीय संघ के कानून को घरेलू कानून में बदल देगा। भारत के सहित, 'दुनिया भर में महत्त्वाकांक्षी मुक्त व्यापार संबंधों' को रेखांकित करने की योजना की रूपरेखा तैयार की गई। इसमें संक्रमणकालीन व्यवस्था और संघ से बाहर निकलने के लिए कार्यान्वयन की एक चरणबद्ध प्रक्रिया जैसे मुद्दे शामिल थे। इसमें यूरोपीय संघ के सीमा शुल्क संघ और यूरोपीय संघ के एकल बाजार को छोड़ने की योजना को दोहराया गया।

7 फरवरी, 2017 को, मे सरकार ने माना कि ब्रुसेल्स के साथ अंतिम ब्रेक्जिट सौदे पर संसद् 2019 में मतदान कर सकती है, इससे पहले इसे यूरोपीय संसद् में विचार के लिए भेजा गया था। एक और रियायत में, 'एग्जिटिंग द ईयू' विभाग के तत्कालीन मंत्री, डेविड जोन्स, ने घोषणा की, "हमारा इरादा है कि वोट न केवल वापसी व्यवस्था को, बल्कि यूरोपीय संघ के साथ भविष्य के रिश्ते को भी तय करेगा।" उन्होंने आगे कहा, "सरकार

संसद् के दोनों सदनों के संपन्न होने से पहले और यूरोपीय संसद् में बहस और अंतिम समझौते पर वोट देने से पहले, अंतिम समझौते पर एक प्रस्ताव को सामने लाएगी।" इसकी व्याख्या एक ऐसी शुरुआत के रूप में की जा सकती है कि दो साल की बातचीत की प्रक्रिया में, अगर अंतिम सौदा संतोषजनक नहीं हुआ तो संसद् यूरोपीय संघ को छोड़ने का फैसला नहीं कर सकती। इस आधार पर, हाउस ऑफ कॉमंस ने, ब्रेक्जिट वार्त्ता शुरू करने के लिए सरकार को अधिकृत करनेवाले एक विधेयक पर, 8 फरवरी, 2017 को अपनी अंतिम स्वीकृति (494 पक्ष में और 192 विपक्ष में) दी।

प्रधानमंत्री का हस्तलिखित पत्र, जो यू.के. के राजदूत टिम बैरो द्वारा यूरोपीय संघ परिषद् के प्रेसिडेंट डोनाल्ड टस्क को दिया गया

यह संकेत देते हुए कि यू.के.-यूरोपीय संघ, जिसमें वह 1973 में शामिल हुआ था, 29 मार्च, 2019 तक छोड़ देगा, पत्र में कहा गया है, "हमारा मानना है कि यूरोपीय संघ से हमारी वापसी के साथ-साथ हमारी भावी साझेदारी की शर्तों पर सहमत होना आवश्यक है" यह देखते हुए कि "अगर हम एक समझौते के बिना ई.यू. छोड़ देते हैं, तो हमें डब्ल्यू.टी.ओ. की शर्तों पर व्यापार करना होगा।" (2017)

यू.के. की पी.एम. थेरेसा मे ने 29 मार्च, 2017 को हस्तलिखित पत्र के माध्यम से लिस्बन संधि के अनुच्छेद 50 को औपचारिक रूप से लागू किया। यूरोपीय संघ ने पहले से ही इन दोनों मुद्दों पर एक संयुक्त वार्त्ता को अस्वीकार कर दिया था, जिसमें कहा गया था कि वापसी की शर्तों पर प्रथमतः सहमत होने की आवश्यकता होगी। विवाद की स्थिति में, यू.के. को मार्च 2019 में बिना किसी समझौते के यूरोपीय संघ को छोड़ना होगा। इससे पहले मे ने संकेत दिया था कि वह ब्रिटेन को एक कठोर ब्रेक्जिट की ओर ले जाने के लिए तैयार होंगी, जिसमें श्रम, उत्पाद और वित्तीय बाजारों का व्यापक अलगाव होगा। उस समय पार्टी के कट्टरपंथियों के दबाव में, उसने नरम ब्रेक्जिट विकल्प को खारिज कर दिया, एक मॉडल, जो वर्तमान में यूरोपीय संघ के पास नॉर्वे और स्विट्जरलैंड के पास है। एक नरम ब्रेक्जिट बिना किसी शुल्क के खुले बाजार तक पहुँच के बदले, यूरोप में बिना किसी बाधा के मुफ्त और निर्बाध यात्रा प्रदान करेगा।

यूरोपीय संघ से प्रस्थान की लागत (पृथक्करण!) भी है, जिसका अनुमान मूल रूप से सेंटर फॉर यूरोपियन रिफॉर्म, जोकि एक महत्त्वपूर्ण यूरोपीय संघ का थिंक टैंक है, यू.एस. $26 बिलियन और यू.एस. $72 बिलियन के बीच है, द्वारा लगाया गया था। इसके बाद

आँकड़े बदल दिए गए। 'द इकोनॉमिस्ट' द्वारा 11 फरवरी, 2017 के अपने संस्करण में 'फ्रॉम ब्रुसेल्स विद लव' के रूप में व्यंग्यपूर्वक परिभाषित किया गया था, जिसमें तीन मुख्य तत्त्व शामिल थे। ब्रुसेल्स की दृष्टि में, वे ब्रिटेन के यूरोपीय संघ की सदस्यता से निहित कानूनी दायित्वों से व्युत्पन्न थे। उनमें यूरोपीय संघ के वार्षिक बजट में किए गए भुगतानों और यू.के. द्वारा यूरोपीय संघ के सात वर्षीय बजटीय ढाँचे के साथ-साथ निवेश प्रतिबद्धताओं व पेंशन के अंतर्गत की गई बड़ी प्रतिबद्धताओं के बीच अंतर शामिल था। मिशेल बर्नियर[4], एक प्रमुख यूरोपीय संघ वार्त्ताकार, ने सार्वजनिक रूप से उल्लेख किया है कि अंतिम आँकड़ा बहुत अधिक हो सकता है। यदि समझौता नहीं हुआ, तो ब्रिटेन को अंतरराष्ट्रीय न्यायालय (आई.सी.जे.) में ले जाया जा सकता है। बात शुरू होने से पहले खत्म हो सकती है! दोनों पक्षों के बीच एकमात्र समझौता यह था कि गतिरोध अपरिहार्य था!

ब्रुसेल्स में मनोदशा गंभीर रही। ब्रेक्जिट के तुरंत बाद और ब्रिटेन के बिना रोम संधि की 60वीं वर्षगाँठ के स्मरणोत्सव के बाद, यह अनुमान लगाया गया था कि यूरोपीय संघ और यू.के. के बीच भविष्य के व्यापार और वित्तीय व्यवस्था पर बातचीत यू.के. के साथ एक गैर-सदस्य के रूप में शुरू होगी। ऐसा लगता है कि यू.के. 'हार्ड' लैंडिंग की राह पर चला गया था। फ्रांस और जर्मनी में विश्लेषकों के सुझाव कि ब्रेक्जिट के बाद एक नए मल्टी-टीयर मॉडल के साथ यू.के. को समायोजित करने के लिए एक विशेष 'कॉन्टिनेंटल पार्टनरशिप' की स्थापना की जाए, जो यू.के. को एकल बाजार में विशेषाधिकार प्राप्त स्थिति देगी और इसके नियमों पर कुछ प्रभाव डालेगी, अन्य यूरोपीय संघ के सदस्य राष्ट्रों द्वारा सर्वसम्मति से खारिज कर दिया गया था। कमीशन ने यह भी कहा कि एक जाते हुए देश को, एक सदस्य के रूप में बेहतर स्थिति में समाप्त करने की अनुमति नहीं दी जा सकती है! उस समय यह डर हमेशा बना रहा कि यदि यू.के. को एक विशेषाधिकार प्राप्त सौदे की पेशकश की जाती है, यूरोपीय संघ के कई सदस्य राष्ट्रों में जनवादी दल सत्ता में आ सकते हैं और फिर यूरोपीय संघ छोड़ने के लिए अपने स्वयं के जनमत संग्रह का आह्वान कर सकते हैं।

पी.एम. मे ने शुरुआत में ब्रिटेन के यूरोपीय संघ के साथ ब्रेक्जिट के बाद, भविष्य के रिश्ते के बारे में अहम सवाल उठाने की कोशिश की। वर्तमान में, ब्रिटेन का 44% निर्यात एकल बाजार में जाता है। ब्रिटेन का 'एक पूर्ण स्वतंत्र संप्रभु देश' (द इकोनॉमिस्ट, अक्तूबर 2016) बनने का जिक्र करते हुए कि संरक्षणवादी बात से, जिसमें एक बार फिर से अपने निर्णय लेने की स्वतंत्रता होगी, केवल व्यापारिक चिंताओं में वृद्धि हुई और पाउंड पर प्रतिकूल प्रभाव पड़ा, जो इस भाषण के बाद डॉलर के मुकाबले 31 साल के निचले स्तर तक गिर गया। जैसा अक्तूबर 2016 के 'द इकोनॉमिस्ट' में उद्धृत किया गया है, "श्रीमती

मे को—गंभीर परिणामों के साथ अपनी पार्टी अपने देश के समक्ष रखने का जोखिम है। ब्रेक्जिट आनेवाले दशकों में ब्रिटेन की किस्मत का निर्धारण करेगा। यदि इसे अंततः किया ही जाना है, तो इसे सही किया जाना चाहिए।" यूरोपीय संघ के कानून के उन पहलुओं को फिर से परिभाषित करने के लिए, ब्रिटिश संसद् द्वारा कानून के एक बड़े परिमाण को अनुमोदित करने की आवश्यकता थी, यू.के. जिसे ब्रिटिश कानून के रूप में 29 मार्च, 2019 से पहले बनाए रखना चाहता है।

2 वर्ष की समय-सीमा की कठिन वास्तविकताएँ, जो शुरू में प्रो-ब्रेक्जिट कैंप को स्पष्ट रूप से समझ में नहीं आई थीं, को समझने में समय लगा। यूरोपीय संसद् ने अनुच्छेद 50 का आह्वान करते हुए ब्रिटेन के जवाब में, ब्लॉक के बजटीय दायित्वों, सामान्य व्यापार नीति और यूरोपीय न्यायालय के क्षेत्राधिकार के अनुपालन के लिए भारी मतदान किया। प्रस्ताव में एसोसिएशन एग्रीमेंट की संभावना की पेशकश की गई थी, जो भविष्य के संभावित समझौते का मार्ग प्रशस्त करती है। संकल्प में यह स्पष्ट संदेश देना अभिप्रेत था कि जब तक अंतिम सौदा दंडात्मक नहीं हो, यह पूर्ण सदस्यता से हीन होगा। यूरोपीय संघ यह प्रदर्शित करने के लिए दृढ़ था कि ब्रेक्जिट और अंतिम समझौते की शर्तें, ब्लॉक के भीतर अन्य देशों के लिए एक मिसाल कायम नहीं करती हैं।

अटकलें लगाई जा रही थीं कि क्या ब्रिटेन उस समय के संयोजन के प्रस्ताव से बाहर निकलता है, जो जटिल निकास वार्त्ता के बारे में है कि यदि पी.एम. मे, मई 2017 में अचानक घोषित किए गए स्नैप चुनावों में एक आरामदायक बहुमत हासिल करने में सक्षम हो जाती हैं, तो वे 'नरम' 'ब्रेक्जिट' पर विचार कर सकती थीं। अंतिम निर्धारक, ब्रिटेन का भारी-भरकम वित्तीय विधेयक होगा, जो ब्रुसेल्स और लंदन के बीच विवाद का एक प्रमुख मुद्दा बना हुआ है। यह निर्धारित करेगा कि यू.के. के भाग्य में 'नरम' या 'कठोर' लैंडिंग में से क्या नियत किया गया है। दोनों तरफ से भावनाएँ उच्च चल रही थीं। यू.के. के सख्त और अकूटनीतिक विदेश मंत्री बोरिस जॉनसन, जिन्होंने 9 जुलाई, 2018 को इस्तीफा दिया, ने सार्वजनिक रूप से कहा, "यूरोपीय संघ को अपने अधिकार के लिए गहन प्रयास करने होंगे" (द गार्जियन, 2017)।

8 मई, 2017 को चुनावों के लिए तय समय से दो वर्ष पूर्व, पी.एम. मे की घोषणा, जनमत संग्रह के लिए कैमरन के फैसले के समान ही विनाशकारी, एक महँगी कूटनीतिक चूक साबित हुई। 8 जून, 2017 को हुए चुनावों को प्रधानमंत्री के साथ 'ब्रेक्जिट चुनाव' करार दिया गया था, जिसमें मुश्किल वार्त्ताओं के बाद कंजर्वेटिव पार्टी के लिए एक आरामदायक बहुमत की उम्मीद थी। वास्तविकता एक गहरे सदमे के रूप में सामने आई।

इस बीच, एक संयुक्त 'ईयू 27' ने ब्रिटेन के लिए 29 अप्रैल, 2017 को कठोरता के

साथ 'पृथक्करण की शर्तों' को निर्धारित किया, जो ब्रुसेल्स शिखर सम्मेलन में असामान्य सद्भाव द्वारा चिह्नित थीं। यूरोपीय संघ के नेताओं ने सर्वसम्मति से ब्रेक्जिट वार्त्ता के प्रति सख्त दिशा-निर्देशों पर सहमति व्यक्त की, जिसमें उन्होंने सुझाव दिया कि वे माँग करेंगे कि यू.के. एक नए व्यापार सौदे पर विचार करने से पहले भुगतान के लिए सहमत हो। मार्च 2017 में यूरोपीय परिषद् के अध्यक्ष डोनाल्ड टस्क[5] द्वारा जारी किए गए मसौदा दिशा-निर्देशों को अपनाने के लिए त्वरित समझौता हुआ। ई.यू. के एक वरिष्ठ सूत्र ने बताया कि नेताओं के फैसले पर चर्चा को केवल एक मिनट का समय लगा! यूरोपीय संघ के सूत्रों ने उल्लेख किया है कि जब ब्रिटेन के चुनावों के बाद जून 2017 में औपचारिक वार्त्ता शुरू होगी, तो भविष्य के व्यापार सौदे के लिए पूर्व-शर्तों में कई मुद्दों का संतोषजनक समाधान शामिल होगा। उनमें नागरिकों के अधिकारों और उनके स्वतंत्र आवागमन, अनुमानित €60 अरब (£51 अरब) के पृथक्करण बिल और उत्तरी आयरलैंड और गणराज्य के बीच आयरिश सीमा समझौता, गुड फ्राइडे एग्रीमेंट[6] के बाद से जो अस्थिर बना हुआ है, शामिल थे। ये मुद्दे वार्त्ताओं को अवमंदित करते रहे हैं।

फ्रांस के पूर्व राष्ट्रपति फ्रांस्वा ओलांद ने कहा, "हमें दंडात्मक नहीं होना चाहिए, लेकिन साथ ही यह स्पष्ट है कि यूरोपीय संघ अपने हितों की रक्षा करना जानता है, और यूरोपीय संघ की तुलना में ब्रिटेन की यूरोपीय संघ के बाहर कम अच्छी स्थिति होगी।" इन टिप्पणिययों को बेल्जियम के प्रधानमंत्री, चार्ल्स मिशेल द्वारा दोहराया गया, जिन्होंने कहा कि 'फ्री ब्रेक्जिट' जैसी कोई चीज नहीं थी। जर्मन चांसलर, एंजेला मार्केल, ने कहा, "हम पहले अलगाव पर बातचीत करेंगे। अलगाव वार्त्ता में यू.के. में हमारे राज्यों के नागरिकों और यूरोपीय संघ में यू.के. के नागरिकों के अधिकार शामिल हैं" (द गार्जियन, 2017)।

ब्रुसेल्स के सूत्रों का कहना है कि चार कोर 'सिंगल मार्केट फ्रीडम'[7] 'अविभाज्य' थी। यह लोगों के स्वतंत्र आवागमन के बिना 'एकल बाजार के तत्त्वों' को रखने की पी.एम. मे की उम्मीद पर वीटो का प्रतिनिधित्व कर रही थी। 27 देश एक एकीकृत ब्लॉक के रूप में ब्रिटेन के साथ बातचीत करेंगे, इस सिद्धांत पर भरोसा करते हुए कि "जब तक सबकुछ सहमत नहीं होता तब तक कुछ भी सहमत नहीं है।" किसी भी देश को भविष्य के व्यापार सौदों पर बैकचैनल चैट की अनुमति नहीं दी जाएगी, जबकि संक्रमण पर अभी भी बात की जा रही थी। कमीशन आग्रह करना चाहेगा कि ब्रिटेन की वापसी के लिए एक चरणबद्ध दृष्टिकोण होना चाहिए। मुख्य प्राथमिकता यूरोपीय संघ के नागरिकों को उनकी कानूनी स्थिति के बारे में निश्चितता देना होगा। एक बार यह तय हो जाने के बाद, यूरोपीय परिषद् वापसी के अगले चरण के लिए आगे बढ़ेगी, जिसमें भविष्य के संबंधों के लिए एक रूपरेखा तैयार करना शामिल होगा। ब्रिटेन को 2020 तक बजट भुगतान जारी रखना होगा।

'द इकोनॉमिस्ट' (फरवरी 2017) कहता है कि वास्तव में "ब्रेक्जिट मे का विरोधाभास है।" कारण यह है कि एक प्रो-ब्रेक्जिट भविष्य की उदारवादी दृष्टि, जिसमें ब्रिटेन मुक्त व्यापार और कम करों को स्वीकारता है, तो ब्रेक्जिट के लिए वोट करनेवालों द्वारा इसका कड़ा विरोध किया जाएगा, क्योंकि प्रो-ब्रेक्जिट कैंप ने भी मुक्त व्यापार और वैश्वीकरण के खिलाफ मतदान किया था। 'द इकोनॉमिस्ट' (मार्च, 2017) ने 'कठोर' बनाम 'नरम' ब्रेक्जिट की परस्पर विरोधी माँगों के समेकन में आनेवाली कठिनाइयों को रेखांकित किया। यह एक सामाजिक अनुसंधान संगठन नैटकेन द्वारा प्रकाशित 2017 के सर्वेक्षण में सामने आया। 'छोड़ने'और 'रहने देना' दोनों के मतदाता, मुक्त व्यापार और यूरोपीय संघ की सदस्यता के कई अन्य लाभों का समर्थन करते हैं, लेकिन यूरोपीय संघ से प्रवासन पर कठिन नियंत्रण का भी समर्थन करते हैं। सत्तारूढ़ कंजर्वेटिव पार्टी इस मुद्दे पर विभाजित थी। 44% मुक्त व्यापार के बदले में स्वतंत्र आवागमन स्वीकार करते हैं और 55% इस कार्य के पूरी तरह से विरोधी हैं। सर्वेक्षण में शामिल लोगों में से 37% को उम्मीद थी कि वार्त्ता से ब्रिटेन को बुरा सौदा मिलेगा। इसमें कोई संदेह नहीं है कि 'नरम' या कठोर', ब्रेक्जिट तथाकथित 'यूरोपीय एकता' के इतिहास में एक सीमाचिह्न अंकित करेगा।

चार्ट 2: नरम विकल्प और कठोर चयन-पब्लिक वास्तव में ब्रेक्जिट से क्या चाहती है ?

Soft, hard, wobble
Britain's attitudes to:
% in favour, by EU referendum vote | Leave | Remain

"soft" Brexit
20 30 40 50 60 70 80 90
Free trade
Sea water standards
Mobile-phone cost caps
Flight-delay compensation
Joint university research funding
Reciprocal banking services

"hard" Brexit
20 30 40 50 60 70 80 90
Customs checks on EU goods
No free movement
No welfare for EU migrants
No minimum holiday entitlement
No free health care for British visitors to EU
No EU rules on pesticides

Should Britain "allow people from the EU freely to come and live and work in return for allowing UK firms to trade freely with the EU"?

% replying: definitely/probably should ◄|► probably/definitely should not

	definitely should	probably should	probably should not	definitely should not
Voted to leave	9	27	28	36
Voted to remain	37	37	18	6

Source: NatCen, February-March 2017

(ख) उत्तरी आयरलैंड में संकट

उत्तरी आयरलैंड में राजनीतिक संकट और 2 मार्च, 2017 को सिन फेइन द्वारा जबरदस्ती कराए गए स्नैप चुनाव ने एक और बाधा पेश की, हालाँकि सिन फेइन ने अंतत: चुनाव जीत लिया। सुप्रीम कोर्ट ने यह भी विचार किया कि क्या लिस्बन संधि के अनुच्छेद 50 को औपचारिक रूप से लागू करने के लिए ब्रिटेन को उत्तरी आयरलैंड विधानसभा की सहमति की आवश्यकता है। जनमत संग्रह के दौरान उत्तरी आयरलैंड में 56 से 44 प्रतिशत मतदाताओं ने यूरोपीय संघ में रहने का समर्थन किया था। उत्तरी आयरलैंड में कई लोगों ने आशंका जताई कि ब्रेक्जिट के बाद, आयरलैंड के साथ सीमा पर सुरक्षा और कस्टम जाँच फिर से लागू होना, अर्थव्यवस्था को नुकसान पहुँचाएगा, तनाव बढ़ाएगा और सांप्रदायिक संघर्षों की वापसी की आशंका बनाएगा। यह गुड फ्राइडे एग्रीमेंट का उल्लंघन होगा। हैरानी की बात है कि अनुच्छेद 50 लागू होने से पहले उत्तरी आयरलैंड विधानसभा से परामर्श नहीं किया गया था! उत्तरी आयरलैंड और आयरलैंड गणराज्य के बीच एक खुली सीमा सुनिश्चित करने पर 19 जुलाई, 2018 को पी.एम. मे द्वारा कुछ आश्वासन दिए गए हैं।

गेल मी एलरॉय, 2017 में ट्रिनिटी कॉलेज डबलिन में राजनीति विज्ञान के प्रोफेसर

"एक व्यापक धारणा है कि न तो ब्रिटेन और न ही यूरोपीय संघ पूरी तरह से उस प्रभाव को मानते हैं, जोकि ब्रेक्जिट का आयरलैंड और उत्तरी आयरलैंड गणराज्य दोनों के आर्थिक और राजनीतिक परिदृश्य पर पड़ेगा। वास्तव में, वेस्टमिंस्टर की सीमा के मुद्दे पर ध्यान देने की कमी, लीव कैम्पेन के इंग्लैंड केंद्रित रवैये के साथ–साथ क्षेत्रों की दुर्दशा के लिए वेस्टमिंस्टर की अपनी सामान्य उदासीनता के रूप में भी देखा जाता है··· जनमत संग्रह के नतीजों की एक बड़ी विडंबना यह है कि आयरिश पुनर्मिलन का मुद्दा अब एजेंडे पर मजबूती से वापस आ गया है। उन सभी राष्ट्रवादी दलों के लिए, जिन्होंने सभी ने रिमेन अभियान का समर्थन किया, यह एक अप्रत्याशित वरदान रहा है।"

गुड फ्राइडे एग्रीमेंट के दो दशकों के बाद, जनवरी 2018 से, {सीन सिन और डेमोक्रेटिक यूनियनिस्ट पार्टी (डी.यू.पी.) के बीच साझा} बनाई गई सरकार सिन फिन की वापसी के बाद स्वत: निलंबित कर दी गई थी। ब्रिटिश सरकार द्वारा आयोजित वार्त्ता निरर्थक रही। डी.यू.पी. (जिसके पिछले आम चुनाव के बाद से कॉमंस में 10 सांसद हैं) के सहारे से

मे की सरकार बनाई गई, आयरिश रिपब्लिकन को अफसोस है कि यू.के. अब वार्त्ता में एक निष्पक्ष ब्रोकर नहीं है। 'द इकोनॉमिस्ट' (27 जनवरी, 2018) द्वारा किए गए विश्लेषण के रूप में, एक और जटिलता है, ब्रेक्जिट।" अधिकांश रिपब्लिकन ब्रेक्जिट का विरोध करते हैं, क्योंकि यह आयरलैंड गणराज्य के साथ संबंधों को कमजोर करेगा। बिल्कुल उसी कारण से, ज्यादातर संघवादी इसका समर्थन करते हैं।"

(ग) 'स्कोक्सिट' की ओर अंतरण

ब्रेक्जिट जनमत संग्रह के बाद, एक और जनमत संग्रह पर शुरुआती बातचीत हुई, इस बार यह ब्रिटेन से स्कॉट्स की स्वतंत्रता के लिए थी, ताकि स्कॉटलैंड यूरोपीय संघ के भीतर रह सके। ब्रेक्जिट ने इस मुद्दे को वापस चर्चा के लिए सामने रखा, क्योंकि स्कॉटलैंड ने यूरोपीय संघ के भीतर बने रहने के पक्ष में भारी मतदान किया था। स्कॉट्स ने महसूस किया कि उन्हें ब्रेक्जिट द्वारा धोखा दिया गया है। ब्रेक्जिट, स्कॉटलैंड के साथ ब्रिटेन की 300 साल पुरानी संघ की संधि को खींच रहा था। 2014 में अपने स्वतंत्रता जनमत संग्रह के दौरान, स्कॉट्स से वादा किया गया था कि ब्रिटेन के साथ रहना यूरोपीय संघ के भीतर रहने का एकमात्र तरीका था, यूरोपीय संघ की सदस्यता की माँग करनेवाले एक स्वतंत्र स्कॉटलैंड के बाद से, स्पेन द्वारा इसका कड़ा विरोध किया जाएगा, जो अपने स्वयं के कैटेलोनिया[8] अलगाववादियों को हतोत्साहित करना चाहता है। कैटेलोनिया में पूर्ण विकसित संकट ने स्पेंस की स्थिति को कठोर कर दिया।

स्कॉटलैंड के पहले मंत्री, निकोला स्टर्जन[9] के नेतृत्व में, स्कॉटलैंड की राष्ट्रीय सरकार ने स्वतंत्रता के लिए एक और वोट देने हेतु एक विधेयक का मसौदा तैयार किया था, जिसमें जोर देकर कहा गया था कि, इससे पूर्व कि मार्च 2019 से पहले ब्रिटेन की संसद् अंतिम सौदे पर बहस करे और फैसला करे, शरद ऋतु 2018 तक एक और जनमत संग्रह आयोजित किया जाएगा। सुश्री स्टर्जन ने बी.बी.सी. को बताया, "शरद ऋतु 2018 एक जनमत संग्रह आयोजित करने का सामान्य ज्ञान समय है; अगर यह सड़क है, जिस पर हम चलना चाहते हैं" (न्यूयॉर्क टाइम्स, 2017)। इसे पी.एम. मे ने खारिज कर दिया, जिन्होंने 16 मार्च, 2017 को घोषणा की कि यूरोपीय संघ के साथ ब्रिटेन के संबंधों को अंतिम रूप दिए जाने से पहले स्कॉटलैंड में कोई जनमत संग्रह नहीं होना चाहिए। चूँकि कई स्कॉट्स ने अपनी पोषित यूरोपीय संघ की सदस्यता को बनाए रखने के लिए 2014 में यू.के. के भीतर रहने के लिए मतदान किया था, उस समय यह संभव लग रहा था कि ब्रेक्जिट का अप्रत्याशित परिणाम 'स्कॉक्सिट' होगा, यूरोपीय संघ की सदस्यता के लिए एक स्वतंत्र स्कॉटलैंड, जो स्पेन के विरोध के कारण इसे प्राप्त नहीं कर सकता है। (2014 के जनमत संग्रह के समय, प्रस्थान

के लिए स्कॉटलैंड के लिए 18 महीने की एक निकास अवधि वार्त्ताकारों द्वारा निर्धारित की गई थी)। यूरोपीय अधिकारियों ने भी स्पष्ट किया कि उस देश के लिए कोई 'फास्ट ट्रैक' प्रवेश प्रक्रिया नहीं हो सकती, जो पहले एक सदस्य राष्ट्र का हिस्सा था। फरवरी 2017 में 'द इकोनॉमिस्ट' ने गंभीर रूप से उल्लेख किया, "कई स्कॉट्स, जिन्होंने 2014 में संघ में रहने की कसम खाई थी, ने स्पष्ट आर्थिक कारणों से ऐसा किया। ब्रिटेन के ई.यू. से बाहर निकलने के मामले में गड़बड़ी बढ़ी है। चिंताजनक परिणाम यह है कि ब्रेक्जिट ने स्कॉटिश स्वतंत्रता को अधिक हानिकारक और अधिक संभाव्य बना दिया है।"

ब्रेक्जिट के बाद जटिल मुद्दा जिब्राल्टर और इसकी स्थिति का भी है। डोनाल्ड टस्क ने ब्रेक्जिट दिशा-निर्देशों के मसौदे में एक प्रावधान डाला था कि ब्रिटेन के साथ भविष्य में कोई भी व्यापारिक सौदा जिब्राल्टर पर तभी लागू होगा, जब मैड्रिड सहमत होगा। स्पेन ने जिब्राल्टर पर ब्रिटिश संप्रभुता पर तब भी आपत्ति जताई थी, जब यह 1713 में यूट्रेक्ट[10] की संधि में शामिल किया गया था।

एक अन्य संभावित प्रमुख शिकायत फ्रांस के साथ 2003 ले टाउक्वेट संधि[11] है, जो कैलिस, फ्रांस में ब्रिटिश सीमा नियंत्रण देती है। फ्रांसीसी राष्ट्रपति चुनाव में सभी तीन प्रमुख उम्मीदवारों ने इस संधि से हटने का वादा किया था। यह राष्ट्रपति मैक्रोन ने अपने चुनाव के बाद दोहराया था। लागू होने पर, इसका परिणाम यह होगा कि शरण चाहनेवालों को कैलिस में भेजने के बजाय ब्रिटेन में डोवर, यू.के. में शिविर लगाने के लिए चैनल टनल के माध्यम से भेजा जाएगा, जिनके प्रवासी शिविरों ने फ्रांस में भारी घरेलू कलह को जन्म दिया और उनके चुनावों में एक कार्यसूची का प्रमुख मुद्दा बन गया।

(घ) ब्रेक्जिट पर टॉप्सी टरवी चुनाव का प्रभाव

एक राजनीतिक विश्लेषक ने कहा, "राजनीति में सात दिन एक लंबा समय होता है!" यदि समय पर बढ़ाया जाता है, तो यह ब्रिटेन के राजनीतिक परिदृश्य पर समान रूप से लागू होता है। आम चुनाव से पहले छह सप्ताह की अवधि में कंजर्वेटिव्स के प्रति लोकप्रिय समर्थन में एक नाटकीय गिरावट आई थी। विक्षोभ प्रक्रिया में जेरेमी कॉर्बिन और लेबर पार्टी का वापस गर्जन सबसे महत्त्वपूर्ण राजनीतिक घटनाक्रम में से एक था। लेबर पार्टी के सूत्रों ने कहा कि एक और दो सप्ताह में कंजर्वेटिव पार्टी के पतन को देखा जा सकता है।

क्या परिणाम 48% 'बाकी शेष' के क्रोध को दरशाते हैं? क्या देश संसद् को दरकिनार करते हुए, मे की कठोर ब्रेक्जिट की भव्य योजना के विरुद्ध हो गया था और हस्ताक्षर किए थे? क्या यह एक त्रुटिपूर्ण चुनाव अभियान का नतीजा था, जो अहंकार को दरशाता है, एक सार्वजनिक बहस के लिए इनकार और बुजुर्गों की देखभाल में कमी करने के लिए कहता

है, मीडिया द्वारा 'मनोभ्रंश कर' के रूप में संदर्भित किया गया है? अधिक महत्त्वपूर्ण रूप से, यूरोपीय संदर्भ में, अमेरिकी राष्ट्रपति चुनावों के तुरंत बाद भविष्यवाणी किए गए नतीजों ने दक्षिण पंथ की ओर चरम झुकाव को समाप्त कर दिया।

मे और कंजर्वेटिव्स के लिए विशेष रूप से विडंबनापूर्ण, ब्रुसेल्स से निकलनेवाली वे अनौपचारिक रिपोर्टें थीं कि यूरोपियन कमीशन के अध्यक्ष जीन-क्लाउड जुनकर ने चुनाव शुरू होने से पहले मे से बातचीत का आग्रह किया था। उन्हें कथित तौर पर चिंता थी कि मे को डेविड कैमरन से विरासत में मिली 17 सीटें यू.के. के पृथक्करण बिल, अनुमानतः €100 अरब, जैसे मुद्दों को समझौते के माध्यम से शीघ्र आगे बढ़ाने में अपर्याप्त होंगी। ट्विटर पर जुनैकर के चीफ ऑफ स्टाफ, मार्टिन सेलेमर ने परिणाम के बाद पुनः-ट्वीट किया, जिस पर एक जर्मन पत्रकार ने यह टिप्पणी की थी, "कैमरन अपनी शक्ति को सुरक्षित करना चाहता था और ब्रेक्जिट प्राप्त कर लिया था। मे अपनी शक्ति को सुरक्षित करना चाहती थीं, और ब्रेक्जिट में गड़बड़ कर दी! अजीब है।" यह इस मुद्दे पर कमीशन की कठोर सोच को दरशाता है (द गार्जियन, 2017)।

कंजर्वेटिव्स द्वारा खराब प्रदर्शन का तत्काल प्रभाव था कि ब्रेक्जिट के लिए एक नया क्रॉस-पार्टी दृष्टिकोण बनाने हेतु वरिष्ठ टोरी और लेबर सांसदों द्वारा आह्वान किया गया। मे से एक नई 'राष्ट्रीय' सर्वसम्मति के पक्ष में 'कठोर ब्रेक्जिट' के दृष्टिकोण को छोड़ने के लिए दृढ़ता से कहा गया, जिसे हाउस ऑफ कॉमंस के सभी पक्षों के सदस्यों द्वारा समर्थन दिया जा सकता है। इससे प्रक्रिया की संसदीय जाँच हो सकेगी। यह बहस की शुरुआत कर देगा कि किस तरह का ब्रेक्जिट वांछनीय था। ऐसी आशंकाएँ थीं कि मे की राजनीतिक भेद्यता, 19 जून, 2017 को होनेवाली ब्रेक्जिट वार्त्ता की आसन्न समाप्ति का कारण बन सकती है। सौभाग्य से ऐसा नहीं हुआ।

इसी तरह की आशंकाओं को दरशाते हुए, लेबर के यवेट कूपर ने आम सहमति बनाने के लिए वार्त्ता और पारदर्शी प्रक्रिया चलाने के लिए एक क्रॉस-पार्टी कमीशन का आह्वान किया। कूपर ने कहा, "त्रिशंकु संसद् में, आप संभवतः थेरेसा मे के नेतृत्ववाले टोरी कैबेल के माध्यम से ब्रेक्जिट वार्त्ता चलाने की कोशिश नहीं कर सकते। पूरी बात बस बिखर जाएगी। अल्पसंख्यक व्यवस्था की प्रभारी एक कमजोर प्रधानमंत्री के चक्कर में, अपेक्षित नौ अलग-अलग ब्रेक्जिट बिलों जैसे व्यापक आव्रजन नीति, यूरोपीय संघ के नागरिकों और व्यापार के अधिकार के माध्यम से मुद्दों पर आगे बढ़ना असंभव होगा" (द गार्जियन, 2017)। भूतपूर्व टोरी कैबिनेट मंत्री स्टीफन डोरेल, जो कि अब यूरोपीय आंदोलन के अध्यक्ष, यूरोपीय संघ समर्थक समूह से हैं, ने कहा, "अगर यह स्पष्ट हो जाता है कि ब्रिटेन के राष्ट्रीय हित को सुरक्षित करने का यह सबसे अच्छा तरीका है तो यह आवश्यक है कि

संसद् यूरोपीय संघ का सदस्य बने रहने के लिए ब्रिटेन के लिए मतदान का विकल्प बनाए रखे" (द न्यू स्टेट्समैन, 2017)।

भारत के नीति निर्माताओं ने उम्मीद जताई कि यदि गठबंधन व्यवस्था ने काम किया और कंजरवेटिव्स ने उत्तरी आयरलैंड स्थित डी.यू.पी. (डेमोक्रेटिक यूनियनिस्ट पार्टी) के साथ अल्पमत सरकार बना ली, तो मे को आव्रजन मुद्दों पर समझौता करने के लिए मजबूर किया जाएगा, डी.यू.पी. की उत्तरी आयरलैंड और गणराज्य के बीच एक मजबूत सीमा की अस्वीकृति को देखते हुए, वह सीमा जो गुड फ्राइडे समझौते के बाद से अस्थिर बनी हुई है। डी.यू.पी. अनिवार्य रूप से मे को नरम ब्रेक्जिट की ओर बढ़ाएगा, जिस पर संसद् में बहस और मतदान भी होगा।

इसके बाद के घटनाक्रम के कारण परिदृश्य और अधिक जटिल हो गया। 8 जून के चुनाव के बाद थेरेसा मे द्वारा लाया गया यू.के. का रिपील बिल[12] यूरोपीय संघ के साथ राजनीतिक, वित्तीय और कानूनी संबंधों को गंभीर बनाने के लिए प्रस्तावित किया गया। यूरोपीय संघ के साथ अपने समझौतावादी रुख को स्पष्ट करते हुए, तीन स्थिति पत्रों ने रेखांकित किया कि ब्रिटेन यूरोपीय संघ के परमाणु निकाय 'यूराटॉम' को छोड़ देगा, जिसमें उसके पास मजबूत वित्तीय और वैज्ञानिक दाँव हैं, और अधिक महत्त्वपूर्ण रूप से, यूरोपीय न्यायालय के अधिकार क्षेत्र को छोड़ देगा। ई.यू. के चार्टर ऑफ फंडामेंटल राइट्स को छोड़ने और पूरी तरह से संसदीय संवीक्षा के बिना परिवर्तन करने हेतु भविष्य की यू.के. सरकार की व्यापक शक्तियाँ प्रदान करने हेतु, इन प्रस्तावों की विपक्ष द्वारा तीखी आलोचना की गई। विपक्षी लेबर पार्टी और लिबरल डेमोक्रेट इस प्रस्ताव का कड़ा विरोध कर रहे थे, जिससे कार्यकर्ता सुरक्षा में कटौती होगी और सरकार को न्यूनतम संसदीय जाँच के साथ महत्त्वपूर्ण कानून में संशोधन करने के लिए 'हेनरी VIII शक्तियों'[13] की अनुमति होगी। इसका स्कॉटलैंड और वेल्स की सरकारों द्वारा भी विरोध किया गया था, जिसमें बताया गया था कि विधेयक 'एक नेकेड पावर ग्रैब' था और इसने 'विचलन के मूल सिद्धांतों पर हमले' (14 जुलाई, 2017, हिंदू[14]) का प्रतिनिधित्व किया था।

अन्य प्रतिक्रियाएँ भी उतनी ही कठोर थीं। यूरोपीय संसद् के प्रमुख ब्रेक्जिट वार्त्ताकार और बेल्जियम के पूर्व प्रधानमंत्री गाय वेरहोफस्टा ने यू.के. के दैनिक गार्जियन और एक अन्य यूरोपीय समाचार-पत्र (2017) में एक खुला और हस्ताक्षरित पत्र प्रकाशित किया, जिसमें कहा गया, "यूरोपीय संसद् किसी भी उस समझौते को अस्वीकार करने के अपने अधिकारों को आरक्षित रखती है, जो यूरोपीय संघ के नागरिकों के साथ वर्तमान में की तुलना में कम अनुकूलता के साथ व्यवहार करता है। यह एक नम पलीता है, जिसमें द्वितीय श्रेणी की नागरिकता बनाने का जोखिम जुड़ा है।" यह थेरेसा मे की सरकार के प्रस्ताव पर

प्रतिक्रिया थी कि यूरोपीय संघ के वे नागरिक, जो पाँच साल से ब्रिटेन में रह रहे हैं, निवास अधिकार हासिल करेंगे (वर्तमान में यह होता है), लेकिन उनके साथ गैर यूरोपीय संघ के प्रवासियों की तरह व्यवहार किया जाएगा, वे स्थानीय चुनावों में वोट देने का अधिकार खो देंगे और देश में अपने परिवार के सदस्यों को लाने में सक्षम होने के लिए न्यूनतम वेतन आवश्यकताओं के अधीन होंगे।

(ङ) ए फजी ब्रेक्जिट इन द मेकिंग : यू.के., भारत और यूरोपीय संघ के लिए दाँव

यूरोजोन संकट और ग्रीक्सिट की संभावना पहले से ही, भारत सहित, यूरोपीय नेतृत्व के साथ एक नई और उभरती वैश्विक सुरक्षा और रणनीतिक चुनौतियों के बारे में, अंतरराष्ट्रीय नेतृत्व को अवमंदित कर चुकी है। यूरोप में आतंकवादी हमलों की शृंखला और यूरोप की विलंबित प्रतिक्रिया ने इस धारणा को मजबूत किया। ब्रेक्जिट एक वैश्विक सुनामी की तरह था। न तो यूरोप और न ही भारत को ब्रेक्जिट के प्रभाव के लिए तैयार किया गया था, क्योंकि प्रदूषकों ने आत्मविश्वास से 'नो वोट' की भविष्यवाणी की थी! यूनाइटेड किंगडम भारत का एक महत्त्वपूर्ण रणनीतिक सहयोगी और एक महत्त्वपूर्ण आर्थिक साझेदार बना हुआ है। ब्रिटेन के बिना यूरोपीय संघ के साथ अपने संबंधों का प्रबंधन करना भारत को सीखना आवश्यक होगा। ब्रेक्जिट भारत–यूरोपीय संघ की रणनीतिक साझेदारी के लिए एक चुनौती थी।

टेरेसा मे के आत्मारोपित 'ब्रेक्जिट आम चुनाव' के बाद ब्रिटेन में राजनीति ने एक गतिरोधवाले समाज और एक ऐसी राजनीति को उजागर किया है, जो समर्थन करनेवालों और जो लोग ई.यू. छोड़ने के फैसले को जोश से खारिज करते हैं। छोड़ने के लिए की वोटिंग करना, वास्तव में छोड़ने की तुलना में बहुत आसान था! राजनीतिक विश्लेषकों ने एक 'फजी ब्रेक्जिट' की बात की, जिसमें एक रचनात्मक अस्पष्टता दरशाई गई थी, जहाँ यू.के. 'गड़बड़ी' करने की कोशिश करता है और यूरोपीय संघ छोड़ते समय यूरोप के भीतर रहता है! अंदरूनी सूत्रों ने तर्क दिया कि यह एक बहुत लंबी संक्रमणकालीन अवधि होगी, जिसमें यू.के. यूरोपीय संघ के सीमा शुल्क संघ के अंदर एक संशोधित रूप में बना रहेगा और यूरोपीय संघ के बजट में यू.के. के योगदान पर एक समझौता होगा। यूरोपीय न्यायालय द्वारा जारी अधिकार क्षेत्र का कोई स्वरूप भी इस उभरते सौदे का हिस्सा हो सकता है।

चांसलर फिलिप हैमंड की अध्यक्षता में एक महत्त्वपूर्ण सत्तांतरण में, ब्रिटेन के मंत्रिमंडल के सूत्रों ने ऑफ–द–शेल्फ संक्रमण सौदे की माँग पर एक 'व्यापक सहमति'– मार्च 2019 से आगे ब्रेक्जिट के बाद लगभग तीन साल तक प्रभावी रूप से यथास्थिति बनाए

रखने का खुलासा किया। अनौपचारिक स्रोतों ने पर्याप्त संक्रमण अवधि के पक्ष में कैबिनेट के भीतर एक बड़ी हलचल की ओर इशारा किया, पिछले चुनाव से चल रहा विवाद, जिसकी व्याख्या मंत्रियों ने, कठोर ब्रेक्जिट के लिए मे की योजना का समर्थन करने में विफलता के रूप में, की। हैमंड ने अगस्त 2017 में बी.बी.सी. को पुष्टि की कि यूरोपीय संघ के साथ यू.के. का संबंध, 2019 में औपचारिक रूप से ब्लॉक छोड़ने के बावजूद, 2022 तक 'कई मायनों में समान' देखा जा सकता है। अधिकांश कैबिनेट मंत्रियों ने पुष्टि की कि वे, लोगों के निरंतर स्वतंत्र आवागमन, एकल बाजार पहुँच, सीमा शुल्क संघ व्यवस्था और एक सुपरनेशनल ट्रिब्यूनल संरचना से संभावित निरीक्षण के साथ, लगभग तीन साल की लंबी संक्रमणकालीन अवधि के साथ सहज थे। इससे भी अधिक दिलचस्प भूतपूर्व गृह सचिव अंबेर रुड की घोषणा थी कि जब तक वे अधिकारियों के साथ पंजीकरण कार्य करते हैं, यूरोपीय संघ के नागरिक संक्रमण अवधि के दौरान यू.के. आने के लिए स्वतंत्र होंगे। टेरेसा मे के इस मुद्दे पर सार्वजनिक बयान से इसमें पूरी तरह से फर्क था।

लेबर पार्टी के नेता उत्तर देने में त्वरित थे। चुका उमुन्ना, लेबर सांसद और 'ओपन ब्रिटेन' अभियान समूह के प्रमुख सदस्य, ने कहा कि "अंततः यह सुनते हुए अच्छा लग रहा है कि सरकारी मंत्रियों को ब्रेक्जिट की वास्तविकताओं का सामना करना पड़ रहा है।" और चांसलर और गृह सचिव ने स्वीकार किया कि "ब्रेक्जिट बहस के लिए वास्तविकता का आंशिक स्वागत था" (द गार्जियन, 2017)। जॉर्ज ओसबोर्न, पूर्व चांसलर और अब 'ईवनिंग स्टैंडर्ड' के संपादक, जून 2017 से अपनी खुद की स्थिति की पुष्टि के संकेत के रूप में हैमंड का साक्षात्कार लेने हेतु प्रस्तुत हुए कि मे की सरकार को 'कोल्ड शॉवर के राजनीतिक समकक्ष' की और 'ब्रेक्जिट वार्त्ता के लिए ब्रिटेन के दृष्टिकोण के यथार्थवादी आकलन' की आवश्यकता थी। लंदन के लोकप्रिय और करिश्माई मेयर सादिक खान ने कहा कि ब्रेक्जिट जनमत संग्रह का परिणाम विजय हो सकता था, अगर लेबर ने अपने अगले 'आम चुनाव घोषणा-पत्र' का इस्तेमाल यूरोपीय संघ न छोड़ने की प्रतिबद्धता दिखाने के लिए, या वापसी (जुलाई 2017) पर दूसरा जनमत संग्रह कराने के लिए किया होता (जुलाई 2017)। लेबर के वरिष्ठ साथियों से ब्रेक्जिट पर परस्पर विरोधी संकेतों के कुछ दिनों के बाद हस्तक्षेप करते हुए, खान ने जोर देकर कहा कि वह यूरोपीय संघ में बने रहने की संभावनाओं के बारे में 'आशावादी' थे। लेबर जेरेमी कॉर्बिन के जोर देकर यह कहने के बाद कि पार्टी यूरोपीय संघ के एकल बाजार को छोड़ना चाहती है, लेबर पर ब्रेक्जिट पर असंगत नीति का आरोप लगाया गया था (द गार्जियन, 2017), जबकि शेडो ब्रेक्जिट सचिव सर कीर स्टारर ने कहा " परदे के पीछे कुछ भी नहीं था" (इंडिपेंडेंट, 2017)। लेबर पार्टी ने अब अपनी स्थिति बदल दी है।

मिशेल बार्नियर ने गाई वेरहोफस्टाट के साथ यू.के. सरकार पर दबाव जारी रखा कि यू.के. के वार्त्ताकारों को नागरिकों के अधिकारों के सर्वोपरि मुद्दे पर बड़ी प्रगति का प्रदर्शन करना होगा। यदि वे ऐसा करने में विफल रहे, तो वेरहोफस्टाट यूरोपीय परिषद् को सलाह देंगे कि ब्रेक्जिट पर बातचीत यूरोपीय संघ के साथ ब्रिटेन के साथ भविष्य के संबंधों पर चरण दो में प्रवेश न करें। वेरहोफस्टाट ने रेखांकित किया, "मैं इस बात पर अडिग हूँ कि यूरोपीय संसद, यूरोपीय नागरिकों का प्रतिनिधित्व करनेवाले सीधे निर्वाचित निकाय के रूप में, संसदीय प्रस्ताव को अपनाकर, इस बारे में कि क्या हम चरण दो में जा सकते हैं या नहीं, परिषद् को अपना आकलन प्रदान करेगी। हमारी आवाज सुनी जाएगी" (2017)। ब्रिटिश वार्त्ताकारों को नागरिकों के अधिकारों के जटिल मुद्दे पर यूरोपीय संसद् के हितों को संतुष्ट करने की आवश्यकता होगी, क्योंकि संस्था प्रगति पर एक अलग आकलन प्रदान करेगी, सफल ब्रेक्जिट वार्त्ता के लिए एक और संभावित बाधा पैदा करेगी।

मीडिया में ऐसी खबरें थीं कि मिशेल बार्नियर ने चेतावनी दी थी कि ब्रिटेन के साथ वित्तीय समझौते के अत्यधिक विवादास्पद मुद्दे पर प्रगति नहीं होने के कारण एकल बाजार तक पहुँचपर बातचीत रुक सकती है। जुलाई 2017 के अंत में ब्रेक्जिट वार्त्ता के दूसरे दौर के दौरान, वार्त्ताकार वित्तीय विवादों, नागरिकों के भविष्य के अधिकारों और आयरिश सीमा सहित प्रमुख विवादों पर किसी भी पर्याप्त सफलता प्राप्त करने में विफल रहे। जबकि बार्नियर की टीम द्वारा कोई आधिकारिक आँकड़ा प्रदान नहीं किया गया, किंतु अटकलों के आधार पर वित्तीय निपटान को €100 अरब (£89 अरब) तक उच्च माना गया। यह उल्लेखनीय है कि जुलाई 2017 में इन वार्त्ताओं के दौरान, वार्त्ताकार प्रमुख विवादों पर कोई ठोस सफलता नहीं दे पाए।

अब ब्रिटेन में नरम ब्रेक्जिट के पक्ष में कई वर्गों के बीच बढ़ती सहमति बनती दिख रही है। नरम ब्रेक्जिट पर बातचीत करने के पी.एम. मे के प्रयासों के परिणामस्वरूप प्रो–ब्रेक्जिट विदेश सचिव बोरिस जॉनसन को त्यागपत्र देना पड़ा और मंत्रिमंडल में अन्य परिवर्तन हुए। लेबर अब ब्रेक्जिट के बाद, ब्रिटेन को यूरोपीय एकल बाजार और सीमा शुल्क संघ के भीतर रखने के लिए सहमत हो गया है, यह पी.एम. मे की नीतियों के लिए एक स्पष्ट विकल्प पेश करता है। लेबर अब यह भी चाहेगी कि मार्च 2019 के बाद भी लोगों के स्वतंत्र आवागमन को बनाए रखा जाए, जोकि यूरोपीय संघ के वार्त्ताकारों की एक प्रमुख माँग थी। लेबर पार्टी, यूरोपीय संघ (स्टारमेर, 2017) से अचानक अलग होने के परिणामस्वरूप यू.के. की अर्थव्यवस्था के लिए हानिकारक 'क्लिफ ऐज' से बचना चाहती है।

(च) भारत के लिए बड़ा दाँव

इसमें कोई संदेह नहीं है कि ब्रेक्जिट एक चुनौती है। क्या यह एक अवसर बनी रहती है, यह एक देखी जानेवाली बात है, लेकिन संभावना नहीं है। भारत-यूरोपीय संघ के व्यापारिक संबंधों के साथ-साथ भारत-यू.के. साझेदारी पर ब्रेक्जिट के प्रभाव की तीव्र अटकलों की इस पृष्ठभूमि में भारत के लिए क्या दाँव हैं? €72.5 अरब मूल्य का भारत ई.यू. व्यापार और €19.4 अरब का भारत यू.के. व्यापार दाँव पर है, सभी साझेदारों को व्यापार और वाणिज्यिक संदर्भ में इस मुद्दे पर सावधानीपूर्वक विचार करने की आवश्यकता है। 2015 में भारत को ब्रिटेन के साथ लगभग 3.64 अरब अमेरिकी डॉलर का सकारात्मक व्यापार प्राप्त हुआ है। ब्रिटिश पाउंड के मूल्यह्रास से निर्यातकों और आयातकों पर असर पड़ेगा। अर्थशास्त्रियों ने भविष्यवाणी की है कि एक कठोर ब्रेक्जिट की स्थिति में, ब्रिटेन की अर्थव्यवस्था मंदी में चली जाएगी। ये घटनाक्रम ब्रिटेन के साथ यूरोपीय संघ और भारत पर प्रतिकूल प्रभाव डालेंगे।

यदि अंतिम ब्रेक्जिट समझौते के संदर्भ में, ब्रिटेन में भारतीय व्यापार यूरोपीय संघ के बाजार तक पहुँच से वंचित है, तो इसके परिणामस्वरूप भारतीय व्यापार यू.के. से निकलकर यूरोप चला जाएगा। एक कठोर ब्रेक्जिट अनिवार्यतः ब्रिटिश अर्थव्यवस्था के महत्त्वपूर्ण क्षेत्रों में, यू.के. में 800 से अधिक भारतीय कंपनियों को प्रभावित करेगा, जो कथित तौर पर 110,000 से अधिक नौकरियों के साथ-साथ भारत से ब्रिटेन में पर्यटन और व्यापार के भरपूर अवसर पैदा कर रही हैं। यदि थेरेसा मे की सरकार यूरोपीय संघ के साथ अपनी शर्तों पर एक समझौता करने में असमर्थ रहती है तो कई प्रमुख भारतीय कंपनियाँ लंदन से एम्स्टर्डम में अपने मुख्य कार्यालय को स्थानांतरित करने की तैयारी कर रही हैं। कई यूरोपीय कंपनियाँ पहले ही एम्स्टर्डम में चली गई हैं। एक नरम ब्रेक्जिट सबसे पसंदीदा विकल्प प्रतीत होता है।

कुछ लोगों ने तर्क दिया है कि ब्रिटेन का यूरोपीय संघ से बाहर निकलना भारत के लिए जीत की स्थिति दरशाता है। उनका मानना है कि निर्मित वस्तुओं के संबंध में भारत व्यापार की खाई को भर सकता है। यह संभव नहीं लगता है। ब्रिटेन में मौजूदा विदेशी विरोधी भावना वार्त्ता को जटिल बनाती है। पूर्व गृह सचिव अंबर रुड की बात कि कंपनियाँ बहुत अधिक विदेशियों को काम पर रख रही थीं और आप्रवासियों को 'बाहर कर' दिया जाना चाहिए (द इकोनॉमिस्ट, 2016), ब्रिटेन में अंतरराष्ट्रीय पूँजी और भारत सहित, अन्य आप्रवासियों का स्वागत करने की इच्छा के अनुरूप नहीं प्रतीत होता है।

मुख्य यूरोप के बाहर भारत का सबसे बड़ा प्रवासी विस्तार, जिसने यूरोपीय संघ के भीतर बने रहने के पक्ष में भारी मतदान किया, ब्रिटेन में अपने भविष्य के लिए डर के कारण

दुनिया में भटक रहा है। वीरेंद्र शर्मा[15], 2007 से लंदन निर्वाचन क्षेत्र के ईलिंग साउथॉल से लेबर सांसद, और र्हे रिमेन कैंप के एक मुखर प्रचारक, उन 47 लेबर सांसदों में से एक थे, जिन्होंने ब्रेक्जिट पर पार्टी लाइन के खिलाफ विद्रोह किया था। 'द हिंदू' के एक बेबाक साक्षात्कार में, शर्मा ने 2017 में कहा कि यदि यूरोप से आव्रजन को रोक दिया गया, तो दक्षिण एशिया के लिए एक आसान आव्रजन शासन की कल्पना करना अवास्तविक होगा। उन्होंने स्पष्ट किया कि एशियाई समुदाय ने यूरोप के साथ जुड़ाव महसूस किया है और बने रहने के लिए मतदान किया है। वे अब उनके भविष्य को लेकर आशंकित थे। उन्होंने यह भी भविष्यवाणी की कि अंततः भारत यूरोप से सीधे निपटने के लिए ब्रिटेन को बायपास करेगा। यह द्विपक्षीय संबंधों के लिए अहितकर होगा।

भारतीय वाणिज्य मंत्रालय ने 2017 के मध्य में पुष्टि की कि भारत और यू.के. एफ.टी.ए. पर तभी काम कर सकते हैं, जब दूसरा पक्ष आधिकारिक तौर पर ई.यू. से बाहर हो जाएगा। वाणिज्य मंत्रालय ने तब वार्त्ता की प्रत्याशा में आंतरिक 'ऑडिट' शुरू किया और यू.के. के साथ व्यापार के मुद्दों का विश्लेषण किया। भविष्य के भारत–यू.के. व्यापार समझौते की विषय–वस्तु इस पर निर्भर करेगी कि यू.के. ब्रेक्जिट के साथ सौदे और निकास की शर्तों पर क्या बातचीत करेगा। जब तक ब्रिटेन यूरोपीय संघ का हिस्सा रहता है, तब तक वह भारत के साथ व्यापार समझौते पर हस्ताक्षर नहीं कर सकता। स्थिति जटिल है, क्योंकि भारत ब्रेक्जिट के बाद के परिदृश्य में मोड 4 (मोड 4 'नेचुरल पर्सन' के अस्थायी आवागमन को शामिल करता है) को शामिल करने पर जोर देगा।

वास्तविकता यह है कि यदि ब्रिटेन भारत के साथ व्यापार समझौता करने में रुचि रखता है, तो इसे मोड 4 पर लचीलापन प्रदर्शित करने और आव्रजन को खोलने की आवश्यकता होगी। ब्रिटेन की ताकत, सेवाओं में है, विशेष रूप से बैंकिंग और संबंधित व्यवसायों जैसे अकाउंटेंसी के साथ–साथ बीमा। भारत में, फिलहाल अपनी विशाल आबादी के बावजूद, कुल बीमा प्रीमियम का केवल 1.6% है। भारत का बीमा क्षेत्र अत्यधिक संरक्षित है और भविष्य में भारत के साथ द्विपक्षीय एफ.टी.ए. में ब्रिटेन के लिए सुलभ होने की संभावना नहीं है। ब्रिटेन की अर्थव्यवस्था, ई.यू. के बाकी हिस्सों के बिना, एक मध्यम स्तर की अर्थव्यवस्था का प्रतिनिधित्व करती है, जो भारत की लगभग 3 खरब डॉलर की अर्थव्यवस्था से काफी छोटी है। भारत के लिए आकर्षण योग्य सौदा होने के लिए, यूरोपीय संघ को एक बड़ा व्यापारिक साझेदार के साथ अब, यू.के. को रियायतें देने की आवश्यकता होगी। यह एक कठिन सौदा प्रतीत होता है। ब्रिटेन कथित तौर पर ब्रेक्जिट पृथक्करण तिथि के मद्देनजर भारत के साथ एक व्यापार समझौते को अंतिम रूप देने के लिए बहुत उत्सुक है। सूचित सूत्रों के अनुसार, भारत–यूरोपीय संघ की क्षमता के भीतर के क्षेत्रों में, यू.के. को

एक अलग विशेष अनुमति देने से इनकार कर देगा।

भारत के दृष्टिकोण से, ब्रेक्जिट ने यूरोप को संकट की स्थिति में डाल दिया है। यह कैसे प्रदर्शित करेगा कि यह एक वैश्विक राजनीतिक खिलाड़ी है, जो आवश्यकता पड़ने पर या वैश्विक संकट के दौरान एक 'पावर ब्रोकर' की भूमिका निभाने के लिए सैन्य शक्ति का उपयोग करने में सक्षम और इच्छुक है?

(छ) एक नेरेटिव, जो अभी तैयार किया जा रहा है

स्पष्ट रूप से, यह अभी भी एक नेरेटिव है, जो सब, भारत, ब्रिटेन और यूरोप के लिए उच्च दाँव के साथ, तैयार हो रहा है। यदि प्रतिक्रियाएँ केवल राष्ट्रीय सुरक्षा टेंप्लेट पर आधारित होती हैं, तो वैश्विक अर्थव्यवस्था के जोखिम गंभीर रूप से प्रभावित होते हैं। एक ऐसा सौदा, जो दोनों पक्षों के लिए हानिकारक है, या कोई सौदा नहीं होने की स्थिति में, नतीजे वैश्विक होंगे, राष्ट्रीय नहीं। ब्रुसेल्स को लंदन जितना ही दोषी ठहराया जाएगा।

जैसा कि डेविड गुडहार्ट ('द रोड टू समव्हेयर : द पॉपुलिस्ट रिवोल्ट एंड द फ्यूचर ऑफ पॉलिटिक्स' के लेखक) ने 'न्यूयॉर्क टाइम्स' (जुलाई 2017) में टिप्पणी की है, "हो सकता है कि यह यूरोप का सच्चा विश्वासी हो, जिसे रचनात्मक अस्पष्टता की भावना को गले लगाने की आवश्यकता है।"

न्यूयॉर्क टाइम्स के लिए लेखन करते हुए जेनी रसेल ने नोट किया (20 अगस्त, 2017) कि क्रिस्टोफर नोलन की फिल्म, बॉक्स ऑफिस पर हिट, जो जुलाई 2017 में रिलीज हुई, 'डनकर्क' का संदेश, "अंततः ब्रिटेन की क्षमता पर राष्ट्रीय गौरव का पोषण करता है, विषम परिस्थितियाँ चाहे जो हों, कोई बात नहीं। कोई भी बात कम सहायक नहीं हो सकती, क्योंकि ब्रिटेन ब्रेक्जिट की ओर बढ़ रहा है" वह आगे कहती हैं, "ब्रिटेन औसत शिक्षा और सीमित कौशलवाला देश है। यूरोपीय संघ में हमारी सदस्यता प्रतिबंधों का एक समुच्चय नहीं है; यह वही है, जो हमें आगे बढ़ा रहा है। अगर हम खुद के कटने पर जोर देते हैं, तो हमारी अर्थव्यवस्था के कुछ हिस्सों का मरना शुरू हो जाएगा।" वह निष्कर्ष में कहती हैं, "डनकर्क को केवल इसलिए याद किया जाता है, क्योंकि अंत में, ब्रिटेन जीत की ओर था। ऐसा इसकी साहसी भावना के कारण नहीं था। ऐसा इसलिए था, क्योंकि अमेरिका अपने भारी संसाधनों के साथ युद्ध में उतर गया। अब हमें बचाने के लिए ऐसा कोई सहयोगी नहीं है, क्योंकि हमने अपने पड़ोसियों और दोस्तों के साथ अपने संबंधों को क्रमबद्ध ढंग से चूर-चूर करने के खतरनाक रास्ते पर चलना शुरू कर दिया है।"

उन लोगों के लिए जिन्होंने भविष्यवाणी की कि ब्रेक्जिट यूरोपीय संघ के लिए अंत की शुरुआत थी, फ्रांस में राष्ट्रपति मैक्रोन की जीत और यूरोपीय संघ द्वारा ब्रेक्जिट वार्त्ता में प्रदर्शित एकता एक ठोस संकेतक है कि यूरोपीय संघ विघटन से बहुत दूर है। ऐसे संकेत हैं कि ब्रेक्जिट कमजोर होने के बजाय संघ की एकता को मजबूत कर सकता है। 27 जनवरी, 2018 को दावोस में मैक्रोन के मुख्य भाषण में, भारी उपस्थितिवाले और उत्साही दर्शकों के लिए यह स्पष्ट था, जहाँ उन्होंने वैश्विक स्तर पर पूँजीवाद को सुधारने के लिए फ्रांस को यूरोपीय संघ के मिशन के केंद्र में जगह देने की माँग की, वहीं अपनी उपलब्धियों को और अधिक समान रूप से फैलाया। उसी दिन मर्केल के भाषण में संदेश स्पष्ट था। दावोस में मे के भाषण को किसी ने नहीं सुना। यूरोपीय संघ ने बल पुनः प्राप्त किया और वह यूरोपीय एकीकरण के साथ अपनी परियोजना को आगे बढ़ाना जारी रखेगा। दूसरी ओर, ब्रेक्जिट ने यू.के. की भूमिका को, वार्त्ता के दौरान इसे उस समय नुकसान पर छोड़ते हुए, ब्लॉक में सीमित कर दिया है, जबकि यूरोपीय संघ ने आगे एकीकरण के लिए नई आर्थिक ताकत पाई है।

यूरोपीय संघ के सदस्य राष्ट्र एक मसौदा संक्रमण योजना (7 फरवरी, 2018) का समर्थन करने के लिए एकजुट हुए हैं, जो रेखांकित करता है कि यू.के. को मार्च 2019 से दो वर्षीय चरण की अवधि में यूरोपीय संघ के हितों के लिए 'पूर्वग्रही होने की संभावना' वाले किसी भी कार्य से बचना चाहिए। मीडिया द्वारा 'ब्रेक्जिट ट्रांजिशन पनिशमेंट प्लान' (ए.एफ.पी. फरवरी 2018), के उपनाम से अभिहित मसौदा प्रस्तावित करता है कि लंदन एकल बाजार तक पहुँच के बदले में निर्णय लेने की शक्तियों के बिना सभी यूरोपीय संघ के कानूनों का पालन करेगा। पाँच पेज के दस्तावेज के लिए एक फुटनोट यूरोपीय कोर्ट ऑफ जस्टिस को संक्रमण नियमों के उल्लंघन के संदर्भ में अस्वीकार्य देरी के मामलों में यू.के. को मंजूरी देने की क्षमता के लिए कहता है। इस दस्तावेज पर फिलहाल बातचीत चल रही है!

अपनी लंदन यात्रा के दौरान ब्रेक्जिट समर्थक सांसदों की कड़ी आलोचना की प्रतिक्रिया के रूप में, माइकल बार्नियर ने फरवरी 2018 में अपनी यात्रा के बाद चेतावनी दी कि 2019 में ब्रेक्जिट के तुरंत बाद संक्रमण काल 'दिया नहीं गया' है। यह प्रतिक्रिया प्रो–ब्रेक्जिट शिविर के लिए थी, जो किसी भी रियायत से इनकार कर रहा था। बार्नियर ने कहा कि अभी भी 'काफी कुछ' असहमति बनी हुई है। उन्होंने कहा कि सीमा शुल्क संघ और एकल बाजार छोड़ने के यू.के. के फैसले का मतलब था कि आयरिश सीमा की जाँच 'अपरिहार्य' थी। यह गुड फ्राइडे एग्रीमेंट के लिए खतरा होगा। मिस्टर बार्नियर के भाषण के दौरान डॉलर और यूरो के मुकाबले पाउंड में भारी गिरावट आई।

ब्रिटेन की ओर, इसके प्रमुख ब्रेक्जिट वार्त्ताकार, डेविड डेविस जिन्होंने 8 जुलाई, 2018 को इस्तीफा दे दिया था, ने कहा कि उन्हें यह सुनकर 'हैरानी हुई' कि श्री बर्नियर को संक्रमण की अवधि पर ब्रिटेन का रुख स्पष्ट नहीं था, "हम एक समय-सीमित अवधि की माँग कर रहे हैं, जो मौजूदा शर्तों पर एक-दूसरे के बाजारों तक पहुँच बनाए रखेगी।" उन्होंने सुझाव दिया कि यूरोपियन कमीशन ब्रेक्जिट वार्त्ता के लिए जो रुख अपना रहा था, उसमें एक 'बुनियादी विरोधाभास' था। उन्होंने मीडिया से कहा, "आज उन्होंने स्वीकार किया कि विवादों और उल्लंघनों को हल करने के लिए एक मार्ग की आवश्यकता है। फिर भी उन्होंने यह सुनिश्चित करने के लिए कि हमारे हित संरक्षित रहें, उचित सुरक्षा उपायों के लिए यू.के. के आग्रह को खारिज कर दिया। यह दोनों ओर से प्राप्त करना संभव नहीं है।" श्री डेविस ने रेखांकित किया कि व्यवसायों के लिए 'लगभग दो वर्षों' की आवश्यकता है, यही स्थिति व्यापारिक नियमों के साथ है, जैसा कि 29 मार्च, 2019 को यू.के. के यूरोपीय संघ छोड़ने के बाद उन्हें अब उन्हें समायोजित करने की अनुमति देनी होगी। ब्रिटेन के दृष्टिकोण से, मार्च 2018 तक यूरोपीय संघ के साथ एक सौदा आवश्यक था, ताकि शेष 27 यूरोपीय संघ के देशों के साथ ब्रिटेन के भविष्य के संबंधों के बड़े मुद्दे पर बातचीत आगे बढ़ सके। यह दोनों पक्षों के बीच भारी अंतर को देखते हुए फिलहाल एक अवास्तविक स्थिति होगी।

एक अन्य बड़ी जटिलता है, 'पृथक्करण की लागत' के लिए उद्धृत आँकड़े। ब्रुसेल्स के चुनिंदा खुलासों से पता चलता है कि मे और बार्नियर ने ब्रिटेन को वित्तीय 'कलाबाजी' के साथ £90 अरब के सही ब्रेक्जिट बिल पर परदा डालने के लिए छल किया। ब्रेक्जिट वार्त्ताकारों ने कथित तौर पर 'गणित कलाबाजी' का प्रदर्शन, सार्वजनिक आँकड़ों को यथासंभव कम रखने के लिए किया, ताकि पार्टी में विद्रोह को रोकने में मदद की जा सके (द सन, 15 फरवरी, 2018)। ब्रिटिश अधिकारियों ने टैली को 35 अरब पाउंड से 40 अरब पाउंड के बीच रखा था। इन खुलासों के अनुसार, दिसंबर 2017 में ब्रिटेन ने यूरोपीय संघ के लिए अपनी सभी वित्तीय प्रतिबद्धताओं का सकारने पर सहमति व्यक्त की थी, जिसमें कुल संभव देनदारियाँ 90 अरब तक पहुँच गई थीं। इस खुलासे को आयोग की 'ब्लैक ऑप्स' मीडिया रणनीति के एक अन्य उदाहरण के रूप में देखा जा रहा है, जिसे अपने स्वयं की अनियंत्रित बजट बहस से विचलित करने के लिए बनाया गया है। यूरोपीय संघ इस पर बहुत अधिक विभाजित रहा कि ब्रिटिश योगदान समाप्त होने पर £10 अरब प्रति वर्ष की कमी को कैसे पूरा किया जाए।

एक नई ब्रिटिश पार्टी, जिसका नाम 'रिन्यू' है, जो कथित तौर पर फ्रांसीसी राष्ट्रपति इमैनुएल मैक्रोन के आंदोलन एन मार्चे से प्रेरित है, की शुरुआत आधिकारिक तौर पर 20

फरवरी, 2018 को लंदन में की गई। तब तक की समय-सीमा के लिए, जब तक ब्रिटेन का यूरोपीय संघ छोड़ने का समय आए, ब्रेक्जिट के विरोधी सक्रिय रूप से, वह रोकने के तरीके तलाश रहे हैं, जिसे वे दूसरे विश्व युद्ध के बाद से ब्रिटेन की सबसे बड़ी गलती बताते हैं। यह यूरोपीय संघ की सदस्यता के लिए उच्च स्तर के समर्थनवाले निर्वाचन क्षेत्रों में ब्रेक्जिट सांसदों को लक्षित करेगा। स्वतंत्र उम्मीदवारों के एक समूह द्वारा स्थापित, जिन्होंने जून 2017 के आम चुनाव ब्रेक्जिट-विरोधी मंच पर लड़े थे, इनका एक एजेंडा था, जिसका नाम था, 'रीथिंक ब्रेक्जिट, रीथिंक ब्रिटेन' (टाइम्स ऑफ इंडिया, 20 फरवरी, 2018)। पार्टी के प्रमुख रणनीतिज्ञ, जेम्स टोरेंस के अनुसार, "हम सांसदों पर राष्ट्रीय हित पर विचार करने के लिए दबाव डालेंगे और अंतिम यूरोपीय संघ के सौदे पर विचार-विमर्श के लिए वोट करेंगे" (यूरो न्यूज, 19 फरवरी, 2018)। पार्टी की योजना स्थानीय चुनावों में और राष्ट्रीय चुनाव होने पर सभी 650 संसदीय सीटों पर चुनाव लड़ने की है। किसी भी ऐसे वापसी सौदे को अवरुद्ध करना, जिससे मई 2018 में ब्रुसेल्स से वापस आ सकता है, का परिणाम शायद राष्ट्रीय चुनाव होगा, जो ब्रेक्जिट को चुनौती दे सकता है।

इन गतिविधियों के परिणामस्वरूप, लेबर ने अब नाटकीय रूप से अपनी स्थिति बदल दी है और एक नरम ब्रेक्जिट का विकल्प चुन रही है। जेरेमी कॉर्बिन ने 26 फरवरी, 2018 को कोवेंट्री, यू.के. में कहा, लेबर के विचार का समर्थन करने के लिए ब्रेक्जिट का विरोध करनेवालों को प्रोत्साहित किया कि अगर यह सत्ता में आते हैं तो ब्रेक्जिट पर एक और जनमत संग्रह के लिए लेबर का दरवाजा अभी भी खुला हो सकता है। लेबर यह भी सुनिश्चित करेगी कि आयरलैंड के साथ कोई 'सख्त सीमा' नहीं होगी। कॉर्बिन ने कहा, "जब हमारा 44% निर्यात यूरोपीय संघ के देशों में होता है और हमारे आयात का 50% यूरोपीय संघ से आता है, तो यह उस व्यापार के लिए 'टैरिफ-फ्री' रहना हमारे दोनों के हितों के लिए है···संक्रमण काल के दौरान, लेबर यूरोपीय संघ के साथ सीमा शुल्क संघ में और एकल बाजार के भीतर बनी रहना चाहती है।" यह देखा जाना बाकी है कि ये घटनाक्रम चल रही वार्त्ताओं को कैसे प्रभावित करेंगे। ऐसा निश्चित ही लगता है कि लेबर की नई स्थिति मे पर नरम ब्रेक्जिट का विकल्प चुनने के लिए और दबाव डाल सकती है।

ब्रेक्जिट यूरोप की एकता के लिए एक बुनियादी चुनौती है। ब्रेक्जिट ने क्षेत्रीयतावाद के फायदों की तुलना में राष्ट्रवाद के बारे में बहस को पुनः ताजा कर दिया है। ब्रेक्जिट यूरोपीय आदर्शों के लिए एक चुनौती है जिसके कारण संघ का निर्माण हुआ। ब्रेक्जिट के लिए ब्रिटेन को 'पृथक्करण की लागत' के रूप में बहुत भारी कीमत चुकानी होगी। दूसरी ओर, यूरोपीय संघ इस बात से अवगत है कि ब्रिटेन एक मजबूत सेवा अर्थव्यवस्था (2.6 खरब डॉलर) और सुरक्षा परिषद् का स्थायी सदस्य, परमाणु शस्त्रवाला राष्ट्र और नाटो का एक महत्त्वपूर्ण

सदस्य है। 2018 के अंत तक ब्रिटेन और यूरोपीय संघ के बीच स्वीकार्य कार्य प्रणाली पर बातचीत करने की आवश्यकता होगी। एक बुरे सौदे से किसी का फायदा नहीं है।

खंड 3 : अन्य चुनौतियाँ : क्या यूरोप पतन की ओर है?

अन्य चुनौतियाँ क्या हैं? एक ऐसा महाद्वीप, जो दुनिया को लोकतंत्र, कानून का शासन, मानवाधिकार और मौलिक स्वतंत्रता प्रदान करने पर गर्व करता था, आंशिक रूप से प्रवासियों की लहरों के प्रभाव के कारण, न केवल सीरिया से, बल्कि अफ्रीका, अफगानिस्तान और पाकिस्तान से भी और साथ ही इस अनियंत्रित और बुरी तरह से प्रबंधित प्रवास के परिणामस्वरूप यूरोप के पोषित संस्थानों पर दबाव बनाए जाने के कारण, अपने स्वयं के मूल्यों के लिए सबसे बड़ी चुनौती का सामना करना पड़ रहा है। यूरोप के केंद्र में हुए कई आतंकवादी हमलों से संयोजित, यूरोप ने अनिच्छा से स्वीकार किया कि आतंकवाद अंततः भीतर से उभरकर आया था। 9/11 के बाद भी, यूरोप यह मानता रहा कि वह, फिलिस्तीनियों को लंबे समर्थन के कारण सुरक्षा का गढ़ बना रहेगा। यूरोपीय सुरक्षा पर तथाकथित आई.एस.आई.एस. के प्रभाव की तैयारी या प्रत्याशा बहुत कम थी। सीरियाई समर्थक विद्रोही नीतियों और उनकी अंधाधुंध फंडिंग और सशस्त्रीकरण ने खराब स्थिति को केवल बदतर ही बनाया था। लड़ाई से कठोर बने जिहादी, यूरोपीय संघ के नागरिक यूरोप की सीमाओं के भीतर युद्ध छेड़ने के लिए लौट रहे थे। यूरोप और उसके उदारवादी लोकतांत्रिक मूल्यों के लिए सबसे बड़ी चुनौती भीतर से आ रही थी।

रणनीतिक साझेदारी को प्रभावित करनेवाली सबसे बड़ी चुनौतियों में से एक थी— यूरोप और इसके सभ्यता के मूल्यों में गिरावट की, जो भारत सहित वैश्विक धारणा थी। अपने सेमिनल प्रकाशन 'सिविलाइजेशन : द वेस्ट एंड द रेस्ट' (2012) में, फर्ग्यूसन सैन्य, राजनीतिक और आर्थिक क्षेत्रों में यूरोप के उत्थान और पतन का एक संक्षिप्त विश्लेषण देते हैं। वे उन कई कारकों की पहचान करते हैं, जिन्होंने यूरोपीय सभ्यता के उदय में योगदान दिया, विशेष रूप से 'प्रतियोगिता, विज्ञान, संपत्ति के अधिकार, चिकित्सा, उपभोक्ता समाज और एक उत्कृष्ट कार्य नीति।' फर्ग्यूसन ने जिनकी अनदेखी की, वह थे साम्राज्यवाद, उपनिवेशवाद और वह साम्राज्य जिसने 18वीं और 19वीं शताब्दी में यूरोप के नाटकीय उदय में योगदान दिया। राष्ट्रवाद और नए राष्ट्रों के उदय के साथ और बाद में, भारत और चीन सहित बड़ी उभरती अर्थव्यवस्थाओं के साथ, यूरोप, साम्राज्य से हीन, बढ़ते खतरे के तहत अपनी सभ्यता के मूल्यों को पाया। इसकी कल्याण की स्थिति और बढ़ती आयु की जनसंख्या ने इस संकट को और बढ़ा दिया। इसलिए फर्ग्यूसन का विश्लेषण यूरोप के आर्थिक और सामाजिक ताने-बाने पर अपने पूर्व उपनिवेशों से

वैश्वीकरण के प्रतिकूल प्रभाव और मजबूत प्रतिस्पर्धा के विश्लेषण के बिना पूरा नहीं है। उनका यह निष्कर्ष कि "क्योंकि यूरोप ने उन संस्थानों को वापस कर दिया है, जिन्होंने इसे पहले स्थान पर आसीन करके महान् बनाया है, हम 500 वर्षों के पश्चिमी प्रभुत्व के अंत में रह रहे हैं" एक सरल और सुगम विश्लेषण है। यह पश्चिम के पतन पर राजनीतिक स्वतंत्रता के प्रभाव को नजरअंदाज करता है और संकट से बाहर निकलने के लिए पश्चिमी संस्थानों की अंतर्निहित शक्तियों को कम करके आँकता है।

पतन में योगदान देनेवाला एक और महत्त्वपूर्ण कारक, यूरोप द्वारा यह स्वीकार करने से इनकार करना था कि वह एक गंभीर जनसांख्यिकीय संकट के बीच था, जिसे संयमित और कानूनी प्रवासन के माध्यम से हल किया जा सकता था। पहले के कई सीरियाई शरणार्थी, जिन्हें जर्मनी को छोड़कर लगभग सभी यूरोपीय संघ के सदस्य राज्यों द्वारा खारिज कर दिया गया था, उच्च शिक्षित पेशेवर थे, जो महाद्वीप के आर्थिक परिवर्तन में योगदान कर सकते थे। यूरोप के संयमित प्रवासन की उपयोगिता को स्वीकार करने में असमर्थता के साथ-साथ इसके कई अल्पसंख्यक समूहों को आत्मसात करने और समायोजित करने में असफलता के साथ, चाहे मुसलिम हों, अरब या अफ्रीकी, ने संकट को केवल बढ़ाया।

यूरोप आज स्वयं के भीतर और स्वयं के साथ युद्ध की अवस्था में है। इसकी अल्पसंख्यक बस्तियाँ, हाशिए पर और सामाजिक रूप से अलग-थलग पड़े नागरिकों को दरशाती हैं कि भविष्य में कोई उम्मीद नहीं है और वे जिस राष्ट्र से हैं, उसकी समृद्धि का कोई सहारा नहीं है। यूरोपीय संघ के कई सदस्य राष्ट्रों की अपने समाजों के लिए एक बहु-सांस्कृतिक पहचान को स्वीकार करने की असमर्थता का परिणाम या तो एक कठोर धर्मनिरपेक्षता रहा या अल्पसंख्यकों को मुख्यधारा के साथ आत्मसात करने के लिए बार-बार उकसाना रहा। नतीजतन, यूरोप के अधिकांश अल्पसंख्यक सामाजिक और आर्थिक सीढ़ी के निचले पायदान पर हैं और उत्पादक कार्य बल के लोकाचार में योगदान करने में सक्षम नहीं हैं। 2008 की वैश्विक मंदी के बाद यूरोप की जनसांख्यिकीय समस्या नाटकीय रूप से बिगड़ गई।

'द इकोनॉमिस्ट' (पावर शिफ्ट्स, 29 सितंबर, 2012) ने पाया कि प्रजनन दर में सबसे बड़ी गिरावट उन देशों में हुई, जिनमें "यूरो संकट द्वारा सबसे अधिक चोट पहुँची।" युवा आबादी होने से फर्क पड़ता। एक तेजी से घटती जनसंख्या और एक उत्पादक कार्यबल की कमी, यूरोपीय समृद्धि के लिए एक तत्काल चुनौती है। जातिवादी और जेनोफोबिक एजेंडावाले दक्षिणपंथी दलों के उदय के साथ, इस जनसांख्यिकीय संकट को कम या मध्यम अवधि में हल किया जाना असंभव लगता है।

आज, यूरोप और यूरोपीय संघ, अनियंत्रित प्रवासन के अभूतपूर्व संकट का सामना कर रहे हैं। सीरिया में संकट के कारण सीरिया और इराक में आई.एस. के नियंत्रणवाले क्षेत्रों में रहने की स्थिति को असंभव बना देने के बाद, डेढ़ मिलियन से अधिक प्रवासी यूरोप आ गए हैं। यह संभव है कि यदि पूर्वी भूमध्यसागरीय मार्ग और पश्चिमी बाल्कन मार्ग द्वारा अन्य प्रवासी उनमें शामिल नहीं हुए होते तो सीरियाई प्रवासियों के पुनर्वास को राष्ट्रीय सरकारों और यूरोपीय संघ द्वारा स्वीकार किया जा सकता था। ये अफगानिस्तान, इराक, पाकिस्तान, सोमालिया और अन्य अफ्रीकी देशों में कठिन आर्थिक स्थिति से पलायन करनेवाले आर्थिक प्रवासी थे। इस अनवरत प्रवाह के पीछे प्रमुख संचालन बलों में शामिल हैं, मध्य पूर्व और पूर्वी अफ्रीका में आंतरिक और बाहरी संघर्ष और असुरक्षा में वृद्धि, मानव अधिकारों के उल्लंघन के साथ-साथ गहरी जड़ोंवाली सामाजिक-आर्थिक समस्याएँ, अविकसितता और गरीबी शामिल हैं।

अंतरराष्ट्रीय प्रवासन संगठन (आई.ओ.एम.) ने स्वीकार किया है (2015), "इस अनवरत प्रवाह की मिश्रित संरचना ने प्रभावी ढंग से और अंतरराष्ट्रीय प्रतिबद्धताओं और मानकों के अनुरूप संबोधित करने के कार्य में जटिलता जोड़ी है।" इस मार्ग में प्रवासियों के प्रवाह में अन्य के साथ-साथ ये शामिल हैं, मजबूर प्रवासी, आर्थिक प्रवासी, फँसे हुए प्रवासी, कमजोर प्रवासी विशेष रूप से तस्करी किए गए व्यक्ति, अकेले और वियुक्त बच्चे, राज्यविहीन व्यक्ति और अनिर्दिष्ट प्रवासी। इनमें से कुछ विस्थापित व्यक्ति एक से अधिक श्रेणियों में आते हैं, जिसके कारण शरणार्थियों की सुरक्षा के अंतरराष्ट्रीय कन्वेंशन में प्रदान किए गए शरणार्थियों का दर्जा देना मुश्किल होता है।

एक और जटिल मुद्दा प्रवासियों की इच्छा है कि वे जर्मनी में या ब्रिटेन में बस जाएँ और शेष यूरोजोन से परहेज करें। इसका परिणाम, कैल्स से 80 मील दूर, तथाकथित 'जंगल', जहाँ 6000 से अधिक प्रवासी ब्रिटेन में अनधिकृत प्रवेश पाने का प्रयास कर रहे थे। इस शिविर पर प्रबल मीडिया का ध्यान जाना तत्कालीन फ्रांसीसी सरकार के लिए बहुत शर्मिंदगी भरा था। जंगल के भीतर की राजनीति, जैसा कि एडम नोसिटर द्वारा समझाया गया है, "थ्रस्ट फ्रांसेस ने प्रवासियों के नजरिए को सादे नजरिए में विभाजित किया" (न्यूयॉर्क टाइम्स, 27 अक्तूबर, 2016)। उनके प्रत्यावर्तन से पहले उनके शरण-आवेदन-पत्रों को संसाधित करते समय, जंगल (कैलिस शिविर) को बंद करने के प्रयास और अस्थायी रूप से रहनेवालों को फ्रांस के अन्य हिस्सों में स्थानांतरित करना भी अंतरराष्ट्रीय जाँच और टिप्पणी के अधीन था। कई स्थानों पर, निवासियों ने उनके आगमन की आशंका जताते हुए आवास स्थलों पर पत्थर फेंके या पुई-डे-डोम विभाग के लुबियारत में आग लगा दी। विडंबना यह है कि नए आनेवालों का विरोध करनेवालों में से कई पोलिश, इतालवी और

पुर्तगाली मूल के थे। उनकी उपस्थिति ने 20वीं शताब्दी के शुरुआती आव्रजन प्रवाह के सफल प्रवाह की गवाही दी, जिसने इस क्षेत्र को आकार दिया! वे आप्रवासी यूरोपीय और श्वेत शरणार्थी थे, जो शीत युद्ध से भाग रहे थे। उनके आने का कोई विरोध नहीं था। उनका एकीकरण सहज और संघर्ष के बिना था। नए आनेवालों को पश्चिमी संस्कृति और सभ्यता के लिए 'एलियन' के रूप में देखा गया और इसलिए पश्चिमी समाज के लिए खतरा।

पूरे शीत युद्ध में, पश्चिमी यूरोप ने पूर्व सोवियत ब्लॉक में उत्पीड़न से भागनेवाले पूर्वी यूरोपीय प्रवासियों का गरमजोशी से स्वागत किया था। ये प्रवासी सभी एक ही नस्लीय स्टॉक से थे और उन्हें पश्चिमी लोकतंत्र में निहित सामाजिक और राजनीतिक मूल्यों को एकीकृत करने और गले लगाने में कोई कठिनाई नहीं हुई। आज की स्थिति मौलिक रूप से भिन्न है। आई.ओ.एम. द्वारा विश्वास प्रकट किया गया, "कई यूरोपीय गंतव्य देशों में चल रही मंदी और असमान उगाही ने प्रवासियों और शरण लेनेवालों की ऐसी सार्वजनिक धारणा को बिगाड़ने में योगदान दिया, जो कि जेनोफोबिक बयानबाजी और पहल के कारण सार्वजनिक संवाद को विकृत किया है और कुछ प्रवासियों को आर्थिक रूप से और सामाजिक हाशिए पर लाकर अपमानित किया है" (2015)।

यह दुर्भाग्यपूर्ण है कि मुख्यधारा के पश्चिमी मीडिया के कई वर्गों ने नए प्रवासियों के प्रति इस नकारात्मक धारणा में भी योगदान दिया। वाम दलों के सेंटर या पश्चिमी समाजवादी दलों के अलावा समझ का अभाव था कि यूरोप की बढ़ती उम्र के संदर्भ में, ये प्रवासी कम श्रम लागत का स्वागतयोग्य अवसर, उत्पादकता में वृद्धि और श्रमिकों के लिए वैश्विक प्रतिस्पर्धा में बढ़त हासिल करने के लिए, इस क्षेत्र के देशों के लिए बेहतरीन अवसर प्रदान करेंगे। अधिक जटिलता, जिस पर विश्लेषण में कमी आई है वह घटना है, जिसे आई.ओ.एम. ने 'रिवर्स इमर्जिंग और इंट्रा-ईयू माइग्रेशन डायनेमिक्स' के रूप में परिभाषित किया है। यूरोपीय संघ में संकटग्रस्त दक्षिणी राज्यों से उत्तरी अर्थव्यवस्थाओं, विशेष रूप से लंदन में, में आनेवाले प्रवासन के अन्य सभी रूपों में विद्वेष की बढ़ोतरी हुई। इसने निश्चित रूप से ब्रिटेन में एक बिगड़े हुए और विषाक्त राजनीतिक माहौल में योगदान किया, ब्रेक्जिट पर जनमत संग्रह से ठीक पहले, पोल्स, बुल्गारियाई और रोमानियाई लोगों के साथ-साथ जिप्सियों की उनके देशों के मूल में वापसी की माँग की।

ऐसे अन्य कारक थे, जिनके कारण यह गिरावट, मंदी और ठहराव आया। कई अमेरिकी अर्थशास्त्रियों ने यह रेखांकित किया है कि यूरो-क्षेत्र में संकट ई.सी.बी. के अयोग्य नेतृत्व और वित्तीय उद्योग के सरकारी विनियमन और पर्यवेक्षण की कमी के कारण था। पॉल क्रुगमैन ने कहा कि संकट के समय न तो ई.सी.बी. और न ही सदस्य राष्ट्रों ने स्वीकार किया कि वित्तीय उद्योग के अधिक सक्रिय विनियमन से वित्तीय संकट

को रोका जा सकता है। कुछ ने यूरोपीय कार्य नीति में लगातार गिरावट की बात की है। यह एक निष्कपट व्याख्या है, जो समस्या की गंभीरता को कम करती है। एक उदाहरण के रूप में, उनकी पुस्तक 'द फ्यूचर ऑफ यूरोप : रिफॉर्म या डिक्लाइन, अल्बर्टो अलसीना और फ्रांसेस्को जियावाजी' (2006) में, उल्लेख किया गया है कि 1960 के दशक में, "यूरोप दुनिया के लिए एक मॉडल की तरह दिखता था, क्योंकि यूरोपीय लोग कड़ी मेहनत करते थे। अफसोस की बात है कि अब ऐसा नहीं है।"

वास्तविकता अधिक जटिल थी। विश्व युद्ध II के विनाश से पश्चिमी यूरोप गहरा प्रभावित हुआ था। इसकी अर्थव्यवस्था और बुनियादी ढाँचा खँडहर हो चुका था। मार्शल योजना और धन के प्रवाह के साथ, यूरोप एक बार फिर से वैश्विक अर्थव्यवस्था में पुनर्निर्माण और योगदान करने में सक्षम हुआ। उभरती अर्थव्यवस्थाओं, वैश्विक प्रतिस्पर्धा और एक सिकुड़ते बाजार के उदय के साथ, यूरोप अपने घटते कार्यबल के साथ प्रभावी ढंग से प्रतिक्रिया नहीं दे सका। यूरोपीय संघ के तेजी से विस्तार के साथ-साथ यूरोजोन ने संकट को लगभग अपरिहार्य बना दिया। एलेसिना और जियावाजी (2006) का निष्कर्ष है कि इक्कीसवीं सदी यूरोप से संबंधित नहीं है और यह कि "इक्कीसवीं सदी यूरोपीय गिरावट की सदी होगी।" कुछ विश्लेषकों का मानना है कि यूरोप भर में वैश्वीकरण विरोधी ताकतों का संरक्षणवाद और उनका उदय होना, बदलती अंतरराष्ट्रीय व्यवस्था और यूरोप से एशिया की ओर एक नए ध्रुव की ओर बदलाव का संकेत हो सकता है। इस बात के कोई पुख्ता सबूत नहीं हैं कि 21वीं सदी यूरोपीय संघ और यूरोजोन को मजबूत वापसी नहीं देगी। यह यूरोप को 'बट्टे खाते डालना' या यह कल्पना करना एक रणनीतिक त्रुटि होगी कि वह गिरावट को रोकने में सक्षम नहीं है। इसी तरह, अंतरराष्ट्रीय व्यवस्था में, यूरोजोन के साथ प्रतिस्पर्धा करनेवाले और यूरोप से एशिया तक बाजार की शक्तियों को आकर्षित करने के लिए, एक नए ध्रुव, एशिया के उदय से कोई इनकार नहीं किया जा सकता है।

मसूद (2014) ने कहा था कि क्या यूरोपीय संघ 21वीं सदी में अपनी वैश्विक प्रासंगिकता बनाए रख सकता है। यह आज यूरोपीय संघ के सामने आनेवाली कई चुनौतियों पर विचार करनेवाला एक प्रासंगिक प्रश्न है। क्या यूरोप पतन की ओर है ? आई.एम.एफ. में अपने नेतृत्व की स्थिति और सुरक्षा परिषद् में दो स्थायी सीटों के बावजूद, क्या यह पिछड़ रहा है ? क्या यह भारत-यूरोपीय संघ के रिश्ते पर असर डालता है ? मसूद बताते हैं कि आज की वैश्विक व्यवस्था यूरोपीय शक्तियों द्वारा आकार ले चुकी है। यह एक मान्य अवलोकन है। इसमें कोई संदेह नहीं है कि पूँजीवाद एक यूरोपीय आविष्कार है। औद्योगिक क्रांति और व्यापारिक प्रणाली की उत्पत्ति यूरोप में हुई। आज यूरोपीय संघ संकट में है और इन मूल्यों पर अपने ही लोगों द्वारा सवाल उठाए जा रहे हैं। यह पहचान का भी संकट है,

क्योंकि यूरोपीय संघ और यूरोप अनिच्छा से, एक एकल जातीय और एकल सांस्कृतिक महाद्वीप से अधिक बहु जातीय और बहु सांस्कृतिक व्यवस्था से चलते हैं।

अब यूरोपीय संघ के लिए वास्तविकता से रू-ब-रू होने का समय आ गया है; अन्यथा यह यूरोपीय संघ की धीमी गति से होनेवाली अस्थिरता को जन्म दे सकता है, जिससे यूरोप और कमजोर, अधिक विभाजित और अंतरराष्ट्रीय शांति और सुरक्षा के लिए कई चुनौतियों का सामना करने में कम सक्षम बनाएगा। एक महत्त्वपूर्ण रणनीतिक साझेदार के रूप में, भारत को यह सुनिश्चित करना चाहिए कि यूरोप आंतरिक विचारों और मामलों पर अधिक ध्यान न केंद्रित करे। 'शानदार अलगाव' की नीति इसका समाधान नहीं है। दक्षिणपंथी लोकलुभावन विचारधाराओं का दृढ़ता से मुकाबला करने की आवश्यकता है। यूरोप की महत्त्वपूर्ण मुसलिम अल्पसंख्यक आबादी की निंदा करने और उसे बदनाम करने का परिणाम केवल आगे सामाजिक अलगाव, आक्रोश और इसलामी कट्टरवाद का उदय होगा। इसलामी कट्टरवाद को हराने और यूरोप के उदारवादी मूल्यों की जीत सुनिश्चित करने के लिए यूरोप के मुसलमानों को मुख्य धारा में लाने की आवश्यकता है। ये मूल्य सार्वभौमिक हैं, जरूरी नहीं कि ये ईसाई मूल्य ही हों। यूरोपियन कमीशन को खुद को सुधारने और कुछ अनूठी सोच रखने की जरूरत है। यह एकमात्र तरीका है, जिससे यूरोप खुद को और यूरोपीय संघ को विघटन, अव्यवस्था और अराजकता से बचा सकता है। यूरोप को इस अवसर पर उठना चाहिए। संकट के इस समय में भारत को यूरोपीय संघ के साथ खड़ा होना चाहिए।

खंड 4 : संभव समाधान

(क) साझेदारी को फिर से परिभाषित करें

साझेदारी को फिर से परिभाषित करने और इसे सहस्राब्दी में प्रासंगिक बनाना सर्वप्रथम आवश्यकता है। दोनों पक्षों को एक समान रणनीतिक प्रतिमान पर सहमत होना चाहिए। नकारात्मक धारणाओं को दोनों पक्षों द्वारा पूरी तरह से संबोधित किए जाने की आवश्यकता है। यूरोपीय संघ और भारत को एक-दूसरे की बेहतर समझ और सराहना करनी चाहिए और दोनों पक्षों की सार्वजनिक धारणाओं को बदलना चाहिए। यूरोप और इसकी क्षमता के बारे में भारतीय जनमत निर्माताओं के बीच रुचि को पुनर्जीवित करने के लिए, यूरोपीय संघ को भारत के भीतर एक बड़ी वैश्विक शक्ति के रूप में पेश किया जाना चाहिए, जिसकी रणनीतिक धारणा भारत के साथ मेल खाती है। यूरोपीय संघ को प्रदर्शित करना चाहिए कि यह संकट के समय एक 'पावर ब्रोकर' की भूमिका निभाने में सक्षम है।

यूरोपीय संघ के भीतर स्थिति समान रूप से जटिल है। यूरोपीय संघ के कई सदस्य

राष्ट्र इन सुझावों को अस्वीकार करते हैं कि वर्तमान अंतरराष्ट्रीय स्थिति उनके लाभ के लिए नहीं है और वैश्विक सार्वजनिक राय को नकारात्मक रूप से प्रभावित करती है। वे इस बात को दोहराते रहे हैं कि यूरोपीय संघ एक उभरती बहु–ध्रुवीय दुनिया में एक प्रमुख ध्रुव है। यह स्वीकार करने में अनिच्छा झलकती है कि भारत, जिसकी लगभग तीन खरब डॉलर की अर्थव्यवस्था है, यूरोपीय संघ की एक मूल्यवान परिसंपत्ति है और यह कि भारत–यूरोपीय संघ के संबंधों का पोषण करने और मजबूत बनाने की तत्काल आवश्यकता है।

राजनीतिक स्तर पर, संबंध जटिल चुनौतियों का सामना कर रहे हैं। जैसा कि आर्थिक क्षेत्र में, यूरोपीय और यूरोपीय संघ की कूटनीति चीन पर लगातार केंद्रित है, जिसे 'मध्य साम्राज्य' कहा जाता है। लिस्बन संधि से पहले, बाह्य संबंधों के लिए भूतपूर्व कमिश्नर क्रिस पैटन, शायद एकमात्र यूरोपियन कमिश्नर थे, जिन्होंने सोलाना के साथ भारत को गंभीरता से समझा था और लिया था। नियामक स्तर पर, कई अंतरराष्ट्रीय संधियाँ और समझौते ऐसे हैं, जिन पर यूरोपीय संघ और भारत के बीच प्रमुख मतभेद हैं। एन.पी.टी. (परमाणु अप्रसार संधि) के अलावा, जहाँ भारत की स्थिति की अब यूरोपीय संघ द्वारा बेहतर सराहना की गई है, असहमति जारी रखने का एक महत्त्वपूर्ण उदाहरण हेग में स्थित अंतरराष्ट्रीय आपराधिक न्यायालय[16] (आई.सी.सी.) है, जिसमें भारत यू.एस.ए., रूसी संघ और चीन के साथ एक राष्ट्र–पक्ष नहीं है। जब आई.सी.सी. के कानून पर इटली में कई साल पहले बातचीत हो रही थी, तो भारतीय प्रतिनिधिमंडल सुसंगत रूप से इस बात पर अडिग रहा कि भारत के राष्ट्राध्यक्ष संप्रभु हैं और उन पर केवल भारतीय संसद् द्वारा ही महाभियोग चलाया जा सकता है। आई.सी.सी. कानून का अनुसमर्थन भारतीय संविधान के साथ टकराव करता है, क्योंकि यह भारत के राष्ट्रपति को आई.सी.सी. के अधिकार क्षेत्र में ले आएगा। एक कदम आगे बढ़ाते हुए, भारत ने आई.सी.सी. के साथ संयुक्त राज्य अमेरिका और चीन जैसे अन्य गैर–राज्य दलों के साथ अनौपचारिक रूप से जुड़ना शुरू कर दिया है। इसका यूरोपीय संघ ने स्वागत किया है। भारत की द कन्वेंशन ऑन द प्रोहिबिशन ऑफ द यूज, स्टॉकपाइलिंग, प्रोडक्शन एंड ट्रांसफर ऑफ एंटी–पर्सनेल माइंस और उनके डिस्ट्रक्शन पर भी असहमति है, जिसे कार्मिक विरोधी खानों के विरुद्ध 'ओटावा कन्वेंशन' के रूप में भी जाना जाता है, जिससे यूरोपीय संघ गहराई से जुड़ा हुआ है।

भारत अमेरिकी गठबंधन द्वारा भारत–यूरोपीय संघ की रणनीतिक साझेदारी को चुनौती दी गई है, जिसे शिक्षाविदों या कूटनीति के पेशेवरों द्वारा पर्याप्त ध्यान नहीं दिया गया है। भारत सरकार को यह प्रतीत होता है कि यूरोपीय संघ की तुलना में, संयुक्त राज्य अमेरिका के साथ इस तरह का गठबंधन, समय की आवश्यकता है, जो विभाजित और पतनग्रस्त दिखाई देता है। जैसा कि जाफरलॉट (2006) कहते हैं, "भारतीय राजनीतिक परिदृश्य में

एक अशक्त यूरोप की यह धारणा तय करती है।" यूरोपीय विचारक भारत में हार्ड पावर को दिए गए अधिक महत्त्व को अकसर खारिज करते हैं। यह संयुक्त राज्य अमेरिका के साथ गठबंधन के लिए एक इंट्रा स्टेट इकाई के रूप में यूरोपीय संघ के लिए भारत में तिरस्कार के लिए एक तर्क प्रदान करता है। वे यूरोपीय और अमेरिकी अंतरराष्ट्रीय कानून की व्याख्या के बीच इस वैचारिक अंतर को समझाने का प्रयास करते हुए कहते हैं, "यूरोपीय लोग खुद को विश्व प्रशासन के एक संदेशवाहक के रूप में देखते हैं, जो मानदंडों पर आधारित है और अंतरराष्ट्रीय कानून में और बहुपक्षीय संस्थानों में सन्निहित है। दूसरी ओर, संयुक्त राज्य अमेरिका अंतरराष्ट्रीय संबंधों में बल के उपयोग को सही ठहराने के लिए प्रतिकूल नहीं है।"

भारत में राजनीतिक दलों में इसकी रणनीतिक प्राथमिकताओं के संबंध में भारत के प्रति पश्चिमी दृष्टिकोण के बारे में 'दोहरे मानकों' पर सहमति है। कठिन शक्ति प्रवाह के प्रति लगाव स्वतंत्रता के बाद से भारत के अपने ऐतिहासिक अनुभव से रहा है। 1998 के परमाणु परीक्षण भारत का एक ऐसा प्रदर्शन था, जो वैश्विक समुदाय में अपनी स्थिति की समझ के अनुसार, अपने स्वयं के रणनीतिक आधार की कोशिश कर रहा था। आज संयुक्त राष्ट्र सुरक्षा परिषद् में एक स्थायी सीट की तलाश और डब्ल्यू.टी.ओ. में नेतृत्व की भूमिका उन्हीं उद्देश्यों की पुष्टि करते हैं।

जाफरलॉट (2006) के अनुसार, यूरोपीय संघ द्वारा प्रवाह को उलटने की पहल की जानी चाहिए। भले ही वर्तमान स्थिति में ऐसे तत्त्व हैं, जो इसके नियंत्रण से परे हैं, उन्होंने कहा है कि चार प्रकार की काररवाई यूरोपीय संघ के अधिकार में हैं। उनके अनुसार, यूरोपीय एकता की भावना को मजबूत करना और कई सदस्य राज्यों की अधिभावी प्रवृत्ति को खारिज करना, जो समय की जरूरत के आधार पर भारत के साथ संबंधों में बने रहें। उन क्षेत्रों में भी समन्वय और एकीकृत काररवाई का अभाव है, जहाँ आम यूरोपीय नीतियों पर सहमति हुई है। एक उदाहरण शोध गतिविधियों में चिंता का विषय है : जबकि यूरोपीय संघ ने एक संयुक्त एजेंडा शुरू किया होगा, तथापि संयुक्त शोध गतिविधियों के क्षेत्र में अधिकांश प्रयासों पर बातचीत की जाती है और द्विपक्षीय आधार पर चलाया जाता है। जाफरलॉट (2006) कहते हैं, "जबकि यूरोप अपनी शक्तियों को एकजुट करने में असमर्थ है, तो यह न केवल खुद को प्रमुख लाभों से वंचित करेगा; यह एक एकल इकाई के रूप में अनुभव किए जाने, और सम्मानित होने के प्रत्येक अवसर से समझौता करेगा।" कई यूरोपीय संघ के सदस्य राष्ट्र यह समझने में विफल हैं कि भारत में 'प्रत्येक यूरोपीय संघ के सदस्य राष्ट्र अपने दृष्टिकोण के लिए' केवल असाध्य ही नहीं, अपितु प्रतिकारक भी हैं। भारत के आकार, इसकी फलती-फूलती अर्थव्यवस्था और इसकी बढ़ती राजनीतिक

और सैन्य शक्ति को देखते हुए, भारत के लिए एकमात्र संभव दीर्घकालिक यूरोपीय साझेदार यूरोपीय संघ है। यूरोपीय संघ को इस वास्तविकता को तत्काल स्वीकार करने की आवश्यकता है और जब भी व्यक्तिगत राष्ट्रीय हितों की माँग होती है तो द्विपक्षीय दृष्टिकोण का उपयोग करते नहीं रहना चाहिए।

जाफरलॉट (2006) यह भी कहते हैं कि भारत के साथ चीन के संबंध में यूरोपीय कूटनीति को फिर से संतुलित करने की आवश्यकता है। यूरोपीय संघ के चीनी समर्थक पूर्वग्रह या चीन से व्यवहार करने में उनके दोहरे मापदंडों को भारत ने न तो कभी समझा या स्वीकार किया है। यूरोपीय संघ चीन की खामियों पर उँगली नहीं उठाता है। किसी भी चीनी यूरोपीय संघ साझेदारी दस्तावेज में दलाई लामा का कोई उल्लेख नहीं है। न ही चीन के साथ कोई महत्त्वपूर्ण मानवाधिकार वार्त्ता होती है। जाफरलॉट सही कहते हैं, "भारतीयों के लिए यूरोप का चीन-केंद्रितवाद विरोधाभासी है, लोकतंत्र को बढ़ावा देने और कानून-नियम के साथ यूरोपीय लोगों की चिंता को देखते हुए, दो क्षेत्र, जिनमें चीन का रिकॉर्ड है कि अपेक्षाओं के अनुसार बहुत कुछ पाना शेष है। ऐसे देश को भारत से अधिक पसंद क्यों किया जाना चाहिए?"

भारत के संदर्भ में, अमेरिकी दृष्टिकोण कहीं अधिक व्यावहारिक, वास्तविकता पर आधारित व व्यावहारिक राजनीतिपूर्ण और पाखंड से दूर प्रतीत होता है। अमेरिकी बातचीत में, नव परंपरावादियों में भी, चीनी सत्तावाद की निंदा करना और लोकतंत्र को बढ़ावा देना साथ-साथ चलते हैं। एक अधिक संतुलित यूरोपीय नीति का भारत में अच्छी तरह से स्वागत होगा। अब तक यूरोपीय संघ ने, यह मानते हुए कि यह लिस्बन संधि के तहत सत्तांतरित संप्रभुता के दायरे से बाहर है, संयुक्त राष्ट्र सुरक्षा परिषद् में स्थायी सदस्यता के लिए भारत की उम्मीदवारी के संयुक्त समर्थन से परहेज किया है। वास्तविकता यह है कि इटली, जिसकी एक स्थायी सीट के लिए अपनी महत्त्वाकांक्षा है, भारत की उम्मीदवारी पर सबके साथ शामिल नहीं होगा। फ्रांस और जर्मनी ने भारत की उम्मीदवारी का बार-बार और सार्वजनिक समर्थन किया है; जो इसका एक और उदाहरण है कि प्रमुख यूरोपीय संघ के सदस्य देश भारत के साथ अपने व्यवहार में द्विपक्षीय दृष्टिकोण को प्राथमिकता देते हैं। भारत में यूरोपीय संघ जैसे प्रमुख रणनीतिक साझेदार द्वारा संयुक्त समर्थन की बहुत सराहना की जाएगी।

(ख) आर्थिक और व्यावसायिक भागीदारी को पुनर्जीवित करना

आर्थिक और व्यापारिक साझेदारी भी अपनी वास्तविक क्षमता से बहुत पीछे है। ज्यादातर भारतीय मानते हैं कि ई.यू. संरक्षणवादी है और बिना कोई रियायत दिए भारत के बाजार खोलने की माँग कर रहा है।

जाफरलॉट (2006)

"भारत अपने औपनिवेशिक अतीत पर अपना बदला लेना चाहता है। भारतीय अब भी उत्पीड़न का बोझ ढो रहे हैं···तेजी से बढ़ता राष्ट्रवादी भारत, भविष्य की ओर गतिशील भारत, के पास अतीत के अपने ऋण को पहचानने का समय नहीं है। यूरोपीय संघ को इस उपनिवेशवाद विरोधी बयानबाजी के लक्ष्य के रूप में, आसानी से देखा जा सकता है, केवल इसीलिए, क्योंकि अपने कुछ पितृसुलभ व्यवहार में यह एक स्थायी औपनिवेशिक मानसिकता को प्रदर्शित करता है।"

नुकसान पहुँचानेवाली कुछ घटनाएँ हुई हैं। भारत सरकार के दृष्टिकोण से, कुछ साल पहले तथाकथित 'मित्तल अफेयर' ने एक नस्लवादी दृष्टिकोण का प्रदर्शन किया। लक्ष्मी मित्तल[17], एक भारतीय टाइकून जो यूरोप में कई वर्षों से बसे हुए हैं, लेकिन उनके पास भारतीय पासपोर्ट है, ने यूरोप में मंदी के दौर में रोजगार पैदा किए, जो यूरोप के लिए बहुत आवश्यक था और यूरोपीय इस्पात उद्योग का नेतृत्व किया। हालाँकि मित्तल स्टील के सी.ई.ओ., लक्ष्मी मित्तल भारतीय थे, लेकिन उनकी कंपनी यूरोपीय थी। राजनीतिक नेतृत्व द्वारा जिस तरह से ओ.पी.ए. ('ऑफरे पब्लिके डि' चैट या अधिग्रहण बोली) पर, और यूरोपीय संघ के भीतर मीडिया, और आर्सेलर के प्रतिनिधियों द्वारा काररवाई की गई, उसने नस्लीय भेदभाव की भावना को बढ़ाया। मित्तल की भारतीय होने और 'शीर्ष आदेशक से' नहीं होने के कारण आलोचना की गई थी। दूसरी ओर भारत को लाफार्ज को भारतीय सीमेंट उद्योग का दिग्गज बनने देने में कोई आपत्ति नहीं थी। स्टील उद्योग में विपरीत परिदृश्य के साथ ऐसा क्यों नहीं हुआ? आर्सेलर के निर्देशकों में से एक की प्रतिक्रिया विशेष रूप से दुर्भाग्यपूर्ण थी जब उसने कहा कि इसका कारण यह था कि "आर्सेलर इत्र बनाता है जबकि मित्तल स्टील ओउ डे कोलोन बनाता है" (बी.बी.सी., 2006)। इस तरह की घोषणाओं को भारतीय प्रेस और जनमत द्वारा पूरी तरह से नस्लवादी करार दिया गया। तत्कालीन भारतीय वाणिज्य और उद्योग मंत्री कमलनाथ ने यूरोपियन कमीशन को चेतावनी दी कि बोली का विरोध विश्व व्यापार संगठन के मानदंडों का घोर उल्लंघन था। उन्होंने कहा कि मित्तल की फर्म, जैसे आर्सेलर, यूरोपियन कंपनियाँ थीं, जिन्हें चीन का विरोध करने के बजाय यूरोपीय इस्पात बाजार पर एकाधिकार करने के लिए एकजुट होना चाहिए (जाफरलॉट, 2006)।

उपरोक्त उदाहरण भारत की प्रमुख आवश्यकताओं के आधार पर, व्यावसायिक और व्यावसायिक साझेदारी को पुनर्जीवित करने में जारी कठिनाइयों को दरशाता है।

यूरोपीय संघ को अपनी शक्तियों के भीतर भारत की प्राथमिकताओं को संबोधित करने पर ध्यान केंद्रित करना चाहिए। इनमें बुनियादी ढाँचे और पर्यावरण संरक्षण के साथ-साथ जल प्रबंधन भी शामिल हो सकता है। पर्यावरणीय प्रश्नों के साथ-साथ इसकी तकनीकी क्षमताओं के प्रति यूरोपीय संवेदनशीलता को देखते हुए, स्पष्ट रूप से ये ऐसे क्षेत्र हैं, जिनमें यूरोप भारत की समस्याओं का समाधान प्रस्तुत कर सकता है। पुनः, भारत की आवश्यकताओं को, यूरोपीय संघ के बजाय यूरोपीय संघ के सदस्य देशों द्वारा समग्र रूप से संबोधित किया जा रहा है। इसी वित्तपोषित सफल परियोजना का एक उदाहरण है 'साफ पानी परियोजना' (स्वच्छ जल आपूर्ति), जिसका उद्देश्य सुरक्षित और स्थायी जल आपूर्ति के लिए भारत की प्राकृतिक जल प्रणालियों और उपचार विधियों में वृद्धि है। यूरोपीय विशेषज्ञता का उपयोग जल संसाधन प्रबंधन में सुधार लाने और विशेष रूप से पानी से भरे शहरी क्षेत्रों में पानी की आपूर्ति बढ़ाने के लिए किया जा रहा है। इसी प्रकार, 'स्वच्छ विकास और जलवायु परिवर्तन' पर यूरोपीय संघ की पहल पर्यावरणीय अनुभवों को साझा करने और उन विकल्पों की पहचान करने में मदद कर रही है, जिनका उपयोग भारत अपने नीतिगत ढाँचे के हिस्से के रूप में कर सकता है। इसमें खतरनाक अपशिष्ट, शहरी अपशिष्ट प्रबंधन, अपशिष्ट न्यूनीकरण और लैंडफिल पर यूरोपीय अनुभव और विशेषज्ञता तथा जैव विविधता और टिकाऊ वानिकी की सुरक्षा शामिल है।

(ग) नागरिक समाज वार्त्ता का पुनः आरंभ : इंडिया ई.यू. राउंड टेबल

क्या नागरिक समाज वार्त्ता विश्वास को फिर से स्थापित करने और रिश्ते को एक नई गतिशीलता प्रदान करने के लिए एक महत्त्वपूर्ण तत्त्व बन सकता है? यह पहली बार शिखर सम्मेलन की प्रक्रिया में, 2000 में पहले शिखर सम्मेलन के दौरान, नागरिक समाज वार्त्ता पर भारत-यूरोपीय संघ राउंड टेबल की स्थापना के माध्यम से शुरू हुई थी। दोनों तरफ सदस्यता में विविधता के बावजूद और एक बहुत व्यापक एजेंडा, जिसकी दोनों पक्षों में अकसर व्याख्या की गई थी, तथापि फोरम यूरोपीय संघ के भीतर नागरिक समाज की भूमिका, कामकाज और प्रभाव पर बेहतर समझ रखने में सक्षम रहा था। इसने ई.यू. की शासन के मुद्दों पर, भारत में नागरिक समाज की संरचना, एजेंडा और प्रभाव की बेहतर ढंग से सराहना की। यूरोपीय संघ के दृष्टिकोण से, भारतीय नागरिक समाज की सहायता करने के प्राथमिक उद्देश्य गरीबी उन्मूलन, सतत विकास और सुशासन रहे। जिससे बहस जटिल बनी वह था, इन मुद्दों को भारतीय संदर्भ में मानवाधिकारों के साथ जोड़ना। यह एक पक्षीय बातचीत थी, क्योंकि यूरोपीय संघ की ओर से किसी भी कथित नागरिक स्वतंत्रता के उल्लंघन पर कोई चर्चा नहीं हुई। राउंड टेबल ने ध्यान से चुने गए

विषयों के माध्यम से इन विवादास्पद मुद्दों पर बेहतर समझ बनाने की कोशिश की, जिससे इस प्रक्रिया को आगे ले जाने में मदद मिली। इसकी नौवीं बैठक में, हैदराबाद, भारत, में सितंबर 2005 में, 'बहुलवाद और विविधता' पर एक उत्तेजक चर्चा थी। इस शिखर सम्मेलन से पहले जून 2006 में वियना में दसवीं बैठक ऊर्जा, सामाजिक विकास और अल्पसंख्यकों पर केंद्रित थी।

राउंड टेबल, क्रिस पैटन, विदेश संबंध के लिए तत्कालीन यूरोपियन कमिश्नर और भारत के तत्कालीन विदेश मंत्री जसवंत सिंह के दिमाग की उपज थी। उम्मीद थी कि सहयोग के संभावित रास्ते तलाशने, सामान्य हित के मामलों पर बहस करने और यूरोपीय और भारतीय अधिकारियों के लिए सिफारिशें करने के लिए, इस तरह का एक मंच यूरोप और भारत के लोकतांत्रिक, गतिशील और बहुसांस्कृतिक नागरिक समाजों को एक साथ लाएगा। इसके गैर-सरकारी चरित्र ने, यह तय करने में कि कौन से विषय पर चर्चा करना चाहते हैं और अंतरसरकारी निकायों के बीच चर्चा किए गए मुद्दों से आगे जाने में, इसे अधिक विस्तार दिया। 30 सदस्यों के साथ, प्रत्येक पक्ष में 15 सदस्य थे, 15 यूरोपीय संघ के प्रतिनिधियों में पूरा ई.ई.एस.सी. (यूरोपीय आर्थिक और सामाजिक समिति) शामिल थी और ई.ई.एस.सी. अध्यक्ष द्वारा ई.यू. की अध्यक्षता की गई। चूँकि भारत में ई.ई.एस.सी. नहीं थी, अत: 15 भारतीय सदस्य व्यवसाय, उद्योग, ट्रेड यूनियनों, विश्वविद्यालयों और अनुसंधान केंद्रों, गैर-सरकारी संगठनों, मीडिया, भारतीय विदेश मंत्रालय के प्रतिनिधियों और पूर्व राजदूतों से लिये गए थे। राउंड टेबल की अध्यक्षता संयुक्त रूप से, यूरोपीय पक्ष के ई.ई.एस.सी. के अध्यक्ष ने और भारत की ओर से भारतीय प्रधानमंत्री द्वारा नामित सह-अध्यक्ष द्वारा की गई। एन.एन. वोहरा द्वारा, जो भारत के सबसे प्रतिष्ठित सिविल सर्वेंट्स में से एक थे, मई 2008 में जम्मू और कश्मीर के राज्यपाल के रूप में उनके नामांकन तक, राउंड टेबल की स्थापना के समय से इस पद को सँभाला गया था। उन्होंने जून 2008 में औपचारिक रूप से इस्तीफा दे दिया। उनकी जगह राजदूत चंद्रशेखर दासगुप्ता द्वारा ली गई, जो एक विशिष्ट राजनयिक और यूरोपीय संघ के एक पूर्व राजदूत थे।

कई कारकों के कारण, राउंड टेबल का 2009 में समापन हो गया। यह दुर्भाग्यपूर्ण था, क्योंकि इसने दोनों पक्षों में नागरिक समाज को जोड़ने में महत्त्वपूर्ण भूमिका निभाई और भारत से संबंधित मुद्दों, विशेष रूप से यूरोपीय संघ के सदस्य राष्ट्रों द्वारा, जिनके भारत के साथ मजबूत द्विपक्षीय या ऐतिहासिक संबंध नहीं थे, पर बेहतर समझ तैयार करने में योगदान दिया।

इस मामले में जून 2004 में कश्मीर का दौरा था। राउंड टेबल सदस्यों ने स्वतंत्र रूप से मीडिया, नागरिक समाज और असंतुष्टों के प्रतिनिधियों के साथ-साथ तत्कालीन

मुख्यमंत्री मुफ्ती मोहम्मद सईद, तत्कालीन राज्यपाल (दिवंगत जनरल सिन्हा), शिक्षाविदों, असंतुष्टों और वकीलों से मुलाकात की। इस यात्रा ने यूरोपीय संघ की ओर से शांति प्रक्रिया की गतिशीलता पर, जम्मू-कश्मीर में अलगाववादियों के विभाजनकारी एजेंडे और राज्य के लोगों की विकास, प्रगति और शांति की इच्छा पर बेहतर समझ विकसित करने में मदद की।

(घ) व्यक्ति-दर-व्यक्ति संपर्क

यूरोपीय संघ और कमीशन को भी, अधिक-से-अधिक छात्र प्रवाह प्रोत्साहित करने और शैक्षिक संबंधों को मजबूत करने की आवश्यकता है, जो वर्तमान में उस पूरी क्षमता को प्रतिबिंबित नहीं करते हैं, जिसके वे हकदार हैं। यूरोप में छात्रों के अधिक-से-अधिक प्रवाह से अंततः, दोनों पक्षों पर जनता की राय अधिक सकारात्मक और उत्तरदायी बनेगी। भारत 18 और 35 वर्ष की आयु के बीच 80% आबादीवाला एक युवा देश है। युवा भारतीय लचीले वीजा और वर्क परमिट, उदारपूर्वक वित्तपोषित छात्रवृत्ति और अधिक शैक्षिक अवसरों के कारण उच्च अध्ययन के लिए संयुक्त राज्य अमेरिका, ऑस्ट्रेलिया या सिंगापुर की यात्रा कर रहे हैं। यूरोपीय संघ और यूरोपीय संघ के अलग-अलग देश एक बंद दरवाजे के दृष्टिकोण को बनाए रखते हैं, जिसने यूरोपीय विश्वविद्यालयों में वस्तुतः भारतीय छात्रों को बंद कर दिया गया है। यह चीन के साथ उनकी नीति के विपरीत है। यूरोपीय संघ और कमीशन द्वारा प्रोत्साहित चीनी छात्र यूरोपीय विश्वविद्यालयों में तेजी से बहुतायत में जा रहे हैं।

यूरोपीय संघ को, उन प्रतिभाशाली युवा भारतीयों के एक विशाल पूल के माध्यम से, जो यूरोपीय विश्वविद्यालयों में शिक्षित हुए हैं, भारत में सकारात्मक जनमत के निर्माण द्वारा दीर्घकालिक लाभों को प्रतिबिंबित करने की आवश्यकता है। जब तक वीजा, वर्क परमिट और फंडिंग की सुविधा नहीं मिल जाती, तब तक भारतीय दूसरे गंतव्यों की यात्रा करते रहेंगे। यह एक महत्त्वपूर्ण साझेदारी में एक बड़ी अड़चन बनी हुई है। यह एक और कारण है कि भारत यूरोप की ओर अपनी पीठ मोड़ रहा है और अमेरिका की ओर देख रहा है। एक उदाहरण के रूप में, वर्तमान स्थिति में, अधिकांश यूरोपीय देशों में पढ़नेवाले भारतीय छात्रों को अपनी पढ़ाई पूरी करने के तुरंत बाद वापस लौटना पड़ता है। इसमें संबंधित छात्र के लिए गंभीर वित्तीय निहितार्थ हैं, जिन्हें वापसी से पहले छात्र-ऋण का भुगतान करने की आवश्यकता होती है। यूरोप में नौकरी खोजने के लिए एक स्नातक को अनुमति देने के लिए श्रम और आव्रजन कानूनों को बदलने के अलग फायदे होंगे। यह संवेदनशील विषय पर भारतीयों को एक स्पष्ट और सकारात्मक राजनीतिक संदेश

भेजेगा। इससे यूरोपीय कंपनियाँ अच्छी तरह से योग्य भारतीयों को नियुक्त कर पाएँगी, जो बाद में अपनी भारतीय सहायक कंपनियों में काम करने में सक्षम होंगे। यह यूरोपीय संघ के लिए भी फायदेमंद होगा, क्योंकि पूरे यूरोपीय संघ के क्षेत्र में उच्च योग्य पेशेवरों की भारी कमी है।

(ङ) संभव प्रतिक्रियाएँ

इन कई चुनौतियों का जवाब क्या हो सकता है? इसके लिए राजनीतिक के साथ गुडविल होने के साथ-साथ, एक-दूसरे की ताकत को पहचानना और दोनों तरफ एक निरंतर मीडिया अभियान की आवश्यकता है। यह संदेश प्रसारित किए जाने की आवश्यकता है कि एक उभरती बहु-ध्रुवीय दुनिया में, यूरोपीय संघ और भारत दो महत्त्वपूर्ण ध्रुव होंगे, जो पारदर्शी, लोकतांत्रिक और स्थिर वैश्विक व्यवस्था बनाए रखने के लिए आवश्यक हैं। यूरोपीय संघ की ओर से इस दिशा में बड़े प्रयासों की आवश्यकता है। एक ऐसे मध्यमवर्गीय जीवंत भारतीय, जो यूरोप की लगातार यात्रा करता है। को उनके देश में अकसर एक नकारात्मक निरूपण का सामना करना पड़ता है, भारतीय धारणाओं को तब तक बदलना मुश्किल होगा, जब तक कि यूरोप भारत के लिए अधिक यथार्थवादी और कम महत्त्वपूर्ण दृष्टिकोण नहीं लेता है। नागरिक समाज के संवाद का नवीनीकरण अत्यावश्यक है। उनके संबंधों की पूर्ण क्षमता को प्राप्त करने के लिए, यूरोपीय संघ और भारत को भी व्यापार वार्त्ता पर आगे बढ़ना चाहिए, संपूर्ण साझेदारी शिल्प की आलोचनात्मक और स्पष्ट समीक्षा करनी चाहिए, संवाद में अधिक हितधारकों-कानूनविदों और नागरिक समाज के सदस्यों से लेकर व्यापारिक नेताओं तक—जोड़ना चाहिए, और संयुक्त पहलों के लिए वित्तपोषण के स्रोतों को मजबूत करना चाहिए। अन्यथा, साझेदारी में ठहराव आने और राजनीतिक हाशिए पर चले जाने का खतरा है।

संदर्भ—

1. भविष्य के यू.के./ई.यू. संबंध के लिए कुछ वैकल्पिक मॉडल ये हैं :

   (1) **नॉर्वे मॉडल :** नॉर्वे यूरोपीय आर्थिक क्षेत्र (ई.ई.ए.) में है, लेकिन यूरोपीय संघ में नहीं है। उस दृष्टिकोण का अनुसरण करने का मतलब होगा कि यू.के. ई.यू. को छोड़ देगा, लेकिन ई.ई.ए. को गैर-यूरोपीय संघ के सदस्य राष्ट्र के रूप में शामिल करेगा। नॉर्वे मॉडल एक यूरोपीय संघ के सदस्य राष्ट्र होने के करीब है, क्योंकि एक देश वास्तव में यूरोपीय संघ में होने के बिना हो सकता है, और इस प्रकार यथास्थिति की तुलना में कम-से-कम परिवर्तन (और इसलिए जोखिम) की संभावना होगी। ई.ई.ए. की सदस्यता का मतलब होगा ब्रिटेन का एकल बाजार तक पहुँच जारी रखना। हालाँकि, ई.ई.ए. सदस्यता के लिए यू.के. को

महत्त्वपूर्ण रियायतें देने की आवश्यकता होगी। ई.ई.ए. देशों को अभी भी यूरोपीय संघ के बजट में योगदान करने की आवश्यकता है। आमतौर पर यूरोपीय संघ के एकल बाजार नियमों के साथ ही यूरोपीय संघ के कानून के कुछ अन्य पहलू हैं, जिनका पालन करना बाध्यकारी है, लेकिन बिना किसी औपचारिक वोट के या कहें कि उन नियमों को कैसे बनाया जाता है। विशेष रूप से, ई.ई.ए. देशों को यूरोपीय संघ के स्वतंत्र आवागमन के सिद्धांतों को स्वीकार करना होगा, जिसमें श्रमिकों का स्वतंत्र आवागमन भी शामिल हैं। ई.ई.ए. देशों के ई.यू. सीमा शुल्क संघ के बाहर होने के कारण, वे अन्य गैर-ई.यू. देशों के साथ यूरोपीय संघ के व्यापार सौदों से लाभ नहीं उठाते हैं, हालाँकि, कोरोलरी यह है कि वे अपनी खुद की ट्रेडिंग व्यवस्था में प्रवेश करने के लिए स्वतंत्र हैं। ई.ई.ए. देश यूरोपीय संघ की सामान्य कृषि और मत्स्य पालन नीतियों की सीमा में भी नहीं आते हैं।

(2) **बातचीत किया हुआ द्विपक्षीय समझौता :** यू.के. उन द्विपक्षीय व्यापार समझौतों को करने पर विचार कर सकता है, जो बातचीत के आधार पर एकल बाजार तक पहुँच की अनुमति देते हैं। कई अलग-अलग तरीके हो सकते हैं, और यू.के. और ई.यू. के बीच कोई भी समझौता संभवत: अद्वितीय होगा। हालाँकि, स्विट्जरलैंड और कनाडा के उदाहरण इस बात के उपयोगी उदाहरण प्रस्तुत करते हैं कि रिश्ता कैसा दिख सकता है। किसी भी द्विपक्षीय मॉडल के साथ चुनौती यह है कि समझौतों पर बातचीत करने में वर्षों लग सकते हैं (ई.यू.-कनाडा समझौते को अंतिम रूप देने में सात साल लगे)। वार्त्ता की अवधि, उनकी सफलता या विफलता का उल्लेख नहीं करते हुए, इसलिए यह काफी हद तक ब्रिटेन के साथ सौदा करने के लिए शेष यूरोपीय संघ के सदस्य राष्ट्रों की इच्छा पर निर्भर करेगा।

2. 2017 के आम चुनाव के बाद टिम फैरो जुलाई 2015 से जुलाई 2017 तक ब्रिटेन में लिबरल डेमोक्रेट्स के नेता थे। वह सर जॉन विंसेंट के उत्तराधिकारी थे। टिम फैरो ने ई.यू. के भीतर रहकर ब्रिटेन का समर्थन किया था।

3. हाउस ऑफ लॉर्ड्स ब्रिटेन की संसद् का दूसरा सदन है। यह स्वतंत्र है, और निर्वाचित हाउस ऑफ कॉमंस के काम का संपूरक है। लॉर्ड्स कानून बनाने और आकार देने का काम साझा करते हैं और सरकार के काम की जाँच करते हैं तथा उस पर आपत्ति उठाते हैं। हालाँकि, हाउस ऑफ कॉमंस सर्वोच्च है और लॉर्ड्स की सिफारिशों को अस्वीकार कर सकता है। द लॉर्ड्स की तीन मुख्य भूमिकाएँ हैं : कानून बनाना; सार्वजनिक नीति पर गहराई से विचार और सरकार का उत्तरदायित्व तय करना। सदस्य या 'पीर'ज' विभिन्न पेशेवर पृष्ठभूमि से आते हैं और रानी द्वारा नियुक्त किए जाते हैं।

4. मिशेल बार्नियर एक फ्रांसीसी राजनीतिज्ञ हैं, जो दिसंबर 2016 से ब्रेक्जिट के लिए यूरोपीय प्रमुख वार्त्ताकार के रूप में सेवाएँ दे रहे हैं। उन्होंने कई फ्रांसीसी कैबिनेट पदों पर कार्य किया है और यूरोपीय स्तर पर क्षेत्रीय नीति 1999-2004 के लिए यूरोपियन कमिश्नर और इंटरनल मार्केट और सर्विसेज 2010-2014 के लिए यूरोपियन कमिश्नर के रूप में भी कार्य किया है। वे यूरोपियन पीपुल्स पार्टी के उपाध्यक्ष रहे हैं (2010-2015)।

5. डोनाल्ड फ्रांसिसजेक टस्क एक पोलिश और यूरोपियन राजनेता और इतिहासकार हैं, जो 2014 से

यूरोपीय परिषद् के अध्यक्ष रहे हैं और 2017 में फिर से चुने गए हैं। पहले उन्होंने 2007 से 2014 तक पोलैंड के प्रधानमंत्री के रूप में कार्य किया और सिविल प्लेटफॉर्म राजनीतिक दल के सह-संस्थापक और अध्यक्ष थे।

6. गुड फ्राइडे एग्रीमेंट (जी.एफ.ए.) या बेलफास्ट समझौता 10 अप्रैल, 1998 को हस्ताक्षरित हुआ, यह 1990 के दशक की उत्तरी आयरलैंड शांति प्रक्रिया में एक प्रमुख राजनीतिक गतिविधि थी। इसने आयरलैंड में प्रोटेस्टेंट, कैथोलिक और यू.के. सरकार के बीच गृह युद्ध जैसी स्थिति को समाप्त कर दिया। इस समझौते ने उत्तरी आयरलैंड और आयरलैंड गणराज्य (बहु पार्टी समझौता) और आयरलैंड गणराज्य और यूनाइटेड किंगडम (ब्रिटिश-आयरिश समझौते) के बीच कई प्रथाओं का निर्माण किया। इसने यूनाइटेड किंगडम के भीतर उत्तरी आयरलैंड की सरकार की स्थिति और प्रणाली सहित प्रावधानों की एक जटिल शृंखला तैयार की। संप्रभुता, नागरिक और सांस्कृतिक अधिकार, हथियारों का विघटन, न्याय और पुलिसिंग कुछ प्रमुख मुद्दे थे।

7. यूरोपीय संघ की 'चार स्वतंत्रताएँ' सीमाओं पर माल, लोगों, सेवाओं और पूँजी के आवागमन की स्वतंत्रता है। ये प्रमुख सिद्धांत यूरोपीय संघ के दिल में स्थित हैं और एकल बाजार को रेखांकित करते हैं, जो मूल रूप से कॉमन मार्केट के रूप में जाने जाते हैं। यूरोपीय संघ की संधियों में निहित स्वतंत्रता का उद्देश्य व्यापार बाधाओं को दूर करना और यूरोपीय संघ के स्तर पर राष्ट्रीय नियमों का सामंजस्य बनाना है। ब्रेक्जिट के बाद के बयान में, यूरोपीय संघ प्रमुखों ने कहा, "एकल बाजार में प्रवेश के लिए सभी चारों स्वतंत्रताओं की स्वीकृति की आवश्यकता होती है।"

8. कैटेलोनिया अपने स्वयं के रीति-रिवाजों, कानूनों और भाषा के साथ इबेरियन प्रायद्वीप में स्थित है। 1938 में, स्पेन के जनरल फ्रांसिस्को फ्रेंको ने कैटलन अलगाववाद को नष्ट करने की योजना बनाई। ईब्रो स्पेन की लड़ाई में अपनी जीत के साथ कैटेलोनिया का नियंत्रण ले लिया। 1977 में, जब देश में लोकतंत्र लौटा, तब कैटेलोनिया को ऑटोनॉमी की डिग्री प्रदान की गई। मैड्रिड में संवैधानिक न्यायालय ने जब 2006 के स्वायत्त कानून के आधिपत्यवाले हिस्से को, यह कहते हुए अस्वीकार कर दिया कि स्पेन के भीतर कैटेलोनिया को एक राष्ट्र के रूप में मान्यता देने का कोई कानूनी आधार नहीं है, तो पूर्ण स्वतंत्रता की माँग जुलाई 2010 तक तेजी से बढ़ी। स्पेन में आर्थिक संकट ने केवल कैटलन स्वतंत्रता की माँग बढ़ाने के लिए काम किया है। यह स्पेन के सबसे धनी क्षेत्रों में से एक है, जिसका सकल घरेलू उत्पाद स्पेन का 19 प्रतिशत है।

9. निकोला स्टर्जन एक स्कॉटिश राजनेता हैं, जो वर्तमान और स्कॉटलैंड की पहली महिला प्रथम मंत्री हैं, स्कॉटिश नेशनल पार्टी (एस.एन.पी.) की नेता हैं, और 2014 से पद पर बनी हुई है। यूरोपीय संघ से बाहर निकलने पर 2016 के यू.के. जनमत संग्रह के बाद, स्टर्जन ने यूरोपीय एकल बाजार में स्कॉटलैंड के स्थान की रक्षा करने का आह्वान किया।

10. यूट्रेक्ट की संधियाँ, जिन्हें पीस ऑफ यूट्रेक्ट भी कहा जाता है, (अप्रैल 1713-सितंबर 1714) फ्रांस और अन्य यूरोपीय शक्तियों (11 अप्रैल, 1713 से 7 सितंबर, 1714) के बीच संधियों की एक शृंखला (एक दस्तावेज के बजाय) है और दूसरी शृंखला स्पेन और अन्य शक्तियों के बीच (13 जुलाई, 1713 से 26 जून, 1714) है, जिस पर उट्रेच के डच शहर में हस्ताक्षर हुए। इसने स्पैनिश उत्तराधिकार का युद्ध (1701-14) समाप्त किया। अंतरराष्ट्रीय राजनीति में अगले 20 वर्षों के लिए शक्ति संतुलन की यूरोपीय प्रणाली के आधार पर, यूट्रेक्ट पर समझौता हुआ।

11. ले टाउक्वेट संधि ग्रेट ब्रिटेन व उत्तरी आयरलैंड और फ्रांसीसी सरकार के बीच 'चैनल और उत्तरी सागर पर दोनों देशों के समुद्री बंदरगाहों पर सीमा नियंत्रण के कार्यान्वयन' के बारे में एक संधि है। इसका अनिवार्य रूप से यह अर्थ है कि यू.के. और फ्रांस दोनों ही प्राधिकारी समुद्री बंदरगाहों पर एक-दूसरे के क्षेत्र में आव्रजन नियंत्रण करने के हकदार हैं। 2004 में लागू होने से पहले 2003 में इसका गठन किया गया था। इसे ले टाउक्वेट संधि इसलिए कहा जाता है, क्योंकि इस पर पूर्व प्रधानमंत्री टोनी ब्लेयर और फ्रांस के पूर्व राष्ट्रपति जैकस चिरक द्वारा, उत्तरी फ्रांस में एक कम्यून ले टाउक्वेट, में एक शिखर सम्मेलन में हस्ताक्षर किए गए थे। फ्रांस में पोर्ट ऑफ डोवर में एक आव्रजन जाँच चौकी है, जहाँ अधिकारी कलाइस जानेवाले लोगों के पासपोर्ट की जाँच करते हैं। कलाइस में ब्रिटेन की एक चौकी है। ब्रेक्जिट के बाद इन व्यवस्थाओं की फिर से जाँच करने की आवश्यकता होगी।

12. रिपील बिल 1972 यूरोपीय समुदाय अधिनियम को निरस्त करेगा, जो ब्रिटेन को यूरोपीय संघ में ले गया और इसका मतलब यह था कि यूरोपीय कानून ने ब्रिटेन की संसद् में पारित कानूनों पर पूर्वता बरती। यह यूरोपीय न्यायालय के अधिकार क्षेत्र को भी समाप्त कर देगा। सभी मौजूदा यूरोपीय संघ के कानून को ब्रेक्जिट के बाद एक सुचारु परिवर्तन सुनिश्चित करने के लिए घरेलू यू.के. कानून में अनुकरण किया जाएगा। यूरोपीय संघ के नियमों और विनियमों की निरंतरता सुनिश्चित करने का मतलब यूरोपीय संघ के साथ व्यापार वार्त्ता की सहायता करना भी है, क्योंकि ब्रिटेन पहले से ही अपने सभी उत्पादों को पूरा करेगा। रिपील बिल का मतलब होगा कि ब्रिटेन अब यूरोपीय न्यायालय के अधिकार क्षेत्र से बाध्य नहीं है।

13. 'हेनरी VIII शक्तियाँ' ब्रिटेन के सिविल सर्वेंट्स और मंत्रियों को ब्रेक्जिट से पहले पर्याप्त संसदीय जाँच के बिना यूरोपीय संघ के कानून को बदलने की अनुमति देगा। सरकार कभी-कभी संसद् के अधिनियम बनने के बाद सरकार को निरस्त करने या उसमें संशोधन करने के लिए इस प्रावधान को एक विधेयक में जोड़ती है। यह प्रावधान प्राथमिक कानून को संसदीय जाँच के साथ या उसके बिना अधीनस्थ कानून द्वारा संशोधित या निरस्त करने में सक्षम बनाता है। इस तरह के प्रावधानों को हेनरी VIII क्लॉज के रूप में जाना जाता है, इसे 1539 के कानून की घोषणा का नाम दिया गया, जिसने किंग हेनरी VIII को उद्घोषणा द्वारा कानून बनाने की शक्तियाँ दीं।

14. 'द हिंदू' अंग्रेजी भाषा का एक भारतीय दैनिक समाचार-पत्र है, जिसका मुख्यालय भारत के चेन्नई में है। यह भारत में दूसरा सबसे अधिक प्रसारित अंग्रेजी भाषा का अखबार है और इसका दक्षिणी भारत में प्रसार का सबसे बड़ा आधार है। 'द हिंदू' ग्रुप के अखबार और अन्य प्रकाशनों का स्वामित्व एक पारिवारिक कंपनी, कस्तूरी एंड संस लिमिटेड के पास है। 1995 में 'द हिंदू' अपनी वेबसाइट शुरू करनेवाला भारत का पहला अखबार था।

15. वीरेंद्र कुमार शर्मा ब्रिटिश लेबर पार्टी के एक राजनेता और 2007 के बाद से ईलिंग साउथॉल के लिए संसद् सदस्य (सांसद) हैं। वह स्वास्थ्य, मानवाधिकार और अंतरराष्ट्रीय विकास पर संसदीय चुनिंदा समितियों के सदस्य हैं।

16. हेग में स्थित अंतरराष्ट्रीय आपराधिक न्यायालय (आई.सी.सी.), नरसंहार, युद्ध अपराधों और मानवता के खिलाफ अपराधों के अभियोजन के लिए अंतिम उपाय की अदालत है। इसकी संस्थापक संधि, रोम संविधि, 1 जुलाई, 2002 को लागू हुई। पिछले एक दशक में, अदालत ने

मानचित्र पर अंतरराष्ट्रीय न्याय को लागू करने में महत्त्वपूर्ण स्थान बनाया है। जून 2015 तक, आई.सी.सी. में 123 राष्ट्रों के पक्ष थे, इसने आठ देशों में जाँच शुरू की थी, और तीन फैसले जारी किए थे। हालाँकि, संयुक्त राज्य अमेरिका, रूसी संघ और चीन उन 5 देशों में से हैं, जो भारत सहित अधिकांश एशियाई देशों के साथ, रोम संविधि के हस्ताक्षरकर्ता नहीं हैं।

17. लक्ष्मी मित्तल यूरोप में रहनेवाले एक प्रमुख भारतीय 'स्टील मैग्नेट' हैं। वे आर्सेलर मित्तल के अध्यक्ष और सी.ई.ओ. हैं, जो दुनिया की सबसे बड़ी स्टील कंपनी है। वे आर्सेलर मित्तल के 38% के मालिक हैं और क्वींस पार्क रेंजर्स एफ.सी. में 34% की हिस्सेदारी रखते हैं। 2007 में, मित्तल यूनाइटेड किंगडम में एशियाई मूल के सबसे अमीर व्यक्ति थे। अपने भारतीय मूल के कारण उन्हें अकसर नस्लीय हमलों का सामना करना पड़ा। 2002 में ब्रिटेन में आठवें सबसे धनी व्यक्ति होने के बावजूद, उनके पास भारतीय नागरिकता है।

❑

अध्याय-7

शिखर सम्मेलन के स्तर परिणामों की समीक्षा

खंड 1 : प्रस्तावना

भारत और यूरोपीय संघ दोनों को ही उम्मीद थी कि उभरते बहुध्रुवीय विश्व में भारत और यूरोपीय संघ के वार्षिक सम्मेलन के परिणामस्वरूप दोनों के लिए ही एक लाभदायक रणनीतिक साझेदारी बनेगी, लेकिन कुछ ऐसी घटनाओं की वजह से उनकी उम्मीदों पर पानी फिर गया, जिसके बारे में दोनों पक्षों ने सोचा ही न था। जून 2000 में पहले शिखर सम्मेलन में किसी ने यह नहीं सोचा था कि 11 सितंबर, 2001 (9/11) को संयुक्त राज्य अमेरिका पर आतंकी हमला दुनिया को हमेशा के लिए बदलकर रख देगा। इस हमले ने अफगानिस्तान और पाकिस्तान के प्रति पश्चिम की नीति को मूलभूत रूप से बदल दिया। भारत के पड़ोस से निकलनवाले अंतरराष्ट्रीय आतंकवाद का मुकाबला करने के लिहाज से भारत की स्थिति महत्त्वपूर्ण है, जिसे देखते हुए दुनिया के सबसे बड़े लोकतंत्र भारत के प्रति अमेरिका की नए सिरे से दिलचस्पी ने दोनों देशों के संबंध को, रणनीतिक साझेदारी को बदल दिया और मौलिक रूप से उसे पुनर्परिभाषित किया। नया पश्चिमी फोकस और रणनीति नाटो बनाम रूसी संघ के प्रति पश्चिमी संबंध को पुनर्जीवित करेंगे। 9/11 के बाद मुंबई में भारत का अपना 26/11 (26 नवंबर, 2008) हुआ, नतीजतन भारत और यूरोपीय संघ दोनों द्वारा अपने एक के बाद एक वार्षिक सम्मेलनों में अपनी रणनीतिक भागीदारी को फिर से गढ़ा गया और उसे पुनर्परिभाषित किया गया।

सितंबर 2004 में हेग में पाँचवें शिखर सम्मेलन के दौरान यूरोपीय संघ के डच राष्ट्रपति की ओर से एक रणनीतिक साझेदारी की घोषणा के बाद द्विपक्षीय संबंधों में सकारात्मक विकास और पारस्परिक हितों के लिए बढ़ती गुंजाइश को देखते हुए यूरोपीय संघ को एक वैध उम्मीद थी कि पश्चिम के प्रति भारत में सामरिक और रणनीतिक

बदलाव आएगा। ज्यादातर भारतीय नीति निर्माताओं और विश्लेषकों को एशिया में एक प्रमुख रणनीतिक हैसियत से यूरोपीय संघ की भूमिका को लेकर संदेह था।

सचदेवा (2015) कहते हैं, "भारत सभी प्रमुख शक्तियों के साथ अपने संबंधों को मजबूती प्रदान करने की प्रक्रिया में है, लेकिन शायद भारत का सबसे कम देखा-परखा और अपेक्षाकृत कम विकसित संपर्क शक्ति का एक प्रमुख केंद्र यूरोप है।" क्या यह सटीक विश्लेषण है? विश्लेषकों का मानना था कि रणनीतिक सोच और संयुक्त राज्य अमेरिका की ओर तेजी से बढ़ने के मामले में यूरोप भारत की भूमिका को कम कर रहा है। कई भारतीय प्रबुद्ध मंडलों का मानना है कि भारत की प्रमुख सुरक्षा चुनौतियों, खासतौर पर चीन और पाकिस्तान से जुड़ी चुनौतियों को यूरोपीय संघ अपेक्षाकृत कम महत्त्व देता है।

यूरोपीय विश्लेषक थिएरी टार्डी (2009) ने इस बात पर सहमति व्यक्त करते हुए कहा, "एक क्षेत्र के रूप में विश्व राजनीति में यूरोप अपनी केंद्रीयता खो चुका है, संयुक्त राज्य अमेरिका और पूर्व सोवियत रूस के लिए इसका रणनीतिक महत्त्व कम हो गया है।" थिएरी सवाल उठाते हैं कि यूरोप को एक क्षेत्र के रूप में भारतीय कैसे देखते हैं, क्या एक 'सुरक्षा अभिनेता' के रूप में यूरोपीय संघ भारत के लिए कितना मायने रखता है और भारत की रणनीतिक सोच में यूरोप का कहीं कोई वजूद है भी या नहीं? क्रिस्टोफ जाफरलॉट (2009) कहते हैं, "भारत अभी तक यूरोप को किसी भी महत्त्वपूर्ण राजनीतिक, सुरक्षा या सामाजिक नजरिए से फिर से आविष्कृत नहीं कर सका है।" जाफरलॉट कहते हैं कि इसी तरह "यूरोपीय संघ खुद को राजनीतिक, सैन्य, सांस्कृतिक, सामाजिक और यहाँ तक कि आर्थिक दृष्टि से एक वास्तविक शक्ति के रूप में अपना दावा पेश नहीं करता है, तब तक उसके और अधिक हाशिए पर जाने का जोखिम बना रहेगा।"

पाँचवें शिखर सम्मेलन के बाद हुए कई शिखर सम्मेलन इस मुद्दे पर प्रभावी ढंग से काम करने में विफल रहे। जब दिल्ली के एक वैचारिक संस्थान 'फाउंडेशन फॉर नेशनल सिक्योरिटी रिसर्च', ने 2011 में भारत के प्रमुख रणनीतिक साझेदारों का तुलनात्मक मूल्यांकन किया तो यूरोपीय संघ को सूची में शामिल नहीं किया, हालाँकि ब्रिटेन, फ्रांस और जर्मनी उसकी सूची में शामिल थे!

चैथम हाउस (2006) के अध्ययन ने यूरोप के बारे में भारतीय विचारों को संक्षेप में निम्नलिखित के रूप में प्रस्तुत किया :

- यूरोप किसी भी रणनीतिक राजनीतिक दृष्टि को जाहिर करने में विफल रहा है, खासकर सैन्य दृष्टि से;

- द्विपक्षीय रिश्तों के आगे बढ़ाने के पक्ष में यूरोप बँटा हुआ है;
- भारत के मौजूदा प्रमुख रणनीतिक हित यूरोप के पक्ष में नहीं हैं।

जाने-माने भारत के राजनीतिक टिप्पणीकार राजा मोहन (2006) कहते हैं : "यूरोप के साथ भारत के संबंध इस तथ्य के कारण सीमाबद्ध रहे हैं कि नई दिल्ली की नजर में वैश्विक राजनीति में यूरोप की भूमिका बहुत खास नहीं है।" जैसा कि पोहल (2012) ने दलील दी, "प्रत्येक पक्ष परस्पर साझेदारी से बाहर आने की उम्मीद में केवल आंशिक रूप से आड़ में रहते हैं...दोनों सामान्य उद्देश्यों को साझा करते हैं, लेकिन ये विवरण और वितरण की तुलना में वैश्विक क्रम के सामान्य सिद्धांतों से जुड़े हुए हैं।"

यूरोपीय संघ के आग्रह में चीन भी एक कारक है, "चीन यूरोपीय संघ का पसंदीदा साझेदार बना हुआ है" (गुनार विएगैंड, एशिया पेसिफिक, यूरोपियन एक्सटर्नल एक्शन सर्विस, नई दिल्ली, नवंबर 2016)। जुलाई 2016 में यूरोपीय संघ के उच्च प्रतिनिधि और यूरोपीय आयोग के संयुक्त संचार के स्वत्वाधिकारी तत्त्व ने चीन के साथ यूरोपीय संघ की एक नई रणनीति के मद्देनजर परिषद् ने निष्कर्ष निकाला कि आनेवाले वर्षों में चीन के साथ यूरोपीय संघ संपर्क के लिए नीतिगत रूपरेखा पेश की जाए और चीन बनाम भारत के विषय में निरंतर पूर्वग्रहों का खुलासा करे। इसमें कहा गया है, "चीन को लेकर यूरोपीय संघ की रणनीति स्वयं यूरोपीय संघ के हितों के साथ सर्वव्यापी मूल्यों को बढ़ावा देती है; यह अंतरराष्ट्रीय प्रणाली में चीन के लिए एक वर्धित भूमिका को परिभाषित करने में मदद करता है और इसकी आवश्यकता को पहचानता है तथा साझेदारी के सकारात्मक एजेंडे पर आधारित है।"

भारतीय नीति का निर्माण करनेवाला अभिजात वर्ग रणनीतिक साझेदारी के लाभों को लेकर सवाल उठाता रहता है। प्यू रिसर्च सेंटर की ओर से दृष्टिकोण संबंधी सर्वेक्षण (2014) से पता चलता है कि शहरी भारत का अधिकांश संयुक्त राज्य अमेरिका के प्रति अनुकूल दृष्टिकोण (58%) और अमेरिकियों के प्रति सकारात्मक राय (57%) रखता था। रूस के बारे में 49% भारतीय अनुकूल विचार रखते हैं तो 45% भारतीयों ने जापान के प्रति अनुकूल नजरिया दिखाया। यूरोपीय संघ के सदस्य राज्यों के लिए रेटिंग 2% से कम थी, जबकि 40% से अधिक भारतीयों की यूरोपीय संघ के बारे में कोई राय नहीं थी! 25% भारतीयों में यूरोपीय संघ के बारे में प्रतिकूल भावनाएँ थीं।

चार्ट 3 : अन्य देशों के प्रति भारतीय नजरिया

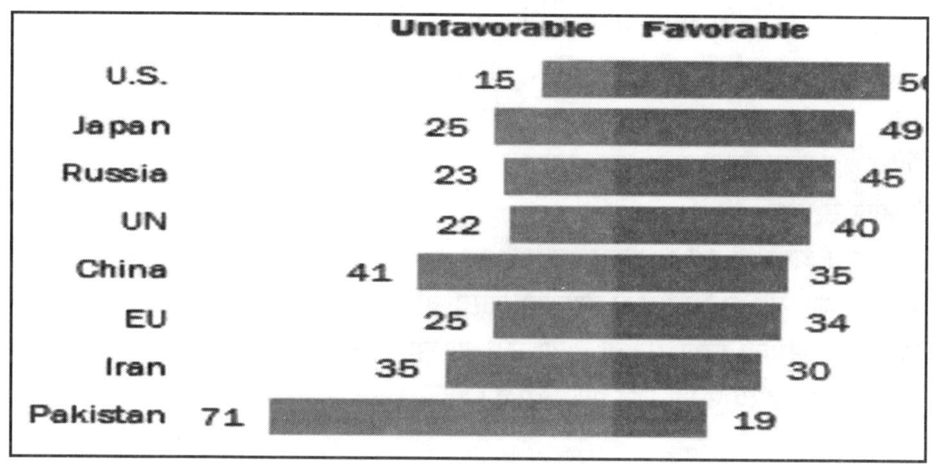

स्रोत : प्यू रिसर्च सेंटर, 2014

3 नवंबर, 2016 को नई दिल्ली में एक प्रतिबंधित यूरोपीय संघ/विदेश मंत्रालय के विचार मंथन सत्र में, तत्कालीन सचिव (पश्चिम), सुजाता मेहता ने कहा कि 'यूरोपीय संघ के सी. एफ.एस.पी. और विशिष्ट सदस्य देशों की विदेश नीति के बीच निरंतर और रचनात्मक तनाव' को देखते हुए भारत सम्मिलित, पारदर्शी वैश्विक शासन में विश्वास करता है और भारत के साथ अपने संबंधों में बदलाव के लिए यूरोपीय संघ की ओर देखता है। उन्होंने कहा कि अब इस साझेदारी को अलग-अलग तरीकों से लागू करने का समय आ गया है, जिसमें हिंद महासागर क्षेत्र में सुरक्षा जैसे क्षेत्रीय स्थितियों पर सहयोग और समुद्री बातचीत के माध्यम से समुद्री डकैती से जुड़े खतरों की चर्चा शामिल है। उनके महत्त्व के बारे में उनका सुझाव था कि भारत और यूरोपीय संघ भी 'कट्टरता से मुकाबला' पर सहयोग कर सकते हैं, जहाँ दोनों एक जैसे खतरे का सामना कर रहे हैं।

यूरोपीय संघ के राजदूत कोजलोव्स्की[1] ने जोर देकर कहा कि जब दोनों पक्ष बहुपक्षीय, नियम आधारित, अंतरराष्ट्रीय प्रणाली के लिए प्रतिबद्ध थे, तो मुद्दा यह था कि इसे आम हितों की पहचान में कैसे बदला जाए। उन्होंने कहा कि यूरोपीय संघ की नई वैश्विक रणनीति; जो एक स्पष्ट समझ पर आधारित थी और सुरक्षा के उभरते खतरे, जो रणनीतिक साझेदारी को एक नई गति दे सकते हैं; का उल्लेख 'ईयू ग्लोबल पॉलिसी इनिशिएटिव' के रूप में जून 2015 में यूनियन फॉर फॉरेन अफेयर्स एंड सिक्योरिटी पॉलिसी के उच्च प्रतिनिधि फेडरिका मोगेरिनिटो ने यूरोपीय संघ के सदस्य देशों से किया है। कट्टरतावाद से मुकाबला भावी सहयोग के मद्देनजर एक नया और महत्त्वपूर्ण क्षेत्र था। इसका निहितार्थ साफ था। यूरोपीय संघ की वैश्विक रणनीति संबंधों को एक नई गति प्रदान करेगी। इस

संदर्भ में राजदूत कोजलोव्स्की की निष्कर्षपूर्ण टिप्पणी मायने रखती थी। उनका सुझाव था कि यूरोपीय संघ और भारत अपने सहयोग क्षेत्र के विस्तार और उसे मजबूत करने का कोई तरीका खोज सकते हैं और इस जटिल और प्रतिस्पर्धात्मक दुनिया में बेहतरी के लिए एक बड़ी ताकत बनकर उभर सकते हैं, न केवल अपने संकीर्ण हितों की रक्षा के लिए, बल्कि वैश्विक सार्वजनिक वस्तुओं के निर्माण और उनके विस्तार के लिए; जो उनकी सुरक्षा के लिहाज से जरूरी भी हैं।

जूरी अभी भी इस बात से बेखबर है कि अंतरराष्ट्रीय शांति और सुरक्षा से जुड़े मुद्दों पर यूरोपीय संघ की वैश्विक रणनीति भारत और यूरोपीय संघ को एक साथ लाने में महत्त्वपूर्ण भूमिका निभा सकती है या नहीं, खासकर वहाँ, जहाँ द्विपक्षीय ही नहीं, बल्कि राष्ट्र संघ के जरिए उनके हित एक जैसे हैं।

खंड 2 : व्यावहारिकता बनाम विचारधारा : शिखर सम्मेलन की प्रक्रिया में यूरोपीय संघ की वैश्विक रणनीति का प्रभाव

एक-दो साल के प्रोजेक्ट को तैयार करने, रणनीति की घोषणा करने का समय दुर्भाग्यपूर्ण था, जैसा कि 28 जून, 2016 को ब्रुसेल्स में यूरोपीय संघ के शिखर सम्मेलन में हुआ, जिसे ब्रेक्जिट के प्रभाव पर चर्चा करने के लिए बुलाया गया था। साठ पृष्ठ का एक गंभीरता से लिखा गया दस्तावेज, जो चर्चा और बहस से लाभान्वित होता, बिना बहस के अपनाया गया।

उच्च प्रतिनिधि के परिचय के कारण नेताओं को रुककर और सोचना चाहिए, "हमारे संघ के उद्‌देश्य, यहाँ तक कि अस्तित्व पर भी सवाल उठाया जा रहा है। फिर भी हमारे नागरिकों और दुनिया को, इससे पहले कभी न मिला, ऐसे एक मजबूत यूरोपीय संघ की आवश्यकता है। ऐसे चुनौतीपूर्ण समय में मजबूत संघ वह है, जो रणनीतिक रूप से सोचता हो, एक नजरिए को साझा करे और साथ मिलकर कार्य करता हो। ब्रिटिश जनमत संग्रह के बावजूद यह एक सच्चाई है। यह समय अनिश्चितता का नहीं है : हमारे संघ को एक रणनीति की आवश्यकता है। हमें एक साझा विजन और कॉमन एक्शन चाहिए।"

उच्च प्रतिनिधि द्वारा दक्षिणी और पूर्वी पड़ोस में बिगड़ते भू-राजनीतिक माहौल के साथ-साथ उप-सहारा अफ्रीका, मध्य एशिया और सुदूर पूर्व जैसे 'रणनीतिक दूरी' वाले क्षेत्रों में राजनीतिक-सुरक्षा अशांति के मद्‌देनजर यूरोपीय संघ की सुरक्षा पर पड़नेवाले प्रभाव पर आगे बढ़कर बोलना एक साहसिक प्रयास था। इन चुनौतियों के संदर्भ में इरादा नई रणनीति की आवश्यकता को दोहराने और 2003 की यूरोपीय सुरक्षा रणनीति से पहलेवाले द्वीपीय और क्षेत्रीय दृष्टिकोण से आगे बढ़ने का था, "यूरोप कभी भी इतना समृद्ध, इतना सुरक्षित या

इतना स्वतंत्र नहीं रहा है।" (फ्रंटिनी, 2016) दुर्भाग्य से ब्रेक्जिट बहस के शोर में यह प्रयास गुम हो गया था।

रणनीति सचेतनता के आह्वान की होनी चाहिए, क्योंकि यह कम और बढ़ी हुई महत्त्वाकांक्षा के बीच एक बेहतर संतुलन बनाती है। इसने परिवर्तन के एक वैचारिक नजरिए, जो अंतरराष्ट्रीय व्यवस्था की वास्तविकता का सहारा नहीं लेता है, के बजाय यूरोपीय संघ के 'सैद्धांतिक यथार्थवाद' की अवधारणा को स्थापित किया है। इसके विशिष्ट महत्त्व को एगमॉन्ट इंस्टीट्यूट के सेवेन विशप ने रेखांकित करते हुए कहा है, लोकतंत्र को बढ़ावा देनेवाली बड़बोलेपन की भाषा सुनने को नहीं मिलती। विशिष्ट देशों के विशिष्ट रणनीतिक नजरिए पर जोर दिया जाना स्वागतयोग्य है।

दुर्भाग्यवश, नीतिगत स्तर पर महत्त्वाकांक्षी प्रस्ताव, जिनमें काररवाई के लिए सिफारिशें शामिल हैं, कार्यान्वयन के लिए बहुत पर्याप्त नहीं थे। ब्रेक्जिट से दो-दो हाथ करने और इसके संभावित परिणाम, ट्रंप के राष्ट्रपतित्वकाल के साथ ट्रांस-अटलांटिक गठबंधन के साथ ही यूरोप के भीतर दक्षिणपंथी ताकतों के उदय का मुकाबला करने जैसी विवादास्पद समस्याजनित कई चुनौतियों का सामना कर रहा था। यूरोपीय संघ के अन्यमनस्क नेतृत्व ने इस महत्त्वपूर्ण रणनीतिक दस्तावेज पर ध्यान नहीं दिया, जिस पर बहुत ही गंभीरता के साथ ध्यान देना उचित था। समय अनुकूल नहीं था। यह बड़ा दुर्भाग्यपूर्ण था। यूरोपीय संघ को पटरी पर लाने की कोशिश नहीं करने के लिए शायद ही कोई मोगेरिनी और उसकी टीम को दोषी ठहरा सकता है। अंतिम विश्लेषण में, यूरोपीय संघ को इस दस्तावेज को ध्यान से देखना जरूरी है, क्योंकि लंबे समय के बाद यह यूरोपीय संघ की ताकत और कमजोरियों का एक ईमानदार पुनर्मूल्यांकन करता है और व्यावहारिकता और यथार्थवाद द्वारा विचारधारा को बदलने के लिए एक पुनर्प्रयास करता है।

खंड 3 : छठे से बारहवें शिखर सम्मेलन का आलोचनात्मक मूल्यांकन

साझेदारी के एक ईमानदार मूल्यांकन के लिए बाकी तमाम शिखर सम्मेलनों का एक आलोचनात्मक मूल्यांकन अनिवार्य है। लिस्बन संधि के युग के बाद रणनीतिक साझेदारी के विकास पर ध्यान केंद्रित रहेगा, जिसमें संबंधों को जारी रखने के मद्देनजर चुनौतियों के समाधान के उपायों के बारे में सुझाव दिए गए हैं। विवरण उन शिखर सम्मेलनों के अलग-अलग महत्त्व का विश्लेषण का प्रयास करती है। दोनों पक्षों के प्रमुखों के बीच बैठकों के राजनीतिक आयामों को छोड़ दिया जाए तो कुछ सम्मेलनों का कोई विशेष महत्त्व नहीं था। अन्य कुछ सम्मेलनों के कुछ महत्त्वपूर्ण नतीजे देखने को मिले थे, जिनका सावधानीपूर्वक विश्लेषण जरूरी है।

(क) छठा भारत-यूरोपीय संघ शिखर सम्मेलन– नई दिल्ली, सितंबर 2005

7 सितंबर, 2005 को आयोजित छठे शिखर सम्मेलन का महत्त्व इस तथ्य में था कि नई दिल्ली में भारतीय और यूरोपीय संघ के नेतृत्व के बीच यह पहली शिखर बैठक थी, जिसमें यूरोपीय संघ के विस्तार के बाद भारत और यूरोपीय संघ ने रणनीतिक साझेदार पर हस्ताक्षर किए (हेग, 2004)। इसके मुख्य आकर्षण में भारत–यूरोपीय संघ के रणनीतिक साझेदारी के लिए रोडमैप तैयार करने के लिए एक व्यापक संयुक्त कार्य योजना के मुद्दे पर दोनों पक्षों का समर्थन था, जिसकी समीक्षा अगले शिखर सम्मेलन में की जाएगी। इस पर भी सहमति हुई कि प्रत्येक वार्षिक शिखर सम्मेलन में संयुक्त कार्य योजना के कार्यान्वयन में प्रगति पर एक रिपोर्ट प्रस्तुत की जाएगी।

राजनीतिक घोषणा में दोहराव था और मौलिक मूल्य से अछूता था। रणनीतिक साझेदार के रूप में ठोस संवाद और जुड़ाव के जरिए समान साझेदारी के कई 'मंत्रों' को बार–बार दोहराया गया। भारत की ओर से पक्ष के जोरदार दबाव में अनिच्छा से ही सही, यूरोपीय संघ अंतरराष्ट्रीय शांति और सुरक्षा के सबसे गंभीर खतरों के मद्देनजर कार्य योजना का गठन करने को सहमत हो गया। भारतीय परिप्रेक्ष्य से एक अधिक महत्त्वपूर्ण नतीजा यह सामने आया कि आतंकवाद का मुकाबला करने के लिए भारत और यूरोपीय संघ के बीच एक संयोजनक के गठन के मुद्दे पर समझौता हुआ। इस्तेमाल होनेवाली शब्दावली पर लंबे समय तक बातचीत के बाद दोनों पक्ष वैश्विक और क्षेत्रीय सुरक्षा मुद्दे, निरस्त्रीकरण और अप्रसार पर भारत और यूरोपीय संघ के बीच सुरक्षा संवाद स्थापित करने पर भी सहमत हुए।

आर्थिक और व्यापार के मुद्दों पर द्विपक्षीय आर्थिक प्रवाह को बढ़ाने के तरीकों का पता लगाने के लिए एक उच्च स्तरीय व्यापार समूह का गठन किया गया, जिसमें व्यापक व्यापार और निवेश समझौते पर द्विपक्षीय वार्त्ता शुरू होने की संभावना पर चर्चा शामिल है। यह विडंबना है कि 2005 में शुरू की गई इन वार्त्ताओं का निष्कर्ष निकलना अभी बाकी है! अगर मौलिक नजरिए से देखा जाए तो इससे कुछ खास हासिल नहीं हुआ, लेकिन भविष्य के मद्देनजर एक रोडमैप जरूर स्थापित हो गया है।

(ख) सातवाँ भारत-यूरोपीय संघ शिखर सम्मेलन– हेलसिंकी, अक्तूबर 2006

13 अक्तूबर, 2006 को हेलसिंकी, फिनलैंड में आयोजित सातवें भारत–यूरोपीय संघ के शिखर सम्मेलन की शुरुआत एक सकारात्मक टिप्पणी से इस उम्मीद में हुई कि एक सुधारवादी भारतीय प्रधानमंत्री डॉ. सिंह, जो खुद एक जानेमाने अर्थशास्त्री हैं, के रहते

द्विपक्षीय व्यापार और निवेश के मद्देनजर समझौते पर बातचीत का नतीजा द्रुत और संतोषजनक होगा। प्रेरणादायक उद्घाटन भाषण में डॉ. सिंह ने इस बात पर जोर दिया, "रणनीतिक साझेदारी को ठोस आकार देने और यूरोपीय संघ के साथ बातचीत में तेजी लाने" के मद्देनजर भारत की विदेश नीति में प्राथमिकता बनी रहेगी। भारत की ओर से व्यापक 'व्यापार और निवेश समझौते' के लिए वार्त्ता की शुरुआत का स्वागत है। उन्होंने उम्मीद जताई कि 'रिपोर्ट में उल्लेख' के अनुरूप दो साल के भीतर बातचीत पूरी होगी और '90% की शुल्क सीमा और व्यापार की मात्रा' को शामिल किया जाएगा। उभरते वैश्विक आर्थिक संकट की वास्तविकता के मद्देनजर यह उम्मीद पूरी नहीं हुई। उन्होंने उम्मीद जताई कि 'रिपोर्ट द्वारा परिकल्पित' के अनुसार, बातचीत दो साल के भीतर पूरी होगी और 90% टैरिफ लाइनों और व्यापार की मात्रा को कवर किया जाएगा। ये उम्मीदें एक उभरते वैश्विक आर्थिक संकट की वास्तविकता से जुड़ी थीं। इस व्याख्यान का एक महत्त्वपूर्ण तत्त्व भारतीय दृष्टिकोण से बहु-ध्रुवीयता की पुनर्व्याख्या थी।

भारतीय दृष्टिकोण से बहु-ध्रुवीयता की पुनर्व्याख्या

डॉ. सिंह ने आशा व्यक्त की कि यह नई व्यवस्था 'विस्तृत' और 'न्यायसंगत विभाजन' को सुविधाजनक बनाने में सक्षम होगी; ताकि 'गरीबी, वंचना और असमानता की वैश्विक समस्याओं' का समाधान किया जा सके। भारतीय प्रधानमंत्री ने कहा कि उच्च आर्थिक विकास और व्यापक शासन के साथ भारतीय लोकतंत्र ने भारत को यूरोपीय संघ, जो जिब्राल्टर से मलक्का जलडमरूमध्य क्षेत्र में फैला है, का एक अद्वितीय साझेदार बनाया है। भारतीय नीति निर्माताओं की सामयिक आलोचना के लिए उन्होंने कहा कि यूरोपीय संघ में एकीकृत विदेश और रक्षा नीति के अभाव भारत की वैश्विक दृष्टि को नकारात्मक रूप से उसी तरह प्रभावित करेगी, जैसा कि एशिया के साथ यूरोपीय संघ का जुड़ाव भारत के बगैर अधूरा ही होगा। उन्होंने अपने मध्यस्थों से वैश्वीकरण, आतंकवाद, प्रसार, ऊर्जा और पर्यावरण जैसी प्रमुख समस्याओं के समाधान के लिए भारत के साथ मिल कर काम करने का आग्रह किया। उन्होंने वैश्विक स्तर पर आतंकवाद से लड़ने के लिए अंतरराष्ट्रीय सहयोग को मजबूत करने का आह्वान किया, क्योंकि यह लोकतांत्रिक, उन्मुक्त और बहुलवादी देशों के लिए सबसे गंभीर खतरा बना हुआ है।

इस शिखर सम्मेलन के महत्त्वपूर्ण योगदानकर्ताओं में भारत ने दक्षिण एशियाई क्षेत्रीय

सहयोग संगठन (सार्क) में पर्यवेक्षक का दर्जा पाने के लिए यूरोपीय संघ के आवेदन का समर्थन किया था। 14वें सार्क शिखर सम्मेलन में पर्यवेक्षक के रूप में भाग लेने के लिए यूरोपीय संघ को आमंत्रित किया गया था, जिसका आयोजन 4 अप्रैल, 2007 को नई दिल्ली में हुआ था। दोनों पक्ष इस बात पर सहमत हुए कि भारत और यूरोपीय संघ संयुक्त राष्ट्र मानवाधिकार परिषद्[2] और संयुक्त राष्ट्र शांति निर्माण आयोग[3] की स्थापना के लिए मिलकर काम करेंगे। आज भारत और यूरोपीय संघ मानवाधिकार परिषद् के विचार-विमर्श में महत्त्वपूर्ण भूमिका निभाते हैं। नियमित रूप से मानवाधिकार विचार-विमर्श के लिए समझौता, जिसकी पहली बैठक 1 मार्च, 2004 को नई दिल्ली में हुई थी।

शिखर सम्मेलन को सहायक संस्थाओं की गतिविधियों के बारे में प्रतिक्रिया मिली। भारत और यूरोपीय संघ ने पहले से ही अंतरराष्ट्रीय आतंकवाद का मुकाबला करने के लिए एक कार्यदल का गठन किया था। शिखर सम्मेलन से पहले यूरोपीय संघ के आतंकवाद-रोधी संयोजक ने अक्तूबर 2006 में अपने भारतीय समकक्ष के साथ संपर्क स्थापित करने और एक एजेंडा को आगे बढ़ाने के मद्देनजर नई दिल्ली का दौरा किया, जिसमें 'हवाला'[4] के माध्यम से मनी लॉन्ड्रिंग और आतंकवाद की आर्थिक मदद को शामिल किया जाएगा।

शिखर सम्मेलन से पहले जून 2006 में नई दिल्ली में दसवीं बैठक में वाणिज्य मामलों पर भारत-यूरोपीय संघ के संयुक्त कार्यकारी समूह ने भारत और यूरोपीय संघ के बीच व्यापार के मद्देनजर यात्रियों के सुचारू रूप से आवाजाही में आनेवाली अड़चनों को सूचीबद्ध करने का प्रयास किया था। इसका लक्ष्य यह था कि अगर संभव हो तो दोनों ओर से फास्ट ट्रैक बिजनेस वीजा प्रक्रिया स्थापित की जाए। चूँकि अंतरराष्ट्रीय प्रवासन शासन-प्रणाली के लिए बहुपक्षीय रूपरेखा को कभी नहीं रखा गया था, इसलिए प्रवासन के मुद्दे और वीजा नीति पर नए सिरे से वार्त्ता का पहला दौर जून 2006 में ब्रुसेल्स में शुरू हुआ। इसका उद्देश्य दोनों पक्षों की ओर से अधिक-से-अधिक व्यापार प्रवाह की सुविधा प्रदान करने के मद्देनजर पारस्परिक रूप से स्वीकार्य रूपरेखा की दिशा में काम करना था। विशुद्ध रूप से रोजगार के संदर्भ से आपसी हित को देखने के प्रयास किए गए, जो कि यूरोपीय संघ की प्राथमिकता थी। बाद के शिखर सम्मेलन इस समस्या को हल करने में विफल रहे, जो कि अब ठंडे बस्ते में चला गया।

आर्थिक मोर्चे पर जुलाई 2006 में फार्मास्यूटिकल और बायोटेक्नोलॉजी के मुद्दे पर कार्यकारी समूह की पहली बैठक में भारतीय पारंपरिक चिकित्सा पद्धति आयुर्वेद[5] को यूरोपीय मान्यता की घोषणा करते हुए विशेष संदर्भ को निरूपित किया गया था। 15 मई, 2006 को लंदन में आयुर्वेद पर एक विशेषज्ञ यूरोपीय के साथ एजेंसी फॉर इवेल्यूएशन ऑफ

मेडिसिनल प्रोडक्ट्स (ई.एम.ई.ए.) की बैठक आयोजित की गई थी। अक्तूबर 2005 में ब्रुसेल्स में सूचना और संचार प्रौद्योगिकी पर भारत–यूरोपीय संघ के कार्यकारी समूह ने अपनी चौथी बैठक आयोजित की—इसमें पाया गया कि यूरोपीय (जी.ई.ए.एन.टी.2[6]) और भारतीय (ई.आर.एन.ई.टी.)[7] के बीच उच्च गति अनुसंधान नेटवर्क की कनेक्टिविटी चालू हो गई थी।

6 दिसंबर, 2005 को संयोजन ऊर्जा से संबंधित आई.टी.ई.आर. प्रोजेक्ट में भारत की औपचारिक साझेदारी में यूरोपीय संघ का पूरा समर्थन एक महत्त्वपूर्ण कदम था। भारत–यूरोपीय संघ ऊर्जा पैनल की दूसरी बैठक अप्रैल 2006 में हुई। यह तीन कार्य समूह संयोजन/आई.टी.ई.आर., कोयला और स्वच्छ कोयला प्रौद्योगिकी तथा नवीकरणीय ऊर्जा व ऊर्जा दक्षता के वरिष्ठ आधिकारिक स्तर पर पहली बैठकों से पहले हुआ था।

'व्यापार और निवेश' के मुद्दों पर उच्च स्तरीय व्यापार समूह ने अपनी रिपोर्ट में व्यापार में आनेवाली अड़चनों पर काबू पाने सहित पारस्परिक हितकारी व्यापार और निवेश को बढ़ावा देने के बारे में सिफारिशें पेश की थीं। नतीजतन, 'तकनीकी बाधाओं पर व्यापार और स्वच्छता तथा कृषि संबंधी स्वच्छता के मुद्दों' पर कार्यदल की स्थापना की गई और जुलाई 2006 में नई दिल्ली में इसकी पहली बैठक हुई, जिसमें आम सहमति से एजेंडा तय किया गया। यूरोपीय संघ की ओर से यूरोपीय व्यापार परिसंघ (सी.ई.बी./यू.एन.आई.सी.ई.)[8] और भारत की ओर से दो प्रमुख चेंबरों; भारतीय उद्योग परिसंघ (सी.आई.आई.) और भारतीय वाणिज्य और उद्योग महासंघ (फिक्की) की अगुआई में भारतीय यूरोपीय संघ सी.ई.ओ. गोलमेज की स्थापना की। यह बेहतरीन पहल व्यापार और वाणिज्य साझेदारी के कठिन मुद्दों पर नई जमीन तैयार करने में सक्षम रही।

इस शिखर सम्मेलन का चरम बिंदु दूरदर्शी भारतीय प्रधानमंत्री डॉ. सिंह द्वारा प्रदर्शित नेतृत्व और निर्देशन में उत्पन्न हुआ। भविष्य में होनेवाले शिखर सम्मेलनों के लिए भी यह अच्छी जमीन तैयार करेगा।

(ग) आठवाँ भारत-यूरोपीय संघ शिखर सम्मेलन—नई दिल्ली, नवंबर 2007

भारत की स्वतंत्रता की 60वीं सालगिरहवाले वर्ष में 30 नवंबर, 2007 को नई दिल्ली में आठवाँ भारत–यूरोपीय संघ शिखर सम्मेलन आयोजित हुआ। संयोगवश यह पुर्तगाली राष्ट्रपति के साथ रोम संधि की भी 50वीं सालगिरह का वर्ष रहा, जिसके तहत जून 2000 में लिस्बन में पहला शिखर सम्मेलन आयोजित किया गया था। हालाँकि दोनों ओर से प्रख्यात वार्त्ताकारों के साथ परिवेश और माहौल बहुत ही अच्छा था, लेकिन 'टेकअवे' की स्थिति निराशाजनक रही। भारत का प्रतिनिधित्व उसके प्रधानमंत्री डॉ. सिंह, तत्कालीन विदेश मंत्री

और भारत के पूर्व राष्ट्रपति प्रणब मुखर्जी और तत्कालीन वाणिज्य मंत्री कमलनाथ ने किया था। यूरोपीय संघ का प्रतिनिधित्व पुर्तगाल के प्रधानमंत्री जोस सुकरात ने यूरोपीय परिषद् के अध्यक्ष की हैसियत से, यूरोपीय आयोग के अध्यक्ष जोस मैनुअलेलारसो, व्यापार के लिए यूरोपीय आयुक्त पीटर मैंडेल्सन और पुर्तगाल के विदेश राज्य और सहयोग मामलों के मंत्री जोआ गोम्स क्राविन्हो, ने किया।

मुख्य शिखर सम्मेलन से पहले 'व्यापार सम्मेलन', यह एक चलन शुरू हो गया था। आठवें व्यापार सम्मेलन को सफल माना गया। यह अच्छी तरह से संपन्न हुआ। दोनों पक्षों ने एक गतिशील व्यापार और वाणिज्य संबंधों को बाधित करनेवाली वर्तमान चुनौतियों और उनके संभावित समाधानों पर चर्चा करने का प्रयास किया था। 'टेक्नोलॉजी एंड इनोवेशन फॉर सस्टेनेबल डेवलपमेंट' विषय पर भारत की ओर से सह-मेजबान सी.आई.आई. और फिक्की ने अपने यूरोपीय सहयोगियों; एसोसिएशन ऑफ पुर्तगाल इंडस्ट्रीज (ए.आई.पी.), यूरोपियन बिजनेस ग्रुप (ई.बी.जी.) और बिजनेस यूरोप के साथ चर्चा की थी। भारत और यूरोप के बीच अभिनव और नए व्यावसायिक अवसरों की सिफारिश करने के साथ सतत विकास के लिए तकनीकी नवाचारों पर ध्यान केंद्रित करना इसका उद्देश्य था। भारतीय उद्योग का नेतृत्व सी.आई.आई. अध्यक्ष सुनील भारती मित्तल ने और यूरोपीय संघ की ओर से 'बैंकोएस्पिरिटो सेंटो' की कार्यकारी समिति के अध्यक्ष रिकार्डो सालगाडो ने किया था। सतत विकास के लिए तकनीकी नवाचारों पर पूर्ण सत्र के उद्घाटन के साथ समापन सत्र की अध्यक्षता भी पुर्तगाल के प्रधानमंत्री ने की थी।

सेवाओं और व्यापार संबंधित आम चिंताओं के कुछ प्रमुख क्षेत्रों को शामिल किया गया। भारत की ओर से कमलनाथ और यूरोपीय संघ की ओर से पीटर मैंडेलसन की अध्यक्षता में गोलमेज वार्त्ता को एक उल्लेखनीय सफलता हासिल हुई। व्यापार सम्मेलन ने सर्वसम्मति से कई सिफारिशों को तत्काल लागू किए जाने पर सहमति जाहिर की। इसमें विकास के लिए नीतियों को सुविधाजनक बनाने और उन्हें लागू करने, व्यापार और निवेश को बढ़ाने के लिए नई क्षमताओं की जाँच करने के साथ दक्षताओं के केंद्रों का विश्लेषण करने और पारस्परिक लाभ के नए उपाय शामिल थे। इसमें भी व्यापार के माहौल को बेहतर बनाने के लिए नियामक सुधारों की सिफारिशें अधिक महत्त्वपूर्ण थीं।

व्यापार सम्मेलन में यूरोपीय संघ की मान्यता की मदद के कारण भारत एक वैश्विक खिलाड़ी के रूप में उभर रहा था, एक नेता के रूप में बढ़ती दिलचस्पी के साथ ध्यान आकर्षित कर रहा था और अपनी शर्तों पर अन्य खिलाड़ियों के साथ तेजी से जुड़ रहा था। इस शिखर सम्मेलन ने प्रतिभागियों के बीच विचार-विमर्श, नेटवर्किंग और विचारों के आदान-प्रदान के लिए एक स्वागतयोग्य अवसर प्रदान किया। यह भारत और यूरोपीय संघ

के बीच द्विपक्षीय व्यापार संबंधों और निवेश को बढ़ाने जैसे मुद्दों को उठाने में सक्षम था।

राजनीतिक तिकड़म निरर्थक थी। पहले से सहमतिवाली बोली की थोड़ी पुनरावृत्ति थी। अगस्त 2007 में भारत-अमेरिका सिविल न्यूक्लियर कोऑपरेशन[9] संबंधी ऐतिहासिक समझौते के बावजूद संयुक्त बयान भारत-यूरोपीय संघ के संबंधों में आगे बढ़ने के मद्देनजर भारत की उम्मीदों पर किसी भी अर्थपूर्ण तरीके से खरा नहीं उतरा। निरस्त्रीकरण और अप्रसार से संबंधित भाषा के तहत भारत ने आगे बढ़ने की अपेक्षा की थी, ताकि नए वैश्विक दृष्टिकोणों को प्रतिबिंबित किया जा सके। दुर्भाग्य से ऐसा नहीं हुआ। यूरोपीय संघ ने यूरोपीय संघ के कुछ छोटे सदस्य देशों के प्रतिरोध के कारण कथित रूप से किसी भी नए सूत्रीकरण से इनकार कर दिया।

इसी तरह मई 2007 में बर्लिन में अपनी दूसरी बैठक में भारत-यूरोपीय संघ सुरक्षा संवाद के मद्देनजर किसी भी नई भाषा के लिए सहमत नहीं हो सका। सामूहिक विनाशवाले हथियार (डब्ल्यू.एम.डी.) आतंकवादियों और 'नॉन स्टेट एक्टर' के हाथों में जाने के मुद्दे पर थोड़ा लचीलापन जरूर दिखाया गया था। सूत्रीकरण का मुद्दा नीरस था और वास्तविक सहमति न होने का खुलासा करता था। इसमें कहा गया है, "डब्ल्यू.एम.डी. के निरस्त्रीकरण और उनकी वितरण प्रणालियों का मुकाबला करने के लिए भारत और यूरोपीय संघ के साझेदार के रूप में एक साथ काम करने में अपनी साझा दिलचस्पी की पुष्टि करते हैं। एक महत्त्वपूर्ण सामयिक चुनौती के रूप में डब्ल्यू.एम.डी. के प्रसार और उनकी वितरण प्रणालियों; विशेष रूप से इनके आतंकवादियों और अन्य गैर-राष्ट्र अभिकर्ताओं के हाथ लग जाने के खतरे की उन्हें परवाह है।"

24 अक्तूबर, 2007 को आई.टी.ई.आर. समझौते के बल पर प्रवेश के साथ कुछ प्रगति हुई और भारत की भागीदारी के साथ 27-28 नवंबर, 2007 को आई.टी.ई.आर. परिषद् की पहली आधिकारिक बैठक हुई। दोनों पक्ष संयोजन ऊर्जा अनुसंधान के क्षेत्र में आई.टी.ई.आर. समझौते के पूरक के लिए यूरोटोम और भारत के बीच एक द्विपक्षीय समझौते की स्थापना पर चर्चा शुरू करने के लिए सहमत हुए।

क्षेत्रीय मुद्दों पर 'हाइफनेशन' जारी रहा। म्याँमार, अफगानिस्तान, नेपाल, श्रीलंका और बांग्लादेश में भाषा और सूत्रीकरण के सामान्य स्थिति में पहुँचने की कठिनाई पेश आती रही है। पाकिस्तान के संदर्भ में सैन्य शासन के दौरान हाइफनेशन साफ था। इस बात की पूरी उम्मीद थी, "पाकिस्तान में जल्द ही स्थिरता और लोकतंत्र की बहाली हो जाएगी।"

अफगानिस्तान के बारे में, दोनों पक्षों ने अप्रैल 2007 में दिल्ली में आयोजित चौदहवें शिखर सम्मेलन में आठवें सदस्य के रूप में अफगानिस्तान का सार्क में शामिल होने का

स्वागत किया। उन्होंने उन "कठिन चुनौतियों का उल्लेख किया, जो आगे अभी भी बनी हुई हैं।" नेपाल के बारे में, नेपाल में चुनाव स्थगन पर गहरी निराशा जाहिर की गई। नेपाल ने पहले से किए गए समझौतों और प्रतिबद्धताओं का सम्मान करते हुए नेपाल के लोगों को बगैर किसी भय के मुक्त मन से अपने भविष्य और अपने शासन के तरीके को एक स्वतंत्र और निष्पक्ष प्रक्रिया के माध्यम से चुनने देने का आग्रह किया।

उस समय श्रीलंका के जाफना क्षेत्र में एक सैन्य नाकाबंदी के साथ स्थिति बहुत ही भयावह थी। दोनों पक्षों ने साफ किया कि श्रीलंका में संघर्ष का कोई सैन्य समाधान नहीं हो सकता है। उन्होंने श्रीलंका में सभी समुदायों के एकजुटता के ढाँचे के अंतर्गत बातचीत के माध्यम से स्वीकार्य राजनीतिक समझौते का आग्रह किया और सुझाव दिया कि एक विश्वसनीय हस्तांतरण पैकेज इस लक्ष्य के लिए एक बड़ा योगदान होगा। इसी तरह 2008 में बांग्लादेश आम संसदीय चुनावों की तैयारी कर रहा था। भारत और यूरोपीय संघ ने बांग्लादेश में सुधार प्रक्रिया के प्रति अपना समर्थन जाहिर किया।

यूरोपीय संघ ने ए.एस.ई.एम. की बैठक में भारत की ऐतिहासिक भागीदारी का स्वागत किया और यूरोपीय संघ तथा एशिया को जोड़नेवाली बातचीत और सहयोग की ए.एस.ई.एम. प्रक्रिया में भारत के शामिल होने में अपने समर्थन को दोहराया।

व्यापार और वाणिज्य के मुद्दों पर बी.टी.आई.ए. समझौते को लेकर पहले से मुश्किलें पेश आ रही थी। ऊर्जा, पर्यावरण, स्वच्छ विकास और जलवायु परिवर्तन जैसे विशिष्ट क्षेत्रों में निजी और सार्वजनिक भागीदारी को बढ़ावा देने के उद्देश्य से भारत में यूरोपीय व्यापार और प्रौद्योगिकी केंद्र के निर्माण का प्रस्ताव एक सकारात्मक कदम था।

यह एक शिखर सम्मेलन था, जिसका महत्त्व शिखर सम्मेलन के नतीजों के बजाय नेताओं के बीच बैठक संपन्न होने में था।

(घ) नौवाँ भारत-यूरोपीय संघ शिखर सम्मेलन– मार्सिले, सितंबर 2008

यह एक ऐसा शिखर सम्मेलन था, जिस पर आसन्न अतीत और आसन्न भविष्य टिका हुआ था। यह भारत–अमेरिका शिखर सम्मेलन से पहले हुआ था, जिसमें भाग लेने के लिए भारत के प्रधानमंत्री डॉ. सिंह ऐतिहासिक भारत–अमेरिकी असैन्य परमाणु समझौते संपन्न करने के बाद वाशिंगटन से मार्सिले पहुँचे थे, अंतिम हस्ताक्षर के लिए, जो राष्ट्रपति जॉर्ज डब्ल्यू बुश के पास भेजा गया था। भारत–यूरोपीय संघ शिखर सम्मेलन को अगले ही दिन राजनीतिक रूप से अधिक महत्त्वपूर्ण इंडो–फ्रेंच द्विपक्षीय शिखर सम्मेलन के द्वारा दरकिनार कर दिया गया था, जिस पर तत्कालीन भारतीय प्रधानमंत्री और तत्कालीन फ्रांस

के राष्ट्रपति सरकोजी ने भारत और फ्रांस के बीच ऐतिहासिक परमाणु सहयोग समझौते[10] पर हस्ताक्षर किए। परिणामों का विश्लेषण करते हुए गुलशन सचदेवा (2009) कहते हैं, "इन दो महत्त्वपूर्ण समझौतों की तुलना करके देखा जाए तो नौवाँ भारत-यूरोपीय संघ शिखर सम्मेलन इसलिए निस्तेज दिखा, क्योंकि भारत-यूरोपीय संघ व्यापारिक समझौते का निष्कर्ष नहीं निकल पाया। इसके अलावा बयानबाजी के बावजूद भारत की रणनीतिक प्राथमिकताओं के मद्देनजर छोटे सदस्य देशों की तरफ से अभी तक स्पष्ट सराहना नजर नहीं आई है।"

भारत-अमेरिका परमाणु समझौते के मद्देनजर यूरोपीय संघ के कई छोटे सदस्य देशों के विरोध के कारण 29 सितंबर, 2008 को आयोजित नौवें शिखर सम्मेलन में बगैर कुछ कहे, तनाव स्पष्ट नजर आ रहा था। शिखर सम्मेलन के बाद और पहले भी विएना में परमाणु आपूर्तिकर्ता समूह (एन.एस.जी.)[11] की बैठक में विचार-विमर्श के दौरान तनाव स्पष्ट था। 26 नवंबर, 2008 को भारत के मुंबई में होनेवाले आतंकवादी हमलों[12] का असर शिखर सम्मेलन पर पड़ना लाजिमी था। इसने अंतरराष्ट्रीय आतंकवाद पर वैश्विक नजरिए में मौलिक बदलाव ला दिया।

'वैश्विक चुनौतियों के लिए वैश्विक साझेदारी' विषय पर आधारित शिखर सम्मेलन का मुख्य नतीजा, शांति और सुरक्षा, सतत विकास, अनुसंधान और प्रौद्योगिकी एवं सांस्कृतिक आदान-प्रदान को बढ़ावा देने के उद्देश्य से नए क्षेत्रों के लिए रणनीतिक भागीदारी का विस्तार करते हुए, एक संशोधित संयुक्त कार्य योजना के लिए समझौता था। शिखर सम्मेलन ने ऊर्जा, स्वच्छ विकास और जलवायु परिवर्तन, एक क्षैतिज नागरिक उड्डयन समझौता और भारत में एक यूरोपीय व्यापार और प्रौद्योगिकी केंद्र के शुभारंभ पर एक संयुक्त कार्यक्रम को भी मंजूरी दी। यह शिखर सम्मेलन फ्रांसीसी व्यापार उद्यम परिसंघ द्वारा आयोजित व्यापार सम्मेलन से पहले आयोजित हुआ था।

संयुक्त प्रेस बयान को ध्यान से देखा गया और एक विस्तृत मुक्त व्यापार और निवेश समझौते सहित प्रमुख मुद्दों पर समझौते में कमी को प्रतिबिंबित किया गया। पूर्व प्रेस बयान की संक्षिप्त व्याख्या के साथ भाषागत दोहराव पटा पड़ा था! पाकिस्तान के संदर्भ में ध्यान देने योग्य बात केवल यह थी, "क्षेत्रीय और अंतरराष्ट्रीय समस्याओं को दूर करने के लिए पाकिस्तान सरकार की नई प्रतिबद्धताएँ सामने आई हैं।" यूरोपीय संघ के दबाव में भारत 'ईरानी परमाणु मुद्दे पर गंभीर चिंता' व्यक्त करते हुए यूरोपीय संघ के साथ आने को सहमत हुआ।

अफगानिस्तान और म्याँमार में एक जैसी उभरती स्थिति को देखते हुए, एक लोकतांत्रिक और बहुलवादी समाज के निर्माण के प्रयासों में अफगानिस्तान सरकार को समर्थन की पुनः पुष्टि हुई है। वहीं म्याँमार के मामले में राष्ट्रीय सुलह की दिशा में प्रयासों

को मजबूत करने की आवश्यकता पर सहमति बनी। आतंकवाद को लेकर भाषा पूर्व आम सहमति को दरशाती है। दोनों पक्षों ने यूरोपोल[13] और भारतीय एजेंसियों के बीच सहयोग बढ़ाने के सुझाव के साथ आतंकवाद के खिलाफ सहयोग जारी रखने के लिए अपनी प्रतिबद्धता को भी दोहराया है।

व्यापकता पर आधारित व्यापार और निवेश समझौते पर गतिरोध को प्राप्त वार्त्ता को दरशाते हुए कम्युनिके ने केवल इस बात का उल्लेख किया कि समझौते को "दोनों पक्षों को कारोबार की अपेक्षाओं को पूरा करना चाहिए और द्विपक्षीय आर्थिक संबंधों को और मजबूत करना चाहिए।" एक क्षैतिज नागरिक उड्डयन समझौते के हस्ताक्षर का स्वागत करते हुए उन्होंने इस बात का जिक्र किया कि समुद्री परिवहन समझौते का निष्कर्ष पारस्परिक रूप से लाभप्रद होगा।

कुल मिलाकर यह निर्णायक परिणामवाला शिखर सम्मेलन नहीं था। इस तरह की कमजोर साझेदारी के कारणों का पता लगाने के लिए विश्लेषकों द्वारा प्रयास किए गए हैं। सचदेवा (2009) ने उल्लेख किया, "राजनीतिक मुद्दों पर दोनों पक्षों के विश्लेषकों ने महसूस किया है कि बयानबाजी के बावजूद एक-दूसरे की रणनीतिक प्राथमिकताओं की कोई खास सराहना नहीं की गई।" क्रिस्टोफ जाफरलॉट (2008) का कहना है, "भारत-यूरोपीय संघ के संवाद में एक राजनयिक या भू-रणनीति से संबंधित सवालों का पर्याप्त अभाव है।" यूरोपीय संघ के पास अपने या अपने रणनीतिक साझेदारों के लिए एक रणनीतिक संस्कृति का गठन करने की सामान्य परिभाषा के अभाव को देखते हुए टार्डी (2009) ने यूरोपीय संघ की 'रणनीतिक संस्कृति' की कमी पर खेद व्यक्त किया। टार्डी (2009) ने आगे यह भी कहा है, "यूरोपीय संघ के स्तर पर ऐसी रणनीतिक संस्कृति मौजूद है या नहीं, यह एक अलग बात है, लेकिन राष्ट्रीय संस्कृतियों का यूरोपीयकरण पर सवाल उठता है।" अंत में टार्डी का निष्कर्ष है, "अपने स्वाभाविक कारणों से यूरोपीय संघ रणनीतिक दृष्टि के बजाय सुरक्षा के नजरिए से सोचता है।"

यह महत्त्वपूर्ण बात है कि चैथम हाउस की रिपोर्ट (2006) भारतीयों के हवाले से कहती है कि यूरोप में रणनीतिक दृष्टि का अभाव है और विश्व मामलों की भविष्य की ज्यामिति के अनुरूप भारत की बहुपक्षीय समझ में साझेदारों की सूची में यूरोप का स्थान सबसे नीचे है। रिपोर्ट में कहा गया है कि भारतीय हितों के मद्‌देनजर यूरोप का महत्त्व तीसरे स्थान पर है।" आगे रिपोर्ट में यह भी कहा गया है, "प्रमुख वैश्विक मुद्दों पर स्पष्ट स्थिति को प्रतिपादित करने में यूरोपीय संघों की अक्षमता के कारण पारंपरिक रूप से भारत ने ब्रिटेन, फ्रांस और जर्मनी जैसी महत्त्वपूर्ण यूरोपीय शक्तियों के साथ द्विपक्षीय रणनीतिक संबंधों को विकसित करने को प्राथमिकता दी।"

सम्मेलन स्तर पर विचार-विमर्श, पुनर्जीवन और जीर्णोद्धार संबंधी सिफारिशें

"कुल मिलाकर, बड़ी संख्या में परामर्श तंत्र के कारण सामरिक भागीदारी पर फोकस पहले ही खो चुका है। इसे बातचीत और विचार–विमर्श से भू–राजनीतिक प्रतिबद्धताओं के उच्च स्तर तक ले जाना होगा··· कुछ तंत्रों को काररवाई करने योग्य निकायों में विलय करके इसकी शुरुआत की जा सकती है। प्रत्येक सम्मेलन के खत्म हो जाने के साथ कुछ और संवाद पहले से मौजूद 100 से अधिक संवादों/कार्य समूहों/संयुक्त पैनलों/परामर्श समूहों आदि में जोड़ दिए जाते हैं।"—सचदेवा (2009)

यह सचदेवा (2009) की समालोचना जायज प्रतीत होती है। इसमें कोई संदेह नहीं है कि विचार–विमर्श प्रक्रिया का बोझ खुद विचार–विमर्श तंत्र पर आया है। प्रत्येक शिखर सम्मेलन के काररवाई योग्य परिणाम को लागू करने का समय दोनों पक्षों के लिए आ गया था।

(ङ) दसवाँ भारत-यूरोपीय संघ शिखर सम्मेलन– नई दिल्ली, नवंबर 2009

26 नवंबर, 2008 को मुंबई पर आतंकवादी हमलों के बाद आयोजित किया गया यह पहला शिखर सम्मेलन था। उम्मीद की गई थी कि 6 नवंबर, 2009 को आयोजित शिखर सम्मेलन में भारत की यूरोपीय संघ के शिखर सम्मेलन के स्तर की एक दशक की भागीदारी, जो 2000 में शुरू हुई थी, के लिए स्वागत का अवसर प्रदान किया जाएगा। दुर्भाग्य से इस तरह का कोई समारोह नहीं मनाया जाना वैश्विक बाह्य माहौल में मुश्किल हालात को दरशाता है। यूरोपीय संघ संकट में था और यह भारत–यूरोपीय संघ के रिश्ते को प्रभावित कर रहा था। सम्मेलन की समय–सीमा एक महत्त्वपूर्ण संदर्भ था। यह ऐसे समय में आयोजित किया गया था जब अमेरिकी मंदी यूरोपीय बैंकों सहित पश्चिमी बैंकों के सट्टा और खतरनाक कार्यप्रणालियों को उजागर कर रही थी। यह सर्वाभौम ऋण संकट की शुरुआत थी, जो तेजी से ग्रीस, आयरलैंड, पुर्तगाल और स्पेन को निगल लेती। यह फ्रांस, नीदरलैंड, ऑस्ट्रिया और जर्मनी जैसी प्रमुख यूरोपीय अर्थव्यवस्थाओं की अंतरराष्ट्रीय क्रेडिट रेटिंग में भारी गिरावट ले आता।

इस तरह के निराशावादी और धुँधले–से माहौल में किसी समारोह की शायद ही कोई गुंजाइश हो। साझा बयान में वैश्विक मंदी और संबंधित मुद्दों को संबोधित करने का प्रयास किया गया था। लंदन और पिट्सबर्ग में आयोजित जी–20 शिखर सम्मेलन[14] में

अंतरराष्ट्रीय आर्थिक प्रणाली के प्रति उनकी प्रतिबद्धता को इस जी–20 की प्रतिबद्धताओं के पुनर्मूल्यांकन के मार्फत इरादा यूरोप और भारत में बेचैन जनता को आश्वस्त करने का था। जब तक कि वसूली को सुरक्षित नहीं कर लिया गया और वैश्विक वित्तीय स्थिरता को सुनिश्चित करने के लिए वित्तीय नियामक और पर्यवेक्षी प्रणालियों को मजबूत बनाने और सुधारने के मद्देनजर भाषा में मजबूत नीति प्रतिक्रिया को देखा जा सकता है। भविष्य के संकटों को रोकने की आवश्यकता पर यकीन दिलानेवाली भाषा शिखर सम्मेलन थी।

भारत के लिए विशेष महत्त्व का यह आश्वासन था कि अंतरराष्ट्रीय वित्तीय संस्थानों को 'समकालीन आर्थिक वास्तविकताओं को प्रतिबिंबित' करना चाहिए। ब्रेटन वुड्स संस्थानों[15] के सुधार और तंत्र को बदलने की आवश्यकता के मद्देनजर यह संकेत अभी भी पूरी तरह से लागू किया जाना है।

दोनों पक्षों ने साझे बयान के माध्यम से सकारात्मक घटनाक्रम को उजागर करने की माँग की। यूरोप के तटों से दूर जब यह आतंकवाद और आतंकवादी हमलों की बात आती है तो आतंकवाद पर साझे बयान की भाषा यूरोपीय संघ की विशेष रुचि और मानसिकता को दरशाती है। मुंबई पर आतंकी हमलों की छाया में हुई बैठक, आतंकवाद भारत जैसे बहुसांस्कृतिक समाज के खुले और लोकतांत्रिक बनावट को किस तरह बदलकर रख देता है, के मामले में यूरोपीय संघ की सतही और उथली समझ को प्रतिबिंबित करता है। आतंकवाद के यूरोपीय तटों और उसके बड़े शहरों तक पहुँचने और इसी तरह से उनके सामाजिक ताने–बाने, अंतर–जातीय सहिष्णुता और लोकतंत्र पर खतरा मँडराने के बाद उनमें कोई बेहतर समझ पैदा होगी। भारत आखिरकार एक ऐसे सूत्र के लिए अनिच्छा से ही सही, सहमत हो गया, जिसमें पाकिस्तान का कोई उल्लेख नहीं हो, जो मुंबई आतंकी हमलों का प्रमुख प्रायोजक है।

मुंबई आतंकी हमले पर एक निराशाजनक रवैया

"भारत और यूरोपीय संघ आतंकवाद की चुनौती से निपटने के लिए एकजुट हुए हैं, जो अंतरराष्ट्रीय शांति और सुरक्षा के लिए सबसे गंभीर खतरों में से एक है। नेताओं ने, वह कोई भी हो, कहीं भी हो और किसी भी उद्देश्य से हो, अपने हर स्वरूपों और अभिव्यक्तियों में आतंकवाद की निंदा की। दोनों पक्षों ने इस जघन्य अपराध के अपराधियों के खिलाफ काररवाई किए जाने पर अधिक जोर दिया और स्वीकार किया कि इससे आतंकवाद के खिलाफ वैश्विक लड़ाई सफल होगी।"

एक निरंतरता को दरशाते हुए पाकिस्तान या पाकिस्तान प्रायोजित आतंकवादी समूहों का कोई जिक्र नहीं था, जिन्होंने काबुल में भारतीय दूतावास[16] पर हमला किया था। इस

हमले में भारतीय राजनयिकों, कर्मचारियों और अफगानियों की मौत हो गई थी। यूरोपीय संघ काबुल में आतंकवादी हमलों की कड़ी निंदा करने से आगे नहीं गया, जिसमें भारतीय दूतावास को निशाना बनाना शामिल था। उसने ऐसे और इस जैसे अन्य आतंकवादी हमलों के अपराधियों को सजा दिए जाने की आवश्यकता पर जोर दिया था।

अमेरिका में 9/11 आतंकी हमले के बाद भारत और यूरोपीय संघ दोनों ने 'हर तरह की अभिव्यक्तियों के मार्फत, जो भी, जहाँ भी और जिस किसी उद्देश्य से भी किया गया हो', आतंकवाद की निंदा की थी। उन्होंने 'आतंकवाद को प्रायोजित करने, पालने और उकसानेवाले तथा आतंकवादियों को सुरक्षित पनाहगाह' प्रदान करनेवालों की निंदा की और जोर देते हुए कहा कि "सीमा पार आतंकवाद सहित अंतरराष्ट्रीय आतंकवाद का मुकाबला करने में सहयोग" के मद्देनजर द्विपक्षीय साझेदारी की प्रमुख राजनीतिक प्राथमिकताओं में से यह एक था। मुंबई आतंकी हमलों के बाद, इसकी निंदा में पाकिस्तान का नाम नदारत होना; भारत–पाकिस्तान संबंधों पर यूरोपीय संघ की आंतरिक स्थिति को प्रतिबिंबित करता है।

सुरक्षा को लेकर समस्या के समय समझौते का न होना चौंकानेवाला मामला था। सचदेवा (2015) ने इसका कारण तलाशने की कोशिश करते हुए कहा, "इसका कारण संभवत: सुरक्षा और आतंकवाद से मुकाबला करने संबंधित मामलों को सुलझाने के लिए यूरोपीय संघ की योग्यता और पारंपरिक साधन बहुत ही सीमित हैं।" यूरोपीय संघ द्वारा पाकिस्तान के सीमा पर आतंकवाद के 'प्रायोजन' पर चर्चा करने या निंदा करने से इनकार करने को देखते हुए भारत के सुरक्षा प्रतिष्ठानों के भीतर इस तरह की रणनीतिक साझेदारी की उपयोगिता पर गंभीर सवाल उठाए गए थे।

बी.टी.आई.ए. पर गतिरोध को लेकर बातचीत में भी कोई प्रगति नहीं हुई। यूरोप में सार्वभौम ऋण संकट के बाद यूरोपीय पक्ष के बातचीत का रुख और सख्त हो गया था। साझे बयान में केवल "अब तक हुई प्रगति पर ध्यान देने और समझौते को जल्द से जल्द निपटाने की दृष्टि से बातचीत में तेजी लाने पर सहमति जाहिर की गई।" चर्चा के दौरान भारत की ओर से केवल व्यापार और निवेश के मुद्दे पर बातचीत के लिए जोर दिया गया था।

पूर्व वाणिज्य और उद्योग मंत्री आनंद शर्मा ने एक संवाददाता सम्मेलन में टिप्पणी की, "हमारा दृष्टिकोण स्पष्ट है। कोई अन्य बाहरी मुद्दा भारत–यूरोपीय संघ एफ.टी.ए. बातचीत का हिस्सा नहीं बनेगा।" भारतीय नजरिए से इन 'अप्रासंगिक' मुद्दों में बौद्धिक संपदा अधिकार शामिल था और यूरोपीय संघ का रुख बातचीत में उद्योग के साथ जलवायु और बाल श्रम जैसे अन्य अप्रासंगिक मुद्दों के साथ जोड़ने में था। यह स्पष्ट होता जा रहा था कि इस समझौते का प्रारंभिक नतीजा कभी पूरा न होनेवाले सपना ही रहेगा।

प्रवासन और यूरोपीय संघ के देशों से अकुशल मजदूरों को वीजा देने के मुद्दे पर पूर्व

मंत्री शर्मा ने कहा कि अकुशल श्रम की किसी भी आवाजाही को भारत में प्रोत्साहित नहीं किया जा सकता है, क्योंकि एक विशाल राष्ट्र के रूप में यहाँ ऐसी प्रतिभाओं की कोई कमी नहीं है। योग्य तकनीकी कर्मचारियों की आवाजाही पर कोई रोक नहीं थी, जो यहाँ निष्पादित होनेवाली विभिन्न परियोजनाओं पर काम करने के लिए भारत आते हैं। यह सब व्यापार, वाणिज्य और प्रवासन पर विचारों के निरंतर झुकाव को दरशाता है।

कुछ यूरोपीय संघ के सदस्य देशों द्वारा भारतीय वस्तुओं, जिनमें फार्मा और जेनेरिक दवाएँ शामिल हैं, के आयात में प्रतिरोध अन्य विवादास्पद मुद्दों में शामिल थे। यूरोपीय संघ के कुछ देशों द्वारा फार्मा शिपमेंट को जब्त करना विशेष रूप से चिंता का विषय था। एक संवाददाता सम्मेलन में जब इस मुद्दे पर सवाल किया गया तो उच्च प्रतिनिधि कैथरीन एश्टन[17] ने जवाब दिया, "हम साफ करते हैं कि भारत से जेनेरिक दवाओं के निर्यात को रोकने का हमारा कोई इरादा नहीं है।" पर वास्तविकता इस दावे के अनुरूप नहीं थी!

मुंबई आतंकी हमले के बाद हुए इस सम्मेलन को इसके ठोस परिणाम के लिए या यूरोपीय संघ के अपने रणनीतिक साझेदार भारत के समर्थन के लिए खड़े होने के तौर पर कतई याद नहीं किया जाएगा। सीमा पार आतंकवाद को अपनी आंतरिक सुरक्षा के लिए गंभीर खतरे का सामना करते हुए भारत ने यूरोपीय संघ से ठोस प्रतिक्रिया की उम्मीद की थी, जो उस समय नहीं मिली।

(च) ग्यारहवाँ शिखर सम्मेलन—ब्रुसेल्स, दिसंबर 2010

सार्वभौम ऋण संकट तेजी से यूरोप को घेर रहा था। ग्रीस और दक्षिणी यूरोप में तेजी से बिगड़ती आर्थिक स्थिति से यूरो की रक्षा के लिए यूरोपीय संघ द्वारा 'फायरवॉल' बनाने के प्रयासों के खिलाफ 10 दिसंबर को शिखर सम्मेलन आयोजित किया गया था। भारत-यूरोपीय संघ के संबंधों पर इन घटनाओं के संभावित प्रभाव या भारतीय अर्थव्यवस्था पर इसके प्रभाव के बारे में शिखर सम्मेलन के अंतिम दस्तावेजों में कोई विश्लेषण नहीं किया गया था। संकट की इस घड़ी में यूरोपीय संघ में भारत की सहायक भूमिका का हवाला नहीं दिया गया था। न ही यूरो में गिरावट के लिए भारतीय समर्थन की कोई सराहना जाहिर की गई थी।

एक कदम आगे बढ़कर ब्रेटन वुड्स संस्थानों के नियमन संस्थानों में सुधार की आवश्यकता पर यूरोपीय संघ की ओर से एक सकारात्मक स्वीकारोक्ति जरूर सामने आई। शिखर सम्मेलन में जारी साझे बयान में कहा गया है, "नेताओं ने आई.एम.एफ. सुधार पर समझौते का स्वागत सियोल में किया, जो आई.एम.एफ. की वैधता को मजबूती देगा और वैश्विक आर्थिक प्रशासन में उभरती अर्थव्यवस्थाओं की भागीदारी को बढ़ाएगा।"

शिखर सम्मेलन के अंत में साझे प्रेस बयान में यूरोपीय परिषद् के अध्यक्ष हरमन वान रोमपुई[18] ने इसे कम करके आँका था।

हरमन वान रोमपुई (दिसंबर 2010)

"हमने नवंबर में सियोल में सफल जी-20 शिखर सम्मेलन के फॉलो-अप पर ध्यान दिया, जिसमें वैश्विक पुनर्संतुलन जैसे मुद्दे शामिल हैं और वैश्विक आर्थिक नियमन की दिशा में आगे बढ़ने की आवश्यकता है।"

जी-20 और इस शिखर सम्मेलन के बीच समझौते के परिणामों में नाटकीय अंतर था। सियोल में जी-20, जिसमें प्रमुख यूरोपीय संघ के सदस्य देशों के साथ भारत भी शामिल था, ने सार्वभौम ऋण संकट के विस्तार को प्रतिबिंबित किया था। 12 नवंबर, 2010 को कोरिया गणराज्य के सियोल में महत्त्वपूर्ण जी-20 शिखर सम्मेलन की विस्तृत बैठक में भारतीय प्रधानमंत्री डॉ. मनमोहन सिंह द्वारा दी गई सलाह की सराहना की गई थी।

डॉ. मनमोहन सिंह (जी-20, सियोल, 12 नवंबर, 2010)

"2008 के संकट का जवाब देने के लिए हमने बड़े पैमाने पर समन्वित प्रोत्साहन के साथ तेजी से काम किया, जिसे लगभग निश्चित रूप से टाल दिया गया, जो कि विश्व अर्थव्यवस्था का एक प्रारंभिक पतन हो सकता था। हमने विश्व बैंक और आई.एम.एफ. के सुधारों की एक प्रक्रिया को सफलतापूर्वक शुरू किया है, जिसके पहले ही अच्छे परिणाम निकल कर आए हैं। हमारे सामने वैश्विक अर्थव्यवस्था के पुनर्संतुलन में आनेवाली समस्या सर्वविदित है। प्रमुख औद्योगीकृत देश, जिन्हें प्रबंधनीय स्तरों तक कम किया जाना था, निरंतर चालू खाते के घाटे को चलाए जा रहे थे। उन्नत घाटेवाले देशों को अपने व्यक्तिगत परिस्थितियों के अनुरूप राजकोषीय एकीकरण की नीतियों का पालन करना चाहिए; ताकि मध्यम अवधि के दौरान में ऋण स्थिरता सुनिश्चित हो सके। आई.एम.एफ. में सुधार का वादा सियोल शिखर सम्मेलन में भी किया गया है। हम उभरते बाजारवाले देशों के लिए कोटा शेयरों में 6% के बदलाव के लिए सहमत हुए और यूरोपीय प्रतिनिधित्व को कम करने के लिए बोर्ड की बनावट में बदलाव किया गया। आई.एम.एफ. को पहले से उपलब्ध कराए गए अतिरिक्त संसाधनों के साथ, हमने इसे न केवल अधिक क्षमता संपन्न आई.एम.एफ., जो स्थायीकरण की भूमिका निभाने के लिए इसकी जरूरत भी है, प्रदान की है, बल्कि यह अधिक लोकतांत्रिकीकरण की दिशा में इसे आगे बढ़ाता भी है।"

साझे बयान से एक महत्त्वपूर्ण चीज निकलकर आई, वह थी 'अंतरराष्ट्रीय आतंकवाद पर साझा घोषणा'। इसे स्वीकार करते हुए एक महत्त्वपूर्ण राजनीतिक संदेश यह दिया कि भारत और यूरोपीय संघ दोनों का मानना है कि अंतरराष्ट्रीय आतंकवाद अंतरराष्ट्रीय शांति और सुरक्षा के लिए सबसे गंभीर खतरों में से एक है। नवंबर 2008 में मुंबई आतंकवादी हमलों के बाद पाकिस्तान का पहली बार स्पष्ट जिक्र था। कहा गया, "एक लोकतांत्रिक और समृद्ध पाकिस्तान पूरे क्षेत्र के हित में था।" दोनों पक्षों की ओर से, "पाकिस्तान से मुंबई आतंकी हमले के सभी अपराधियों, षड्यंत्रकारियों और सहयोगियों को सजा दिलाने के लिए कहा गया।" इसने अंतरराष्ट्रीय आतंकवाद के प्रभाव की समझ को प्रतिबिंबित किया। यूरोपीय संघ ने बस अपनी सीमाओं के भीतर ही आतंकवाद का सामना किया था। दूसरे हिस्से में पाकिस्तान का धुँधला संदर्भ था, जब उसने देशों को "आतंकवादियों को सुरक्षित पनाहगाह से वंचित करने और उनके नियंत्रणवाले क्षेत्रों पर आतंकवाद के बुनियादी ढाँचे को खत्म करने के लिए प्रोत्साहित किया।"

अंतरराष्ट्रीय आतंकवाद से मिलकर मुकाबला करने के मुद्दे पर चर्चा के लिए एक सम्मतिपूर्ण रूपरेखा बनाने पर आम सहमति बनी, जिससे सुरक्षा संवाद को मजबूती मिलेगी। यूरोपीय संघ और भारत इस बात पर भी सहमत हुए कि "हिंसक अतिवाद के दीर्घकालीन खतरे को कम करने के लिए एक प्रभावी और व्यापक दृष्टिकोण आतंकवाद से मुकाबले के हमारे प्रयासों का एक महत्त्वपूर्ण घटक है।"

भारत के पड़ोस से संबंधित क्षेत्रीय मुद्दों और विकास पर कोई बड़ी सफलता नहीं मिली। अफगानी जवाबदेही और सुरक्षा, शासन और विकास में स्वामित्व को प्रोत्साहित करने के लिए एक व्यापक अंतरराष्ट्रीय भागीदारी के निर्माण के तहत काबुल प्रक्रिया के लिए समर्थन व्यक्त किया गया था।

भारत और यूरोपीय संघ शिखर सम्मेलन के बाद यूरोपीय परिषद् के अध्यक्ष हरमन वान रोमपुई की टिप्पणी में अफगानिस्तान और पाकिस्तान पर यूरोपीय संघ का नजरिया बेहतर तरीके से प्रतिबिंबित हुआ था। उन्होंने "लिस्बन में नाटो शिखर सम्मेलन के समापन पर यूरोपीय संघ और उसके सदस्य देशों द्वारा किए गए प्रयासों को स्वीकार किया।" उन्होंने आगे कहा, "उद्देश्य अफगानिस्तान का 'अफगानीकरण'[19] था।"

आर्थिक और वाणिज्यिक मुद्दों पर मान्यता थी कि मुख्य शिखर सम्मेलन की आड़ में व्यापार सम्मेलन आयोजित करने का चलन उपयोगी था और इसे जारी रखना चाहिए। इसके परिणामस्वरूप दोनों पक्षों के व्यापारिक संगठनों के बीच सहयोग बढ़ा, जिससे उनसे जुड़ी कंपनियों को बहुत लाभ होगा और सहयोग के अवसरों में भी सुधार होगा।

एक महत्त्वाकांक्षी और संतुलित बी.टी.आई.ए. समझौते के सफल नतीजे के बारे में

सतर्कतापूर्ण गलत जगह पर उम्मीद लगाई गई थी। बी.टी.आई.ए. इस बात पर सहमत हुए कि ग्यारहवें भारत–यूरोपीय संघ के शिखर सम्मेलन में यह शीर्ष मुद्दों में से एक था।

प्रधानमंत्री डॉ. मनमोहन सिंह का मानना था कि बी.टी.आई.ए. फायदेमंद होगा। उन्होंने शिखर सम्मेलन में एक प्रेस सम्मेलन के दौरान टिप्पणी की थी, "यह मेरा दृढ़ विश्वास है कि एक व्यापक व्यापार समझौता दोनों देशों के आपसी हित में है।" उन्हें भरोसा था कि इन हितों की रक्षा के लिए समझौते में पर्याप्त सुरक्षा उपाय किए जा सकते हैं। उन्होंने सुरक्षा उपायों पर चर्चा करने और उन्हें बी.टी.आई.ए. में शामिल किए जाने को प्रोत्साहित किया।

(छ) बारहवाँ शिखर सम्मेलन–नई दिल्ली, फरवरी 2012

2010 के बाद से यूरोप और यूरोपीय संघ निरंतर बदलाव और आर्थिक मंदी की स्थिति में रहा। सार्वभौम ऋण संकट खत्म होने का नाम नहीं ले रहा था, यह पूरे यूरोप में फैल गया था। यूरोजोन के संकट की गंभीरता पूरे यूरोप के बैंकों की स्थिरता को खतरे में डाल रही थी, जिसमें फ्रांस जैसे देश भी शामिल थे, जो अब तक इससे अप्रभावित थे। पुनर्गठन की कठोर नीतियों के परिणामस्वरूप ग्रीस में राजनीतिक अस्थिरता और सामाजिक अशांति के मद्देनजर 'ग्रीक्सिट' की चर्चा होने लगी थी। ट्रोइका द्वारा तैयार किए गए सुधार पैकेज को तत्कालीन ग्रीक प्रधानमंत्री, जिन्होंने सुधार पर जनमत संग्रह की बात कही थी, ने चुनौती दी थी। इससे यूरो पर अंतरराष्ट्रीय दबाव बढ़ा। यूरोपीय संघ के सीमावर्ती देशों, खासकर ग्रीस में प्रवासियों के बढ़ते प्रवाह के कारण संकट और गहरा गया था। आंतरिक रूप से प्रवासी मुद्दे को यूरोपीय एकजुटता की भावना से जोड़ा नहीं गया था। यूरोपीय संघ के अंतर्गत आनेवाले कई देशों, विशेष रूप से दक्षिणपंथी सरकारोंवाले देशों ने प्रवासियों को स्वीकार करने से इनकार कर दिया।

यह आश्चर्यजनक नहीं था कि इन घटनाक्रमों के परिणामस्वरूप बारहवें शिखर सम्मेलन को स्थगित कर दिया गया। सालाना शिखर सम्मेलन के लिए दोनों पक्षों में समझौते के बावजूद 2011 में कोई शिखर सम्मेलन नहीं हुआ। एक नकारात्मक मिसाल विकसित होगी, जिसे अगले शिखर सम्मेलन का स्थगन कर दोहराया जाएगा। आंतरिक मुद्दों को दबाने के साथ यूरोप के पूर्वग्रह ने महाद्वीप को अंतर्मुखी और अलग–थलग कर दिया था। बारहवाँ शिखर सम्मेलन अंत में 10 फरवरी, 2012 को जब आयोजित किया गया था तो वह जी–20 बैठक के परिणाम से प्रभावित था और यह 4 नवंबर, 2011 को फ्रांस के कान में आयोजित किया गया था।

कान में जी–20 कम्युनिके ने बिगड़ते यूरोपीय संकट की गंभीरता पर चिंता व्यक्त की, जो ग्रीस के डिफॉल्ट होने के खतरे के साथ बढ़ रहा था। इसमें कहा गया, "वैश्विक अर्थव्यवस्था कमजोर हो गई थी, विशेष रूप से उन्नत अर्थव्यवस्थाओं ने बेरोजगारी को

अस्वीकार्य स्तरों पर पहुँचा दिया था··· यूरोप में ज्यादातर सार्वभौम संकट के कारण वित्तीय बाजारों में तनाव बढ़ गया है।" भारतीय प्रधानमंत्री डॉ. मनमोहन सिंह की सलाह को काफी सराहा गया था। प्रख्यात अर्थशास्त्री के रूप में प्रधानमंत्री डॉ. सिंह की सिफारिशें बहुत मूल्यवान थीं और कुछ को यूरोपीय संघ ने लागू भी किया था।

डॉ. मनमोहन सिंह (जी-20, कान, 4 नवंबर, 2011)

"यूरोजोन दायरे से निकलनेवाली वित्तीय अस्थिरता से निपटने की हमारी क्षमता के जरिए हमारे शिखर सम्मेलन को आँका जाएगा। हमें उम्मीद थी कि ग्रीक ऋण को कम करने के लिए यूरोजोन के नेताओं द्वारा अतिरिक्त संसाधनों को प्रदान करनेवाले एक नए यूरोपीय संघ—आई.एम.एफ. कार्यक्रम के साथ मिलकर द्रुत जगह बनाने के लिए समझौता किया गया था। ग्रीस सरकार द्वारा एक जनमत संग्रह की घोषणा ने इन आकलनों को पलटकर रख दिया है। मुझे उम्मीद है कि स्थिति को सँभालने के तरीके मिल सकते हैं, ताकि जल्द से जल्द पैकेज शुरू किया जा सके। हम यूरोजोन में यूरोपीय वित्तीय स्थिरता सुविधा के लिए संसाधन जुटाने और गहन निगरानी के जरिए राजकोषीय अनुशासन को मजबूत करने के लिए अभिनव तंत्र विकसित करने की गई पहल का स्वागत करते हैं। बगैर राजकोषीय संयोजन के मौद्रिक संयोजन में ज्ञात कमियों में से किसी एक का पता लगाने की दिशा में यह जाता है। यूरोप में स्थिरता बहाल करने में अपनी भूमिका निभा रहे आई.एम.एफ. का हम पुरजोर समर्थन करते हैं। उसी दौरान आई.एम.एफ. को विकासशील देशों की नकदी की आवश्यकताओं को भी ध्यान में रखना चाहिए, जो भले ही संकट के केंद्र में नहीं हैं; लेकिन फिर भी अबोध दर्शक, के रूप में प्रतिकूलता से प्रभावित हो सकते हैं।"

जी-20 सम्मेलन के बाद प्रेस सम्मेलन में भारतीय प्रधानमंत्री डॉ. सिंह ने जोर देकर कहा कि यूरोजोन के सुचारु कामकाज में भारत की निहित दिलचस्पी थी। इसके पास एक केंद्रीयकृत संस्थान होना चाहिए था, जो संकट के समय में 'अंतरिम ऋणदाता' के रूप में कार्य कर सके। यह देखते हुए कि यूरोपीय केंद्रीय बैंक (ई.सी.बी.) को वर्तमान में प्रभावित देशों को सीधे उधार देने की अनुमति नहीं थी; उन्होंने एक संस्थागत तंत्र का सुझाव दिया, जो ऐसा कर सकता था। इस बात पर जोर देते हुए कि यूरोजोन संकट वैश्विक अर्थव्यवस्था की स्थिरता के लिए एक संभावित गंभीर खतरा बना हुआ है। डॉ. सिंह ने यह भी स्पष्ट किया कि संकट प्रबंधन की प्राथमिक जिम्मेदारी यूरोपीय संघ के सदस्य देशों की है।

भारतीय योजना आयोग के तत्कालीन उपाध्यक्ष डॉ. एम.एस. अहलूवालिया[20] ने जी-

20 शिखर सम्मेलन से पहले ही कहा था कि यूरोजोन पर संकट के मद्देनजर लिये किसी भी बहुपक्षीय प्रयास में 'सहायक भूमिका' निभाने के लिए भारत तैयार था। भारतीय प्रस्ताव को यूरोपीय संघ ने बहुत सराहा, हालाँकि भारत में इसकी कड़ी आलोचना हुई।

10 फरवरी, 2012 को नई दिल्ली में आयोजित बारहवें भारत-यूरोपीय संघ शिखर सम्मेलन का नेतृत्व प्रधानमंत्री डॉ. सिंह ने किया। यूरोपीय संघ का प्रतिनिधित्व यूरोपीय परिषद् के अध्यक्ष हरमन वान रोमपुई और यूरोपीय आयोग के अध्यक्ष जोस मैनुअल डुआराबारसो ने किया था।

बी.टी.आई.ए. के अनुभाग को छोड़कर साझा बयान कुल मिलाकर परस्पर हित से जुड़ा हुआ है। इसमें ठोस तरीके से संबंधों पर प्रतिकूल प्रभाववाले किसी भी मुद्दे को प्रतिबिंबित नहीं किया गया।

केवल यह कहा गया, "दोनों पक्ष अपनी उन प्रतिबद्धताओं की पुष्टि करते हैं, जिस पर नवंबर 2011 में आयोजित कान शिखर सम्मेलन में सहमति व्यक्त की गई थी; यह सुनिश्चित करने के लिए कि आई.एम.एफ. के पास अपनी संपूर्ण सदस्यता के लाभ के लिए अपनी प्रणालीगत भूमिका निभाने के लिए पर्याप्त संसाधन हों। नेताओं ने कान शिखर सम्मेलन में वित्तीय और पण्य बाजारों के प्रभावी सुधार को सुनिश्चित करने की आवश्यकता को स्वीकार करने पर सहमति व्यक्त की और एक अंतरराष्ट्रीय मौद्रिक प्रणाली, जो बेहतर रूप से उभरती बाजार अर्थव्यवस्थाओं के बढ़ते भार को दरशाता है, की ओर बढ़ने पर भी सहमति जाहिर की।"

यूरोपीय परिषद् के अध्यक्ष हरमन वान रोमपुई (2012) की अब तक सबसे अधिक दिलचस्पी 'टूर डी होराइजन' पर थी। उन्होंने दूरदर्शिता के साथ अपने सार्वजनिक भाषण में यूरोप द्वारा सामना की जानेवाली उन प्रमुख समस्याओं पर प्रकाश डाला, जो संभवतः भारत और यूरोपीय संघ के संबंधों को प्रभावित करें। 'बदलती दुनिया में यूरोपीय संघ' शीर्षकवाले भाषण में यूरोपीय संघ की आंतरिक समस्याओं के साथ-साथ विदेश नीति से संबंधित कई मुद्दों को शामिल किया। यूरोजोन संकट के संबंध में यूरोपीय संघ परिषद् के अध्यक्ष की दृष्टि बिल्कुल स्पष्ट थी। उनके बयान में 'राइट टू प्रोटेक्ट' पर विशेष जोर दिया गया था।

हरमन वान रोमपुई (नई दिल्ली, 10 फरवरी, 2012)

यूरोजोन संकट

"पिछले दो वर्षों से हम यूरोजोन में सार्वजनिक ऋण के संकट का सामना करते रहे (और हम कर रहे) हैं। दाँव था और अभी भी ऊँचा दाँव है। यूरोजोन की वित्तीय स्थिरता को सभी संभव साधनों द्वारा संरक्षित करने की आवश्यकता है। तीन देशों (ग्रीस, आयरलैंड

और पुर्तगाल) को अपने घाटे और ऋणों का वित्तपोषण करने में सक्षम होने के लिए बाजार दरों से एक अस्थायी यूरोपीय संगठित आश्रय की माँग करनी पड़ी। अन्य देशों को अपने सहयोगियों की मदद करने के लिए आश्वस्त होना पड़ा। यूरोपीय संघ ने स्थिति का सामना करने के लिए साधन का निर्माण किया। विशेष रूप से बचाव निधि या तथाकथित 'फायरवॉल' की एक प्रणाली, जिसकी धनराशि 500 अरब यूरो या उससे अधिक [लगभग 650 अरब अमेरिकी डॉलर के बराबर] है। यूरोजोन के लिए एक यूरोपीय मुद्रा कोष की तुलना आप इसी तरह के अंतरराष्ट्रीय मुद्रा कोष से कर सकते हैं। कुछ सरकारों को अप्रिय निर्णय लेने के लिए इस्तीफा देने को मजबूर किया गया था, लेकिन सभी नई सरकारें सुधारों को अपनाने और लागू करने के लिए प्रतिबद्ध हैं। नेताओं को जिम्मेदारी लेनी चाहिए। लोकलुभावनवाद के लिए कोई स्थान नहीं है—मिसाल के तौर पर जैसा कि इटली की नई सरकार दिखाती है। जाहिर है, जो संदेश हम दुनिया के बाकी हिस्सों को भेजते हैं, वह हमेशा अनुकूल नहीं होता है।"

यूरोपीय संघ की विदेश नीति और सुरक्षा का अधिकार

"पिछले वसंत में यूरोपीय देशों ने फैसला किया कि लीबिया में एक नेता के लिए हमारे अपने लोगों पर गोली चलाना और हजारों पुरुषों तथा महिलाओं को मारना अस्वीकार्य था। इससे भी बदतर बात यह है कि यूरोपीय तटों से कुछ सौ किलोमीटर की दूरी पर भूमध्यसागर के दूसरी ओर बेंगाजी शहर लहूलुहान हो जाए···इसलिए हमने 'सुरक्षा करने की जिम्मेदारी' महसूस की, एक धारणा जो संयुक्त राष्ट्र सुरक्षा परिषद् में भी बनी और हमारे देश इस प्रयास में शामिल हुए। सीरिया में, अब दुनिया एक और कठिन स्थिति से जूझ रही है और मुझे खुशी है कि भारत ने समाधान के मद्देनजर सुरक्षा परिषद् द्वारा हाल में किए गए प्रयासों का समर्थन किया[21]।"

साझे बयान के राजनीतिक हिस्से में संबंधित मुद्दों पर दोनों पक्षों ने उस दिन विशेष आग्रहवाले मुद्दों के बजाय साझेदारों के बीच आगे भी सहमति बनाए जाने पर जोर दिया। एक स्थानीय मुद्दा भी उठाया गया था। सम्मेलन से पहले भारत में और फ्रांस में भारतीय प्रवासियों द्वारा पगड़ी, जिसे 'ईसाई क्रॉस' की तरह पगड़ी, जिसे धार्मिक प्रतीक के रूप में परिभाषित किया गया था और मुसलिम नकाब या बुर्के पर सरकारी स्कूलों में प्रतिबंध लगाने और एयरपोर्टों में स्कैनिंग के दौरान उतारना आवश्यक किए जाने के फ्रांस सरकार के फैसले का जोरदार विरोध-प्रदर्शन किया गया था। वास्तविक नियमन बहुत ही निराशाजनक

रहा और कहा गया था, "यूरोपीय संघ ने यूरोपीय हवाई अड्डों से यात्रा करते समय पगड़ी के कारण कुछ सिख यात्रियों द्वारा सामना की जानेवाली परेशानियों को ध्यान में रखा था।"

पाकिस्तान और अंतरराष्ट्रीय आतंकवाद के मुद्दे पर, जैसा कि अपेक्षित था, पहले की ही तरह घिसे-पिटे बयान को दोहराया गया! "नेताओं ने जोर देकर कहा कि एक स्थिर और लोकतांत्रिक पाकिस्तान पूरे क्षेत्र के हित में होगा। आतंकवाद और आतंकवादी नेटवर्क का खात्मा करने के लिए उस क्षेत्र के देशों के साथ पाकिस्तान के सहयोग के महत्त्व पर जोर देने पर वे सहमत हुए। नेताओं ने अपने विचारों को फिर से दोहराया कि आतंकवाद को किसी भी तरह उचित नहीं ठहराया जा सकता है और इस बात पर जोर दिया गया है कि नवंबर 2008 में मुंबई पर आतंकी हमलों के अपराधियों को सजा देने के लिए लाया जाना चाहिए।"

ऐसे समय जबकि तथाकथित अरब स्प्रिंग[22] के सकारात्मक घटनाक्रम बिखरने लगे थे, तब मध्य-पूर्व के संदर्भ में 'राइट टू प्रोटेक्ट' (आर.टी.पी.) की अवधारणा के साथ भारत की असुविधा प्रतिबिंबित हो रही थी, यह मतभेद दो रणनीतिक साझेदारों के बीच अपनाई गई भाषा में साफ नजर आ रहा था। इस अवधारणा का कोई प्रत्यक्ष संदर्भ नहीं था। "नेताओं ने अरब दुनिया की घटनाओं पर चर्चा की, लोकतांत्रिक प्रशासन को मजबूत करने के उद्द्देश्य से आबादी की लोकतांत्रिक आकांक्षाओं के समर्थन में आवाज उठाई...नेताओं ने सीरिया की स्थिति के बारे में काफी चिंता जाहिर की और यू.एन.एस.सी. और अरब देशों के लीग द्वारा किए गए प्रयासों के लिए अपना समर्थन दोहराया।"

मीडिया प्रचार के बावजूद, यह साफ होता जा रहा था कि इस शिखर सम्मेलन में बी.टी.आई.ए. पर हस्ताक्षर नहीं होंगे। बहुत सारी समय सीमाएँ व्यर्थ हो चुकी थीं और नई समय-सीमा निर्धारित की गई थी। हालाँकि इन मुद्दों को उभारने के प्रयास किए गए थे, यूरोजोन में निरंतर बढ़ते संकट की पृष्ठभूमि में बातचीत (विशेष रूप से कार, वाइन, स्प्रिट, फार्मास्यूटिकल्स के साथ-साथ सेवाओं, व्यापार और खरीदारियों के मद्देनजर) से संबंधित जटिलाएँ हावी हो रही थीं। यूरोप का अनिश्चित आर्थिक माहौल इस निरंतर गतिरोध का कारण था।

यह साझे बयान की भाषा में निहित है, जिसमें कहा गया था, "दोनों पक्ष इन समस्याओं का समाधान खोजने के अथक प्रयास में लगे हुए हैं, जो पारस्परिक रूप से स्वीकार्य हैं। वर्तमान आर्थिक माहौल का संदर्भ यहाँ विशेष रूप से महत्त्वपूर्ण है; ताकि विकास के लिए नए प्रोत्साहन का जुगाड़ हो।"

यह कमजोरी एक हद तक सामरिक साझेदारी को प्रभावित करेगी, यह अपेक्षित था। यूरोजोन संकट के लंबा चलने से यूरोप में भारतीय निर्यात प्रभावित हुआ और इससे जी.डी.

पी. वृद्धि भी कम हुई तथा यूरोप और यूरोपीय संघ को एशिया का एक प्रमुख रणनीतिक खिलाड़ी मानी जानेवाली धारणा को भी धक्का लगा। बारह शिखर सम्मेलनों के बाद भी यूरोपीय संघ के साथ भारत की साझेदारी 'संवाद' स्तर पर रही।

खंड 4 : बारहवें शिखर सम्मेलन का पुनरावलोकन

फरवरी 2012 तक यह साफ हो गया था कि साझेदारी वास्तविक संकट के दौर से गुजर रही है। यूरोपीय संघ के लिए वास्तविकता से रू-ब-रू होने का समय आ गया था। अंतरराष्ट्रीय शांति और सुरक्षा के लिए कई चुनौतियों का सामना करने में पूरी तरह से सक्षम न होना, यूरोपीय संघ की धीमी गति के कारण यूरोप के कमजोर होने और बँटते चले जाने की संभावना के कारण एक महत्त्वपूर्ण रणनीतिक साझेदार के रूप में भारत के लिए यूरोप कम आकर्षक होता जा रहा था।

यह दुर्भाग्यपूर्ण था कि शिखर सम्मेलन स्तर पर या दरअसल, किसी भी स्तर पर इन मुद्दों को कभी उठाया नहीं गया और न ही चर्चा की गई। इतने संकटों के बाद, जिसमें यूरोपीय सार्वभौम ऋण संकट और ग्रीक्सिट की बात भी शामिल है, दोनों पक्षों ने इन कई चुनौतियों, भारत-यूरोपीय संघ के संबंध पर उनका प्रभाव और इन चुनौतियों से कैसे निपटा जाए, के सवाल पर अलग-अलग दृष्टिकोण रखा जाना परेशानी का सबब था। साझेदारी को फिर से परिभाषित करने और इसे प्रासंगिक बनाने के लिए समय की आवश्यकता थी। लेकिन समय देने के बजाय दोनों पक्ष एक समान रणनीतिक मिसाल पर सार्थक चर्चा से दूर होते चले गए।

भारत के नजरिए से देखा जाए तो यूरोप में कई तरह के संकट भारतीय मीडिया, जनमत और नीति-निर्धारकों के बीच यूरोपीय संघ की छवि को नकारात्मक रूप से प्रभावित करना शुरू कर दिया। यूरोप और इसकी क्षमता के मद्देनजर भारतीय जनमत निर्माताओं के बीच वापस दिलचस्पी जगाने के लिए यूरोपीय संघ को खुद को एक ऐसे प्रमुख वैश्विक शक्ति के केंद्र के रूप में पेश करना चाहिए था, जो भारत के पड़ोस सहित वैश्विक स्तर पर भारत के नजरिए के साथ मेल खाता हो। यूरोपीय संघ को यह दिखाना चाहिए था कि इन तमाम संकटों के बावजूद अंतरराष्ट्रीय हैसियत अभी भी बनी हुई है, जो आवश्यकता पड़ने पर सैन्य शक्ति का उपयोग करने में सक्षम और तत्पर है। यूरोपीय संघ के सामूहिक आत्म इनकार में कठिनाई, परेशानी का सबब यह है कि यूरोपीय संघ ने सामूहिक स्वार्थ त्याग से इनकार कर दिया है।

पोहल (2012) ने सटीक ही कहा, "साझा महत्त्व साझा हित नहीं है।" उन्होंने आगे कहा, "2005 के बाद सम्मेलन-दर-सम्मेलन यूरोपीय संघ-भारत संबंध उबाऊ होता जाता

है, कभी-कभार एक नई साझा घोषणा या इसी तरह का कोई दस्तावेज बगैर किसी नए संयोजन के जारी होता है, जो केवल एक-दूसरे की प्रतिबद्धता के भ्रम को बनाए रखने का काम करता है। भू-राजनीतिक दूरी और प्रत्येक पक्ष का अपने पड़ोसी देश के साथ व्यस्तता के कारण 2010 के सम्मेलन के बयान में "आतंकवाद के खिलाफ लड़ाई को छोड़ अन्य किसी मुद्दे पर असल मायने में साझा हित" नजर नहीं आया। ऐसे में तार्किक रूप से सवाल उठेगा कि क्या भारत और यूरोपीय संघ 'रणनीतिक तलाक के लिए रणनीतिक असहमति' से आगे बढ़ रहे थे? इसका जवाब तेरहवें शिखर सम्मेलन के अंत तक मिल जाएगा।

संदर्भ–

1. टॉमाज कोजलोव्स्की भारत में यूरोपीय संघ के राजदूत हैं। यूरोपीय संघ में शामिल होने से पहले पोलिश विदेश सेवा के एक प्रतिष्ठित राजनयिक रहे हैं। 2004 से ब्रुसेल्स में यूरोपीय संघ के लिए जेवियर सोलाना के कार्यालय में विदेश मामलों और सुरक्षा नीति के लिए यूरोपीय संघ के उच्च प्रतिनिधि के कार्यालय में एशिया के प्रमुख के रूप में काम कर रहे थे।
2. मानवाधिकार परिषद्, संयुक्त राष्ट्र के अंतर्गत एक अंतर-सरकारी निकाय है; जो दुनिया भर में मानवाधिकारों के संवर्धन और संरक्षण को मजबूती देने और मानवाधिकारों के उल्लंघन की स्थितियों से निपटने के मद्देनजर सिफारिशें पेश करती है। इसे सभी देशों और विषयगत मानवाधिकार मुद्दों व स्थितियों, जिन पर पूरे साल भर ध्यान देने की जरूरत है, पर चर्चा करने का अधिकार सौंपा गया है। इसकी बैठक संयुक्त राष्ट्र जिनेवा कार्यालय में होती है। संयुक्त राष्ट्र के मानवाधिकार आयोग की जगह मानवाधिकार परिषद् ने ले ली है।
3. शांति निर्माण आयोग (पी.बी.सी.) एक अंतर-सरकारी सलाहकार निकाय है, जो संघर्ष प्रभावित देशों में शांति स्थापना के प्रयासों का समर्थन करता है और व्यापक शांति स्थापना कार्यक्रम में अंतरराष्ट्रीय समुदाय की क्षमता के मद्देनजर एक महत्त्वपूर्ण अतिरिक्त संयोजन है। इसकी स्थापना दिसंबर 2005 में संयुक्त राष्ट्र महासभा और सुरक्षा परिषद् ने समानांतर रूप से कार्य करने के लिए की थी।
4. 'हवाला' शब्द का अर्थ है विश्वास। यह एक वैकल्पिक या समानांतर आर्थिक प्रेषण प्रणाली है, जो बैंकों और औपचारिक वित्तीय प्रणालियों के दायरे के बाहर काम करती है। कभी-कभी इसे 'भूमिगत बैंकिंग' के रूप में भी जाना जाता है। हालाँकि इसका इस्तेमाल फंड भेजने के लिए दुनिया भर में किया जा रहा है, लेकिन यह कोई कानूनी व्यवस्था नहीं है। यह एक अस्पष्ट भूमिगत समानांतर प्रणाली है, जिसका उपयोग अवैध तस्करी और अंतरराष्ट्रीय अवैध रूप से ड्रग नेटवर्क के अलावा अंतरराष्ट्रीय आतंकवाद को आर्थिक मदद पहुँचाने के लिए किया जा रहा है। यह कई बिचौलियों के जरिए काम करता है, जो 'हवलदार' या 'हवाला डीलर' कहलाते हैं। हवाला अवैध है। यह काले धन को वैध बनाने का एक स्वरूप है और गुमनाम रूप से धन को स्थानांतरित करने के लिए इसका इस्तेमाल किया जा सकता है। चूँकि हवाला लेन-देन बैंकों के माध्यम से नहीं किया जाता है, इसलिए उन्हें सरकारी एजेंसियों द्वारा विनियमित नहीं किया जा सकता है। आतंकवादी गतिविधियों को आर्थिक रूप से मदद पहुँचाने के तौर पर विश्व स्तर पर इसकी पहचान की गई है।

5. आयुर्वेद का शाब्दिक अर्थ है—जीवन का विज्ञान। यह एक प्राचीन चिकित्सा विज्ञान है, जो हजारों साल पहले भारत में विकसित हुआ था। आज का आयुर्वेद जो है, वह बहुत सारे प्राचीन ग्रंथों; विशेष रूप से अथर्ववेद से; जो पाँच हजार साल पुराना है, से विकसित और प्रसारित हुआ है। ऋषियों द्वारा प्राचीन वैदिक साहित्य में स्पष्ट रूप से स्वास्थ्य को बनाए रखने के निर्देश दिए गए हैं और इसके अलावा इसमें चिकित्सा, मालिश, हर्बल दवाओं, आहार नियंत्रण और व्यायाम के माध्यम से बीमारी से लड़ने के निर्देश दिए गए हैं।

6. जी.ई.ए.एन.टी.2 यूरोप के अनुसंधान और शैक्षणिक समुदाय के लिए उच्च बैंडविड्थ, अकादमिक इंटरनेट है। जी.ई.ए.एन.टी.2 34 यूरोपीय देशों में फैले मल्टी-डोमेन टोपोलॉजी के साथ 30 मिलियन से अधिक शोधकर्ताओं और विश्व के कई अन्य क्षेत्रों को जोड़नेवाला एक वैश्विक अनुसंधान नेटवर्किंग केंद्र है। इसका वित्तपोषण यूरोपीय आयोग तथा यूरोप के राष्ट्रीय अनुसंधान और शैक्षणिक नेटवर्क संयुक्त रूप से करते हैं।

7. ई.आर. नेट इंडिया राष्ट्रीय शैक्षणिक और अनुसंधान नेटवर्क है, जो देश में अनुसंधान और शैक्षणिक समुदाय की जरूरतों के अनुरूप मदद करने के लिए समर्पित है। 1998 में भारत सरकार ने इलेक्ट्रॉनिक्स और सूचना प्रौद्योगिकी मंत्रालय की देखरेख में इसे एक स्वायत्त वैज्ञानिक समाज के रूप में स्थापित किया था। यह ई.आर.नेट नेटवर्क का संचालन करता है, जो प्रमुख अनुसंधान और शैक्षणिक संस्थानों में 15 सूत्रीय उपस्थिति के साथ एक अखिल भारतीय स्थलीय और उपग्रह नेटवर्क है।

8. द कॉनफेडरेशन ऑफ यूरोपियन बिजनेस (यूरोपीय व्यापार परिसंघ, जो 2007 से यूरोपियन बिजनेस के रूप में जाना जाता है) यूरोपीय स्तर पर विकास और प्रतिस्पर्धा के लिए अग्रणी समर्थक है, जो पूरे महाद्वीप में कंपनियों की ओर से उन मुद्दों के लिए अभियान चला रहा है; जो उनके प्रदर्शन को प्रभावित करते हैं। संगठन का मुख्यालय ब्रुसेल्स में है और यह 34 यूरोपीय देशों के सदस्य महासंघों की ओर से यह सुनिश्चित करने के लिए काम करता है कि यूरोपीय नीति-निर्माण में व्यापार के सरोकारी की बात सुनी जाए। यह यूरोपीय संसद्, आयोग और परिषद् के साथ-साथ नीति निर्माता समुदाय के अन्य हितधारकों के साथ नियमित रूप से बातचीत करता है। अंतरराष्ट्रीय क्षेत्र में यह यूरोपीय व्यवसाय का भी प्रतिनिधित्व करता है और यह सुनिश्चित करता है कि वैश्विक स्तर पर यूरोप प्रतिस्पर्धी बना रहे।

9. 18 जुलाई, 2005 को भारत-अमेरिका असैन्य परमाणु समझौता या इंडिया-यू.एस. न्यूक्लियर डील पर संयुक्त राज्य अमेरिका और भारत गणराज्य की ओर से हस्ताक्षर हुए और इसे 123 समझौतों के रूप में भी जाना जाता है। इस समझौते की रूपरेखा तत्कालीन भारतीय प्रधानमंत्री डॉ. मनमोहन सिंह और तत्कालीन अमेरिकी राष्ट्रपति जॉर्ज डब्ल्यू. बुश का संयुक्त बयान था, जिसके तहत भारत अंतरराष्ट्रीय परमाणु ऊर्जा एजेंसी (आई.ए.ई.ए.) के सुरक्षा उपायों के साथ अपनी नागरिक और सैन्य परमाणु सुविधाओं को अलग करने और अंतरराष्ट्रीय परमाणु के तहत अपनी सभी नागरिक परमाणु सुविधाओं को बरकरार रखने के लिए सहमत हुआ था और बदले में, संयुक्त राज्य अमेरिका भारत के साथ पूर्ण नागरिक परमाणु सहयोग की दिशा में काम करने के लिए सहमत हुआ।

10. 30 सितंबर, 2008 को प्रधानमंत्री डॉ. मनमोहन सिंह की फ्रांस यात्रा के दौरान भारत और फ्रांस के बीच असैनिक परमाणु सहयोग के एक ऐतिहासिक समझौते पर हस्ताक्षर किए गए थे। सामान्य रूपरेखावाले समझौते ने देश में फ्रांसीसी परमाणु रिएक्टरों के निर्माण और परमाणु ऊर्जा क्षेत्र में गहन

द्विपक्षीय सहयोग का मार्ग प्रशस्त किया। इसके बाद, 4 से 7 दिसंबर, 2010 तक राष्ट्रपति निकोलस सरकोजी की भारत यात्रा के दौरान जैतापुर में ई.पी.आर. एन.पी.पी. इकाइयों के कार्यान्वयन के लिए एन.पी.सी.आई.एल. और अरेवा के बीच जनरल फ्रेमवर्क एग्रीमेंट और अर्ली वर्क्स एग्रीमेंट पर हस्ताक्षर किए गए।

11. परमाणु आपूर्तिकर्ता समूह (एन.एस.जी.) परमाणु आपूर्तिकर्ता देशों का एक समूह है, जो परमाणु निर्यात और परमाणु से संबंधित किसी भी तरह के निर्यात के लिए दिशानिर्देशों के दो श्रेणी के कार्यान्वयन के माध्यम से परमाणु हथियारों के अप्रसार में योगदान करना चाहता है। 1994 में अपनाया गया एन.एस.जी. के दिशानिर्देशों पर तथाकथित अप्रसार सिद्धांत भी शामिल है, जिसके तहत एक आपूर्तिकर्ता, एन.एस.जी. दिशानिर्देशों में अन्य प्रावधानों पर बिना अड़े केवल एक हस्तांतरण को अधिकृत करता है, वह भी तब जब वह इस बात पर संतुष्ट हो कि हस्तांतरण परमाणु हथियारों के प्रसार में किसी तरह का योगदान नहीं करेगा। भारत एन.एस.जी. की सदस्यता चाहता है।

12. नवंबर 2008 को भारत की वित्तीय राजधानी मुंबई पर उसके अंतरराष्ट्रीय प्रतिष्ठा पर धब्बा लगाने के इरादे से पाकिस्तानी आई.एस.आई. और पाकिस्तान स्थित एक आतंकवादी संगठन लश्कर-ए-तैयबा जैसी अन्य एजेंसियों ने 10 आतंकवादियों को घुसपैठ कराई। पाकिस्तानी प्रशिक्षकों ने आतंकवादियों को निर्दयतापूर्वक सभी बंधकों को मारने का निर्देश दिया। एक आतंकवादी, अजमल कसाब को जीवित पकड़ लिया गया। उस पर निष्पक्ष मामला चला और उसे फाँसी की सजा दी गई। मुंबई के प्रतिष्ठित ताज होटल में आग लग गई। यहूदी समुदाय केंद्र में रब्बी और उसकी पत्नी को निर्दयता से प्रताड़ित कर मार दिया गया। उनके बच्चे को भारतीय आया ने बचा लिया। इस हमले में महाराष्ट्र के आतंकवाद-निरोधी दस्ते के प्रमुख हेमंत करकरे, जो सबसे पहले शहीद हुए, सहित 166 लोग मारे गए थे।

13. यूरोपोल या यूरोपीय पुलिस कार्यालय यूरोपीय संघ की कानून प्रवर्तन एजेंसी है। हेग, नीदरलैंड में इसका मुख्यालय है और यह गंभीर अंतरराष्ट्रीय अपराध और आतंकवाद के खिलाफ उनकी लड़ाई में यूरोपीय संघ के 28 सदस्य देशों की सहायता करता है। इसके अलावा कई गैर-यूरोपीय संघ साझेदार देशों और अंतरराष्ट्रीय संगठनों के साथ भी यह काम करता है। यूरोपोल न्यायिक और गृह मामलों के लिए यूरोपीय संघ के स्तर पर मंत्रिपरिषद् के प्रति जवाबदेह है। इसका मुख्य लक्ष्य यूरोपीय संघ के सभी नागरिकों के हित के लिए एक सुरक्षित यूरोप बनाना है। यूरोपोल के मुताबिक यूरोप की सुरक्षा के मद्देनजर सबसे बड़ा खतरा बड़े पैमाने पर आपराधिक और आतंकवादी नेटवर्क हैं। आतंकवाद के अलावा साइबर अपराध और मानव तस्करी भी लोगों की सुरक्षा और आजीविका के लिए एक गंभीर खतरा है।

14. 1-2 अप्रैल, 2009 को लंदन में जी-20 शिखर सम्मेलन के दौरान नेताओं ने आई.एम.एफ. और विश्व बैंक से उभरते हुए बाजारवाले देशों को मंदी के प्रभाव से बचाने में मदद करने के लिए 1 खरब डॉलर देने का आग्रह किया और व्यापार वित्त में $ 250 अरब का वादा किया। उन्होंने नए वित्तीय नियमों को विकसित करने, एक पर्यवेक्षी निकाय बनाने और हेज फंडों पर नकेल कसने पर भी सहमति व्यक्त की। इसके बाद 24-25 सितंबर, 2009 को पिट्सबर्ग जी-20 शिखर सम्मेलन के दौरान नेताओं ने सभी जी-20 देशों के लिए आम वित्तीय नियमों को स्थापित करने के लिए एक नया 'वित्तीय स्थिरता बोर्ड' स्थापित किया। बोर्ड को विश्व बैंक और आई.एम.एफ. के साथ काम

करने की उम्मीद थी, जो इनमें से कई नीतियों को लागू करने का उप-ठेका था। वे बैंकों की पूँजी आवश्यकताओं को बढ़ाने और अल्पकालिक नहीं, बल्कि दीर्घकालिक प्रदर्शन के लिए कार्यकारी भुगतान करने पर सहमत हुए।

15. ब्रेटन वुड्स समझौता 1944 में स्थापित मौद्रिक और विनिमय दर प्रबंधन के लिए एक ऐतिहासिक प्रणाली है। इसे 1 जुलाई से 22 अगस्त, 1944 तक न्यू हैंपशायर के ब्रेटन वुड्स में आयोजित संयुक्त राष्ट्र मौद्रिक और वित्तीय सम्मेलन में विकसित किया गया था। समझौते के तहत तमाम मुद्राओं को सोने की कीमत पर आँका गया था और अमेरिकी डॉलर को सोने की कीमत से जुड़ी एक आरक्षित मुद्रा के रूप में देखा गया था। एक नई अंतरराष्ट्रीय मौद्रिक प्रणाली बनाने के लिए 44 देशों के प्रतिनिधिमंडल मिले। 730 प्रतिनिधियों की बैठक का मुख्य लक्ष्य एक विदेशी विनिमय दर प्रणाली सुनिश्चित करना, प्रतिस्पर्धी अवमूल्यन को रोकना और आर्थिक विकास को बढ़ावा देना था। इस व्यवस्था के प्राथमिक डिजाइनर ब्रिटेन के जॉन मेनार्ड कीन्स और ट्रेजरी विभाग के प्रमुख अंतरराष्ट्रीय अर्थशास्त्री हैरी डेक्सटर व्हाइट थे। ब्रेटन वुड्स समझौते से निकलकर आनेवाले प्रमुख विषयों में से एक अंतरराष्ट्रीय मुद्रा कोष या आई.एम.एफ. का निर्माण था, जो विनिमय दरों की निगरानी और राष्ट्रों को आरक्षित मुद्राओं को उधार देने के लिए बनाया गया था। ब्रेटन वुड्स समझौते ने विश्व बैंक समूह भी बनाया, जो द्वितीय विश्व युद्ध के चरण के दौरान पुनर्निर्माण के बाद के देशों के लिए वित्तीय सहायता प्रदान करने के लिए स्थापित किया गया था। ब्रेटन वुड्स समझौते को 1968 और 1973 के बीच तब भंग कर दिया गया था, जब अमेरिकी डॉलर के एक अति-मूल्यांकन से विनिमय दरों और सोने की कीमत बराबरी पर आ जाने से चिंता का कारण बन गया था। राष्ट्रपति रिचर्ड निक्सन ने डॉलर की परिवर्तनीयता के अस्थायी निलंबन का आह्वान किया। तब देशों को सोने की कीमत को छोड़कर किसी भी विनिमय समझौते का चयन करने के लिए स्वतंत्र कर दिया गया। 1973 में विदेशी सरकारों ने मुद्राओं का निर्गम करने दिया, जिससे ब्रेटन वुड्स प्रणाली का अंत हो गया।

16. 7 जुलाई, 2008 को स्थानीय समय सुबह 8:30 बजे अफगानिस्तान के काबुल स्थित भारतीय दूतावास पर आत्मघाती बम से आतंकी हमला हुआ, जिसमें 58 लोग मारे गए और 141 घायल हो गए, जिनमें राजनयिक और दूतावास के कर्मचारी भी शामिल थे। आत्मघाती कार बम विस्फोट सुबह के समय भारतीय दूतावास के फाटकों के पास हुआ। पाकिस्तान की खुफिया एजेंसी आई.एस.आई. ने इस हमले की योजना बनाई और उसे अंजाम दिया।

17. कैथरीन मागरेट एश्टन ब्रिटेन की लेबर पार्टी के राजनेता हैं, जिन्होंने 2009 से 2014 तक विदेश और सुरक्षा नीति के मामले और यूरोपियन आयोग के पहले उपाध्यक्ष के रूप में काम किया।

18. हरमन वान रोमपुई यूरोपीय परिषद् के पहले पूर्णकालिक अध्यक्ष थे, जो पहली बार नवंबर 2009 में चुने गए थे और फिर जून 2012 से नवंबर 2014 तक के दूसरे कार्यकाल के लिए फिर से चुने गए। 1 दिसंबर, 2014 को उनकी जगह डोनाल्ड टस्क को दी गई। वे एक बेल्जियम और प्रमुख यूरोपीय राजनेता हैं, इससे पहले उन्होंने बेल्जियम के प्रधानमंत्री के रूप में भी कार्य किया था।

19. 'अफगानीकरण' से तात्पर्य अफगानिस्तान पर उस देश के नागरिकों का फिर से नियंत्रण प्राप्त करने की क्रमिक प्रक्रिया से है। यह राष्ट्रपति ओबामा के दूसरे कार्यकाल के दौरान अमेरिकी सेना की वापसी का व्यावहारिक परिणाम है, जिसके बाद तालिबान का सामना करने के लिए अफगान सेना को मजबूत करने की आवश्यकता थी। इसकी सफलता का मूलभूत तत्त्व अफगान सेना में सुधार और

आधुनिकीकरण, ग्रामीण क्षेत्रों में शांति स्थापना, राष्ट्रीय राजनीतिक तंत्र को मजबूत करने, व्यवहार्य अर्थव्यवस्था का निर्माण करते समय आवश्यक सेवाओं को प्रदान करना और सबसे महत्त्वपूर्ण बात यह है कि लोगों की सुरक्षा सुनिश्चित करने में है।

20. मोंटेक सिंह अहलूवालिया एक विश्व प्रसिद्ध भारतीय अर्थशास्त्री हैं, 2014 तक भारत के योजना आयोग के वे उपाध्यक्ष थे। उन्हें 2011 में भारत के राष्ट्रपति द्वारा एक उच्च नागरिक पुरस्कार प्रतिष्ठित 'पद्म विभूषण' से सम्मानित किया गया था। इससे पहले अंतरराष्ट्रीय मुद्रा कोष के नवनिर्मित स्वतंत्र मूल्यांकन कार्यालय के पहले निदेशक के रूप में उन्होंने कार्य किया। इसके पहले भारत सरकार के कई पदों पर उन्होंने कार्य किया।

21. सीरिया के मुद्दे पर पश्चिमी मसौदे पर परिषद् के गैर-स्थायी सदस्य के रूप में भारत के सकारात्मक वोट का यह संदर्भ था। बाद में भारत मसौदे से अलग हो गया।

22. 2011 में बंसत के बाद उत्तर अफ्रीका में विद्रोह (एक युवा ट्यूनीशियाई फल विक्रेता के आत्म-बलिदान और मिस्र के होस्नी मुबारक तीन साल के शासन के बाद पतन से जिसकी शुरुआत हुई) से जुड़ा हुआ है अरब स्प्रिंग; जिसमें बड़े पैमाने पर राजनीतिक स्वतंत्रता, सामाजिक न्याय की माँग मानवीय गरिमा का मुद्दा निहित था। इसने क्षेत्र के अंदर और बाहर कानून के तहत लोकतांत्रिक शासन की स्थापना की अपेक्षाएँ विकसित की। यह एक नई व्याख्या के विकास में योगदान करता है, जो पश्चिमी स्वरूप के लोकतंत्र के लिए उत्कंठा से परिभाषित है। यह बाद में पश्चिम में लीबिया में शासन परिवर्तन और हस्तक्षेप तथा सीरिया में विद्रोहियों के हस्तक्षेप का औचित्य बन गया। बाद में यह पश्चिम द्वारा लीबिया में शासन परिवर्तन और हस्तक्षेप तथा सीरिया में विद्रोहियों के हथियारबंद करने का औचित्य बन गया। बाद की घटनाओं ने साबित कर दिया कि ये धारणाएँ गलत थीं और मौजूदा राजनीतिक ताकतें धर्म में अंतर्निहित थीं और प्रदर्शनकारियों की तुलना में सेना कहीं अधिक मजबूत और बेहतर रूप से संगठित थी। इसने इस क्षेत्र में सुन्नी-शिया मतभेद और 19वीं शताब्दी में शाही अधिग्रहण के माध्यम से विकसित सीमाओं की नाजुक प्रकृति को भी उजागर किया। जैसा कि अरबों ने बाद में बताया, इस पद 'अरब स्प्रिंग' में बड़ी गड़बड़ी थी, क्योंकि इनमें से अधिकांश देशों ने कभी भी वसंत का लुत्फ नहीं उठाया था!

❑

अध्याय-8

तेरहवाँ शिखर सम्मेलन : निरस्तीकरण और पुनरुद्धार

खंड 1 : सम्मेलन का निरस्तीकरण

फरवरी 2012 में बारहवें शिखर सम्मेलन और मई 2016 में तेरहवें शिखर सम्मेलन के बीच लंबे अंतराल को लेकर कई सवाल उठाए गए हैं। भारत सरकार ने उम्मीद जताई थी कि अप्रैल 2015 में ब्रुसेल्स में एक शिखर सम्मेलन आयोजित किया जा सकता है, जो प्रधानमंत्री मोदी की फ्रांस और जर्मनी की द्विपक्षीय यात्राओं के दौरान होगा। 2015 में शिखर सम्मेलन क्यों नहीं हुआ? इतालवी नाविकों की गिरफ्तारी के परिणामस्वरूप उभरे द्विपक्षीय संकट को किस हद तक स्थगन का कारण माना जाए? केरल की राज्य सरकार द्वारा नाविक मामले को ठीक से नहीं सँभालने को क्या हमेशा से चौकस भारतीय मीडिया ने बढ़ा-चढ़ाकर पेश किया? अप्रैल 2015 में शिखर सम्मेलन की तारीखों को अंतिम रूप देने के संबंध में आयोग में भारतीय वरिष्ठ अधिकारियों और प्रधानमंत्री कार्यालय के सुझावों का जवाब नहीं दिया जाना, आखिरकार, आयोग के राजनयिक संबंधों के लिहाज से एक अभूतपूर्व मामला था। भारतीय प्रधानमंत्री के लिए यूरोपीय संघ और आयोग के नए नेतृत्व से मिलने का यह एक उपयुक्त क्षण होता। शिखर सम्मेलन की तारीखों पर भारत के सुझाव के प्रति सकारात्मक प्रतिक्रिया न मिलने से मीडिया में अटकलों का दौर शुरू हो गया।

अप्रैल 2015 में भारतीय प्रधानमंत्री की यूरोप यात्रा के दौरान यूरोपीय संघ-भारत शिखर सम्मेलन के लिए अप्रैल 2015 की एक तारीख तय किए जाने के लिए बार-बार भेजे गए सुझाव का रहस्यमय कारण से जवाब नहीं दिए जाने से शिखर सम्मेलन स्थगित हो गया। भारत में यूरोपीय संघ के प्रतिनिधिमंडल तत्कालीन प्रभारी सिसेरे ओनेस्टिनी से जब मीडिया ने सवाल किया तो उन्होंने सिर्फ इतना कहा, "भारतीय पक्ष द्वारा औपचारिक रूप से कोई तारीख प्रस्तावित नहीं की गई है।" 2015 में तेरहवाँ शिखर सम्मेलन नहीं हुआ।

बारहवें भारत-यूरोपीय संघ शिखर सम्मेलन के समापन के तीन दिन बाद 15

फरवरी, 2012 को भारत-इतालवी द्विपक्षीय संबंधों में संकट का दौर शुरू हुआ। एक इतालवी तेल टैंकर एनरिक लेक्सी श्रीलंका से जिबूती की ओर जा रहा था, जिसने केरल से लगभग 20.5 समुद्री मील दूर और भारत के विशिष्ट आर्थिक क्षेत्र (ई.ई.जेड.) के भीतर अनजाने में दो निहत्थे भारतीय मछुआरों को समुद्री डाकू समझकर गलती कर बैठा। इतालवी टैंकर में मरीन चीफ मास्टर सार्जेंट लैटर्रे और सार्जेंट गिरोन ने दो भारतीय मछुआरों की गोली मारकर हत्या कर दी। मछुआरों को कोई चेतावनी नहीं दी गई। मछली पकड़नेवाले जहाज सेंट एंटनी पर सवार निहत्थे मछुआरे मारे गए, स्वचालित हथियारों से एक को सिर में और दूसरे को पेट में गोली मारी गई थी। इटली ने दावा किया कि जैसे ही भारतीय पोत करीब आया, मरीन को लगा कि उनका 'इरादा टैंकर के साथ टकराव का है और उनका यह मोडस ऑपरेंडी समुद्री डाकू के हमले के अनुरूप था।' इस घटना से भारतीय मीडिया और जनता का गुस्सा फूट पड़ा, इसके बाद मारे गए मछुआरों के लिए न्याय और मुआवजे की माँग की गई थी। घटना को सही ठहराने की इतालवी कोशिशों ने कांग्रेस शासित भारत सरकार के लिए तब और भी कठिनाइयाँ खड़ी कर दी, जब केरल की कांग्रेस शासित राज्य सरकार एक राजनयिक समझौते के मद्देनजर बातचीत के लिए आगे आई। यह दुर्भाग्यपूर्ण था।

हत्या के आरोप में नाविकों को पूछताछ के लिए न्यायिक हिरासत में भेज दिया गया। 16 फरवरी, 2012 को किए गए पोस्टमार्टम के आधार पर केरल की राज्य पुलिस ने उन पर हत्या का आरोप लगाया। नाविकों को अंततः दिल्ली में स्थानांतरित कर दिया गया और एक न्यायिक प्रक्रिया के तहत उन्हें इतालवी राजदूत के निवास स्थान के भीतर रहने की अनुमति दी गई। 2013 की शुरुआत में दोनों नाविकों को अस्थायी छुट्टी पर इटली लौट जाने की अनुमति दी गई थी। इसके बाद एक बार इतालवी अधिकारियों ने भारत को सूचित किया कि वे तब तक वापस नहीं आ रहे हैं, जब तक कि गारंटी नहीं दे दी जाती कि उन्हें मृत्युदंड नहीं दिया जाएगा। जैसा कि अपेक्षित था, इस खबर से तुरंत जनता और मीडिया का आक्रोश फूट पड़ा। भारत ने तुरंत प्रतिक्रिया जाहिर की, जो बहुत गंभीर थी। भारत में तत्कालीन इतालवी राजदूत डेनियल मैनसिनी[1] को विदेश कार्यालय में बुलाया गया और सूचित किया गया कि यह भारतीय सर्वोच्च न्यायालय की अवमानना है। सुप्रीम कोर्ट ने बाद में फैसला सुनाया कि राजदूत, जिन्होंने राजनयिक बचाव का दावा किया था, उनके लिए बचाव की छूट नहीं है, क्योंकि वे याचिकाकर्ता के रूप में अदालत में पेश हुए थे। कोर्ट ने राजदूत के भारत से बाहर जाने पर तब तक रोक लगा दी, जब तक कि नाविक वापस नहीं लौट आते। नतीजतन, इटली की ओर से बगैर किसी गारंटी की माँग के दोनों नाविक अंततः भारत वापस आ गए। 'सशस्त्र बलों तथा देश के सम्मान

और इतालवी कूटनीति' के बचाव में तत्कालीन इतालवी विदेश मंत्री[2] ने इस्तीफा दे दिया।

जनवरी 2014 में भारत ने समुद्री नौसेना नेविगेशन के खिलाफ गैरकानूनी अधिनियमों के दमन (एस.यू.ए.)[3] के लिए संधिपत्र के तहत इतालवी नाविकों के खिलाफ मुकदमा चलाने का फैसला किया। इटली ने अभियोजन पक्ष की कड़े शब्दों में आलोचना की। 7 फरवरी, 2014 को आरोपों पर नरमी बरतते हुए हत्या को हिंसा में बदल दिया जाना यह दरशाता है कि दोषियों को मृत्युदंड का सामना नहीं करना पड़ेगा। 7 मार्च, 2014 को भारत ने नाविकों के खिलाफ एस.यू.ए. संबंधित आरोप को भी हटा दिया।

नवंबर 2014 में यूरोपीय संघ के उच्च प्रतिनिधि के रूप में इटली के पूर्व विदेश मंत्री फ्रेडेरिका मोगेरिनी की नियुक्ति के साथ मामला और पेचीदा होता चला गया। इंडो-इतालवी संकट अब भारत-यूरोपीय संघ संकट में तब्दील हो गया है! यूरोपीय संघ के उच्च प्रतिनिधि की हरेक टिप्पणी और कभी-कभी सीमा से बाहर जाकर नाराजगी जाहिर करने के बाद भारतीय मीडिया ने इस मामले को और भी पेचीदा बना दिया है! 17 दिसंबर, 2014 को दोनों इतालवी नाविकों के मामले पर भारतीय सुप्रीम कोर्ट के फैसले पर मोगेरिनी ने निराशा व्यक्त करते हुए चेतावनी दी कि यह मुद्दा भारत के यूरोपीय संघ के संबंधों को प्रभावित कर सकता है, "चिकित्सा उपचार के लिए इटली में रहने की मासिमिलियानो लैटर्रे और सल्वाटोर गिरोन को क्रिसमस की अवधि घर पर बिताने की अनुमति संबंधी याचिका को अस्वीकार करने का निर्णय निराशाजनक है, क्योंकि लंबे समय से बहुप्रतीक्षित परस्परिक सहमतिवाला समाधान ढूँढ़ा जाना अभी तक संभव नहीं हुआ है।" उन्होंने चेतावनी देते हुए कहा, "इस मुद्दे से कुल मिलाकर भारत-यूरपीय संघ के संबंधों पर असर पड़ा है।" हस्तक्षेप करने के लिए संयुक्त राष्ट्र को मनाने का प्रयास सफल नहीं हुआ। तत्कालीन संयुक्त राष्ट्र महासचिव बान की-मून[4] ने जोर देकर कहा कि यह भारतीय और इटली के बीच एक द्विपक्षीय मुद्दा था। जनवरी 2015 के यूरोपीय संसद् ने दो नाविकों के मानवाधिकार के उल्लंघन की निंदा करते हुए एक आधिकारिक प्रस्ताव जारी किया।

इस अवधि के दौरान भारत के राष्ट्रीय हितों के लिए बहुत ही महत्त्वपूर्ण मुद्दों पर क्षेत्रीय और अंतरराष्ट्रीय स्तर पर इटली द्वारा दबाव डालने के कारण भारत को कई असफलताओं का सामना करना पड़ा। भारत-यूरोपीय संघ शिखर सम्मेलन में देरी करने के अलावा इटली ने परमाणु आपूर्तिकर्ता समूह (एन.एस.जी.) और एम.टी.सी.आर. (मिसाइल टेक्नोलॉजी कंट्रोल रिजीम)[5] में भारत की सदस्यता का विरोध किया। भारत-यूरोपीय संघ के संबंध पर राजनीतिक गिरावट तत्काल देखी गई। इसका नतीजा यह हुआ कि भारत में यूरोपीय संघ प्रतिनिधिमंडल हाशिए पर चला गया, जिसने समग्र रिश्ते को

प्रभावित किया। यूरोपीय संघ के छोटे सदस्य देशों ने भारतीय प्रधानमंत्री की फ्रांस और जर्मनी की द्विपक्षीय यात्राओं से बहुत नाराजगी जताई। जानकार सूत्रों के अनुसार, यूरोपीय संघ के कई सदस्य देशों ने निजी तौर पर इस तरह से निराशा व्यक्त की कि अप्रैल के मध्य में शिखर सम्मेलन की बैठक के लिए भारत की पेशकश को आयोग द्वारा अनदेखा कर दिया गया था।

एक प्रतिष्ठित अंग्रेजी दैनिक 'टाइम्स ऑफ इंडिया' से बात करते हुए, नाम न छापने की शर्त पर, यूरोपीय संघ के सदस्य के एक महत्त्वपूर्ण राजदूत ने कहा, "भारत के प्रति यूरोपीय संघ के भावुक दृष्टिकोण को फ्रांस और जर्मनी जैसे यूरोपीय संघ के महत्त्वपूर्ण सदस्य धैर्यपूर्वक सहन करते हैं; क्योंकि उनके लिए यह द्विपक्षीय लाभ का मामला है, जो प्रधानमंत्री की फ्रांस और जर्मनी की हालिया यात्राओं से साफ जाहिर है।" उन्होंने आगे कहा, "अब, हमारे पास एक ऐसा देश है, जो लड़ाकू विमानों को सफलतापूर्वक बेच रहा है, दूसरा कुछ भी उसे बेच सकता है। कुल मिलाकर यूरोपीय संघ भारत के साथ अपनी समग्र व्यापार नीति को कहाँ छोड़ रहा है?" यूरोपीय संघ के एक अन्य राजदूत के अनुसार, "कई सदस्य देश मोदी की यात्रा को भारत-यूरोपीय संघ एफ.टी.ए. रुकी हुई वार्त्ता को पुनर्जीवित करने के अवसर के रूप में देख रहे थे।"

शिखर सम्मेलन के स्थगित होने के तुरंत बाद इटली ने अंतरराष्ट्रीय कानून लागू करने का फैसला किया और 26 जून, 2015 को यू.एन.सी.एल.ओ.एस.[6] (समुद्री कानून पर संयुक्त राष्ट्र सम्मेलन) के परिशिष्ट VII के तहत विवाद पेश किया। इसके अलावा 21 जुलाई, 2015 को इतालवी सरकार ने जर्मनी के हैंबर्ग में इंटरनेशनल ट्राइबुनल लॉ ऑफ द सी (आई.टी.एल.ओ.एस.) के समक्ष राहत के लिए अस्थायी काररवाई की माँग की, "भारत एरिक लेक्सी घटना के संबंध में सार्जेंट मासिमिलियानो लैटर्रे और सार्जेंट सल्वाटोर गिरोन के खिलाफ किसी तरह की न्यायिक या प्रशासनिक काररवाई करने से परहेज करेगा। भारत ने यह सुनिश्चित करने के लिए सभी आवश्यक उपाय कर समुद्री स्वतंत्रता, सुरक्षा और आवाजाही पर प्रतिबंध तुरंत हटा लिया; ताकि सार्जेंट गिरोन इटली की यात्रा कर सकें और सार्जेंट लैटर्रे (परिशिष्ट VII) न्यायाधिकरण की काररवाई की पूरी अवधि के दौरान इटली में रह सके।"

स्थायी उपायों के लिए आवेदन-पत्र का भारत सरकार द्वारा कड़ा विरोध किया गया। भारत ने आई.टी.एल.ओ.एस. से कहा, कि वह यह कहते हुए सबमिशन खारिज करे कि "इटली की ओर से बयाँ की गई कहानी जितनी छोटी और सीधी है, उतनी ही

भ्रामक है···(यह) कई महत्त्वपूर्ण पहलुओं को छोड़ देता है, जो इस मुद्दे की जड़ है··· (और) वास्तविकता को विकृत करने का गंभीर मामला है।" भारत ने इस मामले में आई.टी.एल.ओ.एस. के अधिकार क्षेत्र पर भी सवाल उठाया है, क्योंकि यह घटना भारताय ई.ई.जेड. यानी विशेष आर्थिक क्षेत्र के भीतर घटी थी। इसलिए यह मामला समुद्र समझौते के कानूनी क्षमता के बाहर का था।

24 अगस्त, 2015 को 15:6 के बहुमत से आई.टी.एल.ओ.एस. ने मामले में स्थायी कारवाई करते हुए आदेश दिया "इटली और भारत—दोनों सभी अदालती कारवाई को निलंबित कर दें और नया कोई मामला शुरू करने से बचें, जो परिशिष्ट VII पंचाट न्यायाधिकरण में प्रस्तुत विवाद को बढ़ाता है या विवाद का विस्तार करने पर पंचाट न्यायाधिकरण की ओर से पूर्वग्रह के वशीभूत होकर कोई भी फैसले करने का खतरा हो सकता है।" आई.टी.एल.ओ.एस. ने इटली के इस अनुरोध को खारिज कर दिया कि भारत दो भारतीय मछुआरों की हत्या के आरोपी दो नौसैनिकों को अस्थायी रूप से रिहा कर दे। हालाँकि भारतीय सर्वोच्च न्यायालय ने बाद में दोनों इतालवी नाविकों के खिलाफ सभी कारवाई पर रोक लगा दी।

जब आई.टी.एल.ओ.एस. ने यू.एन.सी.एल.ओ.एस. के अनुच्छेद 97[7] की संभावित दोषपूर्ण व्याख्या के माध्यम से फैसला सुनाया, तो इटली बौखला गया था कि उसका यह अधिकार क्षेत्र है कि वह इस मामले को पंचाट न्यायाधिकरण में भेज दे। नवंबर 2015 में दोनों देशों के बीच मध्यस्थता के लिए एक पाँच सदस्यीय पंचाट न्यायाधिकरण का गठन किया गया। दोनों पक्षों में सहमति बनी कि वे न्यायाधिकरण के फैसले को मानेंगे। इटली ने हेग में तत्कालीन इतालवी राजदूत प्रोफेसर फ्रांसेस्को फ्रांसियोनी को पाँच मध्यस्थों में से एक के रूप में नियुक्त किया; वहीं भारत ने न्यायाधीश पातिबंडला चंद्रशेखर राव को अपने मध्यस्थ के रूप में नियुक्त किया। 29 अप्रैल, 2016 को न्यायाधिकरण ने इतालवी आवेदन पर उसके दो नाविकों को राहत देने के मद्देनजर अस्थायी कारवाई का फैसला सुनाया।

भारत को एक और झटका तब लगा, जब फैसले में विवाद संयुक्त राष्ट्र समुद्री कानून समझौते (यू.एन.सी.एल.ओ.एस.) की व्याख्या को लेकर सामने आया। इस मामले की सुनवाई के अधिकार क्षेत्र के तहत आई.टी.एल.ओ.एस. और पंचाट पैनल की स्थापना की गई थी। मई 2016 में न्यायाधिकरण ने अपना अंतरिम फैसला सुनाया, जो दोनों पक्षों को मंजूर था। फैसले में कहा गया कि दूसरा नाविक जमानत की सटीक शर्तों को तय करने के लिए भारत के सर्वोच्च न्यायालय को अधिकृत कर सकता था, ताकि वह सुनवाई और अंतिम फैसले की अवधि के दौरान इटली में रह सके। इटली में सर्वोच्च न्यायालय द्वारा नामित किसी प्राधिकरण को वह रिपोर्ट कर सकता था, वह इतालवी

अधिकारियों को अपना पासपोर्ट सौंप सकता था, ताकि सर्वोच्च न्यायालय की अनुमति के बिना इटली न छोड़ सके। इसके जवाब में इतालवी विदेश मंत्रालय ने कहा, "इतालवी सरकार उम्मीद करती है कि विवाद के अधिकार क्षेत्र के संबंध में आगे के चरणों में भी भारत एक रचनात्मक रवैया अपनाएगा।"

इसके जवाब में, सर्वोच्च न्यायालय में भारत सरकार द्वारा साल्वाटोर गिरोन के भारत छोड़ने के अनुरोध का 'मानवीय आधार' पर समर्थन किया गया था। उपरोक्त शर्तों के तहत सर्वोच्च न्यायालय ने गिरोन को इटली लौटने के लिए जमानत दे दी, मौजूदा समय में जहाँ वह है। इसके बाद इटली और भारत के बीच दु:खद संघर्ष का अध्याय समाप्त हुआ। इसके कारण उस समय दोनों देश के द्विपक्षीय संबंध गंभीर रूप से क्षतिग्रस्त हुए थे और भारत–यूरोपीय संघ के संबंधों पर भी प्रतिकूल प्रभाव पड़ा था।

खंड 2 : ब्रुसेल्स में शिखर सम्मेलन का पुनरुद्धार, मार्च 2016

प्रधानमंत्री मोदी की फ्रांस और जर्मनी की सफल द्विपक्षीय यात्रा के साथ चार साल के अंतराल के बाद ब्रुसेल्स में अप्रैल 2015 में यह शिखर सम्मेलन आयोजित किया जाना चाहिए था। फ्रांस की यात्रा के परिणामस्वरूप लंबे समय से प्रतीक्षित राफेल[8] सौदे को अंतिम रूप दिया गया। भारत और फ्रांस ने परमाणु ऊर्जा परियोजना को तेजी से ट्रैक करने पर भी सहमति व्यक्त की। जर्मनी में भारतीय प्रधानमंत्री ने अपने महत्त्वाकांक्षी आर्थिक एजेंडे का विस्तार से खुलासा किया। उन्होंने कहा कि इन दो द्विपक्षीय यात्राओं के परिणाम में फ्रांस के साथ बीस समझौते हुए और एयरबस द्वारा दो बिलियन यूरो का ठेका दिए जाने पर प्रतिबद्धता तय हुई। भारत सरकार संसाधनों और प्रौद्योगिकी, रक्षा और रेलवे आधुनिकीकरण के साथ-साथ नवीकरणीय ऊर्जा के मामले में 'मेक इन इंडिया'[9] कार्यक्रम में यूरोपीय योगदान और भागीदारी चाहती थी। इतना तो साफ था कि शिखर सम्मेलन के स्थगित होने से भारत और यूरोपीय संघ के प्रमुख सदस्य देशों, खासतौर पर फ्रांस और जर्मनी के बीच महत्त्वपूर्ण द्विपक्षीय संबंधों पर कोई प्रभाव नहीं पड़ा।

एक द्विपक्षीय विवाद भारत–यूरोपीय संघ शिखर सम्मेलन भागीदारी की गतिशीलता को स्थायी रूप से अवरुद्ध नहीं कर सका। लगातार ऐसी रिपोर्टें आ रही थीं कि इतालवी समुद्री मामला अनसुलझा रह जाने के बावजूद भारतीय प्रधानमंत्री के कार्यालय के साथ यूरोपीय परिषद् के अध्यक्ष ने सीधे हस्तक्षेप से शिखर सम्मेलन की तारीखों को अंतिम रूप दिया था। हालाँकि समुद्री मामले पर बातचीत जारी थी, शिखर सम्मेलन की तारीखों पर आखिरकार सहमति बनी। शाद इसलाम (2016) ने कहा, "कभी-कभी विदेश नीति में बैठक वाकई संदेश होता है!" निश्चित रूप से 30 मार्च, 2016 को ब्रुसेल्स में

आयोजित तेरहवाँ भारत–यूरोपीय संघ का शिखर सम्मेलन ऐसा ही मामला था। बड़ी बात यह थी कि इस सम्मेलन को मई 2016 में समुद्री मामले के अंतरिम प्रस्ताव से पहले आयोजित किया गया था। इसने यह दिखाया कि रणनीतिक साझेदारी को किसी भी द्विपक्षीय कार्यक्रम के लिए रोका नहीं जा सकता है। यह भविष्य के लिए एक बड़ा सबक था।

लंबे समय से विलंबित और बहुप्रतीक्षित तेरहवाँ भारत–यूरोपीय संघ शिखर सम्मेलन 30 मार्च, 2016 को ब्रुसेल्स में आयोजित किया गया। यूरोपीय संघ का प्रतिनिधित्व यूरोपीय परिषद् के अध्यक्ष डोनाल्ड टस्क और यूरोपीय आयोग के अध्यक्ष जीन–क्लाउड जूनर ने किया। भारत का प्रतिनिधित्व प्रधानमंत्री मोदी ने किया। यह शिखर सम्मेलन सीरिया में गहराते संकट, आई.एस.आई.एस. के उदय और यूरोप में प्रवासी संकट पूरे शबाब की पृष्ठभूमि में हुआ, ऊपरी तौर पर इसका फोकस खासतौर पर ग्रीस में था। अंतरराष्ट्रीय आतंकवाद यूरोप को काफी प्रभावित कर रहा था, जिसके परिणामस्वरूप दक्षिणपंथी समूह मजबूत होने के साथ प्रवासियों पर हमले, नस्लवाद और विदेशियों के प्रति नफरत की आग भड़की। यह इस प्रतिकूल अंतरराष्ट्रीय माहौल की पृष्ठभूमि में और 22 मार्च, 2016 को आयोजित शिखर सम्मेलन से कुछ दिनों पहले ब्रुसेल्स में हुए आतंकी हमलों के साये में आखिरकार यह हुआ। संकट के समय में ब्रुसेल्स की यात्रा करने के प्रधानमंत्री मोदी के फैसले ने कड़ी सुरक्षा और उच्च आतंकी अलर्ट ने दोनों पक्षों द्वारा अपने संबंधों को उस स्तर पर फिर से स्थापित करने की ललक को जाहिर किया, जिसके वह हकदार भी थे। भारत ने अंतरराष्ट्रीय आतंकवाद के खिलाफ लड़ाई में यूरोप के साथ एकजुटता दिखाने की भी कामना जाहिर की। भारतीय प्रधानमंत्री ने बेल्जियम के अपने समकक्ष चार्ल्स मिशेल के साथ अलग से मुलाकात की और बेल्जियम की राजधानी में विनाशकारी आतंकी हमले, जिसमें 32 लोग मारे गए और 300 से अधिक लोग घायल हुए थे, के मद्देनजर भारत ने मजबूत समर्थन की पेशकश की। ब्रुसेल्स में द्विपक्षीय मौलिक यात्रा के दौरान, वे बेल्जियम के प्रधानमंत्री मिशेल के साथ वे सबवे स्टेशन, जहाँ आतंकी हमले में एक बम विस्फोट किया गया था, मृतकों को श्रद्धांजलि अर्पित करने के लिए गए।

यूरोपीय संघ के नेतृत्व ने इस शिखर सम्मेलन के आयोजन में देरी के कारणों पर प्रकाश डालने की कोशिश की। यूरोपीय संघ के सूत्रों के अनुसार, यह शिखर सम्मेलन "प्रधानमंत्री मोदी के लिए वाकई यूरोपीय संघ के नेतृत्व के साथ जुड़ने का अवसर था।" उन्होंने कहा कि "विदेश नीति के मामले में प्रधानमंत्री का नजरिया बहुत ही व्यक्तिगत है और यह यूरोपीय संघ के नेताओं के लिए महत्त्वपूर्ण बात थी कि मोदी के साथ उनका

थोड़ा-बहुत संपर्क स्थापित होता नजर आ रहा है, और उम्मीद है, इसके कुछ ठोस परिणाम देखने को मिलेंगे।" उन्होंने आगे इसका भी जिक्र किया कि "एक इकाई के रूप में यूरोपीय संघ प्रधानमंत्री मोदी की दुनिया का हिस्सा भले ही नहीं था, लेकिन इसी के साथ यह भी सच है कि जर्मनी, ब्रिटेन और फ्रांस सहित यूरोपीय संघ के प्रमुख सदस्य देशों के साथ वे संपर्क में थे।"

शिखर सम्मेलन से दो सप्ताह पहले 'फ्रेंड्स ऑफ यूरोप'[10] द्वारा आयोजित एक महत्त्वपूर्ण कार्यक्रम में, ब्रुसेल्स की वैचारिक मंडली, प्रमुख हितधारकों, जिसमें यूरोपीय संघ और अंतरराष्ट्रीय संस्थानों के वरिष्ठ पदाधिकारी, यूरोपीय संसद् के सदस्य, राजनयिक, शिक्षाविद् और व्यवसायी शामिल थे, ने व्यापार से परे मजबूत होते संबंधों पर विचार मंथन किया।

शाद इसलाम, 'फ्रेंड्स ऑफ यूरोप' के निदेशक

इस कार्यक्रम के बारे में शाद इसलाम कहते हैं, "एशिया, अफ्रीका और मध्य पूर्व में शरणार्थी समस्या, शांति और सुरक्षा पर बड़ी गंभीरता से बातचीत का यह समय है। अन्य क्षेत्रों में फोकस को एक अधिक व्यावहारिक, प्रयोजनात्मक और परिचालन कार्यक्रम में बदल दिया जाना चाहिए, जो विकास और रोजगार को बढ़ावा देने के लिए मोदी के प्रेरणादायक आधुनिकीकरण अभियान और यूरोपीय संघ की पहल के बीच सामान्य जमीन की तलाश करता है। अच्छी खबर यह है कि भारत और यूरोपीय संघ एक-दूसरे के प्रति गलत धारणाओं के बजाय नए सिरे और अलग नजरिए से विचार कर रहे हैं।" (2016)

यूरोपीय संघ का विचार था कि फोकस को और अधिक व्यावहारिक सामान्य एजेंडे पर स्थानांतरित करने की तत्काल आवश्यकता थी। यूरोपीय संघ के एक शीर्ष अधिकारी ने इस कार्यक्रम में कहा, "यह एक संकेत है कि इससे कहीं अधिक की गुंजाइश है। हम निश्चित तौर पर अपने राजनीतिक और आर्थिक एजेंडे के समन्वय का निर्माण करना चाहेंगे।" 'मेक इन इंडिया' पहल का उल्लेख करते हुए अधिकारी ने स्वीकार किया कि यह "रोजगार, विकास, निष्पक्षता और लोकतांत्रिक परिवर्तन के लिए यूरोपीय संघ के एजेंडे के साथ बड़ी गहराई से जुड़ा हुआ है।"

आतंक के खिलाफ दोनों पक्षों ने एकजुटता दिखाने के साथ यह प्रदर्शित करने का मन बनाया कि आतंकवादी हमला शिखर सम्मेलन को प्रभावित नहीं करेगा। भारत के तत्कालीन राजदूत मंजीव पुरी[11] ने इस कार्यक्रम में कहा, "आतंकवाद से मुकाबला हमारे

लिए अत्यंत जरूरी हो गया है।" उन्होंने आगे कहा, "वैसे भारत सभी आतंकवादी हमलों की कड़ी निंदा करता है, लेकिन हमारा मानना है कि अगर दूसरे बाहरी लोग साजिश (हमले की) कर रहे हैं तो यानी सरकार और सरकारी संस्थान के रूप में बड़े पैमाने पर उन्हें रोकने की हम क्षमता रखते हैं। यही हमारी ताकत है और हमें एक साथ आगे आना चाहिए।" व्यापक तौर पर उम्मीद की जा रही थी कि "एक खुले लोकतांत्रिक समाज के रूप में सम्मेलन में हम संयुक्त रूप से इसकी निंदा करें और यूरोपीय संघ तथा भारत घृणा, हिंसक अतिवाद और आतंकवाद के खिलाफ लड़ाई एक-दूसरे के साथ एकजुटता और दृढ़ता के साथ बने रहेंगे।" दरअसल, यही भाव सम्मेलन की घोषणा का मुख्य आकर्षण था।

मीडिया की अटकलों के बावजूद कि महत्त्वपूर्ण चौथे और अंतिम परमाणु सुरक्षा शिखर सम्मेलन[12] के लिए भारतीय प्रधानमंत्री की वाशिंगटन यात्रा से पहले लंबे समय से प्रतीक्षित शिखर सम्मेलन उनका एक उपयुक्त पारगमन पड़ाव हो सकता है, वास्तविकता ने इन निराशावादी धारणाओं को झुठला दिया। शिखर सम्मेलन की सफलता का कारण दोनों पक्षों में राजनीतिक व्यावहारिकता और कूटनीतिक कौशल का सराहनीय संयोजन था। इसके व्यावहारिक नतीजे सामरिक आयाम से परे थे। आगे की चुनौतियों के बावजूद साझेदारी को अधिक सार्थक और प्रभावी बनाने की इसमें क्षमता थी।

कुछ सकारात्मक सफलताओं पर प्रकाश डाला जाना चाहिए। इनमें वैश्विक शांति, सुरक्षा और समृद्धि के निर्माण के लिए साझा मूल्यों और सिद्धांतों और प्रतिबद्धता के आधार पर रणनीतिक साझेदारी की पुनः पुष्टि शामिल थी। नेताओं ने 'इंडिया-ई.यू. एजेंडा फॉर एक्शन-2020' का समर्थन किया और अगले 5 वर्षों के लिए रणनीतिक साझेदारी के लिए एक रोड मैप तैयार किया। एजेंडा 2020 के समुचित कार्यान्वयन के लिए वर्तमान गतिधारा को बनाए रखने के लिए ठोस समय-सीमा और अंतिम समय-सीमा निर्धारित करने और इस सिलसिले में मजबूत राजनीतिक इच्छाशक्ति की आवश्यकता है। अगर एजेंडा 2020 में जाहिर की गई संभावित तालमेल की लंबी सूची दोनों पक्षों द्वारा कार्यान्वित की जाती है, तो यह भारत-यूरोपीय संघ सामरिक भागीदारी के उद्देश्यों की प्राप्ति में महत्त्वपूर्ण प्रगति माना जाएगा। रोडमैप में चार मुख्य विषयगत: विदेश नीति, सुरक्षा और मानव अधिकार सहयोग, व्यापार और निवेश/व्यापार और अर्थव्यवस्था, वैश्विक मुद्दे/क्षेत्रीय नीति सहयोग और लोगों के बीच संपर्क रखने जैसे क्षेत्रों में भविष्य में सहयोग को प्राथमिकता देने और आगे बढ़ाने के लिए समुचित कदम शामिल थे।

एक और सकारात्मक नतीजा भी सामने आया है, जो अतीत की धारा को तोड़ता है, विशेष रूप से 2012 का शिखर सम्मेलन; इस शिखर सम्मेलन से निकलनेवाले दस्तावेज

ने भारत को एक प्रमुख शक्ति के रूप में उभारा और उनकी क्षेत्रीय भूमिका को रेखांकित किया। यूरोपीय संघ नेतृत्व भारत के अमेरिका से रणनीतिक संबंधों से प्रभावित हो सकता है। 2012 के संयुक्त बयान में अफगानिस्तान का कोई जिक्र नहीं किया गया था। 2016 के बयान में, "एक स्थायी, लोकतांत्रिक, समृद्ध और शांतिपूर्ण अफगानिस्तान के लिए प्रतिबद्धता थी।" इसमें लंबे समय से प्रतीक्षित एक महत्त्वपूर्ण क्षेत्रीय खिलाड़ी के रूप में भारत की भूमिका को यूरोपीय संघ की मान्यता भी निहित थी।

संयुक्त बयान में अंतरराष्ट्रीय शांति और सुरक्षा को प्रभावित करनेवाले कई मुद्दों को भी शामिल किया गया। इनमें यूक्रेन संकट, इतालवी समुद्री मामले पर मध्यस्थता प्रक्रिया, आई.ए.ई.ए.-ईरान परमाणु प्रतिबद्धता, सीरिया में स्थिरता बहाली, अफगानिस्तान में शांति और सुलह प्रक्रिया, पाकिस्तान में स्थिरता और लोकतंत्र के साथ मालदीव में राष्ट्रपति अब्दुल्ला यामीन की बढ़ती निरंकुशता व लोकतंत्र-विरोधी प्रवृत्ति के संदर्भ में मालदीव में लोकतंत्र को प्रभावित करनेवाली स्थिति के मद्देनजर समाधान इसमें शामिल थे। संयुक्त बयान में नेपाल से जुड़ा एक विवादास्पद मुद्दा भी था। भारत और यूरोपीय संघ ने तत्कालीन नए प्रवर्तित नेपाली संविधान में संविधानिक समावेश के मुद्दों का उल्लेख किया। इस पर नेपाल ने कड़ी आपत्ति दर्ज की और इस संबंध में दोनों पक्षों से स्पष्टीकरण माँगा। नेपाल ने सार्वजनिक रूप से कहा कि इस तरह के शिखर सम्मेलन में नेपाली संवैधानिक मुद्दों पर टिप्पणी करना अयाचित था और 'एक स्वतंत्र सार्वभौम देश के आंतरिक मामलों पर हस्तक्षेप करने का प्रयास' था। शिखर सम्मेलन में जिस तरह के अंतरराष्ट्रीय और क्षेत्रीय मुद्दों की श्रेणी को शामिल किया गया, उससे यही पता चलता है कि रणनीतिक साझेदारी वाकई आगे बढ़ रही थी।

ऐसी उम्मीदें थीं कि शिखर सम्मेलन इतालवी समुद्री मामले पर निरंतर संकट को हल करने के लिए किसी तंत्र का सुझाव देगा। उस समय इस मामले पर काररवाई हेग स्थित परमानेंट कोर्ट ऑफ आर्बिट्रेशन (पी.सी.ए.) में चल रही थी। पर ऐसा नहीं हुआ। शिखर सम्मेलन के दौरान इटली ने पी.सी.ए. में कोई रियायत नहीं दी। जाहिर है, संयुक्त बयान में इस मुद्दे को शामिल नहीं किया गया। दोनों पक्ष अपनी-अपनी जगह पर दृढ़ता के साथ हटे रहे। उन्होंने संयुक्त राष्ट्र की कन्वेंशन लॉज ऑफ द सी (यू.एन.सी.एल.ओ.एस.) के संदर्भ में इतालवी मरीन मामले पर मध्यस्थता प्रक्रिया में अपना भरोसा जताया।

समुद्री सुरक्षा समले पर दोनों पक्ष एक संस्थागत संवाद की ओर बढ़ रहे थे। एजेंडा फॉर एक्शन 2020 को शिखर सम्मेलन के दौरान अपनाया गया, जिसमें 'सहयोग को मजबूत करने और समुद्री डकैती के मामले में साझा उद्देश्यों पर मूर्त परिणामों की दिशा में काम करने…' और यूरोपीय संघ-भारत संयुक्त कार्य योजना में वर्णित

अन्य क्षेत्रों में सहयोग पर विचार करने, जिसमें समुद्री सुरक्षा [और] अंतरराष्ट्रीय कानून (UNCLOS) के तहत नेविगेशन की स्वतंत्रता को बढ़ावा देना शामिल है; का फैसले किया गया। एक मिसाल पहले ही तब स्थापित हो चुकी थी, जब पहला यूरोपीय संघ के नौसैनिक मिशन ई.यू.एन.ए.वी.एफ.ओ.आर.,[13] जो ऑपरेशन अटलांटा[14] के नाम से भी जाना जाता है, ने हिंद महासागर में समुद्री डकैती रोधी अभियानों में भारतीय नौसैनिक का सहयोग किया था। यूरोपीय संघ की सामान्य सुरक्षा और रक्षा नीति तथा इसकी सैन्य और सुरक्षा वास्तुकला की रूपरेखा विकसित हो रही है। इस परियोजना को मजबूत करने में यूरोपीय संघ में एक नए सिरे से दिलचस्पी जगी है, मौजूदा समय में 16 विदेशी ऑपरेशन हैं, जिसमें संयुक्त राष्ट्र के आदेश के तहत समुद्री ऑपरेशन भी शामिल है। यूरोपीय संघ द्वारा इच्छा जाहिर की गई है कि वह नौसेना बल की त्वरित प्रतिक्रिया को बरकरार रखना चाहता है, जिसे क्षेत्र में सामान्य समुद्री सुरक्षा के मद्देनजर पश्चिमी हिंद महासागर में तैनात किया जा सकता है। पारस्परिक हितों में भारतीय नौसेना के साथ संबंध बनाना ई.यू.एन.ए.वी.एफ.ओ.आर. के लिए स्वाभाविक होगा। निकोला कैसरिनी (2016) ने सुझाव दिया है कि विकसित होती सुरक्षा संचालक शक्ति को देखते हुए भारत और यूरोपीय संघ के नीति निर्माता समुद्री नीति में विस्तार कर सकते हैं और यूरेशियन समुद्री क्षेत्र को शामिल करने के लिए हिंद महासागर से आगे जाकर सहयोग कर सकते हैं। यह क्षेत्र चीन के ओ.बी.ओ.आर. के अंतर्गत भी आता है। इसे देखते हुए कैसरिनी का कहना है कि यह भारत और यूरोपीय संघ के लिए सुरक्षा के लिहाज से बड़ी चुनौती है।

ऊर्जा और जलवायु परिवर्तन के मसले पर सुझाई गई साझेदारी दोनों पक्षों को नवीकरणीय ऊर्जा, ऊर्जा सुरक्षा और जलवायु परिवर्तन पर सहयोग विकसित करने के लिए एक ठोस मंच प्रदान करेगी। यूरोपीय संघ के नजरिए में भारत नवीकरणीय ऊर्जा के लिए बेहतर गुंजाइश के साथ ऊर्जा परिवर्तन की दहलीज पर था; यह एक ऐसा क्षेत्र है, जिसमें यूरोपीय संघ के कुछ सदस्य देश वैश्विक नेता हैं। परिणामस्वरूप, संयुक्त बयान में 21 दिसंबर, 2015 के भारत के नेतृत्ववाले अंतरराष्ट्रीय सौर गठबंधन (आई.एस.ए.)[15] सहित कॉन्फ्रेंस ऑफ पार्टीज (सी.ओ.पी.21) परिणामों का भी जिक्र किया गया। संयुक्त बयान में कहा गया, "दोनों पक्ष आई.एस.ए. के उद्देश्यों को आगे बढ़ाने के लिए एक साथ मिलकर काम करने के तरीकों का पता लगाने के लिए सहमत हुए।"

सम्मेलन की दिलचस्पी कई मुद्दों पर थी, जो विशेष रूप से भारतीय प्रधानमंत्री मोदी के पसंदीदा प्रोजेक्ट, मसलन; स्मार्ट सिटी, स्वच्छ भारत, स्वच्छ गंगा और डिजिटल इंडिया से सीधे जुड़े थे। संयुक्त घोषणा और एजेंडा फॉर एक्शन बताता है कि यूरोपीय संघ नेतृत्व ने 'स्वच्छ भारत'[16] और 'गंगा कायाकल्प'[17] पर भारतीय प्रधानमंत्री की पहल

को सक्रिय रूप से समर्थन और बढ़ावा देने की कोशिश की। जल साझेदारी–जल प्रबंधन, अनुकूलन और प्रौद्योगिकियों के अनुकूलन के साथ भारत की प्रतिष्ठित नदी गंगा या सहायक नदियों को साफ करने के प्रयासों पर साझा सहयोग पर विचार करता है। इस पर भी सहमति हुई कि यूरोपीय संघ न केवल गंगा की सफाई योजना के लिए साधन विकसित करने में मदद करेगा, बल्कि नदी के बेसिन को बनाए रखने के लिए व्यवस्थित ढाँचे को विकसित करने में भी सहयोग करेगा। इस संदर्भ में दोनों पक्षों ने भारत–यूरोपीय संघ जल साझेदारी पर संयुक्त घोषणा का स्वागत किया।

नेताओं ने आधारभूत संरचना में दीर्घकालिक निवेश का समर्थन करने के लिए यूरोपीय निवेश बैंक (ई.आई.बी.) की प्रतिबद्धता और उत्तर प्रदेश के लखनऊ शहर में पहली मेट्रो लाइन के निर्माण में 450 मिलियन यूरो के कुल ऋण में से 200 मिलियन यूरो की पहली किस्त के लिए ई.आई.बी. और भारत सरकार द्वारा हस्ताक्षर के साथ इस साझेदारी का स्वागत किया। इसका उद्घाटन हो चुका है और यह पूरी तरह शुरू भी हो गया है।

इन सकारात्मक पहलुओं के बावजूद कुछ विश्लेषकों का मानना है कि शिखर सम्मेलन के दस्तावेज में दोनों पक्षों की अपेक्षाओं को पूरी तरह से प्रतिबिंबित नहीं किया गया है। इसने कई सामान्य बातों पर ध्यान केंद्रित किया, जिसमें व्यापार और निवेश संबंध, सुरक्षा सहयोग, जलवायु और ऊर्जा सहयोग, विज्ञान और प्रौद्योगिकी जैसे विषयों की एक श्रृंखला शामिल है; लेकिन इसमें किसी ऐसी ऐतिहासिक उपलब्धि को शामिल नहीं किया गया था, जो निर्णायक रूप से रणनीतिक साझेदारी के संबंध को नई ऊँचाइयों पर पहुँचता हुआ दिखाता हो। सुरक्षा सहयोग में तालमेल बढ़ाने के मद्देनजर दृढ़ क्षमता बनी रही, जिसके परिणामस्वरूप आतंकवाद विरोधी काररवाई के साथ समुद्री सुरक्षा में सहयोग जैसे महत्त्वपूर्ण क्षेत्रों में कुछ प्रगति हुई। यह एशिया, अफ्रीका और मध्य–पूर्व में शरणार्थियों, शांति और सुरक्षा से संबंधित तनाव के अलावा 'ब्लू इकोनॉमी'[18] जैसे व्यापक मुद्दों पर समय के साथ अधिक मजबूती से जुड़ा है।

हालाँकि दोनों पक्षों ने आर्थिक साझेदारी पर ध्यान केंद्रित करने की कोशिश की, पर वास्तविकता यह थी कि बी.टी.आई.ए. के मसले पर प्रगति न होना उनके लिए एक शर्मिंदगी का सबब था। स्वाति ढींगरा (2016) कहती हैं, "सबसे बड़ी चुनौती यह है कि यह समझौता एकतरफा लग रहा है। यह बहुत कुछ ऐसा है, जैसे भारत होटल के कमरे का चयन पर रहा है और यूरोपीय संघ उसके वहाँ रहने के दौरान हुए इंटरनेट शुल्क का भुगतान कर रहा है।" नतीजतन, इस मामले में 'दोनों पक्षों को फिर से चर्चा में लगा होने', के कारण संयुक्त बयान में अपेक्षाकृत कम ध्यान दिया गया। इन परिस्थितियों में

दोनों पक्षों ने बी.टी.आई.ए. समझौते पर बातचीत जारी रखने का फैसला किया, जिस पर मई 2013 में अंतिम दौर की बातचीत के बाद से गतिरोध बना हुआ था। बहुत सारी अड़चनें अब भी बनी हुई हैं। यहाँ तक कि अगर ये अड़चनें सुलझ भी जाएँ तो इसके मद्देनजर यूरोपीय संघ की ओर से बातचीत की प्रक्रिया बहुत ही विकट है। सभी आधिकारिक भाषाओं में अनुवाद, कानूनी पहलुओं की जाँच-परख और यूरोपीय संघ के सदस्य देशों, यूरोपीय संसद् की पुष्टि आदि में चार से पाँच साल का समय लग जाएगा!

विडंबना यह है कि शिखर सम्मेलन की समाप्ति के बाद ब्रिटेन, जर्मनी और अमेरिका में भारतीयों के लिए इसी तरह के दूसरे समारोहों की शैली पर भारतीय प्रधानमंत्री द्वारा प्रवासी भारतीयों को संबोधित करने के लिए बहुत सारे कार्यक्रम आयोजित किए जाने की खबरें आईं। लगभग 10,000 लोगों की भारी भीड़ जमा हुई, जो यूरोप के विभिन्न हिस्सों से उन्हें सुनने के लिए आए थे, इससे शिखर सम्मेलन का आयोजन फीका पड़ गया। यूरोपीय संघ के वरिष्ठ अधिकारियों को इसका अनुमान हो गया था! कार्यक्रम से पहले यूरोपीय संघ के एक अधिकारी ने व्यंग्य के साथ टिप्पणी की, "इस शिखर सम्मेलन के बाद सुर्खियाँ 'मोदी की टस्क और जूनकर से मुलाकात' के बजाय 'ब्रुसेल्स में मोदी 5000 भारतीयों से मिले' बनने की ज्यादा संभावना है।" (डिप्लोमैट, 2016)

खंड 3 : गतिरोध को संयुक्त रूप से खत्म करने संबंधी अध्ययन

तेरहवें शिखर सम्मेलन ने बड़ी हद तक ग्यारहवें शिखर सम्मेलन से शुरू हुई साझेदारी की गुंजाइश को अवरुद्ध कर दिया। भारत-अमेरिका रणनीतिक गठबंधन के परिणामस्वरूप, भारत की उभरती क्षेत्रीय और वैश्विक भूमिका को यूरोपवासियों ने स्वीकार किया और उसके प्रति कहीं अधिक सम्मान जाहिर किया। संयुक्त बयान के महत्त्वपूर्ण खंडों में यह साफ हो गया था। हालाँकि बहुत सारे गतिरोध बने रह गए। जिन्हें अगले शिखर सम्मेलन में उठाया जाएगा। उसमें साइबर सुरक्षा, आतंकवाद का मुकाबला और समुद्री सुरक्षा मुद्दे पर भी ध्यान केंद्रित किया जाएगा, जिस पर पहले से ही संवाद शुरू हो चुका है।

एक गतिशील, सुदृढ़ और सार्थक साझेदारी की राह में कौन-कौन सी बाधाएँ रह गई थीं? ब्रुसेल्स में आतंकवादी हमलों के साये में तेरहवें शिखर सम्मेलन के संयुक्त बयान में भारत के पड़ोस से आनेवाले कई खतरों की पहचान की जा सकती थी, जो अंतरराष्ट्रीय शांति और सुरक्षा के लिए भी खतरा है। पर ऐसा नहीं किया गया और संशयपूर्ण भारतीय जनता के आगे साझेदारी की प्रासंगिकता प्रदर्शित करने का एक मूल्यवान अवसर चूक गया।

यूरोपीय संघ अपने ही संकटों से इनकार करता रहा है। यूरोपीय संघ के नेता अभी

भी महसूस करते हैं कि बहु-ध्रुवीय दुनिया में यूरोपीय संघ एक प्रमुख ध्रुव बना हुआ है। अनिच्छा से ब्रुसेल्स में नौकरशाहों पर एक तरह की हिचकिचाहट साफ नजर आ रही थी, लेकिन यूरोपीय संघ के कई सदस्य देश चीन के बजाय भारत के साथ अपने संबंधों को प्राथमिकता देने के लिए उत्सुक थे। ब्रुसेल्स में वरिष्ठ अधिकारी इस बात पर जोर देते रहे कि चीन के साथ आर्थिक साझेदारी को विकसित किया जाना चाहिए और उसे सर्वोच्च प्राथमिकता दी जानी चाहिए। भारत को दूसरे स्थान पर रखना बेहतर हो सकता है! चीनी परिप्रेक्ष्य से यूरोपीय संघ द्वारा चीन के परिप्रेक्ष्य में संवेदनशील राजनीतिक मुद्दों को 'हलके तौर पर' लिये जाने के प्रति वरिष्ठ भारतीय अधिकारियों ने नाराजगी जताई। उन्होंने भारत के साथ सामरिक साझेदारी के मुद्दे पर चीन के साथ चल रहे संवाद पर 16 + 1[19] के प्रभाव पर भी सवाल उठाए। भारत में सामाजिक मुद्दों के प्रति चीन का रवैया यूरोपीय सरपरस्ती और संकट के विश्लेषण के विपरीत था। भारतीय नेतृत्व ने इस रवैये के प्रति असंतोष जाहिर किया। वहीं इसके विपरीत, भारत के पड़ोस में चीन के आक्रामक युद्धाभ्यास और भारत को सीमित और संकुचित करने का उसके प्रयासों के मद्देनजर संयुक्त राज्य अमेरिका द्वारा भारत की चिंताओं को साझा करते हुए भारतीय अधिकारियों ने अमेरिका द्वारा भारत की सार्वजनिक आलोचना ने करने के फैसले का स्वागत किया।

भारत-यूरोपीय संघ के रणनीतिक संबंधों के मद्देनजर भारत की अमेरिकी साझेदारी से उत्पन्न चुनौती शायद ही कभी सार्वजनिक रूप से चर्चा का विषय रहा हो। कई भारतीयों का मानना है कि भारत के दुस्साध्य पड़ोस की जटिलताओं और संवेदनशीलता और इसकी सीमा पार आतंकी हमले के खतरों को देखते हुए यूरोपीय संघ, जो विभाजित और पतन की ओर अग्रसर दिखाई देता है, के बजाए, संयुक्त राज्य अमेरिका के साथ गठबंधन की जरूरत है। यूरोपवासी अकसर 'हार्ड पावर' के रूप में भारत के महत्त्व को तिरस्कार की नजर से देखते हुए खारिज करते हैं। आजादी के बाद भारत की क्षेत्रीय अखंडता के लिए लगातार बढ़ते बाहरी खतरों के मद्देनजर भारत द्वारा सीखे गए सबक की अनदेखी करते हैं। 1962 की घटनाओं और चीन द्वारा किए गए अकारण हमले को भारत नहीं भूला है। चीन के साथ भारत का सीमा विवाद सुलझा नहीं है, जबकि भारत को छोड़कर उसने अपने सभी पड़ोसियों के साथ सीमा विवाद को सुलझा लिया है। हालाँकि भारत-भूटान सीमा पर डोकलाम विवाद को फिलहाल सुलझा लिया गया है, लेकिन फिर भी यह मुद्दा चीन द्वारा भारत के प्रति आक्रामक रुख को प्रदर्शित करता है।

यह पृष्ठभूमि संयुक्त राज्य अमेरिका के साथ रणनीतिक गठबंधन के मद्देनजर उत्साह को थोड़ा औचित्य प्रदान करता है। जाफरलॉट (2006) कहते हैं कि 'सॉफ्ट पावर'

के इस्तेमाल के संबंध में यूरोपीय आग्रह अमेरिकी नजरिए के विपरीत है। एक अन्य आलेख में जाफरलॉट (2009) कहते हैं, "भारतीय मानदंडों, अवधारणाओं और विचारों के मामले में यूरोप ने हमेशा उसे महत्त्व दिया है। लेकिन क्या यूरोप एक आदर्श मानदंड जनक और मानदंड समर्थक बना रहेगा या कहीं और विकसित विचारों के मानदंड का अनुयायी बनकर बच निकलेगा? अगर संभावना दूसरे विकल्प की है तो ऐसे में भारत के लिए यूरोप का महत्त्व और कम हो जाएगा। राजनीतिक और 'हार्ड पावर' के संदर्भ में, यह बड़े खेद का विषय है कि भारत के लिए यूरोप बहुत कम मायने रखता है।"

हालाँकि यह विश्लेषण कठोर लग सकता है, पर बतौर एक मजबूत रणनीतिक साझेदार के रूप में यथोचित समय पर भारत की जरूरत की ओर यह इशारा करता है। केवल समय ही यह तय कर सकता है कि राजनीतिक और 'हार्ड पावर' के संदर्भ में यूरोपीय संघ भारत के लिए कभी मायने रखेगा या नहीं।

संदर्भ–

1. 2012 में इतालवी समुद्री मामले के दौरान डैनियल मैनसिनी भारत में इतालवी राजदूत थे। निजी तौर पर उन्होंने आश्वासन दिया था कि दोनों नाविकों को अगर इटली भेजा जाता है, तो वे भारत लौट आएँगे। इसी आधार पर भारत के सर्वोच्च न्यायालय ने दो नाविकों को चुनावों में अपना वोट डालने के लिए इटली जाने की अनुमति दी। अंतरराष्ट्रीय कानून की अवहेलना करते हुए इटली ने दो भारतीय मछुआरों की हत्या से जुड़े मुकदमे के लिए उन्हें वापस भारत भेजने से इनकार कर दिया। सुप्रीम कोर्ट को इतालवी राजदूत को, उनके द्वारा दिए गए आश्वासन के उल्लंघन के लिए नोटिस जारी करना पड़ा। कोर्ट ने मैनसिनी की आवाजाही पर और भारत के बाहर यात्रा पर प्रतिबंध लगा दिया। नाविकों की वापसी के बाद ही सर्वोच्च न्यायालय ने राजदूत के बारे में दिया गया अपना आदेश वापस ले लिया।
2. गिउलिओ मारिया टेरजी एक इतालवी राजनयिक हैं, जो नवंबर 2011 से लेकर 26 मार्च, 2013 को इस्तीफा दिए जाने तक इटली के विदेश मंत्री भी थे।
3. अंतरराष्ट्रीय आतंकवाद के शमन के उद्देश्य से 1988 में समुद्री नेविगेशन की सुरक्षा के खिलाफ गैरकानूनी कार्यों का दमन या एस.यू.ए. संधिपत्र पारित किया गया था, जिसका मुख्य उद्देश्य यह सुनिश्चित करना है कि जहाजों में गैरकानूनी कार्य करनेवाले व्यक्तियों के खिलाफ काररवाई हो। इस तरह की काररवाइयों में बल द्वारा जहाजों की जब्ती शामिल है; जहाजों में व्यक्तियों के खिलाफ हिंसक कार्य; और जहाज के पटल पर लगे उपकरणों को नष्ट या क्षति पहुँचाना भी शामिल है। इंटरनेशनल मैरीटाइम ऑर्गनाइजेशन (आई.एम.ओ.) के पास संधिपत्र जमा है और यह अनुबंधित देशों को कथित अपराधियों को प्रत्यर्पित करने या उन पर मुकदमा चलाने के लिए बाध्य करता है।
4. बान की-मून दक्षिण कोरियाई (कोरिया गणराज्य) (आर.ओ.के.) राजनयिक हैं, जो जनवरी 2007 से दिसंबर 2016 तक संयुक्त राष्ट्र के आठवें महासचिव थे। महासचिव बनने से पहले बान कोरिया गणराज्य के विदेश मंत्री बने थे।

5. अप्रैल 1987 में स्थापित मिसाइल टेक्नोलॉजी कंट्रोल रिजीम (एम.टी.सी.आर.) का उद्देश्य बैलिस्टिक मिसाइलों और अन्य मानव रहित निकासी प्रणालियों के प्रसार को सीमित करना है, जिनका उपयोग रासायनिक, जैविक और परमाणु हमलों के लिए किया जा सकता है। 2016 में भारत एम.टी.सी.आर. में शामिल हुआ। इस व्यवस्था ने अपने 35 सदस्यों (जिसमें दुनिया के प्रमुख मिसाइल निर्माता शामिल हैं) सहित वैश्विक समुदाय से आग्रह किया है कि वे मिसाइलों और संबंधित प्रौद्योगिकियों के अपने निर्यात को प्रतिबंधित करें, जो कम-से-कम 300 किलोमीटर तक के 500 किलोग्राम के विस्फोटक वहन करने में सक्षम हैं।

6. 16 नवंबर, 1982 को लागू समुद्री कानून पर संयुक्त राष्ट्र संधिपत्र (यू.एन.सी.एल.ओ.एस.) एक अंतरराष्ट्रीय संधि है, जो दुनिया के समुद्रों और महासागरों के उपयोग के मद्देनजर एक नियामक ढाँचा प्रदान करने के साथ संसाधनों और समुद्री पर्यावरण के संरक्षण और समान उपयोग तथा समुद्र के सजीव संसाधनों की सुरक्षा और संरक्षण को भी सुनिश्चित करता है। यू.एन.सी.एल.ओ.एस. के अंतर्गत संप्रभुता, समुद्री क्षेत्रों में उपयोग के अधिकार और नौसैनिक अधिकारों जैसे अन्य मामले भी शामिल हैं। परिशिष्ट VII के तहत मध्यस्थता विवाद निपटान का डिफॉल्ट साधन है, बशर्ते विवाद समाधान के उपलब्ध साधनों के संबंध में कोई देश अपनी राय व्यक्त नहीं करता है। हेग स्थित परमानेंट कोर्ट ऑफ आर्बिट्रेशन (पी.सी.ए.) ने अधिकांश मध्यस्थता को यू.एन.सी.एल.ओ.एस. परिशिष्ट VII के तहत वर्णित किया है।

7. 1982 के समुद्री कानून पर संयुक्त राष्ट्र संधिपत्र के अनुच्छेद 97 के अनुसार, "बीच समुद्र में किसी जहाज के साथ टकराव की स्थिति में या नेविगेशन से संबंधित किसी अन्य घटना के मद्देनजर जहाज के मास्टर या जहाज पर काम करनेवाले किसी अन्य व्यक्ति के खिलाफ दंडात्मक या अनुशासनात्मक काररवाई से जुड़े मामले में ऐसे व्यक्ति, जो किसी देश के झंडे से जुड़ा हुआ है या व्यक्ति की राष्ट्रीयता जिस देश से जुड़ी हो, के खिलाफ न्यायिक या प्रशासनिक अधिकारियों के अलावा किसी और के द्वारा कोई दंडात्मक या अनुशासनात्मक काररवाई नहीं की जा सकती है। इस आलेख का उपयोग आई.टी.एल.ओ.एस. ने भारत के खिलाफ यह बताने के लिए किया कि एनरिका लेक्सी मामला कोर्ट का अधिकार क्षेत्र था।

8. राफेल दोहरे इंजनवाला मीडियम मल्टी-रोल लड़ाकू विमान (एम.एम.आर.सी.ए.) है, जो एक फ्रांसीसी फर्म, डासौल्ट एविएशन द्वारा निर्मित है। राफेल फाइटर जेट्स को 'ओमनीरोल' विमान के रूप में तैनात किया गया है, जो हवा की सर्वोच्चता, अंतर-शैली, हवा में पूर्व-परीक्षण, भू-अवलंबन, जमीन की गहराई में प्रहार, जहाज-रोधी प्रहार और परमाणु निरोध जैसी लड़ाकू भूमिकाओं की एक विस्तृत श्रृंखला का प्रदर्शन करने में सक्षम। भारत सरकार ने 126 मीडियम मल्टीरोल लड़ाकू विमानों के अधिग्रहण का टेंडर रद्द करने के बाद 36 राफेल का अधिग्रहण करने का फैसला किया। राफेल ने अनुबंध को प्राप्त करने के बाद, भारतीय पक्ष और डासौल्ट ने 2012 में बातचीत शुरू की। समझौते पर जनवरी 2016 में हस्ताक्षर किए गए थे।

9. 'मेक इन इंडिया' अभियान की शुरुआत प्रधानमंत्री नरेंद्र मोदी द्वारा सितंबर 2014 में की गई थी, ताकि निवेश को बढ़ावा मिल सके, नवाचार को प्रोत्साहित किया जा सके, कौशल विकास में सुधार किया जा सके, बौद्धिक संपदा की रक्षा की जा सके और वर्ग निर्माण संबंधी बुनियादी संरचना का बेहतरीन निर्माण किया जा सके। इसका उद्देश्य घरेलू विनिर्माण के माध्यम से रोजगार

सृजन करना है और भारत को एक पसंदीदा वैश्विक विनिर्माण का गंतव्य बनाना है। 'मेक इन इंडिया' पहल चार स्तंभों पर आधारित है, जिनकी पहचान न केवल विनिर्माण क्षेत्र में है, बल्कि भारत के अन्य क्षत्रों में भी उद्यमिता को प्रोत्साहित करने के लिए की गई है। नई प्रक्रियाएँ, नई संरचना, नए क्षेत्र और नई मानसिकता—ये चार स्तंभ हैं।

10. फ्रेंड्स ऑफ यूरोप एक प्रमुख वैचारिक मंच है, जो ब्रुसेल्स में स्थित है और जिसका उद्देश्य 'लाभ के लिए नहीं' और यह लोगों को आपस में जोड़ता है, विचार-विमर्श के लिए जमीन तैयार करता है और यूरोप को अधिक सम्मिलित करता है, टिकाऊ और यूरोप को अग्रसर बनाने के मद्देनजर परिवर्तन का समर्थन करता है।

11. राजदूत मंजीव सिंह पुरी 1982 से एक वरिष्ठ भारतीय राजनयिक और भारतीय विदेश सेवा के सदस्य हैं। मौजूदा समय में वे नेपाल में भारत के राजदूत हैं। इससे पहले वे यूरोपीय संघ, बेल्जियम और लक्जमबर्ग में भारतीय राजदूत थे और 2 जनवरी, 2014 को उन्होंने ब्रुसेल्स में कार्यभार सँभाला था।

12. परमाणु सुरक्षा शिखर सम्मेलन (एन.एस.एस.) दुनिया भर में परमाणु आतंकवाद के खतरे को रोकने के लिए एक वैश्विक शिखर सम्मेलन था। इसे 2010 में तत्कालीन अमेरिकी राष्ट्रपति ओबामा ने प्राग में अपने भाषण के बाद लॉन्च किया था, जहाँ उन्होंने परमाणु आतंकवाद को अंतरराष्ट्रीय शांति और सुरक्षा के लिए सबसे बड़ा खतरा बताया था। एन.एस.एस. ने नेताओं को एक-दूसरे के साथ संपर्क बनाने और परमाणु सामग्री को सुरक्षित करने के लिए सर्वोच्च स्तर पर सदस्य देशों की प्रतिबद्धता को मजबूत करने के लिए एक मंच प्रदान किया। पहला परमाणु सुरक्षा शिखर सम्मेलन वाशिंगटन डी.सी. में 2010 में आयोजित किया गया था और इसके बाद 2012 में सियोल और 2014 में हेग में अतिरिक्त शिखर सम्मेलन का आयोजन किया गया था। इन शिखर सम्मेलनों ने परमाणु सामग्री की सुरक्षा के मामले में ठोस सुधार और मजबूत अंतरराष्ट्रीय संस्थान के गठन के लक्ष्य को प्राप्त किया।

13. यूरोपीय संघ सोमाली में समुद्री डकैती के साथ अफ्रीकी हॉर्न और पश्चिमी हिंद महासागर में सशस्त्र समुद्र डकैती की घटनाओं से चिंतित था। सोमाली समुद्री डकैती समुद्र में उच्च जोखिम क्षेत्र को पार करनेवाले जहाजों को नियंत्रित करके और चालक दल, पोत और कार्गो के लिए फिरौती के लिए रकम उगाही करके अपराध को अंजाम देते हैं : ये सब संगठित अपराध की श्रेणी में आते हैं। इसका असर अंतरराष्ट्रीय व्यापार, समुद्री सुरक्षा और क्षेत्र में स्थित देशों की आर्थिक गतिविधियों और सुरक्षा प्रभाव पर पड़ा है। सोमालिया के अपने व्यापक दृष्टिकोण के हिस्से के रूप में, यूरोपीय संघ ने यूरोपीय कॉमन सिक्योरिटी एंड डिफेंस पॉलिसी (सी.एस.डी.पी.) संरचना के अंतर्गत और प्रासंगिक संयुक्त राष्ट्र सुरक्षा परिषद् प्रस्तावों (यू.एन.एस.सी.आर.) तथा अंतरराष्ट्रीय कानून के तहत दिसंबर 2008 में यूरोपीय संघ नौसेना बल अटलांटा (ई.यू.एन.ए.वी. एफ.आर.) का शुभारंभ किया।

14. 8 दिसंबर, 2008 को सोमालिया में यूरोपीय संघ नौसेना बल द्वारा (ऑपरेशन अटलांटा) लॉन्च किया गया था और इसका आयोजन संयुक्त राष्ट्र सुरक्षा परिषद् के प्रस्तावों के अनुसार किया गया था। ऑपरेशन को दिसंबर 2018 तक यूरोपीय परिषद् द्वारा विस्तारित किया गया था और इसके निम्नलिखित उद्देश्य हैं : विश्व खाद्य कार्यक्रम (डब्ल्यू.एफ.पी.) के तहत खाद्य सामग्री

पहुँचानेवाले जहाज और अन्य कमजोर पोत-परिवहन की सुरक्षा; समुद्री और सशस्त्र डकैती का निवारण और रोकथाम करना; सोमालिया के तट पर मछली पकड़ने संबंधित गतिविधियों की निगरानी करना और क्षेत्र में समुद्री सुरक्षा और अन्य यूरोपीय संघ के मिशनों के लिए समुद्री तट की सुरक्षा को मजबूत करना और अंतरराष्ट्रीय संगठनों का समर्थन करना।

15. अंतरराष्ट्रीय सौर गठबंधन, सूर्य की रोशनी से समृद्ध देशों के बीच सहयोग का एक सामान्य मंच है, जो पूर्ण रूप से या आंशिक रूप से कर्क रेखा और मकर रेखा के बीच स्थित है और सौर ऊर्जा को बड़े पैमाने पर बढ़ाने की कोशिश में लगा हुआ है, जिससे स्वच्छ और सस्ती ऊर्जा प्रदान करने के साथ वैश्विक ग्रीनहाउस उत्सर्जन चक्र को मोड़ने में मदद हो। इस पहल की शुरुआत 2015 में पेरिस में संयुक्त राष्ट्र जलवायु परिवर्तन सम्मेलन में फ्रांस के राष्ट्रपति और भारत के प्रधानमंत्री द्वारा की गई थी। गठबंधन में लगभग 80 देश शामिल हैं, जो एक आम घोषणा का समर्थन करते हैं। संयुक्त प्रयासों में नवीन नीतियाँ, परियोजनाएँ, कार्यक्रम, क्षमता निर्माण के उपाय और वित्तीय साधन शामिल हैं, जिसमें 2030 तक एक खरब डॉलर से अधिक के निवेश की आवश्यकता है। वित्त की कम लागत से अधिक महत्त्वाकांक्षी सौर ऊर्जा कार्यक्रमों के संचालन में मदद मिलेगी। वित्तीय लागत को कम होने के कारण यह गठबंधन अधिक महत्त्वाकांक्षी सौर ऊर्जा कार्यक्रमों के उपक्रम को सक्षम बनाता है।

16. 'स्वच्छ भारत' या 'क्लीन इंडिया मिशन' आधिकारिक रूप से 2 अक्तूबर, 2014 को राजघाट, नई दिल्ली (महात्मा गांधी की समाधि) में महात्मा गांधी की जयंती के मौके पर प्रधानमंत्री नरेंद्र मोदी द्वारा देश के 4,041 वैधानिक शहरों और कस्बों की गलियों, सड़कों और बुनियादी संरचना को साफ-सफाई के लिए एक अभियान के रूप में शुरू किया गया था। मिशन का उद्देश्य महात्मा गांधी की 150वीं जयंती पर 2 अक्तूबर, 2019 तक भारत को 'स्वच्छ' बनाना है। यह अभियान भारत का अब तक का सबसे बड़ा स्वच्छता अभियान है, जिसमें तीस लाख सरकारी कर्मचारी और विशेष रूप से भारत के सभी हिस्सों से स्कूल और कॉलेज के छात्र भाग ले रहे हैं।

17. 2014 में गंगा कायाकल्प भारतीय प्रधानमंत्री नरेंद्र मोदी द्वारा गंगा नदी (गंगा) की सफाई के लिए शुरू की गई एक पहल है। जुलाई 2014 के बजट में मोदी सरकार द्वारा 'नमामि गंगे' परियोजना की घोषणा की गई थी। गंगा कायाकल्प दृष्टिकोण 'अविरल धारा' ('सतत प्रवाह'), 'निर्मल धारा' ('अदूषित प्रवाह') नदी की शुद्धता को परिभाषित करता है और इसकी भूवैज्ञानिक और पारिस्थितिक अखंडता को सुनिश्चित करता है। प्रदूषण का प्रभावी उन्मूलन और गंगा के कायाकल्प के लिए अधिकारियों ने व्यापक योजना और प्रबंधन के मद्देनजर अंतर-क्षेत्रीय समन्वय को बढ़ावा देने के लिए एक नदी बेसिन दृष्टिकोण अपनाने का फैसला किया। पानी की गुणवत्ता को बनाए रखने और पर्यावरणीय रूप से सतत विकास को सुनिश्चित करने के उद्देश्य से गंगा में न्यूनतम पारिस्थितिक प्रवाह बनाए रखने का भी निर्णय लिया गया।

18. एक स्थायी नीली अर्थव्यवस्था वह अर्थव्यवस्था है; जो न केवल आर्थिक, बल्कि वर्तमान और भावी पीढ़ियों को सामाजिक लाभ प्रदान करेगी। नीली अर्थव्यवस्था को सतत विकास के लिए एक वैकल्पिक आर्थिक मॉडल के रूप में देखा जाता है, जो महासागरों को इस दृष्टिकोण के केंद्र में रखता है। रियो + 20 की तैयारी प्रक्रियाओं के दौरान तटीय देश हरित अर्थव्यवस्था के फोकस और उनके लिए इसकी उपयुक्तता के बारे में चिंतित थे। नीली अर्थव्यवस्था समुद्री

पारिस्थितिक तंत्रों को अपनी प्राकृतिक पूँजी के रूप में चिह्नित करती है और उनके अनुरूप उनकी रक्षा और रखरखाव करती है। यह स्वच्छ प्रौद्योगिकी और नवीकरणीय ऊर्जा के उपयोग के माध्यम से सामाजिक और आर्थिक स्थिरता को प्रेरित भी करतलृ है। स्थायी नीली अर्थव्यवस्था में सम्मिलित होने की विशेषता है, जो हितधारक साझेदारी द्वारा बेहतर सूझ-बूझवाले, एहतियातपूर्ण और अनुकूलक; जवाबदेह और पारदर्शी; समग्रात्मक, दीर्घकालिक; और अभिनव और सक्रियता के साथ चिह्नित होती है। प्रवर्तक, लेखक और उद्यमी जैसे शब्दों के जरिए पहचाने जानेवाले गंटर पॉली कहते हैं कि नीली अर्थव्यवस्था "स्थिरता बनाए रखने के लिए उद्यमशीलता को बढ़ावा देती" है और इसकी अन्य विशेषताओं में नवाचार, पर्याप्त भोजन, ऊर्जा और नौकरियों के जरिए मॉडल तैयार करना और गरीबी को विकास में रूपांतरित करना है।

19. 16 + 1 चीन और 16 मध्य और पूर्वी यूरोपीय देशों (सी.ई.ई.सी.) को मिलाकर बना एक उप-क्षेत्रीय समूह है, इस 16 में 2011 से 11 यूरोपीय संघ के सदस्य देशों और यूरोपीय संघ के पाँच उम्मीदवार देश शामिल हैं। 16 + 1 समूह चीन को अपनी सीमाओं से परे बाजार और निवेश संपर्क बनाने का अधिक-से-अधिक अवसर प्रदान करता है और मध्य-पूर्व, रूस और यूरोप को इसके साथ जोड़ता है। 16 + 1 का प्रारूप विवादास्पद है, क्योंकि इसके माध्यम से की गई व्यवस्थाएँ लिस्बन संधि में निहित विदेश नीति के मामलों पर यूरोपीय संघ की क्षमताओं से टकराती हैं। हो सकता है इससे यूरोपीय संघ के मानदंडों, मूल्यों और एकता के साथ एक सामान्य विदेशी और सुरक्षा नीति को मजबूत करने के प्रयासों को नुकसान पहुँचे।

❑

अध्याय-9

भारत यूरोपीय संघ बोर्ड पर आधारित व्यापार व निवेश समझौता : समझौता मंजूर या नामंजूर?

खंड 1 : समझौता करना या न करना

भारत–यूरोपीय संघ बोर्ड आधारित व्यापार व निवेश समझौता (बोर्ड बेस्ड ट्रेड एंड इंवेस्टमेंट एग्रीमेंट–(बी.टी.एल.ए.) के लिए जुलाई 2007 में शुरू की गई बातचीत में मौजूदा गतिरोध यह दरशाता है कि व्यापार के मुद्दों पर कोई ऐसा सौदा नहीं हुआ, जिसे 'आदर्श सौदा' कहा जा सकता है! अब तक 16वें दौर की बातचीत के बावजूद अभी तक इसे न तो अंतिम रूप दिया गया है, न इस पर हस्ताक्षर हुआ और न ही इसकी पुष्टि की गई है।

किसी सौदे को अंजाम देने के लिए दोतरफा यथार्थवाद की आवश्यकता होती है। यूरोपीय संघ के साथ जाने पर भारत बी.टी.आई.ए. से क्या हासिल करेगा, यह पूरी तरह से सौदे के स्वरूप पर निर्भर करता है। यह सवाल भारत के लिए उतना ही प्रासंगिक है, जितना यूरोपीय संघ के लिए। भारतीय अर्थव्यवस्था की और अधिक वृद्धि के मद्देनजर बेहतर पहुँच के लिए यूरोपीय बाजार की स्थिति बहुत ही महत्त्वपूर्ण है। यूरोपीय संघ ने हमेशा इस बात पर जोर दिया है कि यूरोप में आर्थिक मंदी के कारण भारतीय बाजार में अधिक–से–अधिक पहुँच निहायत मुश्किल है, और इसीलिए बातचीत में अधिक व्यावहारिक और लचीले रवैए को अपनाना समय की जरूरत है। यूरोप–इंडिया चैंबर ऑफ कॉमर्स (ई.आई.सी.सी.) (2013) ने माना, "यूरोपीय संघ और भारत के बीच आर्थिक संबंधों में सुधार भारतीय और यूरोपीय कंपनियों के लिए जरूरी है, जिनकी व्यापार संबद्धता आयात और निर्यात से लेकर आपूर्ति शृंखलाओं में गठजोड़ और साझेदारी समेत संयुक्त अनुसंधान परियोजनाओं और महत्त्वपूर्ण प्रत्यक्ष निवेशों से परे है।"

डॉ. राजेंद्र जैन

"बातचीत में कोई प्रगति न होने का कारण महत्त्वाकांक्षाओं और अपेक्षाओं का बेमेल होना था। लेन-देन का होना निहायत जरूरी है...मुझे लगता है कि कई बार यूरोपीय संघ में ज्यादा बातचीत करने की प्रवृत्ति रही थी। जब बातचीत फिर से शुरू होती है तो बातचीत में यथार्थवादी रुख होना जरूरी है। यह समय आदर्श सौदे की तलाश पर विराम लगाने का है।" (2015)

यूरोपीय संघ इस बात से पूरी तरह अवगत है कि आपसी तालमेल बढ़ाने के मद्देनजर भारत के नए आर्थिक कार्यक्रम ने दोनों देशों की पारंपरिक बातचीत से परे नए रास्ते खोल दिए हैं। भारत ने अपने आधुनिकीकरण अभियान और 'मेक इन इंडिया' की पहल को जिस तरह आगे बढ़ाया है, उससे साफ है कि अगले दशक में भारत ऊर्जा (उत्पादन, वितरण और प्रसारण), खदान, जल, कचरा प्रबंधन और बंदरगाहों की आधारभूत संरचना में पर्याप्त निवेश चाहता है। उन्नत संचार, दृश्य, ऑटोमोबाइल, जैव प्रौद्योगिकी और स्वास्थ्य सेवा में भी एफ.डी.आई. को आकर्षित करना चाहता है। विविध क्षेत्रों में दोनों पक्षों के पास मजबूत आर्थिक हित हैं, जिनमें आधारभूत संरचना में निवेश, सतत शहरीकरण, नवीकरणीय ऊर्जा, नवोन्मेषण और डिजिटल इंडिया[1] के बीच तालमेल और डिजिटल एकल बाजार के लिए यूरोपीय संघ एक एजेंडे की तरह शामिल है। संयुक्त सहयोग और संयुक्त उपक्रम के लिए बड़ी संभावनावाला एक और क्षेत्र है और वह है रक्षा क्षेत्र, जो 'मेक इन इंडिया' अभियान के हिस्से के रूप में पहचाने जानेवाले 25 क्षेत्रों में से एक है। एक दशक से अधिक समय के बावजूद कोई सौदा क्यों नहीं हुआ है ?

खंड 2 : अलग नजरिया : आर्थिक विकास के विभिन्न स्तर

यूरोपीय लोग यह स्वीकार करने से हिचक रहे हैं कि गरीबी के बावजूद उभरती अर्थव्यवस्था के रूप में व्यापार समझौतों के लिए भारत का दृष्टिकोण अपनी राष्ट्रीय अनिवार्यता के आधार पर सावधानी बरतने का है। विकेंद्रीयकृत आर्थिक योजनाओं को आधार बनाकर 1990 के दशकों के बाद भारतीय अर्थव्यवस्था जिस तरह से विकसित हुई है, उससे आर्थिक सहयोग समझौतों (सी.ई.सी.ए.)[2] के प्रति भारत ने धीरे-धीरे अधिक सकारात्मक नजरिए को विकसित किया। इस तरह के समझौते में वस्तुओं (ठोस व्यापार करनेवाली वस्तुओं पर एक निश्चित समय-सीमा के भीतर शून्य सीमा शुल्क नियम लागू होते हैं, और संवेदनशील वस्तुओं की अपेक्षाकृत छोटी नकारात्मक सूची पर कोई रियायत

नहीं दी जाती या सीमित रियायत दी जाती है), सेवाओं और निवेश में मुक्त व्यापार समझौता शामिल होता है और आर्थिक सहयोग के क्षेत्र चिह्नित होते हैं। इन समझौतों में दक्षिण एशियाई मुक्त व्यापार क्षेत्र (साउथ एशियन फ्री ट्रेड एरिया या एस.ए.एफ.टी.ए., (2004), भारत-आसियान समझौता (2010), और बहुक्षेत्रीय प्रौद्योगिकी और आर्थिक सहयोग के लिए भारत-बंगाली की खाड़ी उपक्रम (बे ऑफ बंगाल इनिशिएटिव फॉर मल्टी-सेक्टोरल टेक्निकल एंड एकोनॉमिकल कोऑपरेशन या बी.आई.एम.एस.टी.ई.सी.) मुक्त व्यापार समझौता (2004), भारत-थाईलैंड मुक्त व्यापार समझौता (2004), भारत-सिंगापुर व्यापक आर्थिक सहयोग समझौता (कंप्रीहेंसिव इकोनॉमिक्स कोऑपरेशन एग्रीमेंट या सी.ई.सी.ए.) (2005) और भारत-दक्षिण कोरिया समझौता (2010) के लिए रूपरेखा समझौता शामिल हैं। भारत के साथ पहले से ही श्रीलंका (1999) और नेपाल (2009) से मुक्त व्यापार समझौता (एफ.टी.ए.) हो चुका है।

2011 में भारत ने जापान[3] के साथ एक व्यापार समझौते पर हस्ताक्षर किए, यह इस तरह का पहला समझौता है, जो भारत ने किसी विकसित देश के साथ किया। 90% से अधिक व्यापार के साथ सेवाओं की एक विशाल श्रृंखला इस समझौते, जिसमें निवेश, बौद्धिक संपदा अधिकार (इंटलेक्चुअल प्रॉपर्टी राइट्स), सीमा शुल्क और अन्य व्यापार से संबंधित मुद्दे शामिल हैं, एक उल्लेखनीय सफलता है। भारत ने दस साल की अवधि में अपनी शुल्क दरों में 90% से ज्यादा कम करने का वादा किया। जापान ने अपनी शुल्क दरों में से 87% शुल्क को तत्काल घटाकर शून्य कर दिया।

यूरोपीय संघ के साथ व्यापार समझौते पर बातचीत 2007 से बहुत पहले शुरू हो गई थी। भारत और यूरोपीय संघ दोनों का विचार था कि व्यापार समझौते के लिए माकूल समय आ गया था। यूरोपीय आयोग (यूरोपीय परिषद् से बातचीत के लिए अधिकार-पत्र के साथ) और भारत ने व्यापक व्यापार और निवेश समझौते (बी.टी.आर.) पर बातचीत शुरू की। इसका आधार उच्च स्तरीय व्यापार समूह (एच.एल.टी.जी.) की सिफारिशें थीं, जिसे 2005 में संयुक्त कार्य योजना के तहत तय किया गया था। 2006 में हेलसिंकी में सातवें शिखर सम्मेलन में दोनों पक्ष व्यापक-आधारित व्यापार और निवेश समझौते के लिए बातचीत की ओर बढ़ने पर सहमत हुए।

शुरू में यह सहमति व्यक्त की गई कि चुनिंदा मसलों पर बातचीत शुरू की जा सकती है, जिसमें वस्तुओं के व्यापार, सेवाओं में निवेश, निवेश, सार्वजनिक खरीद, प्रतिस्पर्धात्मक खरीद व्यवस्था, तकनीकी विनियम और बौद्धिक संपदा (आई.पी.)[4] तथा भौगोलिक संकेतक (जी.आई.एस.)[5] सहित भविष्य में किसी भी समझौते में आई.पी. और जी.आई. शामिल हों। वार्त्ता में भविष्य में किसी समझौते के साथ प्रतिस्पर्धा नीति की रूपरेखा और

उपजे किसी विवाद निपटारे (डिस्प्यूट सेटलमेंट या डी.एस.) और डी.एस. तंत्र के प्रावधान भी शामिल होंगे। बातचीत जटिल थी और इसका खाका कुछ इस तरह था :

- **वस्तुओं का व्यापार :** समझौते के लागू होने के सात वर्षों के भीतर इसने व्यापार की मात्रा और शुल्क रेखा में 90 प्रतिशत शुल्क को खत्म करने का लक्ष्य हासिल कर रहा है। इस समझौते में संवेदनशील उत्पादों के उपचार के तौर-तरीकों सहित समीक्षा अनुच्छेद और आंशिक उदारीकरण को भी शामिल करना।
- **सेवा का व्यापार :** सेवा के क्षेत्र में व्यापार क्षेत्रों की संख्या, व्यापार की मात्रा और आपूर्ति के तरीकों के संदर्भ में पर्याप्त क्षेत्रीय विस्तार के उपायों को सुनिश्चित करना।
- **निवेश :** निवेश के मामले में बाजार तक पहुँच और विदेशी निवेशकों के साथ भेदभावपूर्ण बर्ताव में सुधार करना। यहाँ इरादा यह सुनिश्चित करना था कि दोनों पक्ष नियामक ढाँचे को स्पष्ट करके पारदर्शिता को नियंत्रित करने और उन्हें बढ़ावा देने के अपने अधिकार को बरकरार रखें।

आज भी यह ख्वाहिशों की फेहरिस्त में डरावना है, जिसे मुक्त व्यापार समझौतों के प्रति रूढ़िवादी भारतीय मानसिकता दी गई है, जो कि यूरोपीय दृष्टिकोण के बिल्कुल विपरीत है, भारत और यूरोपीय संघ के बीच आर्थिक विकास विपरीत स्तर पर और दोनों पक्षों को उम्मीद थी कि ऐसे समझौते से एक भिन्न परिणाम निकल कर आएगा। भारत और यूरोपीय संघ न केवल एक सरल मुक्त व्यापार समझौते[6] का लक्ष्य बना रहे थे, बल्कि एक बड़ा करार हुआ, जिसमें सेवाएँ और बौद्धिक संपदा शामिल होगी। यह इस प्रस्तावित समझौते का दायरा है, जो समस्या की जड़ बना हुआ है।

दृष्टिकोण में भी एक बुनियादी फर्क है। यूरोपीय संघ इस बात पर जोर देता है कि भारत द्वारा माँगे गए सतही एकीकरण के बजाय (व्यापार, के लिए सीमा की अड़चन, विशेष रूप से टैरिफ और कोटा हटाया जाए) दोनों पक्षों के गहन एकीकरण पर सहमति होने पर यह अधिक प्रभावी होगा। ऐसी नीतियाँ और संस्थाएँ इसमें शामिल होंगी, जो विनियामकों को कम या सीमा से परे रखकर व्यापार में आनेवाली अड़चनों को दूर करके इसे सुगम बनाती हैं। भारतीय वार्त्ताकारों का अब भी मानना है कि गहन एकीकरण फायदेमंद नहीं है और इसे स्वीकार नहीं किया जाना चाहिए। भारतीय पक्ष के वार्त्ताकार इस बात से अवगत हैं कि आजादी के बाद प्रस्तावित बी.टी.आई.ए. भारत के सबसे महत्त्वाकांक्षी द्विपक्षीय आर्थिक समझौते का प्रतिनिधित्व करता है। इस पर जब हस्ताक्षर हुए और पुष्टि की गई कि यह औद्योगिक वस्तुओं और कृषि उत्पादों, सेवाओं और निवेश उदारीकरण, बौद्धिक संपदा अधिकारों और सरकारी खरीद संबंधी व्यापार में प्रतिबद्धताओं के उच्च स्तर को पार करेगा।

भारत के मौजूदा व्यापार समझौते के दायरे अब तक बहुत संकीर्ण थे। अगर निष्कर्ष निकाला जाए तो यह बी.टी.आई.ए. दुनिया की आबादी का लगभग 20% हिस्सा यानी 1.7 अरब लोगों को शामिल करेगा, और इसलिए संभावित प्रभाव (सकारात्मक और नकारात्मक दोनों) भारत द्वारा हस्ताक्षरित किसी भी अन्य समझौते से कहीं अधिक होगा।

खंड 3 : निरंतर प्रभाव

इस पृष्ठभूमि को देखते हुए, यह लाजिमी था कि कई दौर की बातचीत के परिणामस्वरूप जटिल मुद्दों की मेजबानी पर निरंतर गतिरोध उत्पन्न होगा। उस दौरान यूरोपीय संघ इस बात पर जोर देता रहा कि भारत द्वारा सभी प्रमुख रियायतें दी जानी चाहिए। वस्तुओं के व्यापार के संदर्भ में, यूरोपीय संघ की प्रमुख माँगों में से एक यह है कि भारत को यूरोपीय ऑटोमोबाइल तथा वाइन और स्प्रिट पर अपनी शुल्क दरों को कम करना चाहिए। भारतीय दृष्टिकोण के अनुसार शुल्क में भारी कमी यूरोपीय संघ के साथ अधिक-से-अधिक व्यापार लिहाज से भले ही अच्छा हो; लेकिन यूरोपीय पक्ष की ओर से बगैर पारस्परिकता के भारतीय बाजार में यूरोपीय आयात प्रभावित होगा। यदि शुल्क में कटौती की जाती है, तो भी इस क्षेत्र में भारत का निर्यात उल्लेखनीय रूप से नहीं बढ़ सकता है। भारत के लिए असली मुद्दा स्वच्छता और पेड़-पौधों संबंधित स्वच्छता जैसे उपायों के लिए गैर-शुल्क अड़चनें और व्यापार के लिए तकनीकी बाधाओं के बने रहने की है। यूरोपीय संघ ने भारत के निर्यात को नियंत्रित करने के लिए सख्त लेबलिंग की आवश्यकताओं और ट्रेडमार्क संबंधित मानदंडों को जारी रखा है। बीते दिनों कई मौकों पर यूरोपीय संघ ने भारत के अंगूर, अल्फांसो आम और अन्य भारतीय फलों व सब्जियों के निर्यात पर प्रतिबंध लगा दिया है, जिन्हें भारत कड़े गैर-शुल्क अवरोधक मानता है। उस समय भारत इस प्रतिबंधात्मक व्यापार कार्यप्रणाली का विरोध करने के लिए आयोग को विश्व व्यापार संगठन में ले जाने में सफल रहा।

सेवाओं के व्यापार के संदर्भ में अगर भारत इस तरह के समझौते का कोई लाभ उठाता चाहता है तो यूरोपीय संघ से उसे सेवाओं के व्यापार के उदारीकरण पर मजबूत अनिवार्य वचन की आवश्यकता होगी। विशेष रूप से यह उन सेवाओं की आपूर्ति पर लागू होता है, जिन्हें मोड 1 और 4[7] के रूप में जाना जाता है। एक अनुमान के अनुसार, भारतीय सूचना प्रौद्योगिकी (आई.टी.) के क्षेत्र में वेंडरों के लिए यूरोप से 45 अरब डॉलर के संभावित आउटसोर्सिंग का अवसर है। बढ़ती हुई प्रवासी-विरोधी और वैश्वीकरण-विरोधी भावनाओं के साथ यूरोपीय संघ के आर्थिक संकट की स्थिति को देखते हुए, इस बात की ज्यादा संभावना नहीं है कि यूरोपीय संघ कभी भी भारत को सेवाओं की आपूर्ति को आउटसोर्स करने के लिए किसी भी कानूनी प्रतिबद्धता के लिए सहमत होगा। मोड 4 के तहत यूरोपीय श्रम बाजार में

उदारीकरण अधिक-से-अधिक भारतीय पेशेवरों को मौका प्रदान करेगा, जो यूरोपीय संघ से भारत में धन भेजे जाने को बढ़ावा देगा। यूरोपीय संघ के भीतर निरंतर उच्च बेरोजगारी दर को देखते हुए ऐसा लगता है कि यह अनुचित होगा। यूरोपीय संघ की माँग है कि भारत की मोड 3[8] सेवाओं में मल्टी-ब्रांड खुदरा व्यापार और बीमा में एफ.डी.आई. के उदारीकरण के साथ-साथ लेखा और कानूनी सेवाओं जैसे अवरुद्ध क्षेत्रों को भी शामिल करे। यूरोपीय बैंक भारत के अपेक्षाकृत छोटे आकारवाले बैंकिंग क्षेत्र में भी प्रवेश करना चाहते हैं। मोड 1 और 4 में अधिक-से-अधिक बाजारों तक पहुँचने के लिए भारत की माँग मोड 3 में यूरोपीय संघ की माँगों को पूरा करने की क्षमता पर निर्भर है। यह 'कैच 22' वाली स्थिति कहलाती है!

बौद्धिक संपदा (आई.पी.) के क्षेत्र में, आईपी सुरक्षा मानकों को लेकर बड़ी असहमति है। यूरोपीय संघ भारत से कड़े आई.पी. सुरक्षा मानकों को अपनाने का आग्रह कर रहा है। अगर इसे स्वीकार कर लिया जाता है, तो यह विश्व व्यापार संगठन के सदस्यों द्वारा बहुपक्षीय वार्त्ताओं के माध्यम से इसके सदस्यों द्वारा सहमत मानकों से बहुत आगे निकल जाएगा और सम्मानित राष्ट्रीय विधानों में शामिल हो जाएगा। भारत के दृष्टिकोण में यह माँग अनुचित है। अतिरिक्त आई.पी. सुरक्षा उपाय भारत के विशाल सार्वजनिक स्वास्थ्य क्षेत्र से समझौता कर सकते हैं, विशाल और लाभदायक दवा उद्योग पर प्रतिकूल प्रभाव डाल सकते हैं और अन्य अकाट्य चिंताओं को बढ़ा सकते हैं। भारतीय वार्त्ताकारों का मानना है कि यह माँग 'दोहरे मानकों' वाली है। विकसित देशों के साथ व्यापारिक समझौते के दौरान विकासशील देशों को ऐसी माँगों का अकसर सामना करना पड़ता है। इस समय तक यह स्पष्ट हो गया था कि यह एक बहुत कठिन समझौता था।

खंड 4 : प्रमुख लंबित मुद्दे

प्रमुख लंबित मुद्दों का विस्तृत विश्लेषण करने पर दोनों पक्षों के बीच निरंतर व्यापारिक खाई का पता चलता है। जानकारों के अनुसार, भारत ने हमेशा यूरोपीय संघ के साथ एक विषम समझौते की वकालत की है, जिसमें यूरोपीय संघ 95% शुल्क को समाप्त करेगा, और भारत 90% शुल्क कम करेगा। दोनों पक्षों के बीच आर्थिक विकास के विभिन्न स्तरों को देखते हुए यह अनुरोध न्यायोचित प्रतीत होता है। ट्रेडिंग ब्लॉक के रूप में यूरोपीय संघ एक उच्च विकसित अर्थव्यवस्था है, प्रति व्यक्ति आय, औद्योगिकीकरण का स्तर, सामाजिक संकेतक और जीवन स्तर के मामले में भारत से बहुत आगे है। आर्थिक विकास के विषम स्तरों के बावजूद, भारत को अकसर यूरोपीय संघ में गैर-शुल्क अवरोध का सामना करना पड़ा है, विशेष रूप से कृषि वस्तुओं में, जो भारतीय वार्त्ताकारों के लिए एक बाधक है, इसे तुरंत हटा दिया जाना चाहिए।

यूरोपीय संघ की भी एक 'निषेध' सूची है, जिसमें 226 उत्पाद शामिल हैं, इनमें ज्यादातर रसायन, पेट्रोकेमिकल, प्लास्टिक, चीनी मिट्टी और काँच के बने सामान शामिल हैं। बदले में भारत ने भी लगभग 150 कृषि वस्तुओं और 250 विनिर्मित उत्पादों की एक 'निषेध' सूची का प्रस्ताव दिया है। कृषि वस्तुओं में प्रसंस्कृत सामान, डेयरी उत्पाद, चीनी, फल और सब्जियाँ, मुर्गी समेत मांस उत्पाद, मक्का, शहद, मशरूम, अंडे से जुड़े उत्पाद, मछली और मछली के उत्पाद, धनिए के बीज, वनस्पति[9] और कोको पाउडर शामिल हैं। निर्मित सामानों में कुछ टेक्सटाइल और पोशाक, टेक्सटाइल मशीनरी, रबर, कारें, वाणिज्यिक वाहन, दो पहिया वाहन, कागज और कागज बोर्ड, फर्नीचर, रसायन, मशीनरी और उपकरण और, वाइन और स्प्रिट शामिल हैं।

यूरोपीय संघ की ओर से भारत पर अपने शुल्क में भारी कटौती पर लगातार जोर दिया जाना इस बात को दरशाता है कि भारत की शुल्क प्रणाली एक बहुत बड़ी बाधा है। हालाँकि भारत ने शुल्क में काफी हद तक कटौती कर दी है, लेकिन फिर भी यूरोपीय संघ अभी भी और अधिक कटौती चाहता है। यूरोपीय संघ ने बताया है कि गैर-कृषि बाजार पहुँच (नॉन एग्रीकल्चर मार्केटएक्सेस या एन.ए.एम.ए.) के लिए भारत का औसत शुल्क अब 10.1% है, यूरोपीय संघ के 4.1% दर की तुलना में। 13.5% यूरोपीय संघ के औसत (सेनगुप्ता, 2012) की तुलना में भारत में कृषि के लिए औसत टैरिफ 31.8% है। कृषि के लिए यूरोपीय संघ के 13.5% औसत की तुलना में भारत का औसत शुल्क 31.8% है। (सेनगुप्ता, 2012) यह केवल स्वाभाविक है कि भारत उच्च कौशल आधारित यूरोपीय संघ के उत्पादों से अपने उत्पादकों का बचाव करना चाहता है। इस मुद्दे पर विचारों की बैठक मुश्किल नजर आती है।

भारतीय पक्ष में मानवाधिकारों, सामाजिक और पर्यावरण के साथ-साथ श्रम मानकों समेत कानूनी तौर पर मजबूत धारा सहित कई आशंकाएँ हैं, जिन्हें एक विकासशील देश के रूप में भारत लंबे समय तक स्वीकार नहीं कर सकता है। आई.पी.आर. (बौद्धिक संपदा अधिकार) के मुद्दों पर भारत ने यूरोपीय संघ के दबाव को खारिज कर दिया है, जो सस्ती जेनेरिक दवाओं, विशेष रूप से एड्स दवाओं का उत्पादन रोक सकता है, जिन्हें भारत अफ्रीका को निर्यात करता है। 'डेटा विशिष्टीकरण' की आवश्यकता के माध्यम से मजबूत आई.पी.आर. सुरक्षा के लिए यूरोपीय संघ भारतीय दवा कंपनियों को राष्ट्रीय स्वास्थ्य अधिकारियों से दवा की एक जेनेरिक प्रति का उत्पादन करने की मंजूरी देने के लिए मजबूर करने की माँग करेगा, लेकिन इसकी सुरक्षा और प्रभावशीलता के मद्देनजर पहले से मौजूद इसके डेटा का उपयोग नहीं करेगी। इसके लिए जेनेरिक दवा कंपनियों को हर बार जेनेरिक दवाओं के उत्पादन से पहले महँगे क्लिनिकल परीक्षण करने की

आवश्यकता होगी, यह एक ऐसी बाधा है, जो जेनेरिक उत्पादों की संख्या पर बड़ा अंकुश लगा सकती है और भारत के विशाल और आकर्षक दवा उद्योग को नकारात्मक रूप से प्रभावित कर सकती है। यूरोपीय संघ द्वारा सुझाए गए आई.पी.आर. प्रावधान चिंता जताते हैं, क्योंकि वे भारत और यूरोपीय संघ दोनों की क्षमताओं को सीमित कर सकते हैं और विश्व व्यापार संगठन के टी.आर.आई.पी.एस. समझौते में दी गई अनुमति का उपयोग सार्वजनिक स्वास्थ्य सुरक्षा और लचीलेपन का उपयोग कर सकते हैं।

यूरोपीय संघ इस बात पर जोर देता है कि जेनेरिक दवाओं के उत्पादन को बढ़ाने पर मूल अनुसंधान के लिए प्रोत्साहन कम हो सकता है। हालाँकि कम समय में सस्ती दवाओं की आपूर्ति बढ़ाई जा सकती थी, लेकिन यह अभिनव और मूल अनुसंधान को खतरे में डाल देगा। भारत ने हमेशा इस बात को जोर देकर कहा है कि सस्ती दवाओं की उपलब्धता विकासशील देशों की एक बड़ी आबादी के लिए अनिवार्य है। अधिकांश ग्रामीण कर्जदारी के पीछे वजह गंभीर बीमारियों के इलाज के लिए परिवारों द्वारा लिया गया कर्ज है। दवाओं का अनिवार्य लाइसेंस जारी करने की सरकार की क्षमता को भी यह सीमित कर देगा। डेटा विशिष्टता को बी.टी.आई.ए. के मसौदे से हटा दिए जाने से यह मसला जुलाई 2011 में आंशिक रूप से हल कर दिया गया था।

सेवा के क्षेत्र में भारत बेहतर बाजार तक पहुँच की माँग कर रहा है, जिसका जी.डी.पी. में 57% योगदान है। भारत की ओर से यह एक प्रमुख माँग है। भारत को सेवा क्षेत्र (विशेष रूप से मोड 4) और फार्मास्यूटिकल्स क्षेत्र में बाजार में अच्छी पहुँच की आवश्यकता है, डेटा सुरक्षित राष्ट्र की स्थिति (भारत के आई.टी. क्षेत्र के लिए फायदेमंद)[10] और भारतीय पेशेवरों के लिए वीजा मानदंडों के उदारीकरण का प्रावधान है।

यूरोपीय संघ भारतीय पेशेवरों के लिए अपनी वीजा व्यवस्था को उदार बनाएगा या नहीं, इस विषय पर चर्चा का मार्ग अवरुद्ध हो गया है। जनसांख्यिकीय फायदे की बात की जाए तो भारत में एक कुशल, प्रतिस्पर्धी, अंग्रेजी बोलनेवाला कार्यबल है, जिसकी यूरोप में कमी है और इनकी घटती जनसंख्या के कारण इनके उद्योग में इसकी तत्काल आवश्यकता है। मोड 4 उदारीकरण को भारत बहुत महत्त्व देता है। इस मामले में यूरोपीय संघ कोई संगठित कदम उठाने में असमर्थ रहा है, जो सदस्य देशों की निजी आप्रवासी नीतियों के अधीन है। ऐसा लगता है कि यह समस्या जल्द ही हल हो जाएगी।

भारत अपने नागरिकों को प्रतिवर्ष 50,000 अतिरिक्त वर्किंग वीजा देने की माँग कर रहा है। पर बेरोजगारी की स्थिति और उनके दक्षिणपंथी दलों के दबाव के कारण यूरोपीय संघ ने इस माँग को खारिज कर दिया है। इस पृष्ठभूमि को देखते हुए यूरोपीय संघ सार्वजनिक रूप से यह स्वीकार करने में सक्षम नहीं है कि ब्लॉक में कुशल आई.टी.

पेशेवरों की कमी है। भारत अपने कुशल पेशेवरों की ब्लॉक में आवाजाही के लिए (अल्पकालिक असाइनमेंट के लिए) सार्थक छूट की माँग कर रहा था। इससे भारतीय आई.टी. उद्योग के पेशेवरों को यूरोपीय संघ के भीतर एक देश से दूसरे देश में स्वतंत्र रूप से स्थानांतरित करने में मदद मिलेगी। मौजूदा समय में पूरे यूरोपीय संघ के लिए वैधता के साथ वर्क परमिट नहीं दिया जा रहा है, इसे देखते हुए इसके सभी सदस्य देशों ने शेंगेन वीजा पर हस्ताक्षर नहीं किए हैं। बहरहाल, वर्क परमिट शेंगेन के अंतर्गत यूरोपीय संघ के मौजूदा सभी सदस्य देशों पर लागू होता है। लेकिन यह ऐसा नहीं करता है।

भारत अपने आई.टी. पेशेवरों के लिए यूरोपीय बाजारों में आसान प्रवेश नियम के अलावा 'डेटा सुरक्षा' की स्थिति को लेकर भी सवाल उठा रहा है। यूरोपीय संघ डेटा अनुपालन के एक उच्च मानक का पालन करता है और यह कड़े कानून से सुरक्षित है। इसलिए, 'डेटा सुरक्षित राष्ट्र' के रूप में पहचान बनानेवाला देश आई.टी. क्षेत्र को अधिक प्रतिस्पर्धी बनाकर और निवेश की बेहतर सुविधा प्रदान करके इस क्षेत्र को बढ़ावा देगा। डेटा सुरक्षित स्थिति की जानकारी जरूरी है, क्योंकि भारतीय लघु और मध्यम उद्यमों (एस.एम.ई.) में लागत बहुत अधिक आती है। यूरोपीय संघ के डेटा संरक्षण कानूनों का अनुपालन उन्हें गैर-प्रतिस्पर्धी बना देगा। यूरोपीय संघ के श्रम बाजार में भारतीय आई.टी. और अन्य सेवाकर्मियों के बीच प्रतिस्पर्धा की आशंकाओं का हवाला देते हुए यूरोपीय संघ ने इस माँग को अस्वीकार कर दिया है। इस स्थिति में इसका संकल्प मुश्किल नजर आता है।

यूरोपीय संघ कानूनी, लेखा, बैंकिंग, बीमा और खुदरा सेवाओं के क्षेत्र में उदारीकरण की माँग कर रहा है, लेकिन जोरदार घरेलू विरोध और राजनीतिक सहमति न बना पाने से भारत के लिए इसे स्वीकार कर पाना मुश्किल हो सकता है। वित्तीय क्षेत्र को ध्यान में रखते हुए यूरोपीय संघ ने बैंक शाखाओं, संख्यात्मक कोटा, विदेशी स्वामित्व, इक्विटी सिलिंग, मतदान के अधिकार और भारत में विदेशी बैंकों में राष्ट्र के स्वामित्ववाली कंपनियों द्वारा निवेश से संबंधित विभिन्न विनियमों में संशोधन करने या उन्हें समाप्त करने की माँग की है। बगैर किसी निर्धारित सीमा के बैंकिंग, कानूनी और लेखा सेवाओं की शुरुआत को लेकर भारत आशंकित है। वहीं यूरोपीय संघ के नजरिए की बात की जाए तो सेवाएँ शुरू करने की जरूरत है, क्योंकि यूरोपीय संघ अपने कुल सेवा निर्यात का महज 1.9% भारत को निर्यात कर रहा है, जबकि भारत से यूरोपीय संघ में जानेवाला सेवा निर्यात 11.6% है।

ऑटोमोबाइल सेक्टर और ऑटोमोटिव पाट्र्स भी बड़ी समस्या पेश आ रही है। यूरोपीय संघ के अनुसार, भारत ऑटोमोबाइल शुल्क को खत्म न करने पर अड़ा हुआ है। यह कारों पर 60%, ट्रकों और बसों पर 10% और पाट्र्स तथा अन्य पुर्जों पर 7.5 से

10% तक आयात शुल्क वसूल करता है। भारतीय वार्त्ताकारों ने तथा कथित रूप से उच्च तकनीकवाले ऑटो पार्ट्स पर कुछ रियायतें दी हैं, क्योंकि भारत सरकार अपने 'मेक इन इंडिया' और 'डिजिटल इंडिया' कार्यक्रमों को सफल बनाने के लिए इस व्यापार समझौते से लाभ उठाने की उम्मीद करती है। भारत के वाणिज्य मंत्रालय के सूत्रों का कहना है, "मेक इन इंडिया और सरकार की डिजिटल भारत की पहल सफल है, इसे सुनिश्चित करने के लिए यूरोपीय संघ से नवीनतम तकनीक और विशेषज्ञता प्राप्त करने और यूरोपीय संघ के साथ बी.टी.आई.ए. को समाप्त करने के लिए एक मजबूत राजनीतिक इच्छाशक्ति है।"

ऑटोमोबाइल और ऑटो पार्ट्स पर शुल्क कम करने और स्थानीय उद्योग निकायों के जोरदार विरोध के बावजूद ऑटोमोटिव माइक्रोचिप जैसे कुछ उच्च तकनीकी घटकों पर शुल्क को कम करने की इच्छा के बारे में तत्परता एक सकारात्मक संकेत है। यूरोपवासियों की माँग है कि ऑटोमोबाइल पर ड्यूटी को 80-130% के मौजूदा स्तरों से धीरे-धीरे समाप्त किया जाना चाहिए। भारत इस बात से चिंतित है कि अगर कारों और ऑटोमोटिव पार्ट्स पर अचानक ड्यूटी को वह कम करता है तो जापान और दक्षिण कोरिया रियायतों के लिए दबाव बनाएँगे। भारत में कार निर्माता, मुख्य रूप से जापानी और कोरियाई मूल के हैं, को डर है कि बी.टी.आई.ए. के तहत कारों पर ड्यूटी कम करने से बाजार में उनकी हिस्सेदारी पर प्रभाव पड़ेगा और यूरोपीय कारों की भारत में बाढ़ आ जाएगी।

आशंका व्यक्त की गई है कि यूरोपीय ऑटो निर्माताओं के पास भारत में स्थानीय विनिर्माण की बुनियाद स्थापित करने में प्रोत्साहन नहीं मिलेगा। वास्तविकता कुछ अलग है। लगभग सभी प्रमुख यूरोपीय ऑटो निर्माता भारत में विनिर्माण पहले से कर रहे हैं। क्या यूरोपीय कार निर्माता यूरोप में कारों का उत्पादन कर भारत के कॉम्पैक्ट कार सिग्मेंट (भारत के ऑटो बाजार का 80% शामिल है) का मुकाबला कर सकते हैं? हो सकता है, यह आसान न हो, क्योंकि अध्ययनों से पता चलता है कि भारत में सफल होने के लिए एक मजबूत डीलर नेटवर्क और बिक्री के बाद भरोसेमंद सेवा जरूरी है। इस समय भारत में यूरोपीय कार निर्माता उद्योग में दोनों की कमी है। जाहिर है, भारत को इस मुद्दे पर यूरोपीय संघ को कुछ रियायतें देनी होंगी।

वाइन और स्प्रिट सेक्टर में बातचीत जटिल स्तर पर है। भारत वाइन और स्प्रिट पर ड्यूटी कम करने के प्रति अनिच्छुक है। फिर से यह एक ऐसा मुद्दा है, जिसे दोनों पक्ष आपस में 'ले-देकर' हल कर सकते हैं। शुरू से ही भारत वाइन और स्प्रिट के विभिन्न किस्मों पर तीन साल की अवधि से 40% तक कम करने की शर्त के साथ 75% का औसत शुल्क लगाने का इच्छुक है। उम्मीद के मुताबिक, यूरोपीय संघ बड़ी रियायतों की माँग कर

रहा है। वह तीन साल की अवधि तक महँगी वाइन और स्प्रिट पर 20%, मध्यम दर्जे के उत्पादों पर 30% और सस्ती किस्मों के लिए 40% ड्यूटी कम करने की माँग कर रहा है। अनौपचारिक रूप से यह पता लगाया गया है कि भारत यूरोपीय वाइन पर आयात शुल्क कम कर सकता है, बशर्ते यूरोपीय संघ व्यापार के लिए यूरोप जानेवाले आई.टी. पेशेवरों के लिए अधिक गतिशीलता सहित भारत के लिए अन्य महत्त्वपूर्ण क्षेत्रों समेत आई.टी. पेशेवरों के व्यापार में यूरोप की यात्रा के लिए अधिक गतिशीलता में उतना ही लचीलापन दिखाए।

भारत 'सिंगापुर मुद्दे'[11] पर भी चिंतित है, जो सरकारी खरीद, निवेश और प्रतिस्पर्धा नीति पर केंद्रित है। अतीत में इन तीनों मुद्दों पर विश्व व्यापार संगठन में ले जाने के लिए यूरोपीय संघ की ओर से जोर दिया गया था। भारत सहित विकासशील और उभरते देशों ने इस पर कड़ी आपत्ति जताई और अंततः इन संदर्भों को हटा दिया गया। यूरोपीय संघ की ओर से एक बार फिर से प्रस्तावित बातचीत में इन्हें पेश किया गया है। सरकारी खरीद को भारत विकास के नजरिए से एक संवेदनशील मुद्दा मानता है और अपनी नीति में बदलाव के लिए अनिच्छुक है। प्रतिस्पर्धा नीति पर जोर देने से यूरोपीय संघ के बहुराष्ट्रीय निगमों के लिए अनुकूल माहौल तैयार हो सकता है, जिसका भारतीय कंपनियाँ पुरजोर विरोध करेंगी। यूरोपीय संघ के प्रतिस्पर्धा कानून के साथ भारतीय प्रतिस्पर्धा कानून के साथ सामंजस्य बनाए जाने की यूरोपीय संघ की इच्छा भारत की अपनी विकास आवश्यकताओं और प्राथमिकताओं के साथ तालमेल नहीं बनाएगी। निवेश की धारा विवादास्पद है, क्योंकि यह निजी विदेशी कंपनियों को भूमि, खनिज, जल और अन्य संसाधनों को स्वतंत्र रूप से प्राप्त करने में सक्षम बनाएगी, इन मुद्दों पर भारतीय घरेलू कानून के साथ टकराव की स्थिति बन सकती है।

एक मुद्दा, जिसने बार-बार माहौल खराब किया है और जिसका समाधान होना अभी बाकी है और पाकिस्तान के मामले में व्यापार के मुद्दों पर यह 'दोहरा मापदंड' है। यह यही दिखाता है कि भविष्य में व्यापार और निवेश समझौते के मद्देनजर बहुत सारी बाधाएँ छिपी हुई हैं। भारत की ओर से अकसर सवाल उठाए जाते रहे हैं कि प्राथमिकताओं की सामान्यीकृत प्रणाली (जी.एस.पी.)[12] के जरिए पाकिस्तान के मानवाधिकार उल्लंघन और एक नाजुक लोकतंत्र में निहायत जरूरी विरोध के स्वर को दबाने में यूरोपीय संघ पाकिस्तान की कैसे मदद कर रहा है। भारत और यूरोपीय संघ द्वारा समर्थित मुक्त व्यापार के सिद्धांतों का भी यह उल्लंघन है। 5 दिसंबर, 2016 को यूरोप-इंडिया चैंबर ऑफ कॉमर्स के महासचिव सुनील प्रसाद की ओर से व्यापार मामले की यूरोपीय संघ आयुक्त सुश्री सेसिलिया माल्मस्ट्रोम को लिखे गए पत्र में इस पर प्रकाश डाला गया है। इस पत्र का कोई जवाब प्राप्त नहीं हुआ है।

यूरोप-इंडिया चैंबर ऑफ कॉमर्स के महासचिव की ओर से 5 दिसंबर, 2015 को लिखे गए पत्र के अंश

"हम आपका ध्यान एक ऐसे मुद्दे पर लाना चाहते हैं, जिसकी यूरोपीय संघ की व्यापार संबंधी नीति और यूरोप में शांति और सुरक्षा के मद्देनजर खासी प्रासंगिकता है। मुद्दा यह है कि यूरोपीय संघ द्वारा प्राथमिकताओं की सामान्यीकृत प्रणाली (जी. एस.पी.) के फायदे को पाकिस्तान में घृणित मानवाधिकार के उल्लंघन से कैसे जोड़ा जा रहा है। यूरोपीय संघ ने पाकिस्तान के कपड़ा क्षेत्र के लिए प्राथमिकताओं की सामान्यीकृत प्रणाली (जी.एस.पी.) को प्लस का दर्जा दिया, जो 1 जनवरी, 2014 से प्रभावी है। इस जी.एस.पी. प्लस ने यूरोपीय संघ को सालाना निर्यात में 13.5 प्रतिशत तक का इजाफा किया है। पाकिस्तान को जी.एस.पी. का लाभ देकर यूरोपीय संघ यह उम्मीद कर रहा था कि देश आतंकवाद से निपटने और ड्रग्स का मुकाबला करने के लिए अंतरराष्ट्रीय प्रयासों में एक महत्त्वपूर्ण सहयोगी बन जाएगा। दुर्भाग्य से, ऐसा नहीं हुआ है और निकट भविष्य में भी होने की संभावना नहीं है।

यूरोपीय संसद् के उपाध्यक्ष श्रीमान रेज्जार्दजार्नेकी ने हाल ही में पाकिस्तान पर क्षेत्र में विरोध के स्वर को कुचलने और मानवाधिकार के उल्लंघन का आरोप लगाया है। उन्होंने कहा है कि अगर पाकिस्तान अपने अत्याचारों को रोकने में विफल रहता है तो सदन पाकिस्तान पर आर्थिक और राजनीतिक प्रतिबंध लगाने पर विचार कर सकता है। चूँकि पाकिस्तान ने आतंकवाद के खिलाफ कोई गंभीर प्रयास नहीं किया है और दरअसल, पिछले कुछ वर्षों के दौरान यह देश आतंकवादी गतिविधियों में विशेषज्ञता हासिल कर दुनिया भर में आतंकवाद का निर्यातक देश बन गया है। पाकिस्तान को दिए गए जी.एस.पी. प्लस रुतबे के कारण इसलामाबाद को संयुक्त राष्ट्र के 27 सम्मेलनों के लिए संधि की बाध्यता के आधार पर मानवाधिकारों के मामले में अपनी निरंतर प्रतिबद्धता को रेखांकित करते हुए नियत समय में रिपोर्ट प्रदान करनी थी। यूरोपीय संघ के बाजारों में पाकिस्तान के शुल्क-मुक्त पहुँच का मामला; संयुक्त राष्ट्र के उन नियमों, जो मानव अधिकारों, व्यापार संघ अधिकारों, लिंग समानता, बाल संरक्षण आदि के लिए था, को लागू करने का मामला सरकार की प्रगति पर निर्भर करता था। हम आपसे यह भी पूछना चाहेंगे कि यूरोपीय आयोग 27 मानवाधिकारों, श्रम और पर्यावरण संबंधी अंतरराष्ट्रीय संधियों के बारे में अपना आकलन सार्वजनिक क्यों नहीं करता है, जो पाकिस्तान को इतना बड़ा दर्जा देने का आधार है ? क्या हमें यह निष्कर्ष निकालना चाहिए कि यूरोपीय आयोग का पारदर्शिता से इनकार करने का मतलब है कि व्यापार हितों के मद्देनजर अपने निजी मूल्यों और सिद्धांतों का त्याग करनेवाली शर्मनाक मुहर लगाने जैसा है ?"

हमारा ऐसा मानना है कि ऐसा नहीं हुआ है और देश द्वारा अपने अंतरराष्ट्रीय दायित्वों को पूरा करने की कोई मंशा नहीं है। यूरोपीय संघ को यह स्वीकार करना चाहिए कि पाकिस्तान आतंकवाद का प्रायोजक देश है और इसलिए यूरोपीय संघ को पाकिस्तान से जी.एस.पी. का लाभ तुरंत वापस लेना चाहिए। उल्लंघनों के उपरोक्त तथ्यों के मद्देनजर, जिससे पाकिस्तान ने इनकार भी नहीं किया है, क्या पाकिस्तान यूरोपीय संघ से विशेष व्यापार लाभ प्राप्त करने के लायक है? भारतीय कपड़ा उद्योग भारत की अर्थव्यवस्था की रीढ़ है, जो 45 मिलियन लोगों को प्रत्यक्ष और 60 मिलियन लोगों को अप्रत्यक्ष रूप से रोजगार प्रदान करता है; कृषि के बाद यह दूसरा सबसे बड़ा नियोक्ता है। यह उद्योग भारत के सकल घरेलू उत्पाद का लगभग 5% और निर्यात से होनेवाली भारत की कुल आय में 17% का योगदान देता है। इस दौरान विश्व निर्यात में भारत की भागीदारी भी 5% से बढ़ककर 8% तक हो जाने की उम्मीद है।

भारत के कपड़ा उद्योग, जो निर्यात के बाजारों में एक महत्त्वपूर्ण खिलाड़ी है, ने यूरोपीय संघ को छोड़कर सभी प्रमुख अंतरराष्ट्रीय बाजारों में निरंतर वृद्धि कर अपनी प्रतिस्पर्धा का प्रदर्शन किया है। यूरोपीय संघ में अंतर-संबंधी शुल्क भारत के कपड़ा निर्यात में वृद्धि की राह में बाधक है। जी.एस.पी. पल्स के तहत पाकिस्तान, बांग्लादेश, आर्मेनिया, कोस्टा रिका और पेरू जैसे देश भी तमाम आयात शुल्क/लेवी में पूरी छूट का आनंद लेते हैं, जबकि भारत जैसे देश को 9.6% का आयात शुल्क झेलना पड़ता है, जो इसे गैर-प्रतिस्पर्धी बनाता है। जी.एस.पी. प्लस योजना उन देशों को शामिल करने के लिए शुरू की गई थी, जो आर्थिक रूप से कमजोर थे और जिन्होंने मानवाधिकार, पर्यावरण और श्रम अधिकारों पर प्रासंगिक 27 अंतरराष्ट्रीय सम्मेलनों को प्रभावी ढंग से लागू किया था।

पाकिस्तान न तो एक गरीब राष्ट्र का दर्जा हासिल कर सकता है और न ही मानव और व्यापार संघ के अधिकारों पर किसी अंतरराष्ट्रीय सम्मेलन का पालन कर सकता है। इसलिए यह वांछनीय है कि यूरोपीय संघ को यह सुनिश्चित करना चाहिए कि भारत और पाकिस्तान के बीच आयात शुल्क अंतर को सभी कपड़ा उत्पादों पर बेअसर किया जाना चाहिए और पाकिस्तान को प्रदान किए जानेवाले जी.एस.पी. प्लस लाभों को वापस ले लेना चाहिए। जी.एस.पी. प्लस योजना उन देशों को शामिल करने के लिए शुरू की गई थी, जो आर्थिक रूप से कमजोर थे और जिन्होंने मानवाधिकार, पर्यावरण और श्रम अधिकारों पर प्रासंगिक 27 अंतरराष्ट्रीय सम्मेलनों को प्रभावी ढंग से लागू किया था। अंत में, हम आपसे यह पूछना चाहते हैं कि आयोग ने सिर्फ पाकिस्तान, एक ऐसा देश जो सामान्य रूप से जी.एस.पी. प्लस के योग्य नहीं है, के लिए नियमों को क्यों बदल दिया है? इसके अलावा यूरोपीय संघ ऐसे देश पर मेहरबान क्यों है, जो हमेशा से आतंकवाद में शामिल है? हम आपसे यह भी

पूछना चाहेंगे कि यूरोपीय आयोग 27 मानवाधिकारों, श्रम और पर्यावरण संबंधी अंतरराष्ट्रीय संधियों के बारे में अपना आकलन सार्वजनिक क्यों नहीं करता है, जो पाकिस्तान को इतना बड़ा दर्जा देने का आधार है ? क्या हमें यह निष्कर्ष निकालना चाहिए कि यूरोपीय आयोग का पारदर्शिता से इनकार करने का मतलब है कि व्यापार हितों के मद्देनजर अपने निजी मूल्यों और सिद्धांतों का त्याग करनेवाली शर्मनाक मुहर लगाने जैसा है ?"

खंड 5 : समझौते पर ब्रेक्जिट का प्रभाव

भारत–यूरोपीय संघ के व्यापारिक संबंधों पर ब्रेक्जिट के संभावित प्रभाव और विशेष रूप से, ब्रुसेल्स में स्थित 'फ्रेंड्स ऑफ यूरोप' के साथ समझौते पर ब्रेक्जिट के संभावित प्रभाव को मीडिया की जोरदार अटकलों को देखते हुए यूरोप इंडिया चैंबर ऑफ कॉमर्स द्वारा व्यापार और निवेश में लाभ के मद्देनजर 'यूरोपीय संघ, ब्रेक्जिट और भारत : बदलते परिदृश्य में सामंजस्य' विषय पर विचार–विमर्श के लिए अक्तूबर 2016 में भागीदारी शिखर सम्मेलन का आयोजन किया गया। इसमें भाग लेनेवाले देश इस बात पर सहमत थे कि 72.5 अरब यूरो का भारत–यूरोपीय संघ का व्यापार और 19.4 अरब यूरो का भारत–ब्रिटेन व्यापार दाँव पर है, इसीलिए व्यापार और वाणिज्यिक संदर्भ में सभी भागीदारों को इस मुद्दे पर सावधानी से विचार करने की जरूरत है।

आम सहमति इस बात पर थी कि पिछले कुछ वर्षों में जब भारत–ब्रिटेन के बीच व्यापारिक संबंध कम हो गया है, तब भारत–यूरोपीय संघ व्यापार फल–फूल रहा है। देखा गया था कि पहले 75% भारतीय निवेश यूरोपीय संघ में ब्रिटेन में गया था और वह 75% लंदन गया। मौजूदा समय में, भारतीय निवेश का सिर्फ आधा ब्रिटेन में जाता है। ई.ई.ए.एस. में दक्षिण एशिया समेत क्षेत्रीय मामलों की प्रमुख वेरोनिका कोडी ने कहा कि यहाँ तक कि "ब्रिटेन के बगैर भी यूरोपीय संघ भारत के साथ व्यापार समझौते के लिए प्रतिबद्ध है।"

कुछ लोगों की दलील है कि हो सकता है, यूरोपीय संघ के लिए समझौते पर ब्रिटेन के बगैर बातचीत करना आसान हो जाए। पेरिस के कै डी'ऑर्से में सेंटर फॉर एनालिसिस, प्लानिंग एंड स्ट्रैटजी के निदेशक फ्रेडरिक ग्रेरे का मानना है कि ब्रेक्जिट से भारत का यूरोपीय संघ से बेहतर समझौता करा देना ब्रेक्जिट के लिए आसान हो जाएगा, क्योंकि इसके नतीजे में यूरोपीय संघ में मित्र फ्रेंच और जर्मन का एकीकरण हो जाएगा, जो भारत के लिए फायदेमंद होगा। जैसा कि चैथम हाउस से गारेथ प्राइस ने टिप्पणी की, "बातचीत में अड़चन पैदा करनेवाली चीजों में से एक दरअसल, भारतीयों की अस्थिरता है और इसका विरोध करनेवाले देशों में से एक ब्रिटेन है। तर्क कहता है कि अगर ब्रिटेन अलग हो जाए तो बी.टी. आई.ए. से एक बाधा दूर हो जाएगी।" कोडी ने जोर दिया कि भारत–यूरोपीय संघ के संदर्भ

में ब्रेक्जिट से कुछ भी बदलने की संभावना का न होना, इस बात का इशारा है कि "भारत हमारे लिए एक प्रमुख साझेदार है और यूरोपीय संघ भी भारत के लिए एक जरूरी बाजार है। यूरोपीय संघ विश्व का दूसरा सबसे बड़ा एकल आर्थिक बाजार है और ब्रेक्जिट के बाद भी भारत जैसे देशों के लिए यूरोपीय संघ विशाल निर्यात बाजार है।"

भारतीय उद्योगपति बजोरिया ग्रुप के चेयरमैन शिशिर बजोरिया

उसी कार्यक्रम के दौरान इस मुद्दे पर भारत की स्थिति का खुलासा किया। उन्होंने कहा :

"हमारे यहाँ 800 मिलियन युवा भारतीय हैं, जिन्हें नौकरी की जरूरत है। ब्रेक्जिट हो या ब्रेक्जिट न हो, हम ब्रिटेन के साथ व्यापार करेंगे। और हम ब्रेक्जिट हो या ब्रेक्जिट न हो, यूरोपीय संघ के साथ व्यापार करेंगे।" (2016)

यूरोपीय संघ की स्थापना के बाद से सबसे महँगे और कड़वे अलगाव के साथ इस अध्याय का बंद होना बहुत कुछ अंतिम सौदे पर निर्भर करता है। जाहिर है, अभी तक इस पर चर्चा जारी है।

खंड 6 : समझौता हो या न हो?

भारत की कोई भी सरकार हो, लोकतांत्रिक ढाँचे के अंतर्गत ही काम करते हुए और लगभग 3 खरब डॉलर की प्रमुख विकासशील अर्थव्यवस्था की अनिवार्यता को देखते हुए यूरोपीय संघ द्वारा बड़ी रियायतें दिए जाने के बगैर अपने किसानों, श्रमिकों और उत्पादकों के सर्वोत्तम हित में संसद् में इस समझौते को 'फायदे का सौदा' कहकर भुनाना उसके लिए मुश्किल है। इसमें कोई शक की गुंजाइश नहीं कि कृषि और औद्योगिक वस्तुओं पर भारत द्वारा शुल्क में एकतरफा कमी के मार्फत यूरोपीय संघ भारी लाभ प्राप्त करना चाहता है। भारत में स्थानीय रोजगार और विनिर्माण पर इसका फौरन प्रभाव पड़ेगा। आयात शुल्क कम होने से कृषि और विनिर्मित वस्तुओं का सस्ता आयात गहन श्रमवाले कई क्षेत्रों पर नकारात्मक प्रभाव डालेगा। यूरोप के विपरीत, भारत का 93 प्रतिशत कार्यबल असंगठित क्षेत्र में काम करता है। यूरोपीय संघ से तैयार माल का सस्ता आयात स्थानीय मूल्य वृद्धि को कमजोर करेगा, जो रोजगार और उद्यम में वृद्धि को प्रोत्साहित करता है। प्रस्तावित बी.टी.आई.ए. कई मायनों में 'मेक इन इंडिया' की पहल के खिलाफ चलेगा। भारत को यूरोपीय संघ के प्रस्तावित बी.टी.आई.ए. से संभावित लाभ और हानि का समग्र आकलन करने और सभी संबंधित हितधारकों के साथ विचार-विमर्श शुरू करने की जरूरत है।

जानकार सूत्रों के अनुसार, 2015 में बी.टी.आई.ए. वार्त्ता को पुनर्जीवित किया जाना चाहिए था। यूरोपीय संघ द्वारा जी.वी.के.[13] के 700 उत्पादों पर अचानक और आश्चर्यजनक रूप से प्रतिबंध लगाए जाने को भारत ने विश्वासघात माना था। इसके बाद बातचीत बंद कर दी गई। बाद में समझौतापूर्ण समाधान के लिए यूरोपीय संघ द्वारा किए गए प्रयासों का कोई प्रभाव नहीं पड़ा। भारत और यूरोपीय संघ के संबंधों पर प्रतिकूल प्रभाव की पृष्ठभूमि को देखते हुए तेरहवें शिखर सम्मेलन, जो अप्रैल 2015 में होना था, स्थगित हो गया।

जनवरी 2016 में फाइनेंशियल एक्सप्रेस के लिए एक अबाधित साक्षात्कार में वाणिज्य मंत्रालय के तत्कालीन अतिरिक्त सचिव अरविंद मेहता ने पत्रकार वाणीकिंकर पट्टनायक को बताया, "बी.टी.आई.ए. पर औपचारिक गंभीर वार्त्ता में शामिल होने से पहले 'स्टॉक-टेकिंग-एक्सरसाइज' शुरू किया जाएगा, चूँकि 2013 में बातचीत रुक गई थी, इसलिए इससे पहले हुई वार्त्ताओं के बाद रूपरेखाओं में बदलाव किया जाना था, उन बदलावों को ध्यान में रखा जाना था।" विदेशी निवेश के लिए बहुत सारे क्षेत्र के उदारीकरण सहित इन सकारात्मक बदलाव में कुछ ऐसे क्षेत्र भी शामिल किए गए, जिनमें यूरोपीय संघ का हित था। बीमा क्षेत्र में एफ.डी.आई. कैप को 26% से बढ़ाकर 49% कर दिया गया था और टेलिकॉम सेक्टर में 100% एफ.डी.आई. की अनुमति दी गई थी। निजी क्षेत्र की बैंकिंग में, अब विदेशी निवेश की पूरी तरह से विनिमयता की अनुमति दी गई थी और तद्नुसार अब एफ.आई.आई./एफ.पी.आई./क्यू.एफ.आई.[14] कुछ शर्तों के साथ 74% तक की क्षेत्रीय सीमा में निवेश कर सकते हैं। बदले में, भारत ने यूरोपीय संघ द्वारा लचीलेपन के कुछ पारस्परिक उपायों की अपेक्षा की थी, ताकि खासतौर पर सेवा क्षेत्र में डेटा गोपनीयता और बाजार में पहुँच के मामले में वह अपनी चिंताओं को दूर कर सके। मेहता ने भी स्पष्ट कर दिया था, "भारत की प्रमुख चिंताओं का उचित समाधान जब तक नहीं हो जाता, तब तक किसी तरह की बाध्यकारी प्रतिबद्धता नहीं होगी।" ये रियायतें अब भी उपलब्ध नहीं हैं।

30 मार्च, 2016 को तेरहवें भारत-यूरोपीय संघ के शिखर सम्मेलन में, अध्यक्ष जुनकर ने वार्त्ता में ठोस प्रगति के पक्ष में स्पष्ट रुख अपनाया, यदि बकाया मुद्दों पर बात आगे बढ़े। सशर्तता इस मामले ने बातचीत को और भी ज्यादा जटिल बनाया। हाल ही में यूरोपीय संघ ने 'ए स्ट्रेट फॉर स्मार्ट, सस्टेनेबल और इनक्लूसिव ग्रोथ-यूरोप 2020' के तहत व्यापार और निवेश में उभरती अर्थव्यवस्थाओं के साथ रणनीतिक संबंध बनाने की आवश्यकता पर अपना दृष्टिकोण जाहिर किया है। मार्च 2016 में तेरहवें शिखर सम्मेलन के बाद यूरोपीय संघ के सूत्रों ने बताया कि कार और कार के पुरजों, वाइन और स्प्रिट के क्षेत्रों में भारत को शुल्क में असमान और क्रमिक कटौती की संभावना का प्रस्ताव दिया गया था, लेकिन भारत ने आंशिक समझौते से इनकार कर दिया था।

तेरहवें शिखर सम्मेलन के बाद आगे कोई प्रगति नहीं होने से वार्त्ता में गतिरोध बना रहा। भारत के साथ संबंधों के सिलसिले में मार्च 2017 को भारत आनेवाले यूरोपीय संसद् के एक प्रतिनिधिमंडल[15] के प्रमुख ने भारतीय वार्त्ताकारों और नीति निर्माताओं के साथ मुलाकात की। पर निष्कर्ष निराशाजनक रहा। उन्होंने आगाह किया कि व्यापार और निवेश के लिए एक संस्थागत ढाँचे की अनुपस्थिति भारत में यूरोपीय निवेश को नुकसान पहुँचा सकती है।

भारत का नया मॉडल द्विपक्षीय निवेश संधि (बी.आई.टी.)[16] एक बड़ा विवादास्पद मुद्दा बना हुआ है, खासकर विदेशी निवेश के मामले में। विविध भारतीय बी.आई.टी. के तहत अलग-अलग पृष्ठभूमिवाले विदेशी निवेशकों ने भारत पर मुकदमा किया, गौरतलब है कि 2015 में भारत ने अपने मॉडल बी.आई.टी. को संशोधित किया था। संशोधित मॉडल में एम.एफ.एन.[17] प्रावधान, कराधान के उपायों को शामिल नहीं किया था : इसके अलावा विदेशी निवेशकों के लिए अंतरराष्ट्रीय कानून के तहत दावा पेश करने से पहले कम-से-कम पाँच साल की अवधि के लिए घरेलू न्यायिक और प्रशासनिक उपाय करना अनिवार्य कर दिया गया था।

यूरोपीय संघ की ओर से कई संशोधनों की माँग की गई। नीदरलैंड, जर्मनी सहित कई यूरोपीय संघ के देशों के साथ पुराना बी.आई.टी. (जो पुराने मॉडल पर आधारित था) खत्म हो गया था। नीदरलैंड के साथ अंतिम बी.आई.टी. नवंबर 2016 में समाप्त हुआ। आयोग ने चरम स्तर (डी.जी. ट्रेड) पर दबाव डाला कि नीदरलैंड के साथ बी.आई.टी. को 6 महीने के लिए बढ़ाया जाए, तभी बी.टी.आई.ए. पर बातचीत शुरू करने की सिफारिश की जा सकती है। इसमें 'सांकेतिक' या 'रियायती' जैसे शब्दों का अनौपचारिक रूप से इस्तेमाल किया गया था। ऐसे बी.आई.टी. को संबंधित देश के साथ यूरोपीय संघ की निवेश संधि द्वारा प्रतिस्थापित करने के लिए यूरोपीय संघ के नियमों की आवश्यकता होती है। इस 'सांकेतिक' और 'रियायत' के बदले भारत के साथ यूरोपीय संघ निवेश रूपरेखा पर 'फास्ट ट्रैक' चर्चा करेगा। इस पेशकश को भारतीय वार्त्ताकारों ने वार्त्ता शुरू करने से पूर्व शर्त निर्धारित करने के प्रयास के तौर पर लेते हुए इसे स्वीकार करने से इनकार कर दिया। तत्कालीन वाणिज्य राज्यमंत्री निर्मला सीतारमण ने साफतौर पर संदेश भेज दिया कि दोनों वार्त्ता एक साथ होनी चाहिए। (द हिंदू, 2017)

आयोग को इससे निराशा हाथ लगी। 7 अप्रैल, 2016 (परिशिष्ट-2) को यूरोपीय आयोग के सदस्य सीसिलिया माल्मस्ट्रॉम, यूरोपीय संसद् की अंतरराष्ट्रीय व्यापार समिति के अध्यक्ष बर्न्ड लैंग आदि यूरोपीय संघ के वार्त्ताकारों द्वारा लिखे गए पत्र में रूढ़िवादी दृष्टिकोण का प्रदर्शन किया गया था। पत्र के आखिरी पैराग्राफ में थोड़ा लचीलापन दिखाया

गया और आयोग के वार्त्ताकारों ने भारतीय वार्त्ताकारों से बातचीत को आगे बढ़ाने की सिफारिश की थी।

दिनांक 7 अप्रैल, 2017 को सीसिलिया माल्मस्ट्रॉम के पत्र का अंश

"आयोग भारत के साथ एक व्यापक और महत्त्वाकांक्षी मुक्त व्यापार समझौते पर बातचीत करने के लिए पूरी तरह से प्रतिबद्ध है, जिसमें दोनों पक्षों को ठोस लाभ होने की संभावना है।

हालाँकि एफ.टी.ए. वार्त्ता को कभी भी औपचारिक रूप से रोका नहीं गया था, दुर्भाग्य से 2013 की गर्मियों में इसकी वास्तविक स्थिति में एक ठहराव आ गया था।

यूरोपीय संघ के सदस्य देशों द्वारा समर्थित यूरोपीय संघ का दृष्टिकोण हमेशा से यही रहा है कि वार्त्ता तभी शुरू होनी चाहिए, जब महत्त्वपूर्ण पुराने मुद्दों पर पर्याप्त प्रगति हो; वरना पुरानी वार्त्ता बातचीत को समाप्त किए जाने के रास्ते में बाधक होती है। नौ साल की अधूरी बातचीत के बाद झूठी उम्मीदों से बचने के लिए हम इस बात का शुक्र मनाते हैं (इसमें ढाई साल की वार्त्ता पूरी तरह से शामिल नहीं है) और अधिक-से-अधिक यह सुनिश्चित करना चाहते हैं कि वार्त्ता की बहाली फिर से अपने सफल निष्कर्ष पर पहुँचे।

दुर्भाग्य से, भारत की व्यापार मंत्री स्तर पर नियमित बैठक के जरिए हमारे आपसी संवाद को तेज करने के हमारे सुझाव पर सहमति नहीं बन सकी। भारत की इस स्थिति को लेकर मुझे खेद है, क्योंकि इस तरह के मंच से हमारे बीच विभिन्न व्यापार बाधाओं को न केवल दूर करने का, बल्कि राजनीतिक स्तर पर भी एफ.टी.ए. वार्त्ता प्रक्रिया को आगे बढ़ाने के लिए अवसर मिल सकता था।

मैं अब भी आश्वस्त हूँ कि भारत के साथ जुड़ना सार्थक बात होगी। उम्मीद है कि हमारे नेताओं की अगली बैठक में जल्द ही प्रमुख माँगों पर प्रगति हो सकती है, जो हमें वार्त्ता को आगे बढ़ने की अनुमति देगी। इसमें खासतौर पर भारतीय सार्वजनिक खरीद बाजार में उन्नत पहुँच, भौगोलिक सूचनाओं के सरलीकृत पंजीकरण, कार और कार के पुरजों के साथ-साथ वाइन और स्प्रिट पर शुल्क को खत्म करने या कटौती करने तथा कानूनी सेवाओं, लेखा संबंधी और समुद्री सेवाओं जैसे कुछ सेवा क्षेत्रों के उदारीकरण पर चर्चा करने की भारतीय चाह इसमें शामिल है।

भारत ने अब तक, इनमें से किसी भी मुद्दे पर कोई लचीलापन नहीं दिखाया है, लेकिन तथाकथित सेवा मोड 4 और यूरोपीय संघ द्वारा मान्यता की जरूरत को देखते हुए, 'डेटा सुरक्षित' देश के रूप में भारत ने यूरोपीय संघ में भारतीय कुशल पेशेवरों के अस्थायी रूप से जाने के लिए बार-बार अनुरोध कर अपनी माँगों को मजबूत किया है। इस संबंध में, हाल ही में हुए शिखर सम्मेलन में अध्यक्ष जूनकर ने भारत की प्रमुख माँगों के मद्देनजर लचीलेपन का पता लगाने के लिए हमारी तत्परता की पुष्टि की, बशर्ते हमारी अपनी माँगों की दिशा में थोड़ी प्रगति भारत की ओर से भी नजर आए।"

उस समय (जून 2017) ब्रुसेल्स का रुख दृढ़ता के साथ कोई रियायत न देने का दिखाई पड़ा। वार्त्ताकारों ने स्थैतिक व्यापार के आँकड़ों (चार्ट 4-7) पर प्रकाश डाला, जो अचानक औंधे मुँह गिर रहा था। यूरोपीय आयोग में दक्षिण और दक्षिण-पूर्व एशिया के यूनिट प्रमुख पीटर बर्ज ने जून 2017 के अंत में कहा कि वार्त्ता को फिर से पुनर्जीवित करने की आवश्यकता है, लेकिन यूरोपीय संघ के पक्ष में पुनर्मूल्यांकन की आवश्यकता है। उनकी टिप्पणी है कि "यदि बातचीत शुरू होती है, तो उन्हें असफल नहीं होना चाहिए" यह दरशाता है कि सशर्तताओं को बातचीत फिर से शुरू करने के लिए शर्तों को जोड़ा जा रहा था, यानी 'बातचीत से पहले बातचीत'। बर्ज ने भारत के मौजूदा द्वीपक्षीय बी.टी. आई.ए. को खत्म करने के भारत के फैसले पर सवाल उठाते हुए कहा, "भारत के साथ किसी अतिरिक्त आर्थिक मूल्य के मद्देनजर वचनबद्धता को लेकर आयोग को संदेह था।" कुछ ज्यादा ही आशावादी होते हुए बर्ज ने घोषणा की कि चौदहवाँ शिखर सम्मेलन, जो 6 अक्तूबर, 2017 को नई दिल्ली में आयोज़ित किया जा रहा है; अगर दोनों पक्षों द्वारा सावधानीपूर्वक नियंत्रित कर लिया जाता है, तो बाधाओं के बावजूद कामयाबी मिल सकती है। गतिरोध को तोड़ने के लिए एक संभावित उपाय पीटर बर्ज द्वारा सुझाया गया, "आर्थिक और व्यापारिक मामलों में एक विशिष्ट रणनीतिक वार्त्ता" हो सकती है, बशर्ते उसका एजेंडा संयुक्त आयोग से अलग हो और मंत्री स्तर पर हो।

जून 2017 में पदभार ग्रहण करते हुए, आयोग के विदेशी संबंध प्रभाग में आर्थिक और वैश्विक मुद्दों के अतिरिक्त महासचिव और आयोग के प्रमुख वार्त्ताकार क्रिश्चियन लेफलर ने उल्लेख किया कि नई दिल्ली में चौदहवाँ शिखर सम्मेलन सफल हो सकता है। उन्होंने स्वीकार किया कि वार्त्ता के सीमा क्षेत्र को लेकर दोनों पक्षों के बीच बुनियादी वैचारिक समस्याएँ थीं। उन्होंने खेद व्यक्त किया कि भारत ने बाजार के कुछ संरक्षित क्षेत्रों को खोलने से अभी भी इनकार कर दिया। लेफलर का मानना था कि "भारतीय वार्त्ताकारों ने यूरोपीय संघ के सदस्य देशों की चिंताओं को समझा और उनकी सराहना भी की, लेकिन आयोग की

गतिशीलता को नहीं। इससे यूरोपीय संघ के आंतरिक कामकाज के तौर-तरीकों और बी.टी.आई.ए. की अपेक्षाओं के बारे में आधी-अधूरी समझ पैदा हुई।" उनका दृढ़ विश्वास था कि बी.टी.आई.ए. के दोनों पक्षों के लिए सकारात्मक परिणाम पाँच साल के भीतर दिखाई देंगे। इस बीच शिखर सम्मेलन में सहयोग के अन्य क्षेत्रों पर भी समझौता हो सकता है :

- अनुसंधान और प्रौद्योगिकी
- जलवायु परिवर्तन
- बहुपक्षीय मुद्दे
- स्थिरता और सुरक्षा : क्षेत्रीय और अंतरराष्ट्रीय
- समुद्री सुरक्षा और महासागारों का संरक्षण

भारतीय परिप्रेक्ष्य की बात की जाए तो यूरोपीय संघ एक प्रमुख उभरती हुई अर्थव्यवस्था के रूप में भारत के मसलों के प्रति असंवेदनशील बना हुआ है, क्योंकि यह स्वयं और अपने 1.3 अरब लोगों को 3 खरब डॉलर की अर्थव्यवस्था में बदल देता है। भारतीय वार्त्ताकारों ने कहीं अधिक समझदारीपूर्ण दृष्टिकोण की अपेक्षा की थी। पर आयोग की स्थिति बिल्कुल अलग थी। उन्होंने जोर दिया कि आयोग के उपाध्यक्ष (फिनलैंड के पूर्व प्रधानमंत्री) के पत्र में भारत के वित्त मंत्री और उपाध्यक्ष के बीच मंत्री स्तर पर 'उच्च स्तरीय आर्थिक और वित्तीय संवाद' स्थापित करने के लिए अनुरोध था, जिसका न तो कभी जवाब दिया गया और न ही उसे स्वीकार किया गया। जबकि प्रस्तावित संवाद की बाधाओं को दूर करने के लिए फिर से वार्त्ता शुरू करने की मंशा थी, लेकिन वार्त्ता शुरुआत से ही 'फुस्स' थी। आयोग को इस बात की जानकारी होनी चाहिए कि अगर यह प्रस्ताव स्वीकार किया जाता है, तो भारत सरकार के वाणिज्य मंत्री और वाणिज्य मंत्रालय को दरकिनार कर दिया जाएगा, जो कि भारत सरकार के 'व्यापारिक नियमों' के तहत इस तरह की वार्त्ता आयोजित करने का अधिकार रखता है। भारतीय पक्ष से किसी भी प्रतिक्रिया की अनुपस्थिति को इस संदर्भ में समझने की आवश्यकता है।

खंड 7 : बी.टी.आई.ए. : स्मृति लेख या पुनर्जन्म?

प्रधानमंत्री मोदी ने जून 2016 में वाशिंगटन में एक भाषण में भारत की भविष्य व्यापार नीति के लिए एक स्पष्ट रोडमैप पेश किया, जिसमें सरकार की 'मेक इन इंडिया और 'डिजिटल इंडिया' पहल को एकीकृत करने की माँग की गई थी। उन्होंने कहा कि भारत की प्रमुख योजनाओं—स्मार्ट सिटी प्रोजेक्ट, मेक इन इंडिया, स्किल इंडिया कार्यक्रम और डिजिटल इंडिया के कार्यान्वयन के लिए प्रत्यक्ष विदेशी निवेश और भारत के विनिर्माण क्षेत्र के लिए फिर से एक व्यापक शुरुआत और कायाकल्प की जरूरत होगी।

प्रधानमंत्री मोदी का भाषण

"हम 'मेक इन इंडिया' पहल को मजबूती प्रदान करना जारी रखेंगे। इसे शुरू करने का इरादा केवल घरेलू बाजार के लिए विनिर्माण या आयात प्रतिस्थापन के लिए नहीं है। इसका मकसद पूरी दुनिया के लिए विश्वस्तरीय उत्पादों के निर्माण और सेवाएँ मुहैया कराने का है। इसीलिए हमारे लिए मुक्त व्यापार की दिशा में सुधार जरूरी हैं। यह हमारे लिए बहुत महत्त्वपूर्ण है कि विकसित देश अपने बाजार खोलें, न केवल भारत जैसे देशों से वस्तुएँ, बल्कि सेवाओं के लिए भी।" (2016)

यूरोपीय संघ के साथ बी.टी.आई.ए. से पहले इस नई व्यापार नीति के कार्यान्वयन के लिए व्यापार नीति के क्षेत्र में भारत को महत्त्वपूर्ण चुनौतियों को पार करना होगा, तभी कोई हल निकाला जा सकता है। इनमें वैश्विक आर्थिक मंदी, बढ़ता संरक्षणवाद और निजी घरेलू पूर्वग्रह शामिल हैं। भारत की बड़ी चुनौतियों में से एक भारत का खस्ताहाल विनिर्माण क्षेत्र है। 2015-2016 में सकल घरेलू उत्पाद (जी.डी.पी.) में विनिर्माण हिस्सेदारी में 16.2% तक की गिरावट आई। विडंबना यह है कि 1989-1990 में यह 16.4% थी। राजदूत और मंत्री एच.एस. पुरी[18] (फरवरी, 2017) ने कहा, "विनिर्माण क्षेत्र की हिस्सेदारी को पर्याप्त रूप से कैसे बढ़ाया जाए, यह एक कठिन सवाल है, जिसका कोई आसान जवाब नहीं है। बाधाओं में बिजली और भूमि की सीमित उपलब्धता, प्रौद्योगिकी की उपलब्धतता की कमी, कम उत्पादकता, श्रम की बढ़ती लागत और व्यवसाय करने में कठिनाइयाँ शामिल हैं। अब तक विनिर्माण क्षेत्र के पुनरुत्थान की राह में सबसे गंभीर बाधा भूमि की कमी है।"

किसी गतिशील व्यापार नीति के फायदों और अनियमित रूप से विकसित विनिर्माण क्षेत्र के अलावा क्षेत्रीय व्यापार समझौतों में असंतोषजनक नतीजे, आर्थिक विकास में बाधाओं का विश्लेषण न होने के कारण भारतीय नीति निर्माताओं और इनके व्यापार वार्त्ताकारों के बीच समझ की कमी एक अन्य प्रमुख अड़चन है। मुख्य व्यापारिक साझेदारों के साथ इनका संबंध विवशता में बदल जाता है। यूरोपीय निवेशक भारतीय बाजार में प्रवेश करने की उत्सुकता और भारत की नई वैश्विक कंपनियों द्वारा पूरे यूरोप में दुकान खोला जाना एक बहुत बड़ा दाँव है। भारत नीति निर्माताओं को सुधार के मद्देनजर बड़ी संभावनाओं को तलाशना चाहिए और संबंधों में गहरे रणनीतिक महत्त्व को विकसित करने के लिए तकनीकी लाक्षणिकताओं को परे करने की राजनीतिक इच्छाशक्ति भी जरूरी है। 2016 में अनुमानित दोतरफा व्यापार 95 अरब यूरो था, जबकि भारत में यूरोपीय संघ का निवेश स्टॉक 51-2 अरब यूरो था। इन आँकड़ों से संकेत मिलता है कि भारत-यूरोपीय संघ

का एक कनिष्ठ व्यापारिक साझेदार बना हुआ है!

आर्थिक सुधारों की शुरुआत करना भारत के लिए अनिवार्य है, जिसके बाद एक खुली, प्रतिस्पर्धी और तकनीकी रूप से नई भारतीय अर्थव्यवस्था का विकास होगा। भारत को व्यापार और सैनिटरी और फाइटोसैनिटरी उपायों के मद्देनजर तकनीकी बाधाओं पर वैश्विक मानकों को समायोजित करने के उपाय करने चाहिए। इसके परिणामस्वरूप भारत के प्रमुख व्यापारिक साझेदारों, खासतौर पर यूरोपीय संघ के साथ बी.टी.आई.ए. के जरिए वैश्विक साझेदारी की सुविधा प्राप्त होगी। पिछले दशक में, भारत ने दक्षिण-पूर्व एशियाई देशों के संगठन (आसियान), कोरिया गणराज्य और जापान के साथ मुक्त व्यापार समझौतों पर हस्ताक्षर किए।

कुछ अंदरूनी सूत्रों का मानना है कि भारत के व्यापारिक साझेदारों ने भारत (राजीव खेर, 2016) की तुलना में इन समझौतों से अधिक लाभ प्राप्त किया है। जब व्यापार नीति और चुनावी राजनीति एक-दूसरे के बीच आड़े आती हैं तो गड़बड़ी पैदा हो ही जाती है। वैश्वीकरण और व्यापार उदारीकरण दोनों के हिस्से में जीत और हार आती है। यहाँ एक बेहतर प्रारंभिक संकेत स्थापित करना होगा कि व्यापार समझौतों को अंजाम देने में भारत से इतनी बड़ी गलती कैसे हो गई कि यह उसकी महत्त्वाकांक्षा और हितों के प्रतिकूल हो गया। भारत के व्यर्थ व्यापार समझौते के परिणामस्वरूप शुल्क ढाँचा पलट गया; कच्चे माल और मध्यवर्ती वस्तुओं पर महँगा आयात शुल्क और तैयार माल पर कम शुल्क है। ये मूल्यवर्धित वस्तुओं के उत्पादन और निर्यात को हतोत्साहित करते हैं (रितेश कुमार सिंह, 2015)। इससे यह साफ हो जाता है कि किसी एफ.टी.ए. से व्यापार का विस्तार होता है, लेकिन उससे किसी एक साझेदार का हित साधन होता है तो वह समझौता कतई अच्छा समझौता नहीं है। राजदूत और मंत्री एच.एस. पुरी (फरवरी, 2017) कहते हैं कि "मुक्त व्यापार से दूर होने के बजाय समझौते के लिए खराब बातचीत की शृंखला चलानेवाले व्यापार वार्त्ताकारों से दूरी बनानी चाहिए।"

भारत के विनिर्माण क्षेत्र में प्रतिस्पर्धात्मकता की कमी और कपड़ा, पोशाक और फार्मास्यूटिकल्स जैसे क्षेत्रों में नवोन्मेष और निवेश की कमी को देखते हुए, इस बात पर हैरानी नहीं होनी चाहिए कि सक्रिय व्यापार नीति अपनाने के मद्देनजर सरकार, विचारक मंडली और व्यापार-नीति समुदाय के बीच उत्साह की भारी कमी है। अंतरराष्ट्रीय व्यापार समझौतों और एफ.टी.ए. के आकर्षण के बारे में संदेह तब और बढ़ गया, जब आप्रवासी मुद्दे पर वैश्विक समस्या ने यूरोपीय संघ को पेशेवरों की मुक्त आवाजाही के लिए भारत की माँग को अस्वीकार कर दिया (मोड 4)।

पूर्व विदेश सचिव एस. जयशंकर ने वाणिज्य संबंधी संसदीय स्थायी समिति के आगे 17 जून, 2017 को भारत का सख्त रुख स्पष्ट करते हुए कहा कि विदेश मंत्रालय का

दृढ़ता के साथ यह मानना है कि भारत को ऐसे किसी भी समझौते को समाप्त करने से स्वयं को रोकना चाहिए, जिससे उसे मध्यम अवधि में लाभ प्राप्त नहीं होगा। जयशंकर ने कहा, "विदेश मंत्रालय ऐसे व्यापार समझौतों का समापन करने के लिए उचित संयम के पालन का आह्वान करता है, जो हमारे मध्यम अवधि के लिए लाभप्रद नहीं हैं।" (हिंदुस्तान टाइम्स, 2017) । 18 दिसंबर, 2017 को एक रिपोर्ट जारी की गई थी, जिसे महत्त्वपूर्ण माना जाता है, क्योंकि यह 25 जनवरी, 2018 को भारत–आसियान स्मारक सम्मेलन से ठीक पहले आया था, जिसमें भारत और यूरोपीय संघ के बीच बी.टी.आई.ए. की ही तरह, क्षेत्रीय व्यापक आर्थिक साझेदारी (आर.सी.ई.पी.) पर होनेवाली देरी मुख्य मुद्दा बनाया गया था। भारत के विदेश मंत्रालय और वाणिज्य व उद्योग मंत्रालय का मानना है कि भारत द्वारा किए गए कई मुक्त व्यापार समझौते भारत का हित साधन नहीं करते हैं। भारत की विदेशी व्यापार व्यवस्था को 'मेड इन इंडिया' पहल का समर्थन होना चाहिए। वरिष्ठ अधिकारियों ने सेवा क्षेत्र में व्यापार के मद्देनजर उत्साह में कमी या सेवा क्षेत्र में व्यापार के लिए भारत की बाजार में पहुँच को सुगम बनाने को लेकर अफसोस जताया है। मौजूदा आधिकारिक सोच यह है कि बी.टी.आई.ए. पर एक ही तर्क लागू किया जाएगा, क्योंकि भारत अब केवल उन सौदों को ही अंजाम देना चाहता है, जिसमें भारत के हितों को ध्यान में रखा गया है। इसे जुलाई 2018 में वाणिज्य सचिव रीता तेवतिया ने देहली डायलॉग में दोहराया था, जिसमें उन्होंने कहा था कि एफ.टी.ए. न तो नौकरियों का सृजन करता है और न ही व्यापार के लिए अच्छा है। इस आधिकारिक स्थिति का समर्थन भारत के कॉरपोरेट और व्यापारिक नेताओं ने भी किया है, जो मौजूदा मुक्त व्यापार समझौतों के लिहाज से बहुत महत्त्वपूर्ण हैं। जाहिर है, आगे की राह मुश्किल है।

राजदूत और मंत्री एच.एस. पुरी

"व्यापार और विदेशी नीतियों का एक–दूसरे के साथ तालमेल रखना चाहिए। विश्व व्यापार नीति को देने और लेने की आवश्यकता है। एफ.टी.ए. के लिए यूरोपीय संघ के साथ वार्त्ता 2007 से ही खत्म हो गई है। यूरोपीय संघ भारत का सबसे बड़ा व्यापारिक साझेदार है, जिसका भारत के कुल सामान और सेवाओं में 13 प्रतिशत हिस्सा है। किसी देश के विदेशी व्यवसाय का एक अच्छा सूचक यह है कि उसकी विदेश और व्यापार नीतियाँ परस्पर एक–दूसरे को सुदृढ़ करती हैं या नहीं। विदेशी नीति के एक अनुभाग, जो कि अपने व्यापारिक साझेदारों और व्यापार नीति के अनुभाग के साथ रणनीतिक संतुष्टि की तलाश करता है, जो अकसर अच्छे मकसद के लिए अधिक सचेत और अंतर्मुखी होता है, को लेकर भारत काफी जूझता रहा है।"(फरवरी 2017)

गौरतलब है कि लिस्बन संधि के बाद से वियतनाम को छोड़कर यूरोपीय संघ किसी भी विकासशील देश के साथ एफ.टी.ए. को समाप्त करने में सफल नहीं हुआ है। इसके सबसे बड़े व्यापारिक साझेदार चीन के साथ कोई एफ.टी.ए. नहीं है। विश्व व्यापार संगठन के नियमों द्वारा संचालित भारत और यूरोपीय संघ के बीच व्यापार सबसे खराब स्थिति में है। भारत के साथ सशर्त वार्त्ता से कभी बात नहीं बनी है! गतिरोध जारी है! जानकार सूत्र बताते हैं (19 जुलाई, 2018) कि निकट भविष्य में बातचीत फिर से शुरू नहीं होने जा रही है। आयोग भारत को कोई भी सेवा मुहैया कराने से इनकार कर रहा है, जबकि यूरोपीय संघ के नए सुरक्षा और पारदर्शिता कानून कई भारतीय कंपनियों पर प्रतिकूल प्रभाव डाल रहे हैं। भारतीय वार्त्ताकारों का अब मानना है कि ब्रेक्जिट के बाद फिर से बातचीत का बेहतर दौर शुरू होगा। वार्त्ता में जारी गतिरोध को देखते हुए बताया जाता है, भारत को सेवा मुहैया कराने के सिलसिले में ब्रिटेन सबसे बड़ा बाधक था। आयोग के भीतर भी इस बात को स्वीकार किया जाता है। इस दिन के विश्लेषण की पृष्ठभूमि में, एक व्यापार सौदा इतनी दूर कभी नहीं देखा गया है। निराशाजनक विश्लेषण की पृष्ठभूमि में किसी भी व्यापारिक समझौते को इतनी दूर निकलते हुए कभी नहीं देखा गया है।

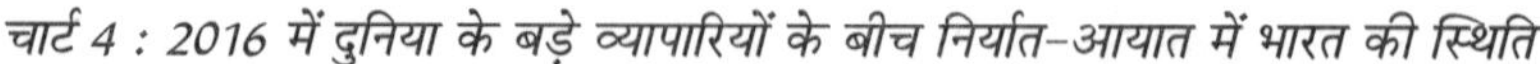

व्यापार सांख्यिकी : भारत और यूरोपीय संघ के बीच आयात-निर्यात

चार्ट 4 : 2016 में दुनिया के बड़े व्यापारियों के बीच निर्यात-आयात में भारत की स्थिति

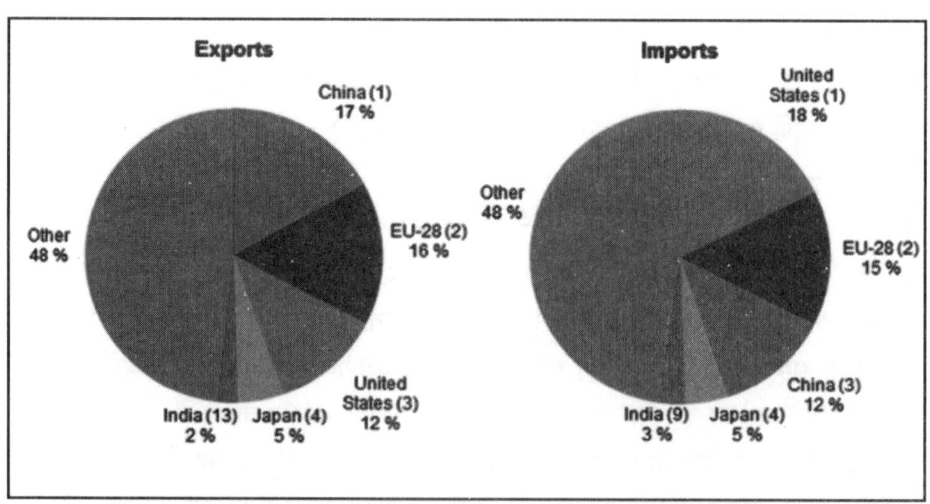

स्रोत: *HTTP://EC.EUROPA.EU/EUROSTAT/STATISTICS-EXPLAINED/INDEX.PHP*

चार्ट 5 : यूरोपीय संघ के मुख्य साझेदारों और भारत के बीच व्यापार में अतिरिक्त यूरोपीय संघ की साझेदारी

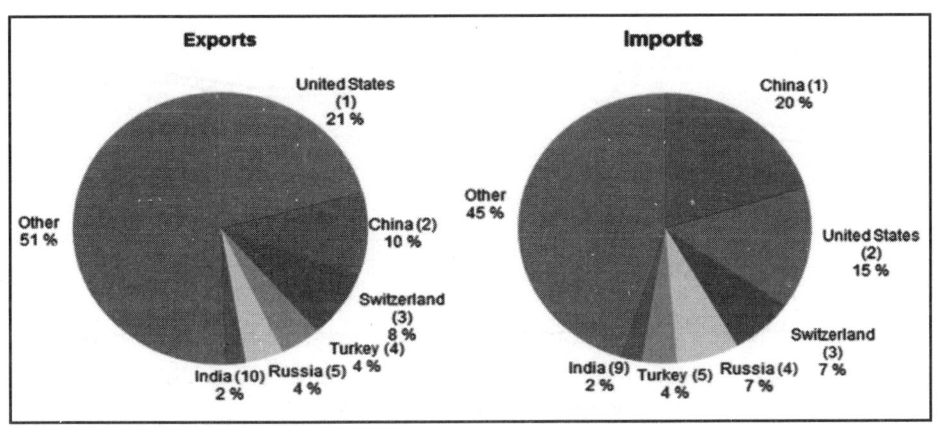

स्रोत : HTTP://EC.EUROPA.EU/EUROSTAT/STATISTICS-EXPLAINED/IMAGES/8/87

चार्ट 6 : यूरोपीय संघ-28 और भारत : व्यापार का विकास

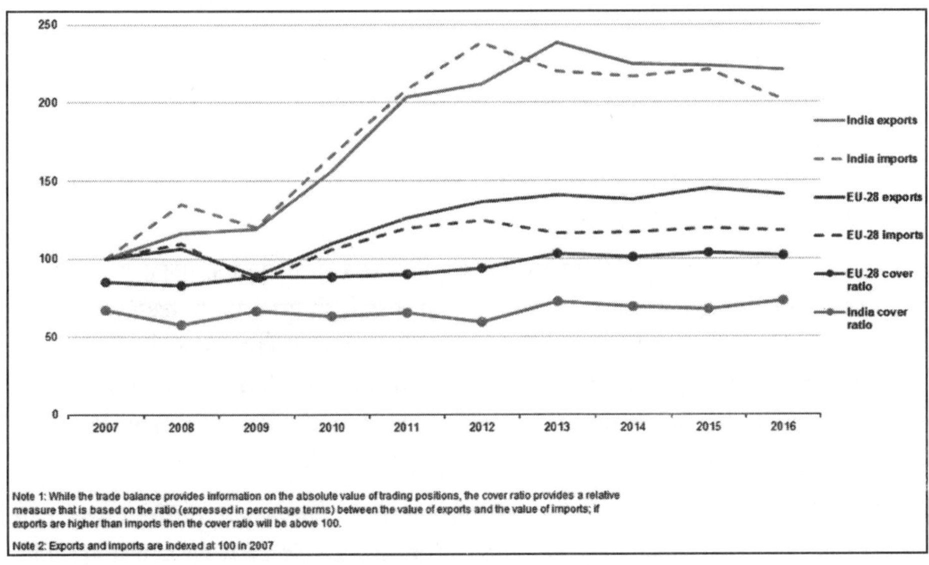

स्रोत: HTTP://EC.EUROPA.EU/EUROSTAT/STATISTICS-EXPLAINED/IMAGES/C/C1/

चार्ट 7 : यूरोपीय संघ और भारत के बीच आयात, निर्यात और व्यापार संतुलन

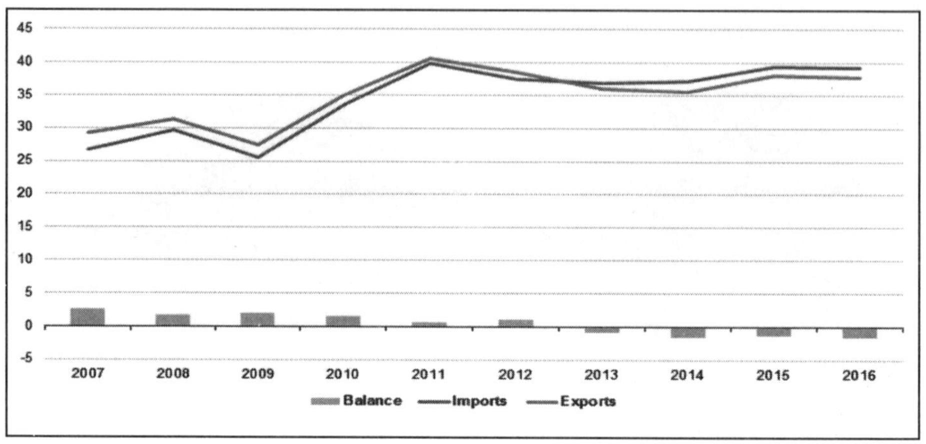

स्रोत : HTTP://EC.EUROPA.EU/EUROSTAT/STATISTICS-EXPLAINED/IMAGES/2/2A/

संदर्भ–

1. डिजिटल इंडिया, भारत सरकार का एक प्रमुख कार्यक्रम है, जिसमें भारत को डिजिटल रूप से सशक्त समाज और ज्ञान अर्थव्यवस्था में बदलने की कवायद है। इसे प्रधानमंत्री मोदी द्वारा 1 जुलाई, 2015 को लॉञ्च किया गया था। कार्यक्रम तीन प्रमुख दृष्टिकोणवाले क्षेत्रों पर केंद्रित है : प्रत्येक नागरिक के लिए मुख्य उपयोगिता के रूप में डिजिटल आधारभूत संरचना, शासन और माँग पर सेवाएँ तथा नागरिकों का डिजिटल सशक्तीकरण।

2. सी.ई.सी.ए. व्यापक आर्थिक सहयोग समझौते का प्रतिनिधित्व करता है। एक तुलना योग्य आर्थिक स्थिति में, सी.ई.सी.ए. यानी व्यापक आर्थिक साझेदारी समझौते को पूरा करने के मद्‌देनजर सी.ई.सी-.ए. को पहले कदम या प्रारंभिक प्रयास के तौर पर देखा जाता है। नकारात्मक सूची और टैरिफ रेट कोटा (टी.आर.क्यू.) मदों को छोड़कर सी.ई.सी.ए. में सूचीबद्ध या सभी वस्तुओं पर चरणबद्ध तरीके से केवल शुल्क में कटौती या समाप्त किया जाना शामिल है, जबकि सेवाओं में व्यापार और निवेश तथा अन्य आर्थिक साझेदारी के क्षेत्र भी सी.ई.सी.ए. में शामिल हैं।

3. भारत और जापान ने 16 फरवरी, 2011 को एक ऐतिहासिक मुक्त व्यापार समझौते (FTA) पर हस्ताक्षर किए, इससे अगले दशक तक दोनों देशों के बीच हुए व्यापार में 90 प्रतिशत से अधिक वस्तुओं पर शुल्क समाप्ति का मार्ग प्रशस्त हुआ। भारत के तत्कालीन वाणिज्य मंत्री आनंद शर्मा और जापान के तत्कालीन विदेश मंत्री सेइजी मेहारा द्वारा समझौते पर हस्ताक्षर किए गए थे। इस समझौते ने भारत के लिए अवसर का विशाल रास्ता खोल दिया था। व्यापार संधि में ऑटो के कलपुर्जे और मशीनरी के साथ-साथ खेत और मत्स्य उत्पादों जैसे क्षेत्रों में शुल्क उन्मूलन की कल्पना की गई थी, जो दोनों अर्थव्यवस्थाओं के लिए फायदेमंद था।

4. आविष्कार, साहित्यिक और कलात्मक कार्य तथा कारोबार में इस्तेमाल होनेवाले डिजाइन और प्रतीक, नाम और चित्र जैसी बौद्धिक संपदा (आई.पी.) मस्तिष्क का सृजन कहलाता है, जो आई.पी. कानून द्वारा संरक्षित है। मिसाल के तौर पर, लोगों द्वारा किए गए किसी आविष्कार या सृजन, जो इस व्यवस्था से निकलते हैं, को मान्यता दिलाने या इनसे वित्तीय लाभ कमाने में उन्हें सक्षम बनाने का पेटेंट, कॉपीराइट और ट्रेडमार्क एक जरिया है और यह कानून द्वारा संरक्षित हैं। आई.पी. सिस्टम का उद्देश्य आविष्कारकों और व्यापक सार्वजनिक हित के बीच सही संतुलन बनाते हुए एक ऐसे वातावरण को प्रोत्साहित करना है, जिसमें रचनात्मकता और नवोन्मेषण पनप सके।

5. भौगोलिक संकेत (जी.आई.) एक संकेत है, जो उन उत्पादों पर उपयोग किया जाता है, जिनकी एक विशिष्ट भौगोलिक उत्पत्ति होती है और वे विशिष्टताएँ या ख्याति उसके मूल उद्गम के कारण होती हैं। जी.आई. के रूप में इसके काम करने का उद्देश्य किसी उत्पाद की पहचान उसमें उल्लेखित स्थान से करना है। इसके अलावा उत्पाद की गुणवत्ता, विशिष्टताएँ या ख्याति अनिवार्य रूप से इसके मूल स्थान से होनी चाहिए। चूँकि उत्पाद की गुणवत्ता उत्पादन के भौगोलिक स्थान पर निर्भर करती है, इसलिए उत्पाद और इसके उत्पादन के मूल स्थान के बीच एक स्पष्ट संबंध होता है।

6. व्यवसाय और कंपनियाँ एक-दूसरे के साथ स्वस्थ प्रतिस्पर्धा करें, इसे सुनिश्चित करने के लिए लागू नियम प्रतिस्पर्धा की नीति है। यह उद्यम और दक्षता को प्रोत्साहित करता है, उपभोक्ताओं के लिए एक व्यापक विकल्प का निर्माण करता है और कीमतों में कमी और गुणवत्ता में सुधार लाने में मदद करता है। उत्पाद बाजार बेहतरी के साथ काम करें, इसके लिए प्रतिस्पर्धा नीति के प्रभारी अधिकारियों को प्रतिस्पर्धा-विरोधी आचरण को रोकना होगा या उसमें सुधार करना होगा। इस उद्देश्य को हासिल करने के लिए कंपनियों के बीच परस्पर समझौतों पर निगरानी रखना होगा; ताकि उत्पादक संघों द्वारा स्थान का दुरुपयोग, विलय और प्रतिस्पर्धा के मद्देनजर बाजार खोलने के प्रयास जैसी प्रतिस्पर्धा पर रोक लगे।

7. मोड 1 को विश्व व्यापार संगठन के तहत जनरल एग्रीमेंट ऑन ट्रेड इन सर्विस (जी.ए.टी.एस.) में जिस तरह परिभाषित किया गया है, इसमें व्यापार, सूचना और कानूनी प्रक्रिया की आउटसोर्सिंग जैसी आउटसोर्सिंग गतिविधियों की एक श्रृंखला शामिल है।

   जनरल एग्रीमेंट ऑन ट्रेड इन सर्विस के मोड 4 में नैसर्गिक व्यक्तियों का अस्थायी तौर पर आवागमन शामिल है। इसका आशय यह है कि किसी सदस्य के भूखंड के अंतर्गत किसी सेवा के वितरण से है, जिसमें सेवा प्रदाता एक प्राकृतिक व्यक्ति के रूप में मौजूद होता है। संक्षेप में कहा जाए तो यह आप्रवासी मानदंडों में छूट जैसे उपायों के जरिए अलग-अलग पेशेवरों के निर्बाध आवागमन को सक्षम बनाता है।

8. जनरल एग्रीमेंट ऑन ट्रेड इन सर्विस (जी.ए.टी.एस.) के मोड 3 में आपूर्तिकर्ता की व्यावसायिक उपस्थिति को शामिल किया गया है। कहने का तात्पर्य यह है कि किसी देश का एक सेवा आपूर्तिकर्ता क्षेत्रीय उपस्थिति को स्थापित करता है, जिसमें स्वामित्व या परिसर के पट्टे के मार्फत दूसरे देश के भूखंड में सेवा प्रदान करना शामिल है।

9. भारत में वनस्पति का अर्थ खाद्य वनस्पति तेल या तेलों से है, जिसे हाइड्रोजनीकरण की किसी प्रक्रिया के तहत परिष्कृत किया गया है।

10. भारत उन देशों में शामिल है, जिन्हें यूरोपीय संघ 'डेटा के मामले में सुरक्षित' नहीं माना जाता है। यूरोपीय संघ में डेटा संरक्षण कानूनों के तहत भारत में यह टेलीमेडिसिन के लिए मरीजों से जुड़ी जानकारी जैसे संवेदनशील डेटा के प्रवाह को रोकता है। यूरोपीय संघ के डेटा संरक्षण निर्देशों में सदस्य देशों द्वारा गैर-सदस्य देश में निजी डेटा के हस्तांतरण पर प्रतिबंध लगाना तब तक जरूरी है; जब तक कि संबंधित देश पर्याप्त गोपनीयता संरक्षण को सुनिश्चित नहीं करता। उस निर्देश का एक अपवाद है, जो गैर-डेटा सुरक्षित देशों को आउटसोर्स करने की अनुमति देता है, जो मानक अनुबंधात्मक धाराओं का पालन करता है, डेटा की गोपनीयता सुनिश्चित करने के लिए दोनों पक्षों पर कड़ी बाध्यता होती है; लेकिन ऐसे प्रतिबंध व्यापार के लिहाज से निंदनीय माने जाते हैं। भारत सरकार चाहती है कि यूरोपीय संघ भारत में आउटसोर्सिंग व्यवसाय के प्रवाह पर प्रतिबंधों को उठाते हुए इसे डेटा सुरक्षित देश के रूप में चिह्नित करे। भारत सरकार के अधिकारियों के अनुसार, डेटा की कड़ी सुरक्षा को सुनिश्चित करने के लिए भारत के घरेलू डेटा सुरक्षा कानूनों में पर्याप्त बदलाव किए गए हैं।

11. 'सिंगापुर मसला' व्यापार और निवेश, प्रतिस्पर्धा नीति, सरकारी खरीद में पारदर्शिता और व्यापार सुगमता (व्यापार प्रक्रियाओं को सरल बनाने) के मुद्दों से जुड़ी है। 1996 में सिंगापुर मंत्रिस्तरीय सम्मेलन में विश्व व्यापार संगठन के सदस्य देशों के मंत्रियों ने इन मुद्दों (व्यापार सुविधा को छोड़कर, इसे बाद में तैयार किया गया) पर कार्य समूह बनाया था।

12. सामान्यीकृत प्रणाली वरीयताएँ (जी.एस.पी.) वरीयता संबंधी एक शुल्क प्रणाली है, जिसे विकसित देशों (जिसे वरीयता देनेवाले देशों या दाता देशों के रूप में भी जाना जाता है) को विकासशील देशों (जिसे वरीयता प्राप्त देश या लाभार्थी देश भी कहलाता है) द्वारा विस्तारित किया जाता है। इसमें दाता देशों के बाजारों में लाभार्थी देशों द्वारा निर्यात किए गए उपयुक्त उत्पादों के प्रवेश के लिए एम.एफ.एन. शुल्क घटाया जाना या इनका शुल्क-मुक्त प्रवेश शामिल है।

13. जी.वी.के. बायोसाइंसेज (जी.वी.के. बायो) एशिया का प्रमुख डिस्कवरी रिसर्च है। 2014 में फ्रेंच दवा एजेंसी (ए.एन.एस.एम.) द्वारा हैदराबाद के जी.वी.के. बायोसाइंसेस में नैदानिक परीक्षणों में कथित तौर पर किए गए हेरफेर की जाँच के आधार पर जुलाई 2015 में यूरोपीय संघ ने जी.वी.के. बायोसाइंसेज लगभग 700 जेनेरिक दवाओं के विपणन पर प्रतिबंध लगा दिया। भारत ने इन आरोपों का खंडन किया है।

14. एफ.आई.आई. यानी विदेशी संस्थागत निवेशक एक ऐसा निवेशक या निवेश निधि है, जो उस देश से बाहर वहाँ पंजीकृत है, जिसमें वह निवेश कर रहा है। संस्थागत निवेशक इसमें हेज फंड, बीमा कंपनियों, पेंशन फंड और म्यूचुअल फंड को शामिल करते हैं। एफ.पी.आई. यानी विदेशी पोर्टफोलियो निवेश गैर-निवासियों द्वारा भारतीय प्रतिभूतियों में निवेश किया जाता है, जिसमें शेयर, सरकारी बॉण्ड, कॉरपोरेट बॉण्ड, परिवर्तनीय प्रतिभूतियाँ, बुनियादी संरचना आदि शामिल हैं।

    योग्य विदेशी निवेशक यानी क्यू.एफ.आई. विदेशी पोर्टफोलियो निवेशक की उप-श्रेणी है। इसमें वे तमाम विदेशी व्यक्ति, समूह या संघ या निवासी शामिल होते हैं, जो ऐसे किसी देश के नागरिक हैं, जो वित्तीय काररवाई कार्यबल (एफ.ए.टी.एफ.) का सदस्य हो या ऐसा देश जो उस समूह का सदस्य हो, जो एफ.ए.टी.एफ. का सदस्य हो या एक ऐसा देश, जिसने अंतरराष्ट्रीय संगठन के प्रतिभूति आयोग (आई.ओ.एस.सी.ओ.) के बहुपक्षीय समझौता ज्ञापन (एम.एम.ओ.यू.) पर हस्ताक्षर किए हैं। क्यू.एफ.आई. को सक्षम करने का उद्देश्य भारतीय पूँजी बाजार में विदेशी निधियों के अधिक-

से-अधिक और अबाध प्रवाह को संभव बनाना है और बाजार में अस्थिरता को कम करना है, क्योंकि संस्थागत निवेशकों की तुलना में वैयक्तिक दीर्घकालिक निवेशक को अधिक सक्षम माना जाता है।

15. 1983 में भारत में यूरोपीय संघ के प्रतिनिधिमंडल की स्थापना हुई थी। यह वाणिज्य दूत संबंधी गतिविधियों का संचालन नहीं करता है, जो द्विपक्षीय यूरोपीय संघ के सदस्य राज्यों के क्षेत्र के होते हैं। इस अपवाद के साथ नई दिल्ली में यूरोपीय संघ का प्रतिनिधिमंडल किसी भी अन्य राजनयिक मिशन की तरह काम करता है। यह यूरोपीय संघ के सदस्य देशों के साथ-साथ यूरोपीय आयोग का भी प्रतिनिधित्व करता है।

16. द्विपक्षीय निवेश संधि या बी.आई.टी. दो देशों के बीच एक समझौता है, जो दो देशों के बीच विदेशी निवेश के लिए 'सड़क के नियम' को स्थापित करता है। बी.आई.टी. कार्यक्रम के मूल उद्देश्य हैं : विदेश के उन देशों में निवेश का संरक्षण करना, जहाँ मौजूदा समझौतों के माध्यम से निवेशक के अधिकारों को पहले से ही संरक्षित नहीं किया गया हो; बाजारोन्मुख घरेलू नीतियों को अपनाने के लिए प्रोत्साहित करना, जो एक खुले, पारदर्शी और निष्पक्ष तरीके से निजी निवेश का उपाय करते हैं और इन उद्देश्यों के अनुरूप अंतरराष्ट्रीय कानून के मानकों के विकास का समर्थन करते हैं।

17. मोस्ट फेवर्ड नेशन या एम.एफ.एन. की प्रतिष्ठा तब मिलती है, जब कोई देश अपने व्यापारिक साझेदार द्वारा व्यापार के लिए तय की गई बेहतर शर्तों का लाभ लेता है। आशय यह है कि यह न्यूनतम शुल्क, व्यापार में कम-से-कम अड़चन और अधिकतम आयात कोटा (या बिल्कुल नहीं) दूसरे शब्दों में, तमाम एम.एफ.एन. व्यापार साझेदारों के साथ समान व्यवहार किया जाना चाहिए। इस प्रतिष्ठा का उपयोग ऋण समझौतों और वाणिज्यिक लेन-देन में भी किया जाता है।

18. राजदूत हरदीप सिंह पुरी, जो आवास और शहरी मामलों के मंत्री हैं, विदेशी सेवा के 1974 बैच के एक भारतीय विदेश सेवा अधिकारी हैं। उन्होंने 2009 से लेकर 2013 तक संयुक्त राष्ट्र के न्यूयॉर्क में भारत के स्थायी प्रतिनिधि के रूप में विशिष्ट सेवा प्रदान की और 2012 में सुरक्षा परिषद् की अध्यक्षता की। उन्होंने संयुक्त राष्ट्र सुरक्षा परिषद् की 'आतंकवाद निरोधी समिति' की भी अध्यक्षता की। वे विश्व व्यापार संगठन और अंतरराष्ट्रीय व्यापार से संबंधित मुद्दों और व्यापार से संबंधित मध्यस्थता के एक जाने-माने विशेषज्ञ हैं।

❑

अध्याय-10

चौदहवाँ सम्मेलन : भारत-यूरोपीय संघ के संबंधों में एक मायावी नए प्रतिमान की खोज में

ब्रेक्जिट के बाद से भारत और यूरोपीय संघ के नेताओं के बीच यह पहला सम्मेलन था, जिससे दोनों पक्षों को ढेर सारी उम्मीदें थीं। यह बैठक दुनिया के दो सबसे बड़े लोकतंत्रों के बीच 55 साल के राजनयिक संबंधों को चिह्नित करने के साथ प्रतीकवाद से समृद्ध थी। यूरोपीय परिषद् के अध्यक्ष डोनाल्ड टस्क ने नोबेल पुरस्कार विजेता रवींद्रनाथ टैगोर के उद्धरण, "आपसी मतभेद के बावजूद दोनों पक्षों का एक ही दिशा में तैरना ज्यादा मायने रखता है" का हवाला देते हुए कहा, गतिरोध को दूर करने के लिए उनकी राजनीतिक सद्भावना और हावभाव में दृढ़ संकल्प की भावना नेताओं की ओर से दिए गए बयानों से साफ थी।

शिखर सम्मेलन के संयुक्त वक्तव्य (परिशिष्ट 3) में कई मुद्दों पर एक राजनीतिक सफलता का बखान करते हुए कहा गया कि एक महाद्वीप, जो कभी अपने उदारवादी लोकतांत्रिक मूल्यों पर गर्व किया करता था, बार-बार होनेवाले आतंकवादी हमलों के साये में घिरा हुआ है। आतंकवाद से निपटने (परिशिष्ट 4), स्वच्छ ऊर्जा व जलवायु परिवर्तन और स्मार्ट और चिरस्थायी शहरीकरण पर पूरक द्वारा अलग बयान दिया गया था। यूरोपीय आयोग के अध्यक्ष, जीन-क्लाउड जूनकर ने इस बात पर जोर देते हुए कहा, "हम दुनिया के दो सबसे बड़े लोकतंत्र हैं। हम दुनिया की सबसे महत्त्वपूर्ण अर्थव्यवस्थाओं में से दो हैं। हम स्वतंत्रता, समानता, सहिष्णुता और कानून का शासन जैसे एक समान मूल्यों और आस्था को साझा करते हैं। भारत जैसे एक समान विचारधारावाले साझेदार के साथ मिलकर काम करना एक संजीदगीवाली बात है। यह स्वाभाविक है।" शिखर सम्मेलन के समापन के बाद जानकार सूत्रों ने संकेत दिया कि भारत के पड़ोसी क्षेत्र से संबंधित कई संवेदनशील मुद्दों, जिनमें पाकिस्तान में स्थित जिहादी आतंकवादी समूहों से भारत को खतरे, अफगानिस्तान की स्थिति और म्याँमार से बांग्लादेश की ओर रोहिंग्याओं के आगमन से क्षेत्रीय अस्थिरता

की संभावना आदि शामिल हैं; पर एक खुले और निष्पक्ष माहौल में शिखर सम्मेलन स्तर पर चर्चा की गई।

वास्तविक भाषा ने इन चर्चाओं की भावना को पूरी तरह से प्रतिबिंबित नहीं किया, जो कथित तौर पर शिखर सम्मेलन के स्तर का बताया गया था। हाफिज सईद, दाऊद इब्राहिम, लश्कर-ए-तैयबा, जैश-ए-मोहम्मद समेत अन्य आतंकवादी संगठनों और आतंकवादियों के खिलाफ विश्व स्तर पर निर्णायक काररवाई करने के लिए आगे आना स्वाभाविक है। संक्षेप में इसे कुछ इस तरह पेश किया गया था, "यूरोपीय संघ और भारत प्रमुख वैश्विक और क्षेत्रीय चुनौतियों के मद्देनजर एक साझा दृष्टिकोण रखते हैं। नेताओं ने यूरोपीय संघ और भारत के निकटवर्ती इलाकों में बहुत सारी तनावपूर्ण स्थितियों और क्षेत्रों की चर्चा की।"

रोहिंग्याओं पर दोनों पक्षों का अलग-अलग दृष्टिकोण सामने आया, जिसका एक विशेष महत्त्व था। नेताओं ने प्रवासन और शरणार्थियों के मामले में आपसी सहयोग को मजबूत करने में अपनी प्रतिबद्धता जाहिर की, जिसमें सुरक्षित, व्यवस्थित और नियमित प्रवास के लिए और शरणार्थियों के मामले में संयुक्त राष्ट्र की वैश्विक संविदा की प्रक्रिया को अपनाना भी शामिल है। हालाँकि आंग सान सू की के लिए कोई प्रत्यक्ष संदर्भ नहीं था, म्याँमार के प्राधिकारों की यथास्थिति को बहाल करने और इन विस्थापितों की वापसी को सक्षम करने की अंतर्निहित जिम्मेदारी के प्रति एक स्वीकारोक्ति थी, क्योंकि इस विस्थापन के पीछे कारण दोनों पक्ष की ओर से की गई हिंसा थी। नेताओं ने उल्लेख किया, "यह हिंसा अराकान रोहिंग्या साल्वेशन आर्मी (ए.आर.एस.ए.)[1] के आतंकवादियों के हमलों की एक श्रृंखला से शुरू हुई थी, जिसके कारण सुरक्षा बलों के साथ-ही-साथ नागरिकों की भी जान चली गई थी। दोनों पक्षों ने देरी किए बगैर रखाइन[2] राज्य में हिंसा को समाप्त करने और सामान्य स्थिति बहाल करने की आवश्यकता को समझा। उन्होंने म्याँमार के अधिकारियों से कोफी अन्नान के नेतृत्ववाली रखाइन सलाहकार आयोग की सिफारिशों को लागू करने और बांग्लादेश के साथ मिलकर काम करने के लिए सभी समुदायों से उत्तरी रखाइन राज्य में विस्थापित व्यक्तियों की वापसी को सक्षम करने का आग्रह किया। भारत और यूरोपीय संघ ने भी जरूरतमंद लोगों को मानवीय सहायता प्रदान करने में बांग्लादेश की ओर से निभाई जा रही भूमिका को मान्यता दी।" (संयुक्त बयान, चौदहवाँ शिखर सम्मेलन, 2017)

यहाँ रणनीतिक प्रसंस्करण के अन्य महत्त्वपूर्ण क्षेत्र भी थे। चीन के 'एक क्षेत्र एक रास्ता' पर दोनों पक्षों का विचार एक जैसा था। उन्होंने संबद्धता के मुद्दों को सार्वभौमिक रूप से मान्यता प्राप्त अंतरराष्ट्रीय मानदंडों, सुशासन और कानून, खुलेपन, पारदर्शिता और समानता के नियमों पर आधारित होने तथा वित्तीय जिम्मेदारी, देनदार ऋण वित्तपोषण प्रथाओं, संतुलित पारिस्थितिकी और पर्यावरण संरक्षण, संरक्षण मानकों और सामाजिक

स्थिरता के सिद्धांतों का पालन करने पर जोर दिया। दक्षिण चीन सागर में चीनी आक्रामक गतिविधियों के मद्देनजर, अंतरराष्ट्रीय कानून के सार्वभौमिक मान्यताप्राप्त सिद्धांतों के अनुसार, खासतौर पर संयुक्त राष्ट्र कन्वेंशन ऑफ द सीज (यू.एन.सी.एल.ओ.एस.) 1982 के तहत उड़ान की अधिकता, विवादों के स्वतंत्रता व शांतिपूर्ण समाधान के महत्त्व पर जोर दिया।

यूरोपीय संघ ने अफगानिस्तान में सामाजिक और आर्थिक बुनियादी ढाँचे के निर्माण, शासन संस्थानों और मानव संसाधन विकास और क्षमता निर्माण सहित में सहायता प्रदान करने के लिए भारत की भूमिका की सराहना की। यह पाकिस्तान को एक स्पष्ट संदेश था कि यूरोपीय संघ भारत की रचनात्मक भूमिका की सराहना करता है। ईरान पर, परमाणु अप्रसार ढाँचे और अंतरराष्ट्रीय शांति, स्थिरता और सुरक्षा के लिए महत्त्वपूर्ण योगदान के रूप में ईरानी परमाणु समझौते के समर्थन की फिर से पुष्टि की गई थी। ईरान के मामले में परमाणु अप्रसार संबंधी रूपरेखा और अंतरराष्ट्रीय शांति, स्थिरता और सुरक्षा के मद्देनजर महत्त्वपूर्ण योगदान के रूप में ईरानी परमाणु समझौते के समर्थन की फिर से पुष्टि की गई थी। उत्तर कोरिया के परमाणु परीक्षणों के मामले में चीन और पाकिस्तान की अप्रत्यक्ष आलोचना करते हुए उत्तर कोरिया के परमाणु और मिसाइल कार्यक्रमों का समर्थन करनेवालों की जिम्मेदारी को रेखांकित किया गया था।

सार्वजनिक कूटनीति एक ऐसा उपेक्षित क्षेत्र है, जो रणनीतिक संदर्भ में अच्छे परिणाम दे सकता है। आंशिक रूप से इस पर भी ध्यान खींचा गया। 'यूरोपीय संघ की वैश्विक रणनीति' की सूची में सार्वजनिक कूटनीति को यूरोपीय संघ की पाँच रणनीतिक प्राथमिकताओं में से एक को शामिल किया गया। दोनों पक्ष द्वारा किए गए सार्वजनिक कूटनीतिक प्रयासों से यह साक्षेदारी लाभान्वित हो सकती है। चौदहवें शिखर सम्मेलन के संदर्भ में यूरोपीय संघ ने एक बहु–वर्षीय सार्वजनिक कूटनीति परियोजना प्रदान की, जिसके कार्यान्वयन की देखरेख सावधानीपूर्वक की जा सकती है, ताकि इसके बेहतर नतीजे को प्राप्त किया जा सके।

अन्य सकारात्मक राजनीतिक और रणनीतिक विकास समेत संयुक्त नौसैनिक अभ्यास जारी रखने और समुद्री सुरक्षा के क्षेत्र में सहयोग का विस्तार करने संबंधी समझौते की लंबे समय से प्रतीक्षा की जा रही थी। 4 अक्तूबर, 2017 को, यूरोपीय संघ के नेवल फोर्स ऑपरेशन अटलांटा के मुख्यालय में तैनात इटालियन फ्लैगशिप आई.टी.एस. फासन ने सोमालिया के तट पर भारतीय नौसेना के पोत आई.एन.एस. त्रिशूल के साथ संयुक्त युद्धाभ्यास किया। भारत–यूरोपीय संघ का यह पहला संयुक्त नौसैनिक अभ्यास है और रक्षा व सैन्य सहयोग के क्षेत्र में एक महत्त्वपूर्ण कदम है।

नेताओं ने हवाई सेवाओं के आसन्न संचालन के कुछ पहलुओं पर भारत–यूरोपीय

संघ क्षैतिज समझौते[3] का भी स्वागत किया। इस समझौते के कार्यान्वयन से भारत के साथ यूरोपीय संघ के विमानन संबंधों के लिए कानूनी निश्चितता बहाल हो जाएगी तथा भारत और यूरोपीय संघ के बीच हवाई संपर्क में प्रभावशाली रूप से वृद्धि होगी।

पी.एम. मोदी के एक निजी संकेत पर, यूरोपियन इंवेस्टमेंट बैंक (ई.आई.बी.) ने सौर समृद्ध देशों में सस्ती सौर ऊर्जा विकसित करने और प्रसारित करने के मद्देनजर वित्त जुटाने के लिए अंतरराष्ट्रीय सौर गठबंधन (आई.एस.ए.) के साथ एक नई साझेदारी स्थापित करने पर सहमति व्यक्त की। ई.आई.बी. ने पूरे भारत में अक्षय ऊर्जा निवेश के लिए 800 मिलियन यूरो प्रदान करने की योजना का रिकॉर्ड स्थापित करने की भी पुष्टि की।

एकजुटता के प्रदर्शन के एक अन्य मौके पर यूरोनियन इंवेस्टमेंट बैंक (ई.आई.बी.) ने बैंगलोर में नए 18 स्टेशन रैपिड ट्रांजिट लाइन का निर्माण करने और उस लाइन पर उपयोग के लिए 96 ट्रेन कारों की खरीद का समर्थन करने के लिए 500 मिलियन यूरो देने पर सहमति जाहिर की। देश में दूसरी सबसे लंबी शहरी मेट्रो प्रणाली के विस्तार में निवेश के लिए यह समर्थन भारत में सबसे बड़ा ई.आई.बी. ऋण है और यूरोप के बाहर स्थायी परिवहन के लिए सबसे बड़ा समर्थन है। साझेदारी के वाणिज्य और व्यापार संबंधी पहलुओं पर यह ध्यान देने योग्य बात थी कि शिखर सम्मेलन के नेताओं ने भारत में यूरोपीय संघ के निवेश के लिए निवेश सुविधा तंत्र का हाल ही में आगाज किए जाने का स्वागत किया। यह उपाय वहाँ निवेश करने का इरादा करनेवाली यूरोपीय संघ की कंपनियों को ठोस ऑन-द-स्पॉट, खासतौर पर प्रणालीगत मार्गदर्शन कर यूरोपीय संघ के निवेश को सुविधा प्रदान करेगा और उन्हें प्रोत्साहित करेगा। शिखर सम्मेलन के दस्तावेज में ही इसे स्वीकार किया गया था। दस्तावेज में उल्लेख किया गया है कि "व्यापार और निवेश यूरोपीय संघ-भारत के रणनीतिक साझेदारी के महत्त्वपूर्ण पहलुओं का प्रतिनिधित्व करते हैं।"

बी.टी.आई.ए. पर प्रगति न होने के मद्देनजर पैदा हुई निराशा का प्रदर्शन कूटनीतिक भाषा के जरिए किया गया था, पर संकेत स्पष्ट थे। "नेताओं ने यूरोपीय संघ और भारत के बीच आर्थिक भागीदारी को मजबूत बनाने के लिए और हमारे संबंधों के इस पहलू के पूरे सामर्थ्य का लाभ उठाने के लिए अपनी साझा प्रतिबद्धता को जाहिर किया है। व्यापक और परस्पर-लाभप्रद मुक्त व्यापार समझौते के लिए फिर से वार्त्ता शुरू करने की दिशा में सक्रिय रूप से काम करने का प्रयास दोनों तरफ से किया गया है।"

यूरोपीय संघ[4] की ओर से अपेक्षाओं के बावजूद, शिखर सम्मेलन से पहले के हफ्तों में यह स्पष्ट हो गया था कि बी.टी.आई.ए. के मामले में एक शिखर सम्मेलन कुछ नहीं होगा। वाणिज्य और उद्योग मंत्रालय के अलावा विदेश मंत्रालय का विचार है कि मौजूदा समय में बी.टी.आई.ए. से भारत को कोई लाभ नहीं होनेवाला है। आशय साफ है कि भारत

को आकर्षित करने के लिए आयोग को पर्याप्त रियायत मुहैया करानी होगी। यह संभव हो सकता है, क्योंकि 2017 में यूरोपीय संघ के क्षेत्र में 2.5% की मामूली आर्थिक वृद्धि दर्ज होने के साथ यूरोपीय संघ अब यूरोजोन संकट से बाहर आ रहा है। इस बीच यूरोपीय संघ जैसे एक विशाल व्यापारिक ब्लॉक और भारत के सबसे बड़े व्यापारिक साझेदार के साथ बी.टी.आई.ए. का भाग्य अधर में लटका हुआ है।

भारत द्वारा प्रमुख मुद्दों, जिससे उसकी दृढ़ता का आभास होता है और जो समस्या को और जटिल कर देती है, पर अपनी स्थिति स्पष्ट करने के बाद ही यूरोपीय संघ की घोषित सार्वजनिक स्थिति लागू हो जाती है। आखिरकार यह एक उच्च विकसित व्यापारिक ब्लॉक और एक उभरती अर्थव्यवस्था है; जो कई क्षेत्रों में अभी भी कमजोर है और जिसे सुरक्षा की आवश्यकता है, के बीच समझौते का मसला है। यूरोपीय आयोग के अध्यक्ष जूनकर ने यूरोपीय परिषद् के अध्यक्ष डोनाल्ड टस्क और भारतीय प्रधानमंत्री नरेंद्र मोदी के साथ एक संयुक्त प्रेस कॉन्फ्रेंस में इस अद्भुत विसंगति पर रोशनी डालने का प्रयास करते हुए कहा कि यूरोपीय संघ 'बेशर्त' समझौते में किसी भी तरह का लचीलापन या उदारता का प्रदर्शन करने में असमर्थ है। उन्हें स्वीकार करने के लिए मजबूर किया गया, "…भारत और यूरोपीय संघ के बीच यह एफ.टी.ए. का समय है।" उन्होंने कहा, "हम इस बात पर सहमत थे कि अपने व्यापारिक संबंधों को हमें अगले स्तर पर ले जाना चाहिए। भारत और यूरोपीय संघ के बीच मुक्त व्यापार समझौते के लिए यह एक बहुत अच्छा समय है। एक बार परिस्थितियाँ सही हो जाएँ—और केवल एक बार परिस्थितियाँ सही हों—हम फिर से शुरू करेंगे। आज का शिखर सम्मेलन सही दिशा में बढ़ाया गया एक महत्त्वपूर्ण कदम है और प्रधानमंत्री मोदी को सुनने के बाद मुझे भरोसा है कि हम आगे बढ़ सकते हैं। हमारे मुख्य वार्त्ताकार आगे का रास्ता तलाशने के लिए नवंबर में बैठक करेंगे।" (जूनकर, 2017)

पहले से ही कठिन और विवादास्पद चर्चा में अस्वीकार्य सशर्तताओं को सम्मिलित कर 'परिस्थितियों के सही' होने पर जोर दिया गया है। मार्च 2016 में तेरहवें भारत-यूरोपीय संघ के शिखर सम्मेलन में अध्यक्ष जूनकर ने इसी तरह से बात की थी। उन्होंने इस बात पर जोर दिया था कि पहली बार में हमें बकाया मुद्दों पर आगे बढ़ना चाहिए। दुर्भाग्यवश, तेरहवें और चौदहवें शिखर सम्मेलन के बीच कोई भी प्रगति नहीं हुई थी।

उस समय घने काले बादल के बीच एकमात्र आश्वासन की बात यह थी कि इस गतिरोध पर चर्चा करने के लिए प्रमुख वार्त्ताकार 'अगले महीने' (नवंबर 2017) बैठक करेंगे। चौदहवें शिखर सम्मेलन के समानांतर भारत-यूरोपीय संघ के व्यापार मंच पर जूनकर ने एक महत्त्वपूर्ण रियायत यह कहते हुए दी कि गतिरोध के मुद्दे से निपटने के लिए वाणिज्य मंत्रियों के स्तर पर जल्द ही एक द्विपक्षीय बैठक होगी। उन्होंने जो कहा, उससे सावधानी

बरतने के बारे में बात समझ में आती है, "मैं (किसी स्तर पर) ऐसी कोई उम्मीद नहीं पालना चाहता हूँ, जो हम पूरी नहीं कर सकते।"

नवंबर 2017 की वरिष्ठ आधिकारिक स्तर की बैठक में वार्त्ता शुरू करने की दिशा में आए गतिरोध की पहचान करने में सफलता हासिल हुई। यूरोपीय संघ की ओर से बेमन से स्वीकार किया गया कि कमजोर क्षेत्रोंवाले प्रमुख मुद्दों पर भारत को तत्काल आधार पर यूरोपीय संघ द्वारा दी जानेवाली रियायतों का मिलान करने के लिए काफी लंबा समय दिया जाएगा। खास गतिरोधों पर दिल्ली में तकनीकी वार्त्ता के तीन दौर हो चुके हैं। अप्रैल 2018 में वरिष्ठ अधिकारी स्तर पर एक पूरा दौर चला। अब एक थोड़ी उम्मीद जगी है पंद्रहवें शिखर सम्मेलन में कि कोई कामयाबी देखने को मिल सकती है। यूरोपीय संघ के वार्त्ताकार दिसंबर 2017 में ब्यूनस आयर्स में विश्व व्यापार संगठन की मंत्री स्तरीय बैठक में कथित 'कड़े रुख' को देखते हुए, सार्वजनिक रूप से उम्मीद जाहिर करने में सावधानी बरत रहे हैं। ब्रुसेल्स आगाह हैं कि 2019 की पहली छमाही में भारत में होनेवाले आम चुनावों को देखते हुए इस बात की संभावना नहीं है कि अगले शिखर सम्मेलन तक व्यापार में रियायतों के मद्देनजर भारतीय वार्त्ताकार कोई राय न बना सकें।

बी.टी.आई.ए. के मामले में कोई हलचल नजर न आने से एक नए रणनीतिक प्रतिमान की सामान्य खोज में एक निरंतर अड़चन पेश आती है। जाहिर है, समस्या का कोई हल नहीं निकल रहा! 2016 में 88 बिलियन डॉलर के सामानों, द्विपक्षीय व्यापार और यूरोपीय संघ से 24% एफ.डी.आई. आने के बावजूद, इस मुद्दे पर बात नहीं बनी। भारतीय वार्त्ताकार गतिरोध पर एक अच्छा मुलम्मा लगाने की कोशिश करते हैं, लेकिन व्यापारिक सौदा वास्तविकता से बहुत दूर नजर आ रहा था।

पश्चिमी मीडिया ने विडंबना के साथ कहा कि चौदहवाँ शिखर सम्मेलन 'बड़ी घोषणाओं' का एक शिखर सम्मेलन नहीं था (बेनाग्लिया, 2017)। हालाँकि, इसने तेरहवें शिखर सम्मेलन द्वारा बनाई गई राजनीतिक गतिधारा को सफलतापूर्वक बरकरार रखा। अब जिस बात की जरूरत है, वह है राजनैतिक इच्छाशक्ति के साथ-साथ राजनीतिक और रणनीतिक एजेंडे को फिर से संगठित करने और अंतरराष्ट्रीय परिदृश्य में तेजी से बढ़ती हुई चुनौती के मद्देनजर एक-दूसरे की ताकत और महत्त्व को पहचानना। यह प्रक्रिया जारी है।

अड़चनों की पहचान करने और मान लिये जाने योग्य प्रस्तावों के लिए रोडमैप पर काम करने हेतु अनौपचारिक बैठकों की जरूरत पर कुछ हलकों में चर्चा हुई है। हालाँकि एक तथाकथित 'ट्रैक 2'[5] प्रक्रिया लंबे समय से भारत के अन्य रणनीतिक साझेदारों और पाकिस्तान जैसे इसके प्रतिवादियों के साथ लंबे समय से मौजूद है, यह समझ से बाहर की बात है कि दोनों ओर से ऐसी प्रक्रिया क्यों नहीं शुरू की गई। दोनों पक्षों का रणनीतिक

साझेदारी से जुड़े रहना, इनकी कम प्राथमिकता को दरशाता है। जब भारत–यूरोपीय संघ गोलमेज, जिसे 'ट्रैक वन एंड ए हाफ' कहा गया था, तनावपूर्ण था। यह तभी साफ हो गया था। इस तरह की ट्रैक 2 प्रक्रिया पर सलाहकार मंडल, शिक्षा, व्यापार और मीडिया से तैयार नागरिक समाज के बीच समय पर चर्चा की जाएगी। इसका एजेंडा मुख्यतया व्यापार और वाणिज्यिक साझेदारी को मजबूत करने और बी.टी.आई.ए. को आगे बढ़ाने पर ध्यान केंद्रित कर सकता है।

साझेदारी को फिर से परिभाषित करने और इसे प्रासंगिक बनाने के लिए समय की आवश्यकता है। नकारात्मक दृष्टिकोण से लिये गए चौदहवें शिखर सम्मेलन ने निश्चित रूप से नई जमीन को तैयार किया ही है। इसने इस आशंका को दरकिनार किया कि भारत और यूरोपीय संघ एक–दूसरे से दूर जा रहे हैं। अंतिम विश्लेषण की बात की जाए तो कहना होगा कि चौदहवें शिखर सम्मेलन ने यह दिखा दिया कि भारत और यूरोपीय संघ धीरे–धीरे ही सही, पर निश्चित तौर पर एक–दूसरे के प्रति समझ पैदा कर लेंगे। किसी संबंध के मद्देनजर लोकतंत्र, विविधता और आंतरिक मतभेदों के रूप में सूचीबद्ध तीन सामान्य विशेषताओं के आधार पर माना जाता है कि रणनीतिक और रक्षा मुद्दों पर सहयोग बढ़ने के साथ अंततः वाणिज्य और व्यापार मामले में भी सफलता मिल जाएगी। 2018 में ब्रुसेल्स में पंद्रहवें शिखर सम्मेलन से पहले एक सफलता की उम्मीद की जा सकती है।

संदर्भ–

1. अराकान रोहिंग्या साल्वेशन आर्मी या अरसा उत्तरी म्याँमार के रखाइन राज्य से संचालित होता है। उत्तरी म्याँमार वह जगह है, जहाँ मुसलिम रोहिंग्या आबादी को व्यवस्थित उत्पीड़न और संदिग्ध नस्लीय सफाए का सामना करना पड़ा है। म्याँमार सरकार ने उनकी नागरिकता को नकार दिया है और उन्हें बांग्लादेश के अवैध आप्रवासियों के रूप में माना है। ऐतिहासिक रूप से, रोहिंग्या दसवीं सदी से अविभाजित भारत में भारत और बर्मा के बीच सीमा क्षेत्र में बसे हुए अरब व्यापारी थे। 2016–2017 में एक सशस्त्र रोहिंग्या उग्रवाद संपूर्ण विद्रोह में परिणत हुआ। अगस्त 2017 में अरसा ने रखाइन राज्य के पुलिस चौकियों पर हमला किया, जिसमें 12 लोग मारे गए। सुरक्षा बलों पर हमलों के बाद सेना ने जवाबी काररवाई करते हुए एक अभियान के तहत पलायन कर रहे 800,000 से अधिक रोहिंग्याओं को बांग्लादेश में शरणार्थी शिविरों तक पहुँचा दिया। म्याँमार सरकार ने आरोप लगाया है कि इस क्षेत्र में हमला बौद्धों और हिंदुओं ने भी किया है। कई देशों ने म्याँमार सरकार पर 'नरसंहार' करने का आरोप लगाया है।

2. रखाइन (पूर्व में अराकान) बांग्लादेश की सीमा से सटा हुआ म्याँमार राज्य है। रखाइन राज्य में बौद्ध बहुसंख्यक हैं, लेकिन रोहिंग्या के साथ–साथ हिंदू और मुसलिम समुदाय भी यहाँ रहते हैं। रोहिंग्या—एक देशविहीन समुदाय है, जिसमें ज्यादातर मुसलिम अल्पसंख्यक हैं—म्याँमार में व्यापक रूप से तिरस्कृत हैं और यहाँ उन्हें बांग्लादेश का अवैध प्रवासी माना जाता है। रखाइन में विद्वेषपूर्ण नस्लीय

तनावों ने अतीत में भी सांप्रदायिक हिंसा की लहरों को जन्म दिया है।

3. क्षैतिज विमानन समझौता, भारत और यूरोपीय संघ के सदस्य देशों के बीच द्विपक्षीय हवाई सेवा समझौतों के लिए कानूनी निश्चितता को पुनर्स्थापित करता है और भारत-यूरोपीय संघ के विमानन संबंधों को मजबूत करता है। 2008 में मार्सिले में भारत-यूरोपीय संघ के शिखर सम्मेलन में भारत और यूरोपीय संघ के बीच इस समझौते पर हस्ताक्षर हुए थे। हालाँकि चौदहवें भारत-यूरोपीय संघ शिखर सम्मेलन के बाद 2017 में ही इसका संचालन शुरू हो गया था।

4. यूरोपीय संघ से निवेश को बढ़ावा देने के लिए भारत और यूरोपीय संघ ने 2017 में एक निवेश सुविधा तंत्र (आई.एफ.एम.) के स्थापना की घोषणा की। आई.एफ.एम. के एक हिस्से के रूप में भारत में यूरोपीय संघ के प्रतिनिधिमंडल ने औद्योगिक नीति और संवर्धन विभाग (डी.आई.पी.पी.), वाणिज्य और उद्योग मंत्रालय को भारत में यूरोपीय संघ के निवेशकों के लिए 'व्यापार में सहूलियतों' का आकलन करने और सुविधा प्रदान करने के लिए नियमित उच्च स्तरीय बैठकें आयोजित करने पर सहमति व्यक्त की है। इसमें यूरोपीय संघ की कंपनियों और निवेशकों द्वारा भारत में अपने कार्यों को स्थापित करने या चलाने में आनेवाली प्रक्रियागत बाधाओं का समाधान करना और उनकी पहचान करना शामिल है। यह यूरोपीय संघ की उन कंपनियों के प्रवेश के लिए अलग झरोखा बनाएगा, जिन्हें केंद्र या राज्य स्तर पर निवेश में उनकी सहायता की आवश्यकता होगी। डी.आई.पी.पी. हरेक मामले के आधार पर संबंधित मंत्रालयों और अधिकारियों की भागीदारी की सुविधा भी प्रदान करेगा।

5. मॉन्टविले (1991) ने ट्रैक टू डिप्लोमेसी (कूटनीति के रास्ते) को कुछ इस तरह परिभाषित किया है, "प्रतिवादी समूहों या राष्ट्रों के सदस्यों के बीच अनधिकारिक, अनौपचारिक बातचीत; जो रणनीतियों को विकसित करने, सार्वजनिक राय को प्रभावित करने, मानव और भौतिक संसाधनों को व्यवस्थित करने में मदद करती है, जो उनके टकराव को सुलझाने में मदद कर सकते हैं।" ट्रैक टू डिप्लोमेसी, ट्रैक वन डिप्लोमेसी का विकल्प नहीं है। ट्रैक टू डिप्लोमेसी का उद्‌देश्य एक पुल प्रदान करना या समझौते के लिए आधिकारिक पूरक रास्ता बनाना है। ट्रैक टू में संबंधों के निर्माण और नई सोच को प्रोत्साहित करने के उद्‌देश्य से अनौपचारिक बातचीत शामिल है, जो आधिकारिक सोच का पूरक बन सकती है और सकारात्मक परिणाम को प्रभावित कर सकती है। चूँकि यह अनधिकारिक है, इसलिए व्यवस्था से गहराई से जुड़े प्रभावशाली व्यक्तित्वों को शामिल करते हुए, वे अकसर दु:साध्य प्रतीत होनेवाले मुद्‌दों पर, खासकर शांति प्रक्रिया में आई बाधाओं को दूर करने के लिए कहीं अधिक स्वतंत्र रूप से बातचीत कर सकते हैं।

❑

अध्याय-11

उपसंहार : आगे की राह

किसी राष्ट्र की विदेश नीति उसके इतिहास, भौगोलिक स्थिति, उसके सामरिक वातावरण, उसके पड़ोस की अनिवार्यताओं और अंतरराष्ट्रीय समुदाय में अपनी हैसियत से बहुत प्रभावित होती है। यह बात भारत और यूरोपीय संघ दोनों के लिए खरी उतरती है।

दोनों कई नई वैश्विक चुनौतियों का सामना करते हुए घरेलू और विदेश नीति के एजेंडे का अनुसरण कर रहे हैं। स्वाभाविक रूप से इनकी प्रतिक्रियाएँ उनके राष्ट्रीय सुरक्षा के ढाँचे पर आधारित हैं। यह करते हुए वे एक नई विश्व व्यवस्था का सृजन कर रहे हैं। इस नई सहस्राब्दी में क्या वे रणनीतिक भागीदारी कर सकते हैं? उनके आगे कौन-कौन सी चुनौतियाँ हैं? आगे की राह क्या होगी?

खंड 1 : भारत की विदेश नीति के बदलते तेवर

केंद्र में सरकारें बदलने के बावजूद भारतीय गणराज्य के शुरुआती वर्षों से लेकर अब तक भारत की विदेश नीति में उल्लेखनीय निरंतरता है, जो यह दरशाता है कि इसकी विदेश नीति में गुट निरपेक्षता समेत कुछ ऐसे सिद्धांत हैं, जो भारतीय नीति निर्धारक के लिए बहुमूल्य हैं और तेजी से बदलते वैश्विक परिदृश्य में भी इसमें सुधार करने से हिचकते हैं। भारत अब आगे बढ़ने और नए रणनीतिक प्रतिमानों को ढूँढ़ने की आवश्यकता के प्रति जागरूक है। इसे पश्चिम ने कभी भी समझा नहीं और गुट निरपेक्ष के प्रति भारत के लगाव पर अकसर सवाल उठाया है। आजादी के बाद दुनिया के दो प्रतिपक्षी ब्लॉकों में विभाजित होने के साथ भारत के राजनीतिक नेतृत्व ने निर्णय लिया कि विकासशील और राजनीतिक स्वतंत्रता प्राप्त नए देशों को अपने भाग्य का फैसला खुद करना चाहिए और किसी भी ब्लॉक में शामिल नहीं होना चाहिए। इसके बाद ही गुट निरपेक्ष आंदोलन (एन.ए.एम.) की स्थापना हुई। आगे चलकर आंदोलन का महत्त्व कम होने के बावजूद भारत कभी भी औपचारिक रूप से गुट निरपेक्ष से अलग नहीं हुआ। नाटो के साथ बातचीत शुरू करने के पश्चिम के प्रस्ताव के

बावजूद भारत नाटो के साथ किसी भी औपचारिक परस्पर विचार–विमर्श या बातचीत के प्रति सावधान रहा, खासतौर पर इसके कथित रूस–विरोधी पूर्वग्रह के कारण।

शीत युद्ध का अंत होने पर एकध्रुवीय दुनिया में तेजी से वैश्वीकरण के एक नए युग का आगाज हुआ। भारत ने अपनी रणनीतिक स्वायत्तता की परिभाषा और अपने राष्ट्रीय सुरक्षा हितों को देखते हुए अपने रणनीतिक निर्देशों में क्रमिक बदलाव की शुरुआत की। एक अस्थिर और विकसित वैश्विक क्रम के जवाब में भारत अपनी विदेश नीति के कुछ प्रमुख स्तंभों को फिर से सूत्रबद्ध के प्रति जागरूकता के साथ प्रयासरत रहा। जहाँ तक पश्चिम का सवाल था, परिवर्तन की प्रक्रिया बहुत धीमी थी। एक रणनीतिक साझेदार और बहु–ध्रुवीय दुनिया में एक नया ध्रुव बनकर उभरने के मद्‌देनजर यूरोपीय संघ के सुझाव का जवाब देने में भारत थोड़ा सुस्त रहा। रणनीतिक साझेदारी के लाभों को लेकर भारतीय पक्ष की समझ जरा सीमित थी। नए बहु–ध्रुवीय विश्व में एक ध्रुव बनकर उभरने के यूरोपीय संघ के सुझाव का तत्कालीन भारतीय नेतृत्व ने कोई औपचारिक समर्थन नहीं किया।

समय गुजरने के साथ भारत ने नए रणनीतिक साझेदारों की आवश्यकता को स्वीकार किया। इस प्रकार जून 2000 में लिस्बन में पहला शिखर सम्मेलन शुरू होने के साथ भारत और यूरोपीय संघ के संबंधों में एक नए युग की शुरुआत हुई। भारत की विदेश नीति अनिवार्यता में क्या इसने पश्चिमोत्तर बदलाव को चिह्नित किया? वास्तविकता कुछ अलग थी। 2004 में यूरोपीय संघ के डच की अध्यक्षता में यूरोपीय संघ में रणनीतिक भागीदारी की औपचारिक घोषणा करने के साथ भारत ने गुटनिरपेक्ष सिद्धांतों के लिए अपनी प्रतिबद्धता को स्पष्ट करने में देर नहीं की। यूरोपीय सार्वभौम ऋण संकट के बाद ग्रीक्सिट और फिर ब्रेक्जिट की बात करें तो भारतीय नीति निर्धारक अंतरराष्ट्रीय शांति और सुरक्षा के मद्‌देनजर पश्चिम और पश्चिमी सभ्यता के पतन के प्रभाव को लेकर आशंकित थे। आशंकाएँ अतिशयोक्तिपूर्ण जरूर थीं, लेकिन उन पर ध्यान दिया जाना जरूरी था। इन चुनौतियों का मुकाबला करने के लिए इसने यूरोपीय संघ के मुख्य संस्थानों की क्षमता और पश्चिमी उदार अनुशासन की ताकत के बारे में बड़ी गलतफहमी और भरोसे की कमी का प्रदर्शन किया।

प्रधानमंत्री मोदी ने भारत की विदेश नीति की अनिवार्यता को पुनर्गठित करने, पुनर्निर्दिष्ट करने और पुनर्जीवित करने के लिए महत्त्वपूर्ण कदम उठाए हैं। यूरोप के साथ इनके संबंधों पर क्या प्रभाव पड़ा है? ब्रुसेल्स में तेरहवें शिखर सम्मेलन में उन्होंने अपनी भागीदारी से रणनीतिक साझेदारी के प्रति अपनी प्रतिबद्धता का तब प्रदर्शन किया, जब ब्रुसेल्स आतंकवादी हमलों के कारण लॉकडाउन का सामना कर रहा था। संकट के इस क्षण में भारत ने यूरोपीय संघ के साथ अपनी एकजुटता जाहिर की। 6 अक्तूबर, 2017 को

नई दिल्ली में आयोजित चौदहवें शिखर सम्मेलन की तारीखों को अप्रैल 2017 में यूरोपीय संघ के उच्च प्रतिनिधि मोगेरिनी की यात्रा के बाद जल्दी ही अंतिम रूप दिया गया। अपनी यात्रा के दौरान मोगेरिनी ने चौदहवें शिखर सम्मेलन को सफल बनाने के मद्‌देनजर भारतीय प्रधानमंत्री के साथ उत्कृष्ट बातचीत की। ऐसा प्रतीत होता है कि एक व्यापारिक समझ और स्फूर्तवाले भारतीय प्रधानमंत्री के रहते यह संबंध चौदहवें शिखर सम्मेलन में एक नई गति हासिल कर चुका है।

वैश्विक राजनीतिक बातचीत और विचार-विमर्श में भारत अब सबसे आगे है। सुरक्षा परिषद् में सुधार, जलवायु परिवर्तन और ग्लोबल वार्मिंग और अंतरराष्ट्रीय सौर गठबंधन (आई.एस.ए.) समेत इसकी कई नई वैश्विक प्राथमिकताएँ काफी हद तक यूरोपीय संघ से मेल खाती हैं। 11 मार्च, 2018 को नई दिल्ली में आयोजित पहले अंतरराष्ट्रीय सौर गठबंधन शिखर सम्मेलन ने अध्यक्ष मैक्रॉन ने अपनी पहली भारत यात्रा के दौरान जलवायु परिवर्तन और नवीकरणीय ऊर्जा मुद्‌दों पर फ्रांस और यूरोपीय संघ के साथ भारत की साझेदारी में एक नए चरण को चिह्नित किया। फ्रांसीसी आर्थिक दबदबे की मदद से भारत की सद्‌भावना ने शिखर सम्मेलन में एक नया विकासोन्मुख अफसाना तैयार किया, जिसमें हस्ताक्षर करनेवाले 60 देशों की उपस्थिति दर्ज हुई और 60 से अधिक अन्य देशों के प्रतिनिधियों को शामिल किया गया, जो आई.एस.ए. के भावी सदस्य हैं। यूरोपीय संघ के कई नेता एलायंस में शामिल हो गए हैं, इनमें नवीनतम डच प्रधानमंत्री रूट हैं। 21वीं सदी में 120 से अधिक देशों का समूह एक साथ भारत के शक्ति प्रक्षेपण में योगदान करेगा। यह भारत और यूरोपीय संघ की रणनीतिक साझेदारी को भी मजबूत करेगा।

इन दोनों पक्षों के बीच मतभेद के बिंदु बरकरार हैं और इन पर ध्यान देने की आवश्यकता है। शाद इसलाम (2016) ने महत्त्वपूर्ण बिंदु पर ध्यान आकर्षित किया है, "दोनों पक्षों को अन्य प्राथमिकताओं और चिंताओं से विचलित होने से बचना होगा।" इसमें कोई संदेह नहीं कि जून 2000 में पहले शिखर सम्मेलन के बाद से 18 साल की इस यात्रा के दौरान बहुत कुछ घट चुका है, कई परस्पर विरोधी विचारधाराओं को एक तरफ रख दिया गया है और दोनों पक्षों ने संयुक्त रूप से एक कठिन अंतरराष्ट्रीय परिदृश्य में कई आम साझा रणनीतिक चुनौतियों का सामना करने के लिए सहमति व्यक्त की है।

क्या भारत और यूरोप अब विश्व व्यवस्था और उसकी सुरक्षा चुनौतियों की एक समान अवधारणा को साझा करते हैं? कई विश्लेषकों का मानना है कि पश्चिम अभी तक पिरामिड की आकारवाली विश्व व्यवस्था को संरक्षित करने का कायल है, जहाँ पश्चिम सबसे ऊपर है। सुरक्षा परिषद् में इसकी स्थायी सदस्यता इस नेतृत्वकारी भूमिका को सुनिश्चित करती है। यूरोप के लिए बहु-ध्रुवीयता ब्लॉक और गठबंधनों की एक नई

व्यवस्था है और शक्ति संतुलन पर नए प्रयास, 19वीं सदी की प्रतिष्ठित यूरोपीय कूटनीति की वापसी है। यूरोप संस्कृतियों को आत्मसात करने का प्रयास करता है; जबकि भारत गुंजाइश के मद्देनजर जुड़ा हुआ है। भारत सभ्यता और सांस्कृतिक विविधता की दुनिया में एक व्यावहारिक और वास्तविक बहु-ध्रुवीय संतुलन चाहता है। यहाँ तक कि मौजूदा विभिन्न क्षेत्रीय व्यवस्थाओं की वास्तविक जटिलता में—चाहे पश्चिम एशिया, यूरेशिया, पूर्वी एशिया हो—भारत की प्राथमिकता सुरक्षा संबंधी वास्तुकला है; जो पदानुक्रमित सुरक्षा के मद्देनजर ब्लॉक परस्पर अंकुश लगाते हुए पश्चिमी वेस्टफेलिया की प्राथमिकता के बजाय शक्ति, मानदंडों और गुंजाइश के संतुलन का मिश्रण हो।

यूरोपीय संघ और आयोग भारत के दृष्टिकोण के प्रति अब अधिक संवेदनशीलता का प्रदर्शन कर रहे हैं। जाहिर है कि जब भारत को अपनी रणनीतिक पसंद के मद्देनजर और अधिक एहतियात बरतने की जरूरत पड़ सकती है और बाह्य परिस्थितियों को बदलने के लिए अधिक संवेदनशील होना पड़ सकता है; भारत के लिए उथल-पुथल से भरपूर आनेवाले वर्षों में दृढ़ निश्चय के साथ अपनी रणनीतिक स्वतंत्रता को बनाए रखने के अलावा और कोई चारा नहीं है। उभरते हुए सैन्यवादी चीन और एक जटिल व विश्वासघाती पड़ोस के साथ भारत के पास कोई अन्य विकल्प नहीं है। साझेदारी के साथ काम करने और एक सामान्य रणनीतिक दृष्टिकोण को विकसित करने के लिए यूरोपीय संघ को चीन के साथ अपने संबंधों को फिर से व्यवस्थित करना होगा। पाकिस्तान को जी.एस.पी. की अपनी वर्तमान नीति में संशोधन करना होगा। इसके लिए कठिन और नरम शक्ति दोनों के आधार पर समानता और समझ की साझेदारी की पेशकश करने की जरूरत होगी। इस संबंध में जरूरी सामंजस्य बनाने की आवश्यकता होगी।

खंड 2 : यूरोपीय संघ की विदेश नीति की प्राथमिकताओं में विकासवादी बदलाव

मौजूदा समय में, यूरोपीय संघ एक अभूतपूर्व प्रवासी संकट से जूझ रहा है, इसके प्रदेशों के भीतर आतंकवादी हमले, ब्रेक्जिट, यूरोप भर में लोकलुभावनवाद और दक्षिणपंथी सरकारों के उदय ने ट्रांस अटलांटिक गठबंधन के गंभीर तनाव के साथ नस्लवाद, जेनोफोबिया और एक वैश्वीकरण-विरोधी आंदोलन को जन्म दिया। इसमें हैरानी की कोई बात नहीं कि ऐसे कई लोग हैं, जिन्होंने इसके भविष्य के प्रलयकारी नजरिए को रेखांकित किया है। हार्वर्ड विश्वविद्यालय के इतिहास के एक जाने-माने प्रोफेसर नियाल फर्ग्यूसन (2015) ने यह तर्क देते हुए कि 'यूरोपीय संघ ने अपनी सुरक्षा को चरमरा दिया है'; इसकी वर्तमान स्थिति की तुलना रोमन साम्राज्य के पतन से की है। ब्रेंडन सिम्स और

टिमोथी लेस (2015) ने ऑस्ट्रो-हंगेरियन साम्राज्य और पूर्व सोवियत संघ के लिए यह कहते हुए कि ये सुपर राष्ट्रीय सत्ता स्थापित करने के असफल प्रयास थे, एक समानांतर रेखाए खींच दी है। संदेश साफ है। सवाल उठाए जा रहे हैं कि यूरोपीय संघ संकट से घिरा हुआ तो नहीं है और पीड़ादायक ब्रेक्जिट पर बातचीत कर राष्ट्रवाद, लोकलुभावनवाद और नस्लवाद, जैसे कारक, जिन्होंने द्वितीय विश्व युद्ध में योगदान दिया था, की विभाजनकारी ताकतों का सामना कर सकता है या नहीं।

यूरोपीय संघ के भीतर कई लोगों की दलीलें हैं कि यूरोपीय आयोग द्वारा जैसी माँग की जा रही है, उसमें अधिक-से-अधिक केंद्रीकरण के बजाय, समय की आवश्यकता विकेंद्रीकृत विकल्प की है। आलोचकों का मानना है कि चूँकि यूरोजोन और सीमा मुक्त शेंगेन नियम—दोनों के निर्माण के अति महत्त्वाकांक्षा के मद्देनजर यूरोजोन और माइग्रेशन संकट से जूझने के लिए यूरोपीय संघ की तैयारी बहुत ही बुरी थी, इसलिए इन दोनों मसलों को प्रभावी तरीके से निपटाने के उपकरण न तो प्रतिबिंबित हुए और न विकसित किए गए। यूरोपीय संघ के पास एक सामान्य मुद्रा थी, लेकिन एक सामान्य वित्तीय प्रणाली नहीं थी। सीमा नियंत्रणों की व्यवस्था न होने से न केवल प्रवासियों को, बल्कि आतंकवादियों को भी यूरोपीय संघ की कमजोर सीमाओं को पार करने को प्रोत्साहित किया। सदस्यों देशों के बीच सहमतिवाले नियमों को पुलिस को ताकत देने और दृष्टि विकसित करने के लिए न ही यूरोपीय आयोग प्रभावी रूप से राष्ट्रीय दबाव का विरोध कर सकता था, विशेष रूप से बड़े सदस्य देशों का।

आयोग इन पर नकारात्मक रुझानों को पलट देने के लिए परिकल्पना और विचारों की कमी का आरोप लगाया गया है। यूरोपीय संघ के देशों में विशेष रूप से सामाजिक कल्याण और खाद्य सुरक्षा, व्यावसायिक परिस्थितियों और पर्यावरण जैसे विनियमन को नियंत्रित करने के लिए यूरो नीति में सूक्ष्म प्रबंधन की माँग करके यूरो के प्रति संशयवाद को हवा देनेवाले यूरोक्रेट्स द्वारा निभाई गई नकारात्मक भूमिका की ब्रुसेल्स में कड़ी आलोचना हुई है। विकेंद्रीकृत समाधान सदस्य देशों पर सहयोग का दायित्व देगा, चाहे वह मामला राजस्व अनुशासन बनाए रखने में हो या अपने मोर्चे को शांत करने का हो। लिस्बन संधि में निहित संप्रभुता और दक्षताओं का हस्तांतरण, जो मौजूदा यूरोप में राजनीतिक रूप से बहुत ही संवेदनशील मामले हो गए हैं, पर विभाजनकारी बहस को यह स्थगित कर देगा। एक ऐसे समय में जब इसके पड़ोसी देश खतरनाक होते जा रहे हैं अंतरराष्ट्रीय शांति और सुरक्षा के लिए संभावित रूप से खतरा बन रहे हैं तो यह यूरोपीय संघ की पकड़ और मजबूत करेगा।

ऐसे संकटों के समय में यूरोपीय संघ की विदेश नीति पर गहरा प्रभाव पड़ा है। इसने

अपने वैश्विक प्रभाव, जो इसके आकार और समृद्ध व विविध अर्थव्यवस्था के आकार और महत्त्व को दरकिनार करके उदारवादी और लोकतांत्रिक मूल्यों के विनम्र शासन के साथ निर्मित होता है, को कम कर दिया है। द्वितीय विश्व युद्ध के बाद यूरोप, जो लोकतंत्र, कानून का शासन, अल्पसंख्यकों के मानवाधिकारों और मौलिक आजादी की गारंटी पर आस्था रखता है, जो उभरती विश्व व्यवस्था की मिसाल बन जाएगा, को पश्चिमी महाशक्ति के रूप में विकसित होने की उम्मीद की थी। एक महाशक्ति, जिसने सैन्य के बजाय मानक साधनों पर जोर दिया था, जिसकी विदेश नीति का दारोमदार बलप्रयोग के बजाय सहयोग पर आधारित था। आदर्शवाद और उदारवादी मूल्यों के आधार की वास्तविकता शीत युद्ध के बाद बदल गई। ये महत्त्वाकांक्षाएँ क्या महज आदर्शगत या मिथक हो सकती हैं? इतिहास दरशाता है कि खुशामद का प्रयोग जब किसी मजबूत द्वारा कमजोरों पर होता है तो अकसर इसमें खुशामद और बलप्रयोग का सम्मिश्रण होता है। रणनीतिक साझेदारी का विकास समानता के आधार पर नहीं होता है। शरणार्थी संकट के समाधान के प्रयासों में 'यूरोपीय विरोधाभास'—'ईसाई मूल्यों की रक्षा' के विरोधी के रूप में नरम मूल्यों, शरणार्थियों के अधिकारों की रक्षा और यूरोप के सीमावर्ती क्षेत्रों में शरणार्थी प्रवाह का कड़ाई से नियंत्रण बनाम शरण चाहनेवालों के लिए सुरक्षित स्थान देने जैसे मुद्दे सामने आए। इन सबने एक महाद्वीप के आगे विचारधारा और विदेश नीति की चुनौती को खड़ा कर दिया, जिसने शीत युद्ध के दौरान पूर्ववर्ती ब्लॉक के प्रवासियों के मियादी प्रवाह का स्वागत करने के लिए खुद को प्रेरित किया था। सबसे बड़ी विडंबना यह है कि प्रवासी प्रवाह का सबसे बड़ा प्रतिरोध इन्हीं—पोलैंड, हंगरी, चेक गणराज्य, क्रोएशिया जैसे देशों से आया, जो इसका हवाला दिया करते थे। इनमें अब इटली और नीदरलैंड सहित संस्थापक सदस्य देशों को जोड़ा जा सकता है और वैचारिक रूप से परपस्पर-विरोधी गठबंधन के दबाव में जर्मनी को छूट दी जा सकती है। शरणार्थी शिविरों में बैठे प्रवासियों ने इन दोहरे मानदंडों का विरोध किया। इसमें शक की कोई गुंजाइश नहीं थी कि वे उन लोगों से बहुत अलग थे, जो पूर्वी यूरोप से आए थे और निर्बाध रूप से घुल-मिल गए थे। वे अलग-अलग भाषाएँ बोला करते थे, बहुत थोड़े ही ईसाई थे और उनकी मूल्य प्रणालियाँ मौलिक रूप से भिन्न थीं। यह घुल-मिल जाना असंभव नहीं तो मुश्किल जरूर है। जिस चीज की जरूरत थी, वह था आत्मसमर्पण, जिससे यूरोप की बढ़ती आबादी के कारण और उदार 'लोक कल्याणकारी देश' के लाभों के चलते कुछ समय के बाद आर्थिक संकट की समस्या भी हल हो सकती थी। विदेशी संस्कृति के प्रति आत्मसमर्पण, जो समय के साथ पश्चिमी सभ्यता के बुनियादी मानदंडों पर हावी हो सकता है, जिसमें महिलाओं के लिए समान अधिकार तथा बोलने और धर्म की आजादी शामिल है, की बहुतों ने आलोचना की।

यूरोप की जमीन पर बढ़ती दक्षिणपंथी ताकतों और आतंकवादी हमलों की पृष्ठभूमि को देखते हुए ये विकल्प आसान नहीं थे।

आतंकवादी हमले शेंगेन प्रणाली के लिए एक खतरा था। सीमावर्ती क्षेत्र में रेजर बाड़ लगाए जाने लगे। यूरोपीय संघ में क्या संघ के लोग व्यावहारिक सीमा के इतने करीब कभी पहुँचे थे? आज लगता है, यूरोपीय संघ संकट से बाहर निकलकर आ रहा है। यूरो क्षेत्र के अंतर्गत आनेवाले अधिकांश देशों में मामूली-सा आर्थिक विकास हुआ है। अगर तुर्की के साथ व्यवस्था हो जाती है तो प्रवासी संकट का सामना किया जा सकता है। इन बाड़ों को क्या अब गिराया जा सकता है?

ब्रेक्जिट का मामला भी है, जिसे मार्च 2019 तक पूरा हो जाना चाहिए। ब्रेक्जिट की पूरी प्रक्रिया यूरोपीय एकता के लिए एक बुनियादी चुनौती है। ब्रिटेन को ब्रेक्जिट के लिए बहुत भारी कीमत चुकानी पड़ सकती है। हालाँकि इसमें कोई संदेह नहीं है कि संघ को बाँधकर एक रखनेवाला ब्रिटेन उसके साथ या उसके बगैर रहेगा। लोकलुभावनवाद के उभरने के साथ यूरोप के भीतर मौलिक वैचारिक बदलाव सामने आया। अक्तूबर 2017 में यूरोपीय संघ में सम्मानित रूढ़िवादी विचारकों के एक समूह ने 'ए यूरोप वी कैन बिलीव इन' शीर्षक से एक घोषणा-पत्र प्रकाशित किया। यह राष्ट्र राज्य के प्रेम और ब्रुसेल्स के वैमनस्य के रूढ़िवादी यूरोपीय मूल्यों पर आधारित है। घोषणा-पत्र उस विरासत को पूर्ववत् करना चाहता है, जिसमें 1968 के विद्रोह ने यूरोप को पीछे छोड़ दिया। सीधे शब्दों में कहा जाए तो अगर 1968 में प्रदर्शनकारी अल्पसंख्यकों के लिए अधिकार माँग रहे थे तो 2018 के लोकलुभावनवादी बहुसंख्यकों के अधिकारों पर जोर दिया। यह यूरोपीय संघ के पश्चिमी गुट के बीच एक बुनियादी टकराव का खुलासा करता है, जो पूर्वी यूरोप में अत्यधिक उदार और प्रगतिशील बना हुआ है, जो आधुनिकता, उदारवादी मूल्यों को खारिज कर रहा है और लिस्बन संधि में निहित सिद्धांतों को चुनौती दे रहा है। यह भविष्य के लिए यूरोपीय नजरिए के दो संस्करणों के बीच का टकराव है। पश्चिमी यूरोपीय संघ में चर्चा व्यक्ति के आधिपत्य को लेकर है। पूर्वी यूरोप में, यह राष्ट्र के आधिपत्य को लेकर है। पूर्वी और पश्चिमी यूरोप के बीच बढ़ती खाई को देखते हुए वैचारिक और आर्थिक मामले को लेकर होनेवाली बहस तेजी से विषाक्त होती जा रही है। यहाँ यह स्पष्ट नहीं है कि कौन सा नजरिया सफल होगा। उम्मीद की जाती है कि मजबूत फ्रेंको जर्मन नेतृत्व यह सुनिश्चित करेगा कि यूरोपीय संघ सांस्कृतिक विविधता और राजनीतिक आत्मसमर्पण के मूल सिद्धांतों के प्रति वफादार रहेगा।

जिन लोगों ने भविष्यवाणी की थी कि संकटों का सामना करने के बाद यूरोप और मजबूत तथा अधिक एकजुट होकर उभरेगा, वे सही साबित हुए। 7 मई, 2017 को फ्रांसीसी

राष्ट्रपति इमैनुएल मैक्रॉन की अपने चरम दक्षिणपंथी प्रतिद्वंद्वी मरीन ले पेन[1] के खिलाफ जीत का व्यापक स्वागत हुआ। फ्रांस, जो प्रबुद्धता का उद्‌गम स्थल और यूरोपीय संघ का एक संस्थापक है, ने यूरोप और दुनिया को दिखाया कि वह युवाओं और एक नई युवा पीढ़ी को एक निश्चित समय के भीतर मोहक मूल्यों का पक्षधर बना सकता है। आशावाद ने अपशकुन और संकीर्णता पर विजय प्राप्त की है। मैक्रॉन ने चुनाव में दिखा दिया कि लोकलुभावनवाद और वैश्वीकरण-विरोधी युग में ज्वार का पलटना संभव है। ऐसा लगता है कि यूरोपीय उदारवाद राष्ट्रवाद और विभाजनकारी दक्षिणपंथी लोकतंत्र पर विजय पा चुका है। ऐसा लगता है कि यूरोपीय उदारवाद राष्ट्रवाद और विभाजनकारी दक्षिणपंथी जनोत्तेजना पर विजय हासिल कर चुका है। यूरोपीय स्वप्न और उसके उदारवादी मूल्य एक महाद्वीप और एक ऐसे देश में जारी रहेंगे, जो दुनिया में लोकतंत्र और कानून का शासन लाएगा। उम्मीद है, यूरोपीय सपना अभी भी प्रबल है।

मैक्रॉन की जीत के बाद 9 मई, 2017 को भारत में फ्रांसीसी राजदूत अलेक्जेंडर जीग्लर द टाइम्स ऑफ इंडिया में लिखा और भारत में जर्मन राजदूत मार्टिन ने इस संदेश की दृढ़ता से पुष्टि की।

फ्रांसीसी और जर्मन राजदूत (टाइम्स ऑफ इंडिया, 9 मई, 2017)

"जैसा कि हम रोम की संधि के माध्यम से यूरोपीय संघ की स्थापना की 60वीं वर्षगाँठ मनाते हैं, यूरोपीय संघ एक अद्वितीय राजनीतिक परियोजना है, जो पहले से कहीं अधिक आवश्यक है···सभी क्षेत्रों में यह भारत का एक अपरिहार्य साझेदार है···यह भारत का सर्वोच्च व्यापारिक साझेदार है और देश में अग्रणी निवेशकों में से एक है।

भारत की तरह यूरोपीय संघ न केवल अपने पड़ोसी क्षेत्र की एक प्रमुख ताकत है, बल्कि वैश्विक स्तर पर भी एक स्थिर ताकत है···हम शांति, लोकतंत्र और स्थिर तथा साझे तौर पर समृद्ध यूरोप का निर्माण करने के लिए अपनी महत्त्वाकांक्षा की पुष्टि करना चाहते हैं, जो 21वीं सदी में भारत का अपरिहार्य साझेदार होगा।"

बहुत कुछ मैक्रॉन की जीत के महत्त्व के बारे में लिखा गया है, जो एक तरफ दक्षिणपंथी पार्टियों के उभार को बढ़ाता है तो दूसरी तरफ ब्रेक्जिट के बाद यूरोपीय संघ को अपनी सबसे कठिन चुनौतियों में से एक का सामना करने के लिए मजबूती प्रदान करता है। यहाँ कोहेन का विश्लेषण विशेष महत्त्व रखता है।

8 मई, 2017 के 'न्यूयॉर्क टाइम्स' में रोजर कोहेन कहते हैं कि मैक्रॉन की जीत "एक

ऐसी दुनिया, जहाँ अपनी ताकत और मूल्यों की आवश्यकता होती है, में यूरोपीय के स्थान और यूरोपीय विचार की पुष्टि करता है।" वह कहते हैं कि "मैक्रॉन का पेरिस में अपने समर्थकों को संबोधित करने के लिए मार्सिलेइस के बजाय यूरोपीय स्तुति गान बीथोवेन के 'ओड टू जॉय' के साथ सामने आना–एक प्रभावशाली निष्कपटता का संदेश देता है।" कोहेन का निष्कर्ष है कि "मैक्रॉन ने दिखा दिया है कि फ्रांस ऐसा देश नहीं है, जहाँ नस्लवाद और यूरोप विरोधी अंधराष्ट्रीयता चुनाव जीत सकते हैं। उन्होंने यूरोपीय विचार पर जोर दिया है और इस संभावना को जगाया है कि फ्रांस और जर्मनी यूरोपीय आदर्शवाद को पुनर्जीवित करेंगे। उन्होंने उन छोटे इंग्लैंड वासियों को कड़ी फटकार लगाई है, जिन्होंने ब्रिटेन को संघ से बाहर निकालने के लिए वोट दिया था (और बाहर निकलने के लिए अनिवार्य रूप से कड़ा समझौता किया)।"

खंड 3 : यूरोपीय संघ की नई रणनीतिक प्राथमिकताओं में भारत की अहमियत

कई तरह के संकटों का सामना करते हुए, 'ब्रुसेल्स' भारत की समस्याओं और इसकी बढ़ती कठिन और खतरनाक पड़ोस के बीच इसकी रणनीतिक प्राथमिकताओं की जटिलताओं की अच्छी समझ के साथ कहीं अधिक महाविद्यालयी नजरिया अपनाते हुए प्रतीत होता है। अंतरराष्ट्रीय परिदृश्य में वैश्विक शासन व्यवस्था संरचनाएँ थोड़ी अलग-सी प्रतीत होती हैं। ऐसे मुद्दों के समाधान के लिए भागीदारी की तत्काल आवश्यकता होती है। दृढ़ सत्ता पर ध्यान केंद्रित करने के बारे में भारत की समझ बेहतर है। साइबर सुरक्षा, समुद्री सुरक्षा और 'समुद्री डकैती से संबंधित संपर्क समूह'[2] के संवाद का स्वागतयोग्य संकेत यह है कि सैन्य और रक्षा संबंधी वार्त्ता आखिरकार शुरू हो गई है।

भारतीय नीति निर्माताओं को पता है कि सी.एफ.एस.पी. और यूरोपीय संघ के बड़े सदस्य देशों की विदेश नीति प्राथमिकताओं के बीच निरंतर और रचनात्मक तनाव पर आत्मपरक नजरिए से ध्यान देने की आवश्यकता है। चीन की भारत के साथ संबंधों को प्राथमिकता देने की अनिच्छा भयावह है। भारत का स्थान दूसरा क्यों है? यूरोपीय संघ को यह स्वीकार करना चाहिए कि एक ट्रिलियन डॉलर से अधिक की अर्थव्यवस्था के रूप में भारत यूरोप के लिए एक बेशकीमती संपदा है। चीन के प्रति ब्रुसेल्स के इस दुर्भाग्यपूर्ण पूर्वग्रह (बड़ी आर्थिक साझेदारी के कारण) को समायोजित करने की आवश्यकता है, बशर्ते ब्रुसेल्स चाहता है कि भारत इसे गंभीरता से ले। फौरी तौर पर इस पर कुछ किया जाना चाहिए।

भारत में यूरोपीय संघ के राजदूत टॉमाज कोजलोव्स्की ने सितंबर 2016 में दिल्ली

में एक निजी विचार मंथन के दौरान आयोग की नई प्राथमिकताओं और यूरोपीय संघ के दृष्टिकोण को रेखांकित किया, जिसमें वैश्विक सुरक्षा संबंधी चुनौतियों के मद्देनजर भारत और यूरोपीय संघ को एक-दूसरे के साथ लाने के तरीकों और और उससे निपटने के प्रयास की खोज की गई थी।

टॉमाज कोजलोव्स्की (सितंबर 2016)

"यह और भी अधिक साफ होता जा रहा है कि यूरोपीय संघ-भारत सुरक्षा सहयोग अनिवार्य हो गया है। तेजी से आगे बढ़ती और जटिलतर होती जा रही दुनिया की विशेषता है अप्रत्याशित घटनाएँ और नई चुनौतियाँ, ऐसे में जरूरी है कि अंतरराष्ट्रीय सहयोगियों के साथ भारत और यूरोपीय संघ आपसी सहयोग के लिए आगे आएँ। इसके साथ ही बड़ी जिम्मेदारियों का वहन करने के लिए दोनों पर दबाव बढ़ा है।" भारत की आकांक्षाओं को भारत के विदेश सचिव डॉ. जयशंकर के वाक्य से साफ समझा जा सकता है; वह यह कि भारत महज संतुलन शक्ति के बजाय अग्रणी शक्ति बनना चाहता है।' विश्व के बहुत सारे क्षेत्रों में अशांति के मद्देनजर यूरोपीय संघ की उच्च प्रतिनिधि के रूप में फेडरिका मोगेरिनी चाहती हैं, "यूरोपीय संघ की विदेश और सुरक्षा नीति इतनी सार्वजनिक और प्रगतिशील हो, ताकि यूरोपीय संघ और अधिक आत्मविश्वास और जिम्मेदारी से भरपूर बने।"

राजदूत कोजलोव्स्की ने सामान्य सुरक्षा सहयोग के मामले में तीन क्षेत्रों की रूपरेखा तैयार की—

- समुद्री सुरक्षा, खासतौर पर हिंद महासागर में
- आतंकवाद और कट्टरतावाद
- विशिष्ट भौगोलिक क्षेत्र में सहयोग, जहाँ उथल-पुथल यूरोपीय संघ और भारत दोनों को प्रभावित करता है।

यूरोपीय संघ को हिंद महासागर में संभावित प्रतिद्वंद्विता और तनाव, जो पूरी दुनिया को अस्थिर कर देगा, को कम करने में भारत के साथ सहयोग करना चाहिए। इस प्रकार यूरोपीय संघ और भारत हिंद महासागर रिम एसोसिएशन[3] जैसी मौजूदा व्यवस्थाओं और मंच को जोड़कर एक बहुपक्षीय वचनबद्धता में अपना योगदान कर सकते हैं। समुद्री निगरानी के क्षेत्र, मिसाल के तौर पर विभिन्न समुद्री सुरक्षा व्यवस्थाओं, समुद्री डकैती से बचाव, आपदा राहत उद्यमों और सामान्य प्रशिक्षण तथा सैन्य अभ्यास के नेटवर्क को जोड़ने के

तरीकों की तलाश कर वे और अधिक बारीकी के साथ काम कर सकते हैं। सोमालिया के तट पर 'समुद्री डकैती से जुड़े संपर्क समूह' के माध्यम से समुद्री क्षेत्र में साझेदारी पहले से है। उन्होंने मौजूदा समुद्री डकैती-विरोधी संवाद को व्यापक, समुद्री सुरक्षा संवाद में बदलने का सुझाव दिया। 'कट्टरता और आतंकवाद' के मामले में राजदूत कोजलोव्स्की ने कहा कि कट्टरता, जिसने भारत और यूरोपीय संघ दोनों को गहराई से प्रभावित किया है, से निपटना बड़ी प्राथमिकता बन गई है। इस प्रयास में भारत और यूरोपीय संघ स्वाभाविक साझेदार हैं। क्षेत्र में कट्टरता और हिंसक उग्रवाद से निपटने के लिए दोनों साझेदार एक साथ मिलकर काम कर सकते हैं।

इनमें से समुद्री संवाद समेत कई महत्त्वपूर्ण सिफारिशें कार्यान्वयन की प्रक्रिया में हैं। 'कट्टरता-विरोध', जो दोनों पक्षों के हित में है, के लिए दोनों ही पक्ष एक-दूसरे का सहयोग करने के प्रयास में हैं। चौदहवाँ शिखर सम्मेलन इस प्रक्रिया को और आगे लेकर गया है।

खंड 4 : मीडिया का नजरिया : क्या वे साझेदारी को प्रभावित करते हैं?

साझेदारी के मामले में दोनों पक्षों को एक साथ मिलकर मीडिया के नजरिए पर ध्यान देना चाहिए। दोनों को लंबे समय से स्वाभाविक साझेदार के तौर पर क्यों देखा जा रहा है, यह क्यों निरंतर चुनौती बनी हुई है? अनेकतत्ववाद-विषयक बहु-भाषी और बहु-नस्लीय—दोनों लोकतांत्रिक सिद्धांतों का समर्थन करते हैं, पर लोकतंत्र-विरोधी स्रोतों से इन पर खतरा बढ़ता जा रहा है और शोर-मचानेवाले मीडिया संस्थान तथा समृद्ध नागरिक समाज इन पर लगातार नजर रखे हुए हैं। बहुत सारे प्रमुख सरोकारों ने दोनों को साथ ला खड़ा किया है। आर्थिक रूप से मजबूत भारत अपनी उभरती 3 ट्रिलियन डॉलर अर्थव्यवस्था के कारण यूरोपीय संघ की कंपनियों के लिए एक आकर्षक बाजार है, जबकि यूरोपीय संघ भारत के लिए निवेश का एक बेशकीमती स्रोत हो सकता है। व्यापार और अर्थव्यवस्था आज 'भारत-यूरोपीय संघ के संबंधों की मूल कड़ी' बनी हुई है। भारत की सराहनापूर्ण राय संभावित रूप से यूरोपीय संघ के प्रभावशाली सहयोग की चिंगारी को हवा दे सकती है। यूरोपीय अध्ययन के क्षेत्र में अनुभव आधारित अध्ययन तेजी से प्रचलित होता जा रहा है। यह दुर्भाग्यपूर्ण है कि साहित्य की पवित्रता पर भारतीय दृष्टिकोण अपना ध्यान केंद्रित करता है। स्पष्ट है कि यूरोपीय संघ के बारे में भारतीय मीडिया में दृश्यता की सामान्यतया कमी है।

ब्रुसेल्स में किसी भारतीय पत्रकार को नियुक्त नहीं किया जाता है, जो भारत में यूरोपीय संघ के परिप्रेक्ष्य से समाचार तैयार करता हो। यह दुर्भाग्यपूर्ण है। बगैर सूचना के कवरेज हो सकता है, इस गलत धारणा को फैलाए कि यूरोपीय संघ एक परेशानियों से घिरी या बरबाद हो जानेवाली ताकत है। भारतीय मीडिया बैठे-ठाले कुछ मामले उठा लेती है, जो यूरोपीय

संघ पर नकारात्मक स्वर में रिपोर्ट करते हैं। विश्व स्तर पर यूरोपीय संघ को मान्यता प्राप्त हो और इसकी छवि को सकारात्मक दिखाए जाने के लिए भारतीय पत्रकारों का ब्रुसेल्स में होना जरूरी है और नायक के रूप में यूरोपीय संघ के प्रति एक वाजिब नजरिया होना भी जरूरी है।

प्यू रिसर्च सेंटर द्वारा कराए गए वैश्विक दृष्टिकोण सर्वेक्षण 2014 ने संकेत दिया कि भारतीय मीडिया में यूरोपीय संघ से संबंधित नकारात्मक मुद्दों पर ध्यान केंद्रित करने की अधिक संभावना के साथ 11 महीने की सर्वे की अवधि में केवल 13 आलेखों ने यूरोपीय संघ की एक सकारात्मक छवि पेश की! सर्वेक्षण में आगे की दिलचस्पी का आँकड़ा नहीं दिया था। यूरोपीय संघ के लिए जवाब देनेवालों का सबसे ज्यादा प्रतिशत (41%) था, जिनकी अन्य वैश्विक शक्तियों की तुलना में इसके लिए किसी भी तरह की कोई राय नहीं थी। इसलिए ऐसा लगता है कि 2014 के वैश्विक दृष्टिकोण सर्वेक्षण का जवाब देनेवालों की ही तरह यूरोपीय संघ के बारे में आमतौर पर भारतीय मीडिया की कोई राय नहीं है। इसे बदलना जरूरी है।

2015 में यूरोपीय विदेश संबंध परिषद् की भारत यात्रा पर भारतीय पक्ष की कुछ नकारात्मक टिप्पणियों ने समस्या के स्वरूप को उजागर किया।

कुछ टिप्पणियों का अव्यवस्थित नमूनाकरण (2015)

"महज 5,000 साल पुरानी सभ्यता के रूप में भारत के साथ पेश न आएँ।"

"भारत के साथ सहयोग के मामले में यूरोप के शीर्ष नेतृत्व की तरफ से कोई प्रतिबद्धता नहीं है। ये सब हमारे पास जलवायु परिवर्तन और मानवाधिकारों के मामले को लेकर शिकायतें करते हैं।"

"यूरोपीय प्रतिरक्षा ने हिंदू कुश में जवाबी काररवाई शुरू की।"

"भारत एक मुश्किल भागीदार हो सकता है। यूरोपीय संघ के रवैए के विपरीत, एक दशक के दौरान तीन अमेरिकी प्रशासन दृढ़ता से भारत के साथ अपने संबंधों को सफलता के मुकाम पर ले गए हैं, जो अब फलने-फूलनेवाला है।"

गुडेरिस (2016) ने भारत में यूरोपीय संघ की नकारात्मक छवि पर ध्यान दिलाते हुए कहा है कि समस्या दोतरफा है, जिसमें अस्वीकृति और सामान्य तटस्थता दोनों शामिल हैं। यूरोपीय अज्ञानता या भारत की कुछ सामाजिक समस्याओं पर कथित आलोचनात्मक दृष्टिकोण की अस्वीकृति भारतीय रोष को प्रतिबिंबित कर सकती है। सचदेवा (2015) का कहना है कि "भारत में गरीबी, मानवाधिकार हनन और बलात्कार से संबंधित खबरें यूरोपीय

मीडिया में अपेक्षाकृत अधिक प्रचलित हैं।" सचदेवा कहते हैं कि इस तरह की बयानबाजी 'हानिकारक प्रतिक्रिया का फंदा' हो सकती है, जवाबी काररवाई के रूप में भारतीय मीडिया यूरोप के नकारात्मक विचारों को फैलाएगा। इसमें कोई संदेह नहीं है कि यूरोपीय संघ के प्रति साफतौर पर उदासीनता की धारणा भारत में बनी हुई है। ऐसा इस कारण भी हो सकता है कि यूरोपीय संघ का प्रतिनिधित्व करनेवाले दूतावास के वास्तविक कार्यों को भारतीय जनता और मीडिया पूरी तरह से समझा नहीं रहे हैं। चिह्नित प्राथमिकता यूरोपीय संघ के अलग-अलग सदस्य देशों के साथ द्विपक्षीय संबंधों के जुड़ी हुई है, खासकर जब वाणिज्यिक दूत संबंधी कार्य द्विपक्षीय दूतावासों के साथ होते हैं।

यूरोपीय संघ के लिए भारत में अपनी छवि और लोकप्रियता को बढ़ाने का सबसे प्रभावी तरीका विस्तारिक प्रत्यक्ष सहयोग है—कहावत है, शब्दों की तुलना में किए गए काम की अहमियत ज्यादा होती है। आनेवाले वर्षों में भारत और यूरोपीय संघ के संबंधों को निर्धारित करनेवाला महत्त्वपूर्ण कारक दोनों पक्षों के नेताओं की राजनीतिक इच्छाशक्ति होगी। हितों के साथ तालमेल और सहयोग का विस्तार होने पर क्या भारत के लिए यूरोपीय संघ का महत्त्व बढ़ जाएगा और मौजूदा समय में भारत में उसके प्रति देखी गई उदासीनता और नकारात्मकता को भुला दिया जाएगा?

दोनों पक्षों की अवधारणाओं के मुद्दे डॉ. आर.के. जैन (2009) ने अपने व्यापक अध्ययन 'भारत और यूरोपीय संघ : अवधारणाएँ और नीतियाँ' में उठाते हुए समस्या की प्रकृति और इससे कैसे निपटा जाए, के बारे में कुछ प्रासंगिक टिप्पणियाँ की हैं।

डॉ. आर.के. जैन (भारत और यूरोपीय संघ : अवधारणाएँ और नीतियाँ, 2009)

"लगभग सभी भारतीय उस अजीब राजनीतिक और आर्थिक प्राणी को समझने की कोशिश में '3 डी' से जूझते हैं, जो यूरोपीय संघ है। उनके लिए यूरोपीय संघ को समझना मुश्किल है; यह आपके अनुकूल पड़ोसी क्षेत्रीय संगठन (वह सार्क हो या आसियान) से अलग है और चूँकि यह काफी दूर है और आपके निकटवर्ती क्षेत्र में नहीं है, इसलिए भारतीय आमतौर पर इसे परखने और समझने के जरूरी प्रयास से हिचकते हैं...यूरोपीय संघ के संबंध में भारतीय अभिजात वर्ग की धारणाओं को एंग्लो-सैक्सन मीडिया द्वारा अनिवार्य रूप से प्रभावित कर दिया गया है, जो यूरोपीय एकीकरण की प्रक्रियाओं और गतिशीलता के साथ-साथ यूरोपीय संघ के संस्थानों की पेचीदगियों और भूमिकाओं के बारे में अधिक बारीक समझ में अड़चन पैदा करता है। यदि आप किसी औसत भारतीय को बताते

हैं कि नई दिल्ली में यूरोपीय आयोग एक दूतावास है, तो उनकी सामान्य जिज्ञासा यह होती है, "यह किस देश के लिए वीजा जारी करता है?" वहीं बाकी अधिकांश लोगों के लिए संक्षिप्त नाम 'ई.सी.' का आशय यूरोपीय आयोग नहीं, बल्कि चुनाव आयोग है। अपने आप में जीनेवाले मध्य वर्ग को यूरोपीय इतिहास, कला या समाज में बहुत ज्यादा दिलचस्पी नहीं है। इसे साफतौर पर पूर्वग्रह ही कहेंगे कि संयुक्त राज्य अमेरिका के बौद्धिक और सांस्कृतिक दोनों ही मामलों में भारतीय मीडिया यूरोप या यूरोपीय संघ के बजाय वाशिंगटन को कहीं अधिक महत्त्व देता है...तेजी से बदलती दुनिया में संस्थानों के लिए नए नियमों को तैयार करने में उभरती ताकतों को पूरी तरह से अपना साझेदार बनाना निहायत जरूरी है।"

खंड 5 : आगे की राह

क्या कोई रास्ता आगे है? क्या दोनों पक्षों के बीच की खाई गहरी होती जा रही है? क्या समस्या वैचारिक है? एन.ए.एम. की सदस्यता जारी रखने के मामले में भारत की सोच पर क्या उपनिवेशवाद ने प्रभाव डाला है? भारत के औपनिवेशिक अनुभव कर रोशनी में देखा जाए तो 'बेहतरी के बल' के रूप में यूरोपीय संघ के स्व-प्रतिनिधित्व में शेखी और पाखंड का भाव दिख सकता है। फिर भी सभी ऐतिहासिक सामग्रियों और वर्तमान विसंगतियों को देखते हुए यूरोप यह मानता रहा है कि उसके अपने मानदंड और मूल्य का योगदान एक सुरक्षित स्थान पर होगा और उसकी विदेश नीति का एक महत्त्वपूर्ण चालक बेहतर मानवीय वैश्विक वातावरण बना रहेगा। भारत और यूरोपीय संघ के बीच एक 'साझेदारी में सीमित देनदारी' का जिक्र करते हुए पोहल (2012) कहते हैं कि संरचनात्मक विषमताएँ साझेदारी के विस्तार के मामले में एक प्रमुख गतिरोध बना हुआ है। यह एक यथोचित मूल्यांकन है।

भारत के पहले प्रधानमंत्री जवाहरलाल नेहरू का विचार था कि भारत को 'गठबंधनों' और 'व्यवस्थाओं' से दूर रहना चाहिए। प्रधानमंत्री मनमोहन सिंह ने एक कदम आगे तब बढ़ाया जब उन्होंने कहा, "भारत बहुत बड़ा देश है, उसे किसी भी गठबंधन या क्षेत्रीय या उप-क्षेत्रीय व्यवस्था में, चाहे व्यापार हो, आर्थिक या राजनीतिक हो, नहीं रखा जाना चाहिए।" पोहल ने सही फरमाया है कि परस्पर एक-दूसरे से गहराई से जुड़े वैश्विक माहौल में एक प्रतिष्ठित, पर अमूर्त सिद्धांत को वास्तविक नीति में तब्दील करने की साफतौर पर अपनी सीमाएँ हैं। वैसे भारत वास्तव में 'गठबंधनों' से दूरी बनाए रख सकता है, पर यह अलग-अलग उद्देश्य, सामंजस्य और भौगोलिक विस्तार की 'व्यवस्था' की तेजी से बढ़ती संख्या का हिस्सा बन गया है, लेकिन ऐसा हरेक दायित्व भारत की विदेश नीति के विकल्पों पर प्रभाव डालता है।"

और भी कई मुद्दे हैं, जिसमें कार्यान्वयन वास्तुकला भी शामिल है, जिसे कई शिखर सम्मेलनों के बाद तैयार किया गया। भारतीय नीति निर्माताओं ने संस्थागत स्तर पर यूरोपीय संघ के साथ अपने प्रमुख यूरोपीय भागीदारों, खासतौर पर फ्रांस और जर्मनी के साथ भारत के मजबूत द्विपक्षीय संबंधों को दोहराने की माँग की थी। पुनरावलोकन में, इन संस्थानों के वास्तविक कामकाज की अपर्याप्त समझ को दर्शाने में कोई गड़बड़ी हो सकती है। साझेदारी को विकसित करने के तंत्र मुख्य रूप से सरकारी थे, इनमें मंत्रिस्तरीय सम्मेलन से लेकर वरिष्ठ आधिकारिक स्तर पर मंत्रणा शामिल थी। नागरिक समाज के संवाद को सही मायने में प्रभावी रूप से अलग नहीं किया गया। न ही दोनों पक्षों ने कभी द्विपक्षीय राष्ट्रीय संसदों को छोड़कर संस्थागत संसदीय बातचीत को प्रतिष्ठित किया गया। एक मजबूत और कार्यात्मक आम सुरक्षा और विदेश नीति को प्राप्त करने में यूरोपीय संघ की विफलता एक अन्य अड़चन थी, जिसे एक प्रभावी रणनीतिक साझेदारी का मूल ढाँचा होना चाहिए था।

भारत को भी इस बात की सराहना करनी चाहिए कि यूरोपीय संघ और आयोग यूरोपीय संघ के सदस्य देशों के साथ संबंधों के लिए एक संरक्षक संस्था है। आयोग इसे 'दृश्यता की समस्या' या मीडिया की गलत धारणा के रूप में देखता है। अधिकांश यूरोपीय राजनयिकों की वास्तविकता अधिक जटिल है, जो कि अपने लिए द्विपक्षीय संबंधों को संरक्षक संस्था से बढ़कर देखते हैं। यह एक रणनीतिक नीति निर्माता के रूप में यूरोपीय संघ की प्रभावशीलता भारत को रू-ब-रू प्रभावित करती है। शाद इसलाम (2016) का सुझाव है, "तेजी से बदलते वैश्विक परिवेश में दोनों पक्षों को पुरानी रूढ़ियों और अड़चनों को बाहर निकालना चाहिए और एक-दूसरे के बारे में नए सिरे से विचार करना चाहिए। इस तरह अपरिहार्य मतभेदों से निपटने के लिए एक परिपक्व अंदाज अपनाना चाहिए।"

डॉ. सी.आर. मोहन (2006) ने एक महत्त्वपूर्ण वैचारिक विरोधाभास की तरफ इशारा किया है, "सार तत्त्व में देखा जाए तो भारत के साथ यूरोपीय संघ के संबंध यथास्थिति अधिकारवाले हैं, वहीं इसके विपरीत भारत के पक्ष में नियमों का पुनर्लेखन, असैनिक परमाणु ऊर्जा समझौते के संदर्भ में अमेरिकी संबंध संशोधनवादी अधिकारवाले हैं।" इस बात के स्थापित प्रमाण हैं कि यूरोपीय संघ के नियंत्रण के बाहर अंतरराष्ट्रीय घटनाक्रम के कारण इस यथास्थिति में बदलाव आ रहा है। ट्रंप के राष्ट्रपतित्व काल में, 'अमेरिकी किला' का विकास, पेरिस जलवायु परिवर्तन समझौते पर नामंजूरी और साथ ही राष्ट्रपति ट्रंप द्वारा ट्रांस पैसिफिक पार्टनरशिप (टी.पी.पी.) और यूरोपीय इस्पात उद्योग पर दंडात्मक शुल्क लगाने के अमेरिकी प्रयासों से एक संभावित व्यापार युद्ध की शुरुआत हुई, इससे ट्रांस-अटलांटिक गठबंधन में गहरा बदलाव आया है। यूरोपीय संघ के मुख्य संचालक फ्रांस और जर्मनी के नेताओं द्वारा यह शिद्दत से महसूस किया जा रहा है कि यूरोप को अपने दम पर खड़े होने

और नए सहयोगी खोजने की जरूरत है। इससे यूरोपीय संघ की ओर से भारत के साथ रणनीतिक साझेदारी को पुनर्जीवित करने के बारे में एक नई प्रबुद्ध दिलचस्पी पैदा हुई है। यूरोपीय संघ का आदर्शवादी दृष्टिकोण भी आयोग के साथ बदल रहा है, जिसमें 'रियल पॉलिटिक' (वास्तविक राजनीति) और गैर-आदर्शवादी उद्देश्यों के लिए अलग-अलग रणनीतिक भागीदारी शामिल हैं।

दोनों पक्षों पर निर्भर करता है कि वे आपसी खाई को पाटेंगे और रिश्ते की गतिशीलता को बढ़ाएँगे; आगे बढ़ते कदम, जो राजनीतिक आवश्यकताओं के साथ-साथ एक व्यावहारिक व्यावसायिक संबंध तथा समानता और आवश्यकता के आधार पर एक बी.टी.आई.ए. से मेल खाता है। भारत को ध्यान देने की आवश्यकता है, जैसा कि पोहल (2012) ने जोर देकर कहा है, "इसका बिजली घाटे का बड़ा मुद्दा राजनीतिक इच्छाशक्ति के बजाय कम क्षमतावाला प्रतीत होता है"'वैश्विक जिम्मेदारियों को सँभालने के प्रति भारत एहतियात बरतता है, जो तत्काल उसके राष्ट्रीय हितों को आगे बढ़ाने के लिए उपलब्ध विकल्पों को सीमित कर सकता है"' जबकि एक उभरती हुई शक्ति के रूप में भारत अपने नए प्रभाव के साथ सहज हो रहा है, यह वैश्विक व्यवस्था के सह-प्रबंधक के रूप में मैदान में कदम रखने के लिए अभी तक तैयार नहीं हुआ है।" यूरोपीय संघ, जो अब अपनी कमजोर रणनीतिक साझेदारी को मजबूत करने को बेचैन है, में भारत को अपनी उभरती हुई ताकत की हैसियत को प्रभावी ढंग से प्रदर्शित करने की जरूरत है। यदि सफल रहा तो इस सहस्राब्दी की भौगोलिक राजनीति में यह मौलिक बदलाव ला सकता है। अब शेष 21वीं सदी भारत और यूरोपीय संघ की हो सकती है।

संदर्भ–

1. मरीन ले पेन एक फ्रांसीसी राजनीतिज्ञ और वकील हैं। उन्होंने 2017 के फ्रांसीसी राष्ट्रपति चुनावों में फ्रांस में अति दक्षिणपंथी राजनीतिक पार्टी फ्रेंच नेशनल फ्रंट का नेतृत्व किया। वे मैक्रॉन से चुनाव हार गईं और 33.9% वोटों के साथ दूसरे स्थान पर रहीं। सुश्री ले पेन ने फ्रांस को यूरोजोन से बाहर निकालने और यूरोपीय संघ के साथ बातचीत करने का वादा किया था; ताकि यूरोपीय संघ को राष्ट्रों के शिथिल गठबंधन में बदला जा सके। नाटो के एकीकृत कमांड से फ्रांस को निकाल लेने की भी उनकी ख्वाहिश थी। 2017 में उनकी पार्टी के घोषणा-पत्र में कानूनी अप्रवास में भारी कमी लाने में अपनी प्रतिबद्धता का उल्लेख किया गया।

2. सोमालिया (सी.जी.पी.सी.एस.) के तट पर समुद्री डकैती के मुद्दे पर संपर्क समूह वह उपकरण है, जिसके जरिए अंतरराष्ट्रीय समुदाय योजना बनाता है, समन्वय स्थापित करता है और सोमाली डकैती के खिलाफ लड़ाई को संचालित करता है। सी.जी.पी.सी.एस. 14 जनवरी, 2009 को न्यूयॉर्क में स्थापित एक अंतरराष्ट्रीय शासन तंत्र है, जो सोमाली डाकुओं को दबाने के लिए राज्यों और संगठनों के बीच चर्चा और समन्वय स्थापित करने की सुविधा प्रदान करता है। संयुक्त राष्ट्र सुरक्षा परिषद् के प्रस्ताव

1851 (2008) के जवाब में इसे स्थापित किया गया था, बाद में वापस ले लिया गया और संयुक्त राष्ट्र सुरक्षा परिषद् के प्रस्ताव 1918 (2010) में बदल दिया गया। 60 से अधिक देश और अंतरराष्ट्रीय संगठन इस मंच का हिस्सा बन चुके हैं, जिनमें से सभी सोमाली तट से समुद्री डकैती की रोकथाम की दिशा में काम कर रहे हैं।

3. इंडियन ओशन रिम एसोसिएशन (आई.ओ.आर.ए.) एक अंतरराष्ट्रीय संगठन है, हिंद महासागर की तटीय सीमावाले 21 देश इसके सदस्य हैं। आई.ओ.आर.ए. एक क्षेत्रीय मंच है, इसका स्वरूप त्रिपक्षीय है; जो सरकारी, व्यापारिक और शैक्षिणिक समुदाय के प्रतिनिधियों को एक साथ लाने के लिए उनके बीच सहयोग और निकट संपर्क को बढ़ावा देता है। यह विशेष रूप से व्यापार सुविधा और निवेश, संवर्धन के साथ-साथ क्षेत्र के सामाजिक विकास पर आर्थिक सहयोग को मजबूत करने के लिए 'खुले क्षेत्रवाद' के सिद्धांतों पर आधारित है। आई.ओ.आर.ए. का समन्वय सचिवालय मॉरीशस के ईबेने में स्थित है, जिसे मार्च 1997 में स्थापित किया गया था। इसका उद्देश्य हिंद महासागर के रिम क्षेत्र में व्यापारिक, सामाजिक, आर्थिक और सांस्कृतिक सहयोग के लिए एक मंच बनाना है, जिसका गठन लगभग दो अरब लोगों की आबादी लेकर हुआ है।

❑

परिशिष्ट

परिशिष्ट-1

भारत ई.यू. प्रथम सम्मेलन की संयुक्त घोषणा, जून 2000

ई.यू. तथा भारत के मध्य प्रथम सम्मेलन 28 जून, 2000 को लिस्बन में संपन्न हुआ। ई.यू. का प्रतिनिधित्व सेक्रेटरी जनरल/हाई रिप्रेजेंटेटिव फॉर कॉमन फॉरेन ऐंड सिक्योरिटी पॉलिसी जेवियर सोलाना तथा यूरोपीय आयोग के अध्यक्ष रोमानो प्रोडी के सहयोग से यूरोपीय परिषद् के अध्यक्ष की शक्ति से पुर्तगाल के प्रधानमंत्री एंटोनियो गुतेरस ने किया। भारत का प्रतिनिधित्व प्रधानमंत्री अटल बिहारी वाजपेयी ने किया। पुर्तगाली मंत्री जैमे गामा (विदेशी मामले) तथा जोस मैरियानो गागो (विज्ञान एवं तकनीक) तथा विटोर रामल्हो (आर्थिक उपमंत्री), यूरोपीय आयुक्त क्रिस्टोफर पैटेन (बाहरी संबंध), पास्कल लैमी (व्यापार) तथा फिलिप बुस्किन (अनुसंधान) एवं भारतीय मंत्रियों जसवंत सिंह (विदेशी मामले), यशवंत सिन्हा (वित्त), मुरासोली मारन (वाणिज्य एवं उद्योग) तथा प्रमोद महाजन (सूचना एवं तकनीक) ने भी इस सम्मेलन में भाग लिया। इस सम्मेलन में निम्नलिखित घोषणाओं पर सहमति बनी—इस ऐतिहासिक अवसर पर हम संकल्प लेते हैं कि 21वीं शताब्दी में ई.यू. तथा भारत वर्धित तथा बहुआयामी सहयोग के साथ साझा मूल्यों तथा आकांक्षाओं पर आधारित एक नई रणनीतिक साझेदारी का निर्माण करेंगे। हम साझा लोकतांत्रिक मूल्यों तथा मानव अधिकारों के प्रति सम्मान, कानून के नियम तथा मौलिक स्वतंत्रता पर आधारित सामाजिक-आर्थिक विकास तथा समृद्धि को प्रोत्साहित करने की प्रतिबद्धता तथा अंतरराष्ट्रीय शांति, स्थिरता एवं सुरक्षा पर बल देंगे। हम अपनी परंपरागत विविधता, अनेकता तथा सहिष्णुता से अपनी शक्ति को आंदोलित करेंगे। हम सहमत हैं कि भारत में आर्थिक सुधार तथा उदारीकरण की प्रक्रिया एक ओर जहाँ वर्धित तथा अनवरत विकास की ओर तो वहीं दूसरी ओर ई.यू. के क्रमिक एकीकरण तथा विस्तार की ओर बढ़ रही है, जो रचनात्मक तथा आपसी लाभकारी साझेदारी के एक नए चरण को प्रारंभ करने के लिए हमें श्रेष्ठ अवसर उपलब्ध करा रही है। हम साझा चिंताओं के अपने परामर्श को मजबूत तथा गहरा करने तथा द्विपक्षीय, क्षेत्रीय तथा बहु-पक्षीय मुद्दों पर अपने सहयोग को बढ़ाने की प्रतिबद्धता दुहराते हैं।

21वीं शताब्दी में ई.यू.-भारत साझेदारी (प्रथम सम्मेलन, जून 2000)

1. हमारा विश्वास है कि ई.यू. तथा भारत को एक ऐसे विश्व की दिशा में साथ कार्य करने के लिए अवसर उत्पन्न करना चाहिए, जिसमें हमारी जनता की आकांक्षाओं की पूर्ति हो सके। अपनी ओर से हम लोकतंत्र के प्रति अपनी प्रतिबद्धता, मानव अधिकारों तथा मौलिक स्वतंत्रताओं के आदर तथा शांति, स्थिरता और सुरक्षा को प्रोत्साहित करने एवं सामाजिक–आर्थिक विकास तथा समृद्धि को प्रोत्साहित करने की अपनी प्रतिबद्धता दुहराते हैं।

2. अपने साझा मूल्यों पर आधारित हम 21वीं शताब्दी की चुनौतियों से निपटने के लिए अपने हितों के लिए एक संगठन की आवश्यकता का अनुभव करते हैं। ई.यू. तथा भारत नवीन बहु–ध्रुवीय विश्व के निर्माण में महत्त्वपूर्ण भागीदार हैं।

3. यह इस संदर्भ में है कि हम द्विपक्षीय, क्षेत्रीय तथा बहु–पक्षीय दिशाओं के राजनीतिक तथा आर्थिक मुद्दों पर अपने राजनीतिक संवाद बढ़ाने, आपसी समझ को प्रोत्साहित करने तथा सहयोग में वृद्धि करने के लिए संकल्प लेते हैं।

4. नई शताब्दी में एक नवीन रणनीतिक साझेदारी के वर्धित संबंधों के महत्त्व को पहचानते हुए हम किसी अन्य राजधानी अथवा कहीं अन्यत्र नियमित रूप से ई.यू.–भारत सम्मेलन की बैठकें आयोजित करते रहेंगे। अगला सम्मेलन 2001 में भारत में आयोजित करने के भारत के आमंत्रण का ई.यू. स्वागत करता है। हम विदेश मंत्री स्तर पर वर्तमान वार्षिक संवाद की संभावना की तलाश निरंतर करते रहेंगे। इन बैठकों के बीच दोनों पक्षों के वरिष्ठ अधिकारी इन गतिविधियों की सुनिश्चितता की निगरानी के लिए बैठक करेंगे। हम विदेश नीति के मुद्दों पर विशेषज्ञों के परामर्श से इस संवाद की पूर्णता के लिए संभावनाओं की तलाश करेंगे।

5. ई.यू. तथा भारत अपने संबद्ध क्षेत्रों तथा संबद्ध देशों के मध्य द्विपक्षीय संवाद तथा विश्वास निर्माण उपायों के माध्यम शांति, स्थिरता तथा सुरक्षा को प्रोत्साहित करने के लिए अधिक निकटता से एक साथ कार्य करने की आवश्यकता के महत्त्व को समझते हैं। वे द्विपक्षीय समझौतों तथा संयुक्त राष्ट्र चार्टर के सिद्धांतों के अनुसार शांतिपूर्ण साधनों द्वारा विवादों के निस्तारण के लिए अपनी तीव्र प्रतिबद्धता दुहराते हैं। इस प्रसंग में दोनों पक्ष साझा चिंताओं की सुरक्षा संबंधी मुद्दों के निपटारे हेतु राजनीतिक संवाद के ढाँचे में नियमित संपर्क बनाए रखने पर सहमत हैं।

6. हम मानव अधिकारों के प्रोत्साहन तथा संरक्षण के लिए सह-समन्वित प्रयासों के महत्त्व पर बल देते हैं। इस संदर्भ में हम संयुक्त राष्ट्र के चार्टर तथा मानव अधिकारों की सार्वभौमिक घोषणा में सुनिश्चित व्यवस्था के प्रति अपनी प्रतिबद्धता से उनके सार्वभौमिक, अंतर्निर्भर तथा अविभाज्य चरित्र को ध्यान में रखते हुए उनके समस्त मानवाधिकारों और मौलिक स्वतंत्रताओं को प्रोत्साहित तथा संरक्षित करने की आवश्यकता को पुनः दुहराते हैं। हम समस्त प्रमुख अंतरराष्ट्रीय मानव अधिकारों की संस्थाओं के सार्वभौमिक श्रेणीकरण तथा क्रियान्वयन के लिए भी कार्य करेंगे। हम संयुक्त राष्ट्र की संस्थाओं तथा समझौतों के तहत अपने दायित्वों के पूर्ण रूप से निरंतर निर्वहन करने के लिए प्रतिबद्ध रहेंगे।

7. हम इस धारणा को साझा करते हैं कि आतंकवाद क्षेत्रीय तथा अंतरराष्ट्रीय सुरक्षा और शांति के लिए एक बड़ा खतरा बना हुआ है और निरपराध लोगों के अधिकारों तथा राष्ट्रों की अखंडता के लिए गंभीर खतरा है। हम आतंकवाद के सभी रूपों की स्पष्ट रूप से बार-बार निंदा करते हैं, चाहे यह कहीं भी हो और इसका लक्ष्य तथा स्रोत कोई भी हो। हम अंतरराष्ट्रीय कानून तथा प्रासंगिक संयुक्त राष्ट्र के समझौतों के अनुसार आतंकवाद रोकने तथा इसके विरुद्ध संघर्ष करने में अपने सहयोग को मजबूत करेंगे। हम आतंकवाद का नाश करने तथा इसके कारण क्षेत्रीय तथा अंतरराष्ट्रीय स्तर पर आनेवाली समस्त चुनौतियों का सामना करने के लिए संयुक्त प्रयास का सहारा लेंगे। अतः हम अंतरराष्ट्रीय आतंकवाद पर एक व्यापक समझौते के लिए प्रयत्न करने पर सहमत हैं।

8. हम नशीले पदार्थों की बढ़ती समस्या को वैश्विक समस्या के रूप में देखते हुए इसके प्रति अत्यंत चिंतित हैं, जो कि स्वास्थ्य के लिए एक गंभीर खतरा है तथा अंतरराष्ट्रीय अपराधों और आतंकवाद का स्रोत है। हम नशीले पदार्थों की तस्करी और इसके सेवन को रोकने के लिए सहयोग में वृद्धि करने की आवश्यकता पर सहमत हैं।

9. हम सहमत हैं कि बहुपक्षीय क्षेत्र में सहयोग हमारे संबंध के भावी विकास की प्राथमिकताओं में से एक होना चाहिए। हम अंतरराष्ट्रीय संगठनों और विशेष रूप से संयुक्त राष्ट्र के ढाँचे और आसियान क्षेत्रीय संगठन में घनिष्ठ सहयोग तथा साझा हितों की पहचान एवं उनमें वृद्धि के लिए अपनी प्रतिबद्धता दुहराते हैं। हम संयुक्त राष्ट्र को अंतरराष्ट्रीय सहयोग का अधिक प्रभावशाली उपकरण

बनाने के लिए इसके प्रति अपनी प्रतिबद्धता दुहराते हैं तथा साथ कार्य करने पर सहमत हैं। हम 'संयुक्त राष्ट्र' नामक अंतरराष्ट्रीय सुरक्षा तंत्र को सशक्त करने तथा इसके शांतिपूर्ण प्रयासों में सहयोग करने के लिए भी अपनी प्रतिबद्धता दुहराते हैं।

10. हम वैश्विक शांति तथा सुरक्षा को प्रोत्साहित करने के लिए भागीदार बनने हेतु कृतसंकल्प हैं। हम रासायनिक तथा जैविक हथियारों का उन्मूलन करने के लिए साथ मिलकर कार्य करना जारी रखेंगे। हम कठोर तथा प्रभावी अंतरराष्ट्रीय नियंत्रण के तहत नाभिकीय हथियारों का पूर्ण उन्मूलन करने के लिए अपनी स्पष्ट प्रतिबद्धता को दुहराते हैं। ई.यू. भारत के नाभिकीय परीक्षण के वर्तमान स्वैच्छिक स्थगन तथा सी.टी.बी.टी. के प्रति अपने मौलिक दायित्व को लेकर स्वैच्छिक तौर पर सिद्धांत निर्मित करने का स्वागत करता है। भारत सी.टी. बी.टी. सहित अनेक मुद्दों पर परिचर्चा में लिप्त है। भारत एक सकारात्मक परिवेश के सृजन पर आधारित इन परिचर्चाओं को परिणामों को सफल बनाने के लिए तत्पर रहा है, क्योंकि यह घरेलू तौर पर अधिकतम संभव सर्वसम्मति बनाने की दिशा में कार्य करता है। हम नाभिकीय अस्त्रों के प्रसार तथा उनकी सुपुर्दगी के साधनों को रोकने के लिए मिलकर कार्य करेंगे। हम नाभिकीय अस्त्रों हेतु आण्विक सामग्री के उत्पादन को समाप्त करने के लिए शीघ्र एक समझौता करने के लिए अन्य लोगों के साथ कार्य करने की तत्परता पर बल देते हैं तथा खतरनाक सामग्रियों और तकनीकों के प्रसार सहित कठोर तथा प्रभावी निर्यात नियंत्रण के प्रति अपनी प्रतिबद्धता दुहराते हैं।

11. हम सहमत हैं कि सामाजिक-आर्थिक विकास तथा समृद्धि क्षेत्रीय तथा वैश्विक स्थिरता पर आधारित होती है, जिसके लिए शांतिपूर्ण तथा सुरक्षित परिवेश आवश्यक पूर्व शर्तें हैं। वर्तमान सिद्धांतों पर आधारित क्षेत्रीय सहयोग तनावों को दूर करने के प्रति कार्य करने के लिए आवश्यक विश्वास सृजित करनेवाला होना चाहिए।

12. हम अपने संबद्ध नागरिक समाजों के मध्य पारस्परिक समझ तथा संवाद को बढ़ाने के महत्त्व को समझते हैं। इसके लिए हम प्रभावशाली गैर-आधिकारिक व्यक्तियों के भारत-ई.यू. गोलमेज वार्त्ता तथा ई.यू. और भारतीय विचारकों का संजाल निर्मित करने के लिए सहमत है। यह उत्तम आपसी जनसंपर्क तथा समझ हेतु पृष्ठभूमि तैयार करने की दिशा में महत्त्वपूर्ण कदम है, जो गतिशील

तथा स्थायी साझेदारी के लिए आवश्यक है।

13. हम 1993 के साझेदारी तथा विकास सहयोग समझौते और ई.यू.-भारत संयुक्त आयोग द्वारा किए गए कार्य, इसके उप-आयोगों तथा कार्यकारी समूहों के महत्त्व को समझते हैं। हम साझा चिंताओं के द्विपक्षीय तथा बहुपक्षीय व्यापार, आर्थिक तथा वित्तीय मुद्दों पर उच्चस्तरीय आर्थिक तथा वाणिज्यिक संवाद सशक्त करना तथा व्यापारिक कड़ियों को प्रोत्साहित करना जारी रखेंगे।

14. हमारी साझा धारणा है कि लोकतंत्र न्यायोचित तथा स्थायी आर्थिक वृद्धि एवं विकास का आधार है। ई.यू. भारत के उच्च तथा सतत वृद्धि दर सुनिश्चित करते हुए तथा अपनी अर्थव्यवस्था को वैश्विक अर्थव्यवस्था में एकीकृत करते हुए इसकी आर्थिक सुधारों तथा उदारीकरण के प्रति प्रतिबद्धता को समझता है तथा इसका समर्थन करता है। सशक्त भारतीय अर्थव्यवस्था न केवल घरेलू स्तर पर अधिक समृद्धि लाएगी, बल्कि वैश्विक अर्थव्यवस्था के लिए भी लाभकारी होगी। वैश्वीकरण से चुनौतियाँ उत्पन्न होती हैं और अवसरों के द्वार खुलते हैं, जिसका यदि उचित ढंग से दोहन किया जाए तो इससे वैश्विक निकटता बढ़ेगी और विकसित तथा विकासशील देशों को समान रूप से लाभ पहुँचेगा। हमें यह भी ज्ञात है कि विश्व को परस्पर निकट लाते हुए वैश्वीकरण को विकासशील देशों की अपेक्षाओं का ध्यान रखना होगा। ऐसे परिवेश में हम सहमत हैं कि वर्धित आर्थिक सहयोग के लिए इसमें अपार संभावनाएँ हैं।

15. हम सूचना तकनीक के परिप्रेक्ष्य में भारत द्वारा प्राप्त किए गए सार्थक विकास को पहचानते हैं। हमें नवीन ज्ञान आधारित अर्थव्यवस्था और विशेष रूप से सूचना तकनीक, दूरसंचार तथा बायोटेक्नोलॉजी के क्षेत्रों में ई.यू. तथा भारत के बीच निवेश, तकनीक, विशेषज्ञता तथा सेवा प्रदाताओं के प्रवाह में ठोस वृद्धि करने के पारस्परिक लाभ का भी ज्ञान है। हम इन क्षेत्रों में परस्पर कार्य करने पर सहमत हैं, जिसमें हमारे नागरिकों के लिए आजीविका के मानकों तथा जीवन की गुणवत्ता को उन्नत करने की पर्याप्त संभावनाएँ हैं।

16. हम विज्ञान तथा तकनीकी में सहयोग पर शीघ्र परिणाम लाने की दृष्टि से अपनी परिचर्चा की प्रक्रिया को तीव्र करने के लिए लालायित हैं। यह न केवल विज्ञान के अग्रणी क्षेत्रों में बल्कि रोग, भूख तथा गरीबी की चुनौतियों को दूर करने में संयुक्त अनुसंधान तथा तकनीकी विकास के लिए ढाँचा उपलब्ध कराएगा और अनुसंधान और विकास के लाभों को साझा करने के लिए उद्यमियों, निवेशकों,

वैज्ञानिकों तथा परंपरागत ज्ञान रखनेवालों को एक मंच पर लाएगा।

17. हम ई.यू. तथा भारत के बीच शैक्षिक संपर्कों को बढ़ाने के महत्त्व पर बल देते हैं और संस्कृति तथा शिक्षा के क्षेत्र में सहयोग को प्रोत्साहित करने की संभावनाओं की तलाश करने के लिए भी सहमत हैं।

18. हम इस धारणा पर अडिग हैं कि विकासात्मक सहयोग का प्रमुख लक्ष्य साक्षरता तथा स्वास्थ्य के मानकों को उन्नत कर मानवीय विकास में वृद्धि करना तथा प्रोत्साहित करना है और इससे जीवन की गुणवत्ता में प्रगतिशील उन्नति तथा मानवीय कष्टों को दूर करने में सहायता मिलेगी। सतत विकास के लिए ये महत्त्वपूर्ण इनपुट हैं। हम प्राथमिक शिक्षा, स्वास्थ्य सेवाओं तथा पर्यावरण सहित प्रमुख क्षेत्रों में अपने सहयोग को मजबूत करने की दिशा में कार्य करना जारी रखेंगे।

19. हम पर्यावरण की सुरक्षा तथा सतत विकास के प्रोत्साहन दोनों चुनौतियों से निपटने के लिए बहुपक्षीय सहयोग बढ़ाने के लिए प्रतिबद्ध हैं। हम जलवायु परिवर्तन सहित वैश्विक पर्यावरणीय मुद्दों की चुनौतियों से साझा तथा विभेदित उत्तरदायित्व के साथ निपटेंगे। हम संयुक्त सहयोगपरक परियोजनाओं की संभावनाओं को तलाश करने के लिए, पर्यावरणीय क्षेत्र में साझा पहल प्रोत्साहित करने हेतु एक संयुक्त कार्यकारी समूह संस्थापित करेंगे, तकनीक अंतरण की सुविधा तैयार करेंगे, सार्वजनिक तथा निजी क्षेत्रों में निवेश के अवसर विकसित करेंगे, पर्यावरण जागरूकता कार्यक्रम प्रारंभ करेंगे तथा बहुपक्षीय पर्यावरणीय मुद्दों पर समन्वयन सुविधा विकसित करेंगे।

20. हम जानते हैं कि दूरसंचार, ऊर्जा, परिवहन, सड़क, विमानपत्तन तथा बंदरगाह सहित अवसंरचना का तीव्र गति से विकास भारत के आर्थिक विकास के लिए महत्त्वपूर्ण है। हम इन सभी क्षेत्रों में अपने सहयोग को और अधिक बढ़ाने के लिए परस्पर प्रतिबद्ध हैं। हमें यह बताते हुए प्रसन्नता है कि हम एक संयुक्त नागरिक उड्डयन परियोजना के लिए एक वित्तीय समझौते पर हस्ताक्षर कर रहे हैं, जिससे इस महत्त्वपूर्ण क्षेत्र में सहयोग और अधिक बढ़ेगा।

21. ई.यू. भारत का सबसे बड़ा व्यापारिक साझेदार है। किंतु हम हमारे साझा दृष्टिकोण हैं कि ई.यू. तथा भारत के बीच द्विपक्षीय व्यापार तथा निवेश की वर्तमान मात्रा इसकी संभावना से काफी कम है। हम इस तथ्य के प्रति जागरूक हैं कि उद्योग तथा व्यापार की कड़ियाँ मजबूत करने में ई.यू. तथा भारत के बीच

और अधिक सहयोग की आवश्यकता है। अत: हमने ई.यू. तथा भारत के बीच माल तथा सेवाओं के प्रवाह को प्रोत्साहित करने और बढ़ाने के लिए संयुक्त रूप से कार्य करने का निश्चय किया है। इस संदर्भ में ई.यू. भारत द्वारा किए गए आर्थिक सुधारों का समर्थन करता है, जिससे व्यापार तथा निवेश के प्रति अधिक अनुकूल परिवेश तैयार होगा और इन प्रयासों की दिशा में भारत की प्रतिबद्धता में अधिक वृद्धि होगी। हमारा यह भी साझा दृष्टिकोण है कि हमारे आर्थिक विकास के लिए प्रत्यक्ष विदेशी निवेश एक महत्त्वपूर्ण भूमिका निभाता है। इस अर्थ में हम भारत में ई.यू. के निवेश को बढ़ाने के दृष्टिकोण से समस्त बाधाओं के निराकरण के महत्त्व पर सहमत हैं।

22. हम इस दृष्टिकोण से सहमत हैं कि आर्थिक वृद्धि तथा विकास की दिशा बढ़ते समय सतत उदारीकरण तथा संरक्षणवादी प्रवृत्ति का विरोध महत्त्वपूर्ण है। हमारी एक मुक्त, न्यायोचित तथा गैर–विभेदकारी बहुपक्षीय व्यापारिक व्यवस्था के प्रति साझा प्रतिबद्धता है और हम इसे सशक्त करने के लिए साथ मिलकर कार्य करेंगे।

23. हम बहुपक्षीय व्यापारिक व्यवस्था के समस्त सदस्यों के हित को ध्यान में रखनेवाले एजेंडे पर आधारित व्यापारिक उदारीकरण को गति देने तथा डब्ल्यू. टी.ओ. को सशक्त करने के महत्त्व पर बल देते हैं। एक ओर जहाँ हमें ज्ञात है कि भावी डब्ल्यू.टी.ओ. वार्त्ता के क्षेत्र पर अब तक कोई सर्वसम्मति नहीं है तो हम इस पर सहमत हैं कि ऐसी किसी भी वार्त्ता का लक्ष्य बाजार तक पहुँच बनानेवाला, डब्ल्यू.टी.ओ. के नियमों तथा शर्तों को विकसित और सशक्त करनेवाला, आर्थिक वृद्धि, विकासपरक आवश्यकताओं तथा विकासशील देशों की व्यापारिक व्यवस्था में एकीकरण को सहारा देनेवाला तथा सतत विकास के लक्ष्य में सहयोग देनेवाला होना चाहिए। इस संदर्भ में विकासशील देशों की बाजार में पहुँच बढ़ाने को विशेष महत्त्व दिया जाना चाहिए। भारत तथा ई.यू. बल देते हैं कि इस लक्ष्य को प्राप्त करने के लिए सुविचारित तैयारी की आवश्यकता होगी। हम पूर्वनिर्मित एजेंडे के तहत रचनात्मक वार्त्ता के प्रति समस्त सदस्यों की प्रतिबद्धता को भी महत्त्व देते हैं, जिसमें कृषि तथा सेवाएँ शामिल हैं और विकासशील देशों की क्रियान्वयन संबंधी चिंताओं का समाधान यथाशीघ्र ढूँढ़ने के महत्त्व पर सहमत हैं।

24. हम सहमत हैं कि डब्ल्यू.टी.ओ. के मामलों पर हमारा द्विपक्षीय सहयोग एक

अधिक ठोस तथा विन्यसित आधार पर होना चाहिए। अत: हमने अपने वरिष्ठ अधिकारियों को इस विशेष दृष्टिकोण के साथ डब्ल्यू.टी.ओ. से संबंधित सभी मामलों पर वर्ष में कम-से-कम दो बार एक नियमित उच्चस्तरीय वार्त्ता करने का निर्देश दिया है वे उन साझा उपागमों की पहचान करें, जिससे भारत तथा ई.यू. इन मामलों का समाधान कर सकें। इस प्रकार भारत तथा ई.यू. डब्ल्यू. टी.ओ. की सीमा के भीतर अपने परंपरागत सहयोग को सशक्त कर सकते हैं। ❑

परिशिष्ट-2

सीसिलिया माल्मस्ट्रॉम का श्री लैंग को पत्र, दिनांक 1 अप्रैल, 2016

सेसिलिया माल्मस्ट्रॉम

यूरोपीय आयोग की सदस्य

प्रिय श्री लैंग,

30 मार्च, 2016 को ब्रुसेल्स में ई.यू.-भारत सम्मेलन संपन्न हुआ। मैं समझती हूँ कि अनेक इंटा सदस्य विशेष रूप से भारत के साथ मुक्त व्यापार समझौते की वार्त्ता के पुनरारंभ के परिप्रेक्ष्य में इस सम्मेलन के परिणामों के विषय में उत्सुक हैं।

डी.जी. ट्रेड में मेरी कैबिनेट तथा सेवा सदैव ई.यू.-भारत संबंधों पर तथा भारत के इंटा निगरानी समूह में ई.यू.-भारत संबंधों पर ई.पी. द्वारा आयोजित किसी भी परिचर्चा में भाग लेने के लिए सदैव तैयार रही है। दुर्भाग्यवश 4 मार्च, 2015 को निगरानी समूह की विधायक बैठक के अतिरिक्त कोई भी अन्य इंटा निगरानी समूह की बैठक आयोजित नहीं की गई, किंतु मैं समझती हूँ कि अनौपचारिक संपर्कों के माध्यम से ई.यू.-भारत एफ.टी.ए. पर परिचर्चा की प्रगति के विषय में यह नियमित सूचना मिलती रही कि मेरी सेवाएँ ई.पी. सेक्रेटरिएट के साथ थीं और मैंने इंटा समिति के साथ अपनी बैठकों में इन वार्त्ताओं पर सदैव प्रश्नों के उत्तर दिए हैं।

यह आयोग भारत के साथ एक व्यापक तथा महत्त्वाकांक्षी मुक्त व्यापार समझौते पर वार्त्ता के लिए पूर्णतः प्रतिबद्ध रहा है जिसमें दोनों पक्षों को ठोस लाभ प्रदान करने की संभावना है। यह स्थिति स्पष्ट रूप से ए.एच. हेतु आयोग संचार व्यापार में निहित है। इस स्थिति से भारतीय पक्ष को सभी अवसरों तथा बैठकों से अवगत कराया गया है।

यद्यपि एफ.टी.ए. वार्त्ताएँ कभी औपचारिक रूप से लंबित नहीं थीं, किंतु दुर्भाग्यवश 2013 की ग्रीष्म ऋतु में वास्तव में इन्हें रोक दिया गया। ई.यू. के सदस्य राष्ट्रों द्वारा समर्थित ई.यू. का दृष्टिकोण सदैव यह रहा है कि वार्त्ताएँ तभी प्रारंभ करनी चाहिए, जब उन प्रमुख लंबित मुद्दों पर पर्याप्त प्रगति हो चुकी हो, जिसने विगत में निष्कर्ष पर पहुँचने से पूर्व वार्त्ता को रोक दिया हो। हम नौ वर्षों की अपूर्ण वार्त्ताओं (ढाई वर्षों तक कोई भी वार्त्ता न होने

सहित) के पश्चात् मिथ्या अपेक्षाओं से बचने के क्रम में इसका श्रेय अपने निर्वाचक संघों को देते हैं और यथासंभव यह सुनिश्चित करना चाहते हैं कि प्रारंभ की जानेवाली वार्त्ताएँ अपने सफल निष्कर्ष तक पहुँचेंगी।

मैं स्वयं भारतीय व्यापार मंत्री सुश्री सीतारमण से जून 2015 में ओ.ई.सी.डी. मंत्रिस्तरीय बैठक में मिली। उस अवसर पर हम इन महत्त्वपूर्ण वार्त्ताओं को आगे बढ़ाने की संभावनाओं के क्रम में परिचर्चा प्रारंभ करने के लिए प्रमुख वार्त्ताकारों की आवश्यकता पर सहमत थे। केवल तभी 18 जनवरी, 2016 को प्रमुख वार्त्ताकारों के मध्य एक बैठक संपन्न हुई, क्योंकि भारत ने हाल की किसी अन्य बैठक के लिए स्पष्ट रूप से मना कर दिया। यह उस निर्णय से जुड़ा था, जिसे जुलाई 2015 में हैदराबाद में जी.वी.के. प्रयोगशाला द्वारा चिकित्सकीय रूप से परीक्षित समस्त औषधीय उत्पादों के विपणन प्राधिकार निलंबित करने के लिए आयोग ने लिया था, जिसने जाली इलेक्ट्रोकार्डियोग्रामों का उपयोग किया था। इसके पश्चात् प्रमुख वार्त्ताकार भारतीय वाणिज्य सचिव सुश्री तेवतिया तथा डी.जी. व्यापार महानिदेशक श्री देमार्ती के बीच 22 फरवरी, 2016 को ब्रुसेल्स में बैठक आयोजित कराने के लिए नियमित रूप से संपर्क थे। उस बैठक के बाद प्रमुख वार्त्ताकार पुनः सम्मेलन के प्रदेशों की परिचर्चा तथा वार्त्ता के लिए संपर्क में रहे। मेरी कैबिनेट और मैं इस प्रक्रिया को अत्यंत बारीकी से देख रहे थे और हमने आवश्यक परिचालन तथा निर्देशन उपलब्ध कराया।

स्वयं इस सम्मेलन में नेता अंततः वार्त्ताओं को पुनः प्रारंभ करने की दिशा में प्रमुख लंबित मुद्दों पर कुछ प्रगति लानेवाली ठोस कारवाइयों के अन्वेषण के क्रम में राजनीतिक स्तर पर भी द्विपक्षीय परिचर्चा को तीव्र करने के लिए सहमत थे। नेता इस वर्ष सितंबर में होनेवाले जी–20 सम्मेलन के ढाँचे के तहत अगली बैठक में प्रगति की समीक्षा के लिए भी सहमत थे।

दुर्भाग्यवश भारत व्यापार मंत्रियों के स्तर पर नियमित बैठक प्रारंभ करने के माध्यम से संवाद को प्रखर बनाने के लिए हमारे सुझावों पर सहमत नहीं हुआ। मुझे भारत की इस स्थिति पर खेद है, क्योंकि यह मंच न केवल हमारे बीच विभिन्न व्यापारिक बाधाओं को दूर करने के अवसर उपलब्ध करा सकता था, बल्कि राजनीतिक स्तर पर भी एफ.टी.ए. की वार्त्ता प्रक्रिया को भी गति दे सकता था। हमने ऑटोमोटिव के लिए समर्पित विशेषज्ञ समूह सृजित करने का भी प्रस्ताव रखा, जिससे हमें एफ.टी.ए. के लिए प्रासंगिक इस महत्त्वपूर्ण क्षेत्र के समाधान की दिशा में एक नवीन प्रोत्साहन की आशा थी। भारत पुनः इसके लिए तैयार नहीं हो सका किंतु एफ.टी.ए. वार्त्ता को बिना शर्त जारी रखने पर अड़ा रहा।

मैं सहमत हूँ कि भारत के साथ संबंध बनाए रखना लाभप्रद है और मैं वाणिज्य मंत्री के साथ अगली बैठक के लिए आशान्वित हूँ। मुझे आशा है कि हमारे नेताओं की अगली

बैठक में प्रगति को हमारी मुख्य माँगों पर प्रगति हो सकती है, जिससे हम वार्त्ता के माध्यम से आगे बढ़ने का मार्ग प्रशस्त हो सकेगा। इनमें विशेष रूप से कारों, कार के कलपुर्जों तथा वाइन और स्प्रिट पर शुल्क समाप्त/कम करने, भारतीय सार्वजनिक खरीददारी के बाजार तक उन्नत पहुँच, भौगोलिक संकेतों के सरलीकृत पंजीकरण तथा वैधानिक सेवाओं, लेखा तथा नौवहन सेवाओं जैसे कुछ सेवा क्षेत्रों के उदारीकरण पर परिचर्चा के लिए भारतीय उत्सुकता शामिल हैं।

अब तक भारत ने इनमें से किसी भी मुद्दे पर लचीला रुख प्रदर्शित नहीं किया है, किंतु तथाकथित सेवाएँ मोड-4 के अधीन भारतीय कुशल पेशेवरों की ई.यू. तक अस्थायी पहुँच हेतु अपने बार-बार के निवेदन और भारत को 'डाटा सुरक्षित' देश के रूप में ई.यू. द्वारा मान्यता प्रदान की आवश्यकता के द्वारा अपनी माँगों पर बल दिया है। इस परिप्रेक्ष्य में राष्ट्रपति जुकर ने हालिया सम्मेलन में प्रमुख भारतीय माँगों पर लचीलेपन की संभावनाएँ तलाश करने के लिए हमारी तत्परता सुनिश्चित की है, बशर्ते हमें भारत की ओर से हमारी माँगों पर प्रगति की इच्छाशक्ति दिखाई दे।

किंतु इस स्थिति में हम भारत के कितना दे सकते हैं इसकी व्यावहारिकता जानने की आवश्यकता है। जैसा कि आप जानते होंगे, सर्विस मोड-4 के क्षेत्र में दी जानेवाली छूट वैयक्तिक ई.यू. सदस्य राष्ट्रों द्वारा दी जाती है। जब वार्त्ताएँ एकदम से अवरुद्ध हो चुकी थीं तो ई.यू. ने भारत के सम्मुख ऐसा महत्त्वाकांक्षी प्रस्ताव दिया, जिसे अब तक हमने अपने किसी अन्य व्यापारिक सहयोगी को नहीं दिया। पिछली परिचर्चा के दौरान भारत ने हमारे मूल प्रस्ताव को 'दोगुना' करने तथा वैयक्तिक ई.यू. सदस्य राष्ट्रों द्वारा सांख्यिक कोटा के आवंटन को समाप्त करने के लिए कहा, इस प्रकार भारत उन ई.यू. सदस्य राष्ट्रों में किसी सहमत कोटा का लाभ उठाने के लिए स्वतंत्र हो जाता, जिसमें वे सर्वाधिक रुचि रखते थे। वर्तमान में और विशेष रूप से ऐसी स्थिति में, जहाँ भारत हमारी किसी प्रमुख माँग को स्वीकार नहीं कर रहा है, भारत की इस माँग को स्वीकार करना कठिन है।

भारत के 'डाटा प्रचुरता' के निवेदन को समायोजित करने के लिए मेरी चिंताएँ इसी प्रकार हैं, अर्थात् ई.यू. मानता है कि भारत व्यक्तिगत डाटा की पर्याप्त स्तर तक सुरक्षा उपलब्ध कराता है। यह निर्णय केवल उसी स्थिति में लिया जा सकता है, जब ई.यू. को प्रतीत हो कि भारत में डाटा सुरक्षा का स्तर ई.यू. कानूनों के अधीन प्रावधानों के समतुल्य है। डाटा सुरक्षा ई.यू. में एक मौलिक अधिकार है और किसी तीसरे देश को डाटा की पर्याप्तता स्वीकार करने का निर्णय केवल राजनीतिक आधारों पर और यहाँ तक कि एफ.टी.ए. की परिचर्चाओं के ढाँचे से भी कम पर नहीं लिया जा सकता। इसके बावजूद हमने कुछ ई.यू. सदस्य राष्ट्रों तथा भारत में डाटा सुरक्षा प्राधिकरणों से निर्मित एक कार्यकारी समूह

के निर्माण का समर्थन किया है। वर्तमान में इस कार्यकारी समूह की प्रगति उस आवश्यक सूचना पर निर्भर करती है, जिसे भारतीय प्राधिकरणों ने इस कार्यकारी समूह में ई.यू. के सदस्य राष्ट्रों के प्रतिनिधियों को अब तक उपलब्ध नहीं कराया है। हम इस कार्यकारी समूह को नई गति देने के लिए तत्पर हैं, किंतु एफ.टी.ए. की वार्त्ताओं के साथ इस गतिशीलता को प्रतिस्थापित नहीं कर सकते।

मैं इस मामले पर आपसे तथा इंटा समिति से परिचर्चा के लिए आशान्वित हूँ।

आभार सहित,

सीसिलिया माल्मस्ट्रॉम

प्रतिलिपि : मार्टिन शुल्ज, यूरोपीय संसद् के अध्यक्ष

01.04.2016

❑

परिशिष्ट-3

चौदहवें भारत-ई.यू. सम्मेलन का संयुक्त वक्तव्य, नई दिल्ली, 6 अक्तूबर, 2017

1. भारत तथा यूरोपीय संघ (ई.यू.) के मध्य चौदहवाँ वार्षिक सम्मेलन 6 अक्तूबर, 2017 को नई दिल्ली में आयोजित हुआ। भारत गणराज्य का प्रतिनिधित्व प्रधानमंत्री श्री नरेंद्र मोदी द्वारा किया गया। ई.यू. का प्रतिनिधित्व यूरोपीय परिषद् के अध्यक्ष श्री डोनाल्ड टस्क तथा यूरोपीय आयोग के अध्यक्ष श्री जीन क्लाड जंकर द्वारा किया गया।

2. इन नेताओं ने भारत-ई.यू. रणनीतिक साझेदारी के तहत व्यापक सहयोग की समीक्षा की। भारत तथा ई.यू. को स्वाभाविक साझेदार मानते हुए नेताओं ने साझा सिद्धांतों तथा लोकतांत्रिक मूल्यों, स्वतंत्रता, कानून के नियम तथा मानव अधिकारों के प्रति सम्मान और राष्ट्रों की क्षेत्रीय अखंडता पर आधारित भारत-ई.यू. रणनीतिक साझेदारी को बढ़ाने तथा सशक्त करने की अपनी प्रतिबद्धता दुहराई।

3. नेताओं ने एक्शन 2000 के भारत-ई.यू. एजेंडे के क्रियान्वयन की प्रगति पर संतोष व्यक्त किया, जो कि तेरहवें भारत-ई.यू. सम्मेलन के दौरान द्विपक्षीय सहयोग का पथ प्रशस्त करने के लिए तैयार किया गया था।

4. नेता जलवायु परिवर्तन तथा प्रवासन और शरणार्थी संकट सहित अपने व्यापारिक सहयोग में वृद्धि, दोनों दिशाओं में निवेश के प्रवाह में वृद्धि तथा वैश्विक और क्षेत्रीय मुद्दों पर संवाद की व्यापकता द्वारा भारत-ई.यू. के रणनीतिक साझेदारी को और अधिक मजबूत करने के लिए परिणामोन्मुखी एवं पारस्परिक लाभ के लिए कार्य करने तथा इन क्षेत्रों में अपने द्विपक्षीय एवं बहुपक्षीय सहयोग को मजबूत करने के संकल्प पर सहमत हुए।

5. इन नेताओं ने महत्त्वपूर्ण क्षेत्रों और विशेष रूप से जलवायु काररवाई तथा नवीकरणीय ऊर्जा के क्षेत्र में भारत में यूरोपीय इन्वेस्टमेंट बैंक की सशक्त वचनबद्धता का समर्थन किया।

6. इन नेताओं ने भारत–ई.यू. सहयोग तथा पारस्परिक समझ में वृद्धि के लिए नियमित उच्चस्तरीय वार्त्ता के महत्त्व का उल्लेख किया। उन्होंने 21 अप्रैल, 2017 को नई दिल्ली में भारत–ई.यू. विदेश मंत्रियों के सफल परिणाम का उल्लेख किया।

विदेश नीति तथा सुरक्षा सहयोग-सुरक्षा के साझेदार

7. वे सहमत थे कि विश्व के सबसे बड़े लोकतंत्र के रूप में भारत तथा ई.यू. एक साथ मिलकर तथा समस्त प्रासंगिक देशों के साथ एक नियम आधारित अंतरराष्ट्रीय व्यवस्था के तहत कार्य करने की इच्छा साझा करते हैं, जिसमें अंतरराष्ट्रीय मानदंडों का अनुपालन, वैश्विक शांति तथा स्थिरता हो और अंतर्संबंधित तथा बहु–ध्रुवीय विश्व के समस्त भागों में समावेशी वृद्धि तथा सतत विकास को प्रोत्साहन मिलता हो। उन्होंने समकालीन वैश्विक मुद्दों पर बढ़ते हुए झुकाव का स्वागत किया और समस्त बहुपार्श्वीय क्षेत्रों में भारत–ई.यू. संबंधों को बढ़ाने पर सहमत हुए। उन्होंने अंतरराष्ट्रीय शांति तथा सुरक्षा और एक मुक्त तथा समावेशी अंतरराष्ट्रीय व्यवस्था सुनिश्चित करने की दिशा में अपने साझा उत्तरदायित्व को भी पहचाना।

8. इन नेताओं ने संघर्ष रोधन तथा सतत शांति को सुरक्षा तथा समृद्धि के मौलिक पहलू तथा अस्त्र अप्रसार एवं निःशस्त्रीकरण को प्रोत्साहित करने के रूप में देखते हुए इनके प्रति अपनी प्रतिबद्धता सुनिश्चित की और वैश्विक हितों जैसे समुद्री मार्गों, साइबर क्षेत्र तथा बाह्य क्षेत्र की सुरक्षा तथा संरक्षण और आतंकवाद के खतरे से निपटने के लिए वैश्विक समुदाय की एकजुटता की आवश्यकता पर सहमत हुए। उन्होंने राजनीतिक तथा सुरक्षा क्षेत्र में सहयोग को और अधिक बढ़ानेवाले प्लेटफॉर्म अर्थात् पाँचवीं भारत–ई.यू. विदेश नीति तथा सुरक्षा परामर्श, जो कि 25 अगस्त, 2017 को नई दिल्ली में आयोजित हुआ था, का भी स्वागत किया।

9. नेताओं ने आर्थिक वृद्धि तथा नवाचार को बढ़ाते हुए एक मुक्त, स्वतंत्र, सुरक्षित, स्थायी, शांतिपूर्ण तथा पहुँच योग्य साइबर स्पेस के प्रति अपनी प्रतिबद्धता

दुहराई। नेताओं ने विशेष रूप से दुहराया कि अंतरराष्ट्रीय कानून साइबर स्पेस के लिए प्रयोज्य है और यह कि साइबर स्पेस के लिए अंतरराष्ट्रीय कानून की प्रयोज्यता तथा देशों के उत्तरदायी मानदंड स्थापित करने पर सतत तथा गहन विचार-विमर्श की आवश्यकता है। नेताओं ने 23-24 नवंबर को नई दिल्ली में पाँचवें वैश्विक साइबर स्पेस सम्मेलन के आयोजन का स्वागत किया। नेताओं ने कहा कि द्विपक्षीय साइबर संवाद ने वर्तमान तथा भावी सहयोग हेतु एक सशक्त नींव उपलब्ध कराई है तथा उन्होंने इस वर्ष 29 अगस्त को नई दिल्ली में इसके हालिया चरण तथा 2018 में ब्रुसेल्स में होनेवाले अगले साइबर संवाद का स्वागत किया।

10. इन नेताओं ने आतंकवाद तथा उग्रवाद द्वारा आरोपित वैश्विक खतरे के विषय में अपनी साझा चिंताओं का उल्लेख करते हुए विश्व के अनेक भागों में आतंकवादी हमलों की जोरदार शब्दों में निंदा की। उन्होंने अपने रणनीतिक तथा सुरक्षा सहयोग में वृद्धि करने के दृष्टिकोण से आतंकवाद का सामना करने में सहयोग पर एक संयुक्त वक्तव्य अपनाया और एक व्यापक उपागम पर आधारित आतंकवाद के सभी प्रारूपों तथा प्रकटनों का सामना करने के लिए अपनी सशक्त प्रतिबद्धता व्यक्त की। नेताओं ने नियमित द्विपक्षीय परामर्शों तथा अंतरराष्ट्रीय पटल के माध्यम से सहयोग स्थापित करने का संकल्प लिया। इस संदर्भ में उन्होंने नई दिल्ली में 30 अगस्त, 2017 को आयोजित आतंकवाद पर भारत-ई.यू. संवाद का स्वागत किया और उग्रवादीकरण के ऑनलाइन खतरों का सामना करना तथा प्रशिक्षण एवं कार्यशालाओं जैसे क्षमता निर्माण गतिविधियों सहित सूचना साझा करने और उत्तम संक्रियाओं के अवसर तलाशने के लिए संयुक्त प्रतिबद्धता प्रदर्शित की। उन्होंने संयुक्त राष्ट्र तथा वित्तीय कारखाई कार्यबल (एफ.ए.टी.एफ.) में सहयोग की आवश्यकता पर भी बल दिया।

11. दोनों पक्षों ने 18 जुलाई, 2017 को नई दिल्ली में आयोजित भारत-ई.यू. गैर-अप्रसार तथा निःशस्त्रीकरण संवाद में रेखांकित वैश्विक अस्त्र-अप्रसार को सशक्त करने की अपनी प्रतिबद्धता पुनः दुहराई। ई.यू. ने भारत के मिसाइल टेक्नोलॉजी कंट्रोल रिजाइम (एम.टी.सी.आर.) में प्रवेश पर उसे बधाई दी। ई.यू. ने हेग कोड ऑफ कंडक्ट अगेंस्ट बैलिस्टिक मिसाइल प्रोलिफरेशन (एच.जी.ओ.सी.) में शामिल होने पर भारत का स्वागत किया और भारत को नाभिकीय आपूर्तिकर्ता समूह, वैश्विक अस्त्र अप्रसार को मजबूत करनेवाले संस्था वैसेनार अरेंजमेंट एंड ऑस्ट्रेलिया ग्रुप में शामिल करने की बात जोरदार ढंग से उठाई।

12. भारत तथा ई.यू. ने हिंद महासागर में तथा इससे परे समुद्री सुरक्षा सहयोग के प्रति अपनी प्रतिबद्धता दुहराई। दोनों पक्षों ने हाल ही में सोमालिया के तट पर ई.यू. नौसेना तथा भारतीय नौसेना के संयुक्त युद्धाभ्यास (पैसेक्स) का नौसैनिक सहयोग का एक सफल उदाहरण बताया। ई.यू. निकट भविष्य में विश्व खाद्य कार्यक्रम जलयान भेजने में भारत की संभावित साझेदारी की प्रतीक्षा में है। उन्होंने विशेष रूप से संयुक्त राष्ट्र समुद्री कानून समझौते (यू.एन.सी.एल.ओ.एस.) 1982 जैसे वैश्विक रूप से मान्यताप्राप्त अंतरराष्ट्रीय कानून के अनुसार जहाजरानी, वायुमार्ग की स्वतंत्रता तथा विवादों के शांतिपूर्ण निपटारे का भी उल्लेख किया। दोनों नेताओं ने 'नीली अर्थव्यवस्था' के प्रसंग में सुरक्षा, स्थायित्व, संपर्क तथा महासागरों और सागरों के सतत विकास के महत्त्व का उल्लेख किया।

13. दोनों पक्ष पृथ्वी पर्यवेक्षण सहित भारत–ई.यू. अंतरिक्ष सहयोग को बढ़ाने पर सहमत हुए।

14. भारत तथा ई.यू. ने जीवन के प्रत्येक क्षेत्र में लैंगिक समानता तथा महिला सशक्तीकरण सहित मानव अधिकारों पर सहयोग में अपनी संलग्नता के महत्त्व को दुहराया। इस संबंध में उन्होंने नई दिल्ली में आयोजित होनेवाले अपने अगले सत्र के संवाद में इसे शामिल करने की आशा जताई और संयुक्त राष्ट्र महासभा एवं संयुक्त राष्ट्र मानव अधिकार परिषद् जैसे अंतरराष्ट्रीय मंच में अंतर्क्रिया बढ़ाने का समर्थन किया।

15. दोनों पक्षों ने अफगानी नेतृत्व तथा अफगानी स्वामित्व की राष्ट्रीय शांति एवं समन्वय स्थापित करने के लिए अफगान सरकार तथा अफगानी जनता के प्रयासों को समर्थन देने की बात कही। दोनों पक्षों ने आतंकवाद तथा हिंसक उग्रवाद को अंतरराष्ट्रीय शांति तथा स्थायित्व को मौलिक खतरा मानते हुए इसके सभी प्रारूपों का सामना करने की दृढ़ता दुहराई। भारत तथा ई.यू. अफगानिस्तान में शांति, सुरक्षा तथा समृद्धि सुनिश्चित करने के लिए एक राजनीतिक प्रक्रिया तथा इसके प्रतिफल का सम्मान, समर्थन तथा प्रोत्साहन देने के लिए क्षेत्रीय तथा प्रमुख अंतरराष्ट्रीय हितधारकों के महत्त्व को रेखांकित किया। ई.यू. ने सामाजिक तथा आर्थिक अवसंरचना, प्रशासनिक संस्थानों तथा मानव संसाधन विकास एवं क्षमता निर्माण सहित अफगानिस्तान में भारत द्वारा विकासात्मक सहायता प्रदान करने की सकारात्मक भूमिका की प्रशंसा की। दोनों पक्षों ने शांति, सुरक्षा तथा

स्थायित्व और अफगानिस्तान को आत्मनिर्भर एवं समृद्ध बनाने के लिए इसके विकास को प्रोत्साहित करने के प्रति अपनी प्रतिबद्धता दुहराई।

16. भारत तथा ई.यू. ने म्याँमार के रखाइन प्रांत में हाल की हिंसक घटनाओं के प्रति अपनी चिंता व्यक्त की, जिससे इस राज्य से अनेक लोगों को पलायन करना पड़ा, जिसमें से भारी संख्या में लोगों ने पड़ोसी देश बांग्लादेश में शरण ली। दोनों पक्षों ने संज्ञान लिया कि यह हिंसा अराकान रोहिंग्या साल्वेशन आर्मी (ए.आर. एस.ए.) द्वारा अनेक हमलों से प्रेरित थी, जिसमें सुरक्षा बलों के साथ-साथ नागरिकों को भी अपनी जान गँवानी पड़ी। दोनों पक्षों ने रखाइन प्रांत में अविलंब हिंसा समाप्त करने तथा स्थिति सामान्य बनाने की आवश्यकता पर बल दिया। इन नेताओं ने सभी समुदायों के विस्थापितों की उत्तरी रखाइन प्रांत में वापसी सुनिश्चित करने के लिए म्याँमार प्रशासन से कोफी अन्नान के नेतृत्ववाले रखाइन परामर्शदाता आयोग के सुझावों को क्रियान्वित करने का निवेदन किया। भारत तथा ई.यू. ने लोगों की आवश्यकताएँ पूरी करने के लिए बांग्लादेश द्वारा मानवीय सहायता बढ़ाने की भूमिका की भी प्रशंसा की।

17. भारत तथा ई.यू. ने ईरानी नाभिकीय मुद्दे से संबंधित संयुक्त व्यापक कार्य योजना (जे.जी.पी.ओ.ए.) के पूर्णतः सतत क्रियान्वयन को अपना समर्थन देने की बात दुहराई। उन्होंने अंतरराष्ट्रीय परमाणु ऊर्जा एजेंसी (आई.ए.ई.ए.) द्वारा सुनिश्चित इस सूचना को मान्यता दी कि ईरान अपनी नाभिकीय संबंधी जे.सी.पी.ओ.ए. प्रतिबद्धताओं का अनुपालन कर रहा है। भारत तथा ई.यू. ने उस सौदेबाजी के पूर्ण एवं प्रभावी क्रियान्वयन की माँग की, जिसे संयुक्त राष्ट्र सुरक्षा परिषद् ने समर्थन दिया है, जो अस्त्र अप्रसार ढाँचे तथा अंतरराष्ट्रीय शांति, स्थायित्व तथा सुरक्षा में एक महत्त्वपूर्ण योगदान है।

18. दोनों पक्षों ने 3 सितंबर, 2017 को डी.पी.आर.के. द्वारा संचालित नाभिकीय परीक्षण की निंदा की, जो कि डी.पी.आर.के. की अंतरराष्ट्रीय प्रतिबद्धताओं का एक अन्य प्रत्यक्ष तथा अस्वीकार्य उल्लंघन था। वे सहमत थे कि डी.पी.आर.के. का सतत जारी नाभिकीय एवं बैलिस्टिक मिसाइल कार्यक्रम तथा इसके प्रसार अंतरराष्ट्रीय शांति तथा सुरक्षा के लिए गंभीर खतरा हैं और उन्होंने कोरियाई प्रायद्वीप के पूर्ण, सत्यापनीय, अपरिवर्तनीय विपरमाणवीकरण की माँग की, जैसा कि यू.एन.एस.सी. तथा छह दलीय वार्त्ता द्वारा समर्थित है। दोनों पक्षों ने डी.पी. आर.के. के नाभिकीय तथा मिसाइल कार्यक्रमों को समर्थन देनेवाले लोगों को

इसका उत्तरदायी ठहराया। उन्होंने समस्त अंतरराष्ट्रीय समुदाय द्वारा यू.एन.एस.सी. के सभी प्रतिबंधों के सुनिश्चितीकरण द्वारा इस चुनौती से निपटने में अंतरराष्ट्रीय समुदाय की एकजुटता पर बल दिया, ताकि संवाद के माध्यम से एक शांतिपूर्ण एवं व्यापक समाधान के प्रति दबाव बढ़ाया जा सके।

19. सीरिया की स्थिति के विषय में भारत तथा ई.यू. ने संयुक्त राष्ट्र के नेतृत्ववाली जेनेवा प्रक्रिया की सर्वोपरिता की बात दुहराई और सीरिया में राजनीतिक समाधान को प्रोत्साहित करने की दृष्टि से अंतरा-सीरियाई वार्त्ता हेतु पूर्ण समर्थन की माँग की। नागरिकों तथा क्षेत्रीय अखंडता की सुरक्षा अनिवार्य है। संघर्षरत सभी पक्षों और उनके समर्थकों से उनकी प्रतिबद्धताओं के अनुपालन की अपेक्षा है। भारत तथा ई.यू. ने पुनः दुहराया कि केवल यू.एन.एस.सी.आर. 2254 तथा 2012 की जेनेवा विज्ञप्ति में परिभाषित विश्वसनीय राजनीतिक समाधान ही सीरिया में स्थायित्व सुनिश्चित करेगा और सीरिया में दाएश तथा अन्य संयुक्त राष्ट्र द्वार निर्दिष्ट आतंकवादी समूहों की निर्णायक पराजय सुनिश्चित करेगा। भारत तथा ई.यू. इस पर सहमत हुए कि 2018 के वसंत का द्वितीय ब्रुसेल्स सम्मेलन सीरिया में अंतरराष्ट्रीय प्रतिबद्धता बनाए रखने में सहायक होगा।

20. मध्य-पूर्व शांति प्रक्रिया पर भारत तथा ई.यू. ने पक्षों को रचनात्मक ढंग से कार्य करने का आह्वान किया, ताकि मध्य-पूर्व में शांति तथा स्थायित्व के लिए संयुक्त राष्ट्र के प्रस्तावों, मैड्रिड सिद्धांतों, अरब शांति पहलों के अनुसार द्विराष्ट्र समाधान पर आधारित इजराइली-फिलिस्तीनी संघर्ष का न्यायोचित, स्थायी तथा व्यापक समाधान किया जा सके।

21. दोनों पक्षों ने लीबिया में राजनीतिक संकट के स्थायी समाधान के विकास हेतु संयुक्त राष्ट्र समर्थित लीबियाई नेतृत्व एवं लीबियाई स्वामित्व की राजनीतिक प्रक्रिया को अपना पूर्ण समर्थन देने की भी बात दुहराई। लीबिया में एक समावेशी सरकार तथा शांति एवं स्थायित्व की स्थापना संपूर्ण अंतरराष्ट्रीय समुदाय के हित में है।

22. भारत तथा ई.यू. ने आज के वैश्वीकृत संसार में संपर्क के महत्त्व को स्वीकार किया। उन्होंने रेखांकित किया कि संपर्क पहल वैश्विक स्तर पर मान्यताप्राप्त अंतरराष्ट्रीय मानदंडों, उत्तम प्रशासन, कानून के नियम, मुक्तता, पारदर्शिता तथा समानता पर आधारित होनी चाहिए और इन्हें वित्तीय उत्तरदायित्व, जवाबदेह ऋण वित्त संक्रियाओं, संतुलित पारिस्थितिक एवं पर्यावरणीय सुरक्षा, संरक्षण

मानकों तथा सामाजिक निरंतरता के सिद्धांतों का पालन करना चाहिए।

23. दोनों पक्षों ने ए.एस.ई.एम. (एसेम) को एशिया तथा यूरोप को जोड़ने हेतु एक अनौपचारिक प्लेटफॉर्म के रूप में रेखांकित किया। दोनों पक्ष ब्रूसेल में आयोजित किए जानेवाले अगले एसेम सम्मेलन में एसेम को नई गति देने पर भी सहमत हुए, जिसका केंद्र बिंदु साथ मिलकर वैश्विक चुनौतियों से निपटना होगा।

24. इन नेताओं ने संयुक्त राष्ट्र परिषद् प्रस्ताव 2202 (2015) के अनुसार सभी पक्षों द्वारा मिन्स्क समझौते के पूर्ण क्रियान्वयन के माध्यम से पूर्वी यूक्रेन में संघर्ष के कूटनीतिक समाधान को अपना सशक्त समर्थन देने की बात कही।

25. ई.यू. ने एम.वी. सीमैन गार्ड ओहियो के मामले में भारत में उचित कानूनी प्रक्रिया के माध्यम से शीघ्र समाधान निकलने की आशा व्यक्त की, जिसमें एक भारतीय न्यायालय द्वारा चौदह एस्टोनियाई तथा छह ब्रिटिश नागरिकों को जेल भेज दिया गया।

वैश्विक चुनौतियाँ-बहुपक्षीय सहयोग

26. दोनों पक्षों ने शांति तथा सुरक्षा, विकास और प्रबंधन सुधार के इन तीन सुधार क्षेत्रों में संयुक्त राष्ट्र के नवीन सुधार एजेंडे को अपना समर्थन देने की बात दुहराई। दोनों पक्षों की सशक्त वैश्विक व्यवस्था के प्रति प्रतिबद्धता भी संयुक्त राष्ट्र सुरक्षा परिषद् के व्यापक सुधारों के साथ-साथ महासभा के कार्य के सशक्तीकरण, 2030 के एजेंडे के अनुसार इसकी समितियों के कार्य की उत्तम संगतता सहित संयुक्त राष्ट्र प्रणाली के निकायों तथा अंगों में सुधार की भी व्याख्या करता है।

27. दोनों पक्ष उभरती अंतरराष्ट्रीय सुरक्षा, वैश्विक आर्थिक स्थिरता तथा विकास की चुनौतियों से निपटने के लिए जी-20, संयुक्त राष्ट्र तथा अन्य बहुपक्षीय मंच पर द्विपक्षीय ढंग से तथा साझेदारों के साथ कार्य करने पर सहमत हुए।

28. इन नेताओं ने सतत वृद्धि तथा विकास हासिल करने के लिए नियम-आधारित बहुपक्षीय व्यापार प्रणाली तथा स्वतंत्र, निष्पक्ष एवं मुक्त व्यापार की महत्त्वपूर्ण भूमिका की बात दुहराई। उन्होंने ग्यारहवें डब्ल्यू.टी.ओ. मंत्रिस्तरीय सम्मेलन को ठोस परिणामों सहित सफल बनाने के लिए डब्ल्यू.टी.ओ. के सभी सदस्यों के साथ मिलकर कार्य करने की प्रतिबद्धता दुहराई, जिससे नियम आधारित बहुपक्षीय व्यापार प्रणाली केंद्रीयता तथा मुक्त एवं समावेशी विश्व व्यापार हेतु

इसके महत्त्व की पुष्टि करेगी।

29. दोनों पक्षों ने सतत विकास हेतु 2030 के एजेंडा, विकास के पूरक ई.यू. नवीन ई.यू. सम्मति सहित इसके क्रियान्वयन के प्रति प्रतिबद्धता तथा भारत के 'सबका साथ सबका विकास' नीति की चर्चा की तथा सतत विकास एवं गरीबी उन्मूलन के लक्ष्यों को हासिल करने के लिए वैश्विक साझेदारी के महत्त्व की पुष्टि की। इस संबंध में उन्होंने साझा प्राथमिकताओं पर सहयोग के लिए अपनी प्रतिबद्धता दुहराई और ई.यू.-भारत विकास वार्त्ता की निरंतरता तलाशने की आशा जताई। दोनों पक्षों ने आपदा जोखिम न्यूनीकरण 2015-16 के सेंडाई ढाँचे के आपसी सहयोग से मजबूत करने की आवश्यकता को मान्यता दी।

30. ई.यू. ने संयुक्त राष्ट्र के शांति स्थापना मिशन में भागीदारी सहित अफ्रीका में शांति तथा विकास के लिए भारत के योगदान का स्वागत किया। ई.यू. तथा भारत ने अपनी संबद्ध पहलों के बीच संभावित सहक्रिया अनुकूलतम करने की दृष्टि से अफ्रीका के परिप्रेक्ष्य में अपने परामर्श तथा सहयोग बढ़ाने के लिए अपनी प्रतिबद्धता व्यक्त की। उन्होंने अगले ई.यू.-अफ्रीकी संघ सम्मेलन में भारत की भागीदारी एक पर्यवेक्षक के रूप में रहने की आशा व्यक्त की।

वर्धित व्यापार तथा आर्थिक सहयोग के माध्यम से साझेदारी-भारत के आधुनिकीकरण के साझेदार

31. ई.यू. के नेताओं ने आर्थिक तथा सामाजिक विकास को प्रोत्साहित करने के लिए भारत के प्रयासों की सराहना की और भारत के अग्रणी कार्यक्रमों जैसे 'मेक इन इंडिया', 'डिजिटल इंडिया', 'स्किल इंडिया', 'स्मार्ट सिटी', 'स्वच्छ भारत' तथा 'स्टार्ट-अप इंडिया' में ई.यू. की सतत रुचि अभिव्यक्त की। ई.यू. सरल, प्रभावी तथा राष्ट्रव्यापी अप्रत्यक्ष कर प्रणाली द्वारा भारत में व्यापार करने की सरलता तथा बाजार एकीकरण को प्रोत्साहन की सुविधा देनेवाले माल एवं सेवाएँ कर (जी.एस.टी.) के ऐतिहासिक क्रियान्वयन सहित प्रधानमंत्री मोदी के आर्थिक सुधारों को निकट से देख रहा है। प्रधानमंत्री मोदी ने अग्रणी योजनाओं में ई.यू. कंपनियों की जारी भागीदारी की प्रशंसा की और भारत की विकासपरक प्राथमिकताओं में उनके और अधिक सहयोग का आह्वान किया। ई.यू. नेताओं ने भारतीय व्यापारिक संगठनों को एंटरप्राइज यूरोप नेटवर्क में और अधिक भागीदारी करने के लिए प्रोत्साहित किया। नेताओं ने संसाधन दक्षता तथा वृत्तीय

अर्थव्यवस्था पर ई.यू.-भारत सहयोग में हुई प्रगति का उल्लेख किया। दोनों पक्ष बौद्धिक संपदा अधिकारों (आई.पी.आर.) तथा सार्वजनिक प्रापण के क्षेत्र में सहयोग बढ़ाने तथा अनुभव के विनिमय और उत्तम संक्रियाएँ बढ़ाने पर सहमत हुए।

32. नेताओं ने भारत तथा ई.यू. के बीच आर्थिक साझेदारी को मजबूत करने के प्रति अपनी साझा प्रतिबद्धता व्यक्त की और व्यापक तथा पारस्परिक लाभकारी भारत-ई.यू. वृहत् आधारित व्यापार तथा निवेश समझौते (बी.टी.आई.ए.) हेतु समयबद्ध ढंग से वार्त्ताएँ पुनः प्रारंभ करने के प्रति सक्रिय रूप से पुनः शामिल होने के लिए दोनों पक्षों के जारी प्रयासों का उल्लेख किया।

33. दोनों पक्षों ने सामान्य तौर पर कृषि उत्पादों तथा विशेष तौर पर चावल के व्यापार के महत्त्व को मान्यता दी और व्यापार को विकृत करनेवाले संभावित मुद्दों को सुलझाने के लिए सहमत हुए। ट्राइसाइक्लेजोल सहिष्णु चावल (आयोग विनियम (ई.यू.) 2017/983) के आयात के लिए अविलंब अतिरिक्त जोखिम मूल्यांकन के लिए यूरोपीय खाद्य सुरक्षा प्राधिकरण हेतु व्यवस्थित नवीन वैज्ञानिक डाटा प्रस्तुत करने के लिए संबद्ध पादप सुरक्षा कंपनियों को आमंत्रित किया जाएगा। इस आधार पर यूरोपीय आयोग तत्परता से उपर्युक्त विनियम की समीक्षा पर विचार करेगा। दोनों पक्षों ने ज्ञान तथा डाटा संग्रहण हेतु कार्य प्रणाली के क्षेत्र में विशेषज्ञता के विनिमय पर ध्यान केंद्रित करने के लिए यूरोपीय खाद्य सुरक्षा प्राधिकरण (ई.एफ.एस.ए.) तथा भारतीय खाद्य सुरक्षा एवं मानक प्राधिकरण (एफ.एस.एस.ए.आई.) के मध्य सहयोग के शीघ्र संस्थापन का समर्थन किया। इसके अतिरिक्त ई.यू. तथा भारत खाद्य सुरक्षा पर अपने सहयोग को और अधिक मजबूत करने के लिए विशेष रूप से निम्नलिखित माध्यमों द्वारा सहमत हुए—

- प्रासंगिक भारतीय मंत्रालयों/विभागों तथा प्रासंगिक यूरोपीय आयोग सेवाओं के बीच खाद्य सुरक्षा तथा कृषि व्यापार को कवर करने के लिए कृषि तथा समुद्री कार्यकारी समूह, एस.पी.एस.-टी.पी.बी. कार्यकारी समूह जैसे वर्तमान संवादों को मजबूत करना।
- परीक्षण तथा निगरानी सहित उत्तम कृषि क्रियाएँ, पहचान करने की क्षमताओं के विकास तथा प्रयोगशाला गतिविधियों में सहयोग जैसे क्षेत्रों में संयुक्त परियोजनाएँ प्रारंभ करना।
- ई.यू. भौगोलिक सूचक के रूप में बासमती के संरक्षण हेतु भारत के

आवेदन का स्वागत करेगा और यथाशीघ्र ऐसे किसी भावी आवेदन को संसाधित करेगा।

- जैसा कि भारत ने शुल्क अल्पीकरण हेतु गेट 1994 के अनुच्छेद 28 के तहत बासमती चावल की अतिरिक्त किस्मों को मान्यता देने हेतु पहले ही निवेदन किया है, भारत इस प्रक्रिया में ई.यू. के त्वरित पहल करने के इरादों का स्वागत करता है।

34. नेताओं ने भारत में ई.यू. के निवेशों हेतु एक निवेश सुविधा प्रणाली (आई.एफ.एम.) की स्थापना का व्यापारिक परिवेश उन्नत करने के साधन के रूप में स्वागत किया है और आशा व्यक्त की कि आई.एफ.एम. उत्तम संक्रियाओं तथा नवाचारी तकनीक को ई.यू. द्वारा भारत से साझा करने को सरल बनाएगा। नेताओं ने अभिस्वीकृति दी कि 'मेक इन इंडिया' नीति ई.यू. के सदस्य देशों की कंपनियों हेतु निवेश अवसरों का प्रस्ताव प्रदान करेगी।

35. नेताओं ने भारत में यूरोपियन इन्वेस्टमेंट बैंक (ई.आई.बी.) के दक्षिण एशियाई क्षेत्रीय प्रतिनिधि कार्यालय की स्थापना का स्वागत किया और उल्लेख किया कि विशेष रूप से नगरीय गतिशीलता तथा नवीकरणीय ऊर्जा परियोजनाओं में इसके निवेश जलवायु एजेंडे पर भारत-ई.यू. सहयोग को बल देगा। नेताओं ने बेंगलुरु मेट्रो चरण-II परियोजना हेतु नवीन 500 बिलियन यूरो ऋण का स्वागत किया, जो 2017 में प्रस्तावित भारत को दिए जानेवाले ई.आई.बी. के वर्धित 1.4 बिलियन यूरो ऋण का एक अंश है।

36. नेताओं ने जारी सकारात्मक परिचर्चाओं तथा आई.एस.ए. को 121 संभावित सदस्य देशों में वहनीय सौर ऊर्जा आवेदनों की व्यापक नियुक्ति हेतु गतिशील निवेशों को ध्यान में रखते हुए अंतरराष्ट्रीय सौर गठबंधन (आई.एस.ए.) तथा यूरोपीय इन्वेस्टमेंट बैंक (ई.आई.बी.) के बीच संयुक्त घोषणा के विनिमय का उल्लेख किया।

37. दोनों पक्षों ने स्वच्छ ऊर्जा तथा जलवायु परिवर्तन पर एक संयुक्त वक्तव्य स्वीकार किया, 2015 के पेरिस समझौते के तहत अपनी प्रतिबद्धताएँ दुहराईं और इस क्रियान्वयन को आगे बढ़ाने पर सहमत हुए। भारत तथा ई.यू. ने उल्लेख किया कि जलवायु परिवर्तन को ध्यान में रखना तथा सुरक्षित, वहनीय तथा सतत ऊर्जा की आपूर्ति प्रमुख साझा प्राथमिकताएँ हैं और 2016 के ई.यू.-भारत सम्मेलन में स्वीकृत स्वच्छ ऊर्जा तथा जलवायु परिवर्तन की

प्रगति का स्वागत किया, तथा अक्तूबर 2016 में ई.यू.-भारत एनर्जी पैनल मीटिंग में स्वीकृत कार्य योजना के अनुसार इसके क्रियान्वयन तथा विकास में वृद्धि के प्रति अपनी प्रतिबद्धता दुहराई।

38. भारत तथा ई.यू. ने तकनीकी नवाचार, ज्ञान की साझेदारी, क्षमता निर्माण, व्यापार तथा निवेश एवं परियोजना संस्थापन के माध्यम से विकास की लागत तथा नवीकरणीय ऊर्जा परियोजनाओं की लागत को कम करने के लिए पारस्परिक सहयोग की अपनी प्रतिबद्धता दुहराई।

39. नेताओं ने आर्थिक वृद्धि तथा पर्यावरण सुरक्षा समाधान के महत्त्व को पुनः दुहराया। उन्होंने एक ऐसे अधिक वृत्तीय आर्थिक मॉडल के महत्त्व को रेखांकित किया, जो प्राथमिक संसाधन उपभोग को कम करता हो तथा द्वितीयक कच्चे माल के उपयोग में वृद्धिकारक हो। उन्होंने इस संकटपूर्ण आर्थिक संक्रमण के लिए रणनीतियाँ विकसित करने हेतु अंतरराष्ट्रीय संसाधन पैनल, भारतीय पर्यावरण मंत्रालय, वन एवं जलवायु परिवर्तन (भारतीय संसाधन पैनल के माध्यम से) तथा राष्ट्रीय भारत परिवर्तन संस्थान (नीति आयोग) के योगदान की सराहना की। दोनों सहमत हुए कि नवगठित जी-20 संसाधन दक्षता संवाद वैश्विक स्तर पर ज्ञान के विनिमय तथा संसाधन दक्षता को संयुक्त रूप से प्रोत्साहित करने के लिए एक आदर्श प्लेटफॉर्म होगा। नेता जल संसाधन तथा वायु प्रदूषण जैसी पर्यावरणीय चुनौतियों से निपटने के लिए सहयोग में अधिक वृद्धि करने के लिए सहमत हुए, एक साझा काररवाई कार्यक्रम सहित भारत-ई.यू. जल साझेदारी के क्रियान्वयन में प्रगति का संज्ञान लिया, अनुसंधान तथा नवाचार पर सहयोग के अवसर बढ़ाने पर सहमत हुए तथा बाद के महीने में तृतीय भारत-ई.यू. जल मंच के आयोजन पर चर्चा की।

40. नेता यूरोपीय तथा भारतीय उद्योगों और स्टार्ट-अप इकोसिस्टम (पारिस्थितिक तंत्र) के मध्य सहयोग बढ़ानेवाली काररवाइयों के प्रति लक्षित नवाचार तथा तकनीकी विकास पर सहयोग बढ़ाने के कार्य पर सहमत हुए।

41. नेताओं ने ई.यू. द्वारा समर्थित तथा 5जी हेतु भावी वैश्विक मानदंड, कुशल परिवहन तंत्र, वस्तुओं के संजाल, भावी नेटवर्क तथा दूरसंचार सुरक्षा पर केंद्रित भारतीय तथा यूरोपीय दूरसंचार मानकीकरण निकायों (टी.एस.डी.एस.आई. तथा ई.टी.एस.आर.) के बीच वर्धित तकनीकी सहयोग का स्वागत किया। दोनों पक्षों ने इस सहयोग को व्यापक बनाने, ठोस तकनीकी समाधान प्रदर्शित करने तथा

'डिजिटल इंडिया' और 'यूरोप हेतु डिजिटल एकल बाजार' के मध्य संपर्क को मजबूत करने के लिए हितधारकों को प्रोत्साहित किया।

42. दोनों पक्षों ने इंटरनेट प्रशासन, दोनों पक्षों की आई.जी.टी. कंपनियों के मध्य व्यापार करने की सरलता बढ़ाने तथा 'स्टार्ट-अप यूरोप भारत नेटवर्क' के तहत भारतीय तथा यूरोपीय स्टार्ट-अप पारिस्थितिक तंत्र के बीच बैठकों के सकारात्मक विनिमय का उल्लेख किया।

43. दोनों पक्षों ने अधिक सुव्यवस्थित तथा स्थायी प्रशिक्षण परिवेश के सृजन द्वारा निरीक्षण पर विशेष रूप से केंद्रित नियामक प्रणाली की क्षमता निर्माण सहित फार्मास्यूटिकल्स के क्षेत्र में सहयोग में वृद्धि करने में अपनी रुचि सुनिश्चित की। भारतीय पक्ष ने भी समग्र फार्मास्यूटिकल मूल्य श्रृंखला के क्षमता निर्माण पर सहयोग हेतु अपनी रुचि को रेखांकित किया।

44. नेताओं ने 2016 में संयुक्त राष्ट्र के नवीन नगरीय एजेंडे को प्रोत्साहित करते हुए परिवहन तथा सफाई हेतु नगरीय अवसंरचना के उन्नयन, भारत में स्मार्ट शहरों के विकास जैसे प्राथमिक क्षेत्रों सहित सहयोग बढ़ाने के दृष्टिकोण से स्मार्ट तथा संवहनीय नगरीकरण हेतु साझेदारी पर भारत-ई.यू. संयुक्त वक्तव्य को अंगीकार किया।

45. ये नेता विज्ञान तथा तकनीक के अग्रणी क्षेत्रों तथा विशेष रूप से स्वास्थ्य, जल तथा स्वच्छ ऊर्जा जैसी वर्तमान वैश्विक चुनौतियों से निपटने में नवीन भारत-ई. यू. विज्ञान एवं तकनीक सहयोग समझौते के तहत सहयोग बढ़ाने पर सहमत हुए। उन्होंने जल संसाधनों पर बढ़ते दबाव के अनुरूप तकनीकी तथा वैज्ञानिक ज्ञान एवं प्रबंधन क्षमताओं पर सहयोग की बढ़ती आवश्यकता को ध्यान में रखते हुए जल संबंधी चुनौतियों पर 30 मिलियन यूरो के एक प्रमुख संयुक्त फ्लैगशिप पहल प्रारंभ करने के समझौते का स्वागत किया। दोनों पक्ष ई.यू. अनुसंधान एवं नवाचार ढाँचा कार्यक्रम 'हॉरिजन 2020' तथा भारतीय कार्यक्रमों के पारस्परिक प्रारंभ की दिशा में कार्य करने पर सहमत हुए और अनुसंधानकर्ताओं की गहन द्विदिशीय गतिशीलता का आह्वान किया। इसके लिए दोनों पक्षों ने विज्ञान तथा अभियांत्रिक अनुसंधान बोर्ड (एस.ई.आर.बी.) तथा यूरोपीय अनुसंधान परिषद् (ई.आर.जी.) के बीच क्रियान्वयन व्यवस्था के निष्कर्ष का स्वागत किया।

46. नेताओं ने नाभिकीय ऊर्जा के शांतिपूर्ण उपयोगों के क्षेत्र में अनुसंधान एवं विकास हेतु समझौता संपन्न करने के लिए यूरेटम तथा परमाणु ऊर्जा विभाग को

प्रोत्साहित किया। उन्होंने जोर दिया कि यह सहयोग नाभिकीय सुरक्षा में अधिक योगदान करेगा और पारस्परिक हितों के लिए लाभदायक होगा। यह सहयोग समाज के लिए जल, स्वास्थ्य रक्षा तथा औषधि, पर्यावरण आदि के क्षेत्रों में कौशल में वृद्धि तथा गैर-ऊर्जा तकनीकों के उपयोग को भी उन्नत करेगा।

47. दोनों पक्ष संलयन ऊर्जा अनुसंधान पर यूरेटम-भारत सहयोग समझौते के तहत आपसी समझौतों के आधार पर निर्मित संलयन ऊर्जा के विकास में अपनी सशक्त साझेदारी जारी रखेंगे।

48. इन नेताओं ने 2008 के ऊर्ध्वमुखी नागरिक उड्डयन समझौते के आसन्न प्रचालनीकरण का स्वागत किया, जो भारत तथा यूरोप के बीच वायु संपर्क में वृद्धि करेगा और भारत तथा यूरोप के बीच अधिक जनसंपर्क, व्यापारिक यात्रा तथा पर्यटन में वृद्धि करेगा। इन नेताओं ने परिवहन के सभी माध्यमों और विशेष रूप से नौपरिवहन, उड्डयन, नगरीय आवागमन तथा रेल के पारस्परिक हित के क्षेत्रों में परिवहन के अवसर में वृद्धि करने पर विचार किया।

49. भारत तथा ई.यू. कौशल विकास में सहयोग तीव्र करने पर सहमत हुए और भारत के कौशल भारत कार्यक्रम और ई.यू. के नवीन यूरोपीय कौशल एजेंडे के मध्य अन्योन्याश्रितता तथा सहक्रियता की तलाश करने पर सहमत हुए।

50. नेताओं ने बल दिया कि भारत-ई.यू. काररवाई एजेंडा 2020 के अंग के रूप में भारत के गियान (जी.आई.ए.एन.) कार्यक्रम तथा ई.यू. के इरेस्मस + कार्यक्रम के माध्यम सहित उच्चतर शिक्षा के लिए सहयोग मजबूत करने की दिशा में कार्य करने की आवश्यकता है। इरेस्मस कार्यक्रम ने अभी हाल में 5000वें पूर्व भारतीय छात्र का उत्सव मनाया और ज्वाइंट-मास्टर्स, अल्पकालीन गतिशीलता, क्षमता निर्माण परियोजनाओं तथा ई.यू. अध्ययनों हेतु जीन मॉनेट काररवाइयों के माध्यम से अनेक भारतीय विश्वविद्यालयों को संस्थागत सहयोग के लिए वित्तीय अवसरों का प्रस्ताव दिया है। इन नेताओं ने स्वागत किया कि समग्र रूप से भारत इरेस्मस गतिशीलता काररवाई के प्रारंभ से ही विश्व का पहला लाभार्थी रहा है।

51. दोनों पक्षों ने 4 अप्रैल, 2017 को ब्रुसेल्स में आयोजित प्रवासन तथा गतिशीलता पर उच्चस्तरीय वार्त्ता का संज्ञान लिया। उन्होंने भारत तथा ई.यू. के बीच उत्तम प्रवासन व्यवस्था की दृष्टि से पारस्परिक हित के क्षेत्रों में तकनीकी सहयोग तथा परियोजनाओं के उपक्रम सहित प्रवासन तथा गतिशीलता पर साझा एजेंडा आगे बढ़ाने में आपसी समझ का स्वागत किया।

52. नेता जनता से जनता के विनिमय तीव्र करने तथा भारत और ई.यू. के बीच पर्यटकों, व्यापारियों, विद्यार्थियों तथा अनुसंधानकर्ताओं की यात्राओं में वृद्धि करने की सुविधा देने पर सहमत हुए। भारतीय पक्ष ने ई.यू. की ओर अतिप्रशिक्षित पेशेवरों के प्रवाह को सुगम करने के उद्‌देश्य से ई.यू. ब्लू कार्ड योजना के जारी संशोधन का उल्लेख किया।

53. नेताओं ने यूरोपीय संसद् में 'ईयू के भारत के साथ राजनीतिक संबंध' विषय के प्रतिवेदन को स्वीकार करने का उल्लेख किया और भारत तथा यूरोप के संसदीय प्रतिनिधिमंडलों के मध्य विनियमों को बढ़ाने हेतु इसके सुझावों का स्वागत किया। इन नेताओं ने विद्वानों, विचारकों तथा सांस्कृतिक प्रतिनिधिमंडलों के विनिमयों को तीव्र करने की भी इच्छा दिखाई।

❑

परिशिष्ट-4

आतंकवाद रोधन हेतु सहयोग पर भारत-ई.यू. का संयुक्त वक्तव्य चौदहवाँ सम्मेलन, नई दिल्ली, 6 अक्तूबर, 2017

1. प्रधानमंत्री नरेंद्र मोदी, राष्ट्रपति डोनाल्ड टस्क तथा राष्ट्रपति जीन–क्लाड जंकर ने भारत तथा यूरोपीय संघ के सदस्य राष्ट्रों में जघन्य आतंकी हमले की तीव्र निंदा की और आतंकवाद के सभी प्रारूपों तथा स्वरूपों में आतंकवाद तथा हिंसक उग्रवाद का संयुक्त रूप से सामना करने की अपनी प्रतिबद्धता दुहराई, भले ही उनके उद्देश्य कुछ भी हों, कहीं भी हों तथा किसी के भी प्रति प्रतिबद्ध हों।

2. भारत तथा ई.यू. के. बी. आतंकवादरोधन सहित सुरक्षा की बढ़ती साझेदारी के महत्त्व को समझते हुए नेताओं ने नई दिल्ली में 30 अगस्त, 2017 को भारत–ई. यू. आतंकरोधी संवाद की दसवीं बैठक में इसकी प्रगति पर संतोष व्यक्त किया। उन्होंने दोनों पक्षों के संबद्ध संस्थानों के मध्य सहयोग विकसित करने के लिए अवसरों की तलाश के साथ–साथ सूचना साझा करने, उग्रपंथीकरण के ऑनलाइन खतरों को समापन सहित उत्तम संक्रियाओं तथा प्रशिक्षण एवं कार्यशालाओं जैसे क्षमता निर्माण कार्यों के प्रति संयुक्त प्रतिबद्धता का स्वागत किया। उन्होंने सूचनाओं के आदान–प्रदान के माध्यम से घरेलू तथा अंतरराष्ट्रीय आतंकी ठिकानों की सूची आदि प्रस्तावों पर सहयोग को मजबूत करनेवाले संकल्प का स्वागत किया।

3. आतंकवाद के विरुद्ध संघर्ष पर 2016 की भारत–ई.यू. संयुक्त घोषणा को याद करते हुए नेताओं ने एक व्यापक उपागम के प्रति अपनी प्रतिबद्धता दुहराई और आतंकवाद, हिंसक चरमपंथ तथा उग्रवाद, उनकी भरती, आतंकवादी गतिविधियों

तथा विदेशी आतंकी लड़ाकों के प्रवाह, आतंकियों के वित्तीय स्रोतों को रोकने तथा समाप्त करने, आतंकवादियों के ढाँचे को नष्ट करने और आतंकवादियों को हथियारों की आपूर्ति रोकने के लिए सहयोग करने का निर्णय लिया।

4. पठानकोट, उड़ी, नागरोता, अनंतनाग (अमरनाथ यात्रा), श्रीनगर, पेरिस, ब्रुसेल्स, नाइस, बर्लिन, लंदन, स्टॉकहोम, मैनचेस्टर, बार्सीलोना, तुर्कू में हालिया आतंकी आक्रमणों की निंदा करते हुए तथा 2008 के मुंबई हमलों को याद करते हुए नेताओं ने इन आक्रमणों के दोषियों को दंडित करने की माँग की। उन्होंने आतंकवाद के खतरों से निपटने के लिए अधिक एकजुटता, सशक्त अंतरराष्ट्रीय साझेदारी करने तथा अंतरराष्ट्रीय समुदाय द्वारा संहत काररवाई करने का भी आह्वान किया।

5. बढ़ते वैश्विक आतंकवाद के खतरे से निपटने के लिए व्यापक अंतरराष्ट्रीय वैधानिक ढाँचे की स्थापना करने की अतिशीघ्र आवश्यकता पर विचार करते हुए नेताओं ने संयुक्त राष्ट्र में अंतरराष्ट्रीय आतंकवाद पर समझौते के शीघ्र निष्कर्ष तथा व्यापक समझौते को आतंकवाद के विरुद्ध राष्ट्रों के वैश्विक गठबंधक का एक उपकरण के रूप में आह्वान किया, जो इस संदेश को बल प्रदान करेगा कि कोई भी कारण अथवा असंतोष आतंकवाद को उचित नहीं ठहरा सकता है। उन्होंने व्यापक विनाश के हथियारों की तस्करी और उनकी आपूर्ति प्रणाली को रोकने तथा आतंकवादियों या असामाजिक तत्त्वों द्वारा ऐसे हथियारों तक पहुँच बनाने को रोकने के लिए साथ मिलकर कार्य करने की प्रतिबद्धता भी दरशाई।

6. नेताओं ने संयुक्त राष्ट्र वैश्विक आतंकरोधी रणनीति, प्रासंगिक संयुक्त राष्ट्र सुरक्षा परिषद् के संकल्पों तथा आतंकवाद से संबंधित लक्षित प्रतिबंधों सहित आतंकवाद को समाप्त करने की वर्तमान अंतरराष्ट्रीय प्रतिबद्धताओं के प्रभावी क्रियान्वयन की माँग की। इस संबंध में उन्होंने दुहराया कि जिम्मेदार देशों को यह सुनिश्चित करने में पर्याप्त सावधानी बरतनी चाहिए कि आतंकवादी गतिविधियों के लिए उनके क्षेत्र का उपयोग न हो।

7. दोनों पक्षों ने वैश्विक आतंकरोधी मंच तथा वित्तीय काररवाई कार्यबल जैसे बहुपक्षीय मंचों में अंतरराष्ट्रीय प्रयासों में वृद्धि के लिए मिलकर कार्य करने का संकल्प लिया, ताकि संयुक्त राष्ट्र के प्रतिबंधों के तहत निषिद्धों सहित आतंकवाद में लिप्त व्यक्तियों तथा संगठनों तक वित्तीय तथा अन्य आर्थिक परिसंपत्तियों और आर्थिक संसाधनों की उपलब्धता को समाप्त किया जा सके।

8. नेता हाफिज सईद, जकीउर्रहमान लखवी, दाऊद इब्राहिम, लश्करे तैयबा, जैशे मुहम्मद, हिजबुल मुजाहिदीन, हक्कानी नेटवर्क, अल कायदा, आइसिस (दाएश) तथा उनके स्नेहियों सहित वैश्विक स्तर पर निषिद्ध आतंकवादियों और आतंकी संगठनों के विरुद्ध निर्णायक तथा संयुक्त काररवाई के लिए सहयोग को मजबूत करने पर सहमत हुए।

9. यह दुहराते हुए कि भारत और यूरोपीय संघ उन उदार तथा बहुलवादी मूल्यों को साझा करते हैं, जो उनके धर्मनिरपेक्ष लोकतंत्र में गहराई तक समाया है, दोनों पक्षों ने पुष्टि की कि आतंकवाद को किसी धर्म, राष्ट्रीयता, सभ्यता या नस्ली समूह के साथ न जोड़ा जा सकता है और न जोड़ना चाहिए और वे उग्रपंथ तथा हिंसक अतिवाद का सामना करने में अपना सहयोग बढ़ाने के लिए सहमत हुए। नेताओं ने युवाओं के उग्रपंथीकरण तथा इसके लिए इंटरनेट के उपयोग की बढ़ती घटनाओं पर चिंता व्यक्त की।

10. दोनों पक्ष शांति, सहिष्णुता तथा समावेशी समाज और समृद्धि को प्रोत्साहित करने के लिए विचारकों, सिविल सोसाइटी तथा शिक्षाविदों के मध्य जनसंपर्क और विनिमय को बढ़ाने पर सहमत हुए तथा अपने साझा विश्वास की पुष्टि करते हुए कहा कि अंत में उग्रवाद तथा आतंकवाद द्वारा फैलाई जा रही घृणा तथा हिंसा पर विजय प्राप्त करने में मानवीय आदर्श सफल होंगे।

❑

ग्रंथ-सूची

ऐरोन, रेमंड; पैक्स एट गुर्यरे एंटरे लेस नेशंस, पेरिस : कैलमन–लेवी, 1962; ट्रांसलेटेड इन इंग्लिश एज पीस ऐंड वार, लंदन : वीडेनफेल्ड ऐंड निकोलसन, 1966

आचार्य, ए. बायतो; एम.एफ., डायलो; बी., गोंजालेज; एफ.ई., होशिनो; टी, ओ'ब्रायन; टी, ओलिवियर; जी ऐंड वांग; वाई (ई.डी.एस.) 'ग्लोबल व्यूज ऑन द यूरोपियन यूनियन', चैलोट पेपर्स 72, पेरिस : ई.यू. इंस्टीट्यूट फॉर सिक्योरिटी स्टडीज, 2004

अलब्राइट, मैडलिन; प्रेस कॉन्फ्रेंस एट नाटो हेडक्वार्टर्स इन ब्रसेल्स, 8 दिसंबर, 1988

एलेसिना, अल्बर्टो ऐंड जियावाजी, फ्रांसेस्को; द फ्यूचर ऑफ यूरोप : रिफॉर्म ऑर डिक्लाइन, एम.आई.टी. प्रेस, 2006

एंटी–ब्रेक्सिट पार्टी लांच्ड इन यू.के., द टाइम्स ऑफ इंडिया, 20 फरवरी, 2018

एंटी–ब्रेक्सिट पार्टी लांच्ड इन यू.के., यूरो न्यूज, 19 फरवरी, 2018

बाजोरिया, शिशिर; द ई.यू., ब्रेक्सिट ऐंड इंडिया; फ्रेंड्स ऑफ यूरोप, ऑटम, 2016

बी.बी.सी. न्यूज. स्टील फर्म ऑप्स फॉर मित्तल ऑफर, 25 जून, 2006

बेनाग्लिया, स्टेफनी; ई.यू.—इंडिया सम्मिट : स्लो प्रोग्रेस, एक्सेप्ट फॉर सिक्योरिटी डील; ई.यू. ऑब्जर्वर; ब्रसेल्स, 9 अक्तूबर, 2017

बेनडायक, ऐंड वैगनर, सी. प्रॉस्पेक्ट्स ऐंड चैलेंजेज ऑफ ई.यू.–इंडिया सिक्योरिटी कोऑपरेशन इन शाजिया वुयेलबर्स (इडी.), ई.यू.–इंडिया रिलेशंस : ए क्रिटिक; न्यू डेली : यूरोइंडिया सेंटर ऐंड द एकेडमिक फाउंडेशन, 2008

बर्थोड, सिरिल; इंडिया ऐंड द यूरोपियन यूनियन : इवॉलूशन ऑफ परशेप्शंस ऐंड म्यूचुअल इंट्रेस्टस; बुलेटिन डे ल'इंस्टीट्यूट पियरे रेनविन, 2010/2 (नं. 32)

बेरज, पीटर; इन कन्वर्सेशन विद ऑथर, जून 2017

बोमासी, लिजरा; यूरोप ऐंड इंडिया : नोट सो डिफरेंट। एफ.पी.आर.सी. जर्नल; कार्नेगी यूरोप, 25 जनवरी, 2013

बोरिस जॉनसन कंसीडस यू.के. विल हैव टू पे फॉर ब्रेक्सिट, द गार्जियन, 25 अगस्त, 2017

बोवली, ग्राहम; बटिग्लियोन अफेर हाईलाइट्स इवॉल्विंग रोल ऑफ पार्लियामेंट : क्वेश्चन्स एराइज ऑन डेमोक्रेसी एट द ई.यू.। द न्यूयॉर्क टाइम्स, 18 अक्तूबर, 2004

ब्रेमर, इयान; व्हाट इज द वर्ल्ड कमिंग टू? स्पेशल ईशु ऑन ब्रेक्सिट इन इंडिया टुडे, 11 जुलाई, 2016

ब्रेक्सिट डिबेट : एमपीज वोट डाउन मूव टू गिव पार्लियामेंट वीटो ओवर ब्रेक्सिट डील—ऐज इट हैपंड, https://www.theguardian.com/ politics/blog/live. 7 फरवरी, 2017

ब्रेक्सिट : गाइ वेरहोफस्टेड वॉर्नस थेरेसा मे एमईपीस वॉइसेज 'विल बी हर्ड' बिफोर एनी ट्रेड निगोशिएशंस बिगिन। Independent.co.uk. 29 जुलाई, 2017

ब्रेक्सिट : लेबर कुड स्टिल स्टॉप द यू.के. लिविंग द ई.यू., सेज सादिक खान Independent. Co.uk. 28 जुलाई, 2017

ब्रुनेर्मियर, मार्कस; जेम्स, हेरोल्ड; लांडो, जीन-पियरे; यूरो ऐंड द बैटल ऑफ आइडियाज; प्रिंसटन यूनिवर्सिटी प्रेस, नवंबर 2016

ब्रसेल्स बिल बूस्ट—थेरेसा मे ऐंड मिशेल बार्नियर फूल्ड ब्रिटिश पब्लिक टू हाइड 'रीयल' £90 बिलियन ब्रेक्सिट बिल, ई.यू. चीफस क्लेम; द सन 15 फरवरी, 2018

काल फॉर एन इनहैंस्ड एंगेजमेंट विद इंडिया टूवार्ड्स एन एंबिशस एफ.टी.ए.. ज्वॉइंट स्टेटमेंट बाई यूरोपियन बिजनेस ऑर्गेनाइजेशन, www.FooddrinkEurope.com. 16 अप्रैल, 2013

कोडी, वेरोनिका; द ई.यू., ब्रेक्सिट ऐंड इंडिया; फ्रेंड ऑफ यूरोप, रिपोर्ट। ऑटम, 2016

कोहेन, रोजर; मैक्रॉन ऐंड द रिवाइवल ऑफ यूरोप, न्यूयॉर्क टाइम्स; 8 मई, 2017

कोहन-बेंडिट, डैनियल; नोमीनेशन ऑफ कमीशन प्रेसीडेंट हेंडलड इन ए मोस्ट अनसेटिस्फैक्ट्री वे, यूरोप (वेब पोर्टल) यूरोपीयन पार्लियामेंट 2004

कट इन ई.यू. वाइन ड्यूटी एन ऑप्शन, द टेलीग्राफ, 20 जुलाई, 2015

दासगुप्ता, चंद्रशेखर; इंडिया ऐंड चेंजिंग बैलेंस ऑफ पावर; इन ए. सिन्हा अबद एम. मोहता (ई.डी.एस.), फॉरेन पॉलिसी : चैलेंजेज ऐंड अपोर्चुनिटीज; न्यू देलही : एकेडमिक फाउंडेशन, 2003

ढींगरा, स्वाति; ई.यू.-इंडिया सम्मिट टू गिव पोलिटीकल इम्पैटस टू स्टाल्ड एफ.टी.ए. टाक्स; Hindustantimes.com 27 मार्च, 2016

डिवीजन ऑफ कंपीटेंसेस विदिन द यूरोपियन यूनियन (एडोप्टेड फ्रॉम द http://eur-lex. europa.eu/legal-content/EN/TXT/ ?uri=uriserv:ai0020)

'ड्रॉप हार्ड ब्रेक्सिट प्लान्स', लीडिंग टोरी ऐंड लेबर एमपीज टैल मे; द गार्जियन, 10 जून, 2017

डोरेल, स्टीफन; थेरेसा मे हैज लोस्ट हर मैंडेट फॉर ब्रेक्सिट-एमपीज शुड मेक डेट क्लीयर, द न्यू स्टेट्समैन, 12 मई, 2017

एलांगर, स्टीवन और सेंटोरा, मार्क। पोलैंडस नेशनलिज्म थरेटेंस यूरोपस वैल्यूज ऐंड कोहेशन; न्यूयॉर्क टाइम्स, 20 फरवरी, 2018

एस्कोबार, पेपे; ह्वाइ द यू.के. सैड गुड बाई टू द ई.यू.; इटस इमीग्रेशन! अ वोट अगेंस्ट करप्शन; ग्लोबल रिसर्च, 25 जून, 2016

ई.यू.-28 ऐंड इंडिया इवोल्यूशन ऑफ ट्रेड, http://ec.europa.eu/eurostat/statistics-explained/images/del/EU28_and_India_evolution_of_trade_%282007_%3D_100%29_and_cover_ratio_2007-2016.png

ई.यू. गवर्नमेंट पाइल प्रेशर ऑन यू.के. टू लीव एज सुन एज पॉसिबल; द गार्जियन, 25 जून, 2016

ई.यू. लीडर्स एग्री ऑन टफ स्टांस एट स्पेशल ब्रेक्सिट सम्मिट; द गार्जियन, 29 अप्रैल, 2017

ई.यू. सपोर्ट टू सर्बिया ऐंड फार्मर यूगोस्लाव रिपब्लिक ऑफ मैसिडोनिया इन मैनेजिंग माइग्रेशन/रिफ्यूजिस क्राइसिस ऑन बाल्कान रूट; इंटरनेशनल ऑर्गेनाइजेशन फॉर माइग्रेशन, 2016

यूरोप ऐंड इंडिया—एंकर्स ऑफ इकोनॉमिक स्टैबिलिटी इन टुडेज कैओटिक टाइम्स; ट्रेड ऐंड इंवेस्टमेंट पार्टनरशिप सम्मिट (टिप्स) 2016, यूरोप इंडिया चैंबर ऑफ कॉमर्स, ब्रसेल्स, 8 नवंबर, 2016

यूरोप ऐंड इंडिया—एंकर्स ऑफ इकोनॉमिक स्टैबिलिटी इन टुडेज कैओटिक टाइम्स; ट्रेड ऐंड इन्वेस्टमेंट पार्टनरशिप सम्मिट (टिप्स) 2016, यूरोप इंडिया चैंबर ऑफ कॉमर्स, ब्रसेल्स, 8 नवंबर, 2016

यूरोप कीन ऑन रिजूमिंग ट्रेड टाक्स; द हिंदू, 21 फरवरी, 2017

यूरोपस अदर क्राइसिस, द इकोनॉमिस्ट, 30 जून, 2012

यूरोजोन क्राइसिस लाइव : डील रीच्ड ऑन ग्रीस ऑफ्टर ऑल नाइट टाक्स—एज इट हैपंड; बिजनेस ब्लॉग, द गार्जियन 2012

यूरोप अनविएल्स ब्रेक्सिट ट्रांजीशन पनिशमेंट प्लान, एजेंस फ्रांस-प्रेस, 7 फरवरी, 2018

फर्ग्यूसन, नियाल; सिविलाइजेशन : द वेस्ट ऐंड द रेस्ट; पेंगुइन बुक्स, 30 अक्तूबर, 2012।

फ्रेडरिक ग्रारे, डायरेक्टर एशिया, सेंटर फॉर एनालिसिस, प्लानिंग ऐंड स्ट्रैटेजी एट द फ्रैंच

मिनिस्टरी ऑफ फॉरेन अफेयर्स क्वै डी'ऑर्से। इन कंवरशेसन विद ऑथर, जून 2017

फ्रंटिनी, एंड्रिया; द ई.यू. ग्लोबल स्ट्रैटेजी फॉर फॉरेन ऐंड सिक्योरिटी पॉलिसी : ए शॉर्ट गाइड फॉर द पर्प्लेक्स, 12 जुलाई, 2016

गिल, एड्रियन एंथोनी। ब्रेक्सिट : ए.ए. गिल आरगुज फॉर 'इन'। द संडे टाइम्स, जून 2016

ग्लोबल एटीट्यूडस सर्वे, द प्यू रिसर्च सेंटर, स्प्रिंग 2014

गुडहार्ट, डेविड; द रोड टू समव्हेयर : द पॉपुलिस्ट रिवोल्ट ऐंड द फ्यूचर ऑफ पॉलिटिक्स, सी हर्स्ट ऐंड कंपनी पब्लिशर्स लिमिटेड, 17 मई, 2017

गुडमैन, पीटर एस. थेरेसा मे एराइव्ज इन डावोस एज यू.के.'स पोस्ट ब्रेक्सिट स्लाइड कंटिन्यूस, न्यूयॉर्क टाइम्स, 27 जनवरी, 2018

सेज क्रेडिटर्स ऑर नाउ द मेन इमपेडीमेंट टू सॉल्विंग द कंट्रीज वोज; द इकोनॉमिस्ट, फरवरी 2017

ग्रीक बॉण्डस रेटेड 'जंक' बाई स्टैंडर्ड ऐंड पूअर्स; बी.बी.सी. न्यूज, 27 अप्रैल, 2010।

गेनगेल, एलन; वेस्ले, माइकल; मेकिंग ऑस्ट्रेलियन फॉरेन पॉलिसी; कैंब्रिज, कैंब्रिज यूनिवर्सिटी प्रेस, 2007

हार्ड—बट नोट टू हार्ड : मच मोर ऑन ह्वाट वोट्र्स वांट फ्रॉम ब्रेक्सिट, नेटसैन सोशल रिसर्च, 2017

हिसबर्ग, फ्रेंकोइस; कंक्लुजन—द अनबीरेबल वेट ऑफ नॉट बीइंग, ऐडीटेड बाई थियरी टार्डी, रूटलेज, 2009

हाईलाइटस—ब्रिटिश पी.एम. मे सेट्स आउट प्लान्स फॉर ब्रेक्सिट, राइटर, 17 जनवरी, 2017

हावर्थ, जोलिऑन; व्हाट यूरोप बैडली नीडस इज ए 'ग्रैंड स्ट्रैटेजी'; यूरोप्स वर्ल्ड, 13, पी.पी. 70–75, 2009।

इंपोर्ट्स, एक्सपोर्ट्स ऐंड ट्रेड बैलेंस बिटवीन द ई.यू. ऐंड इंडिया, 2007–2016; http://ec.europa.eu/eurostat/statisticsexplained/images/2/2a/Imports%2C_exports_and_trade_balance_between_the_EU_and_India%2C_2007-2016_%28EUR_billion%29.png

इंडिया रिमेंस कोल्ड टू सम्मिट विद ई.यू., द टाइम्स ऑफ इंडिया, 20 अप्रैल, 2015

इंडियंस रिफ्लेक्ट ऑन देर कंट्री ऐंड द वर्ल्ड, पिउ रिसर्च सेंटर्स 2014, ग्लोबल एटीट्युड्स सर्वे, 31 मार्च, 2014

इंटरनेशनल ऑर्गेनाइजेशन ऑफ माइग्रेशन; एड्रेसिंग कॉम्प्लेक्स माइग्रेशन फ्लोस इन

मेडिटरेनियन : आई.ओ.एम. रिस्पांस प्लान स्पॉटलाइट ऑन साउथ-ईस्टर्न यूरोप, अक्तूबर 2015

इंटरव्यू विथ यूरोपियन कमीशन सेक्रेटरी—जनरल कैथरीन डे. इयरक्टिव, 25 सितंबर, 2006

इस्लाम, शदा; ई.यू.-इंडिया : स्टार्टिंग ए मोर अडवेंचरस कन्वर्सेशन; इंस्टीट्यूटो अफ्फारि इंटरनैजिओनली, 22 दिसंबर, 2016

इटालियन फॉरेन मिनिस्टर रिजाइन्स ओवर मैरिनस' रिटर्न टू इंडिया; रियूटर्स, 26 मार्च, 2013

जफ्रेलॉट, क्रिस्टोफे ऐंड सिद्धु, वाहेगुरु पाल सिंह; डज यूरोप मैटर टू इंडिया इन 'यूरोपियन सिक्योरिटी इन ए ग्लोबल कॉण्टेक्स्ट'? एडिटेड बाई थिएरी टर्दी; रूटलेज, 2009

जफ्रेलॉट, क्रिस्टोफे; रिलीजन, कास्ट, ऐंड पॉलिटिक्स इन इंडिया; इन 'यूरोपियन सिक्योरिटी इन ए ग्लोबल कॉन्टेक्स्ट'; एडिटेड बाई थिएरी टर्दी, रूटलेज, 2009

जफ्रेलॉट, क्रिस्टोफे; इंडिया ऐंड द यूरोपियन यूनियन : द चारदे ऑफ ए स्ट्रैटेजिक पार्टनरशिप; 2006. https://hal-sciencespo.archives- ouvertes.fr/hal-01065630

जैन, राजेंद्र; ई.यू.-इंडिया फ्री ट्रेड डील टू बी गेम-चेंजर; बिजनेस स्टैंडर्ड, 1 अक्तूबर, 2015

जैन, राजेंद्र; इंडिया ऐंड द यूरोपियन यूनियन : पर्सेप्शंस ऐंड पॉलिसीस; पेपर प्रेसेंटेड ऐट द यूरोपियन स्टडीज इन एशिया (एसिआ) नेटवर्क पब्लिक पैनल, 'ई.यू.-एशियाई रिलेशंस : पॉलिसीस ऐंड पर्सेप्शंस ऑफ द ई.यू. इन मलेशिया,' एशिया-यूरोप इंस्टीट्यूट, यूनिवर्सिटी ऑफ मलेशिया, कुआलालंपुर; 19 जून, 2009।

जेरेमी कोर्बिन अर्जड टू मेक लेबर द प्रो सिंगल मार्केट पार्टी; द गार्डियन, 23 सितंबर, 2017

जॉहनस्टन, अलास्टेर लैन; थिंकिंग अबाउट स्ट्रैटेजिक कल्चर, इंटरनेशनल सिक्योरिटी, वॉल्यूम 19, नंबर 4, स्प्रिंग 1995, पी.पी. 32-64

ज्वॉइंट डिक्लेरेशन इशूड ऐट द ब्रिटिश-फ्रेंच सम्मिट, सेंट-मालो, फ्रांस. ई.यू. इंस्टीट्यूट फॉर सिक्योरिटी स्टडीज (आई.एस.एस.-ई.यू.). 3-4 दिसंबर, 1998

जुंकेर, जीन-कैलूडे; ई.यू.-इंडिया सम्मिट : स्ट्रेंग्थेनिंग आवर स्ट्रैटेजिक पार्टनरशिप ऐंड मूविंग फॉरवर्ड विथ आवर कॉमन एजेंडा; यूरोपियन कमीशन-प्रेस रिलीज, यूरोपियन कमीशन-प्रेस रिलीज, ब्रुसेल्स, 6 अक्तूबर, 2017

कगन, रोबर्ट; ऑफ पैराडाइस ऐंड पावर : अमेरिका ऐंड यूरोप इन द न्यू वर्ल्ड ऑर्डर; न्यूयॉर्क, अल्फ्रेड ए. क्नोप्फ, 2003

खेर, राजीव; ए ट्रेड पॉलिसी एजेंडा फॉर इंडिया—आई. बिजनेस स्टैंडर्ड, 27 अप्रैल, 2016

की-मून, बैन यू.एन. चीफ आस्क्स इटली टू रीसॉल्व मरींस इशू विथ इंडिया बाइलैटेरली. Livemint.com. 13 फरवरी, 2014

क्रस्तेव, इवान; विल 2018 बी ऐज रेवोल्यूशनरी ऐज 1968 ? न्यूयॉर्क टाइम्स, 21 फरवरी, 2018

कोलवे, जूलिया; हाउ ग्रीस कुड लीव द यूरोजोन—इन फाइव डिफिकल्ट स्टेप्स, द गार्डियन; यू.के., 11 मई, 2012

कोजलोव्स्की, टोमासज; प्राइवेट ई.यू. ब्रैनस्टोर्मिंग इन दिल्ली; सितंबर 2016

क्रुगमैन, पॉल; रिवेंज ऑफ द ऑप्टिमम करेंसी एरिया, न्यूयॉर्क टाइम्स, 24 जून, 2012

क्रुगमैन, पॉल; द कनसाइंस ऑफ ए लिबरल; द न्यूयॉर्क टाइम्स, मार्च 2012

कुमार, राधा; इंडिया ऐज ए फॉरेन पॉलिसी एक्टर-नोर्मेटिव रीडक्स; हु इज ए नोर्मेटिव फॉरेन पॉलिसी एक्टर ? एड. नथालिए टॉक्सी (सेंटर फॉर यूरोपियन पॉलिसी स्टडीज); 2008

कटनेर, रोबर्ट; डेबटर्स प्रिजन द पॉलिटिक्स ऑफ अस्टेरिटी वेर्सस पॉसिबिलिटी, विंटेज, 2015

ला स्टाम्प; 5 फरवरी, 2018

लेफ्फलर, क्रिश्चियन; इन कन्वर्सेशन विथ ऑथर, जून 2017

लेटर बाई सेसीलिया माल्मस्ट्रम, मेंबर ऑफ द यूरोपियन कमीशन टू मिस्टर बेर्ण्ड लेंगे, चेयरमैन ऑफ द इंटरनैशनल ट्रेड कमेटी ऑफ द यूरोपियन पार्लियामेंट, अप्रैल 2016

लिंग, जेम्स; गोड्डीरिस, इदेसबॉलड; मोदिस इंडिया ऐंड द यूरोपियन यूनियन : ए परसेप्शन स्टडी; इंस्टीट्यूट ऑफ इंटरनेशनल रिलेशंस, यूनिवर्सिटी ऑफ वर्साय, 2016

स्टडी; इंस्टीट्यूट ऑफ इंटरनेशनल रिलेशंस, यूनिवर्सिटी ऑफ वर्साय, 2016

लिस्बन-डे-वेर्गेरो, के. कंटेंपररी इंडियन व्यूज ऑफ यूरोप, लंदन : चाथम फ्लाउस; 2006, पी. 7.11

लुंगेसक्यू, ओना; एक्जामिनिंग द ई.यू. एग्जीक्यूटिव, बी.बी.सी. न्यूज; 23 जुलाई, 2004

मैडीसन, अंगूस; डेवलपमेंट सेंटर स्टडीज, द वर्ल्ड इकोनॉमी हिस्टोरिकल स्टैटिस्टिक्स : हिस्टोरिकल स्टैटिस्टिक्स; ओ.ई.सी.डी. पब्लिशिंग, 2003

मैप ऑफ यूनाइटेड किंगडम; बी.बी.सी., यूनाइटेड किंगडम प्रोफाइल—ओवरव्यू. 2017 http://www.bbc.com/news/world-europe-18027954

मसूद, फहीम; यूरोप इन ए ग्लोबलाइज्ड वर्ल्ड, वर्ल्ड न्यूज, इंटरनेशनल पॉलिसी डाइजेस्ट; 9 फरवरी, 2014

मी एलरॉय, गेल; डबलिन : ए नेबर्स व्यू ऑफ ब्रेक्सिट; 19 मई, 2017

मेहता, अरविंद; एफ.टी.ए. विथ ई.यू. : इंडिया टू टेक अप 'स्टॉक-टेकिंग एक्सरसाइज', फाइनेंसियल एक्सप्रेस, जनवरी 2016

माइंड योर स्टेप, द इकोनॉमिस्ट; 8 अक्तूबर, 2016

मोदी, नरेंद्र; प्राइम मिनिस्टर्स कीनोट स्पीच एट 40 ए.जी.एम. ऑफ यू.एस. इंडिया बिजनेस कौंसिल (यू.एस.आई.बी.एस.); प्रेस इन्फॉर्मेशन ब्यूरो, गवर्नमेंट ऑफ इंडिया, प्राइम मिनिस्टर्स ऑफिस, जून 2016

मोघेरिनी, फ्रेड्रिका; एस.के. डिसिजन ऑन इटालियन मरींस : ई.यू. वार्न्स ईट कुड इंपैक्ट टाइस. Zeenewsindia.Com. 17 दिसंबर, 2014

मोहन, सी.आर.; इंडिया ऐंड द बैलेंस ऑफ पावर, फॉरेन अफेयर्स; जुलाई-अगस्त 2006

मोहन, सी. राजा; क्रॉसिंग द रुबिकन : द शॉपिंग ऑफ इंडिआज न्यू फॉरेन पॉलिसी; न्यूयॉर्क : बासिंगस्टोक, 2003

'मूलवै, स्टेफेन; द ई.यू.'ज डेमोक्रेटिक चैलेंज', बी.बी.सी. न्यूज, 21 नवंबर, 2003।

नेहरू, जवाहरलाल; 'ट्रस्ट विथ डेस्टिनी' स्पीच; रीट्रिव्ड 9 अगस्त, 2017. http://www.inc.in/In-Focus/257/Tryst-with-Destiny-speech-made-by-Pt-Jawaharlal-Nehru

निआल फर्गुसन, पेरिस ऐंड द फॉल ऑफ रोम; बोस्टन ग्लोब, 16 नवंबर, 2015

नोस्सिटर, एडम; शाउट्स ग्रीट माइग्रेंट्स इन द स्ट्रीट्स ऑफ फ्रांस : 'वी डोंट वांट देम'; द न्यूयॉर्क टाइम्स, 25 अक्तूबर, 2016

ओ. वुल्फ, सिग्फ्रिड; कासाका, पाउलो; फ्लानागन, ऐनी जे. ऐंड रोड्रिगुस, काटिआ (एडिटर्स); द मेरिट्स ऑफ रीजनल कोऑपरेशन, स्प्रिंगर; 2014

ओनेस्टीनि, सीजेर; पी.एम. नरेंद्र मोदिस ब्रुसेल्स विजिट कांसेल्ड ऐज ई.यू. फेल्स टू रेस्पोंड ऑन सम्मिट डेट्स. Indiatv.Com. 14 मार्च, 2015

पेन विदाउट ऐंड; द इकोनॉमिस्ट, 24 जुलाई, 2015

पांडा, अंकित; वेयर डू यूरोपियन यूनियन-इंडिया रिलेशंस स्टैंड? द डिप्लोमेट; 31 मार्च, 2016

प्रसाद, सुनील; लेटर टू एम.एस. सेसीला माल्मस्ट्रम, ई.यू. कमिश्नर फॉर ट्रेड बाई सुनील प्रसाद, द सेक्रेटरी जनरल ऑफ यूरोप इंडिया चैंबर ऑफ कॉमर्स; 5 दिसंबर, 2016

प्रेस ट्रस्ट ऑफ इंडिया; यूरोपियन पार्लियामेंट अडोप्टस रेजोल्यूशन, आस्कस इंडिया टू अल्लाव रिटर्न ऑफ इटालियन मरींस; द इंडियन एक्सप्रेस, 16 जनवरी, 2016

प्राइस, गारेथ; द ई.यू., ब्रेक्सिट ऐंड इंडिया; फ्रेंड्स ऑफ यूरोप; रिपोर्ट; ऑटम, 2016

पूरी सिंह, हरदीप; इंडिआज ट्रेड पॉलिसी डाइलेमा ऐंड द रोल ऑफ डोमेस्टिक रिफॉर्म; कार्नेगी इंडिया; फरवरी 2017

पूरी, मंजीव; फ्रेंड्स ऑफ यूरोप, मार्च 2016

रेसिने, जीन लुस (2004); यूरोपियन यूनियन ऐंड साउथ एशिया : ऐन अप्रैजल, इंस्टीट्यूट ऑफ रीजनल स्टडीज, इस्लामाबाद; पुब्ली डैंस इंस्टीट्यूट ऑफ रीजनल स्टडीज : मेजर पावर्स इन साउथ एशिया, इस्लामाबाद, 2004, पी.पी. 131–162

रेसिने, जीन लुस; इन कन्वर्सेशन विथ ऑथर, 2017

राम, विद्या; ब्रिटेन फेसिंग टफ बैटल इन ब्रेक्जिट बिल, द हिंदू; 13 जुलाई, 2017

आर.सी.ई.पी : इंडिया हार्डेंस स्टैंड अहेड ऑफ ए.एस.ई.ए.एन. सम्मिट; हिंदुस्तान टाइम्स, 18 दिसंबर, 2017

रीड, टॉम; द यूनाइटेड स्टेट्स ऑफ यूरोप; लंदन : पेंगुइन बुक्स, 2004

रायटर्स; अपडेट 1–रेटिंग्स अपग्रेड लिफ्ट्स ग्रीक डेब्ट ऐज अदर यूरो जोन बंड्स फाल्टर; 19 फरवरी, 2018

रॉबिनी, नौरिएल; ग्रीसस बेस्ट ऑप्शन इज ऐन ऑर्डरली डिफॉल्ट; फाइनेंसियल टाइम्स; 28 जून, 2010

रसल, जेन्नी; नो डनकिर्क स्पिरिट कैन सेव ब्रिटेन फ्रॉम ब्रेक्सिट डिफीट; न्यूयॉर्क टाइम्स, 28 जुलाई, 2017

सचदेवा, गुलशन; इंडिया ऐंड यूरोपियन यूनियन : ह्यूमन राइट्स चैलेंजेस; डूटजे लेटिंगा ऐंड लार्स वेन ट्रूस्ट (ई.डी.एस.); शिफ्टिंग पॉवर ऐंड ह्यूमन राइट्स डिप्लोमेसी : इंडिया, एम्सटर्डम : एमनेस्टी नीदरलैंड, 2015

सचदेवा, गुलशन; इवैल्यूएशन ऑफ द ई.यू.–इंडिया स्ट्रैटेजिक पार्टनरशिप ऐंड द पोटेंशियल फॉर इट्स रिवाइटलजेशन; डायरेक्टरेट–जनरल फॉर एक्स्टरनल पॉलिसीज, पॉलिसी डिपार्टमेंट; यूरोपियन पार्लियामेंट, 2015

सेड, एडवर्ड डब्ल्यू. कल्चर ऐंड इंपेरीयलिज्म, विंटेज, 1993

सरन, श्याम; प्रेजेंट डाईमेन्शंस ऑफ इंडियन फॉरेन पॉलिसी; इन ए. सिन्हा ए.बी.डी. एम. मोहता (ई.डी.एस.), फॉरेन पॉलिसी : चैलेंजेस ऐंड अपोर्चुनिटीज; न्यू देहली : एकेडमिक फाउंडेशन, 2003

सेनगुप्ता, जयश्री; चैलेंजेज अहेड फॉर द इंडिया ई.यू. एफ.टी.ए. ऑब्जर्वर रिसर्च फाउंडेशन; 28 फरवरी, 2012

शेयरस इन एक्स्ट्रा-ई.यू. ट्रेड ऑफ द ई.यू.'ज मेन पार्टनर्स ऐंड इंडिया, http://ec.europa.eu/eurostat/statistics-explained/images/8/87/Shares_m_extra-EU_trade_of_the_EU%27s_main_partners_and_India%2C_2016.png

शेयर्स ऑफ द वर्ल्डस लार्जेस्ट एक्सपोर्टर्स, इंपोरर्टर्स ऐंड इंडिया, http://ec.europa.eu/eurostat/statistics-explained/images/9/95/Shares_of_the_world%27s_largest_exporters%2C_importers_and_ India%2C_2016.png

सिम्स, ब्रेंडन ऐंड लेस, टिमोथी; ए क्राइसिस विदाउट एंड : द डिसइंटिग्रेशन ऑफ द यूरोपियन प्रोजेक्ट, Newstatesman.com; 9 नवंबर, 2015

सिंह, मनमोहन; एड्रेस बाइ प्राइम मिनिस्टर डॉ. मनमोहन सिंह इन एक्सेप्टेंस ऑफ ऑनरेरी डिग्री फ्रॉम ऑक्सफोर्ड यूनिवर्सिटी; 8 जुलाई, 2005

सिंह, मनमोहन; एड्रेस टू द कंबाइंड कमांड्र्स कॉन्फ्रेंस, न्यू देहली, 13 सितंबर, 2010

सिंह, रितेश कुमार; व्हाटस बिहाइंड इंडिया'ज बिग एक्सपोर्ट डिक्लाइन? द डिप्लोमैट, नवंबर 2015

सिंह, विजतिया; इटली मूव्स आई.टी.एल.ओ.एस. इन मरीन केस; Thehindu.com; 26 जुलाई, 2015

सर टिम बैरो टू हैंड—डेलीवर आर्टिकल 50 लैटर टू डॉनाल्ड टस्क, द गार्जियन, 27 मार्च, 2017

स्लाइडिंग टुवॉड्र्ज सस्कोक्सीट, द इकोनॉमिस्ट; 17 फरवरी, 2017

स्मिथ, हेलेना; आई.एम.एफ. ऑफिसियल एडमीटस : ऑस्टेरिटी इज हार्मिंग ग्रीस; द गार्जियन, एथेंस, 2012

स्टैंजेल, एंजेला; ह्वाट डज इंडिया थिंक? यूरोपियन काउंसिल ऑन फॉरेन रिलेशंस; ECFR; 1 अक्तूबर, 2015

स्टारमर, कीथ; लेबर पार्टी वांट्स टू अवॉइड ए डेमेजिंग 'क्लीफ एज' फॉर द यू.के. इकोनॉमी रिजल्टिंग फ्रॉम एन एबरप्ट सैपरेशन फ्रॉम द ई.यू.; द गार्जियन; 26 अगस्त, 2017

स्टेट ऑफ द यूनियन : कैन द यूरोजोन सर्वाइव इट्स डेब्ट क्राइसिस? इकोनॉमिस्ट इंटेलिजेंस यूनिट; 1 मार्च, 2011

स्टिग्लिट्ज, जोसेफ; द यूरो : हाउ अ कॉमन करेंसी थरेटेंस द फ्यूचर ऑफ यूरोप; डब्ल्यू. डब्ल्यू. नॉर्टन ऐंड कंपनी, 2016

टैगोर, रवींद्रनाथ; क्राइसिस ऑफ सिविलाइजेशन; शांतिनिकेतन; मई 1941

टार्डी, थियरी; द यूरोपियन यूनियन, अ रीजनल सिक्योरिटी एक्टर विद ग्लोबल एस्पीरेशंस;

यूरोपीयन सिक्योरिटी इन अ ग्लोबल काण्टेक्स्ट; ईडी. थियरी टार्डी; रूटलेज, 2009

टेकहाऊ, जैन; द ई.यू. 'ज न्यू ग्लोबल स्ट्रैटेजी : यूजफुल ऑर पॉइंटलेस ? कार्नेगी यूरोप; 01 जुलाई, 2016

द इकोनॉमिस्ट; पावर शिफ्ट्स; 29 सितंबर, 2012

द रीजनल माइग्रेशन कॉण्टेक्स्ट; यूरोपीयन इकोनॉमिक एरिया, द इंटरनेशनल ऑर्गेनाइजेशन फॉर माइग्रेशन; 2015

द रोड टू ब्रेक्सिट; द इकोनॉमिस्ट, 8 अक्तूबर, 2016

थेरेसा मे रिजिस्टस प्रेशर टू कॉल अर्ली ब्रिटिश इलेक्शन टू बोलस्टर 'ब्रेक्सिट'; द न्यूयॉर्क टाइम्स, 9 मार्च, 2017

टिम फर्रोन क्रिटीसाइजेज थेरेसा मेज ब्रेक्सिट बिल फॉर बिंग 'शार्ट ऐंड नॉट स्वीट' अहैड ऑफ आर्टिकल 50 वोट http://www.independent. co.uk; 26 जनवरी, 2017

टोसी, नथाली; प्रोफाइलिंग नॉर्मेटिव फॉरेन पॉलिसी : द ई.यू. ऐंड इट्स ग्लोबल पार्टनर्स इन 'हू इज ए नॉर्मेटिव फॉरेन पॉलिसी एक्टर'? ई.डी. नथाली टोसी; सेंटर फॉर यूरोपियन पॉलिसी स्टडी, 2008

ट्रेड रूट्स इन द इंडियन ओसियन, http://nitibhan.com/2015/12/04/trade-in-east-africa-a-very-short-introduction-to-a-very-long- history/

टकर, स्पेंसर सी.एस.यू. कॉन्फ्लिक्ट्स इन द 21स्ट सेंचुरी : अफगानिस्तान वॉर, इराक वॉर, ऐंड द वॉर ऑन टेरर [3 वॉल्यूम्स] : अफगानिस्तान वॉर, इराक वॉर, ऐंड द वॉर ऑन टेरर; ई.डी.; टकर, स्पेंसर सी. ए.बी.सी.-सी.एल.आई.ओ., 14 दिसंबर, 2015

टर्नर, जैक (2005); एन्सिएंट स्पाइस रूट, द स्पाइस दैट बिल्ट वेनिस; स्मिथसोनियन जोरनेस क्वार्टरली, 2 नवंबर, 2015

वैन रोम्पुई, हरमन; द यूरोपियन यूनियन इन ए चेंजिंग वर्ल्ड, स्पीच बाई प्रेसीडेंट ऑफ द यूरोपियन कौंसिल हरमन वैन रोम्पुई ऐट द इंडिया इंटरनेशनल सेंटर; 10 फरवरी, 2012

वेडेरिन, हुबर्ट; न्यू फेस बट सेम ओल्ड प्रॉब्लम्स फॉर ई.यू. फॉरेन पॉलिसी; बिजनेस इनसाइडर, 10 मई, 2015

वेडेरिन, हुबर्ट; इंडिया ऐंड फ्रांस इन ए मल्टीपोलर वर्ल्ड, सेमिनार; सेंटर डे साइंस हुमैनस, फरवरी 2000

वरहोफस्टैड, गाई; इम्प्रूव द ब्रेक्सिट ऑफर टू ई.यू. सिटीजंस, ऑर वेल वेटो द डील; द गार्डियन, जुलाई 2017

वरहोफस्टैड, गाई; द यूनाइटेड स्टेट्स ऑफ यूरोप, लंदन : फेडरल ट्रस्ट; 2006

वीमोंट, पिअरे; द पाथ टू ऐन अपग्रेडेड ई.यू. फॉरेन पॉलिसी, पॉलिसी आउटलुक, कार्नेगी यूरोप; जून 2015

वोन मुइनचो-पोल, बर्न्ड; इंडिया ऐंड यूरोप इन ए मल्टीपोलर वर्ल्ड, कार्नेगी एंडोमेंट फॉर इंटरनेशनल पीस; 10 मई, 2012

वाटसन, ग्राहम; स्टेटमेंट बाई द प्रेसीडेंट-डेजीगनेट ऑफ द कमीशन; ग्राहम वाटसन एम.ई.पी. वेबसाइट डेट=2004-07-21

वेस्ट पॉइंट; डिपार्टमेंट ऑफ हिस्टरी, कैंपेन एटलस टू द ग्रेट वॉर. यूरोप, 1914—लाइंस ड्रान, (http://www.westpoint.edu/history/SiteAssets/SitePages/World%20 War%20I/WWOne02.gif

व्हाट डज द पब्लिक रियली वांट फ्रॉम ब्रेक्सिट? द इकोनॉमिस्ट; 23 मार्च, 2017

व्हाइल मे'ज अवे : हम्मोंड लीडस् कैबिनेट रिशफल ऑन ब्रेक्सिट पॉलिसी; द गार्डियन, 29 जुलाई, 2017

व्हाई द पाउंड फॉलिंग ऐंड व्हाट आर द इंप्लिकेशंस फॉर ब्रिटेन? द गार्डियन, 22 फरवरी, 2016

वर्ल्ड बैंक, इंडिया कंट्री ओवरव्यू, 2013

जीग्लेर, अलेक्जेंडर ऐंड ने, मार्टिन; व्हाट मक्रोन'स विक्टरी मींस : द यूरोपियन यूनियन इज गोइंग स्ट्रॉन्ग, ऐंड दैट इज गुड न्यूज फॉर इंडिया; द टाइम्स ऑफ इंडिया ब्लॉग; 9 मई, 2017

❑

संदर्भिका

म

य

र

ल

व

❑❑❑